國家圖書館出版品預行編目資料

新譯經律異相／顏洽茂注譯.－－初版一刷.－－臺北
市: 三民, 2010
面; 公分.－－(古籍今注新譯叢書)

ISBN 978-957-14-4872-5 (平裝)

1. 佛教 2. 類書

220.46　　99018961



注譯者　顏洽茂
責任編輯　邱垂邦
美術設計　陳宛琳

發行人　劉振強
著作財產權人　三民書局股份有限公司
發行所　三民書局股份有限公司
地址　臺北市復興北路386號
電話　(02)25006600
郵撥帳號　0009998-5
門市部　(復北店)臺北市復興北路386號
(重南店)臺北市重慶南路一段61號

出版日期　初版一刷　2010年10月
編號　S 032840
行政院新聞局登記證局版臺業字第〇二〇〇號

ISBN 978-957-14-4872-5 (平裝)
http://www.sanmin.com.tw 三民網路書店

# 刊印古籍今注新譯叢書緣起

劉振強

人類歷史發展，每至偏執一端，往而不返的關頭，總有一股新興的反本運動繼起，要求回顧過往的源頭，從中汲取新生的創造力量。孔子所謂的述而不作，溫故知新，以及西方文藝復興所強調的再生精神，都體現了創造源頭這股日新不竭的力量。古典之所以重要，古籍之所以不可不讀，正在這層尋本與啟示的意義上。處於現代世界而倡言讀古書，並不是迷信傳統，更不是故步自封；而是當我們愈懂得聆聽來自根源的聲音，我們就愈懂得如何向歷史追問，也就愈能夠清醒正對當世的苦厄。要擴大心量，冥契古今心靈，會通宇宙精神，不能不由學會讀古書這一層根本的工夫做起。

基於這樣的想法，本局自草創以來，即懷著注譯傳統重要典籍的理想，由第一部的四書做起，希望藉由文字障礙的掃除，幫助有心的讀者，打開禁錮於古老話語中的豐沛寶藏。我們工作的原則是「兼取諸家，直注明解」。一方面熔鑄眾說，擇善而從；一方面也力求明白可喻，達到學術普及化的要求。叢書自陸續出刊以來，頗受各界的喜愛，使我們得到很大的鼓勵，也有信心繼續推廣這項工作。隨著海峽兩岸的交流，我們注譯的成員，也由臺灣各大學的教授，擴及大陸各有專長的學者。陣容的充實，使我們有更多的資源，整理更多樣化的古籍。兼採經、史、子、集四部的要典，重拾對通才器識的重視，將是我們進一步工作的目標。

古籍的注譯，固然是一件繁難的工作，但其實也只是整個工作的開端而已，最後的完成與意義的賦予，全賴讀者的閱讀與自得自證。我們期望這項工作能有助於為世界文化的未來匯流，注入一股源頭活水；也希望各界博雅君子不吝指正，讓我們的步伐能夠更堅穩地走下去。

# 新譯經律異相　目次

## 卷第六 現涅槃後事佛部第三



## 卷第七 外緣佛部第四



## 卷第八 自行菩薩部第一



## 卷第九 外化菩薩部第二



## 卷第一〇 隨機現身上菩薩部第三



## 卷第一一 隨機現身下菩薩部第四

卷第三五　得道長者部上



卷第三六　雜行長者部下



卷第三七　優婆塞部



卷第三八　優婆夷部



卷第三九　外道仙人部



卷第四〇　梵志部

## 卷第四一　婆羅門部



## 卷第四二　居士部



## 卷第四三　估客部



## 卷第四四　男庶人部上



## 卷第四五　女庶人部下

## 卷第四六 鬼神部



## 卷第四七 雜獸畜生部上



## 卷第四八 禽畜生部中、蟲畜生部下

## 卷第四九　地獄部上



## 卷第五〇　地獄部下

# 導讀

## 一、《經律異相》的編纂

《經律異相》，五十卷，南朝梁天監十五年（西元五一六年）沙門寶唱等奉梁武帝勅撰集，是一部採錄漢譯經、律中佛教故實，分類編纂，現存最古的大型佛教類書，也是一部佛教故事總集。經，梵文Sūtra的意譯，音譯「修多羅」，是佛陀所說而由其弟子結集的文字形式；律，梵文Vinaya的意譯，音譯「毗奈耶」，是佛陀為比丘、比丘尼制定的「制伏諸惡」的禁戒。所謂「異相」相對於「同相」而言，同相為「真如」、「本原」，異相則是存在於神話傳說和現實中具體形象之間的差別相，由此來體現「真如」。此書將散見於浩繁的佛教經典中，釋迦牟尼口授的經、律部分中被稱為「異相」的故事、寓言、譬喻和傳聞（其中有不少發生在釋迦牟尼涅槃之後，當係佛經結集時羼入）集中彙編，以達到勸喻醒世的目的。

中古時期，佛教風靡天下。「比來慕法，普天信向，家家齋戒，人人懺禮，不務農桑，空談彼岸」（《南史・循吏・郭祖深傳》）。興建佛寺，雕鏤佛像，廣收僧尼，誦讀佛經，成為當時的頭等大事。梁武帝蕭衍推行弘佛國策，以佛法治國，他「篤信正法，尤長釋典，製《涅槃》、《大品》、《淨名》、《三慧》諸經義記，復數百卷。聽覽餘閑，即於重雲殿及同泰寺講說，名僧碩學、四部聽眾，常萬餘人」（《梁書・武帝紀》）。他還動員數萬人參加水陸大齋，勅造寺廟二千八百四十六所，度剃僧尼八十二萬，並三次捨身同泰寺，成為「菩薩皇帝」，把中古宗教狂熱推向盛極一時的高潮。

天監七年（西元五〇八年）十一月，梁武帝以「法海浩博，淺識窺尋」（《歷代三寶記》卷一一），「文句浩漫，尠能該洽」（《經律異相》寶唱等〈序〉），於是勅建康宣陽門外莊嚴寺沙門僧旻及僧智、僧晃、劉勰等三十人，於上定林寺「備鈔眾典，顯證深文」，而成八十卷的《眾經要鈔》；後又因為「希有異相，猶散眾篇」，一些不常見的經律要事未在《眾經要鈔》中收錄，故武帝又在天監十五年（西元五一六年）命釋寶唱「鈔經律要事，皆使以類相從」，同時敕新安寺釋僧豪、興皇寺僧法生等人「相助檢讀」，別成「令覽者易了」、「將來學者可不勞而博」的《經律異相》五十卷。由於事實上《經律異相》是在《眾經要鈔》基礎上刪補而成，兩書之間有不可分割的淵源，故《高麗大藏經》在各卷首題有「梁沙門僧旻、寶唱等集」字樣。

本書領銜輯集者僧旻、寶唱事跡俱見唐道宣《續高僧傳》。僧旻，生於劉宋泰始三年（西元四六七年），俗姓孫，吳郡富春人氏。七歲於虎丘西山寺出家，師從僧迴；年十三隨迴住白馬寺；迴亡移住建康莊嚴寺。旻安貧好學，一聞能記，標群獨秀，為道俗所推，名振日下。曾奉勅主編《眾經要鈔》八十八卷（其中目錄八卷），注《般若經》，並居五寺首講右席。梁大通八年（西元五三四年）二月卒（《續高僧傳》卷五）。釋寶唱，約生於劉宋泰始二年至三年（西元四六六～四六七年）之間，卒年不詳。俗姓岑，吳郡人；少懷恢敏，年十八依高僧僧祐出家，梁天監四年（西元五〇五年）為建康新安寺主。寶唱著述甚豐，撰有《集錄》百卷，《續法輪論》七十餘卷，《法集》一百三十卷，《注大品經》五十卷，《名僧傳》三十一卷及《比丘尼傳》四卷，另奉勅重編僧紹《華林佛殿經目》四卷，並掌華林園寶雲經藏（《續高僧傳》卷一）。《眾經要鈔》今已絕傳，唯《經律異相》行世。

## 二、《經律異相》的內容

《經律異相》的編排，始於「天部」，終於「地獄部」，共三十九部。全書按照佛教的宇宙構成論，以天、地、佛、菩薩、僧、國王、國王夫人、太子、國王女、長者、優婆塞、優婆夷、外道僊人、梵志、婆羅門、居士、賈客、庶人、鬼神、畜生、地獄為序，將三千大千世界種種現實的和傳聞的事件、人物層層羅列，共收佛教中「四聖」（佛、菩薩、緣覺、聲聞）、「六凡」（天、人、阿修羅、畜生、餓鬼、地獄）和「境」（境界、處所）、「行」（修行）、「果」（修行所獲的果報）方面的故事（統稱子目）約六百六十九則（一說七百六十五則）。每則後均注有出自某經某卷，行文中間有考校諸經所云異同或解釋梵名的文字，卷末有個別字詞的反切和釋義。

《經律異相》避免了名相繁雜、內容艱澀的純理論論述，而採用有一定故事情節的敘事性翻譯佛典原文，具有可讀性。這些故事大致可分為以下三類：

第一類，輯錄了許多佛、菩薩的本生故事，這些故事大多為宣傳佛教教理而編集的神話、寓言和譬喻，突出地頌揚了佛、菩薩在「六度無極」（布施、持戒、忍辱、精進、禪定、智慧）方面的德行，特別是以大慈大悲之心，自行化他，利樂一切有情眾生（人和一切有情識生物）的自我犧牲精神。如佛前身為薩婆達王割肉貿鷹以救鴿命（卷一〇），為日月明國王身以眼施病人（同上），為鹿王身代懷妊母鹿供廚受死（卷一一），為大光明王捨頭施婆羅門（卷二五），為慈力王刺血施五夜叉（同上），為乹陀尸利國王太子投身飼餓虎（卷三一），為須闡提太子割肉供父母命（同上）等等。

第二類，以釋迦牟尼、大愛道、羅睺羅、憍陳如、迦葉、舍利弗、目連、須菩提、阿那律、優波離、阿難、摩伽陀國的頻婆娑羅王、迦蘭陀長者、憍薩羅國的波斯匿王、須達多長者等原始佛教中的真實人物為依託而敷演的歷史傳說或故事。這類故事中，既有佛教信眾精進修行的善人善事，如〈大愛道出家〉（卷七），〈須菩提前身割口施僧得生天上〉（卷一三），〈目連以神力降化梵志〉（卷一四）；也有背棄佛陀言教的僧俗在「三毒」（貪欲、瞋恚、愚痴）方面表現的惡人惡事，如〈調達欲侵陵拘夷身入地獄〉（卷二一），〈暴志謗佛〉（卷二三），〈梵志失利養殺女人謗佛〉（卷四〇）。

第三類，流傳於印度各地，反映印度各階層人物在日常生活中的善惡、是非、智愚、情趣的民間故事。如夫婦約不先語見偷取物夫能不言（卷四四），講述一對「顛痴」夫婦為食餅打賭，「先語者失，後語者得」，結果賊來偷物，丈夫為賭贏不出一聲，眼睜睜看著賊把家裡東西「擔將出戶」。一蛇首尾兩諍從尾則亡（卷四八），講述一蛇頭尾相諍為大，頭認為「有耳能聽，有目能視，有口能食，行時在前」，應該為大；尾則認為「我令汝去，故得去耳」，於是用尾繞樹三匝，三天不讓求食，飢餓垂死，頭只好讓步，結果「尾在前行，未經數步，墜火坑而死」。

## 三、《經律異相》的價值

《經律異相》的價值大致有兩個方面：

首先是文獻學上的價值。《經律異相》比另一部佛學類書《法苑珠林》（書成於唐高宗總章元年，西元六六八年）早一百五十餘年，比現存較早的著名類書《北堂書鈔》（書成於隋煬帝大業年間，西元六〇五～六一八年）也要早近百年，確為我國現存最早的類書之一。《經律異相》的資料主要取材於「經藏」和「律藏」兩類佛典翻譯著作，約有二百種左右；此外，還採錄了「論藏」中翻譯著作兩部：龍樹著、鳩摩羅什譯的《大智度論》（卷一、卷三、卷六、卷一三、卷三二、卷四六、卷四八等二十多卷徵引）和古印度迦旃延子造、五百羅漢釋、北涼浮陀跋摩與道泰共譯的《阿毘曇毘婆沙論》（卷三徵引）；漢僧撰作兩部：梁僧祐的《釋迦譜》（卷四徵引）和佚名的《諸經中要事》（卷一一、卷三七、卷四〇、卷四一、卷四四、卷四五徵引）。後兩部著作乃鈔集眾經而成，故取材總體上仍在漢譯經律論的範圍之內。

《經律異相》引用的「經」一類著作中，有許多後世絕傳的珍本或孤本，儘管作為佛教類書摘錄的僅是片段，但仍具有他書無法替代的史料價值以及文獻校勘、輯佚價值。據日本《大藏經索引．收錄典籍解題》，引用經典中，「在經錄作為失譯、抄經或疑偽經者亦被發見很多，又現在已散佚不傳者達一一四經以上。引用經典中，亦有任何經錄均無記載其名者一一部。即：《七曜經》、《旋陀羅兒經》、《跋陀羅比丘經》、《譬喻經》十卷、《舊譬喻經》八卷、《百句譬喻經》三卷以上本、《菩薩決定要行》、《明句命終作國王女自識宿命經》、《野干兩舌經》、《野狐求法事》」。其實，如果將這些不常見的經名與《開元錄》所載對勘，大多為大乘別生經、小乘別生經和見存經的異名，如《宿願果報經》實是《雜譬喻經》的別生經。別生經是根據一部或幾部佛經的部分內容編集的，即使作為單行本亡佚了，但實際內容沒有失傳（母本尚在），按佛經目錄的慣例，不算是佚經或闕本。故《經律異相》保存的佚經大約在三十種左右，其中屬於「大乘經單譯闕本」的，有《善信經》（又名《善信摩足經》，卷三、卷三八徵引，疑即姚秦鳩摩羅什譯《善信摩訶神咒經》）；屬於「小乘經單譯闕本」的，有《三乘名數經》（卷一徵引，疑即東晉道安所輯《涼土異經》中的《三乘經》）、《眾生未然三界經》（卷三徵引，西晉法矩譯）、《貧女為國王夫人經》（卷二三徵引，西晉竺法護譯）、《藍達王經》（卷二七徵引，吳支謙譯）、《請般特比丘經》（卷二八徵引，劉宋求那跋陀羅譯）、《阿質國王經》（卷二九徵引，吳支謙譯）、《問地獄經》（卷四九徵引，疑即後漢康巨譯《問地獄事經》）；屬於「疑偽經」的，有《淨度三昧經》（卷四九徵引）、《現佛胸萬字經》（卷五徵引，又名《胸有（現）萬字經》）；另有《折伏羅漢經》（卷二徵引）、《跋陀羅比丘尼經》（卷二三徵引）、《功德莊嚴王請佛供養出家得道經》（卷二七徵引）、《摩那祇全身入地獄經》（卷四五徵引）、《野干兩舌經》等未見載於佛經目錄。

其次是文學上的價值。《經律異相》所載的佛教故事，大多構思奇特，哲理深邃，譬喻恢宏，帶有濃厚的文學色彩，充實並擴充了中國文學的領域，成為中國古典文學的瑰寶。這些佛經故事，有的演化為家喻戶曉的成語典故和民間傳說，如猴子井中撈月（卷二一〈提婆達多昔為獼猴取井中月〉）、九色鹿救溺人（卷一一〈為九色鹿身以救溺人〉）、捨身飼虎（卷三一〈乾陀尸利國王太子投身餓虎遺骨起塔〉）、割肉救鴿（卷一〇〈釋迦為薩婆達王身割肉貿鷹〉）；有的則成為此後的小說、傳奇、話本、戲曲的重要素材。如眾多的神怪故事，對六朝、隋唐的志怪小說的形成和發展，起到了催發和推動的作用。又如卷四一所載的〈檀膩鞞身獲諸罪〉（原出《賢愚經》卷一一）：

（王）見二母人共諍一兒，時王明黠，以智權計：今唯一兒，二母爭之；聽汝二人，各挽一手，誰能得者。非其母者，於兒無慈，盡力頓牽；所生母者，於兒慈深，不忍抴挽。王鑒其偽，詰出力者，強謀他兒。即向王首。兒還其母，各爾放去。

這段故事流傳到元代後，其基本情節演變為李行道的《包待制智勘灰欄記》雜劇；甚至到了近代和現代，在歐洲又有沃爾亨、克拉崩、布萊希特改編的《高加索灰欄記》等三種戲劇，可見影響之大。又如〈商人驅牛以贖龍女得金奉親〉（卷四三所載，原出《僧祇律》卷三二），則和龍女牧羊、柳毅傳書的故事相似，後者當是受到前者的啟發，兩者應有淵源關係。

佛經故事傳說運用的散、韻結合的藝術形式，直接影響了中國通俗文學，從唐代變文、宋元平話，直至元明戲曲、曲藝的某些樣式中，均可感受到這種直接的傳承。

此外，《經律異相》在語言研究上也不無價值。作為中古漢語研究不可多得的語料，《經律異相》在文字（特別是俗字）、詞彙（特別是新詞新義、外來詞）、語法（特別是構詞法）的研究，以及對漢語語文辭書的編寫功用（例如揭示語詞的源頭、完善義項、收錄口語詞）還有待進一步發掘。

## 四、《經律異相》的版本與本書編選、注譯原則

《經律異相》，各版《大藏經》均有收錄。現存最早的版本為北京圖書館所藏北宋政和二年（西元一一一二年）開雕的《毗盧藏》殘卷。其他尚有載於《金藏》（《趙城金藏》，金熙宗完顏亶皇統九年（西

元一一四九年）開雕）「仙」至「傍」函、《磧砂藏》（《宋平江府磧砂延聖院大藏經》，南宋紹定四年（西元一二三一年）開雕）「靈」至「啟」函、《麗藏》（《高麗大藏經》，朝鮮高麗王朝高宗二十三年（西元一二三五年）開雕）「仙」至「傍」函、《普寧藏》（《杭州餘杭縣白雲宗南山大普寧寺大藏經》，元至元十四年（西元一二七七年）開雕）「靈」至「啟」函、《明南藏》（《明南本大藏經》，又稱《永樂南藏》，明永樂十至十五年（西元一四一二～一四一七年）開雕）「路」至「戶」函、《明北藏》（《明北本大藏經》，又稱《永樂北藏》，明永樂十九年（西元一四二一年）開雕）「經」至「相」函、《清藏》（《乾隆版大藏經》，又稱《龍藏》，清雍正十三年（西元一七三五年）開雕）「經」至「相」函、《頻伽藏》（《頻伽精舍校刊大藏經》，一九一三年上海頻伽精舍編印）「雨」帙、《大正藏》（《大正新修大藏經》，日本大正十三年（西元一九二四年）大正一切經刊行會編輯印刷）第五十三卷等版本。

根據「古籍今注新譯叢書體例」，本書的體例為：

一、題解：旨在說明出處、解題、大旨等。

二、原文。

三、章旨：旨在說明該段大意。

四、注釋：旨在解釋原文之生難字、詞、句，注釋的重點為佛教術語、當時的口語、相關的名物、制度。

五、語譯：翻譯成現代白話文。

鑒於《經律異相》篇幅宏大，本書作了刪選，編選的原則如下：

一、維持原典卷、部的架構順序編排，保持原典體系的完整。

二、凡故事宗旨相近，或情節類似的篇目，選擇故事情節較為精彩或較典型的篇目者。

三、篇幅過長或過短的篇目原則上不列入選篇之中。

編選後凡二三〇則，內容大致涉及以下幾個主題：

一、關於宇宙觀，例如闡述天堂、人間、地獄的構造。

二、關於佛、菩薩、外道、鬼怪，敘述佛、菩薩的降生、相貌、神力、出家、得道、涅槃、救度眾生，對比外道、鬼怪的邪惡、偏執、醜陋。

三、關於因果報應，透過各種果報的故事，解釋今世禍福之原由，並提出奉佛、行善、修行、守戒等跳脫輪迴、改變苦境的各種方法。

四、其他，記述各種奇特的人或事物，如神蹟、入海採寶等。

這次注譯，正文以上海古籍出版社一九八八年影印宋《磧砂藏》本為據，偶有不夠確切之處，間或也參考《大正藏》及別本酌予校改。《磧砂藏》宋元間由平江府（今江蘇南京）陳湖磧砂延聖院所刊，刻成於元大德五年（西元一三〇一年）。《經律異相》在該藏的千字文編號為「靈、丙、舍、傍、啟」。《磧砂藏》佚世已久，民國初發現陝西開元寺、臥龍寺存有全藏，一九三四年由上海影印宋版藏經會印出，《經律異相》殘損各葉，則用宋《思溪藏》、元《普寧藏》本配補；因此，此本當為流傳較廣的善本。

研究生鄧風平、金素芳、李素梅、馬麗、彭磊、阮劍豪、許劍宇、葉紀勇（按音序排列）等協助了本書的整理工作，謹致謝忱。又本文的撰寫參考了陳士強《佛典精解》有關內容，特致謝忱。

由於筆者學力有限，而佛教義理宏深，注譯中粗疏和謬誤一定不少，祈盼方家和讀者斧正。

顏洽茂 謹識

# 序

【題　解】西元前五三〇年，釋迦牟尼在印度菩提伽耶附近的一棵菩提樹下覺悟成佛，其後足跡遍布恆河中下游地區，說法傳教，化度眾生，留下許多言教。西元前四八五年，如來涅槃。第二年夏天，大弟子迦葉率眾在王舍城靈鷲山集合，彙編釋祖遺教，弟子阿難、優波離、迦葉分別誦出經、律、論，佛教三藏（經藏、律藏、論藏）逐步形成。

西曆紀元前後，佛教伴隨西域的商貿和交通傳入中國。早期佛教的傳播與佛經的傳播同步進行。「佛教為外來之學，其託命在翻譯，自然之數也」（梁啟超《佛學研究十八篇》第一八三頁），故「弘法之事，莫重於翻譯。漢開其端，而後累朝列國踵其事」（柳詒徵《中國文化史》第四一三頁）。據唐智昇《開元釋教錄》粗略統計，僅魏晉南北朝（西元二二〇～五八九年）三百多年中就譯經一六二一部，凡四一八〇卷。

佛典卷帙浩繁，帶來閱讀、查檢不便，對弘法、教化不利，於是梁武帝蕭衍效魏文帝曹丕「使諸儒撰集經傳，隨類相從」（《三國志・魏志・文帝紀》）而成「資博識」的類書《皇覽》之例，先於天監七年（西元五〇八年）命釋僧旻等編寫《眾經要鈔》，後又於天監十五年（西元五一六年）命釋寶唱等在僧旻《眾經要鈔》基礎上，摘鈔佛教經、律中被稱為「異相」的故事、譬喻和傳聞，彙編而成《經律異相》五十卷。本序簡要交代了編纂《經律異相》的旨趣與經過。

如來❶應跡❷，投緣，隨機❸闡教，兼被❹龍鬼❺，匪直❻天人❼。化啟憍陳❽，道終須跋❾，文積巨萬❿，簡累大千⓫。自西徂⓬東，固⓭難得而究也。若乃⓮劉向⓯

校書，玄言⑯久蘊；漢明感夢⑰，靈證彌⑱彰。自茲厥後，傳譯相繼，三藏⑲奧典⑳，雖已略周，九部㉑雜言，通未區集㉒。皇帝㉓同契㉔等覺㉕，比德㉖遍知㉗，大弘經教㉘，並利法俗㉙。廣延㉚博古，旁採遺文㉛，於是散偈流章，往往而出。今之所獲，蓋亦多矣。

【章　旨】記《經律異相》編纂前佛典翻譯盛況。

【注　釋】❶如來　梵文Tathāgata意譯，「佛」的十號之一。「如」即真如，指佛所說的絕對真理，循此真如達到佛的覺悟，故名。❷應跡　應化垂跡。即佛菩薩應眾生之機緣而隨宜顯現各種形象不同的化身以濟度眾生。❸隨機　猶隨緣，謂佛菩薩應眾生之緣而施教化。❹兼被　同時普及。❺龍鬼　天龍和鬼神。❻匪直　不只。❼天人　指住於天界或人界之眾生。❽憍陳　憍陳如，佛陀聲聞弟子之一，原為釋迦牟尼的侍者，佛陀於鹿苑初轉法輪時所度的五比丘之一。❾須跋　須跋陀羅，佛陀入滅前最後受教誡得道之弟子。得道時年已百二十歲，聞佛說八聖道，即於其夜出家受戒成阿羅漢，並於佛陀之前滅度。❿巨萬　萬萬，極言數目之多。⓫大千　猶巨萬，極言數目之多。一說為大千世界省稱。⓬徂　及；至。⓭固　誠然；確實。⓮若乃　至於。用於句子開頭，表示另起一事。⓯劉向　西元前七七～前六年，漢高祖弟楚元王劉交四世孫，漢成帝時任光祿大夫，校閱紀傳、諸子、詩賦等書籍。⓰玄言　深奧的義理。這裡指佛教的學說、經籍。⓱漢明感夢　後漢孝明帝劉莊夢見金人，身有日光，飛行殿庭。明日博問群臣，通人傅毅說：「天竺有得道者號曰佛，飛行虛空，身有日光。」⓲彌　更加。⓳三藏　指佛教經藏、律藏、論藏。⓴奧典　奧妙的典籍。㉑九部　即九部經，佛教經典最早的組織形態：一、經（修多羅），散文體。二、應頌（祇夜），重複上述散文的內容。三、記別，對所說道理反覆解釋。四、偈頌，提要式頌文。五、自說頌，不問而自說的頌文。六、本事，佛弟子過去的事。七、本生，佛過去的事。八、未曾有，未曾有之法。九、方廣，說方正廣大之法。佛教最早結集可能採取此結構。㉒區集　區分匯集。㉓皇帝　指梁武帝蕭衍。㉔契　契會真理而領悟。㉕等覺　正等正覺。佛所成就的德行之一。㉖比德　謂德行、德教可與之比擬、比配。㉗遍知　即「正遍知」，指智慧圓滿，也是佛所成就的德性之一。㉘經教　釋祖所說之一切教法均稱「經」，「經」所闡揚、詮釋之教，稱經教。㉙法俗　僧侶與俗人。㉚廣延　廣泛延請。㉛旁採遺文　兼採擇散佚的經文。旁，兼也。

**【語　譯】**如來應化垂跡投合眾生之機緣，隨眾生之機緣而闡揚教化，德澤同時普及天龍和鬼神，不只是住於天界或人界的眾生。佛陀的教化從憍陳如開始，而終結於須跋陀羅，在這過程中，佛教的經籍累積何止千萬。從西到東，實在難以究尋。至於光祿大夫劉向校書天祿閣時，發現佛教的經籍中土早已蘊藏；後漢孝明帝感夢求法，靈妙不可思議的證驗更加彰顯。自此以後，佛經的翻譯連續不斷，經、律、論三藏這些奧妙的典籍，雖然已大致完備，但是九部經中那些短小的經文，都還沒有區分匯集。梁武帝領悟真理同於佛的正等正覺，德行可與佛的遍知相比擬，大力弘揚佛教，對僧侶和俗人都有利生益世的功德。勅令廣泛延請通古之人，兼採擇散佚的經文，於是散落的偈頌、流失的章句因此又都出現。現在所能搜集到的，大概也有不少了。

聖旨❶以為：像正浸末❷，信樂❸彌衰，文句浩漫❹，尠❺能該洽❻。以天監七年，勅❼釋僧旻等備❽鈔眾典，顯證❾深文，控會❿神宗⓫，辭略意曉，於鑽求者已有太半⓬之益。但希有異相⓭，猶散眾篇，難聞祕說⓮，未加標顯⓯。又以十五年末，勅寶唱鈔經律要事。皆使以類相從，令覽者易了⓰。又勅新安寺釋僧豪、興皇寺釋法生等相助檢讀。於是博綜⓱經籍，搜採祕要⓲，上詢宸慮⓳，取則⓴成規。已為五十卷，又目錄五卷，分為五袠㉑，名為《經律異相》。將來學者可不勞而博矣。

【章　旨】記《經律異相》編纂的旨趣及經過。

【注　釋】❶聖旨　帝王的意旨和命令。❷像正浸末　謂佛教經過正法、像法時期將逐漸進入末法時期。像正，正法、像法的合稱。佛教對其自身歷史演化過程，有「正、像、末」三時的說法。正法（梵文 Sad-dharma）時期指如來滅後，教法住世，依教法修行即能證果的時期；像法（梵文 Saddharma-pratirūpaka，一譯作「象法」）時期謂佛去世久遠，奉行與「正法」相似的佛法，其時雖有教法及修行者，但多不能證果；末法（梵文 Saddharma-Vipralopa）時期指教法垂世，佛法將滅，雖有教說，而不能修行證果。浸，逐漸。末，指末法時期。❸信樂　謂聽聞並信仰佛法，因而產生愛樂之心。❹浩漫　猶浩如煙海，形容佛教、文獻資料等非常豐富。❺尠　同「鮮」。少。❻該洽　博通。❼勑　皇帝下達詔令。❽備　詳備。❾顯證　明證；闡證。❿控會　猶貫通。⓫神宗　猶神旨，謂佛教教義的真諦。⓬太半　大半；多半。⓭異相　「同相」的對稱。指一切物各各相異之狀態。同相為「真如」，異相則是體現「真如」的、存在於神話傳說和現實中具體形象之間的差別相。異，差別；差異。⓮祕說　深奧的學說。⓯標顯　標識顯示。⓰了　明瞭。⓱博綜　猶博通。⓲祕要　珍藏的罕見的典籍。⓳宸慮　帝王的思慮、謀劃。⓴取則　取作準則或榜樣。猶效法。㉑袠　同「袟」、「帙」。書套。這裡用作量詞，書一函亦稱一袠。

【語　譯】梁武帝認為：佛教經過正法、像法時期後，將逐漸進入末法時期，聽聞、信仰佛法而產生的愛樂之心會更加衰退，再加上佛教典籍的詞句浩如煙海，很少有人能夠博通。於是皇帝在天監七年，勑令建康莊嚴寺沙門釋僧旻等人詳盡摘鈔各種佛教典籍而成《眾經要鈔》，闡證深奧的文句，貫通佛教教義的真諦，文辭簡略意義曉暢，對於鑽研的人已經有大半的益處。但是稀有的、被稱為「異相」的故事、譬喻和傳聞，仍然散落在各種其他的篇章中，不易聞見的深奧學說，沒有加以標明顯示。所以皇帝又在天監十五年末，勑令釋寶唱摘鈔釋祖口授經律中重要的故事、譬喻等材料。所有材料都按類選輯彙編，讓閱讀的人容易明瞭。皇帝又勑令新安寺沙門釋僧豪、興皇寺沙門釋法生等人幫助整理。於是編者博通佛教經籍，搜集採擇珍藏的罕見典籍，向上徵詢皇帝的意見，效法類書的編纂規則。最終編成五十卷，再加上目錄五卷，分作五帙，書名為《經律異相》。這樣，將來學佛之人可以不用煩勞就達到博識的目的了。

# 卷第一

## 天部上

【題解】「天」本是日月星辰運行、四時寒暑交替、萬物蒙受覆育的自然之體。在佛教中，「天」是高於人類的上界生類，指天神、梵天等；也指這些生類的生活環境。本部輯錄三界諸天、三界成壞等佛教傳說，其中有關於欲界六天、色界三十三天、無色界四天的構成和傳說，關於有情世間和器世間生成與壞滅的傳說，關於日月星宿等天體、雷電風雨等自然現象的傳說。這些誇張的、難以想像的傳說構成了佛教的宇宙觀：宇宙在空間上具有依次上升的立體結構層次，眾生世界分為欲界、色界和無色界；宇宙在時間上無始無終，但每一個三千大千世界都有成、住、壞、空的變化過程。

### 四天王❶

（出《長阿含經》第二十卷、《大智論》、《樓炭經》）

四天王居須彌❷，四埵❸皆高四萬二千由旬❹。東方天王名提頭賴吒，城號上賢；南方天王名毗婁勒叉，城號善見；西方天王名毗婁博叉，城號周羅；北方天王名毘沙門，凡住三城：一號可畏，二名天敬，三名眾歸。

【章　旨】記四天王名號及所居城號。

【注　釋】❶四天王　亦稱「護世四天王」。印度佛教傳說，須彌山腰有一山名犍陀羅山，山有四峰，各有一王居住，各護一天下，故名。四天王在中國俗稱「四大金剛」，是東、西、南、北四方的守護者。❷須彌　梵文 Sumeru 的音譯。即須彌山。印度神話中的山名。亦為佛教所採用。相傳山高八萬四千由旬，山頂住帝釋天，四面山腰住四天王天，周圍有七香海、七金山。❸埵　通「陲」。邊；面。❹由旬　梵文 Yojana 的音譯。古印度計算距離的單位。一般以帝王一日行軍的路程為一由旬。

【語　譯】四天王居住在須彌山，四面山腰都高達四萬二千由旬。東方天王叫提頭賴吒，所住的城名叫上賢；南方天王名叫毘婁勒叉，所住的城名叫善見；西方天王叫毘婁博叉，所住的城名叫周羅；北方天王叫毘沙門，共住三城：第一座叫可畏，第二座叫天敬，第三座叫眾歸。

四王身長皆半由旬，衣長一由旬，廣❶半由旬，其重二分❷。天壽❸五百歲，少出多減❹。以人間五十歲為天一日一夜，亦以三十日為一月，十二月為一歲也。食淨揣食❺，洗浴、衣服為細滑食❻。男娶女嫁，身行陰陽❼，一同人間。

【章　旨】記四天王身長、衣食及壽命。

【注　釋】❶廣　寬。❷分　重量單位。一兩的百分之一。❸壽　壽命。❹少出多減　指少數超出，多數不能達到。出，超出。減，不到。❺淨揣食　即「淨摶食」，素飯糰。摶食，以手捏飯糰、抓食，此指飯糰。❻細滑食　指細膩的享受。細滑，本指軟細滑澤，這裡指細膩。食，佛教以長養、支援並增益身命的東西為食。這裡猶如說「享受」。❼身行陰陽　指男女交媾。

【語　譯】四天王身長都是半由旬，所穿的衣服長一由旬，寬半由旬，但衣服的重量卻只有一兩的五十分之一。四天王及其眷屬的壽命大約五百歲，少數超出，多數不能達到。人間的五十年相當於天上的一日一夜，四天下也以三十天為一個月，以十二個月為一年。四天王及其眷屬吃素飯糰，把洗浴、穿衣作為細膩的享受。天上也有男婚女嫁，也有男女交媾，同人間一樣。

以昔三業❶善，今生為天，自然化現❷，在天膝上。形之大小，如人間兩歲。兒生未久，便自知飢。七寶❸妙器，盛百味食❹：若福多者，飯色自白；若福中者，飯色自青；若福少者，飯色自赤。兒食消化。化後若渴，寶器甘露，如食之色，飲不留停，如酥❺投火。身體長大，便與天等入池沐浴。詣❻香樹下，枝條垂曲，取香塗身。衣具❼莊嚴❽、華鬘❾寶器、果實樂器，各有樹出。遍往詣之，隨意所取。入諸園林，無數天女鼓樂絃歌，戲笑相向。深生染著❿，視西望東。當其戲樂，忘其初生所念識知⓫：承先世善，得生天上。

【章　旨】記眾生因過去身、口、意三業俱善的緣故，今世而生四天王天。並記他們飲食、沐浴、歌舞、產生染著等情況。

【注　釋】❶三業　指身業、口業、意業。業，梵文 Karman 的意譯。意為造作，泛指一切身心活動。身業指行動，口業指言語，意業指思想活動。❷化現　無所依託，借業力忽然出現。化，化生。❸七寶　七種珍寶。佛經中說法不一：《法華經》以金、銀、琉璃、硨磲、瑪瑙、真珠、玫瑰為七寶；《無量壽經》以金、銀、琉璃、硨磲、瑪瑙、琥珀、珊瑚為七寶；《大阿彌陀經》以黃金、白銀、水晶、瑠璃、硨磲、琥珀、珊瑚為七寶。❹百味食　泛指各種滋味的食品。❺酥　油脂。一本作「蘇」，柴草。亦通。❻詣　到；去。❼衣具　衣服；衣衫。❽莊嚴　裝飾物。❾華鬘　即「花鬘」。用作身首飾物的環串。❿染著　指愛欲之心浸染外物，執著不離。⓫初生所念識知　指初生天時，口自念言：「我往昔在人間，身行善、口言善、意念善。由於此三善的緣故，得生天上。我假如在此命終復生人間的話，當淨身、口、意三業，倍復精勤修諸善行。」

【語　譯】眾生中有人因為過去身、口、意三業善的緣故，今世得以生在天上，借業力自然出現在諸天的膝蓋上。其形狀大小，就如同人間兩歲的嬰兒。天嬰出生不久，就知道飢餓。這時，便出現了由七寶製成的美妙器具，盛滿了各種滋味的食品：假如前世福德多，飯食的顏色就呈白色；假如福德中等，飯食的顏色就呈青色；假如福德少，飯食的顏色就呈深紅色。嬰兒吃完能自動消化。消化之後，若感到口渴，便會出現寶器盛放著的甜美露水，甘露的顏色如同飯食的顏色一樣，天嬰暢飲不停，就如同油脂投放到烈火之中。飲食完畢，身體漸漸長大，便與諸天進入浴池沐浴。又來到香樹下，香樹枝條盤曲下垂，天人取眾香塗抹身體。此時衣服、裝飾品、花串、寶器、果實、樂器出現在各種樹上。天人到各樹之下，隨意索取。接著又進入園林，看到無數天女擊鼓奏樂，彈絃歌唱，互相嬉笑。天人此時便深深地產生愛欲之心，東張西望，目不暇接。天人嬉樂時，忘記了他們初生時的所念所想：因為繼承了前世的善業，才得以生在天上。

池沼❶清澄❷，華果榮茂。其城七重，皆廣六千由旬。欄楯❸羅網❹、宮牆行樹，皆悉七重。毘沙門王常有五大鬼神：一名那闍婁，二名檀陀羅，三名醯摩跋陀，四名提偈羅，五名修逸路摩，常侍王側。

【章　旨】記四天王城池宮苑的校飾，以及北方天王毘沙門的部屬。

【注　釋】❶池沼　泛指池塘。❷清澄　清澈。❸欄楯　欄杆。❹羅網　一種網狀物，常張設在屋檐上，亦稱寶網。

【語　譯】四天王宮苑的池塘清澈，花果繁榮茂盛。他們的城郭有七層，寬都是六千由旬。城內宮苑的欄杆、張設在屋檐上的寶網、宮牆邊成列的樹木，也都是七層的。毘沙門天王身邊常有五大鬼神護衛：第一個叫那闍婁，第二個叫檀陀羅，第三個叫醯摩跋陀，第四個叫提偈羅，第五個叫修逸路摩，他們經常侍衛在北方天王的身旁。

半月三齋❶：八日，十四日，十五日。四天王常以八日勅諸使者：「汝等案行❷世間，觀察人民孝父母、敬沙門❸及婆羅門❹長老❺、受持齋戒❻、布施❼者不❽。」使者奉教，具啟善惡。聞惡不悅，言善則喜。十四日，四王常遣太子案行天下。十五日，四天躬自❾履歷❿。然後詣善法殿⓫，具啟帝釋⓬。聞惡則憂，言善則樂，說偈⓭讚歎：「受持齋受戒，人與我同行。」

【章　旨】記四天王每半月三次素食，並於齋日或遣使者、太子，或親自巡視世間，並報告天帝釋，嫉惡揚善。

【注　釋】❶齋　素食曰齋。❷案行　巡視。❸沙門　梵文Śramaṇa音譯「沙門那」的略稱。原為古印度反婆羅門教各派出家者的通稱，佛教盛行後專指佛教僧侶。❹婆羅門　梵文Brāhmaṇa的音譯。印度的第一種姓，是古印度一切知識的壟斷者。按《摩奴法典》規定，婆羅門有六法：學習吠陀、為自己祭祀、為他人祭祀、布施、受施等。❺長老　對出家年歲長、德高僧人的尊稱。❻受持齋戒　即「受戒持齋」。受戒，指領守佛教戒法。持齋，指遵守齋法不違反。❼布施　梵文Dāna的意譯。瑜珈行為「六波羅蜜」之一。指施與他人財物、體力和智慧等，為他人造福成智而求得積累功德以至解脫的一種修行辦法。

派等分布施為三種：財布施、法布施、無畏布施。❽不　猶如說「否」。❾躬自　親自。躬，親身。❿履歷　親身經歷；親自實踐。⓫善法殿　即善法堂。帝釋天的講堂名。在須彌山頂善見城外之西南角。忉利諸天經常會集其中，論人世間善惡。⓬帝釋　梵文 Śakra-devānām-indra 的音譯、意譯並舉，亦稱「天帝釋」、「帝釋天」。佛教護法神之一，是忉利天（即三十三天）之主，居住在須彌山頂的善見城內。⓭偈　梵文 Gāthā 的意譯。佛經中的唱頌詞。通常以四句為一偈，每一句三言、四言、五言、六言、七言等不定。

**【語　譯】**每半月有三次齋食：分別為八日、十四日、十五日。四天王常在每月八日勅令各個使者：「你們巡視人間，觀察百姓中是否有孝順父母、敬重沙門和婆羅門、宗事長老、領守佛教戒律不違反齋法、布施賑濟窮困的人。」使者接受命令後，如實報告人間發生的善惡之事。四天王聽到人間的壞事就憂愁不高興，聽到人間的好事就歡喜。每月十四日，四天王經常派遣太子巡視天下。每月十五日，四天王親自巡視天下。然後到須彌山頂的善法堂，向天帝釋報告。帝釋聽到世間的壞事就憂愁，聽到人間的好事就快樂，並用偈頌讚歎道：「持齋又受戒律，世人與我同行。」

## 忉利天❶

（出《長阿含經》第二十卷、《樓炭經》、《大智論》等）

忉利天居須彌山頂，有三十三天宮。王名釋提桓因，身長一由旬。衣長二由旬，廣一由旬，衣重六銖❷。壽天千歲，少出多減。若欲終時，有五相現：一者衣裳垢膩❸；二者頭上華萎❹；三者身體臭穢❺；四者腋下汗流；五者不樂本座。見五事時心大苦惱，如地獄❻苦。飲食嫁娶，猶如四天。身體相近，以氣成陰陽。

【章　旨】記忉利天身長、衣食及壽終之相。

【注　釋】❶忉利天　梵文Trāyastriṃśa的音譯，意譯為三十三天。六欲天之一。在須彌山頂上，中央為帝釋天，四方各有八天，合為三十三天。據《大智度論》卷九，須彌山高八萬四千由旬，上有三十三天城。❷銖　古代重量單位。為一兩的二十四分之一。❸垢膩　汙垢。多指粘附在物體上的不潔之物。❹萎　植物枯槁、凋謝。❺臭穢　氣味敗壞，汙濁骯髒。❻地獄　梵文Naraka的意譯。「六道」中的惡道之一。據《大乘義章》卷八，有等活、黑繩、眾合、號叫、大叫、炎熱、大熱、阿鼻八大地獄。

【語　譯】忉利天處於須彌山頂，上有三十三座天宮。忉利天王名叫釋提桓因，身長一由旬。所穿的衣服長二由旬，寬一由旬，但衣服的重量卻只有六銖。忉利天王及其眷屬的壽命有一千歲，少數超出而多數達不到。假如壽命要終結時，有五種現象出現：一是所穿的衣服出現汙垢；二是頭上所戴的花開始凋謝；三是身體發出臭味，汙濁骯髒；四是腋下出汗；五是不喜歡本座。當見到這五種情況時，心中大為煩惱，就如同在地獄中受苦一樣。飲食和嫁娶，如同四天王天。行欲時男女身體互相接近，用氣交媾。

以身、口、意善，生忉利天。自然化現在天膝上，如三歲兒。天即誌❶言：是我男我女。自識❷前世布施、持戒。欲得飲食，隨滿金器。福有深淺，食有優降❸，如四天王天。

【章　旨】記眾生因三業善的緣故，身壞命終而生忉利天，成為該天的子女，享受種種美食。

【注　釋】❶誌　做記號；標記。❷識　知曉。❸優降　猶如說「等差」。

【語　譯】有眾生因為過去身業、口業、意業善的緣故，今世生在忉利天。他們借助業力自然出現在諸天的膝蓋上，其形狀大小如同人間三歲的嬰兒。諸天做上標記後便說：這是我的兒子，這是我的女兒。他們自己知曉前世賑濟窮困、遵守戒律等善事。天嬰出生後想要得到飲食，食物隨即便會填滿金製的器皿。由於前世的福德有大小，所以飲食的顏色也有等差，就如同四天王天一樣。

城縱廣八萬由旬。其城七重，九百九十九門，門有六十青衣夜叉❶守之。三十三天，金城銀門、銀城金門，如是七寶互為城門。樓閣臺觀，周匝❷圍繞；園林浴池，寶花間雜；寶樹行列，華果繁茂；香風四起，悅可❸人心；異類奇鳥，無數和鳴❹。其四園中各有二石垛，各各縱廣五十由旬，七寶所成，軟若天衣。粗澀園、畫樂園中間有難陀池，縱廣百由旬，其水清澄。七重寶塹❺，生四種華，青、黃、赤、白、紅、縹、雜色。香氣普熏，聞一由旬。根如車轂，汁白如乳，味甘如蜜。復有雜園、大歡喜園，中間有樹名晝度，圍❻七由旬，高百由旬，枝葉四布五十由旬。其香逆❼風百由旬內。忉利殿❽南又有一樹，名波質拘耆羅，高四千里，枝葉分布二千里。風吹華香，逆風行聞二千里。當樹華時，諸天共坐樹下，以為歡樂，經遊天一百二十日。帝釋三十二大臣，故言三十三天。也各有宮，皆在城內。遊戲園中，必經七日。粗澀❾者，入此園時身體粗澀；畫者，入此園時身體自然種種畫色，以相悅樂；雜者，常以月八日、十四日、十五日放諸婇女⑩與諸天子⑪雜遊⑫，獨與舍脂⑬共在一處，名為雜；大喜者，入此園時，心大歡喜。

【章　旨】記忉利天城池、園林、花鳥、樹木、逸遊之事。

【注　釋】❶夜叉　梵文 Yakṣa 的音譯，意譯為「能啖鬼」、「捷疾鬼」等。印度神話中的一種半神的小神靈。佛教中作為忉利天天王的部屬，列為天龍八部之一。❷周匝　周圍；四周。❸悅可　喜悅認可。這裡猶如說「使……喜悅」。❹和鳴　互相應和而鳴。❺寶塹　指佛教聖地或寺院周圍的溝壕。❻圍　周長。❼逆　迎著。❽忉利殿　指忉利天的宮殿。❾粗澀　粗糙、不細滑。❿婇女　宮女。⓫天子　指諸天之子。⓬雜遊　共處。一說混雜交往。⓭舍脂　阿修羅之女，天帝釋的夫人。

【語　譯】三十三天宮城長、寬各八萬由旬。宮城有七層，有九百九十九扇門，每扇門前有六十個穿青衣的夜叉守衛。三十三天中凡是金城用銀門，凡銀城便用金門，又用七寶來裝飾城門。樓閣亭臺宮觀，四面圍繞；園林浴池中，有眾多寶花混雜其間；寶樹成行排列，花果繁盛；香風四起，使人喜悅；異類奇鳥，無數千種，應和而鳴。忉利天四園中各有兩個石垛，每個石垛長、寬各五十由旬，用七寶裝飾，柔軟如同天衣。粗澀園和畫樂園中間有難陀池，池長、寬一百由旬，池水清澈。七道寶溝四面圍繞，池中生四種花，有青、黃、赤、白、紅、月白、雜色等各種顏色。香氣熏天，一由旬外都能聞到。花根粗如車轂，其汁流出，潔白如乳汁，味甜如蜜糖。又有雜園、大歡喜園，兩園中間有一棵大樹叫畫度，樹的周長有七由旬，高達一百由旬，枝葉四布幾乎有五十由旬。枝葉發出的香味迎風飄散，一百由旬內都能聞到。忉利天宮的南面又有一棵大樹，叫波質拘耆羅，樹高四千里，枝葉四布達二千里方圓。風吹花香，迎風飄散，二千里外也能聞到。當大樹開花時，諸天一起坐在樹下，共同娛樂，在天上遊歷一百二十日。天帝釋有三十二位大臣，所以叫三十三天。三十二大臣各有宮室，都在城裡。凡是到園林遊覽玩耍，必定需要七天。所謂「粗澀園」，是說進入此園時，身體就會變得粗糙、不細滑；所謂「畫樂園」，是說進入此園後，身體自然出現種種圖畫色彩，諸天以此互相娛樂；所謂「雜園」，是因為天帝釋常在每月八日、十四日、十五日讓各位宮女與諸天之子共處，而自己單獨和夫人舍脂在一起，所以稱作「雜園」；所謂「大喜園」，是指進入此園時，心中便會產生極大歡喜。

## 魔天❶

（出《阿含經》第十八、二十卷、《樓炭經》、《大智論》）

魔天宮在欲❷、色❸二界中間。魔者，譬如石磨磨壞功德❹也。縱廣六千由旬，宮牆七重。一切莊嚴，猶如下天。並有十法❺：一者飛去無限數；二者飛來無限數；三者去無礙❻；四者來無礙；五者天身無有皮膚、骨髓、筋脈、血肉；六者身無不淨大小便利❼；七者身無疲極❽；八者天女不產❾；九者天目不眴❿；十者身隨意，好青則青，好黃則黃，好赤白眾色，隨意而現——此是天十法。又有持⓫十事：一者飛行無極⓬；二者往還無極；三者諸天無盜賊；四者不相說身善，亦不說他人惡；五者無有相侵；六者諸天齒⓭等而通⓮；七者髮紺青色⓯，滑澤，長八丈；八者天人青色髮者，身亦青色；九者欲得白者，身即白色；十者欲得黑色，而身即黑。

【章　旨】記魔天天宮的概況，以及魔天眾生所擁有的十種法術和十種本領。

【注　釋】❶魔天　魔所住的天界，即他化自在天。居於欲界的頂上，介於欲界和色界之間。❷欲　欲界。指深受各種欲望支配和煎熬的生物所居之處，包括六欲天、人間、地獄等。欲，有財、色、名、食、睡五欲，主要指食欲和淫欲。❸色 指色界。位於欲界之上，為已離食、淫兩欲的眾生所居之處。❹功德 佛教語。《大乘義章・十功德義之門分別》：「功謂功能，能破生死，能得涅槃，能度眾生，名之為功。此功是善行家德，故云功德。」多泛指念佛、誦經、布施等事。❺法 法術。❻無礙 沒有障礙。❼便利 排泄的屎尿。❽疲極 疲乏。極，疲困。❾產 生育。❿眴 眨眼。⓫持 執持。這裡指擅長。⓬極 盡頭。⓭齒 年齡。⓮通 相同。⓯紺青色 深青透紅之色。

【語 譯】魔天的宮殿處於欲界和色界之間。所謂魔，就如同石磨一樣磨壞功德。魔天宮的長寬各六千由旬，有七層宮牆。魔天的一切裝飾都如同在其之下的天界。魔天眾生有十種法術：第一是飛去不受限制；第二是飛來不受限制；第三是去沒有障礙；第四是來沒有障礙；第五是身上沒有皮膚、骨髓、筋脈、血肉；第六是身上沒有不乾淨的屎尿；第七是身體不會疲乏；第八是魔天女不生育；第九是眼睛不眨；第十是身體的膚色可以隨心所欲，喜歡青色便是青色，喜歡黃色便是黃色，喜歡紅白等顏色都能隨意變化——這便是魔天的十種法術。同時，魔天眾生還擅長十種本領：第一飛行沒有盡頭；第二往返沒有盡頭；第三諸天中沒有盜賊；第四不互相誇耀自己的長處，也不說別人的短處；第五互相不侵犯；第六諸天年齡相等；第七毛髮深青色，光滑而有色澤，長達八丈；第八天人都是青色毛髮，身體也呈青色；第九是想要白色，身體便呈白色；第十是想要黑色，身體便呈黑色。

（出《長阿含經》第二十卷）

## 梵身天❶

梵身天宮，宮純黃金。身白銀色，衣金色衣。行禪❷離欲❸，修習火光三昧❹，故身出妙光，勝於日月。非男非女，以禪悅❺為食。壽命一劫❻，或有滅者。身長半由旬，壽半劫。

【章　旨】記梵身天身長、衣食、身體特徵等。

【注　釋】❶梵身天　色界初禪天之一。一說初禪無梵身天，梵身天同梵眾天。❷行禪　指打坐靜修。❸離欲　指絕離食、淫等欲念。❹火光三昧　出火之禪定，即第四禪定。三昧，梵文Samādhi的音譯。又譯作「三摩地」。意譯為「正定」。謂屏除雜念，心不散亂，專注一境。❺禪悅　謂入於禪定，使心神怡悅。❻劫　梵文Kalpa的音譯之略，也譯作「劫波」或「劫簸」，意為極久遠的時節。古印度傳說世界經歷若干萬年毀滅一次，重新再開始，這樣一個週期叫「一劫」。「一劫」的時間長短，佛經有各種不同的說法。一「劫」包括「成」、「住」、「壞」、「空」四個時期，叫做「四劫」。到「壞劫」時，有水、火、風三災出現，世界歸於毀滅。

【語　譯】梵身天的宮殿是純黃金的。梵身天眾的身體呈銀白色，他們穿金色的衣服。打坐靜修，絕離欲念，修煉出火禪定，所以身體發出美妙的光輝，這光輝勝過了太陽和月亮。梵身天眾沒有男女之相，以入於禪定獲得閑寂之樂頤養身心。他們的壽命長達一劫，有的則達不到。梵身天眾凡身長半由旬的，壽命只有半劫。

## 光音天❶

（出《長阿含經》第二十卷、《華嚴經》、《大智論》等）

光音天，王名樂光。觀閻浮提❷臭穢惡氣，上熏七千萬里，是以菩薩不生光音。二禪❸通名光音。有宮去於梵迦夷宮由旬一倍。

【章　旨】記光音天王的名字、王宮的位置，以及菩薩不生光音天的原因。

【注　釋】❶光音天　又稱「極光淨天」，色界二禪天之第三天。此天絕音聲，以定心所發之光為語言，故名為光音天。也泛指二禪天。❷閻浮提　梵文Jambu-dvīpa的音譯之略，即南贍部洲。閻浮，樹名。「提」為「提鞞波」之略，意譯為洲。洲中閻浮樹最多，故稱閻浮提。多泛指人世間。❸二禪　指二禪天。二禪天廣如小千世界，居此天者，無眼、耳、鼻、舌、身等五識，唯有意識存在。

【語　譯】光音天天王名叫樂光。觀察到人世間骯髒不好的氣味，向上熏蒸七千萬里，因此菩薩一般不往生光音天。光音天也作為二禪天的通名。光音天宮距離梵迦夷宮有一倍的由旬。

## 色究竟天❶

（出《長阿含經》第二十卷、《樓炭經》、《華嚴經》等）

色究竟天，身長一萬六千由旬，亦以禪樂為食。壽五千劫，或有減者。此五天通名淨居❷，諸那含❸所止❹。光明最勝。

【章　旨】記色究竟天身長、飲食、壽命以及身體特徵等。

【注　釋】❶色究竟天　色界淨梵地之一，五淨居天之一。此天為色界諸天最勝之處，於諸塵幾微之處而研窮究竟，所以叫色究竟天。❷淨居　指淨居天，色界第四禪、證得不還果的聖者所生之地。因為只有聖人居住，沒有異雜眾生，所以叫淨居。

❸那含　梵文Anāgāmin（阿那含）音譯之略，意譯為不還。小乘修行果位之一，通過修行完全斷除欲界誘惑而達到的果位。

❹止　依止；居住。

【語　譯】色究竟天眾生身長一萬六千由旬，也以禪樂頤養身心。其壽命長五千劫，有些則達不到。以上這五天通稱為淨居天，證得小乘不還果位的各個聖人都居住在這裡。色究竟天眾的身體最為光明。

## 無色❶四天

（出《雜阿含經》、《增一阿含經》、《樓炭經》）

無量空入處❷，或云空處智天。壽萬劫，或有小減。

無量識入處❸，或云識處智天。天壽二萬一千劫，或復少減。

無所有入處❹，或云無所有處智天，或云不用處。有優踏藍，不受佛化❺，而自命終。佛記❻此人生不用處，若復捨身，為邊地王，傷害人民，後生地獄中。天壽四萬二千劫，或有小減。

非想非非想入處❼，或云有想無想天。有弗羅勒迦藍，不受佛化而取命終。佛記當生有想無想天。於彼命終，後當復為著翅惡狸❽，飛行走獸無脫之者。命終生地獄中。天壽八萬四千劫，或有小減。

【章　旨】記無色界四天的名稱、壽命等情況。

【注　釋】❶無色　即「無色界」，三界之一。此界沒有任何物質性的東西，例如宮殿、國土，只有思想意識住於深妙的禪定之中。居於此者沒有身體，只以命根（相當壽命）、眾同分（指眾生類聚的共性）賴以存在，為無形色眾生所居之處。此界分四天，自上而下依次為：空無邊處、識無邊處、無所有處、非想非非想處。❷無量空入處　即「空無邊處天」，無色界四天之一。此天厭患物質的束縛滯礙，捨棄色想，心繫無邊虛空，從而與無邊虛空相應。❸無量識入處　即「識無邊處天」，無色界四天之一。此天厭棄無邊虛空，捨棄虛空，轉心而緣無邊內識，從而與無邊內識相應。❹無所有入處　即「無所有處天」，無色界四天之一。也叫不用處，謂不用前空處、識處。此天厭患內識無邊，於是捨識而入無所有處，以心識無所有為靜想對象，心與無所有相應。❺佛化　佛的教化。❻記　懸記。即預言。❼非想非非想入處　即「非想非非想處天」，無色界四天之一。此天居無色界之頂，諸天中之最勝者。前面的空定畢竟有識，即有想；前面的空定畢竟還有無所有處，即無想。捨棄前面的有想叫非想，捨棄前面的無想叫非非想；捨棄與「想」的一切聯繫，連「不想」也不想，就是非想非非想，也即有想無想。❽惡狸　兇惡的豹貓。

【語譯】無量空入處天，有人也叫空處智天。此天眾生壽命長一萬劫，有些則稍為少一點。

無量識入處天，有人也叫識處智天。此天眾生壽命長二萬一千劫，也有些則稍為少一點。

無所有入處天，有人也叫無所有處智天，或者叫不用處天。有一個叫優踏藍的，不接受佛的教化，生命自然終結。佛預言此人將轉世生在不用處天，假如捨棄身命將轉生為邊地王，並會傷害人民，死後便轉生地獄中。此天眾生壽命長達四萬二千劫，有些則稍為少一點。

非想非非想入處天，有人也叫有想無想天。有一個叫弗羅勒迦藍的，不接受佛的教化而生命終結。佛預言他將轉生有想無想天。在他命終之後，將會轉生為長著翅膀的兇惡的豹貓，飛禽走獸都無法在牠手中逃脫。但命終之後將下地獄。此天眾生的壽命長達八萬四千劫，有些則稍為少一點。

## 三小災❶

（出《長阿含經》第二十二卷、《三小劫經鈔》等）

劫初時人壽四萬歲，後轉減促❷，止於百年；漸復不全，乃至十歲。女生五月，皆已行嫁。十歲之時謂三小劫：一刀兵，二飢餓，三疾病。刀兵劫者，人多貪麁，行十惡法❸；若行一善，眾共形笑❹，推以為愚，爭共陵滅❺。相斅❻作惡，無一善人。五穀不生，美味消滅❼；繒絹❽劫貝❾，自然而盡。但食稊稗❿，織草為衣。七寶沉沒⓫，沙石充遍。地生荊棘，枝葉大小皆是刀劍，拱木倒壞。地盡溝坑，湧波⑫崩岸，江河稍廣，平地漸減。刀兵一起，經七日中，手執草木、瓦石，悉成刀劍。更相⑬劫奪，懍懍⑭恐懼，但欲相殺，猶如獵師⑮遇見群鹿。中有智者，遠藏山谷無人之處，食果飲水，以盡十年。相殺盡者，生地獄中，名刀兵劫。

【章　旨】記劫初時人壽變化以及刀兵劫時人們的種種惡行、爭鬥和自然界發生的災難、荒蕪景象等。

【注　釋】❶三小災　即「三小劫」。❷減促　減短；縮短。促，短；短促。❸十惡法　指十種罪業，如：殺生、偷盜、邪淫、妄語、兩舌（挑撥離間）、惡口（粗惡傷人的言語）、綺語（邪淫言語）、貪欲、瞋恚、邪見（否定因果的見解）等。法，是梵文dharma的意譯，指事物及其現象。❹形笑　嘲笑。❺陵滅　欺凌。❻斅　同「學」。這裡指效法、摹仿。❼消滅　消失滅亡。❽繒絹　絲綢。❾劫貝　又作「劫波」，樹名。也指用劫貝樹之絲織成的白氈布。❿稊稗　一種形狀像穀的草。⓫沉沒　這裡指湮沒、埋沒。⓬湧波　奔騰翻滾的水波。⓭更相　相繼；相互。⓮懍懍　恐懼的樣子；危懼的樣子。⓯獵師　即獵人。師，指精通某一技藝的人。

【語　譯】極久遠時候的初期，人的壽命長達四萬歲，後來慢慢地縮短，一直短到祇有百年；漸漸地連百年也無法保全，甚至最後祇有十歲。女子出生五個月之後，便要出嫁。壽命十歲的時候有三小劫：第一是刀兵劫，第二為飢餓劫，第三是疾病劫。刀兵劫時，人們大多貪婪粗野，作十種罪業；有人如果做了一件善事，眾人便會一起嘲笑他，並認為他愚昧，爭先恐後地凌辱他。人們互相學著做壞事，世上沒有一個善人。此時五穀不生長，山珍美味也消失殆盡；絲綢和白氈布也自然而然全部消耗完了。只能把稗草當作食物，編織野草來做衣服。金、銀、琉璃等七種寶物全都湮沒，沙礫、石子遍地都是。地上長滿荊棘，大小枝葉都是刀劍，大樹全都枯倒。地上全是溝溝壑壑，奔騰的波濤使河岸崩壞，江河漸漸變寬，而平地漸漸減少。刀兵一起，七天當中，手中拿的草木、瓦石都會變成刀劍。人們相互搶劫爭奪，但又很恐懼，只想互相殘殺，如同獵人遇見了群鹿。眾人當中有智慧的，便遠遠地躲藏在山谷中沒有人跡的地方，食用野果，飲用泉水，以過完十年的壽命。互相殘殺的人，最後都轉生在地獄中，這就叫刀兵劫。

飢餓劫者，人多非法，愚癡❶邪見❷，慳貪❸嫉妒，守財不施。水旱不節，田種無收。米穀轉❹盡，食粒❺驚貴。掃擇秕糠❻、街巷落葉以自連命❼。秕葉既盡，穿鑿❽地下，食草木根。不能與者，在先而死。剜剔❾死人，復共食噉❿。噉之轉竭，於屠殺之處，乃至塚間，拾諸骸骨，煮汁飲之，以此自活。飢死盡者，生餓鬼中，名飢餓小劫。

【章　旨】記飢餓劫時人們的種種惡習以及為度過飢餓而吃樹葉、噉屍骨等情形。

【注　釋】❶愚癡　三毒之一。指心性闇昧，沒有通達事理的智慧。❷邪見　指無視因果道理的謬論。泛指乖謬不合理的見解。❸慳貪　吝嗇而貪婪。❹轉　漸漸。❺食粒　指糧食。粒，穀米。❻秕糠　指穀物被淘汰不食的部分。秕，穀物中空無實者。糠，穀物之外皮。❼連命　續命。指保全性命。❽穿鑿　開鑿；挖掘。❾剜剔　剖挖割剝。剔，從骨上刮肉。❿噉　吃。

【語　譯】飢餓劫中，人們的行為多不合法度，心性闇昧愚蒙，見解乖謬不合理，吝嗇貪婪又相互嫉妒，死守財物而不肯施捨。水災旱災失去控制，田裡的莊稼沒什麼收成。稻米五穀漸漸用盡，糧食價格變得驚人的高。人們只能撿掃田裡的秕糠和街頭巷尾的落葉，用來延續自己的生命。秕糠和落葉漸漸吃完後，人們便只能挖掘地下，吃野草樹木的根。而不能這樣做的人，必定先於別人而死。於是便有人從屍骨上刮肉，然後一起分著吃。所有這些漸漸吃完，人們只能在屠剝死人的地方，甚至在墳塚之中，撿拾骸骨來煮湯喝，用這種手段來求得生存。這些飢餓而死的人全部轉生餓鬼中，這就叫飢餓小劫。

疾病劫者，人皆正見❶，修行十善❷。疾病眾多，無他方計❸，少有醫藥，雖行眾善，不能攘逆❹。薄福德❺故，遇病輒死。神❻共侵嬈❼，撾❽打杖捶❾，使其心亂，接❿其精神⓫，殺之將去。人命既終，皆生天上，名疾病劫。

【章　旨】記疾病劫中人們的品行以及人們在疾病劫時所受的各種煎熬等情況。

【注　釋】❶正見　八正道之一。指對佛教真理「四諦」等的正確見解。❷十善　指佛教的基本道德信條，與「十惡」相對，即不殺生、不偷盜、不邪淫、不妄語、不兩舌、不惡口、不綺語、不貪欲、不瞋恚、不邪見。❸方計　方法和計策。❹攘逆　驅除抵禦。❺福德　福分和德行。❻神　鬼神。❼侵嬈　侵害擾亂。嬈，亂；擾亂。❽撾　鞭打。❾杖捶　用荊條、竹板捶擊。❿接　收受；捕捉。⓫精神　精氣、元神。這裡指靈魂。

【語　譯】疾病劫中，人們都能守持正確的見解，修行十種善行。但是疾病很多，沒有別的方法和計策，也很少有醫藥，雖然奉行各種善行，卻不能抵禦疾病侵身。因為福分德行不夠的緣故，遭遇疾病就會死亡。同時鬼神又來侵害騷擾，用荊條、竹板捶擊、毆打，使病人心亂，然後收受他們的靈魂，殺死後帶走。人們命終之後，都轉生到天上，這就叫疾病劫。

若能一日一夜持不殺戒，終不生刀兵劫中；若以一呵梨勒果❶施僧❷，終不生疾疫劫中；若一食施僧，終不生飢饉劫中。此閻浮提惡劫互起，餘方則少。此間刀兵劫起，彼惟重瞋；此疾疫劫起，彼惟氣力羸劣❸；此間飢饉劫起，彼但小渴乏❹耳。

【章　旨】記避免轉生刀兵劫、疾病劫、飢餓劫的方法，以及這三劫在閻浮提互起時，其他地方所發生的變化。

【注　釋】❶呵梨勒果　果名。梵文Haritaki的音譯，又作「阿梨勒果」、「訶梨勒果」等。《毗奈耶雜事》中說：「余甘子、呵梨勒、毗鉢梨、胡椒……，此之五藥，有病無病，時與非時，隨意皆食。」《普見律》十七又說：「呵羅勒，大如棗子，其味酢苦，服便利。」❷僧　僧伽的省稱。指僧侶。❸羸劣　疲弱；瘦弱。❹渴乏　口乾困乏。

【語　譯】假如人們能持守不殺戒一日一夜，最終就不會轉生在刀兵劫中；假如拿一枚呵梨勒果施捨給僧侶，最終就不會轉生在疾疫劫中；假如把一頓飯菜施捨給僧侶，最終就不會轉生在飢饉劫中。當人們居住的閻浮提洲各種惡劫並起時，其他地方則很少發生這些惡劫。此間刀兵劫興起時，那些地方最多出現極為憤怒、仇恨的情況；此間疾疫劫興起時，那些地方最多出現體力虛弱的情況；此間飢饉劫興起時，那些地方只是稍稍感到有些口乾困乏罷了。

## 三大災❶

（出《增一阿含經》第三十二卷、《長阿含經》第六卷等）

天地始終謂之一劫。劫盡壞時，火災將起。一切民人❷皆背正向邪，競行十惡。天久不雨，所種不生；諸水泉源，乃至四大駛河❸皆悉枯竭。久久之後，風入海底，取日上大城郭，於須彌山邊置本道中。一日出時，百草樹木一時彫落；二日出時，四大海水❹從百由旬，乃至七百由旬內，水自然涸；三日出時，四大海水千由旬，乃至七千由旬內，水展轉❺消竭；四日出時，四大海水深千由旬；五日出時，四大海水縱餘七百由旬，乃至竭盡；六日出時，此地厚十六萬八千由旬，皆悉❻煙出，從須彌山，乃至三千大千剎土❼，及八地獄❽，靡不燒滅，煙燼❾無餘。人民命終，皆依❿須彌山。五種諸天⓫、三十三天、炎天乃至他化自在天，皆悉命終。宮殿皆空，一切無常⓬，不得久住⓭；七日出時，大地、須彌山漸漸崩壞，百千由旬永無遺餘，金銀銅鐵之類皆悉流鑠⓮，稍就枯竭，山皆洞然⓯。諸寶爆裂，崩阤碎磕⓰，煙炎振動至於梵天⓱。一切惡道⓲及阿修倫⓳皆悉蕩盡，罪終福至，皆集第十五天上，十四以下盡成灰墨。新生天子⓴未曾見此，普懷恐懼。舊生天子各來慰勞㉑：「勿生恐怖，終不至此。」人民命終，生光音天，以念㉒為食，光明自照，神足飛行。或生他土。若生地獄，地獄罪畢，亦生天上。若罪未畢，復移他方。無日月星宿，亦無晝夜，唯有大冥㉓，謂之火劫火災。因緣㉔果報㉕，致此壞敗。

【章　旨】記火劫火災起時，器世間七日並出，旱魃肆虐，海水枯竭，草木凋零，山巒崩壞，金屬熔化，人民死亡等情況。

【注　釋】❶三大災　指壞劫器世間火、水、風三災。❷民人　人民；百姓。❸駛河　急流。❹四大海水　即四大海之水。四大海，即須彌山四週的大海。須彌山在四大海中央，四大海外則由鐵圍山圍繞。❺展轉　漸漸；慢慢。❻皆悉　全都；盡。❼三千大千剎土　即三千大千世界。剎土，田土；國土。❽八地獄　即八熱地獄，在南贍部洲地下五百由旬，有等活、黑繩、眾合、號叫、大號叫、炎熱、大熱、阿鼻等名目。地獄，梵文Naraka的意譯，意為「苦的世界」。處於地下，有八寒、八熱、無間等名目。❾煙爐　大火焚燒後的殘餘物。❿依　依止；依託。⓫五種諸天　指居住於須彌山腳至山腰的堅手天、持華鬘天、常放逸天、日月星宿天和四天王天。⓬無常　指世間的一切事物不能長時間地保留不變，都處於生滅變異之中。⓭久住　長時間地保留不變。⓮流鑠　即流金鑠石。謂高溫下，金石熔化為液體狀。⓯洞然　即洞燃。火熊熊燃燒的樣子。⓰崩阤碎礚　崩壞碎裂。阤，毀壞。⓱梵天　指初禪天中梵眾、梵輔、大梵諸天。⓲惡道　亦稱「惡趣」。佛教中指地獄、畜生、餓鬼之道。⓳阿修倫　或作「阿修羅」、「阿須倫」，梵文Asura的音譯。意譯為不端正（容貌醜惡）、非天（與天相似）等。天龍八部之一，古印度神話中的一種惡神。⓴天子　即天人。㉑慰勞　安慰問候。㉒念　內心的存憶。這裡指意識。㉓冥　黑暗。㉔因緣　佛教謂使事物生起、變化和壞滅的主要條件為因，輔助條件為緣。㉕果報　因果報應。

【語　譯】天地從開始到終結稱為經歷成住壞空變化的一劫。一劫將盡天地毀滅的時候，火災便將要發生了。此時所有人民都違背正道走向邪惡，競相做十大惡事。天久久不下雨，播種的莊稼不能生長；各種水流和源泉，乃至四大急流全都枯竭。過了很久以後，有巨大黑風吹入海底，攝取出日宮，並把它安置在須彌山邊它原來的軌道之中。一個太陽出來時，百草樹木立即凋零；兩個太陽並行天宇時，四大海的海水從一百由旬到七百由旬深的，都自然乾涸；三個太陽並行天宇時，四大海的海水由一千由旬到七千由旬深以內的，也漸漸地完全乾竭；四個太陽並行天宇時，四大海的水深僅有一千由旬；五個太陽並行天宇時，四大海的海水儘管還剩七百由旬，最終全部枯竭；六個太陽並行天宇時，十六萬八千由旬厚的大地都騰起濃煙，從須彌山一直到三千大千世界，以及八大地獄，沒有不被烈焰燒毀的，甚至連大火焚燒後的殘餘物都沒能留下來。人民命終之後，都依止於須彌山。堅手天等五種諸天以及三十三天、焰摩天，乃至他化自在天的天眾全都死亡。各天的宮殿也都空了，可見一切事物都處於生滅變異中，不能永久不變；七個太陽並行天宇時，大地、須彌山漸漸地崩敗毀壞，百千由旬的高山也不能幸免，金銀銅鐵之類全都熔化為液體，並漸漸乾涸，高山都熊熊燃燒。各種寶物爆炸，全都崩壞碎裂，煙霧和火焰一直沖上初禪梵天。一切惡道和阿修羅消除殆盡，罪孽受完福分降臨，大家都聚集在第十五天，十四天以下全成了焦炭、灰燼。新轉生的天人未曾見過這種情況，普遍地心懷恐懼。於是以前轉生的天人紛紛前來安慰問候：「不要產生恐懼之心，火災終究不會到這裡的。」人民命終之後，轉生在光音天，以意識頤養身心，身體的光明自然照耀，生有神足並會飛行。有些轉生在其他地方。如果轉生在地獄的，在地獄裡受完罪報後，也會轉生在天上。如果罪報沒有受完，則會轉移到別的地方。那裡沒有日月星辰，也沒有晝夜之分，只有無邊的黑暗，這就叫火劫火災。因緣果報到這裡便會受到破壞而不起作用。

劫欲成時，火乃自滅，更起大雲，漸降大雨，滴如車輪。是時此三千大千剎土，水遍其中乃至梵天，謂為水劫水災。復有四風持❶水不散：一名住，二曰助，三曰不動，四曰堅。經數千億萬歲，水上泡沫化作千第十四天宮，皆悉眾寶。水漸消滅，隨嵐❷吹鼓❸，次第❹轉作天下諸天，及日月宮殿，次作千須彌等山，次第乃至千四天下地，山河、城池，水上清潔。初作天宮，眾寶所成，光明最勝，轉❺減轉濁。諸天宮殿，七寶光明，漸下漸劣。地欲露時，水沙流急，隨下爭赴，遂成川河，流入於海。海深八萬四千由旬，其廣無邊。須彌山在於海中，出海又八萬四千由旬。水味鹹苦。劫初成時，自然雲起至光音天，周遍❻降雨，洗濯天宮，滌蕩❼萬物。諸不淨汁，下流入海，令為鹹苦。又有大仙人，呪使鹹苦，令人不飲。又有雜類眾生居之，便利❽其中，故成鹹苦。謂為風劫風災。此三及地，為四災四劫，除地餘三，說為大劫。

【章　旨】記水劫水災起後，水沫聚集依次形成七寶天宮、欲界諸天、須彌等山……也即世界逐漸生成的情形，以及大海鹹苦的原因。

【注　釋】❶持　挾制；控制。❷嵐　山林中的霧氣。❸吹鼓　吹激鼓蕩。❹次第　依次。❺轉　逐漸；漸漸。❻周遍　普遍。❼滌蕩　蕩洗；清除。❽便利　排泄屎尿。

【語　譯】劫將要形成的時候，火便自動熄滅，但又起了大塊烏雲，漸漸大雨降落，雨滴大如車輪。這時三千大千世界之中，遍地是水，甚至漲到了初禪諸梵天，這就叫水劫水災。又有四種風控制著水，並使其不散：第一叫住風，第二叫助風，第三叫不動風，第四叫堅固風。經歷幾千億萬年，水上的泡沫變化而成一千座第十四天宮，全都是各種寶物。水漸漸地消退，大風隨著霧氣吹激水面、鼓蕩水沫，依次變成欲界諸天，以及日月宮殿，接著又化作上千座須彌等山，接著又形成一千處四大洲的土地，以及山河、城郭和護城河等等，水面潔淨無塵。最初化成的天宮，是由眾寶形成的，光明最為突出，後來光明漸漸地減弱，並逐漸地變得渾濁。諸天宮殿中七種珍寶也漸漸地變得低劣，其光明逐漸地變得微弱。大地將要顯露時，水夾雜泥沙形成急流，爭先恐後地往低處流淌，於是便形成了江河，最後流入大海。大海的深度有八萬四千由旬，其寬度無邊無際。須彌山在大海中，它露出海面有八萬四千由旬。海水的味道又鹹又苦。劫剛形成的時候，烏雲自然而起，一直到達二禪光音天，大雨普降，洗濯天宮，蕩洗萬物。於是各種不淨的汁液流入海中，致使海水變得又鹹又苦。又有大仙人，念咒語使得海水變得鹹苦，使人們不能飲用。又有另類眾生居住在這裡，並把屎尿排泄在海水中，所以海水變得又鹹又苦。這就叫風劫風災。風劫風災、火劫火災、水劫水災這三種災劫以及地劫，就是四災四劫，除了地劫，其餘三種災劫叫做大劫。

過地種劫者，劫壞所及，唯未曾至第四禪❶，為淨居天故。無上地可生，即於彼處涅槃，亦不下生。非數滅❷故，變成天地。天地更始❸，湯盪❹空虛。了❺無所有，亦無日月。地湧甘泉，味如酥蜜❻。時光音諸天，或有福盡來生；或樂觀新地，性多輕躁。以指嘗之，如是再三，轉得其味。食之不已，漸生麁肌，失天妙色。神足光明，冥然❼大闇。後大黑風吹彼海水，飄出日月，置須彌邊，安日道中，繞須彌山，照四天下。時諸人輩❽，見出則歡，見入則懼。自茲❾以後，晝夜晦朔，春秋歲數，忽然復始。食之多者，轉生醜顏；飡❿之少者，尚遺妙色。美惡好醜，漸漸而生；憍慢⓫嫉妒，次第而起；忿結⓬諍競，相續不絕。甘泉自涸，地上生肥，其味香美，有若甘露。時諸眾生，復共食之。食之多者，頓失威光，體重生骨；食之少者，身輕無累，尚能飛行。重者見之，皆大號哭，稱我窮厄⓭，住此世間。是非諍訟，倍劇⓮前法。資⓯食地肥，相看顏色⓰，欲心多者，變成女人。共相愛著⓱，遂行婬欲，如是流布。餘光音天見諸天子皆悉墮落，共來訶罵⑱曰：「汝等何為行不淨行⑲？」地肥轉入土中，自生粳米，鮮淨無皮，既香且美。食者肥白，朝採暮生。人漸懈怠，並取多日。極情恣欲，無有時節。

【章旨】記劫壞時，天地日月、白晝黑夜、春秋四季等都經歷從消亡到重新開始並正常運轉的過程。光音諸天因食用甘泉等，導致其身體發生變化。因多食地肥而失去飛行能力的天人，只得滯留於人間，並產生了淫欲。

【注釋】❶第四禪　即色界第四禪天。❷非數滅　亦作非擇滅，梵文Apratisaṃkhyā-nirodha saṃskṛta意譯。為不由斷除貪欲等而令世苦不生的「滅」，與自然散壞、破滅的「無常滅」不同。❸更始　重新開始，除舊布新。❹盪盪　廣大的樣子；博大的樣子。❺了　全部。❻酥蜜　酥酪與蜂蜜。❼冥然　恍惚不可捉摸的樣子。❽輩　量詞「個」。指人。此處猶言「等」。❾茲　指示代詞。此；這。❿飡　同「餐」。吃；吞食。⓫憍慢　傲慢。⓬忿結　形容忿怒的程度。結，凝聚；聚合。⓭窮厄　又作「窮戹」、「窮阨」。指窮困；困頓；不亨通。⓮劇　厲害；嚴重。⓯資　憑藉。⓰顏色　面容；容貌。⓱愛著　佛教中指迷戀於情欲，執著不能解脫。⓲訶罵　厲聲責罵。⓳不淨行　佛教語。又叫非梵行。「梵」是清淨的意思。非梵行指淫事，愛染汙心，所以叫不淨行。

【語譯】過了地種劫以後，便到了「一劫」中的「劫壞」階段，只是劫壞未曾殃及第四禪天，因為有淨居天的緣故。此時不可轉世在該天以上，便在此處涅槃，也不會轉世在淨居天以下。因為「非擇滅」的緣故，便又變成天地。天地重新開始，顯得廣大而又空虛。一無所有，也沒有日月。地上湧出甘泉，味美如同酥糖和蜂蜜。此時光音天的眾生有的福盡身亡後轉世於此；有的看到新生的土地而快樂，他們大多性情輕浮而暴躁。他們用手指蘸甘泉來品嘗，反覆品嘗之後，漸漸地嘗出了它的味道。因不停的吃這東西，漸漸地皮膚便變粗糙了，失去了天然的美貌。他們的神足和光明，在此時也不可捉摸地黯淡無光了。後來大黑風吹著那海水，從海水中飄出的日月，被安置在須彌山旁的日道之中，太陽圍繞須彌山，普照四大洲。當時的眾人等，看到日出便歡喜，看到日落便驚恐。從此以後，白天黑夜，月末月初，春夏秋冬，忽然之間又重新開始了。甘泉吃得多的人，容貌變醜；吃得少的人，猶留有些美貌。美惡好醜，漸漸而生；傲慢嫉妒，依次而起；忿怒相爭，持續不絕。甘泉自然枯竭，地上生出油脂，其味道又香又美，就像甘露一般。當時的眾生，又共同食用油脂。吃得多的人，頓時失去了威武神光，身體變重，生出骨節；吃得少的人，身體輕便沒有拖累，還能飛行。身體重的人看到這種情況，都號啕大哭，自歎時運不濟，只得住在人間。是非諍訟，成倍地超過了以往。他們憑藉地上油脂為食物，相看對方的容顏，情欲盛的人，便變成了女人。人們共同迷戀於愛欲，於是便行欲了，就這樣，男歡女愛之事便流傳散布開了。其他的光音天看到各天人全都墮落，便一同前來厲聲責罵道：「你們為什麼幹這種不乾不淨的事？」地上的油脂流入土中，便自然地長出了粳米來，粳米新鮮潔淨又沒有皮殼，又香又美。吃了它的人便會變得肥胖白嫩，粳米早上被採摘了，晚上又長出來。後來，人們漸漸地變得鬆懈懶惰，一次同時便採摘了多日的糧食。再後來，人們便恣情縱欲，沒有節制了。

女懷胎孕，復生眾生，餘人見之，即加驅擯❶，遣出人外，三月聽❷還。知生慚愧，共作方宜❸。取諸草木，起立宮舍❹，覆藏形體，使人不見。習翫❺婬欲，如是轉增。多取糧粒❻，以為資儲。如是相斅，粳米荒穢，轉生糠糩❼，刈已不生。眾生見此，心大憂惱：「世有大災，粳米復不如本❽。」各自念言：「我本生時，以念為食，神足飛行，光明自照。住此懈怠，乃至如今。」復相謂言：「今共分地，別立標記。」封疆邊畔，於是為始。自藏己分，竊他禾米。米主見之曰：「今恕汝罪，後莫復為。」如是轉多，倍加呵責。呵責不已，以手加❾之。以告眾人，云：「此人為盜。」盜者又言：「此人打我。」眾人見此，憂愁不樂，皆共集會，議曰：「眾生轉惡，此是生老病死之原。煩惱⑩苦報⑪，墮三惡道⑫。因有田地，致此諍訟。今者寧可共立聰明高才一人為主，以法理⑬之。可護者護，可責者責，應遣者遣。當共集米，以相供給。」選擇賢明、形體端正有威德⑭者，而語之言：「汝為我等作平等主⑮。」善言慰勞，眾皆歡喜。即共稱言⑯：「善哉⑰，大王！」

【章　旨】記眾生道德敗壞，世風日下，於是，人們便共同選擇了一個「平等主」來治理天下。

【注　釋】❶驅擯　驅逐屏棄。❷聽　容許。❸方宜　方法；訣竅。❹宮舍　房舍；房屋。❺習翫　即翫習。狎玩。❻糧粒　指極少的糧食。❼糠糩　穀皮和大麥。指粗劣的食物。❽本　本原；原始。❾加　侵凌；凌辱。❿煩惱　佛教語。指迷惑不覺悟。包括貪、嗔、痴等根本的煩惱以及伴隨煩惱。煩惱指擾亂身心，帶來諸多苦惱，是輪迴的原因之一。⓫苦報　痛苦的報應。⓬三惡道　佛教語。指六道輪迴中作惡業者受生的三個去處。即：造上品十惡業者墮入的地獄道，造中品十惡業者墮入的餓鬼道，造下品十惡業者墮入的畜生道。⓭理　治理；整理。⓮威德　聲威和德行。⓯平等主　指用佛教「平等」觀治理眾生的王。平等，梵文 sama 的意譯。或譯作「捨」。佛教名詞。指一切現象在其共性或空性、唯識性、心真如性等上沒有差別。⓰稱言　講話；敘說。⓱善哉　讚歎之辭。即稱讚某人或某物的話。

【語　譯】女人懷孕後，又生下了眾生，旁人見到之後，立即加以驅逐，將其排遣在人群之外，三個月之後才容許他們回來。被排遣之人獲知此事後，心生慚愧，共同來想辦法應付這一局面。他們取來草木，建起了房屋，遮掩隱藏了其形體，使人們不能發現。他們狎玩淫欲，並越來越沉迷於此。他們多取糧食，作為貯備。人們互相摹仿著這樣做，於是，生產粳米的土地荒蕪了，轉而長出穀皮和大麥類的粗劣食物，割完之後也不再生長。眾生見到了這種現象，心中十分憂傷煩惱，心想：「世上將有大災難，因為粳米生長已不像它原來的樣子了。」他們各自想道：「我出生的時候，是以意念為食物的，神足能夠飛行，光明自照。住在此地以後因鬆懈懶惰，才會有今天的結果。」於是，互相勸說：「如今大家共同分地，並分別樹立標記。」邊界和田界，便從此而產生了。人們便把自己的那部分藏起來，而去偷他人的稻米。稻米的主人看見後說：「今天就饒恕了你們的罪行，以後不要再這樣做了。」偷盜的事件變多了，米主便加倍地責罵他們。不僅是厲聲責罵，還用手打他們。並告訴眾人說：「這些人是賊。」盜竊的人又說：「這人打我。」眾人見到了這種情況，都憂心忡忡，便聚集在一起商議：「眾生變惡了，這是生老病死的根源所在。以後將有煩惱和痛苦的報應，以及死後墮入三惡道的結果。因為有土地，所以招致了這樣的紛爭。現在我們情願共同推舉一位聰明才能高的人作為大家的主宰，用法律來治理。應該保護的就保護，應該責罵的就責罵，應當放逐的就放逐。我們應該共同聚集糧食來供養他。」於是，大家選擇了賢明、形體端正又有威望和德行的人，並告訴他說：「你來作我們的平等君王。」王便好言慰安問候大家，於是皆大歡喜。大家便稱讚道：「好啊，大王！」

即以正法❶治民，名為剎利❷。皆是舊法，後人侵他物者，即取懲罰；及重犯之，便造督遮❸。鞭杖猶不能止，又作牢獄、刀杖等物。拷楚❹殺戮，令懷畏懼。時有一人，念家多患，猶如毒刺，棄捨妻兒，獨處山林。起立❺草菴，靜攝❻其志，修習梵行❼，名婆羅門。後婆羅門有不樂閑靜坐禪❽思惟❾者，便入人間，誦習❿為業。又自稱言：「我是不禪人⓫。」於是世人號之為不禪婆羅門。時眾生中有人，好營居業⓬，多積財寶，名為居士⓭。又有多好機巧⓮，名首陀羅⓯。

又有自厭世法⓰，剃除鬚髮，法服⓱修道，名曰沙門⓲。時人心懷殺盜，又失粳米，立五種子：一者根子，二者葉子，三者華子，四者果子，五者莖生及餘種子，是謂五種之子。皆是風吹他方剎土種子，來濟此國眾生。如此之瑞⓳：有生老病死，有五盛陰⓴，不盡苦際。

【章　旨】記新立的「平等主」以嚴刑統治世人，使世人不堪其苦，紛紛逃離「苦海」，並各自經營自己獨特的事業，於是，便產生了婆羅門、首陀羅、居士等多種多樣的人。

【注　釋】❶正法　公正的法度，與邪法相對。❷剎利　又叫剎帝利。梵文Kṣatriya的音譯。是古印度第二種姓，掌握政治和軍事權力，為世俗統治者。❸督遮　攔阻並嚴厲責罰。❹拷楚　嚴刑拷打。❺起立　建造。❻攝　整頓；整飭。❼梵行　佛教語。指清淨除欲之行。❽坐禪　佛教語。指靜坐息慮，凝心參究。❾思惟　佛教語。有二義：一指思量所對或所處境況或境地而分別之；一指對於定心之無思無想而定前一心之思想。❿誦習　誦讀以學習。⓫不禪人　指不行禪法的人。⓬居業　產業；家業。⓭居士　梵文gṛha-pati的意譯。原指古印度吠舍種姓工商業中的富人，因為信佛教者頗多，所以佛教用「居士」來稱呼受過「三歸」、「五戒」的在家佛教徒。⓮機巧　詭詐之事。這裡指從事耕耘、除糞、捕獵等賤業。⓯首陀羅　又叫「首陀」、「首陁」。古印度四種姓中的最低等級。無任何權利，僅從事低賤、卑微的勞動，或為高級種姓服役。其實際地位無異於奴隸。⓰世法　社會沿用的習慣常規。⓱法服　僧道所穿的法衣。⓲沙門　梵文Śramaṇa的音譯。或譯為「娑門」、「喪門」等。原為古印度反婆羅門教思潮各個派別出家者的統稱，佛教盛行後專指佛教僧侶。⓳瑞　徵兆；兆頭。⓴五盛陰　又叫五盛陰苦或五陰盛苦，八苦之一。五陰者，五蘊也，指色、受、想、行、識五種構成一切有為法的要素。盛者，有二義：其一就苦而言，人各具五陰而眾苦熾盛，所以稱「盛」；其二，五陰之器成眾苦，所以稱「盛」。

【語　譯】大王立即以公正的法度來治理人民，他被稱為剎帝利。所實施的都是長久的法度，以後有人侵害他人財物的，便會受到處罰；對重犯的人，就前往阻攔並嚴厲責罰。當鞭刑、杖刑等都還不能制止人們為惡時，又製作了牢獄、刀杖等設施和設備。用嚴刑拷打、殺戮等刑罰，讓人心懷畏懼。當時有一人，想到在家多有災難，就像身上長有毒刺一般，便捨棄妻子兒女，獨處深山老林之中。建造了茅草為材料的庵堂，靜靜地整飭他的心態，修習清淨除欲之行，這就是婆羅門。後來婆羅門中有不樂意閑靜坐禪思惟的，便返回人間，以誦讀經書為業。又自我標榜說：「我是不行禪法的人。」於是，世人稱他們為不禪婆羅門。當時眾生中，有人喜愛經營產業，累積了很多財產珍寶，被稱為居士。有人喜好從事耕耘、除糞、捕獵等賤業，被稱為首陀羅。又有厭惡社會習慣常規的，便剃除鬍鬚和頭髮，穿上僧侶的服裝，修行佛道，這被叫做沙門。當時人們懷有殺戮盜竊之心，又失去了粳米，所以確立保存了五種子：第一是根，第二是葉，第三是花，第四是果，第五是莖和其他的種子，這便是五種子。這五種東西都由風吹自別的國土，來救濟該國眾生的。這便預兆著有種子惑：即有生老病死，有五盛陰苦，並且苦海無涯。

水劫末時，光音諸天入水澡浴，四大精氣入其身內，體生觸樂，精流水中。八風吹盪，墮淤泥中，自然成卵。經八千歲，其卵乃開，生一女人。其形青黑，猶如淤泥。有九百九十九頭，頭有千眼，九百九十九口，一口四牙，牙上出火，狀如霹靂。二十四手，手中皆捉一切武器。其身高大，如須彌山。入大海中，拍水自樂。有旋嵐風❶吹大海水，水精入體，即便懷妊。經八千歲，然後生男。身體高大，四倍勝母。兒有九頭，頭有千眼，口中出火。有九百九十九手，有八腳。於海水中自號：「我是毘摩質多羅阿修羅王。」唯噉淤泥及藕。地劫初成，變易如是。劫燒盡時，一切皆空。眾生福德因緣力故，十方風至，風風相次，能持大水。上有一千頭人，二千手足，名為違紐。是人臍中生千葉金色蓮華，其光大明，如萬日照。花中有人，結跏趺坐❷。此人復有無量光明，名為梵天王。正❸生八子，八子生天地人民。是梵天王，婬瞋❹已盡，坐蓮花上。諸佛隨俗❺，現寶蓮花上，結跏趺坐，說六波羅蜜❻。聞此法者，必至阿耨多羅三藐三菩提❼。

【章　旨】記毘摩質多羅阿修羅王的誕生經過，其外形、飲食等方面的奇異之處，以及梵天王生八子，八子生天地人民的情況。

【注　釋】❶旋嵐風　迅猛的大風。指宇宙形成之始（劫初）與成立之終（劫末）所刮起的迅猛大風。❷結跏趺坐　又作「結加趺坐」。是佛教徒的坐禪法，即交疊左右足背在左右大腿上而坐。分降魔坐和吉祥坐兩種：前者先以右腳趾押左大腿，然後以左腳趾押右大腿，手也是左手在上，諸禪宗多傳這一坐法；後者先以左腳趾押右大腿，後以右腳趾押左大腿，讓兩足掌仰放於兩大腿之上，手也是右押左，安仰跏趺之上，相傳這便是如來成正覺時的坐法。❸正　止；僅僅。❹婬瞋　指邪淫和瞋恚。泛指諸惡。❺隨俗　從俗；從眾。❻六波羅蜜　波羅蜜，又作「波羅密」。是梵文pāramitā的音譯。意思是到彼岸，即由此岸（生死岸）度人到彼岸（涅槃、寂滅）。六波羅蜜是指：一檀波羅蜜。檀為檀那的略稱，意譯為布施，有財施、無畏施、法施等高尚的行為。二尸羅波羅蜜。尸羅，意譯為戒，為在家、出家、小乘、大乘等的一切的戒行。三羼提波羅蜜。羼提，意譯為忍辱，指忍受一切眾生罵辱擊打等，以及寒熱飢渴等。四毗耶梨波羅蜜。毗耶梨，意譯為精進，指精勵心身進修前後之五波羅蜜。五禪波羅蜜。禪，是禪那的略稱，意譯為惟修，新譯為靜慮，又叫三昧，譯作定，指思惟真理定止散亂之心的要法。有四禪八定乃至一百零八三昧等的區別。六般若波羅蜜。般若，意譯為智慧，指通達諸法之智及斷惑證理之慧。菩薩修行這六法，是自利和利他的高尚行為，可以到達涅槃的彼岸，因此叫做六波羅蜜。❼阿耨多羅三藐三菩提　梵文Anuttara-samyak-sambodhi的音譯。意譯為「無上正等正覺」，一譯為「無上正遍知」，是佛無上覺智。佛教認為得到這種無上的、正確的、普遍的覺智，即叫做「佛」。

【語　譯】水劫的末期，光音諸天入水洗澡沐浴，地、水、火、風四大精氣進入了他們的體內，身體因有所觸動而興奮，便有精子流入水中。利、衰、毀、譽、稱、譏、苦、樂等八風吹拂著水面，精子隨風飄蕩，並墜落到淤泥中，自然變成了卵。經過了八千年，那卵才裂開，生出一個女人。女人的形貌呈青黑色，如同淤泥一般。她有九百九十九個頭，每個頭有一千隻眼睛和九百九十九張嘴，每張嘴有四顆牙齒，牙齒上出火，形狀就像霹靂。有二十四隻手，手中拿著一切武器。她的身材高大，就如須彌山一般。她進入大海中，拍著水自娛自樂。有迅猛的狂風吹著大海水，水中的精氣進入她體內，便立即懷孕了。過了八千年，然後生個兒子。兒子的身體高大，超過了他母親的四倍。兒子有九個頭，每個頭有一千隻眼睛，口中噴火。他有九百九十九隻手，有八隻腳。他站在海水中自稱：「我是毘摩質多羅阿修羅王。」他衹吃淤泥和藕。地劫形成之初，發生了這些變化。劫火燒盡時，一無所有。眾生因福分和德行的緣故，使各方來風，風風相接，能操持大水。水上有一位一千個頭和兩千隻手足的人，他名叫違紐。這人肚臍中長著千葉金蓮花，他的光芒很明亮，如同一萬個太陽照耀著一般。蓮花中有人，盤腿打坐。這人也有無量的光明，名叫梵天王。他僅生了八個兒子，這八個兒子生出了天地和人民。這梵天王已不再有邪淫和瞋怒等十惡，他坐在蓮花之上。諸佛也隨順眾生，出現在蓮花寶座之上，盤腿而坐，說著可以到達涅槃彼岸的六波羅蜜。聽到說法的人，必然會成佛。

## 劫之修短

（出《大智論》第三十六卷、《增一阿含經》第三十一卷等）

佛言：「設❶方百由旬城，滿中芥子❷，有長壽人，百歲取一，芥子都盡，劫猶不盡。又如方百由旬石，持迦尸輕軟氎衣❸，百年一拂，此石脫盡，劫猶不盡。謂之大劫也。」又言：「方一由旬，高下亦然，鐵城滿中芥子，百年取一，盡為一劫。又方一由旬石山，士夫以迦尸衣百年一拂，拂之不已，石山銷盡，劫猶未竟。六十念❹中之一念，謂極小劫也。」

【章　旨】記佛用種種生動的比喻來形象說明「劫」的長短問題。

【注　釋】❶設　假設；假如。❷芥子　芥菜的種子，體積微小。❸氎衣　細棉布衣；細毛布衣。❹念　佛教語。指極短的時間。二十念為一瞬，二十瞬為一彈指。

【語　譯】佛說：「假設方圓一百由旬的一座城，城中滿是芥菜的種子，有長壽的人，每一百年取一顆芥菜子，取完了所有的芥菜子，『劫』還沒有到盡頭。又比如縱橫一百由旬的石頭，手拿迦尸國又輕又軟的細棉衣，一百年輕輕擦拭石頭一次，這石頭蛻變得一無所有，『劫』還是沒有到盡頭，這叫大劫。」又說：「方圓一由旬，高下也是一由旬的鐵城，其中滿是芥菜的種子，一百年取一顆，這樣取盡時為一劫。又比如縱橫一由旬的石頭山，有年輕男子用迦尸國的細棉衣，一百年輕輕擦拭一次，不停地擦拭著，石頭山銷毀時，『劫』還沒有完。這裡的『劫』相對於大劫來說，相當於六十念中的一念，是極小的劫。」

（出《長阿含經》第二十二卷、《樓炭經》）

## 日

日城郭❶，方正二千四十里，其高亦然。光射人眼，見之若圓。宮城純金，七寶瑩麗❷，無諸瑕穢❸。為五風所持：一持，二養，三受，四轉，五調。日王座方二十里，身出光明照耀宮殿。宮殿之光照於城郭，城郭之光下臨下土。無數天神，前後導從❹，音樂自娛，無有休息。林觀浴池如忉利天，天壽五百歲，子孫相襲，以竟一劫。日城繞須彌山，東方日出，南方日中，西方夜半，北方日入，如是右旋，更為晝夜。復有長短：日行稍南，南方漸長。經六十里，一百八十日，北方稍短。復行稍北，北方稍長，一百八十日，南方稍短。

【章　旨】記太陽城的面積大小，外觀裝飾，城郭內的娛樂活動，太陽運行簡況以及晝夜長短受太陽方位的影響等情況。

【注　釋】❶城郭　又作「城廓」。城指內城的牆，郭指外城的牆。亦泛指城市。❷瑩麗　光潔美麗。❸瑕穢　斑痕，雜質。這裡指瑕疵。❹導從　古代帝王、貴族、官僚出行時，前驅者稱導，後隨者稱從，所以叫導從。

【語　譯】太陽城的長和寬都是二千四十里，高度和寬度、長度相同。太陽城的光芒射入人的眼睛，使它看起來是圓的。城內的宮殿是由純金建成的，裝飾的琉璃、金、銀等七種寶物光潔美麗，沒有瑕疵。太陽城被五個風神所掌管：第一叫持風，第二叫養風，第三叫受風，第四叫轉風，第五叫調風。太陽王的王座方圓有二十里，王身上的光芒，照耀宮殿。宮殿的光芒照耀太陽城，太陽城的光芒普照天下。有無數的天神，有些在前面趕馬，有些在後面追隨，他們用音樂來自娛自樂，從不停止。園林、樓臺還有浴池，這些都同忉利天一樣，太陽城中眾生的壽命有五百歲，子子孫孫相沿襲，便完成了「一劫」的時限。太陽城環繞著須彌山，太陽從東方出來，到南方時正好日上中天，到西方時恰值夜半時分，到北方時太陽落山，就這樣，從左到右旋轉，就更替著出現了晝夜。白天也有長短的變化：太陽運行偏南時，南方的白晝漸漸變長。再行六十里，經過一百八十天，北方的白晝漸漸變短。當它偏北運行時，北方的白晝漸漸變長。又經過一百八十天，而南方的白晝漸漸變短。

（出《長阿含經》第二十二卷、《樓炭經》第五卷）

## 月

月城郭，廣長一千九百六十里，其高亦然。儼然❶方正，遠見故圓。二分天銀、一分琉璃❷，內外清徹，光明遠照，為五風所持。月王座方二十里，七寶宮殿。無量❸天神，光明妓樂❹，前後導從。園池等玩如忉利天。天壽五百歲，子孫相襲，以竟一劫。月有虧滿，缺者一角，行夜稍稍隱側，故見缺減。又云：月城邊有天，其色正青，衣服亦青。所在之面，青光照城，故缺減也。滿者，月行稍轉向正。又青色天，十五日轉入月城，與王適會。又須彌山南地有大樹，樹名閻浮提，高四千里，枝蔭二千里，影現月中。阿修倫天王名羅呼，其體高二萬八千里，以月十五日立海中央，海水裁❺至其臍。低頭闚❻須彌羅寶，泰山及四方上鎮❼。以指覆日月，天下晦冥❽，或覆日以晝為夜，所謂日月蝕時厄光明也。

【章　旨】記月亮城的面積大小、外形特徵、宮內娛樂、月亮有圓缺，以及圓缺的成因等。

【注　釋】❶儼然　齊整有序的樣子。❷琉璃　又作「瑠璃」。是一種有色半透明的玉石。❸無量　不可計算；沒有限度。❹妓樂　梵文 vādya 意譯，音樂之義。這裡指樂伎。❺裁　通「才」。僅僅；剛剛。❻闚　泛指觀看。❼鎮　通「塡」。充塞；

填塞。❽晦冥　昏暗；陰沉。

【語　譯】月亮城，長和寬都是一千九百六十里，其高度跟長度、寬度相等。齊整有序又方方正正，因為是遠遠地看，所以好像它是圓的。月亮城的構造成分有三分之二是天銀，三分之一是琉璃玉，裡裡外外都清澈透明，光芒四射，普照遠近，由五位風神所掌管。月亮王的王座方圓二十里，其宮殿由七種寶物構成。有無數的天神，以及光彩照人的樂伎，有些在前面驅車，有些在後面跟隨。其中的園林、池沼和供玩耍的東西等，都同忉利天一樣。那裡的天人壽命五百歲，子孫相沿襲，直到一劫終了。月亮有盈缺，缺的一角，是因為月亮夜行時稍稍被隱住一側，所以看起來有缺損。又說：月亮城邊上有天，天的顏色是青色的，該天眾生穿的衣服也是青色的。他們所在的那一面，青光照耀月亮城，所以月亮便有缺損了。月亮圓滿時，是因為月亮運行漸漸地轉正了。青色天十五日轉入月亮城，正巧與月亮王相會。又有一種說法，說須彌山南方之地有大樹，樹名叫閻浮提，該樹高四千里，樹蔭二千里，影子顯現在月亮中。阿修羅天王名叫羅呼，他身高二萬八千里，月中十五日站立在大海中央，海水纔到他的肚臍眼。他低頭觀看須彌山羅列的眾寶，以及泰山和四方向上充塞的情況。用手指覆蓋日月，天下便昏暗下來了，或者用手指覆蓋太陽，則白天便變成黑夜，這就是所謂的日蝕月蝕時阻擋了光明。

（出《樓炭經》第六卷、《長阿含經》）

## 星

星宿城郭，天神之舍也，以水精為城，七寶為宮，懸在空中，大風持之，猶如浮雲。隨日運行，為眼所見。大者七百里，中者五百里，小者百二十里。宮室園池如四天王天，壽命亦爾。

【章　旨】記星宿城的裝飾、運行狀況等情況。

【語　譯】星宿城，是天神的房舍。星宿城由水晶構成，其宮殿由七種寶物建成，懸掛在空中，由大風神所掌管，猶如浮雲一般。星宿城隨太陽而運行，這是肉眼能看得見的。星宿大的方圓有七百里，中等的方圓有五百里，小的有一百二十里。內中宮室、園林、池塘等像四天王天一樣，星宿城眾生的壽命也跟四天王天一樣長。

（出《長阿含經》第二十卷）

## 雷

虛空雲中，有時地大❶與水相觸，有時與火、風等大相觸。水火風大更互❷相觸，皆生虛空❸雲中雷聲。

【章　旨】記雷產生的原因。

【注　釋】❶地大　佛教語。為四大之一。四大即地、水、火、風。一地大，性堅，能支援萬物。二水大，性濕，能收攝萬物。三火大，性暖，能調熟萬物。四風大，性動，能使萬物生長。此四者，能造作一切色法，故謂之能造四大。❷更互　交替輪流。❸虛空　天空。

【語　譯】天空雲層當中，有時地大和水大相碰撞，有時地大和火大、風大等相碰撞。水大、火大、風大等又輪流著相碰撞，都會在天空雲層中產生雷聲。

（出《長阿含經》第二十卷）

## 電

電有四種：東方名身光，南方名難毀，西方名流燄，北方名定明。何以虛空雲中有此電光？四方之電又共相觸，有此光起。

【章　旨】記電的四種名稱，以及電光產生的原因。

【語　譯】電有四種：東方的電名叫身光，南方的電名叫難毀，西方的電名叫流燄，北方的電名叫定明。為什麼天空雲層之中有電光呢？這是因為四方的電相互碰撞，便有電光產生。

（出《長阿含經》第二十一卷、《樓炭經》第四卷）

## 雲

雲有四種：一白，二黑，三赤❶，四紅。白者地大偏多，黑者水大❷偏多，赤者火大偏多，紅者風大偏多。去地或十里，或二十、三十，乃至四十里。除劫初時，上至光音天。雲有四色：一青，二赤，三黃白，四黑。青者中有水界大❸多，赤者中有火界大多，黃白者中有地界大多，黑者中有風界大多。龍氣為雲。

【章　旨】記雲的種類、與大地的距離、雲的四種顏色，以及各種雲的主要成分等。

【注　釋】❶赤　深紅色。❷水大　指水。下文的火大、風大分別指火、風。詳見〈雷〉「地大」注。❸水界大　即水大。下文的「火界大」、「地界大」、「風界大」分別指火大、地大、風大。

【語　譯】雲有四種：一是白雲，二是黑雲，三是深紅色的雲，四是紅雲。白雲之中地偏多，黑雲之中水偏多，赤雲之中火偏多，紅雲之中風偏多。雲跟大地的距離有的是十里，有的是二十里、三十里，乃至四十里。除了劫初之時，雲是可以上至光音天的。雲有四種色彩：一是青色，二是深紅色，三是黃白色，四是黑色。青色雲中水大居多，深紅色雲中火大居多，黃白色雲中地大居多，黑色雲中風大居多。龍所出的氣變成了雲。

（出《華嚴經》第三十卷）

## 風

世界壞時，有大風起，名曰壞散，悉能吹壞、摩滅❶大千世界、金剛鐵圍山❷等一切萬物。時大千世界外，復有風起，名障壞散，能隔風災得至餘方。若無此障風，十方無量阿僧祇❸世界，無不散滅。

【章旨】記壞散大風吹毀一切，以及障壞散風阻止壞散風，使世界免遭毀壞的情況。

【注釋】❶摩滅　磨損消滅。❷金剛鐵圍山　梵文 Cakravāda-parvata 的意譯，佛教語。佛教認為，南贍部洲等四大部洲之外，有金剛鐵圍山，周圍如輪，堅利不壞，所以得名。❸阿僧祇　梵文 Asaṃkhya 的音譯。意譯為無數。

【語譯】世界即將毀壞時，有大風出現，名叫壞散，能吹壞磨損毀滅大千世界、金剛鐵圍山等一切萬物。當時大千世界之外，又產生一種風，名叫障壞散，它能隔絕風災，使得餘下的地方得以保存下來。如果沒有這種起屏障作用的風，十方無數的世界，將無不毀壞滅亡。

（出《長阿含經》第二十卷）

## 雨

相師❶占雨，有五因緣不可定知，使占者迷惑。一者雲有雷電，占謂當雨，以火大多，燒雲不雨；二者雲有雷電，占亦謂雨，有大風起，吹雲四散，入諸山間；三者雲有雷電，占亦謂雨，時阿修羅攬接浮雲，置大海中；四者雲有雷電，占亦謂雨，而雨師❷放誕婬亂，竟不降雨；五者雲有雷電，占亦謂雨，而世間眾生非法縱盪，污清淨行❸，慳貪嫉妒，所見顛倒，故使天不降雨。以此五事，相不定知。

阿耨達龍王❹興大重雲，滿閻浮提，並降大雨。百穀草樹，皆悉滋長。江河川沼，一切盈滿。此大雨水從龍王身心中出，而能饒益❺無量眾生。摩那斯龍王❻將欲降雨，先興重雲，彌覆虛空，慈悲心故，凝停七日，先令眾生究竟❼諸業，漸降微雨，普潤大地。

【章　旨】記相師占卜時遇見的五種應當有雨而實際並未降雨的現象，以及大雨降臨後江河盈滿，草木滋生等情況。

【注　釋】❶相師　指以相術供職或為業的人。❷雨師　古代傳說中的司雨的神。❸清淨行　指遠離惡行和煩惱的高潔行為。❹阿耨達龍王　阿耨達為梵文Ānavatapta的音譯，佛教中的八大龍王之一。住在阿耨達池，此池之水分出四大河以滋潤閻浮提洲。❺饒益　使人受利。❻摩那斯龍王　龍王名。摩那斯為梵文Manasvati的音譯，又譯作摩那蘇婆帝。意為大身、慈心、高意等。《法華光宅疏》一曰：「摩那斯譯云大身，則繞須彌七匝也。」《法華文句》二：「摩那斯，此云大身或大意大力等。」

修羅排海，淹喜見城，此龍縈身以遇海水。」《同玄贊》二：「摩那斯，此云慈心。」❼究竟　結束；完成。

【語　譯】巫師占卜是否有雨，有五種引起變化的因素不可以清楚地知道，這使巫師大惑不解。第一種情況是，雲層中有雷電，卜卦上表明應當有雨，但因火多，燒壞了雲而不降雨；第二種情況也是雲中有雷電，卜卦也表明應當有雨，但因有大風出現，吹得雲塊四處飛散，進入了各大山中；第三種情況也是雲中有雷電，卜卦也表明應當有雨，但當時阿修羅收攬了浮雲，並將其放置在大海中；第四種情況還是雲中有雷電，卜卦也顯示將有雨，但因司雨之神放縱又淫蕩，竟然不降雨；第五種情況仍然是雲中有雷電，卜卦也表明將有雨，而人間的眾生行為不合法度，放縱浪蕩，玷汙了高潔的行為，性情慳吝貪婪，心懷妒忌，所看到的是是非顛倒的世界，這便使得天不降雨了。因為這五種情況，占卜結果不一定非常準確清楚。

阿耨達龍王興起了又大又厚的雲層，漲滿了整個閻浮提洲，並降落了大雨。各種農作物以及花草樹木，全都滋長起來了。大江、河流、小溪、湖泊，全都蓄滿了水。這大雨水是從龍王的身心中噴出來的，能使無數的眾生受利。摩那斯龍王將要降雨時，先興起重重雲層，彌漫整個天空，因他慈愛和悲憫的緣故，使得雲層在空中凝固停止了七天，先讓眾生完成了各種事務，再漸漸地降落小雨，滋潤著四方大地。

# 卷第二

## 欲色天人部下

【題解】「欲色」即三界中的欲界和色界，皆為天人所依之處。欲界為淫欲與食欲二欲之有情的住所。它上至六欲天，中至人界之四大洲，下至無間地獄，包括四天王天、忉利天、兜率天、化樂天等。色界之「色」為質礙之義，即有形之物質。此界在欲界之上，為離棄淫食二欲的有情眾生的住所。佛教認為其構成身體、宮殿與國土等的物質，總是殊妙精好的，故云色界。色界四禪有十八天。本部輯錄天人的故事傳說：帝釋等人聆聽野干的三生輪迴，並從其受戒法；五百賈客曠野中遭遇飢渴，因宿命修善積福，使天人下凡手出甘水……。這些前生為善、今生獲福，或今生棄惡歸命三寶而免除災禍，避免轉世到惡道的因果報應故事啟發人們棄惡行善，歸依三寶。

### 帝釋從野干❶受戒法

（出《未曾有經》上卷）

昔比摩國徙陀山有一野干，為師子❷所逐，墮一丘野井。已經三日，開心❸分❹死，自說偈言❺：

一切皆無常，恨不飼師子。
奈何罪厄身，貪命無功死。
無功已可恨，復汙人中水。
懺悔❻十方佛，願垂照我心。
前世諸惡業，現償皆令盡。
從是值❼明師，修行盡作佛。

帝釋聞之，與八萬諸天追尋所在，飛到井側，曰：「不聞聖教久，幽冥無導師，向說非凡語，願為宣法教❽。」答曰：「天帝無教訓，大不識時宜。法師❾在下，自處其上，初❿不修敬，而問法要⓫？」帝釋垂天衣接取野干，叩頭懺悔。天帝言曰：「憶念我昔，曾見世人欲聞正法⓬，先敷⓭高坐⓮，莊飾清淨，後請法師。」諸天即各脫天寶衣，積為高座。野干昇座曰：「有二大因緣：一者說法開化⓯天人福無量故，二者為報施食恩故，豈得不說？」天帝白曰：「得免井厄，功報⓰應大，云何⓱說法報恩不及此耶？」答曰：「生死其宜，各有其人。有人貪生，有人樂死。有愚痴⓲人，不知死後更生，違遠佛法，不值明師，殺盜婬欺，惟惡是與。如此之人，貪生畏死，死墮地獄。有智慧人，奉事三寶⓳，遭遇明師，

改惡修善，孝養父母，敬事師長，眷屬和從⑳，謙敬萬物。如斯之人，惡生樂死，
死生天上。」

【章　旨】記比摩國徙陀山有一野干，因被獅子追逐，墮井而受困。料想將死，便自說偈言，帝釋聽到後便前往營救。野干為帝釋說了愚痴人和智慧人對待死亡的不同態度。

【注　釋】❶野干　獸名。（唐）玄應《一切經音義》卷二四：「野干，梵言『悉伽羅』。形色青黃，如狗群行，夜鳴，聲如狼也。字有作『射干』。」❷師子　即獅子。❸開心　指胸膛破裂。❹分　料想。❺偈言　即「偈頌」。即佛經中的唱頌詞。每句三字、四字、五字、六字、七字以至多字不等，通常以四字為一偈。❻懺悔　佛教語。梵文 Kṣama，音譯為「懺摩」，省略為「懺」，意譯為悔，合稱為懺悔。佛教規定出家人每半月集合舉行誦戒，給犯戒者以說過悔改的機會，後遂成為自陳其過，悔罪祈福的一種宗教儀式。引申為認識了錯誤或罪過而感到痛心。❼值　遇到；碰上。❽法教　佛法的教化。❾法師　佛教語。精通佛經並能講解佛法的高僧。亦用為對比丘的尊稱。❿初　全；始終。⓫法要　佛教的要義。⓬正法　佛教語。謂釋迦牟尼所說的教法。別於外道而言。⓭敷　鋪開。⓮高坐　又作「高座」。講席。講席高於聽者的座位，故稱。⓯開化　開導感化。⓰功報　因有功勞而得到的報應。⓱云何　怎麼；為什麼。⓲愚痴　佛教語。三毒之一，謂無通達事理的智慧。⓳三寶　佛教語。指佛、法、僧。《釋氏要覽・三寶》曰：「三寶，謂佛、法、僧。」後用以指佛教。⑳和從　附和順從。

【語　譯】往昔比摩國徙陀山有一隻野干，被獅子所追逐，墜入了一小山丘的野井中。過了三日之後，牠胸膛開裂，料想自己將要死亡，便自念偈言道：

一切都變異，恨不餵獅子。
無奈罪惡身，貪生無功死。
無功已可恨，又汙人間水。
懺悔十方佛，希望知我心。

前生各惡業，現報都讓盡。
從是遇明師，修行全作佛。

帝釋聽到偈言後，便和八萬天人追尋野干之所在，於是飛到野井旁說：「很久未聞聖人的教誨，心中幽暗卻沒有導師，剛才聽您說了非凡之語，希望您能為我們宣揚佛法的教化。」野干回答說：「天帝沒有受過教導和訓化，實在很不合時宜。法師現在在下，自己反處其上，全然不懂恭敬有禮，卻要問佛法的要義？」帝釋放下天衣接取野干，叩頭悔過。天帝說：「回憶起我以往，曾見過世人想要聽聞佛法，都是先鋪開講席，整理乾淨，然後才請法師的。」諸位天人立即各自脫下天寶衣，堆積為講席。野干登上座位後說：「有兩大因緣：第一是講解佛法教導開化天人福德無量，第二是報答他人施捨食物的恩德福德無量，這難道能不說？」天帝說：「使您免除了墜井的災難，這功勞的報應應該很大，怎麼還比不上說法和報施食恩呢？」野干回答說：「宜生宜死，因人而異。有人貪生，有人樂死。有不通達事理的人，不知死後會轉生，違反了佛法，不能遇見高明的導師，便殺人、偷盜、淫亂、欺騙，唯惡是從。如此之人，貪生怕死，死後將墜入地獄。有充滿智慧的人，敬奉三寶，又遇見了高明的導師，便棄惡從善，孝敬、贍養父母，尊敬、事奉師長，親屬相處和順，謙遜恭敬萬物。如此之人，惡生樂死，死後轉生在天上。」

帝釋曰：「如尊❶所誨。全其軀命，無功夫者。願聞施食施法。」野干答曰：「布施飲食，濟一日之命；施珍寶物，濟一世之乏，增益生死，繫縛❷因緣。說法教化，名為法施❸，能令眾生出世間道。一者得羅漢❹，二者辟支佛❺，三者佛道❻。此三乘❼人，皆從聞法，如說修行❽。又諸眾生，免三惡道，受人天福樂，皆由聞法。是故佛說：『以法布施，功德無量。』」天帝曰：「師今此形，為是業報❾？應化❿身耶？」答曰：「是罪業報，非應化也。」天人曰：「我意謂是菩薩聖人應現⓫濟物，方聞罪果，未知其故，願聞因緣。」野干曰：「昔生波羅柰波頭摩城，為貧家子，剎利種姓⓬。幼懷聰明，特好學習。至年十二，隨逐明師，在於深山，辛苦奉事，翹勤⓭不懈。師亦晨夜切磋教授，不失時節。經五十年，九十六種經書記論、醫方呪術、瞻相吉凶、災異禍福，靡所不達。高才智慧，名聞四遠，乃自思惟曰：『今獲濟拔⓮，皆由和上⓯教化之恩，其功難報。家既貧乏，無可供養⓰，唯當賣身以報師恩。』師曰：『山居道士⓱，乞食自存，正無所乏。何用毀賣貴身，為供我也？子今成就⓲智慧辯才，當轉教化天下人民，為法燈⓳明。教化之功，豈不足報於我之恩？』遂住山中，乞食自資。不久國王崩，群臣集國內學士⓴五百餘人，講論七日，勝者為王。是貧家子，享受王位，盡國財力，供養師及父母。

【章　旨】記野干對帝釋等說明了食施和法施的作用，並闡述了「以法布施，功德無量」的道理。同時，牠還向帝釋等敘述了牠前世為貧家子，因聰明好學，又遇見了嚴明的導師，勤學勤修，後得王位的情況。

【注　釋】❶尊　稱呼對方的敬詞，猶您。❷繫縛　束縛。❸法施　佛教語。三種布施之一。謂宣講佛法普度眾生。出家人多行法施，在家人多行財施。❹羅漢　佛教語。梵文 Arhat 音譯阿羅漢的省稱。小乘最高果位，稱為「無學果」。謂已斷絕煩惱，超出三界輪迴，應受人天供養的尊者。達到這個果位有四個階段：斷除見惑的叫做須陀洹果，即初果。進而斷除了思惑，按深淺粗細的不同而有斯陀含果（二果）、阿那含果（三果）。到了阿羅漢的果位（四果），見惑思惑都已斷盡，堪受人天供養，所以阿羅漢又叫應供，這是聲聞乘（小乘）的終極地位。我國寺廟中供奉者，有十六尊、十八尊、五百尊、八百尊之分。❺辟支佛　佛教語。梵文 Pratyeka-buddha 的音譯，辟支迦佛陀的省稱。三乘中的中乘聖者。因其身出無佛之世，潛修獨悟，又意譯為「獨覺」。❻佛道　成佛之道。❼三乘　佛教語。一般指小乘（聲聞乘）、中乘（緣覺乘）和大乘（菩薩乘）。三者均為深淺不同的解脫之道。亦泛指佛法。❽修行　出家學佛或學道。❾業報　佛教語。業因與果報。謂一切行為都有果報，善有善報，惡有惡報。❿應化　佛教語。謂佛、菩薩隨三界六道之不同狀況和需要隨宜化身，教化眾生。⓫應現　佛教語。謂佛、菩薩應眾生機緣而現身。⓬種姓　古印度一種世襲的社會等級。種姓分四等，即婆羅門（僧侶和學者）、剎帝利（武士和貴族）、吠舍（手工業者和商人）和首陀羅（農民、僕役）。⓭翹勤　亦作翹懃。殷勤盼望。⓮濟拔　幫助提拔。⓯和上　和尚，這裡指導師。⓰供養　贍養；事奉。⓱道士　佛教徒；和尚。⓲成就　造就；成全。⓳法燈　佛教語。比喻能照破世間迷暗的佛法。⓴學士　即學者。

**【語　譯】**帝釋說：「如您所教誨的，保全性命，是沒有功勞可言的。希望能聽您說說布施食物和布施佛法的情況。」野干回答道：「布施食物於人，可以救濟他一天的生命；布施寶物於人，可以免除他一生的匱乏，但都增加他生死輪迴的期限，因為要受到因緣的束縛。為人說法教化，就叫作法施，能令眾生出世間道。第一是可以使人修得羅漢道，第二是可以使人修成辟支佛，第三是可以使人得到成佛的途徑。這小乘、中乘、大乘三乘佛法中的人，都是從聽聞佛法開始，並按照這些佛法來修行。又有諸多眾生，死後避免了轉世為地獄道、餓鬼道、畜生道這三惡道中的痛苦，而是享受了人趣與天趣的福分和快樂，也都是因為聽到了佛法。因此佛說：『以法布施，功德無量。』」天帝說：「法師您現在這樣的模樣，是因果報應所致的呢？還是為教化眾生而隨宜所化之身呢？」野干回答道：「是因為獲罪而得的惡報，並非隨宜所化之身。」帝釋一行中天人說：「我原以為這是菩薩聖人化身而來救濟萬物的，剛才聽說這是罪業的報應，不知其中的緣故，希望能聽到其因緣。」野干說：「我往昔出生於波羅柰波頭摩城，是貧苦人家的子弟，屬於剎帝利等級。幼小時很聰明，特別愛學習。到了十二歲時，追隨明師，在深山中勤奮學習修行，事奉導師，殷切地期盼著有所收穫，毫不放鬆。導師也整天跟我切磋學業，並教導我，從不耽誤時光。過了五十年，九十六種經書中記載和論述，醫書和詛咒禱告的方法，占卜吉凶、災難禍福等方法無所不通。才幹智慧過人，名揚四方，於是便思索著：『現在得到了幫助和提攜，全是導師教導的功勞，這恩情難以回報。家裡已是一貧如洗，沒什麼可以贍養他了，只有賣身才能報答供養恩師。』導師說：『山中的和尚，乞討食物就可自己養活自己，實在無所缺乏。為什麼要賣了你寶貴的身子來供養我呢？您現在造就了智慧高才，應當用來改造教化天下的人民，為他們闡明佛法。這教化的功勞，難道不足以報答我的恩情嗎？』於是，便住在山中，以乞討食物來自謀生計。不久之後，國王駕崩，眾大臣聚集了國內的學者五百多人，來講法辯論，長達七天，勝者為王。這個貧苦家的孩子便得到了王位，於是，他竭盡全國的財力來供養師長和父母。

「後安陀羅國與摩羅婆耶國共相誅伐，多年不剋❶。安陀羅王召其群臣：『當作何方❷，得摩羅婆耶國？』諸臣答曰：『唯有波羅柰波頭摩國王，出生寒賤，奉持十戒❸，不犯外欲。雖有宮女，年並長宿。檢括國中，不問豪賤，選擇名女，足一百人，年少端正，能悅意者，齎持❹重寶並諸婇女，以相貢獻。彼若納受，從其借兵，並力攻戰，無往不伏❺。』即隨臣計，時悉獻上。王大歡喜，簡閱❻強兵百萬，以送助之。百日苦戰，死者過半，摩羅婆王，悉被刑斬，方得乃勝。由此美女，忘失本志，奢婬著❼樂，不理國政。百官群僚，相與作亂，良民之子，掠為奴婢，風雨不時，飢餓滿道。異方怨敵，遂來侵掠。從是其國，遂致亡沒。生地獄中，受眾楚毒。籍❽先學慧力，自識宿命，心自悔責，改往修來。須臾❾捨壽❿，生餓鬼中，復加懺謝，修念十善⓫。須臾捨壽，受野干身，猶識先緣，復行十善。近逢師子，墮此井中，開心分死，冀得生天，離苦受樂。由汝接我，違失本願。方經辛苦，何時當免？是故我說：『汝濟我命，無功夫也。』」

【章　旨】記國王沉溺於美色，不理國政，犯下罪孽，獲業報而死後轉世為野干的因果報應過程。

【注　釋】❶剋　攻破；戰勝。❷方　方法；計策。❸十戒　指佛教沙彌和沙彌尼所受的十條戒律：一、不殺生；二、不偷盜；三、不婬；四、不妄語；五、不飲酒；六、不塗飾香鬘；七、不聽視歌舞；八、不坐高廣大床；九、不非時食；十、不蓄金銀財寶。這裡泛指佛教戒律。❹齎持　捧持。❺伏　降伏。❻簡閱　簡選。❼著　執著於某事而不能解脫。❽籍　通「藉」。憑藉。❾須臾　不久。❿捨壽　此指死亡。捨，廢止。壽，壽命。⓫十善　指佛教的基本道德信條。屬於身業的：不殺生、不偷盜、不邪婬；屬於口業的：不妄語、不兩舌、不惡口、不綺語；屬於意業的：不貪欲、不瞋恚、不邪見。

【語　譯】「後來，安陀羅國和摩羅婆耶國互相攻打，多年都沒有戰勝對方。安陀羅國王召集群臣，問道：『應當用什麼方法，才能打敗摩羅婆耶國呢？』眾臣答道：『祇有波羅柰波頭摩國王可以。他出身貧寒，奉持十戒，不犯外欲。雖然有宮女，但等到她們年長了才同宿。我們清查搜羅全國的女子，不論貴賤與否，選擇美女，足足一百人，挑選其中年少貌美，並能賞心悅目的，捧持貴重的寶物和宮女一起貢獻給他。如果他接受了，我們又從他那裡借來兵力，合力攻打，便戰無不勝了。』大王立即聽從了臣子們的計策，按時全部獻上。波羅柰波頭摩國王很是高興，於是選拔精兵百萬，贈送給安陀羅王並助他一臂之力。經過了百日苦戰，戰死者超過了一半，摩羅婆耶國王也被斬首了，安陀羅國纔取得了勝利。波羅柰波頭摩國王因為美女的緣故，忘卻了他本來的志向，縱欲貪樂，不理國政。文武百官共同作亂。良民的子弟被掠為奴婢，風不調雨不順，飢餓的人群到處都是。他方的仇敵，便來侵犯。從此，他的國家便滅亡了。死後轉世在地獄中，遭受種種苦楚和毒害。憑藉他前世學得的智慧和功力，自知前生的命運，心中很是悔恨，並責怪自己，他痛改前非，為將來修行積德。不久便死了，轉世在餓鬼中，再次懺悔，奉持十種善行。不久又死了，轉生為野干，仍然知道前世的因緣，又奉行十種善行。最近遇見了獅子追逐，墜落在這個野井中，胸膛破裂將要死亡，希望能因此而轉世到天上，離開苦海享受快樂。但正因為你來救我，違背了我的意願。我正經歷著的辛苦，何時才能幸免呢？所以我說：『你救了我的性命，是沒有功德的。』

「吾所以入衣得出者，一不違天志願。志願不遂，生大苦惱。施人苦惱，在在❶所生，求願不得。二為諸天欲得聞法。若人吝法，世世所生，聾盲、瘖啞，諸根閉塞，生於邊地，癡騃無知。若生好處，情識闇鈍，所學不成，自致苦惱。三為通法化，開悟❷天人，即為法施。法施之利，能令眾生知死有生，作善獲福，為惡受殃，修道得道。轉身所生，智慧明了，常識宿命。若生天上，為諸天師，若生人間，為金輪王。十善化世，智慧光明漸漸增長，成菩薩行❸，至無生忍❹。財施如燈，但明小室；法施若日，遠照天下。」時天帝釋與八萬天從受十善法，先以十方便❺調伏❻諸根，謂六波羅蜜，慈悲❼喜捨。時天問曰：「今還天宮，和上何時捨此罪報，得生天上？」野干曰：「剋後七日，當捨此身生兜率天。汝等便可願生彼天，多有菩薩說法教化。」七日命盡，生兜率王宮，復識宿命，行十善道。

【章　旨】記野干說明了為什麼接受天帝釋等救護的原因。天帝釋和諸天人接受教化，調伏諸根，產生了慈悲之心。野干死後轉世在兜率天上。

【注　釋】❶在在　處處；到處。❷開悟　啟發；開導。❸菩薩行　即指布施以求自利利他，圓滿佛果的菩薩所具有的各種德行。❹無生忍　佛教語。指通達無生無滅之理而不動心。❺十方便　指修菩薩行者之十種善巧方法。即一、布施方便；二、持戒方便；三、忍辱方便；四、精進方便；五、禪定方便；六、智慧方便；七、大慈方便；八、大悲方便；九、覺悟方便；十、轉不退法輪方便。方便，梵文 upāya，意譯為善權、變謀。佛教指向上進展之方法。❻調伏　佛教謂調和身、口、意三業，以制伏諸惡。❼慈悲　佛教語。指給人快樂，將人從苦難中解救出來。

【語　譯】「我之所以會接受你們的衣服而從野井裡出來，第一是因為不能違背你們諸位天人的志願。志願不能實現的話，會產生苦惱。如果給人帶來苦惱，無論轉世在哪裡，都不能實現自己的願望。第二是因為諸位天人想要聽到佛法。如果我吝嗇傳授佛法，那麼世世轉生都會聾耳瞎眼啞口，諸根閉塞不通，生在邊遠之地，愚昧無知。即使生在好的地方，也會顯得才情和識見很是愚拙，所學的東西不能成功，自生苦惱。第三是因為通曉正法教化，開導天人使之覺悟，即為法施。法施的好處，在於能令眾人知道有生有死，為善的能獲福，為惡的會遭殃，修道的能得道。轉世之後，聰明而有智慧，常常知道自己前世的命運。如果生在天上，會成為天人之師，如果生在人間，便會成為金輪王。用十善勸化世人，產生的智慧光明會逐漸增多，便具備了菩薩之德行，並能通達無生無滅之理而不動心。財物之布施，猶如燈火，只能照亮小房間；用法布施猶如太陽，能普照天下。」當時天帝釋和八萬天人聽從並接受了十善法，先用十種方便調和諸根制伏諸惡行，這便是六種達到彼岸的方法，接著又產生了救人於苦難之中的慈悲之心，並喜歡施捨。當時天人問道：「如今我們將還天宮，聖師您什麼時候才能脫離這種罪孽報應，得以轉世天上呢？」野干答道：「往後七日，我將捨棄此身生於兜率天上。你們便可如願生於那天上，那裡多有菩薩說法教化。」七日之後，野干命終，轉世生在兜率王宮，仍然識得前世命運，奉行十善。

（出《超日明三昧經》下卷）

## 日天王問日月往行

日天王與無數天人來詣佛所，稽首言：「以何等❶行得為日天❷，照四天下❸？復以何緣而為月天❹，照除夜冥？」佛言：「有四事：一常喜布施，二修身慎行，三奉戒不犯，四然❺燈於佛寺。若於父母、沙門、道人皆殖❻光明，又身口意❼行不殺等十善。」佛言：「又有四事得為月王：一布施貧匱，二奉持五戒❽，三恭事三尊❾，四冥設燈光於君父師寺。」

【章　旨】記日天王與佛關於得以轉世日天子的四種行為和得以轉世月天子的四種行為的問答。

【注　釋】❶何等　什麼樣的。❷日天　日天子的省稱。日天子，又名寶光天子、寶意天子。是日宮之主。佛教謂觀世音菩薩之化身。住在太陽中，太陽為其宮殿。❸四天下　梵文catvāro dvipaḥ，即四大部洲。四洲即東勝身洲、南贍部洲、西牛貨洲、北俱盧洲，日、月圍繞須彌山腹，普照四天下。❹月天　即月天子。月宮之主。佛教謂大勢至菩薩的化身。❺然　同「燃」。點燃；燃燒。❻殖　增加。❼身口意　即身業（行動）、口業（言語）、意業（思想活動），泛指一切身心活動。❽五戒　亦作「五誡」。佛教指在家信徒終身應遵守的五條戒律：即不殺生、不偷盜、不邪淫、不妄語、不飲酒。❾三尊　即三尊佛。以中尊為主，左右兩側其他二尊脇侍。中尊一般為釋迦佛，左藥師佛，右彌陀佛；此外又有一佛二菩薩的供奉。

【語　譯】日天王和無數天人到佛處，稽首說：「因什麼樣的德行才能生為日天子，普照四大部洲？又以什麼樣的因緣才能生為月天子，照亮黑夜？」佛說：「有四種德行可以生為日天子：第一是經常喜歡布施，第二是陶治身心檢點行為，第三是奉持戒律而不違犯，第四是供奉燈火在佛寺中。如果能給父母、佛教僧徒增加光明，又在身、口、意三業都奉行不殺等十善，那麼，也是可以的。」佛又說：「又有四種德行可成為月王：第一是布施貧窮匱乏的人，第二是奉行五條戒律，第三是恭敬地侍奉釋迦、藥師、彌陀三尊佛，第四是黑暗時燃點燈火在國君、父親、師長面前以及寺院裡面。」

## 天人手出甘水濟五百賈人❶

（出《譬喻經》第三卷）

昔有導師❷，與五百賈人共行作賈。到大曠野，飢渴困極❸，歸命❹世尊及釋梵四王❺，怖懅無計。于時導師登高遠望，見有林木，飛鳥往趣，冀當有水。俱共奔走，不久得至。唯見樹木周而生草，其地清潔。導師顧謂賈人等：「咸共穿❻地取水，必當可得。」適共議已，時有天人，遙從天上瞻此導師及五百人困乏之水漿❼，如伸臂頃，來到其所，住❽於樹上。伸其右手，從五指間流出八味甘美之水❾，供於導師及五百人，各各取用，而無窮盡，皆得飽滿。所以者何？宿命親親❿，俱種恩福，故使天人念之來下，以給⓫美水，各得安隱⓬。

【章　旨】記五百賈客在大曠野中，飢渴困乏，無計可施。因宿命曾修善積福，所以使天人眷念，於是便下凡為其提供美水，解救了他們的燃眉之急。

【注釋】❶賈人　商人。❷導師　引路人；嚮導。❸困極　困頓疲乏。極，疲乏。❹歸命　梵文namas的意譯，這裡是禮拜、禱告的意思。❺釋梵四王　即帝釋天、梵天、四大天王。❻穿　穿鑿。❼水漿　水流；水。❽住　停；站。❾八味甘美之水　即「八功德水」。佛淨土有八功德池，其中充滿八功德水。八味，即澄靜、清冷、甘美、輕軟、潤澤、安和、除飢渴、長養諸根。❿親親　親戚好友。⓫給　供給。⓬安隱　平安；安定。

【語譯】往昔有一位嚮導，與五百商人一起外出經商。到大曠野時，飢渴困乏，大家向佛和帝釋天、梵天、四大天王禮拜禱告，恐懼又無計可施。當時，嚮導登高遠眺，看到有一片樹林，鳥兒都飛往那裡，希望那兒有水。他們一起往前跑，不久便到了。祇見樹木周圍都長著草，地面清潔。嚮導回頭對商人們說：「咱們一起鑿地取水，一定可以的。」剛剛商議完畢，有一天人從天上看到了這位嚮導和五百商人缺水的情況，轉眼功夫，便到了樹林間，停在樹上。他伸出右手，從五指之間，流出八味甜美之水，供給嚮導和五百商人，各人取用之，而沒有窮盡，大家都飽飲了一通。為什麼會這樣呢？因為他們前生都是親屬，並且都已種下了福業，所以使得天人眷念而下凡，供給美水，使他們都得以平安無事。

## 天寶女口密

（出《華嚴經》第二十九卷）

自在天王❶有天寶女❷，名曰善口，於一語中顯出百千娛樂音聲，於彼一一音聲中，復出百千音聲。佛子❸當知：一善口聲，出生無量聲，隨其所應，悉令開解❹。

【章旨】記自在天王之女善口，於一語中發出千百種娛樂聲音，又能從每種聲音中出千百種聲音。

【注　釋】❶自在天王　梵名Maheśvara，即大自在天。此天原為婆羅門教之主神濕婆(śiva)，即毀滅之神、苦行之神、舞蹈之神。❷寶女　對他人之女的美稱，即玉女。❸佛子　佛教泛指一切眾生，以其悉具佛性，故稱。❹開解　理解；領悟。

【語　譯】自在天王有一個女兒，名叫善口，在一句話中能顯示出千百種娛樂聲音，又能在每一種聲音中顯出千百種聲音。眾生應該知道：善口的一種聲音，能生出無數的聲音，隨其所答，都會使你們理解領悟。

# 卷第三

## 地部

【題解】「地」即土地。以能生為義，又所依為義。亦指大地，即人間。本部輯錄有關閻浮提、鬱單曰內傳說故事。這些故事說明了閻浮提方國遠近，各方的特產；閻浮提內的各大山、各種各樣樹木以及河流的流向、成因；北鬱單曰自然風光、物產，以及北方天下人們的生活習俗。從這些故事中，我們大體可以了解佛教眼中人世間的概貌。

### 閻浮提內方國近遠及所出有

（出《十二遊經》、《大智度論》第三卷）

閻浮提內有十六大國，八萬四千城，八國王四天子。東有晉國天子，人民熾盛❶；南有天竺國天子，土地多名象；西有大秦國天子，土地饒金璧玉；北有月支國天子，土地好馬。八萬四千城中，六千四百種人，萬種音響，五十六萬億丘聚❷。魚有六千四百種，鳥有四千五百種，獸有二千四百種。樹有萬種，草有八千種，雜藥有七百四十種，雜香有四十三種。寶百二十一種，正寶七種。

海中有二千五百國，百八十國食五穀，二千三百二十國食魚鼈黿❸龜。五國王，一王主五百城。第一王名斯梨，國土盡事佛，不事眾邪；第二王名迦羅，土地出七寶❹；第三王名不羅，土地出四十三種香及白琉璃❺；第四王名闍耶，土地出必鉢❻胡椒；第五王名那頗，土地出白珠及七色琉璃。五大國城多黑，短小。相去六十五萬里，從是但有海水無有人民。去鐵圍山百四十萬里，中阿崛摩殺人處在舍衛國東八萬十里，佛所化處亦一處。

【章旨】記閻浮提內國家和城邑的數量；其中東西南北各大國之名產；八萬四千城中人民熾盛，魚、鳥、獸、樹、藥等物產豐饒；以及海中幾大國所產等情況。

【注釋】❶熾盛　興旺；繁盛。❷丘聚　村落。丘，村落；居邑。聚，村落；居民點。❸黿　黿魚，即鱉。❹七寶　各經說法不一，一般指金、銀、琉璃、硨磲、瑪瑙、真珠、玫瑰。❺琉璃　梵文 vaidūrya，七寶之一。為貓眼石之一種。❻必鉢　又作「蓽撥」。植物名，多年生藤本植物，中醫用乾燥果穗入藥。

【語譯】閻浮提內有十六個大國，八萬四千個城市，八大國王和四大天子。東方有晉國天子，人民興旺；南方有天竺國天子，國內多產著名的大象；西方有大秦國天子，國土中盛產黃金璧玉；北方有月支國天子，國中盛產駿馬。八萬四千城中，有六千四百種人，上萬種聲音，五十六萬億村落。魚有六千四百種，鳥有四千五百種，獸有二千四百種。樹有上萬種，草有八千種，各種藥材有七百四十種，各種香料有四十三種。珍寶有一百二十一種，其中純一不雜的寶貝有七種。

海中有二千五百個國家，一百八十個國家的人民以五穀雜糧為食，二千三百二十個國家的人民以魚鱉黿鼉為食。有五大國王，每個國王管轄五百個城邑。第一個國王名叫斯梨，國土內全信奉佛教而不信其他邪教；第二個國王名叫迦羅，國內出產七寶；第三個國王名叫不羅，國內出產四十三種香料以及白色琉璃；第四個國王名叫闍耶，國內出產必鉢和胡椒；第五個國王名叫那頗，國內出產珍珠和七色琉璃。五大國城內人民多膚黑而矮小。國與國相距六十五萬里，自距城六十五萬里處始，只有海水，沒有人民。距離鐵圍山一百四十萬里，在舍衛國東八萬十里，是中阿崛摩殺人處，佛所教化處也在這裡。

拘夷那竭國在迦維羅衛國之東南一千里，王舍國在迦維羅衛國之東南二千二百里，佛得道處在王舍城❶東南二百里。

維耶離國在迦維衛國❷之東一千八百里，柰女國在維耶離城南三里道西。拘睒彌國在迦維羅衛國之西南千二百里。葉波國在迦維羅衛國之東千二百八十里。難國在迦維羅衛國之東三千二百里。舍衛國❸在迦維羅衛之西五百里。

波羅柰國❹在迦維羅衛國之西九百六十里，佛轉法輪❺處在波羅柰國之北二十里，樹名香淨，降伏魔處也。

波羅柰私國在舍衛國之南千四百里，中間有恆水❻東南流。耆闍崛山❼有五嶽，佛誦經在中嶽，王舍國在中嶽之下。

【章旨】記拘夷那竭國、迦維羅國、維耶離國、波羅柰私國等諸國的地理位置。

【注釋】❶王舍城　梵名Rājagṛha，中印度摩伽陀國的都城。❷迦維衛國　梵名Kapila-vastu，釋迦族的國土，為佛陀出生之處。❸舍衛國　梵名Śrāvastī，中印度古王國名，有祇洹精舍，佛陀居止二十五年。❹波羅柰國　梵名Vārāṇasī，中印度古王國名，佛常遊化至此教化眾生，有阿育王塔、鹿野苑等佛教聖蹟。❺轉法輪　佛教語。佛之教法謂之法輪，說教法謂之轉法輪。轉，喻說教法。轉自心之法而移他之心，恰如轉車輪，故稱。輪，指轉輪聖王之輪寶，有迴轉和碾摧二種含義。即迴轉四天下，碾摧諸怨敵。佛的教法也迴轉一切眾生界，摧破諸煩惱，故謂之法輪。❻恆水　恆河。❼耆闍崛山　梵名Gṛdhrakūṭa，即靈鷲山，位於中印度摩伽陀國首都王舍城之東北側，為佛陀說法之地。

【語譯】拘夷那竭國在迦維羅衛國東南方一千里處，王舍國在迦維羅衛國東南面二千二百里處，佛得道處在王舍城東南二百里處。

維耶離國在迦維衛國東面一千八百里處，柰女國在維耶離城南三里道之西。拘睒彌國在迦維羅衛國西南面一千二百里處。葉波國在迦維羅衛國以東一千二百八十里處。難國在迦維羅衛國以東三千二百里處。舍衛國在迦維羅衛國西面五百里處。

波羅柰國在迦維衛國以西九百六十里處，佛為眾生得道說教法處在波羅柰國北面二十里處，有樹名為香淨，是降伏妖魔之處。

波羅柰私國在舍衛國以南一千四百里處，中間有恆河往東南流。耆闍崛山有五嶽，佛陀誦經處在中嶽，王舍國在中嶽之下。

問曰：「如舍婆提、迦毘羅婆、波羅柰城，皆有諸王王舍，何故獨名此城為王舍？」答曰：「有人言：『是摩伽陀王有子一頭兩面四臂，時人以為不祥。王裂其身首，棄之曠野。羅剎❶女鬼名梨羅，還合其身而乳養之。後大成人，力併諸國，取萬八千王置五山中，以大力勢治閻浮提，因名此山為王舍城。』復次，有人言：『摩伽陀王先所住城中失火，一燒一作如是至七，國人疲役❷。王集諸智人，問其意，故有言：宜應易處。王見此五山周匝如城，即作宮殿，於中止住，故名王舍城。』復次，往古世時，此國有王名婆藪，厭世出家❸，學作仙人。時居家❹婆羅門與諸出家仙人共論議。居家婆羅門言：『天祀中應殺生噉肉。』出家仙人言：『不應。』共諍云云。諸出家婆羅門言：『此有大王出家作仙人，汝等信不？』居家婆羅門言：『信。』出家仙人言：『我以此人為證，後日當問。』居家婆羅門先到婆藪所，語婆藪仙人：『明日論議，汝當助我。』諸出家仙人問：『天祀中應殺生噉肉不？』婆藪仙人言：『應殺生噉肉，此生在天祀中死，故得生天上。』出家仙人言：『汝大不是，汝大妄語❺。』即唾之言：『罪人滅去。』時婆藪仙人尋陷入地，沒踝。是初開大罪門，諸出家仙人言：『汝應實語，若故妄語者，汝身當陷入地中。』婆藪言：『我知為天故，殺羊噉肉無罪。』即陷至膝，如是稍沒，至腰至頸。出家仙人言：『汝今妄語，得現世報。更以實語，雖入地下，我能出汝，令得免罪。』婆藪思惟：『我貴重人，不應兩種語。又四韋陀❻法中讚祀天法，我一人死當何足計？』一心❼言應：『天祀中殺生噉肉無罪。』於是舉❽身沒地。從是以來常用婆藪仙人法，於天祀中殺羊，當下刀時言：『婆藪殺汝。』婆藪之子名曰廣車，嗣位為王，亦厭世法而不能出家。如是思惟：『我父出家，生入地中，若治天下，復作大罪。我今當何以自處？』時空中聲言：『汝若行，見難值希有處，應是中作舍住。』未經幾時，王出田獵❾，見一鹿走疾如風，王便逐之，百官侍從無能及者。前見五山，周匝峻固，其地莊嚴，有天華香，聞天伎樂。『是處希有，未曾所見，今我正當此中舍住。』即捨本城，住此山中。從是已後，次第止住，故名王舍城。」

【章　旨】記王舍城之所以被稱為王舍城的原因和三種說法。

【注　釋】❶羅剎　梵文 Rakṣasa 音譯之略，印度神話中的惡魔。後被佛教吸收，仍為惡鬼，食人血肉，或飛空或地行，捷疾可畏也。❷疲役　疲於勞役。❸出家　到寺廟或道觀裡去做僧尼或道士，原為印度婆羅門教的一種遁世制度。❹居家　指在家信奉宗教而修行。❺妄語　佛教十惡之一。《智度論》十四：「妄語者，不淨心，欲誑他，覆隱實，出異語，生口業，是名妄語。」❻四韋陀　梵文 catur-veda，為古印度傳統之正統思想，亦為婆羅門教之根本聖典。❼一心　專心；一心一意。這裡指死心塌地。❽舉　全；皆。❾田獵　打獵。

【語　譯】有人問：「像舍婆提、迦毘羅婆和波羅柰城，都有各王的王宮，為什麼單單這城名叫王舍城呢？」回答道：「有人說：『摩伽陀國王有一子，該王子有一個頭，兩張面孔，四隻手臂，當時的人都認為他是不吉利的人。於是摩伽陀王分裂他的軀幹和頭顱，並把他拋棄到野外。羅剎女鬼名叫梨羅的，拼合他的身體而哺育他。後來長大成人，以武力吞併各國，捉拿一萬八千個國王流放到五山中，以他的巨大力量和氣勢來統治天下，因而把這山命名為王舍城。』又有人說：『摩伽陀國王先前所住的城邑失火了，燒毀一次就興建一次，這樣反覆進行了七次，國中人民疲於這種勞役。國王召集了各位智者，詢問他們的意向，因此有人說：應該換個地方。國王看到這五座山周圍像一座城邑，便造了宮殿，在其中居住，所以叫王舍城。』又有一說，在更久遠的時候，此國有王名叫婆藪，厭世出家，學作仙人。當時在家修行的婆羅門和各個出家仙人一起議論。在家婆羅門說：『祭祀上天時，應殺生吃肉。』出家仙人說：『不應這樣做。』如此這般爭論不休。那些出家婆羅門說：『這兒有位大王出家作仙人，你們相信嗎？』在家婆羅門說：『相信。』出家仙人說：『我以此人為證，後天當去問問他。』在家婆羅門先到婆藪處，對婆藪仙人說：『明天議論時，你應當幫幫我。』那些出家仙人問道：『祭祀上天時，應該殺生吃肉嗎？』婆藪仙人說：『應該殺生吃肉。在祭天中死了，所以能得以轉生天上。』出家仙人說：『你所說的話太不對了，你簡直是在說大妄語。』便唾棄他說：『罪人應該滅去。』婆藪仙人很快地便陷入地中，沒過了他的腳踝。這是初開大罪之門，各位出家仙人說：『你應該說實話，如果故意妄語的話，你的身體將陷入地中。』婆藪說：『我知道為祀天而殺羊食肉是無罪的。』說完便下陷沒膝，就這樣漸漸地往下陷，沒過了腰間並沒過了頭頸。出家仙人說：『你現在說了妄語，所以得了現世報。如果改而說實話，即使已沒入地下，我也能將你救出來，使你免除罪行。』婆藪想道：『我是貴人，不應出爾反爾前後說不一樣的話。又因為四韋陀法中也讚頌祭天法，我一人死又何足惜？』於是便死心塌地回答說：『祭祀上天時，殺生食肉沒有罪過。』於是便全身沉沒於地下。從此以後，常用婆藪仙人之法，在祭祀上天時殺羊，臨下刀時說：『婆藪殺你。』婆藪之子名叫廣車，繼承王位做了國王，也厭惡世間之法，卻不能出家。便這樣想道：『我父親出家，活生生地沉沒於地下，我如果治理天下的話，會作大罪過。我如今應當如何是好？』正當此時，空中有聲音說：『你如果出行時，見到難以遇見的、稀有的地方，應當在那裡築舍居住。』沒過多久，王外出打獵，看見有一隻鹿疾跑如風，王便追之，百官侍從沒有能跟得上的。忽然前面見到了五山，周圍高而堅固，地面整潔，有天花之香，又可聽到天伎奏樂之聲。王便想道：『這個

地方稀有，未曾見過，現在我應當在這裡築舍居住。』於是便捨棄原來的城邑，住在這山中。從此以後，國
王依次居住，所以名叫王舍城。」

（出《中本起經》上卷）

## 迦蘭陀長者❶施❷佛精舍事

有豪貴長者，名迦蘭陀，追惜我園施與尼揵❸，不得奉佛及僧，臥不安席。有大鬼將軍，名曰半師，承佛神旨，即召閱叉❹推逐❺尼揵，「裸形無恥，不應止此」。鬼師奉勅，撾打尼揵，拖拽器物。尼揵怖走曰：「此何惡人，暴害❻乃爾❼？」鬼師答言：「長者迦蘭陀當持竹園作佛精舍，大鬼將軍半師見使逐汝輩耳！」明日尼揵共責數❽長者。長者心悅：「吾願遂❾矣。」答尼揵曰：「此諸鬼神，強暴含瞋，懼必作害，不如委❿去，更求所安。」尼揵忿恨，即日恚⓫去。長者修立精舍，僧房坐具，眾嚴⓬都畢。行詣樹下，請佛及僧。眾祐⓭受施，止頓化濟，靡不欣樂。

【章旨】記有一豪貴長者迦蘭陀，因其園舍已施與外道尼揵，而無法供養佛和僧人，因此而坐立不安。後大鬼將軍半師奉佛的旨意驅逐尼揵，使迦蘭陀如願以償地修建精舍，供養佛和僧人。

【注釋】❶長者　梵文 sresṭhin，為家主、居士之意。一般通稱富豪或年高德劭者為長者。❷施　給予；施捨。❸尼揵　出家之外道通稱。❹閱叉　即夜叉。❺推逐　驅斥；驅逐。❻暴害　以暴力侵害。❼乃爾　竟然如此。❽責數　責備數落。

❾遂　如願。❿委　委棄。⓫恚　怨恨。⓬嚴　裝飾物。⓭眾祐　佛陀的尊稱，為如來十號之一。

【語　譯】有位顯貴富豪長者，名叫迦蘭陀，追悔惋惜自己的園子施捨給了出家外道尼揵，不能用來供養佛和眾僧，因此而坐臥不寧。有一大鬼將軍，名叫半師，奉佛的旨意，召來夜叉驅逐尼揵，理由是「裸體無恥，不該在此居住」。鬼師奉命，毆打尼揵，並拖曳破壞他們的器物。尼揵驚恐而逃，說：「這是什麼惡人，竟然這樣用武力來侵害我們？」鬼師回答道：「長者迦蘭陀將把這竹園作為佛的修煉居住之地，大鬼將軍半師派我來驅逐你們這些人！」翌日，尼揵一同責備長者。長者滿心歡喜地想道：「這下我能如願以償了。」便對尼揵說：「這些鬼神，強暴而帶有凶相，我擔心他們將會作害，你們不如捨棄此處而離開，另到別處安身。」尼揵很忿怒，當天便心懷怨恨地離去了。長者修葺精舍、僧房坐具，一切裝飾物等都一一備辦齊全了。便到大樹下，邀請佛和僧人。佛陀接受了施捨的園子，居留在此，教化濟度眾生，眾人全都歡欣喜悅。

## 崑崙寶山為五百羅漢所居

（出《興起行經》上卷）

崑崙山者，則閻浮提地之中心也。山皆寶石，周匝有五百窟，窟皆黃金，常五百羅漢居之。阿耨大泉❶周圍，山外山內平地，河處其中。河岸有四金獸頭，口流出水，各繞一匝，還其四方，投入四海。象口所出者，則黃河是也。其泉方各二十五由延❷，深二十一里。泉中有金臺，臺方一由延。臺上有金蓮華，以七寶為莖。如來將五百羅漢，常以月十五日於中說戒。

【章　旨】記崑崙山之位置、山中之寶，以及寶山為五百羅漢所居住的情況。

【注　釋】❶阿耨大泉　梵名 Ānavatapta，也作阿耨達池，相傳為閻浮提四大河的發源地。❷由延　即由旬，長度單位。

【語　譯】崑崙山，是閻浮提洲的中心。山上都是寶石，周圍有五百石窟，每窟都有黃金，常有五百羅漢居住在此。阿耨大泉的周圍，山外山內是平地，河處於其中。河岸上有四個金獸的頭，口中流水，水繞一周，流向四方，注入四海。大象口中流出的，則是黃河。該泉水方圓二十五由旬，有二十一里深。泉中有金臺，金臺方圓一由旬。臺上有金蓮花，以七寶為莖。如來帶領五百羅漢，常在每月十五日在這裡說戒法。

（出《增一阿含經》第二十三卷）

## 地大動有八種緣

佛在舍衛城告諸比丘：「有八因緣而地大動：此地深十六萬八千由延，為水所持，水依虛空，或復是時虛空風動，而水亦動，水動地便大動，是初動也；若比丘得神足❶，所欲自在，觀地如掌，能使地大動，是二動也；若復諸天有大神足，有大威力，能使地動，是三動也；若復菩薩在兜術天，欲降神下生，是時地動，是四動也；若菩薩自知在母胎，地為大動，是五動也；若菩薩知滿十月當出母胎，地為大動，是六動也；若菩薩出家於道場坐，降伏魔怨，終成等覺❷，地為大動，是七動也；若如來於無餘涅槃❸界而般涅槃❹，是八動也。」

【章　旨】記佛在舍衛城對諸位比丘說大地震動的八種因緣。

【注　釋】❶神足　即神足通，佛教六通之一，即得如意自在的神通力。❷等覺　佛教語。為佛之異稱。等，平等。覺，覺悟。諸佛覺悟，平等一如，故名等覺，為菩薩修行至極位之稱。❸無餘涅槃 佛教語。謂「生死」的因果泯滅，不再受生於三界。❹般涅槃 略稱「涅槃」。佛教語。指超脫生死的境界，也指僧尼的圓寂。

【語譯】佛在舍衛城對諸位比丘說：「有八大因緣會使大地震動：此地深十六萬八千由旬，由水所支撐，水依著天空，倘若此時天空中風動，而水也動，水動時地便大動，這就是初動；如果比丘得神通力，如意自在，大地在他眼中如手掌般大小，也能使地大動，這便是二動；如果各天子有大神足，有大威力，能使地動，這便是三動；若菩薩在兜術天，想使天神轉生人間，這時地動，這便是四動；若菩薩知道自己在母親的胞胎之中，地會為之大動，這便是五動；若菩薩知道自己滿十個月將從母胎中出生，地為之大動，這便是六動；如果菩薩出家，坐在道場中，降伏惡魔，終於成佛，地為之大動，這便是七動；如果如來在無餘涅槃界而圓寂，地為之大動，這便是八動。」

## 五面益物大樹

（出《雜阿含經》）

昔者有王，王名物獵；國中有樹，名羞波提洹，五百六十里圍❶。下根周匝八百四十里，高四千里，枝四布匝二千里。樹有五果，道有五面：一面者，國王與宮諸伎女❷共食其果；二面者，大臣百官皆共食之；三面者，人民共食之；四面者，諸沙門道士共食之；五面者，飛鳥蟲獸共食之。樹果皆如二斗瓶，其味甜如蜜。樹無守者，果分初❸不相侵。時人皆壽八萬四千歲。時人有九種病：一者寒，二者熱，三者飢，四者渴，五者大便，六者小便，七者愛欲，八者食多，九者年老。女人年五百歲，爾乃行嫁。

【章　旨】記羞波提洹大樹的大小、果實，以及當時國中人民的一些基本情況。

【注　釋】❶圍　原為量詞，指兩臂合抱的周長，或兩手大拇指和食指合攏的圓周長。此指圓周長。❷伎女　女歌舞藝人。❸初　始終；從來。

【語　譯】往昔有一國王，名叫物獵；國中有一棵大樹，名叫羞波提洹，樹幹的周長五百六十里。樹幹下根環繞八百四十里，高四千里，樹枝分布達二千里。該樹有五種果實，據說樹有五面：第一面，可供國王與宮中各女歌舞藝人共食其果；第二面，供大臣百官共同食用；第三面，供人民共同食用；第四面，供諸沙門道士共同食用；第五面，供飛鳥蟲獸共同食用。果實形狀如同二斗瓶一般大，甘甜如蜜。樹旁沒有看守的人，分果時大家從不互相侵犯。當時人們的壽命都有八萬四千歲。那時的人們有九種缺陷：第一是寒病，第二是熱病，第三是飢病，第四是渴病，第五有大便，第六有小便，第七有愛欲，第八飲食過多，第九易年老。女人到了五百歲，纔會出嫁。

## 毒樹

（出《斫毒樹經》）

舍衛國有官園❶，生一毒樹。男女遊觀停息其下，或❷頭痛欲裂，或腰脊疼，或於樹下終。守園人施長柯斧❸，長一丈有餘，遙斫去之。未經旬日，生已如故。如是多過❹，枝葉隨復如舊團圓。樹中之妙，眾人見者，無不歡喜，不知忌諱，皆來遭此。園人宗親，貪樂樹蔭，盡取命終。園人隻立，晝夜愁憂，號悲行走。

有問智人，語之：「當盡其根。」適欲掘根，復恐定死，進更思惟，出家學道。佛言：「伐樹不盡根，雖伐猶復生；伐愛不盡本，數數復生苦。」心寤剋責，即得初果❺。

【章　旨】記舍衛國毒樹的禍害以及佛的教誨。

【注　釋】❶官園　公有的園林。官，公有的，與「私」相對。❷或　有的（人）。❸長柯斧　即長柄的斧頭。柯，斧柄。❹過　次；遍。❺初果　即須陀洹果，指通過思悟四諦之理而斷滅三界見惑達到的最初修行果位。

【語　譯】舍衛國有一公家園林，生有一棵毒樹。男男女女在樹下遊玩或休息，有的便會頭痛欲裂，有的腰脊疼痛，有的死於樹下。守園人手拿長柄的斧頭，斧柄長一丈多，遠遠地砍掉它。沒過十天，樹又生長如故。這樣反反復復經歷了許多次，樹枝又如以往那樣，團團如蓋。樹看起來很美，見到的人，無不歡喜，但是不知忌諱，都來樹下而遭受災害。園丁的宗親，貪圖樹蔭之樂，都因此而喪命。園丁形影相弔，晝夜憂愁，悲傷地啼哭著到處奔走。問於智者，智者說：「應當除掉它的根。」園丁剛想挖掘它的根，又擔心這樣將必死無疑，進一步思索，便決定出家學道。佛說：「砍樹不除根，雖砍仍然長；斷愛不根本，屢屢生痛苦。」園丁聽了心智開悟，又嚴厲地責備自己，便得須陀洹果。

## 大海有八德

（出《海八德經》）

佛遊無勝國❶，常以十五日為諸沙門說戒。坐定，佛默然無言。阿難❷曰：「坐定。」世尊乃曰：「諸沙門中有心邪行違者，非其下賤所能執行❸。清濁❹

相違，吾不說也。」目連入定❺觀見，即謂之曰：「起，非爾俗人所應坐處。」不肯時起牽臂使出，曰：「爾無至德❻，心懷六邪❼，何敢以臭溷之體，坐天香❽之座？爾是棄人，非沙門矣。」佛告沙門：「觀彼巨海，有八種德：其廣即汪洋無涯，其深則有不測之底，稍❾入稍深，無前所礙，斯一德也；潮不過期，斯二德也；海含眾寶，靡所不包，死屍臭朽，海不容焉，斯三德也；海懷眾珍，無求不得，斯四德也；普天之下，有五大河，流入於海，皆去舊名，合為一海，斯五德也；五河萬流，雨落恆澍❿，海中水如故，曾⓫無增減，斯六德也；海有眾魚，因軀巍巍⓬，第一魚身長四千里，第二魚身長八千里，第三魚身長萬二千里，第四魚身長萬六千里，第五魚身長二萬里，第六魚身長二萬四千里，第七魚身長二萬八千里，斯七德也；海水通⓭鹹，邊中如一，斯八德也。」

【章　旨】記佛遊化於無勝國時，為諸沙門詳細闡述大海的八種德行。

【注　釋】❶無勝國　梵名Campā，位於中印度吠舍離國南方之古國，都城恆河南岸，為佛陀多次遊化之地。❷阿難　梵文Ānanda譯音，意譯為歡喜、慶喜。釋迦十大弟子之一，斛飯王之子，釋迦之從弟。二十五歲出家，隨侍釋迦二十五年，長於記憶，稱多聞第一。❸執行　堅守節操。❹清濁　比喻善惡。❺入定　入於禪定，即攝馳散之心，入安定不動的精神狀態。❻至德　最高的道德；盛德。❼六邪　與六正相對，指邪教、邪義、邪行、邪解、邪業、邪智。❽天香　人間的妙香。❾稍　稍微。❿澍　水滿溢貌。⓫曾　一直；從來。⓬巍巍　高大；長大。⓭通　都。

【語　譯】佛遊化於無勝國時，常在每月十五日為諸位沙門說戒法。坐定後，佛默然無語。阿難說：「大家已坐好了。」世尊纔說：「眾沙門中，有心懷邪念而行為乖戾的人，我說的戒不是下賤的人所能堅守的。善惡相違背，所以我不說戒法。」目連入禪定看見了心懷邪念而行為乖戾的人，便對他說：「起來，這裡不是你等俗人所該坐的。」那人不肯起來，目連立即拉其手臂讓他出去，說：「你沒有好的品德，心懷六邪，怎麼能以臭穢的肉體，坐這人間妙香之座？你該是被遺棄的人，不是沙門。」佛對眾沙門說：「看那大海，有八種功德：它的寬廣就是汪洋無邊，它又深不可測，稍入其中便感到很深，沒有阻礙，這是第一種德行；它的潮流從來應期而至，這是第二種德行；大海含有眾多的寶貝，無所不包，但死屍臭朽之類，海不能容，這是它第三種德行；大海懷有眾多珍珠，沒有所求而不得的，這是它的第四種德行；普天之下有五大河流，皆流入於海，都去掉原來的名字，合為一海，這是它的第五種德行；五條大河有萬條支流，雨落時經常漲滿水，但注入大海後海水依然如故，從來都是無增無減的，這是它的第六種德行；海中有眾多的魚類，魚的身軀又長又大，第一種魚身長四千里，第二種魚身長八千里，第三種魚身長一萬二千里，第四種魚身長一萬六千里，第五種魚身長二萬里，第六種魚身長二萬四千里，第七種魚身長二萬八千里，這是它的第七種德行；海水都是鹹的，中間四邊都如此，這是它的第八種德行。」

## 明月摩尼珠❶

（出《大智論》第五十九卷）

明月摩尼珠，多在龍腦中。若眾生有福德者，自然得之，猶如地獄自生治罪之器。此寶亦名如意珠，常出一切寶物，衣服、飲食隨意所欲。得此珠者，毒不能害，火不能燒。或云，是帝釋所執金剛❷與阿修羅❸鬥時，碎落閻浮提。又言，諸過去久遠佛舍利❹，法既滅盡，變成此珠，以為利益❺。

【章　旨】記明月摩尼珠所具有的神力，以及有關其來源的幾種說法。

【注　釋】❶摩尼珠　即寶珠。❷金剛　梵文 Vajra，經論中常以金剛的堅固、銳利比喻武器。❸阿修羅　梵名 Asura，八部眾之一，印度古代的戰神，常與帝釋天爭鬥不休。❹舍利　梵名 Śarīra，意為屍體或身骨。相傳為佛陀遺體火化之後結成的珠狀物。❺利益　梵文 Upakāra，指隨順佛法而獲得之恩惠及幸福。

【語　譯】明月寶珠，多在龍腦中。如果眾生中有前世積過善德的，能自然得到它，就如同地獄中能自然產生治罪的器具一般。該寶又名如意珠，常能產生一切寶物，衣服、飲食等能隨心所欲地得到。獲得此珠的人，毒物不能侵害他，大火不能焚燒他。有人說，此珠是帝釋天所拿的武器和阿修羅惡神鬥法時，碎落到閻浮提而變的。又有人說，是過去久遠之時佛的舍利子，在佛法滅盡之後，變成此寶珠，而來利益眾生。

## 生寶珠

（出《華嚴經》第三十卷）

大海中有四寶珠，一切眾寶皆從生之。若無四珠，一切寶物漸就滅盡。諸小龍神❶不能得見，唯娑伽羅龍王密置深寶藏中。此深寶藏有四種名：一名眾寶積聚，二名無盡寶藏，三名遠熾然，四名一切莊嚴聚。

【章　旨】記大海中四寶珠的名稱，以及其神力。

【注　釋】❶龍神　八部眾之一，又作龍眾，因其具有神力，故稱龍神。

【語譯】大海中有四大寶珠，一切寶貝都是從中而生的。如果沒有這四寶珠，所有寶物都會漸漸消失殆盡。各位小龍神不能見到它，祇是因為娑伽羅龍王將其祕密地放置在牢固的寶藏中。此牢固的寶藏有四種名稱：第一叫眾寶積聚，第二叫無盡寶藏，第三叫遠熾燃，第四叫一切莊嚴聚。

## 人飲乳多少及形壽不同

出《眾生未然三界經》

閻浮提，兒生墮地，乃至三歲，母之懷抱，為飲幾乳？彌勒❶答曰：「飲乳一百八十斛❷。除母腹中所食四分：東弗於逮❸，兒生墮地，乃至三歲，飲乳一千八百斛；西拘耶尼❹，兒生墮地，乃至三歲，飲乳八百八十斛；北鬱單曰❺，兒生墮地，坐陌頭❻，行人授指唼❼指，七日便成人，彼土無乳；中陰❽眾生，飲吸於風。閻浮提眾生，壽命百歲；東弗於逮眾生，壽二百五十歲；西拘耶尼眾生，壽命五百歲；北鬱單曰人，壽命千歲；中陰眾生，壽命七日。閻浮提眾生，上廣下狹；東弗於逮人面正圓；拘耶尼人面上狹下廣；鬱單曰人面形正方；中陰眾生面狀，如他化自在天❾也。」

【章旨】記閻浮提等地，人飲乳數量不同則人的壽命不同，相貌也有所不同。

【注釋】❶彌勒　梵文Maitreya，佛教菩薩名，是從佛受記將繼承釋迦佛位為未來佛的菩薩。❷斛　量詞，古代一斛為十斗。❸東弗於逮　四大部洲之一，在須彌山東方鹹海中，其地人身殊勝。❹西拘耶尼　四大部洲之一，在須彌山之西鹹海中，其地以牛為貨幣。❺北鬱單曰　四大部洲之一，在須彌山北鹹海裡，其地人民壽足千年。❻陌頭　路上；路旁。❼啖　水鳥、魚類吃食。此指吃、吮。❽中陰　佛教語。謂輪迴中死後生前的過渡狀態。其間雖離形體身軀，但仍有五陰（色、受、想、行、識）。佛教徒認為，中陰身如小兒，以七天為一期而生於本處，若在七天末了仍未得生緣，則更續中陰七天，最長的到其七期之終，必然往生一處。後世俗演變為七七追薦的法事。❾他化自在天　梵文 Para-nirmita-vaśa-vartin，六欲天之一，位於樂變化天上十二億八萬由旬，其天主為障礙佛道的魔波旬。

【語譯】有人問閻浮提小兒出生墜地，一直到三歲，在母親的懷抱給他飲了多少乳汁？彌勒答道：「飲用乳汁一百八十斛。此外其他地方除去母親腹中所食的乳汁，分成四種：東方弗於逮洲，小兒呱呱墜地，一直到三歲，飲乳一千八百斛；西方拘耶尼洲，小兒出生墜地，一直到三歲，飲乳八百八十斛；北方鬱單曰洲，小兒出生墜地，便坐在路旁，行人授予其手指，他便吮吸手指，七日之後便長大成人，該地沒有乳汁；死後生前過渡時期的中陰眾生，飲吸的是風。閻浮提眾生，壽命一百歲；東弗於逮眾生，壽命二百五十歲；西拘耶尼眾生，壽命五百歲；北鬱單曰人，壽命一千歲；中陰眾生，壽命七日。閻浮提眾生，人的面孔上寬下窄；東弗於逮人的面孔呈正圓形；拘耶尼人的面孔上窄下寬；鬱單曰人的面孔呈正方形；中陰眾生面孔的樣子，如同他化自在天。」

## 鬱單曰

（出《樓炭經》第一卷）

北鬱單曰天下，周匝廣長，各四十萬里。有種種山，其河兩邊，有種種樹及種種華。水中有船，以四寶作之。浴池名難陀，其水涼軟，底沙皆金，周匝有陛❶，四寶作之。金陛銀桄❷，銀陛金桄，琉璃陛水精❸桄，水精陛琉璃桄。有種種蓮華，華若斷者，汁出如乳，味甘如蜜。光照四十里，其香亦聞四十里。池東有河，名已味；池南有河，名修竭；池西有河，名大土；池北有河，名善種。是諸河水皆有華樹，以四寶成。池東有園，名賢上，欄楯❹行樹，亦四寶成。園中香樹，出種種香。有衣被樹，有瓔珞❺樹，出種種衣被、瓔珞。有音樂樹，出種種音樂。樹高七里，有高六里、五里、四里、三里、二里。池南有園觀，名與賢；池西有園觀，名羅越；池北有園觀，名常有華。諸樹所出，及其高卑❻，亦如東園。

【章　旨】記鬱單曰天下的山、河、樹、花、池塘、園林等種種自然風光和名貴的自然物產。

【注　釋】❶陛　臺階。❷桄　門、几、車、船、梯、床、織物等上的橫木。❸水精　水晶，為無色透明的結晶石英。❹欄楯　欄杆。❺瓔珞　纓絡，用珠玉穿成的裝飾物。❻高卑　高矮。

【語　譯】北方鬱單曰天下，四周長寬都是四十萬里。有種種山，河流兩岸，有各種樹和花。水中有船，由四寶做成。浴池名叫難陀，其水冰涼又軟滑，水底的沙都是金的，四周有臺階，由四寶做成。金的臺階則其扶欄的橫木是銀做的，銀的臺階則是金的扶欄橫木，琉璃的臺階則其扶欄橫木是水晶做的，水晶的臺階則是琉璃的扶欄橫木。有各種蓮花，花枝若斷了，流出的汁水像乳汁一般，味美如蜜。蓮花光照四十里，其香氣也飄出四十里之外。池塘東面有河，名叫已味河；池塘南面有河，名叫修竭河；池塘西面有河，名叫大土河；池塘北面有河，名叫善種河。這些河中都有花樹，花樹也是由四寶做成的。池東面有園林，名叫賢上，欄杆和成行的樹木，也由四寶做成。園中有香樹，產生種種香。有衣被之樹和瓔珞之樹，出各種衣被、瓔珞等。有音樂樹，產生種種音樂。樹的高度有七里，也有六里、五里、四里、三里、二里不等。池塘之南有園林臺樹，名叫與賢；池西有園林臺樹，名叫羅越；池北有園林臺樹，名叫常有華。這些園林中的樹所出之物，以及樹的高矮，如同東園之樹。

北方天下，樹曲交路，天人在上，男女異處。有淨潔粳米，不種自生，出一切味。若欲行婬❶，意起相視，無所言說，男子便前行，女人隨後，至園觀中，共相娛樂。或二三日，或至七日，隨意罷去，不相屬也。女人懷妊，七八日便生。持著四徼道❷中，若有人從四面來者，與指軟❸出乳飲之。過七日已，自以福德，即自長大，如閻浮人年二十，若❹二十五也。周匝四方，有水名阿耨多羅。後夜雲起，雨八味水❺，如人飲食。地若油塗，塵土不起。草樹常有華實皆香。如香熟時，有亂風吹掃上賢園觀。伊蘭風❻至，吹落華至人膝。此天下人皆入園中，遊戲相娛，無所係屬❼。人欲食時，取淨潔粳米，以焰味珠光❽爨❾其下，飯熟則四方至，隨皆食之，食亦不盡。

有樹名象兜，交曲上合如交路。人民在上止宿，男女異處。人齒髮紺青❿，長八寸。人面色同，長短等，皆壽千歲。死生欲界諸天。天壽終，生閻浮提大豪貴家。大小便利⓫，地裂受之，受已還合。死時好衣服莊嚴⓬之，不啼哭，置四徼道中，鬱遮鳥⑬舉置北方天下外。

【章　旨】記北方天下人們的生活習慣，行欲、生育等習俗。

【注　釋】❶行婬　行欲。❷四徼道　四通八達的道路。徼道，巡邏警戒的道路，這裡泛指道路。❸欶　吮吸。❹若　或者。❺八味水　即八功德水。❻伊蘭風　不詳。一說伊蘭木屬蓖麻類，有惡臭。❼係屬　歸附；隸屬。❽焰味珠光　即焰光，古印度對摩尼珠的別稱。《法苑珠林》卷四：「其土常有自然釜鍑。有摩尼珠，名曰焰光……置於鍑下，飯熟光滅。」❾爨　燒火煮飯。❿紺青　天青色。⓫便利　屎尿。⓬莊嚴　裝飾。⓭鬱遮鳥　梵文Uccaṅgama，意譯高逝鳥，常銜死屍擲置餘洲。

【語　譯】北方天下，樹木曲折相交於路上，天人在其上，男女不共處。有潔淨的粳米，不種而自生，百味具備。若想行欲，婬心一起，男女互相對視，無需言說，男子便前行，女人隨其後，到園林臺榭中，便行魚水之歡。有的二三天，有的一直持續七天，完事後，隨意離去，不相隸屬。女人懷孕，七八日便生產。女人把孩子放在四通八達的路上，如果有人從四方而來的話，把手指給予小兒，小兒吮吸出乳而飲。七日之後，因具善行而有福分，便自然長大，如閻浮提人二十歲那麼大，或者二十五歲那麼大。北方天下四周有河，名叫阿耨多羅。後半夜裡雲起，落下了八功德水，如同人飲食所需要的美水。地上像塗了油一般，不起塵土。草樹常有充滿香味的花果。如果香果成熟時，會有亂風吹掃至上賢園林。伊蘭風來了，會吹落香花到人的膝蓋上。此天下的人都會到園林中遊戲娛樂，各人互不隸屬。人想吃飯的時候，拿出潔淨的粳米，用焰味珠光在其下燒煮，飯熟的時候，人們從四面八方而至，隨即大家都吃，即便如此也吃不完。

有樹名叫象兜，樹枝在高處曲折相交會合，如同相交的道路。人民在其上住宿，男女不共處。人的牙齒和頭髮呈天青色，長八寸。人們的膚色相同，高矮相等，壽命都是一千歲。死後轉世到欲界諸天。天人壽終時，轉世到閻浮提大豪貴家。所排泄的大小便，大地裂開而接受之，完了之後便又合上。北方天下人死亡時用好的衣服來裝飾，不啼哭，將其放置在四通八達的路中，鬱遮鳥會將其銜置於北方天下之外。

# 卷第四

## 應始終佛部第一

【題解】「應」又曰應供，梵文Arhat之譯名。如來十號之一。為智德圓滿，應受人天供養之義。「應始終佛」即釋迦牟尼佛，他永遠應受人天供養，故名。本部輯錄得道師宗、現生王宮等有關釋迦牟尼佛的故事。這些故事向我們展現了釋迦牟尼佛出生、成長、出家到涅槃的過程。

### 得道師宗

（出《十二遊經》、《中本起經》上卷）

如來在昔久遠劫❶時，行菩薩道❷，為大國王。父母崩亡❸，讓國與弟，獨行求道。見一婆羅門，姓瞿曇❹氏，從之受學，因同其姓。入於深山，禪思❺念道。乞食❻還國，國人不識，呼「小瞿曇」。自於城外甘蔗園中，起立精舍。有五百大賊，劫盜官財，經園邊過。明日步蹤❼，遂錄❽菩薩，以木貫❾身，立大樹下，血流於地。大瞿曇氏飛來問曰：「有何罪酷乃至爾乎？」官人⑩放弩，射而殺之。大瞿曇泣下沾棺，取血濕土，以為泥團，持還精舍，置左右二器中，曰：「是道士⑪若至誠者，天神當使血化為人。」卻後十月，左即成男，右即成女，姓瞿曇氏。男名舍夷，賢劫⑫中寶佛，時又號釋迦，越壽五百萬歲者是也。佛在摩竭提界⑬，善勝道場⑭元吉樹⑮下，德力降魔，度二估客⑯。惟定光如來⑰拜吾佛名云：「汝於來世九十一劫，當得作佛，字釋迦文。十號⑱具足，如我今也。吾從是來，積功累行，六度⑲四等⑳，修持㉑不倦，功報無遺，大願成果。」

【章　旨】記如來在往昔久遠劫時，行菩薩道，做苦行僧，卻遭到官吏誤殺。身亡後，天神使其血化為人，之後繼續以德力降魔，化度他人。

【注　釋】❶久遠劫　無限之往昔。❷菩薩道　梵文 bodhisattva-caryā，指菩薩之修行，即修六度萬行，圓滿自利利他，成就佛果之道。❸崩亡　即崩殂。指帝王之死。❹瞿曇　梵名 Gautama，為印度剎帝利種中之一姓，瞿曇仙人之苗裔。❺禪思　即禪定。寂靜思惟之義。❻乞食　乞討食物；要飯。此指僧人化齋。❼步蹤　尋覓蹤跡。步，尋覓。❽錄　拘捕。❾貫　穿戴。❿官人　做官的人；官吏。⓫道士　即道人，修行佛道者之謂。⓬賢劫　佛教語。梵文 bhadrakalpa，指有釋迦佛等千佛出世的現在劫。與過去莊嚴劫、未來星宿劫並稱為三大劫，為佛教宏觀的時間觀念之一。⓭摩竭提界　即摩竭提國，為佛陀住世時印度十六大國之一，亦為佛陀最常說法之處。摩竭提，也作「摩伽陀」。⓮道場　修行佛道之所在。⓯元吉樹　即菩提樹。⓰估客　商人。⓱定光如來　出現於過去世，曾為釋尊授記之佛。定光，梵名 Dīpaṃkara。⓲十號　佛的十種名號。即：如來、應供、正遍知、明行足、善逝、世間解、無上士、調御丈夫、天人師、佛世尊。⓳六度　佛教語。又譯為「六到彼岸」。「度」是梵文 pāramitā（波羅蜜多）的意譯。指使人由生死之此岸度到涅槃的彼岸的六種法門：布施、持戒、忍辱、精進、靜慮（禪定）、智慧（般若）。⓴四等　指慈、悲、喜、捨四無量心。㉑修持　持戒修行。

【語譯】如來在久遠之往昔時，奉行菩薩道，身為大國王。父母崩殂後，便把王位讓給了弟弟，獨行求道。見到一位婆羅門，姓瞿曇氏，便師從他而受學，於是隨其姓氏。進入深山中，思惟修道。回國化齋時，國人都不認識他，叫他為「小瞿曇」。如來獨自在城外的甘蔗園中建造精舍。有五百個大賊，盜劫官府之財物，從甘蔗園邊經過。翌日，官兵追蹤而至，便拘捕了菩薩，並用木枷戴身，站在大樹下示眾，血流滿地。大瞿曇氏飛步前來問道：「有什麼樣的罪過而要受到此等懲罰？」官吏放箭，射死了菩薩。大瞿曇氏傷心淚下，沾濕了棺木，他拿起被血浸濕的泥土，作成泥團，帶回到精舍，放置在左右兩個器皿中，說：「這道人如果是至誠的話，天神應該使其血變化為人。」過了十個月，左邊的變成男孩，右邊的變成女孩，姓瞿曇氏。男孩名叫舍夷，是賢劫中的寶佛，又被稱作釋迦，其壽命超過五百萬歲。佛在摩竭提國善勝道場的菩提樹下，以功德力降伏魔鬼，化度二位商人。惟定光如來授予我佛名說：「你在來世九十一劫，將會成佛，字釋迦文。」佛的十種名號全部具備，像我現在一樣。我從那時以來，累積功德，修行六度四等毫不懈怠，功德報應沒有脫漏，大願終於修成了正果。」

## 現生王宮

（出《普耀經》第二～四卷、《釋迦譜》第一卷）

究竟菩薩❶在兜率天❷，諸天共議：「當使菩薩現生何氏？」種英天子問曰：「一生補處❸降神❹何種？」答曰：「種姓❺有六十德者，我當降之。唯有釋家久植德本，迦維羅衛人，大小和穆，上下相承，國富民樂，渴仰❻一乘❼。且白淨王性行仁賢，夫人姓瞿曇氏，溫良忠善，護❽身口意，已五百世為菩薩母。」王后晝寢，菩薩化乘白象，冠日之精，入於胎中。身心安樂，猶如深禪。詣無憂樹⑨下，遣使啟王。時無憂林有十種瑞：一忽然廣博；二土石變為金剛；三寶樹行列；四沉香莊嚴；五華鬘充滿；六眾寶流出；七池生芙蓉；八天龍⑩、夜叉合掌而住；九天女恭敬；十一切諸佛放光普照。王大歡喜。后身輕軟，不想三毒，諸有疾者手摩必愈。既滿十月，臨產之時，有三十二瑞：一後園林木自然生果；二陸地出青蓮華大如車輪；三枯樹生華；四七寶車至；五地中寶藏自然湧出；六名香好華遍布遠近；七雪山五百師子羅住城門；八五百白象皆住殿前；九細雨澤香；十百味飲食給諸飢渴……四月八日，夜明星出時，后思園觀，遊憐鞞樹下，三千國土六反震動，沸宿⑪隕落，樹即屈枝。母即攀執，諸天散華，從右脅生。身長丈六，即行七步，寶華承足，舉手住而言：「天上天下，唯我為尊。三界皆苦，何可樂者？」釋梵奉侍，四王⑫接上金案，龍降香水以充洗浴，五百青衣⑬各生力士，白馬產駒，黃羊生羔。後七日母便命終，生忉利天。

【章旨】記白淨王夫婦仁賢又溫良，其種姓又有六十德，所以究竟菩薩降生於其家；究竟菩薩入於王后胎中時，王后身心安樂，無憂林呈現出十種瑞祥的景象，以及其出生時自然界所呈現出來的種種奇異現象。

【注釋】❶究竟菩薩　指彌勒。究竟，梵文 uttara，形容至高無上的境界，為讚仰之語。❷兜率天　梵文 Tusita，六欲天之一，謂在夜摩天之上三億二萬由旬。此天有內外兩院，外院是欲界天的一部分，內院是彌勒寄居欲界的淨土。❸一生補處　梵文 eka-jāti-pratibaddha，謂經過此生，來生一定成佛，一般稱彌勒為一生補處菩薩，因為彌勒現居兜率天，此生盡後下生人間，以補釋迦的佛位。❹降神　指如來宿於母胎。❺種姓　古印度世襲社會的等級。這裡指宗族。❻渴仰　非常仰慕；異常嚮往。❼一乘　即佛乘，佛教語。謂引導教化一切眾生成佛的唯一辦法、途徑或教說。❽護　護持。❾無憂樹　梵文 asoka，荳科植物，樹幹直立，其葉似槐。印度文學上視之為瑞徵。相傳悉達多太子於此樹下出生，母子俱安，故稱。❿天龍　佛教語。謂諸天與龍神。⓫沸宿　星宿名。⓬四王　即護世四天王，東方持國、南方增長、西方廣目、北方多聞天王。⓭青衣　指侍女、宮女。

【語　譯】究竟菩薩在兜率天，諸位天神共同議論道：「應當讓菩薩現生在何種姓氏呢？」種英天子問道：「彌勒菩薩應當宿於何種母胎？」菩薩答道：「我應當安胎於有六十種德行的種姓。現在唯有釋姓人家，長久積累種種功德，他們是迦維羅衛人，大小和睦，上下接續，國富民樂，異常渴望佛乘。而且白淨王性情仁愛又有賢德，其夫人姓瞿曇氏，溫良忠善，護持身、口、意三業清淨，已有五百世作菩薩的母親了。」王后白天午睡時，菩薩化身為騎白象的人，頭頂太陽的精氣而進入王后的胎中。王后身心安樂，猶如深深地進入禪定一般。她來到無憂樹下，派遣使者稟報大王。當時無憂樹林中有十種吉祥的徵兆：一、林子忽然變得廣大；二、泥土和石頭都變成金剛石；三、寶樹成行成列；四、樹林由沉香裝飾；五、林中滿是花串；六、眾多寶貝從林子中流出；七、池中長出芙蓉；八、諸天、龍神、夜叉都合掌而立；九、天女恭敬侍立；十、遍地都由諸佛的光芒照耀著。國王非常歡喜。王后身體又輕又軟，不想貪、嗔、痴三毒，諸多有疾病的人，王后用手撫摩他，便必定會痊愈。滿十個月以後，臨產之時，自然界出現三十二種吉祥的徵兆：一、後園樹木自然生果實；二、陸地長出的青蓮花大如車輪；三、枯樹開花；四、來了七寶裝飾的車子；五、地下的寶藏自然湧出；六、奇花異草名香遍布遠近；七、雪山上的五百頭獅子羅立城門；八、五百頭白象皆站立在宮殿之前；九、雨露又細又香；十、百味飲食供給諸位飢渴者……四月八日，夜明星出來時，王后思念園林，便去憐鞞樹下遊玩，這時三千國土六回震動，沸宿墜落，樹木彎曲它的枝椏。王后順勢牽挽執持，諸多天人為之散花，小兒從她的右脇降生。他身長一丈六尺，落地便行走七步。寶花承接他的雙足，他舉手站立而說：「天上天下，唯我獨尊。欲界、色界、無色界三界都苦，哪裡有快樂可言？」帝釋與梵王事奉著他，持國、增長、廣目、多聞四天王用金几案接住他，龍神降下香水供其洗浴，五百侍女各各生產大力士，白馬產小馬駒，黃羊生小羊羔。七日之後，其母便命終，轉世到忉利天上。

太子幼稚，應須料理。時有說者：「唯大愛道❶，是太子姨母，清淨無夫，當能育養。」時白淨王詣大愛道，求為乳哺。愛道奉雪山梵志❷名阿夷頭者，見太子悲歎流涕。王問其故，答曰：「仰慶❸大王，生此神人。昨天地大動，其正為此。我之相法，太子有三十二相：一體軀金色；二項有肉髻；三其髮紺青；四眉間白毫；五項出日光；六目睫紺色；七上下俱眴❹；八口四十齒；九齒白齊平；十方頰車❺；十一廣長舌；十二合滿掌；十三師子膺❻；十四身方正；十五脩臂；十六指長；十七足跟滿；十八安平正；十九內外握；二十合縵掌❼；二十一手千輻輪理❽；二十二足千輻輪理；二十三陰馬藏❾；二十四鹿腨腸❿；二十五鉤鎖骨⓫；二十六毛右旋；二十七一孔一毛；二十八皮毛細軟；二十九不受塵水；三十胸有萬⓬字……身有此者，若在家，為轉輪聖王⓭，七寶自至；若出家，為自然佛。傷我年已晚暮，不覩佛興，是故悲耳。」王厚相賞給，告大愛道，深加敬護。

太子七歲，乘羊車，眾釋導從，往詣書師⓮。師名選友，太子問曰：「師有何書見教？」答曰：「有梵佉留法⓯，可相教也。」太子曰：「異書⓰有六十四種，何止二耶？」師曰：「願聞其名。」太子答曰：「梵書、佉留書、護眾書、疾堅書、龍鬼書、乾闥婆書、阿須倫鹿輪書、天腸書、轉數書、觀空書……欲以何書而見教耶？」師不能解，讚歎而已。太子為諸童子，分別本末，勸發道心⓱。

【章旨】記王后亡後，國王讓太子的大姨母大愛道哺育之。大愛道之師阿夷頭者梵志瞻相太子有三十二相，將會成佛，並因自己年老，無福親眼見佛而悲歎流涕。以及太子在七歲時，學識勝出其師長的事跡。

【注釋】❶大愛道　梵名Mahāprajāpatī，指佛陀的姨母。❷梵志　梵文Brāhmaṇa的意譯。古印度一切「外道」出家者的通稱。❸仰慶　恭賀。仰，下對上敬詞。❹眴　眨眼。❺頰車　牙下骨，載齒的顎骨。❻膺　胸。❼合縵掌　指手足上手指或腳趾之間有縵網之纖緯交互連絡，猶如鴨鵝之掌一般。❽輪理　指佛、菩薩掌上的輪形肉紋。❾陰馬藏　又作「馬陰藏」。指佛的男根密藏體內，如同馬陰一般。❿鹿腨腸　梵文aineya-jangha，又作「鹿王腨相」。腨，股骨。⓫鉤鎖骨　得道之人聯接如鎖狀的骨節。⓬萬　即卐，梵文Śrivatsalakṣana，為佛胸部的吉祥標誌。⓭轉輪聖王　梵文Cakra-varti-rājan，原為古印度神話中聖王，佛教中有金、銀、銅、鐵四王，各有相應的金屬輪寶，分別統領天下。⓮書師　猶塾師。⓯梵佉留法　即梵書、佉留書所敘述的法則。⓰異書　指印度通行的六十四種外典，又稱六十四書，如梵天所說書、佉盧虱吒書等。⓱道心佛教語。即菩提心、悟道之心。這裡指求道之心。

【語　譯】太子幼小，應當有人照料。當時有人說：「祇有大愛道，她是太子的姨母，清淨遠離惡行，沒有丈夫，能夠養育太子。」那時，白淨王便去拜訪大愛道，請求她哺育太子。大愛道侍奉雪山阿夷頭耆梵志，梵志一見到太子，便悲歎流淚。王詢問原因，他說：「恭喜大王，生育出此等神人。昨天大地震動，正因為此。按我的瞻相，太子有三十二相：一、身體呈金色；二、頭頂有肉隆起如髻；三、頭髮呈天青色；四、眉間有白毛；五、脖子出日光；六、眼睫毛呈天青色；七、眼皮上下都會眨動；八、口中有四十顆牙齒；九、牙齒潔白整齊；十、牙下骨方正；十一、舌頭又長又寬；十二、手足掌豐滿；十三、獅子胸；十四、身體方正；十五、手臂修長；十六、手指長而纖細；十七、足跟飽滿；十八、足底平直柔軟，安著地面；十九、手可內外握；二十、手指足趾間如蹼狀；二十一、手心有千幅輪形肉紋；二十二、足底有千幅輪形肉紋；二十三、男根密藏猶如馬陰；二十四、股骨、腸子如鹿王之纖圓、細長；二十五、骨節聯接如鎖狀；二十六、髮毛向右旋；二十七、一孔長一毛；二十八、皮膚與髮毛細軟；二十九、皮毛不沾塵水；三十、胸前有卐字……身體有此三十二相的人，如果在家，應當成為統治天下的轉輪聖王，七寶自然而來；如果出家，會自然成佛。可悲我年歲已高，不能親眼目睹佛之興起，因此悲傷。」王重重地賞賜了梵志，對大愛道說，要對梵志深加尊敬愛護。

太子七歲時，乘坐羊挽的車，眾多釋迦族人前導後從的護著他去拜見教書先生。先生名叫選友，太子問道：「先生用什麼書教導我？」先生回答道：「有梵書佉留書敘述的法則，可以教你。」太子說：「外典之書有六十四種，何止此兩種呢？」先生說：「希望你能把書名說給我聽聽。」太子回答道：「有梵書、佉留書、護眾書、疾堅書、龍鬼書、乾闥婆書、阿須倫鹿輪書、天腸書、轉數書、觀空書……您想以什麼書來教我呢？」先生不能理解，只能讚歎而已。太子為諸位童子，分別主次，勸他們發求道之心。

太子年至十七，王為納妃。簡選❶數千，最後得一小國王，姓瞿曇氏，名波須弗，又作善覺。女名瞿夷，端正無比，淨如蓮花。八國爭娉❷，悉未許與。王召現之：「今為太子結娉卿女。」善覺愁憂：若不許者，必見征伐；若許與者，八國成怨。女言：「白淨王國，武藝最勝，諸國所憚。王勅國內：卻後七日，太子現術❸，能者宜集。」

調達❹撲殺一象，太子擲出城外。天文、地理、八萬異術，無有及太子者。調達手搏太子，太子接擲空中，三反不損。復共射鼓，調達射中四十里鼓，不能過難。太子引弓，弓皆軟折，問：「有異弓任吾用者不？」王曰：「亡祖用弓，奇異無雙，無能用者。在天寺中。」取給太子，一切諸釋無能上者，太子用射，中百里鼓。箭沒地中，湧泉自出，至鐵圍山。三千剎土，六反震動。即以瞿夷為太子第一夫人。隨世習俗，現相娛樂。又取移施長者女，名耶惟檀，為第二夫人。又取釋種長者女，名曰鹿野，為第三夫人。太子當作飛行皇帝❺，立三時殿❻，置六萬婇女。羅雲❼從天變沒化現而生。

【章旨】記太子到了該婚娶的年齡，國王為其廣為選妃，最終選定一小國王之女瞿夷。該王女美麗無雙，八國爭娉，但因太子武藝超群，所以成功地娶了王女。後又娶了兩位夫人，嫡子羅雲出生。

【注釋】❶簡選　選擇；選用。❷娉　男方遣媒向女方問名求婚。❸現術　展示技藝。❹調達　梵名 Devadatta，又作提婆達多。為佛世時犯五逆罪，與佛陀敵對之惡比丘，是釋尊叔父斛飯王之子，阿難之兄弟。❺飛行皇帝　即轉輪聖王的異譯。❻三時殿　為適應春、夏、冬三季而建的宮殿。❼羅雲　梵名 Rāhula，又作羅睺羅。是佛陀出家前之子，在胎中六年，生於佛成道之夜，十五歲出家學道，是佛陀十大弟子之一。

【語譯】太子年至十七歲，王為其納妃。選擇了數千人，最後選定了一小國，國王姓瞿曇氏，名叫波須弗，又名善覺。王女名叫瞿夷，長得無比整齊勻稱，如蓮花般潔淨。八個國家爭相娉娶，善覺王全未許可。白淨王召見善覺王說：「今為太子娉娶令愛。」善覺憂心忡忡：如果不允許，一定會被征討；如果答應許配給他，那會跟其餘的八個國家結下冤仇。王女說：「白淨王國的人，武藝最強，各國都畏懼他們。王可命令國內：七日之後，太子將要展示他的武藝，能者都可前來參加。」

調達撲殺一頭大象，太子便把牠擲出城外。諸參賽者中，天文、地理、八萬異術，沒有人能比得上太子的。調達徒手搏擊太子，太子接手便將其擲向空中，如此三番搏鬥，太子絲毫無損。又一同開始了射鼓比賽，調達射中了四十里處的鼓，不能再超過了。太子拉弓，弓都太軟而折斷，便問道：「能有奇異的弓讓我用嗎？」國王說：「先祖所用的弓，奇異無雙，沒有人能使用它。現藏在天寺中。」便取來交給太子，所有參賽同宗親人都不能用它，太子用來射箭，擊中了百里處的鼓。箭沒於地中，湧泉便自然而出，一直到鐵圍山。三千國土，六次震動。於是便以瞿夷為第一夫人。隨順世間習俗，以相娛樂。又娶了移施長者之女，名叫耶惟檀的，為第二夫人。又娶了釋姓長者之女，名叫鹿野的，為第三夫人。太子應當作轉輪聖王，於是建立春、夏、冬三時殿，置六萬宮女於其中。羅雲由天人化現而出生。

太子後出東城門，王敕嚴治❶道路，莫令不淨。太子威神之所建立，天化老人，頭白齒落，目冥耳聾，拄杖僂步。太子知而故問：「此何人也？」御者曰：

「是名老人。」太子曰：「人命如流，難可得再，非獨為人，天下皆爾。」迴車還宮，憫念不樂。後出城南門，遇見病人，大腹羸瘦，臥於道側。問於御者，答曰：「病人。」太子曰：「萬物無常，有身有苦，吾亦當然。」即還入宮。後出城西門，見一死人，室家❷悲哭。御者曰：「死人。人生有死，如春有冬，人物一貫。」太子曰：「夫死痛矣，精神劇❸矣，吾見死者形壞體化，而神不滅。吾不能復以死受生，往來五道❹，勞我精神。」迴車而還。復於他日，出城北門，見一沙門，衣服齊整，手執法器❺。御者曰：「此名比丘。棄捨情欲，心喜一切，欲度十方。」太子曰：「善哉！是吾所樂。我不辭王位而出家者，此則不應。」即時靜夜入王宮殿，光照遠近。父王覺起，即啟父曰：「諸天勸助❻，今應出家。」父王悲泣：「何所志願？何時當還？」太子欲得四願：一者不老；二者無病；三者不死；四者不別。「假使父王與此四願，不復出家。」王曰：「自古及今無有得者。」益大愁悲。即勅五百釋子多勇力者，宿衛四門。城門開閉，聲聞四十里。瞿夷意疑，不離其側。太子念道清淨，不宜在家，當處山林，研精行禪，時年二十九。以四月七日夜半後，瞿夷時得五夢，即便驚覺。太子問之，對曰：「夢見須彌崩，明月落地，珠光忽滅，頭髮自墮，人奪我蓋。菩薩知夢為我身耳？」曰：

「須彌不崩，明月續照，珠光不滅，頭髮不墮，傘蓋猶存。且自安寐，慎莫憂失。」夜觀伎女，百節❼皆空，譬如芭蕉；鼻涕、目淚，樂器縱橫。顧視其妻，具見形體，腦髓、髑髏、心肝、腸胃，外是革囊，中盛臭穢，猶如假借當還，亦不得久。三界無怙，惟道是恃。欲界諸天住於空中，法行天子❽，遙白太子：「時已至矣。」沸星❾適現，喚車匿❿起，鞁⓫於犍陟⓬。四天王與無數夜叉、龍等，皆被鎧甲，從四方來，稽首致敬。諸天恐有留難⓭，即遣厭神⓮，入宮厭寐。城中男女悉皆寢極，孔雀眾鳥莫不疲臥。車匿悲泣，門鑰⓯不開，四神捧舉馬足，踰出宮城。帝釋前導，放大淨光，詣佛樹⓰下。

【章　旨】記太子見到老人、病人、死人等的種種苦難可憐狀，心生憐憫不樂，後因見沙門而心生喜悅熱愛，故思出家。其父雖欲阻攔，但太子去意已決，在天神等的幫助下終於得以出家等情況。

【注　釋】❶嚴治　整治；整飭。❷室家　妻子。❸劇　複雜；繁難。與「易」相對。❹五道　佛教語。謂天、人、畜生、餓鬼、地獄五處輪迴之所。❺法器　僧、道舉行宗教儀式所用的鐘、鼓、鐃、引磬、木魚等樂器，及瓶、鉢、麈等器物。❻勸助　鼓勵扶持。❼百節　指人的各個關節。❽法行天子　順法而行的天人。❾沸星　星宿名。❿車匿　人名。佛陀出家前的奴僕。⓫鞁　備駕；配置馬具。⓬犍陟　悉達太子乘馬之名。⓭留難　無端阻留；故意刁難。⓮厭神　用迷信的方法施行邪祟於人的巫神。⓯門鑰　亦作「門籥」。打開門鎖的鑰匙。⓰佛樹　即菩提樹。

【語　譯】太子後來將出東面的城門，大王命令屬下整飭道路，不要使道路不乾淨。因為太子已建樹威德神力的緣故，所以天人化身為老人，髮白而齒落，眼瞎而耳聾，拄著拐杖，佝僂著身子而行走。太子明知故問：

「這是什麼人？」趕車的人說：「這叫老人。」太子道：「生命如流水般逝去，不可能有第二次，不僅人如此，天下萬物都同此理。」駕車回宮後，便因憐憫而悶悶不樂。此後從城南之門而出，遇見有疾病之人，腹部脹大卻身軀羸弱，躺在路邊。太子便問趕車人，趕車人答道：「是病人。」太子說：「萬物變化不定，有身必有苦，我也將如此。」於是便回到宮中。後來又出了城西之門，見到了一個死人，妻子在一邊悲哭。趕車的人說：「這是死人。人有生必有死，如同有春必有冬，人和事物都是相同的。」太子說：「丈夫死是痛苦的，所以她的心神飽受折磨。我看死者形體敗壞，而魂魄不滅。我不能再死而又轉生，往來於人、獸、鬼等五道的輪迴之中，有勞我的心神。」又駕車回宮。又在某一天，出了城北之門，看見了一位沙門，他衣服整齊，手拿法器。趕車的人說：「這叫比丘。他捨棄情欲，內心喜愛一切眾生，想要普度十方大眾。」太子說：「善哉！這是我所樂從的。我若不辭王位而出家的話，這是不應該的。」便在夜深人靜的時候到大王的宮殿，他身上的光明照耀著遠近四周。大王覺醒而起，太子便啟稟父王道：「諸位天子來鼓勵扶持我，如今我應當出家。」父王悲泣道：「你有何等志願？何時會回來？」太子想要實現的四大願望是：第一、不老；第二、無病；第三、不死；第四、沒有別離。「假如父王能滿足我這四大心願，我便不出家。」大王說：「自古至今，沒有人能實現這四大心願。」因此，便更加悲傷憂愁。王便命令五百勇武有力的釋迦族子弟，日日夜夜守衛著四大城門。城門開關的聲音，傳出四十里之遠。瞿夷也對太子起了疑心，便寸步不離太子身邊。太子認為修道需要清淨，不宜在家，應到山林中，精心研究，實行禪定，當年他二十九歲。在四月七日後半夜，瞿夷做了五個夢，便立即驚醒。太子詢問她，瞿夷答道：「夢見須彌山崩壞，明月落地，珠光忽然之間完全熄滅，頭髮自行掉落，別人奪取了我的傘蓋。您知道這夢是否應驗我自身的情況呢？」太子說：「須彌不會崩壞，明月繼續照耀人間，珠光也不滅，頭髮不會掉落，傘蓋仍然存在。你就安心睡覺吧，千萬不要憂慮失眠。」太子夜裡觀察歌女，發現她們身上的百處關節都是空洞洞的，猶如芭蕉一般；鼻涕眼淚，像地上的樂器一樣多而雜亂。回頭看看妻子，她的形體、腦髓、骷髏、心肝、腸胃一覽無餘，外面是皮囊，中間盛放著臭穢之物，就好像借來的東西應當歸還，也不能長久。三界之中，無所依靠，只有「道」可以依恃。此時欲界諸天，都出現在天空中，法行天人遠遠地對太子說：「時間已到。」沸星正好出現時，太子喚起他的奴僕車匿，給犍陟馬配置馬具。四大天王和無數夜叉、龍神等，皆身披鎧甲，從四面八方而來，向太子叩首致敬。諸位天人擔心有人會無端阻留太子，便派遣厭神進宮施法，使大家安眠不醒。城中男女老少全都睡死了，孔雀百鳥也無不疲倦而臥。僕人車匿悲傷地哭泣，不想開門鎖，四位神人便擡起馬足，越過了城門。帝釋天在前方引導，發出了光明清淨的大光芒，帶領大眾來到菩提樹下。

（出《灌頂經》第六卷、《長阿含經》第一卷）

## 阿難問葬法經

阿難問葬。佛言：「我葬之法，如轉輪聖王。先以香湯浴身，劫貝❶裹體；次以五百張白疊纏之，內❷金棺中，灌以麻油；復以金棺置鐵槨內，栴檀香槨，次繞其外。積眾香薪，厚衣❸其上，而闍維❹之。薪盡火滅，收取舍利。於四衢道，起立塔廟，表剎❺懸幡❻，使見者思慕，多所饒益。」佛言：「有四種人應為起塔：一如來；二辟支佛❼；三聲聞❽；四轉輪王。皆應香華幡蓋，伎樂供養。」佛於雙樹間鋪置床座，以足南首北，面向北方。所以然者，佛法流布，當久住北方。佛自褺❾僧伽梨❿，右脅如師子王，累足而臥。阿難又問：「閻浮提界有幾種葬？」佛言：「無數。我此國土，有水葬、火葬、塔冢之葬。震旦國⓫人葬送之法：金銀珍寶，刻鏤車乘，飛天伎樂，鈴鐘歌詠，用悅終亡。身帶衣服，盛置棺槨，妙香芬苾⑫。千百萬眾，送于山野。莊嚴處所，人民見者，莫不歡欣。震旦邊王所領人民，欲葬之時，成持棺槨，內石室中。疾病之日，開看骸骨，洗浴求福，使病得愈。又有命終無有棺槨，直取屍骸置高閣上，疾急之時，下屍咒願，以求福祐。」佛言：「我法中學欲修福時，當勤精進⑬，行六波羅蜜⑭，護持十善，可得生天，向無上道。」

【章　旨】記阿難問葬法，佛便向其敘說佛之葬法，以及印度國、震旦國之葬法等。

【注　釋】❶劫貝　即劫貝衣。劫貝，梵文 karpāsa，屬於棉之一種，產於印度若干地區的一種樹，其絮可製成布衣，稱劫貝衣。❷內　通「納」。放置。❸厚衣　厚厚地覆蓋。❹闍維　巴利文 jhāpita，又作荼毘、耶旬。指人死後火化。❺剎　梵文 lakṣatā 的音譯省稱。即相輪。佛塔頂部的裝飾物，亦稱為剎柱。❻幡　旗幟。❼辟支佛　梵文 Pratyeka-buddha 音譯之略，意譯為緣覺。指「自覺不從他聞」，觀悟十二因緣之理而得道者。❽聲聞　梵文 śrāvaka 的意譯。佛家稱聞佛之言教，證四諦之理的得道者。❾褺　重衣。❿僧伽梨　亦作「僧迦梨」等。梵文 samghātī 的音譯。為比丘所穿三衣之一。⓫震旦國　即中國。⓬芬苾　芳香。⓭精進　佛教語。梵文 vīrya 的意譯。為六波羅蜜之一。謂堅持修善法，斷惡法，毫不懈怠。⓮六波羅蜜　梵文 sad-pāramitā，意譯為六度，即一、布施，二、持戒，三、忍辱，四、精進，五、禪定，六、智慧。

【語　譯】阿難詢問葬法是怎麼樣的。佛說：「我的葬法，和轉輪聖王一樣。先用香湯沐浴，劫貝衣纏身；再用五百張白的細棉布纏繞起來，放在黃金棺材內，灌注進麻油；然後把金棺材放在鐵的外棺之內，用檀香把鐵的外棺繞起來。堆積多種香柴，將其厚厚地覆蓋在上面，再行火化。薪盡火滅之後，取出其舍利子。在四通八達的路口，建立廟塔，在塔頂剎柱上掛起旗幟，使見到的人都會心生仰慕，這樣就能多多地使人受益。」佛說：「有四種人應為之建塔立廟：一、如來；二、辟支佛；三、聲聞佛弟子；四、轉輪王。都應以香花、旗幟、寶蓋及伎樂供養。」佛在兩樹之間，鋪置床座，頭朝北腳朝南，面向北方。之所以這樣做，是因為佛法流傳，將會永久地留在北方。佛自己穿上厚厚的僧伽梨衣，右脇如獅子王一般，疊腳而躺。阿難又問：「人間有幾種葬法？」佛說：「有無數種。在此國土，有水葬、火葬、塔塚葬等。震旦國人的葬送之法是：用金銀珍寶以及雕飾的車輛，還用飛行天人的舞蹈和樂曲，敲打鈴和鐘並歌詠，以此來愉悅終亡者。死亡的人身穿衣服，放在棺和槨中，殊妙之香芬烈。千百萬人，將其送到山野。裝飾墳塋，人民見了無不歡欣。震旦國國王所管轄的人們，臨葬之時，扶持棺槨，放置在石室中。有疾病的時候，打開棺材看骸骨，並沐浴而來祈求福氣，使疾病痊愈。也有命終時沒有棺材的，便直接將其骸骨放在高高的閣樓上，有人患重病時，便取下屍骨念咒祈禱，以求賜福保佑。」佛說：「在佛法中學習，想要積德時，應當勤奮精進，毫不懈怠，行六波羅蜜，護持十善行，這樣命終之後可得以轉世到天上，接近無上道。」

（出《摩耶經》下卷）

## 摩耶五衰相

佛般涅槃❶，摩耶夫人在於天上，五衰相現：一頭上華萎；二腋下汗出；三項中光滅；四兩目數瞬；五不樂本座。又得五夢：一須彌山崩，四海水竭；二羅剎❷奔走，挑人眼目；三天失寶冠，身無光明；四寶珠幢❸倒，失如意珠；五師子嚙身，痛如刀割。得此夢已，即便驚寤：「此非吉祥。我昔在於白淨王宮，因晝寢中，得希有夢，見一天子，身黃金色，乘白象王，從諸天子，作妙伎樂，貫日之精，入我右脅，身心安樂，即便懷妊。悉達太子為世照明，今此五夢，甚可怖畏，必是我子涅槃之相。」時阿那律❹殯佛既畢，昇忉利天，往告摩耶。摩耶氣絕良久，與諸眷屬下雙樹間，見僧伽梨及鉢、錫杖。執之號慟，絕而復蘇，曰：「我子福度天人，今此諸物，空無有主。」佛以神力，令諸棺蓋自然開發。佛合掌而起，放大光明，問訊❺母言：「遠屈❻來下，諸行法❼爾，願勿啼泣。」阿難雖自抑忍，白佛：「後世眾生必當問我：『佛臨滅度，復何所說？』云何答之？」佛告阿難：「汝當答言：『佛已入涅槃，摩耶夫人下，如來為後不孝眾生，從金棺出，合掌問訊，並說上諸偈，故此經名為《佛臨涅槃母子相見經》。如是受持❽。』」

【章　旨】記佛涅槃時，摩耶夫人在天上出現了五種衰敗的樣子，又做了五個怪夢，於是料想其子將要涅槃。摩耶夫人下凡後，睹物思人，不勝悲痛。佛便從金棺中出來，勸慰母親，並為其說偈言，這些偈言以後成為《佛臨涅槃母子相見經》中的內容。

【注　釋】❶般涅槃　即「涅槃」，梵文 Nirvāṇa 的音譯。一般指熄滅生死輪迴而獲得的一種精神境界。佛教中也作為死亡的代稱。❷羅剎　梵文 Rākṣasa 音譯之略。印度神話中的惡魔。❸幢　梵文 dhvaja，用以裝飾佛菩薩及道場的桶狀旗。❹阿那律　梵名 Aniruddha，佛陀十大弟子之一，號稱天眼第一。❺問訊　問候；慰問。❻屈　屈尊。❼行法　修行之法。❽受持　梵文 udgrahaṇa，指領受於心，憶而不忘。

【語　譯】佛般涅槃時，其母摩耶夫人在天上出現了五種衰敗的樣子：一、頭上的花朵枯萎了；二、腋下出汗；三、項脖中的光環消失了；四、兩目不停地眨動；五、不樂於坐原來的寶座。又做了五個夢：一、須彌山崩塌，四海之水枯竭；二、羅剎鬼四處奔走，挖壞人的眼目；三、天人失去了他們的寶冠，身體沒有了光明；

四、寶珠幢旗倒地，失去了如意珠；五、獅子咬身，痛如刀割。做完夢後，馬上驚醒，想道：「這是不吉祥的。我往昔在白淨王宮時，因午睡中，做了個奇怪的夢，夢見有一位天人，身體呈金黃色，乘坐白象，跟隨的天人彈奏著美妙的音樂，那天子頭頂著太陽的精氣，進入到我的右脅中，我身心安樂，隨即懷孕了。悉達太子是為世間照明的人，今天這五個夢很是恐怖，一定是我兒子涅槃的徵兆。」此時，阿那律安葬佛完畢後，便到忉利天，將此事告訴摩耶夫人。摩耶聽後，昏厥良久，和諸位眷屬下凡到雙樹間，見到了僧伽梨衣和鉢盂、錫杖等。她手拿這些器物，悲號慟哭，死去活來，說：「我的兒子以他的福分化度天人，如今空有諸物而沒有主人。」佛便以神力，使棺蓋自然開啟。佛合掌而起，身上大放光明，慰問母親道：「屈尊遠來，修行之法就是如此，希望您不要哭泣。」阿難雖然強忍悲痛，但忍不住對佛說：「後世眾生必將問我：『佛將滅度時，有何遺言？』我該如何回答？」佛告訴阿難說：「你應當如此回答：『佛涅槃後，摩耶夫人下凡，佛為了教育後世的不孝眾生，便從金棺裡出來，合掌慰問，並說了以上諸般偈言，因此，該經名為《佛臨涅槃母子相見經》。你應該這樣領受在心，憶念不忘。』」

# 卷第五

## 應身益物佛部第二

【題　解】應身，梵文 Nirmāṇa-kāya 的意譯。三身（法身、報身、應身）之一。指應他之機緣而化現之佛身，又指與真如相應佛身。「應身益物佛」指佛應機緣而化現佛身，來利益眾生或為眾生造福。本部輯錄佛化度眾生的故事：佛以一音演講佛法，讓眾生茅塞頓開；佛化現鐵槍，使四十人悔過入平等大慧……。這些故事向我們展示了佛法的無邊，以及佛博愛眾生的高尚品格。

### 三種密❶

（出《大涅槃經》第二十二卷、《華嚴經》第二十六卷等）

何謂心密？四行❷清淨，不失神通❸，建立大哀無極之業。以神通變現，一切普顯，以成諦道❹。智慧之室，覩一切法❺，是則正通，普御一切。其真法者，慧神慧通，皆顯眾像。解暢❻諸色❼、解暢一切諸佛道法，開化一切十方眾生，使入法律❽，至阿惟顏❾，轉❿一切法，是為菩薩心密之業。

菩薩住是金剛⑪三昧⑫，以一音聲，有所宣說。一切眾生各隨種類，而得解了。示現一色，一切眾生各各⑬皆見種種色相⑭，安住一處，身不移易，能令眾生隨其方面，各各而見。宣說一法⑮，若男若女，一切眾生各隨本解而得聞之。

佛以一音⑯演說法，眾生隨類各得解，皆謂世尊同其語，眾生各各隨所解，普得受行獲其利。或有恐畏或歡喜，或生厭離⑰或斷疑，斯則神力不共法。

一切法相⑱，行⑲無取著⑳。建勝寶幢㉑，出一大音。若樂聞施惠得解脫者，即聞如來說施利益，戒慧等樂，亦復如是。說大乘法，無一眾生不解脫者。佛以一言說一切法，大千眾生以無量音一時㉒問難，皆各不同，於一念中，以一音答，皆令開解。

【章旨】記何謂菩薩心密之業。佛演講佛法，讓眾生茅塞頓開。

【注釋】❶密　指密法。❷四行　指五戒中除去「不飲酒」之其他四項。❸神通　梵文abhijñā，即依修禪定而獲得的無礙自在、超人間的、不可思議之作用力。❹諦道　真實無謬的道理。❺一切法　梵文Sarva-dharma，泛指一切有為法、無為法、不可說法。即包含一切事物以及所有現象之存在。❻解暢　理解知曉。❼色　梵文rūpa，物質存在之總稱。❽法律　指佛教教團內的規制、清規和戒律。❾阿惟顏　梵文來源不詳。意譯為一生補處，為彌勒菩薩之位。❿轉　梵文pravṛtti，使變化、改變。⓫金剛　即金剛石。因其為堅利，佛家視為稀世之寶。佛家之金剛常喻堅貞不壞。引申喻如來的智慧。⓬三昧　佛教語。梵文Samādhi的音譯，又譯「三摩地」。意譯為「正定」。謂屏除雜念，心不散亂，專心一境。⓭各各　個個；每一個。⓮色相　諸佛菩薩為方便攝化眾生，而權假顯現的色身相貌。⓯一法　指唯一無二之絕對法，即人人本具之真如法性。⓰一

音　謂佛之音聲。眾生緣有深淺，根有利鈍，故於一音之中同聽異聞。⑰厭離　梵文udvega，於物生厭而捨去之意。⑱法相　指真如、實相，與法性同義。⑲行　身口意之造作。⑳取著　謂執取所對之法，貪著而不捨離。㉑寶幢　用珠寶裝飾的幢竿。㉒一時　同時。

【語　譯】什麼叫心密法？四行清淨，不失神通力，建立沒有極限的大悲憫之業。以神通力顯現，能化身為一切的事物，來成就真實無謬的道理。在智慧之室，能看見一切事物及現象，這樣，便能正通而駕御一切。具備真法的人則有慧神慧通，能顯現各種形象。通曉各種物質存在之理、也通曉一切佛道之法，能開化一切眾生，使他們符合教團的規制和戒律，達到彌勒菩薩之位，使一切事物及現象產生變化，這就是菩薩的心密之業。

菩薩進入了金剛三昧，用一種聲音，有所宣說。一切眾生各自隨著其種類，而得以理解。菩薩化身呈現一色，一切眾生，個個都見到了種種色身相貌，安於一處，身體一動不動，能讓眾生在各自的方面，都有所見。菩薩宣說真如法性，一切眾生，男男女女，都能按其本來的理解聽聞。

佛用一種聲音演說法，眾生各自隨著其緣、根器而得以理解，都認為世尊所說與自己相同，所有眾生都隨自己的理解，普遍的都受到了利益。有的恐畏，有的歡喜，有的產生厭物而捨棄之心，有的則斷絕了心中的疑惑，這就是佛的神力所具足的、凡夫與二乘不能有的功德法。

一切真如實相，其造作皆不執著。樹立美好的珠寶幢竿，發出獅吼法音。如果樂於聽到施惠得解脫的話，那麼，就是聽到如來說布施利益，戒慧等行為的樂趣，也是這樣的。說大乘之法，沒有一人得不到解脫。佛用一句話說一切法，大千世界眾生同時用無比多的聲音，以不同的內容來提問，佛在一念之中，用一種聲音來作答，令眾生都心開意解。

（出《慧上菩薩經》下卷）

## 現鐵槍報

舍衛城中有二十人，復與二十人共為怨敵。時四十人各欲相害，伺覓方便❶。承❷佛威神，尋詣佛所。佛化四十人：「當有鐵槍，自然來入佛右足大指。」言未竟，槍在佛前。目連白佛：「今拔鐵槍著異世界。」佛言：「以精進力欲拔鐵槍者，三千大千世界為大震動，不能搖槍如毛髮許。」佛往梵天，槍輒隨之；還舍衛城，槍亦在前。如來取槍，以足蹈上。目連白佛：「如來何罪，而獲槍殃？」佛曰：「昔五百賈人，一懷惡心，吾即害之，是其餘殃。」四十人聞是，自相謂言：「法王❸尚爾，況於吾等？當不受罪乎？」悔過自首。入平等慧❹。

【章　旨】記舍衛城中人互為怨敵，各欲相害。佛以自身因前世為惡，今生受殃的經歷教化之，使四十人悔過自首，入平等大慧。

【注　釋】❶方便　方法；手段；計策。❷承　這裡猶如說聽聞。❸法王　佛教對釋迦牟尼的尊稱，亦借指高僧。❹平等慧　佛教語。即平等大慧，亦即諸佛之實智，能證平等之理性，故曰平等，眾生齊得此智慧，故曰平等慧。

【語　譯】舍衛城中有二十人，與另二十人互為仇敵。當時，四十人各欲相害，都在尋找計謀。聽聞了佛的神威，不久便來到佛所。佛教化四十人說：「當有鐵槍，自然而然進入佛的右腳拇指。」話音未落，鐵槍已在佛面前。目連對佛說：「今請把鐵槍拔出來置於別的世界。」佛說：「欲以精進力拔鐵槍的話，即使三千大千世界為之大震動，也絲毫不能動搖鐵槍。」佛到初禪天，鐵槍緊跟著到初禪天；佛回到舍衛城，槍也在眼前。佛取鐵槍，以足踩於其上。目連問佛：「如來有何等罪過，而獲鐵槍之災？」佛說：「往昔有五百商人，全懷惡心，我便害他們，這便是此事的餘禍啊。」四十人聽說此事，便互相說：「法王尚且如此，何況我們？

豈能不受罪報？」於是，便悔過自首，獲得平等大慧。

## 化四梵志掩耳不受但各聞一句得道

（出《無常經》）

昔有婆羅門四人，皆得神通，身能飛行，神足❶無礙。此四梵志自相謂言：「其有人民，以餚膳食施瞿曇❷沙門者，便得生天，不離福堂❸。有聞法者，入解脫門。我等今日意貪天福，不願解脫，不須聞法。」是時四人各執四瓶甘美石蜜❹，一人先至，奉上世尊。佛告梵志說：「所行非常……」梵志聞即掩耳。次第二人復說：「謂法興衰……」梵志聞亦掩耳。次第三人復說：「夫生輒死……」梵志聞亦手掩耳。次第四人復說：「此滅❺為樂……」梵志聞亦掩耳。各捨之去，自相謂言：「瞿曇沙門有何言教？」前者對曰：「我聞一句『所行非常』。」次第二、三、四，復自陳說。與說此偈已，心開意解，得阿那含❻道。爾時四人，自知各得道證，還自懇責❼，至如來所，頭面禮足，在一面立，白世尊曰：「唯願如來，聽在道次，得為沙門。」世尊告曰：「善來❽比丘，快修梵行❾。」爾時四人，頭鬚自墮，身所著衣變為袈裟，尋於佛前得羅漢❿道。

【章　旨】記往昔婆羅門四人，想要享受天人之福而不願解脫，便以甘美石蜜奉佛，卻掩耳不聽佛之說法。但又因各聞一句而得阿那含道，於是便來到佛所，懇切地求作沙門，最終得羅漢道。

【注　釋】❶神足　即神足通。佛教六通之一。指遊涉往來非常自在的神通力量。❷瞿曇　釋迦牟尼的姓。一譯喬達摩（Gautama）。亦作佛的代稱。❸福堂　福德聚集的地方。❹石蜜　梵文 phāṇita，冰糖之異稱。❺滅　梵文 vyupaśama，寂滅的略稱，即涅槃之意。❻阿那含　梵文 anāgāmin 的音譯。意譯為不還。佛教聲聞乘（小乘）的四果之三，為斷盡煩惱、不再還到欲界來受生的聖者名。❼懇責　真誠地自責。❽善來　梵文 svāgata，原為歡迎來客所用之客套語，即「其來正好」的意思。佛陀稱「善來比丘」時，該比丘即得具足戒。❾梵行　梵文 brahma-caryā，即道俗二眾所修之清淨行為。❿羅漢　佛教語。梵文 Arhat 的省稱。小乘的最高果位，稱為「無學果」。謂已斷煩惱，超出三界輪迴，應受人天供養的尊者。

【語　譯】往昔有婆羅門四人，皆有神通力，身體能飛行，有神足通而無障礙。此四梵志彼此議論道：「那些人民，如果以豐盛的飯菜施捨給釋迦牟尼的，便能生天，不離福德。若是聽聞佛法的，便會入於解脫之門。我們如今意在貪圖天人之福，但不願解脫，因此未必要聽聞佛法。」當時，四人便各拿四瓶美味冰糖前往佛所，一人先到，向世尊奉上冰糖。佛對梵志說：「所行非常……」梵志聽到後便立即以手掩耳。佛對第二個人又說：「說到佛法之興衰……」梵志聽到後也立即以手掩耳。佛又對第三個人說：「生就是死……」梵志聽到後也立即以手掩耳。佛又對第四個人說：「以涅槃為樂……」梵志聽到後也立即以手掩耳。之後四人便各自捨佛而去，互相問道：「瞿曇沙門有什麼言教？」最先一位說：「我聽到一句『所行非常』。」第二、第三、第四位依次說出了自己聽到的話。一齊說完佛的偈言之後，他們各自心開意解，得不還果。當時四人，自知得到了道跡，便真誠地自責，回到佛所，以頭面頂禮佛足，並站在一邊，對世尊說：「但願如來能允許我們入道，得以成為沙門。」世尊告訴他們說：「來得好，比丘，快修梵行。」那時，四人便頭鬚鬢自然而落，身上所穿的衣服變為袈裟，立即在佛的面前得羅漢道。

## 以足指散巨石

（出《涅槃經》第十四卷）

「復次❶善男子❷，我欲涅槃，始初發足，向拘尸城❸。有五百力士，於其中路，平治掃灑，中有一石，眾欲舉移，盡力不能。我時憐愍，即起慈心。彼諸力士，尋即見我以足拇指，舉此大石，擲置虛空，還以手接，安置右掌，吹令碎沫，復還合之。令彼力士貢高❹心息，即為略說種種法要，令其俱發阿耨多羅三藐三菩提心。」

【章　旨】記佛將涅槃時，在去拘尸城的途中，看到五百力士，奮力舉一巨石而不得。佛便以神力，將巨石玩弄於手掌之中，於是，使力士驕傲自大之心消退，並為其說種種法要，令其俱發無上正等正覺之心。

【注　釋】❶復次　再度；又。❷善男子　佛對信奉佛法的男子的稱呼。❸拘尸城　梵名 Kuśinagara，中印度末羅國都城，為佛陀入滅之地。❹貢高　佛教語。驕傲自大。

【語　譯】佛說：「善男子，又有一件事，我將涅槃之時，剛剛出發，向拘尸城走去。有五百力士，在途中平整清掃道路，道中有一巨石，眾人想要移動，竭盡全力而沒有成功。我憐憫他們，即生慈悲之心。諸位力士立即見我以腳拇指，舉起這塊大石，拋擲到空中，又以手接住，放於右掌上，吹氣而使變成碎末，又讓它復合如初。此情此景讓那些力士驕傲自大之心消亡，我便為他們略說種種佛法要義，讓他們都發無上正等正覺之心。」

# 卷第六

## 現涅槃後事佛部第三

【題解】《涅槃經》四曰：「滅諸煩惱，名為涅槃；離諸有者，乃為涅槃。」本部輯錄釋尊入滅後人世上天等各處的生靈建造佛塔，禮拜佛骨，造佛形象，終得善報的故事，以及佛所顯示出來的各種神奇美妙的變化，從而宣揚了佛教的神通廣大以及世人對佛教的敬重。

### 天人龍分舍利

（出《雙卷經》、《泥洹經》、《十誦律》、《阿育王經》等）

佛涅槃後，時波波國諸末羅❶眾、遮羅頗國諸跋離眾、羅摩伽國拘利❷眾、毗留提國婆羅門眾、迦羅衛國釋住眾、毗舍離國諸離車眾、摩竭提國阿闍世王❸，各嚴四兵❹。王遣香姓婆羅門❺白拘尸力士言：「佛是我師，我之所尊。於君國內而取滅度❻，故從遠來請舍利分，還國起塔。若分與我者，舉國寶重，與君共之。」力士答曰：「世尊屈降此土，於茲滅度，國內士民自當供養，遠勞諸君不可得也。」諸王共議：遜言和求既不見與，不惜身命當以力取。力士王曰：「若欲舉兵，力足相抵，終不可得。」香姓婆羅門於八眾❼中高聲唱言：「佛積善修忍於無量劫❽，諸君亦應聞，又讚忍辱，何可與師共相凌奪？此非敬事。今舍利現在，但當分作八分，使處處人民皆得供養。諸君亦皆受佛戒，口誦法言，可爭舍利遂相殘害？」力士報言：「敬如君議。」時煙婆羅門即分為八分。

【章 旨】記人間眾王為得佛骨爭論不休，幾動干戈，最後採用香姓婆羅門建議，平分佛骨。

【注 釋】❶末羅 梵名 Malla，意譯為力士，為住於中印度，恆河北方之拘尸城等地的種族。❷拘利 也作「俱利」。意思是百萬。❸阿闍世王 王名，梵文 Ajātaśatru 音譯，意思是未生怨。是釋迦佛在世的時候，摩竭提國王舍城的統治者，他父親名叫頻娑羅，母親叫韋提希，他母親懷胎時，占卜認為胎中兒生必害父，因此名之為未生怨，意思是未生之前結怨之意。❹四兵 指步兵、車兵、馬兵、象兵。❺香姓婆羅門 皈依佛陀的婆羅門。香姓，意譯為姻、煙。婆羅門指印度四種姓之一，意思是外意、淨行、淨志、靜志等，從事於大梵天並且修煉淨行的一族。這裡指佛陀滅度後，均分舍利予諸國而平息戰禍之人。❻滅度 即涅槃。佛教認為在這一狀態中一切苦因苦果盡滅，無明轉變為清淨智慧，福德圓滿成就，達到了永恆寂靜的最安樂的境界。❼八眾 謂人天之八種有情。即剎利眾、婆羅門眾、居士眾、沙門眾、四天王眾、忉利天眾、魔眾、梵天眾。❽無量劫 指數也數不清的劫數。劫，指世界成敗之一期。

【語 譯】佛涅槃後，當時波波國的末羅人、遮羅頗國的跋離人、羅摩伽國的拘利人、毗留提國的婆羅門人、迦羅衛國的釋住人、毗舍離國的離車人、摩竭提國的阿闍世王，各各厲兵秣馬，整飭四兵。阿闍世王派遣一個皈依佛陀的婆羅門，告訴拘屍城力士說：「佛是我的恩師，是我敬重的人。他在貴國涅槃，所以我從遠方來請求分佛的舍利，回國後造佛塔供養。如果你能分給我的話，我會拿出全國最珍貴的寶物與你共享。」力士回答說：「佛屈尊來到我們的國土，又在這裡涅槃，我國民眾理所當然應該以香花、明燈、飲食供奉，不可能遠勞各位君主千里迢迢來供奉。」那些君主共同商議：既然謙虛地說好話請求，他們不給，我們要不惜生命用武力奪取。力士王說：「如果想興兵作戰，他們的武力足以抵擋，終究還是得不到。」香姓婆羅門在眾人中高聲說：「佛積行善德修煉忍耐之性已經過無數劫，你們諸位君主也應該聽從佛的教導學會忍受屈辱，怎麼可以興兵搶奪呢？這不是敬重佛的事。如今佛骨在這裡，應當分作八份，使各地的人民都能夠供奉佛。諸位君主既然都接受了佛的戒律，嘴裡還念著佛法，怎麼能夠因為爭奪佛骨就互相殘害呢？」力士回答：「一切聽你的安排。」於時香姓婆羅門把佛骨分成八份。

時釋提桓因❶即現為人，語諸王言：「我等諸天亦當有分，若共爭力，則有勝負，幸可見與，勿足相難。」時阿耨達龍王、文隣龍王、伊那鉢龍王語八王言：「我等亦應有舍利分。若不見與，力足相伏。」時優婆吉告言：「諸君且止，宜共分之。」即分為三分：一分與諸天，一分與諸龍王，一分屬八王。以蜜塗甕裡，以甕量之。諸天得分，還於天上，起七寶塔；龍王得分，還於龍宮，亦起寶塔。

【章　旨】記眾天城之王和眾龍王也來分佛骨，天、人、龍三家平分佛骨並建佛塔。

【注　釋】❶釋提桓因　即「天帝釋」，也叫「釋帝」，梵文釋迦提桓因陀羅、略雲釋提桓。「提桓」即「天」的意思，「因陀羅」即「帝」的意思。他是忉利天之主。

【語譯】這時帝釋現為人身，對那些君王說：「我們諸天神也應當有份，如果要以力量相爭，那一定會有勝有負，希望能分給我們，我們就不會為難你們了。」這時阿耨達龍王、文隣龍王、伊那鉢龍王對八個君王說：「我們也應該分得佛骨。如果不分給我們，我們的力量足以制服你們。」這時優婆吉說：「大家先不要爭，我們共同來分。」於是分成三份：一份給眾天神，一份給眾龍王，一份給八個君王。即刻把蜜塗在甕裡，用這甕來量取。眾天神分得佛骨後，回到天上建起七寶塔；眾龍王分得後，回到龍宮也建起寶塔。

阿闍世王共數其分，各得八萬四千舍利，餘有佛口一髭，無敢取者。以阿闍王初求舍利，投地氣絕，最為篤至，共持與之。阿闍世歡喜，鼓樂動天。難頭和龍王中道相逢曰：「佛留舍利，持一分與我。」王曰：「不可得也。」龍曰：「我是難頭和，能舉卿國土擲八萬里外，磨碎如塵。」王即怖懼，以佛髭與之。龍於須彌山下起塔，高八萬四千里，聳水精琉璃塔。

【章旨】記阿闍世王得到佛嘴唇上邊的鬍鬚，在中途被難頭和龍王奪去，建立佛塔。

【語譯】阿闍世等王數了數所分的佛骨，每位分得八萬四千舍利，剩下還有佛嘴邊一根鬍鬚，沒有人敢拿。因為阿闍世王當初求取佛骨的時候，曾經暈倒在地，幾乎氣絕，最為至誠，大家一起把這根鬍鬚給了他。阿闍世王非常高興，鼓樂之聲震天動地。難頭和龍王中途碰到阿闍世王，說：「佛留下的舍利，應分一份給我。」阿闍世王說：「不能給你。」龍王說：「我是難頭和，我可以把你們整個國土舉起來扔到八萬里之外，把你們摔得粉碎，像塵土一樣。」阿闍世王很害怕，把佛的鬍鬚給了他。龍王便在須彌山下建起佛塔，高達八萬四千里，用水晶和琉璃做成。

阿闍世王崩，阿育❶得其國土，時大臣白阿育王曰：「難頭和龍先易阿闍世王，奪將佛髭去。」阿育聞之，即勅鬼神王作鐵網鐵籍，置須彌山下水中，欲縛取龍王。龍王大怖，共設計言：「阿育事佛，伺其熟臥，取其宮殿，移著須彌山水中水精塔下。自出相見，具說本末，其瞋必息。」便遣龍捧取阿育宮殿。眠覺不知何處，見水精塔高八萬四千里，喜怖交懷，難頭和龍自出辭謝云：「阿闍世王自持與我，我不奪也。釋迦如來❷昔與我約云：『吾涅槃後劫將盡時，所有經律及袈裟、應器❸，皆取藏此塔中。彌勒❹來下，當復出之。』」龍送王宮置於本處。

【章旨】記阿育王即位，將興兵報難頭和龍王奪佛髭之仇，龍王解釋原因。

【注釋】❶阿育　梵文Aśoka，意思是「無憂」。中印度摩竭提國孔雀王朝第三世王，他統一全印度，大力保護佛教，宣傳佛法。❷如來　梵文tathāgata意譯，也可譯為如去。其意為依循真理而來，依循真理而去，是佛十號之一。❸應器　一種鐵鉢。指和尚的飯器。❹彌勒　佛名，叫阿逸多，是釋迦牟尼的弟子，南天竺人。未來紹繼釋祖佛位的菩薩。

【語譯】阿闍世王駕崩後，阿育王統治這片國土。這時有大臣對阿育王說：「難頭和龍王以前輕視阿闍世王，把佛的鬍鬚奪走了。」阿育王聽後，便命令鬼神之王做了鐵網和鐵柵欄放在須彌山下的水中，準備捕捉龍王。龍王非常驚恐，共同商議計策：「阿育王事奉佛，趁他熟睡後，把他的宮殿移到須彌山的水中那水精塔下。龍王親自出去面見阿育，詳細說清事情的本末，阿育王一定會息怒的。」龍王便派遣部下把阿育王的宮殿移了過來。阿育王睡醒後不知道到了什麼地方，看見那水中用水精建造的佛塔高八萬四千里，又是歡喜又有點害怕，這時難頭和龍王自己出來謝罪說：「那鬍鬚是阿闍世王自己送給我的，我並沒有搶奪。釋迦牟尼佛以前和我約定說：『我涅槃後，劫數將盡時，所有經藏律藏和袈裟、鐵鉢都拿來藏在這座塔裡。等彌勒佛降世後再拿出來。』」說完後，眾龍又把阿育王的宮殿送還到原來的地方。

煙婆羅門曰：「請舍利瓶，我還頭那羅聚落❶起於瓶塔。」力士與之，以瓶及著瓶舍利共起寶塔。波羅延那婆羅門居士❷復言：「燒佛處炭與我，我還本國起為炭塔。」衡國異道士求取地灰，還國起塔，力士並然。亦有於闍維❸處起立寶塔。灰炭及土四十九斛，所起寶塔四十九所，皆置長表法輪❹繒幡。

【章　旨】記其他眾人建起各種佛塔。

【注　釋】❶聚落　梵文grāma，村落，即眾人聚居之處。❷居士　梵文gṛha-pati，指印度四姓中吠舍種姓之富豪，或在家有道之人。❸闍維　一作荼毗，巴利文jhāpita，火化之意。❹法輪　指佛說法，能摧破眾生之惡，就像輪王的輪寶，能輾摧山嶽岩石，因此叫法輪。

【語　譯】香姓婆羅門說：「請給我那隻裝有佛骨的瓶子，我要回到頭那羅村落建造瓶塔。」力士便給了他，用那隻瓶子以及放在瓶子中的佛骨一起建造了寶塔。婆羅門波羅延那又說：「把那燒佛骨處的炭給我，我回到本國後建立炭塔。」衡國其他得道之人也請求地上的炭灰，回國後建立佛塔，力士也這樣做了。還有在那焚燒佛骨的地方也建立起了寶塔。火化佛屍體的炭灰和土一共四十九斛，建立的佛塔也是四十九座，在佛塔頂部都建有長表輪相和繒蓋幡旗。

## 迦羅越比丘共人起塔獨加供養故手雨七寶

（出《譬喻經》第一卷）

昔阿育王國有迦羅越❶，供養二萬比丘，長請一年，名聞國王。王召見之：「聞卿家大富，盡有何物耶？」對曰：「實無所有。」王不信之，留迦羅越，遣看其家，見門有七重，舍宅堂宇皆以七寶，有勝王宮，婦女亦勝，但無穀帛錢物。還以白王，王意漸解。迦羅越笑，王問：「何所笑耶？」答曰：「王不見信耳。」迦羅越以手指東，空中便雨七寶，指南亦雨寶不可限量，王便遣還。

【章旨】記阿育王國一在家修行之人應念可致各種珍寶，供養著二萬比丘。國王不知其中原因，前來查詢。

【注釋】❶迦羅越　梵文kulapati音譯，意譯為居士、居財之士、居家之士。這裡指在家學佛道者。

【語譯】從前阿育王國有個在家奉佛的居士，供養著二萬個受過具足戒的出家男子，整整供養了一年，他的名聲傳到了國王那裡。國王召見他：「聽說您家裡非常富有，你到底有什麼寶物呢？」這人回答：「其實什麼也沒有。」國王不相信，扣留下此人，派遣人到他家去查看，只見他家有七重門，房屋亭臺都用七種珍寶裝飾，比王宮還華麗，女子也比王宮多，但卻沒有穀物布帛錢財。眾人回來把這一情況稟告國王，國王的疑慮才慢慢消失。居士笑了，國王問：「你笑什麼？」他回答：「大王您不相信我。」便用手指指東面，東面空中便下了金、銀、琉璃等七種珍寶，又用手指指南面，南面也下了七種珍寶，數也數不清。於是國王把他遣送回家。

而眾僧精舍去宮不遠，王便嚴駕❶，詣精舍。見比丘僧作禮恭肅，問上座❷道人：「迦羅越宿有何福，自然珍寶念之便至？」上座比丘入三昧，見四百由旬人物心念。見長者子，昔惟衛佛時，有四人共立塔寺，中有一人用意殷勤。塔寺成後，以金銀七寶及眾好華共合和之，上三重塔上，以雨散四面，願後食福恆不斷絕。「今得自然寶者，是此一人。」王聞，大修功德。

【章　旨】記國王請教高僧，得知真相後，大修功德。

【注　釋】❶嚴駕　整治車駕。❷上座　梵文Sthavira，指法臘高而居上位之僧尼。

【語　譯】眾僧人的寺廟離王宮不遠，國王備好車馬，前往寺廟。見到僧人後恭敬地行禮，然後問寺廟中上座長老：「那位居士過去有什麼德行，所有珍寶他心中一想就自然會來？」上座長老息心凝慮，進入三昧境界，可以看見四百由旬範圍內的人物心理活動。這時他看見了一富豪人家的孩子，以前在惟衛佛時代，有四個人共同建造佛塔寺廟，其中有一個人用意特別深厚。佛塔寺廟建成之後，又把金銀等七寶以及各種上好的花朵和合在一起，登上三重塔，把這些東西像下雨一樣撒向四面，希望以後代代享受到這種福賜，永不斷絕。上座說，「如今得到自然珍寶的人，正是那個人。」國王知道後，大力修行功業福德。

（出《法華經》第四卷）

## 踊出寶塔

爾時佛前有七寶塔，高五百由旬，縱廣二百五十由旬，從地踊出，住在空中。種種寶物而莊校之，五千欄楯❶，龕❷室千萬，無數幢幡❸以為嚴飾。垂寶瓔珞❹，寶鈴萬億而懸其上。四面皆出多摩羅跋栴檀❺之香，充徧世界。其諸幡蓋，以金、銀、琉璃、車𤦲、瑪瑙、真珠、玫瑰七寶合成，高至四天王❻宮。

【章　旨】記七寶塔外觀。

【注　釋】❶欄楯　即欄杆。欄杆橫木叫欄，豎木叫楯。❷龕　放置佛像的櫥子。❸幢幡　旌旗之屬，這裡都指旗幟。❹瓔珞　用玉編成以掛在身上的裝飾品，是佛家的一種特有裝飾。❺栴檀　一種香木的名稱，出自南印度摩羅耶山，其山形好像一牛頭，因此也叫牛頭栴檀。❻四天王　欲界護持佛法的四大天王。即東方持國天王，手持琵琶；南方增長天王，持寶劍；西方廣目天王，手中纏繞龍；北方多聞天王，右手持傘，左手持鼠，是施福護財善神。

【語　譯】那時候佛跟前有一座七寶塔，高五百由旬，長寬各二百五十由旬，從地下湧現出來，停在半空中。塔用各種各樣的寶物裝飾，周圍縱橫交錯的欄杆有五千根，裝有佛像的龕室成千上萬，無數旗幟，插在塔頂以作裝飾。上面懸掛著用玉編成的瓔珞，還有萬億寶鈴繫在上面。塔的四周布滿多摩羅跋所產的栴檀香料，香味充滿整個世界。那些旗幟和傘蓋，用金銀、琉璃、車𤦲、瑪瑙、珍珠、玫瑰七種珍寶組合而成，其高抵達四天王的宮殿。

三十三天❶雨曼陀羅華，供養寶塔，下至八部❷，以一切華香、幡蓋、伎樂供養寶塔。爾時塔中出大音聲歎言：「善哉！釋迦牟尼佛，以平等慧教菩薩法。」

四眾❸聞塔所出音聲，皆得法喜❹，怪未曾有。

【章　旨】記天龍八部供養拜塔，塔顯神靈。

【注　釋】❶三十三天　梵文忉利天，譯作三十三天。為欲界之第二天，在須彌山頂上。中央為帝釋天，四方各有八天，故合成三十三天。❷八部　又作天龍八部，指守護佛法之諸神。❸四眾　指比丘、比丘尼、優婆塞、優婆夷。❹法喜　聽到佛法而生喜。

【語　譯】忉利天上撒下曼陀羅花，供奉寶塔，下至天龍八部，他們用所有的香花、旗幟、傘蓋、歌樂供奉寶塔。這時寶塔中發出大加讚美的聲音：「好啊，釋迦牟尼佛，用平等的智慧教化道心眾生。」出家的男子、女子和在家修行的男子、女子聽到塔裡傳出的聲音，都得到了聽講佛法之後的喜悅之情，他們驚奇從來沒有過這種感覺。

此寶塔中，有如來全身。過去東方無量千萬阿僧祇❶世界，國名寶淨，佛號多寶。其佛行菩薩道時，作大誓願：「若我成佛滅度之後，於十方國土❷，有說《法華經》處，我之塔廟為聽經故，踊現其前，以作證明。」若有說《法華》，全身舍利在於塔中。

【章　旨】記多寶佛許願。

【注　釋】❶阿僧祇　梵文asaṃkhya音譯，意思是無數，無量數或極大數之意。❷十方國土　即十方淨土。十方，梵文daśa，為四方、四維、上下之總稱。國土，即土地或眾生住所。

【語譯】在這座塔內，有佛的全身舍利。很久以前東方無量數的世界，其中有一個國家，國名叫寶淨，佛號為多寶。這個佛在修行菩薩法的時候，發了大誓願：「如果我修煉成佛涅槃後，在那十方眾生住所，有講《法華經》的地方，藏有我舍利的塔廟因為聽講《法華經》的緣故，會出現在那裡，以此證明佛法發揚光大。」因此，如果有說《法華經》的地方，多寶佛的全身佛骨就會在塔裡。

贊言：「善哉！」大樂說菩薩白佛言：「世尊，我等願欲見此佛身。」佛言：「多寶佛有深重願：『若我寶塔，為聽《法華經》故，出於諸佛前時，欲以我身示四眾者，彼佛分身❶諸佛，在於十方，盡還一處，然後我身乃出現耳。』」大樂說言：「我等亦願欲見世尊分身諸佛。」佛放白毫一光，東西南北、四維❷上下諸佛各告眾菩薩言：「善男子❸，我今應往娑婆世界❹釋迦牟尼佛所，并供養多寶如來寶塔。」時娑婆世界即變清淨，琉璃為地，寶樹莊嚴，黃金為繩，以界八道❺，無諸聚落、村營、城邑、大海、江河、山川、林藪，燒大寶香，移諸天人置於他土。是時諸佛各將一大菩薩以為侍者，至娑婆世界，各到寶樹下。樹下皆有師子之座❻，高五百由旬，十方諸佛皆悉來集，坐於八方。諸佛欲同開寶塔，即從座起，住虛空中，一切四眾起立合掌，一心觀佛。

【章旨】記釋迦佛依願行事分身並召集十方諸佛。

【注釋】❶分身 指分身化現。諸佛、菩薩由於慈悲，用種種方便法門，一身同時分為若干身形，去十方教導眾生。❷四維 指東南、西南、西北、東北四隅。❸善男子 對修行佛法的在家男子的稱呼。❹娑婆世界 娑婆，梵文sahā，意思是忍受。此界眾生安於十界，堪受眾多苦惱而不肯離開，因此名為忍。是三千大千世界的總名，為釋迦牟尼進行教化之現實世界。❺八道 本指四通八達的道路，這裡喻指八正道。❻師子之座 佛為人中之最尊者，好像獅子的地位，故佛之所坐，總名獅子座。這裡指法座。

【語譯】周圍的人都稱讚說：「太好了！」大樂說菩薩對佛說：「佛祖，我們很希望看看這個佛身。」佛說：「多寶佛當時有深厚的心願：『如果我的寶塔因為聽《法華經》的緣故出現在其他佛面前時，並想讓我的全身展示給大家看，那麼那個佛就應該分身化現，然後再讓分散於天地十方之佛聚集在一起，這樣以後我的身體才可以出現。』」大樂說菩薩說：「我們也想看看佛如何分身化現為諸佛。」釋迦佛放射出眉間白毫的光，東西南北、東南、東北、西南、西北和上方、下方十方有諸佛對各位菩薩說：「各位佛徒，我現在要到娑婆世界中釋迦牟尼佛的處所，我們聚集在一起供奉多寶佛塔。」這時娑婆世界一下子變得清淨無比，用琉璃作地，用寶樹裝飾，黃金編織成繩子給八正道路作界線，沒有了那些部落、村莊、城池、大海、江河、山川、森林，焚燒起珍奇的香，把眾天人移置到其他國土。此時每個佛都帶領一個有深行的菩薩作為侍從，到了娑婆世界，來到菩提樹下。每棵菩提樹下都鋪有法座，高五百由旬。十方諸佛都來集會，坐在八方。眾佛打算共同開啟七寶塔，便從座位上站起來停在半空，所有出家的男子、女子和在家修行的男子、女子也都站起來雙手合十，全神貫注地觀想佛身之相好及功德。

於是釋迦牟尼佛，以右指開七寶塔戶，出大音聲，如卻關鑰。一切眾會❶，皆見多寶如來於寶塔中坐師子座，全身不散，如入禪定❷。又聞其言：「善哉善哉！釋迦牟尼佛快說是《法華經》，我為聽是經，故而來至此。」爾時四眾等見過去無量千萬億劫滅度之佛說如是言，歎未曾有，以天寶華聚，散多寶佛及釋迦牟尼佛上。爾時多寶佛於寶塔中分半座與釋迦牟尼佛坐。時釋迦牟尼佛坐其半座，以神通力接諸大眾，皆在虛空。

【章旨】記釋迦佛開七寶塔，顯示神通。

【注釋】❶眾會　諸眾之會合。❷禪定　佛教一種修行方法，指通過調整身心和呼吸，使精神處於一種既不昏沉、又不紛馳的安和狀態。

【語譯】於是釋迦佛用右指開啟七寶塔的門，裡面傳出巨大的聲音，好像開啟門鎖的聲音。在場的所有人，都看見多寶佛在寶塔中坐在獅子座上，全身不散，彷彿是進入了精神無比集中的禪定境界。接著又聽見他說：「很好，很好！釋迦牟尼佛你快講《法華經》，我為了聽這個經法，纔來到這個地方。」當時各位佛徒看到已經涅槃了數千萬億劫的佛還能說這樣的話，都感歎從來未曾有過，便聚集起天上的珍奇鮮花，散布在多寶佛和釋迦佛的身上。於是多寶佛在寶塔中分一半獅子座給釋迦佛坐。釋迦佛坐在那半個獅子座上，用神不可測的法力和所有人相通，使他們都昇到空中。

（出《譬喻經》第四卷）

## 起塔中悔後生為大魚

昔有沙門，其家大富，造作塔寺，以栴檀為柱，七寶為剎❶。未成之頃，有五百沙門從遠方來，而其國內有五百賢者，各各給與袈裟被服。國人謂寺主：「遠人當去，我先發遣。阿闍梨❷常住，自當作分寺主。」沙門念言：「我之功德，積若須彌❸，不可稱計，而國人不能佐助我，我但為一切人賤近貴遠。」便以火燒寺塔，後入地獄、畜生各九十劫。後作大魚，身在海中，長四十萬里，眼如日月，牙長二萬里，正白似雪山，舌廣四萬里，正赤似火山，口廣五萬里。

【章　旨】記一出家人因心胸狹窄，中途將所建寶塔燒掉，轉生為魚。

【注　釋】❶剎　梵文Lakṣatā，意謂標誌、記號，指旗竿或塔之心柱。❷阿闍梨　梵文ācārya音譯，意思是教授、導師。為能矯正弟子行為，為弟子作榜樣的高僧的敬稱。❸須彌　山名，意思是妙高、妙光、安明善高等。頂上為帝釋天所居，其半腹為四天王所居，其周圍有七香海七金山，其第七金山外有鹹海，其周邊叫鐵圍山，故云九山八海。

【語　譯】從前有個僧人，他家非常富有，建造佛塔寺廟，用栴檀香木作為柱子，用七種珍寶做成塔頂旗杆。還沒有竣工的時候，有五百僧人從遠方來，這個國家有五百個賢良之人，他們紛紛拿出袈裟衣物等送給那五百僧人。國內人民對寺廟住持說：「遠方客人就要離開了，我們先去打發他們。其中那位大德高僧要常住在這裡，自然應當作分寺主。」那個有錢的僧人心中暗想：「我積累的功德像須彌山一樣高，數也數不清，但這裡的人民卻不輔助我，我只為一切人以近為賤以遠為貴而感到悲哀。」便用火燒了還未建成的寺廟佛塔，後來輪迴地獄道和畜生道，在裡面分別經歷了九十劫。後來又轉生為大魚，生長在大海裡，身體長四十萬里，眼睛像日月一樣明亮，牙齒長二萬里，純白像雪山，舌頭寬四萬里，鮮紅似火山，嘴巴長五萬里。

時有五百人入海採寶，正是先身給五百沙門衣者。因緣宿對，魚張口飲水，時舫從流甚疾，皆大恐怖，同稱南無❶佛。魚聞其音，合口而聽，水住不流。聞船上有諷經之聲，魚便淚出，自念：「不聞此音其來甚久。」因不復食，經歷七日，命終海中。浮屍著岸，神生法家，墮地能語，便識宿命，年滿八歲，得羅漢道。還詣海邊，見其故身，積骨如山，觀髑髏內，七日不遍。坐❷燒塔寺，百八十劫在惡道中。

（出《求離牢獄經》）

【章　旨】記大魚聞佛經之聲命終轉生為人，識得因果相報，修成羅漢果。

【注　釋】❶南無　梵文namas，意譯作敬禮、歸敬、歸依，多用於禮敬的對象，含救我、度我之意。❷坐　因為。

【語　譯】當時有五百個人到大海中採寶，正是前身供給五百佛徒衣物的賢人。也是前世因緣，大魚張開嘴喝水的時候，五百人的小船隨波顛簸十分猛烈，船上的人極度恐慌，異口同聲大叫佛號。魚聽到他們的聲音，便閉嘴而聽，波濤也平息了。大魚聽到船上有誦經的聲音，淚流滿面，心中暗想：「好長時間沒有聽到這種聲音了。」於是大魚不再吃東西，經過七天，大魚在海中死去。屍體浮到岸上，魂魄轉生到研習佛法的人家，剛剛落地便會說話，知道自己前世的命運，年滿八歲就修成羅漢正果。回到海邊，看到了自己前世的屍骨，骨頭堆積如山，進髑髏內察看，七天也沒能走完。就因為燒毀寺廟佛塔，在地獄、畜生惡道中經歷了一百八十劫。

## 善容王造石像

善容王❶入山遊獵，見諸梵志裸形曝露，或食木葉，或吸風服氣，或臥棘刺中，種種自苦，以求神仙。善容問曰：「那❷無成辦？」梵志答曰：「坐有群鹿，數共合會❸，我見心動，不能自制。」王曰：「服食羸惙，猶有婬欲，釋子沙門，飲食甘美，在好床座，衣服隨時，香華自熏，豈得無邪？」阿育聞之，即懷憂慼：吾唯一弟，忽生邪見，恐永迷沒，正當除惡。勅給妓女，共相歡娛。王躬語弟：「何為取兄妓妾❹，恣意自樂？」即欲殺之。

【章　旨】記善容王生發邪念，阿育王欲殺善容王。

【注　釋】❶善容王　名韋馱首祇，是阿育王的弟弟。❷那　怎麼；如何。❸合會　交配。❹妓妾　侍姬。

【語　譯】善容王到山中打獵，看見一些婆羅門裸露著身體，有的吃樹葉，有的吸食大風空氣，有的躺在荊棘裡，用各種各樣受苦的辦法希望變成神仙。善容王問他們：「怎麼還不能成功？」眾梵志回答：「因有一群鹿，屢次在一起交配，我們看見後動了心，不能控制自己。」善容王說：「你們如此羸弱不堪，仍舊有邪婬的念頭，佛門弟子，吃著美味，住著豪室，衣服隨季節不同而變換，用香花燻染身體，難道會沒有婬欲嗎？」阿育王聽說後，憂心忡忡地想：我只有這麼一個弟弟，忽然間有了這樣邪僻的見解，我怕他會永遠癡迷不知錯誤。我應當除去惡根。於是下令供給歌妓舞女，讓善容王和她們一起尋歡作樂。然後阿育王親自責怪弟弟說：「你怎麼能拿兄長的侍姬放肆地尋歡作樂呢？」阿育準備殺掉善容王。

大臣諫曰：「王唯有一弟，又少息胤❶，願聽七日，奉依王命。」王始默然，語諸臣曰：「聽弟著吾衣冠，入吾宮裡，伎樂自娛。」至七日，王遣使問云：「意志自由快樂不乎？」善容曰：「不見不聞，有何快樂？」王曰：「觸事如我，復云不聞不見耶？」弟曰：「應死之人，命雖未終，與死無異，當有何情著於五欲❷？」王曰：「汝今一身，憂慮百端；一身應滅，在欲不樂。道說沙門，憂念三世，一身死壞復受一身，億百千世身身受苦，無量患惱。雖出為人，與他走使，衣食窮乏。念此辛酸，故出家為道，求無為❸度世❹之要。設不精勤，當更歷劫數之苦。」善容乃心開意解，白王曰：「今聞王教，乃得醒悟，生老病死實可猒患，愁憂苦惱流轉無窮。惟願大王見聽為道。」王曰：「宜知是時。」弟即出家，奉持禁戒，晝夜精勤，得羅漢道。

【章　旨】記阿育王通過說教使善容王開悟，出家修成阿羅漢果。

【注　釋】❶息胤　子嗣；子女。❷五欲　指染著色、聲、香、味、觸等五境所起之色欲、聲欲、香欲、味欲、觸欲。❸無為　梵文Asaṃskṛta，無因緣的造作，即真理的別名。❹度世　指度脫三世迷界。

【語　譯】大臣勸諫阿育王：「大王祇有這麼一個弟弟，並且子嗣也很少，希望能延遲七天看看他的表現，然後再依大王的命令行事。」阿育王沉默片刻，對大臣說：「讓我弟弟穿著我的衣服，戴著我的帽子，進我的宮裡，聽憑他尋歡作樂。」到了第七天，阿育王派人去問善容王：「你心裡感到快樂自在嗎？」善容王說：「什麼也看不見，什麼也聽不到，有什麼快樂可言？」阿育王又問：「你接觸到的那些東西和我一模一樣，怎麼說聽不到看不見呢？」他弟弟回答：「快要死的人，性命雖還沒有終了，但和死去沒什麼區別，還有什麼心情貪戀五欲？」阿育王說：「你如今有一種身形，百般憂心忡忡；另一種身形又因為快要死去，所以雖在情欲中卻不快樂。說到釋家佛門，常常憂慮流轉三世，一種身形死去轉為另一種身形，千百億年代代受苦，數不清的憂患煩惱。即使再得以轉生為人，也是被人驅使，缺衣少食。因為想到這些辛酸，所以出家修行，尋求真理和度脫三世迷界的要諦。如果不專精勤勉，將更會經歷劫難的痛苦。」善容王恍然大悟，對阿育王說：「現在聽到大王的一番教誨，我才猛然醒悟，生老病死的確讓人厭惡憂慮，愁苦煩惱無窮無盡。希望大王允許我出家學道。」阿育王說：「現在正是時候。」善容王便出家，受持禁戒，日夜專精勤練，修成羅漢正果。

《阿育王傳》云：阿育王聞弟得道，深心歡喜，稽首禮敬，請長供養。弟誓依林野以養餘命。阿育即使鬼神於城內造山，高數十丈，斷外人物，絕於來往。乃應王命，率捨衣資造石像一軀，高丈六，即山為龕室。

【章　旨】記阿育王造山供奉善容王，善容王施捨錢財建造石像。

【語　譯】《阿育王傳》中說：阿育王聽說自己的弟弟已修成正果，滿心歡喜，叩頭作禮，請求長期供奉衣物飲食。但他弟弟發誓住在山林野澤間度過餘生。阿育王便命令鬼神在城內造了一座山，高數十丈，和外界隔斷，謝絕來往行人。於是善容王遵照阿育王的旨意，施捨錢財建造了一尊石像，高一丈六，把山作為供奉佛像的龕室。

# 卷第七

## 外緣佛部第四

【題解】本部輯錄關於釋氏緣起、釋女出家等諸釋故事。釋，釋迦的略稱。釋迦即釋尊出生種族之名稱。故皈依佛教之出家弟子捨其俗姓，稱釋氏，意即以釋迦為姓；又稱為釋子，取釋迦佛之法孫之意。

### 釋氏緣起

（出《彌沙塞律》）

過去有王名鬱摩，王有四庶子❶：一名照目，二名聰目，三名調伏象，四名尼樓，並聰明神武，有大威德。第一夫人有子名曰長生，頑薄❷醜陋，眾人所賤。夫人白王：「四子神俊，我兒頑墜，若承嗣者必競凌奪。若王擯斥四子，我心乃安。」王曰：「四子仁孝，既無愆咎，云何擯黜？」夫人又曰：「我心劬勞❸，實兼國家。四子英武，民各懷歸，樹黨若立，一旦競逐，必相殄滅。大國之祚，翻為他有，願王圖之。」王曰：「汝言是矣。」即呼四子敕之曰：「汝有過於吾，吾不忍見汝死，各速出國，剋己圖生，勿復窺覦，自貽後悔。」四子奉敕，即便莊嚴❹，母及同生姊妹，並求俱去。時諸力士、一切人民，多樂隨從，王悉聽之。到雪山邊住直樹林。母為納妃，自營頓住。數年之中歸德如市，遂大熾盛，鬱❺為強國。數年之後，父思見子，遣信❻報召，皆辭過❼不還。王便三歎：「我子有能，能自存立。」因此以命族為釋，故有釋種焉。乃祖尼樓王，生烏頭羅；高祖烏頭羅，為迦維羅衛國王，生瞿頭羅；曾祖瞿頭羅王，生尸休羅；祖尸休羅王，生四子，長者淨飯❽。

【章　旨】記鬱摩王聽信第一夫人言，令四庶子出國居住。四子即往雪山邊住直樹林，數年之後成為強國。國王讚歎，命族為釋姓，子孫繁衍。

【注　釋】❶庶子　嫡子以外的眾子。亦指妾所生之子。❷頑薄　愚鈍淺薄。❸劬勞　勞苦；勞累。❹莊嚴　裝飾。這裡指打點行裝。❺鬱　卓然，特出貌。❻信　信使。❼辭過　猶告罪。❽淨飯　梵名 Śuddhodana，中印度迦毗羅之城主，佛陀的生父。

【語　譯】過去有國王叫鬱摩，他有四個庶出的兒子：第一個叫照目，第二個叫聰目，第三個叫調伏象，第四個叫尼樓，都聰明威武，聲名赫赫，德行高尚。第一夫人有個兒子名叫長生，愚鈍淺薄，容貌醜陋，被眾人輕視。夫人對國王說：「那四個孩子威武英俊，我兒子愚頑惡劣，如果繼承王位的話必競相侵奪。如果大王排斥四子，我才能安心。」國王說：「那四個孩子仁慈孝順，又沒有罪過，怎麼能斥退廢黜呢？」夫人又說：「我這麼操心勞累，實際上也是為了國家。四子英俊勇武，老百姓各懷歸心，如果樹立私黨，有朝一日互相競爭，必定互相滅絕。大國君位反被別人擁有，希望大王能考慮。」國王說：「你的話很有道理。」立即傳四子並命令他們：「你們對我犯下了過錯，我不忍心看到你們死，你們各自速速出國，克制自己，謀求生存，不要再覬覦王位，使自己後悔。」四子奉令，立刻打點行裝，母親和同胞姊妹，一起請求離去。當時各位力士和普通百姓，多願跟從，國王都同意了。他們到了雪山邊，住在直樹林裡。母親為四子娶妻，讓他們自謀食宿生計。幾年之中，百姓如趕集般歸附於德政，於是大大地強盛起來，卓然成為強國。數年之後，父王思念兒子，派遣信使召還回國，兒子們都告罪但不回來。國王歎息：「我兒子有能力，能自己生存了。」因此以釋姓來命名族類，所以有釋迦種族。其遠祖為尼樓王，生烏頭羅；高祖烏頭羅，是迦維羅衛國王，生瞿頭羅；曾祖瞿頭羅王，生尸休羅；祖父尸休羅王，生四個兒子，大兒子是淨飯王。

（出《大智度論》第十七卷）

## 羅睺羅處胎六年

悉達太子有二夫人，一名劬毘耶，二名耶輸陀羅。劬毘耶是寶女[1]，故不曾懷孕。耶輸陀羅以菩薩[2]出家夜，自覺有娠。菩薩六年苦行，耶輸陀羅六年不產。諸釋詰之：「菩薩出家，何由有此？」耶輸陀羅言：「我無他罪，我所懷子，實是太子遺體。」諸釋言：「何以久而不產？」答曰：「非我所知。」諸釋集議，聞[3]王，欲如法治罪。劬毘耶啟王：「我常與耶輸陀羅共住，我為其證，知其無罪。待其子生，看似父不，治之何晚？」王即寬置❹。菩薩苦行既滿，初成佛夜生羅睺羅。王見其似父，愛念忘憂，語群臣言：「我兒雖去，今得其子與兒無異。」耶輸陀羅惡聲已著，欲除惡名。佛還迦羅度諸釋子。時淨飯王及耶輸陀羅常請佛入宮食，是時耶輸陀羅持百味歡喜丸❺與羅睺羅，捧持上佛。佛以神力變五百阿羅漢，皆如佛形，等無有異。羅睺羅年始七歲，持歡喜丸直至佛前，奉進世尊。是時佛攝神力復比丘形，鉢內皆空，唯佛鉢滿歡喜丸。耶輸陀羅問曰：「我昔何緣懷妊六歲？」佛答：「羅睺羅過去時曾作國王。時有一五通❻仙人來入王國，語王言：『王以法治賊，請治我罪。我輒飲王水，用王楊枝❼，為不與取。』王言：『我初登位，有令皆以水及楊枝施於一切。』仙人言：『王雖已施，我心故惑，願今見治，無令後罪。』王曰：『若必欲爾，小停，待我入宮。』入宮六日方出，仙人飢渴，仙人曰：『恐王正以此治我。』王出辭謝，去。因是五百世中常六年在胎。」

【章　旨】記耶輸陀羅懷孕六年不產，後於悉達太子成佛夜生子。及佛還國度諸釋子時，佛具述前世因緣。

【注　釋】❶寶女　猶玉女。轉輪聖王七寶之一。這種女性為處女身，故不孕子。❷菩薩　釋尊未成佛前，居菩薩位。❸聞使君主聽見；向君主報告。❹寬置　延緩擱置。❺歡喜丸　梵文 mahotikā，餅名。指以酥、麵、蜜、薑等調和製成的食物。❻五通　又叫「五神通」，指天眼通、天耳通、他心通、宿命通、神足通。❼楊枝　梵文 danta-kāṣṭha，譯曰齒木。取楊柳等之小枝，將枝頭咬成細條，用以刷牙、刮舌，故稱。

【語　譯】悉達太子有兩位夫人，一個叫劬毘耶，一個叫耶輸陀羅。劬毘耶是玉女，所以不曾懷孕。耶輸陀羅在菩薩出家修行的晚上，自己感覺懷孕了。菩薩艱苦修行六年，耶輸陀羅六年沒有生產。釋迦族人責問她：「菩薩已出家，你為何會有孕？」耶輸陀羅說：「我沒有罪過，我所懷的孩子，確實是太子的親生骨肉。」釋迦族人說：「為什麼這麼久還不生產呢？」回答說：「這不是我能知道的。」釋迦族人集體商議，向國王報告，想要按法治她的罪。劬毘耶啟稟國王：「我經常與耶輸陀羅一起居住，我能證明她無罪。何不等她孩子出生後，看孩子像不像父親，那時治她罪也不晚？」國王就延緩擱置了治罪這件事。菩薩苦修結束，就在成佛的那個晚上，耶輸陀羅生下了羅睺羅。國王見孩子像他的父親，喜愛得忘記了憂愁，對群臣說：「我兒雖然離去了，如今所得的孫子與兒子一樣。」耶輸陀羅在家族中已有了不好的名聲，佛想為她消除惡名。佛返回迦羅，來度脫釋迦族人。淨飯王及耶輸陀羅常請佛入宮吃飯，當時耶輸陀羅拿出百味歡喜丸給羅睺羅，讓他進奉給佛。佛用神力變出五百阿羅漢，都和佛的形貌一致無異。羅睺羅才七歲，拿著歡喜丸徑直走到佛面前，進奉給佛。當時佛以神通力又恢復比丘形貌，別的鉢內都是空的，只有佛的鉢裡盛滿了歡喜丸。耶輸陀羅問佛：「我過去什麼因果而懷孕六年？」佛回答說：「羅睺羅前世曾作國王。有一個五通仙人來到他的國家，對他說：『王用法律懲治盜賊，請求也治我罪。我剛剛喝了國王的水，用了國王的齒木，都是沒經同意就擅自取用的。』王說：『我剛登上王位，就下令把水和楊枝施於一切人。』仙人說：『王雖然已施捨，我心裡仍然煩惱，希望王現在就治我罪，使我以後不再犯錯。』王說：『如果一定要這樣，你稍微等一會兒，我進宮去一下。』國王在宮裡待了六天才出來，仙人又飢又渴，說：『國王大概用這種辦法來懲治我。』國王出來道歉，仙人告退離去。因此羅睺羅在五百世中常常六年在胎中。」

## 五百釋女欲出家投請二師

（出《報恩經》第五卷）

有一釋女❶告五百女言：「曾從佛聞：若人於劇急之中，一心念佛，至到歸命❷，即得安隱❸。」時五百女異口同音，至心念佛，呼「南無釋迦牟尼，苦哉苦哉！嗚呼痛哉！」時虛空中以如來慈善根力❹，起大悲雲，雨大悲雨，諸女手足還生。諸女念言：云何報佛慈恩？即持衣鉢，往詣王園精舍，求索出家。時有六群比丘尼❺，見諸釋女年時❻幼稚，美色端正：當為說世間五欲快樂，待年限過，然後出家，不亦快乎！若悉還俗，必以衣鉢施我。諸女聞之，心懷苦惱，言：「如餚饍飲食和以毒藥，世間五欲多諸過患，我已具知，云何讚歎其美，以勸我等？」舉聲大哭。

【章旨】記五百女受佛慈恩，求索出家，受到六群尼的阻撓。

【注釋】❶釋女　指釋種之婦女。❷歸命　即將身心歸投佛、法、僧三寶。❸安隱　與「安穩」同。❹根力　指信根、精進根、念根、定根、慧根等五根，與信力、精進力、念力、定力、慧力等五力。❺六群比丘尼　略作六群尼，為結黨行惡的六名比丘尼。❻年時　年紀。

【語譯】有一個釋種婦女告訴五百婦女說：「曾經從佛陀那裡聽說，假如人在危難緊急之中，只要一心念佛，以最大的誠信歸投佛、法、僧三寶，就能得平安。」五百婦女即時異口同聲，以最誠摯之心念佛，呼叫「救我們啊釋迦牟尼佛，我們痛苦啊！」當時如來在空中用慈善五根五力，興起悲愍、拔苦之雲，下起了悲愍、拔苦之雨，使得各位婦女手腳再生。各位婦女念道：如何報答佛陀的慈悲之恩呢？於是大家手持衣鉢，前往祇園精舍，請求出家。當時有六個結黨行惡的比丘尼，見到各位釋種婦女年紀幼小，長得美貌端正，心想：應當對她們說世間色、聲、香、味、觸五欲的快樂，讓她們等年紀長大以後再出家，這不也是很高興的事嗎！如果她們全都還俗恢復普通人的身分，必然會把衣鉢施捨給我們。各個婦女聽了以後，心中十分苦惱，說：「世間五欲就好比美味佳肴拌和毒藥，多的是各種禍患，我們都已知道，為什麼還要讚歎五欲之樂，來勸說我們呢？」於是大家放聲大哭。

華色比丘尼❶問何故，答曰：「欲出家，不蒙聽許。」華色即度為弟子。時諸釋女悲喜交懷，具以族喪身殘，仰白和上❷。答言：「汝等辛苦何足言也。我昔在家，是舍衛國人，父母嫁我與北方人。彼國風俗，婦臨欲產，還歸父母家。後垂生日，皆乘車馬夫妻，中路有河，其水暴漲，道路曠絕，多諸賊難。至河不能得度，住宿岸邊。初夜生男，有大毒蛇聞新血香，即來趣我。先螫殺奴，喚夫不應，尋復殺夫，次殺牛馬。至日出時，夫身膖爛❸，憂愁恐怖，舉聲大哭。經留數日，獨在岸邊。其水漸小，且置大兒，身負小兒，以手牽持，裙盛新產，銜著口中，即前入水。渡河始半，反觀大兒，見為虎逐。叫喚失裙，嬰兒沒溺。以手探摶，兒竟不獲。在背上者，失手落水，其岸上者，為虎所食。心肝分裂，口吐熱血，到岸悶絕。有火伴至，中有一長者，是父母知識❹。我問消息，長者答曰：『昨夜失火，汝家蕩盡，父母俱亡。』我聞躃絕❺，良久乃蘇❻。有五百賊，即壞眾伴，便將我去以作賊婦。常使守門，若有緩急，為人所逐，須盡開門。後群賊共抄❼，財主告王及聚落，即還其家。我舍內生子，三喚無人開，即緣墻入。問，答：『生兒。』賊曰：『汝為子故危害於我，用子何為？』拔刀斫解手足，令婦食之。婦以恐怖食，瞋恚便息。夫續為劫，王人所得，腰斷其命，共婦生埋❽。人貪我身，有妙瓔珞，開塚取之，並將我去。復經少時，王伺捉得，斷賊伴命，合復埋之。埋之不固，夜虎發食，因復得出，迷荒不知東西，隨路馳走。見有多人，問言諸人：『何處有能除此憂患者？』時有長者婆羅門等，以憐愍心問言：『曾聞釋迦牟尼佛法，多諸安隱，無諸衰惱。』我聞心喜，詣大愛道憍曇彌比丘尼❾，次第修習，乃得道果。」釋女聞之，心大歡喜，得法眼淨❿。

【章旨】記華色比丘尼度五百釋女為弟子，並向她們講述自己出家前遭受的苦難及出家修道的經過。

【注釋】❶華色比丘尼　又名蓮華色尼。佛由忉利天降時，此比丘尼化為轉輪王，最初拜佛。❷和上　即「和尚」，這裡指華色比丘尼。❸臃爛　腫脹壞爛。❹知識　朋友。❺躃絕　仆倒悶絕。❻蘇　蘇醒。❼抄　掠奪；搶劫。❽生埋　活埋。

❾大愛道憍曇彌比丘尼　梵名Mahāprajāpatī，音譯摩訶波闍波提，佛之姨母，乳養佛者，由阿難之請而出家，是比丘尼之初也，別號憍曇彌(Gotamī)，波闍波提，此翻為大愛道。❿法眼淨　梵文dharmacakṣu-viśuddha，指具有觀見真理等諸法而無障礙、疑惑之眼。

【語　譯】蓮華色尼問她們什麼緣故，回答說：「想出家修行，但不被許可。」於是蓮華色尼就把她們度為自己的弟子。當時各個釋迦族婦女悲喜交集，都把家族淪喪、身體殘缺的情況稟告蓮華色尼。蓮華色尼回答說：「你們的辛苦哪裡值得一提呢。我過去沒出家時，是舍衛國人，父母將我嫁給北方國人。那個國家的風俗是婦女臨生產時，必須回自己父母家。後來生產的日子臨近，夫妻都乘上車、馬，中途有一條河，正巧河水暴漲，道路又荒涼僻遠，多的是賊寇劫難。到了河邊不能渡過，只好住宿在岸邊。到了初夜時分男孩出生了，有一條大毒蛇聞到鮮血的香味，就來追趕我。先是螫殺了奴僕，叫喚丈夫也不回答，毒蛇不久又殺了丈夫，接著又螫殺了牛馬。等到太陽出來的時候，丈夫的身體已經腫脹壞爛，我感到憂愁害怕，放聲大哭。停留了幾天，只能獨自一人在岸邊。這時水勢漸漸小了，暫且把大兒子放在岸邊，身背小兒子，用手護持著，又用裙子把新生兒包裹起來，用嘴銜著，就下水了。渡河剛過一半，回過頭來看大兒子，正被一隻老虎追逐。我大聲叫喚，結果銜著的裙子掉在水中，嬰兒淹沒在水裡。急忙用手探取，竟然找不到。這時在背上的小兒子又因我失手而落水，在岸上的大兒子被老虎吃掉。我感到心肝俱裂，口吐鮮血，游到岸邊就昏死過去。有一群伙伴到來，其中有一個長者是我父母的朋友。我趕緊問父母的消息，長者回答說：『昨夜失火了，你家全部被燒光，你父母也都死亡了。』我聽了以後立刻倒地昏絕，很久才蘇醒。此時有五百個賊寇，殺害了這群伙伴，並把我搶去當了賊寇的老婆。賊寇常讓我守門，假若有危急，例如被人追趕，必須盡快開門。後來這群賊寇一同搶劫財主，財主到國王及村落主處告發，賊夫就逃回家中。我正在屋裡生孩子，賊夫三次呼叫沒人開門，就爬牆進入。問我緣故，我回答：『生孩子。』賊夫說：『你為了孩子竟然危害到我，還要這個孩子幹什麼？』於是拔出刀來砍斷了孩子的手和腳，命令我吃下去。我懷著驚恐的心情吃了，賊夫忿怒之火才平息。賊夫繼續搶劫，結果被官府捕獲，判處腰斬，與我一齊活埋。賊寇的伙伴貪求我身上的珠玉裝飾物，打開墳墓取走珠玉裝飾物，並把我也帶走。又經過一段時間，官府偵伺後抓住了賊寇的伙伴，並且殺死了他，又把我活埋。由於埋得不牢固，夜晚老虎尋找食物挖開了墳墓，我才得以逃出，但迷茫不曉得東南西北，順著路奔跑。忽然看到前面有很多人，便問眾人：『什麼地方能夠消除憂患？』這時有婆羅門長者，懷著憐愍之心回答：『曾經聽說過釋迦牟尼佛法，多的是身安心穩，沒有各種煩惱。』我聽了後心裡十分高興，到大愛道比丘尼處出家，按次序修習佛道，纔證得了道果。」眾釋迦族婦女聽了後，心中生起大歡喜，獲得法眼淨。

時憍曇彌言：「如來法海❶，一切眾生皆悉有分，而我等女人，如來不聽；以多諸疑惑，執著❷難捨，癡愛❸覆心，愛水❹所沒，不能自出。懈怠懶惰，現身不能莊嚴菩提❺，獲得三乘❻。阿難為請云：『憍曇彌乳哺養育如來色身❼，得至成佛。』佛言：『若聽女人，法當漸滅。』阿難又請：『過去諸佛具四部眾❽，而今獨不具也。』佛告阿難：『憍曇彌愛樂佛法，發大精進❾，清淨修習八敬之法❿者，聽入佛法。』我得出家，大悲熏修，普為未來一切女人，重白佛言：『未來善女，信樂愛敬如來法者，唯願聽許。』佛言：『若有女人，護持佛法，漸次修學戒施，多聞⓫三歸五戒⓬，乃至具戒⓭，諸助道法，亦悉聽。』未來諸女人也常當至心念阿難恩，供養恭敬，晝夜六時⓮令心不忘。」

【章　旨】記佛與弟子阿難關於是否准許婦女出家的對話。阿難從中斡旋，終蒙佛陀許可。

【注釋】❶法海　謂佛法廣大，深遠遼闊猶如大海。❷執著　指對某一事物堅持不放，不能超脫。❸癡愛　愚痴與貪愛，為三毒之一。❹愛水　愛欲的煩惱，能潤業而引發未來之果，所以以水來譬喻。❺菩提　梵文 bodhi，指斷絕世間煩惱而成就涅槃之智慧。❻三乘　梵文 trīṇi yānāni，指就眾生根機之鈍、中、利，佛應之而說聲聞乘、緣覺乘、菩薩乘等三種教法。❼色身　梵文 rūpa-kāya，指有形質之身，即肉身。❽四部眾　又叫「四部弟子」，指比丘、比丘尼、優婆塞、優婆夷。❾精進　梵文 Vīrya，指依佛教教義，在修善斷惡、去染轉淨的修行過程中，不懈怠地努力上進。❿八敬之法　即八敬戒、八敬法，巴利文 aṭṭha garu-dhammā，即比丘尼尊重恭敬比丘的八種約法。相傳如來成道後十四年，姨母憍曇彌等五百女人要求出家，佛不允許。蓋以正法千年，若度女人，則滅五百。阿難為之三番請求，佛即制定八敬法，使向彼說，若能遵守，則允許她們出家。⓫多聞　梵文 bahu-śruta，即多聞經法教說而受持之意。⓬三歸五戒　在家男女初受三歸，次受五戒，是名優婆塞、優婆夷。三歸，梵文 tri-śaraṇa-gamana，即「三歸依」，指歸依佛、歸依法、歸依僧，是成為佛教徒所必經的儀式。⓭具戒　指比丘、比丘尼的具足戒。比丘有二百五十戒，比丘尼有五百戒，為具足圓滿之戒。⓮晝夜六時　古印度將一晝夜分為六時，即晨朝、日中、日沒（以上晝三時）、初夜、中夜、後夜（以上夜三時）。

【語譯】其時憍曇彌說：「如來的佛法廣大，深遠遼闊如大海，所有的眾生都有分，只有我們婦女，如來不准許出家；是因為婦女多的是各種疑惑，難以割捨執著，愚痴與貪愛遮蔽了自心，被愛欲的煩惱淹沒，不能自拔。同時嬾惰懈怠，現生之身不能裝飾嚴淨菩提智慧，從而獲得聲聞、緣覺、菩薩三乘教法。後來佛的大弟子阿難替婦女請求說：『憍曇彌姨母哺乳養育了如來的肉身，最後得到成佛。』佛說：『假如允許女人出家，佛法將會漸漸衰亡。』阿難又請求說：『過去諸佛都有包括比丘尼在內的四部弟子，唯獨而今不具備。』佛告訴阿難：『憍曇彌若能信愛樂從佛法，發不懈怠努力精進之心，遠離惡行、煩惱修習八敬戒的話，允許她加入教團獲得佛法。』我才得以出家，悲心廣大修習佛法，而為了未來一切婦女，我又對佛請求說：『未來有信佛的女子，愛敬信樂如來佛法的話，希望允許她們出家。』佛說：『假如有女子，保護扶持佛法，漸次修習戒律和布施，多聞並受持三歸依和五戒，乃至具足戒法，用各種方法輔佐道法，也都允許她們出家。』未來各位婦女也應當常常至誠感謝阿難的恩德，並且禮敬供養，晝夜六時都不要忘記。」

# 卷第八

## 自行菩薩部第一

【題解】自行，為「化他」的對稱；發大心為眾生求無上道者，名菩薩。菩薩若自身修習法行，則能化導眾生趣於正法，因為「自行」是「化他」的根本。本部輯錄諸菩薩修行的故事：為聞法賣心血髓，為化父母現十八變，久修忍辱，力拔欲根……。

### 薩陀波崙為欲聞法賣心血髓

（出《大品經》第三十七卷）

薩陀波崙菩薩❶在大雷音佛所行菩薩道❷，本求般若波羅蜜❸；時不惜身命，不求名利，空中有聲而誡誨❹之。「我當何處求般若波羅蜜？」即憂愁啼哭，經過七日，身體疲極❺，乃至飢渴寒熱。空中有佛而語之言：「善男子，過去諸佛行菩薩道，求聞般若波羅蜜，如汝今日，以是勤精進愛樂法故，供養般若波羅蜜。

曇無竭菩薩❻於此座上說般若波羅蜜，若有受持讀誦，如說行者，汝從今者莫問晝夜，不久當得聞般若波羅蜜。」「我今貧無有物可以供養般若波羅蜜及說法師❼。不應空往，我當賣身得財，為般若波羅蜜故并供養法師。我世世喪身無數，無始生死❽中或死或賣，或為貪欲世世在地獄中受無量苦，未曾為清淨法❾及供養法師故喪身命。」

【章　旨】記薩陀波崙菩薩為求聞般若波羅蜜，發心要賣身得財供養佛法和說法師。

【注　釋】❶薩陀波崙菩薩　梵名 Sadā-prarudita，意譯常啼菩薩。此菩薩為求般若七日七夜啼哭，故名。❷菩薩道　梵文 bodhisattva-caryā，指菩薩之修行。即修六度，圓滿自利利他，成就佛果之道。❸般若波羅蜜　梵文 prajñā-pāramitā，即照了諸法實相，而窮盡一切智慧之邊際，度生死此岸至涅槃彼岸之菩薩大慧，為一切善法之淵源，故又稱諸法之母。❹誡誨　告誡教導。❺疲極　疲憊不堪。極，疲乏。❻曇無竭菩薩　梵名 Dharmodgata，為犍陀越城之主，常昇高座宣說般若波羅蜜。常啼菩薩聞此菩薩宣說般若。❼說法師　梵文 dharma-bhāṇaka，又作法師、大法師，指通曉佛法又能引導眾生修行之人。❽無始生死　謂眾生經無窮劫，流轉生死，求其初始，實不可得。❾清淨法　指離惡行之過失、斷煩惱之垢染的佛法。

【語　譯】薩陀波崙菩薩在大雷音佛處修行菩薩道，其本願是求諸法之母般若波羅蜜；其時不顧惜自己的生命，也不求名利，空中常有聲音告誡教導他。薩陀波崙想著：「我應該到什麼地方去求般若波羅蜜佛法呢？」於是憂愁啼哭，經過七天七夜，身體已經疲憊不堪，以至於又飢又渴並伴隨怕冷發熱的症狀。這時空中有佛對他說：「信佛聞法行善業的男子，過去有諸佛修行菩薩道，求聞般若波羅蜜，像你今天一樣不懈怠地努力上進，並且信愛欲樂佛法的緣故，供養般若波羅蜜。因此，曇無竭菩薩將在此高座上宣說般若波羅蜜，如果能夠領受憶持讀誦，並且契合佛所說之教法修行的話，你從今天起不要再問白天黑夜，不久應當聽聞般若波羅蜜。」薩陀波崙心想：「我現在一貧如洗，沒有東西可以供養般若波羅蜜和法師。我不應該空手前往法師處，我應當賣身來換取財物，為佛法之母般若波羅蜜的緣故供養法師。我過去世世無數次喪失身命，在無窮的生死劫中或者死亡或者被賣身，或者為了貪欲世世在地獄中受不可計量的苦難，但是從來不曾為清淨的佛法和供養法師喪失身命。」

即入一大城，至市肆上，高聲唱言：「誰欲須人，誰欲須人？」時惡魔作是念：薩陀波崙愛念法故，欲自賣身，我今當壞之。魔蔽諸人民，令不聞其聲。自賣身不售❶，甚自憂愁。釋提桓因❷化作婆羅門語言：「我今欲祠天，須人心人血人髓，汝能與不？」答言：「我今得大善利❸。」即執刀刺其左臂出血，割右髀❹肉，欲破骨出髓。時一長者女在門樓上遙見，即下問菩薩：「何故苦困自身？用心血髓欲作何等？」答曰：「賣與婆羅門，為般若波羅蜜供養曇無竭菩薩。」女問：「得何功德？」答曰：「是人善學般若方便力❺。我學是法能得無上道❻，為眾生作依止❼，得金色身，具諸功德。分布是利，與一切眾生等功德利。」女曰：「微妙❽難值，為是功德，應捨如恆河沙❾身。汝若有所須，盡當相與，我亦欲往曇無竭所共殖善根。」釋提桓因即復本身，讚言：「善哉，男子！諸過去佛行菩薩道，亦復如是求，我實不用人心血髓，但來相試。汝欲何求，我當相與。」

「願我是身平復如故。」到長者女家，女之父母與眾妙華、香及諸瓔珞，塗香❿燒香、幡蓋衣服、七寶妓樂。女與侍人共往供養經及曇無竭。曇無竭說般若波羅蜜及方便力。薩陀波崙求水灑地而不能得，即自刺身，以血灑地，令無塵埃，來依大師。

【章旨】記薩陀波崙賣身遭惡魔的阻擋、帝釋的試探以及長者女的疑問。薩陀波崙毫不動搖，終於聽聞般若波羅蜜。

【注釋】❶售　賣出。❷釋提桓因　即「帝釋」，忉利天之主。❸善利　謂菩提之利益，指利益之善妙者。❹髀　大腿。❺方便力　指方便之力用。❻無上道　至高無上的道法。蓋如來所得之道，無有出其上者，故稱。❼依止　依賴止住。❽微妙　精微深奧。❾恆河沙　梵文gaṅgā-nadī-vāluka，即恆河之沙。由於沙粒至細，其量無法計算，經中常以喻無法計算之數。❿塗香　梵文vilepana，用於消除臭氣或惱熱的塗身之香。

【語譯】於是就進入一座大城市，到集市上，高聲叫賣：「誰想要人，誰想要人？」這時障礙佛道的惡神就想：薩陀波崙愛念佛法，想要自己賣身，我現在要破壞他。惡神遮擋住百姓，不讓他們聽到叫賣聲。薩陀波崙自己賣身但是賣不出去，心中十分憂愁。這時帝釋化身婆羅門說：「我現在打算要祭祀天，需要人心人血和人的骨髓，你能給我嗎？」回答說：「我今天將要得到菩提的利益了。」於是就拿刀刺傷左臂使出血，又割右大腿的肉，並打算斫破骨頭取出骨髓。這時一個長者的女兒在門樓上遠遠看見了這一幕，立即下樓來問薩陀波崙：「為什麼要折磨自己？用人心人血人髓作什麼？」回答說：「賣給婆羅門，為了求聞般若波羅蜜、供養曇無竭菩薩。」長者女兒問：「能得到什麼功德？」回答說：「一般人能得到善於學習般若的方便力用。我學此法，能夠得到至高無上的道法，成為眾生依賴止住之處，並且得到金色之身相，具備各種功德。我將散布這些利益，與一切眾生等同、共享功德利益。」長者女兒說：「這些精微深奧的事難以遇到，為此功德，應該捨棄像恆河沙粒那樣多的身命。你如果有需要的東西，我全部都給你，我也打算前往曇無竭菩薩處共同增殖善法的根本。」帝釋這時恢復了本身，稱讚道：「好啊，善男子！各位過去佛修行菩薩道，也是這樣追求的。我事實上並不用人心人血人髓，只是來試探你。你想要什麼，我將都給你。」薩陀波崙說：「希望我受傷的身體恢復如原來一樣。」薩陀波崙到長者女兒家，其父母給了他許許多多妙華、妙香以及各種瓔珞飾物、塗身焚香、幡蓋衣服、七寶和音樂。長者女與侍從一同前往供養佛經和曇無竭。曇無竭菩薩演說般若波羅蜜和方便力。薩陀波崙想找水來灑地，但找不到水，就自己刺傷身體，用鮮血灑地，使得地上沒有塵土，以此方式來依止大師。

## 淨藏淨眼化其父母

（出《法華經》第七卷）

乃往過去，有佛名雲雷音宿王華智。有王名妙莊嚴，其王夫人名曰淨德。有二子，一名淨藏，二名淨眼。是二子者有大神力，福德❶智慧，修菩薩道。佛欲引導妙莊嚴王，愍念眾生，說是《法華經》。時淨藏淨眼白母言：「願母往詣雲雷音宿王華智佛，我等亦當侍從，供養禮拜。」母告子言：「汝父信受❷外道❸，深著❹婆羅門法，汝等應往白父，與共俱去。」母又告言：「汝等當念汝父，為現神變。」於是二子踊在虛空，高七多羅樹❺，現十八變❻。父見神力，心大歡喜，合掌向子言：「汝等師為是誰？」二子白言：「雲雷音宿王華智佛今在七寶菩提樹下，法座上坐，說《法華經》，是我等師。」父語子言：「我今欲見。」二子從空中下，白母：「父王今已信解❼，發菩提心。我等為父已作佛事❽，願母見聽於彼佛所出家修道。」母言：「聽汝，佛難值故。」於是二子白父母言：「願時往詣佛所親覲供養。」

【章　旨】記淨藏、淨眼兄弟為勸化父母，現十八神變，使父母信解佛法，願意出家修道。

【注　釋】❶福德　泛指修人天善行所獲得的福利。❷信受　信奉受持。❸外道　梵文tīrthaka，指佛教以外的一切宗教。❹著　謂纏綿於某事而不捨離，猶貪戀。❺七多羅樹　多羅樹，梵文tāla，棕櫚科喬木，盛產於印度，樹高七十餘尺。佛經中譬物之高，輒曰七多羅樹，言比多羅樹高七倍也。❻十八變　指佛、菩薩、羅漢等依禪定自在力所示現的十八種神變。❼信解　確信和了解。❽佛事　諸佛教化眾生或發揚佛陀威德之事名佛事，後凡佛教徒的誦經、祈禱、追福等都稱為佛事。

【語　譯】很久以前的過去，有一位名叫雲雷音宿王華智的佛。其時有一個國王名叫妙莊嚴，他的夫人名叫淨德。有二個兒子，一個叫淨藏，第二個叫淨眼。這兩個兒子有大神力，有福德和智慧，修行菩薩道。佛想啟發開導妙莊嚴王，同時憐憫眾生的緣故，將為他們說《法華經》。這時淨藏、淨眼對母親說：「希望母親晉謁雲雷音宿王華智佛處，我們亦將前去事奉，供養禮拜。」母親告訴兒子：「你們的父親信奉受持外道，深深貪戀婆羅門法。你們應該前去說服父親，讓他與我們一齊去。」母親又告訴他們：「你們應當看在他是你們父親的分上，為他示現神通變化。」於是兩子跳到空中，比多羅樹還要高七倍，示現十八種神變。父親看到兒子的神力，心裡非常喜歡，合併兩掌對兒子說：「你們的老師是誰？」兩子回答說：「雲雷音宿王華智佛現今在七寶菩提樹下，坐在法座上，演說《法華經》，他就是我們的老師。」父親對兒子說：「我現在想見他。」兩子從空中跳下，對母親說：「父王現在對佛法已經確信並了解，而且發無上菩提之心。我們已經為父親做了佛事，希望母親允許我們在那個佛處出家修習佛道。」母親說：「任憑你們，因為佛太難遇到了。」於是兩子對父母說：「希望屆時一同前往佛處朝拜並供養。」

於是妙莊嚴王與群臣眷屬❶，淨德夫人與後宮婇女❷並其二子四萬二千人，一時詣佛。佛為說法，示教利喜❸，王大歡悅。時王及夫人即解頸真珠瓔珞以散佛上，於虛空中化成四柱寶臺❹，中有大寶床，敷百千萬天衣❺，其上有佛結跏趺坐❻，放大光明。時雲雷音宿王華智佛告四眾言：「汝等見是妙莊嚴王於我前合掌立不？此王於我法中當作比丘，精勤修習，助佛道法，當得作佛，號娑羅樹王，國名大光，劫名大高王。」其王即時以國付弟，王與夫人二子並諸眷屬，於佛法中出家修道。王出家已，於八萬四千歲常精進修行《妙法華經》。過是已後得一切淨功德莊嚴三昧❼，即昇虛空，高七多羅樹。妙莊嚴王今華德菩薩是，淨德夫人光照莊嚴相菩薩是；其二子者，今藥王、藥上菩薩是。

【章旨】記妙莊嚴王攜夫人、兒子在雲雷音宿王華智佛處出家，修行《妙法華經》，得莊嚴三昧。

【注釋】❶眷屬　部屬。❷婇女　宮女。❸示教利喜　即示、教、利、喜的並稱，為佛陀說法教化眾生的四種方式。示，顯示其義。教，教導其行。利，獲得義利。喜，歡喜行成。❹寶臺　以珍寶裝飾之臺。❺天衣　指羽衣。❻結跏趺坐　梵文 nyasidat-paryankam ābhujya，佛陀的坐法，即盤膝而坐。略有二種：先以右足置於左腿上，再以左足置於右腿上，叫做降魔坐；

反之，則叫吉祥坐。❼莊嚴三昧　莊嚴王三昧之略稱。三昧，梵文Samādhi，即離諸邪亂，攝心不散之意。

【語譯】於是妙莊嚴王與群臣部屬，淨德夫人與後宮的宮女以及兩個兒子共四萬二千人，即時造訪佛處。雲雷音宿王華智佛為他們演說佛法，以示、教、利、喜教化他們，妙莊嚴王十分高興。這時國王和夫人就解下頸上的珍珠瓔珞飾物，散布在佛身上，珍珠瓔珞在空中變化而成四柱寶臺，當中有大寶床，鋪設百千萬羽衣，它的上面有佛盤膝而坐，身上散發出大光明。當時雲雷音宿王華智佛告訴四部弟子說：「你們看到妙莊嚴國王在我前面合十站立嗎？此國王在我的佛法中將作比丘，精進勤敏修習佛法，佐助佛涅槃正道之法，將來定當作佛，其號為娑羅樹王，其國名大光，其劫名大高王。」國王當時就把國家託付給弟弟，與夫人及兩個兒子以及各個部屬，在佛法中出家修行道法。國王出家後，在八萬四千年中常努力向善上進，修習《妙法蓮華經》。經過此以後，獲得一切清淨功德莊嚴三昧，就飛昇天空中，比多羅樹還要高七倍。這個妙莊嚴王就是今天的華德菩薩，淨德夫人就是今天的光照莊嚴相菩薩；他們的兩個兒子，就是今天的藥王菩薩和藥上菩薩。

## 一切世間現為師婦所愛違命致苦

（出《央掘魔羅（經）》第一卷）

舍衛城北去城不遠，村名薩那。有一貧窮婆羅門女，名跋陀羅，腹生一子，名一切世間現，少失其父。厥年十二，色力❶人相❷，具足第一，聰明辯慧❸，微言❹善說。復有異村名頗羅訶私，有一舊住❺婆羅門師，名摩尼跋陀羅，善能通達《四毘陀經》❻。一切世間現從其受學，謙從恭敬，盡心供養，諸根純淑❼，所受必持。師受王請，留一切世間現守舍而去。婆羅門婦年少端正，於世間現深生染心❽，忽忘儀愧前執其衣。時世間現白：「仁❾今便是我母，如何而行非法？」內懷愧悚❿，捨衣遠避。師婦欲盛，泣淚念之曰：「忽見斷絕，不隨我意，必不見從，要斷汝命。」即以指爪自攫⓫其體，行女人諂，莊嚴其身，以繩自絓⓬，足不離地。夫還見婦，以刀截繩，高聲大叫而問：「何故？」婦答：「是世間現強見陵逼⓭，作如是事。」

【章　旨】記世間現為師母所愛，因不從而受到師母的陷害。

【注　釋】❶色力　指色身之魅力。❷人相　人的相貌、形貌。❸辯慧　聰明而富有辯才。❹微言　指精深微妙的言辭。❺舊住　指久居一處，又作「久住」。於禪林則多稱久住叢林之老宿。❻四毘陀經　梵文 Veda，婆羅門經書之名，其大本別為四分。❼純淑　美善。❽染心　愛著之心；婬欲之心。❾仁　佛教徒對佛、羅漢的尊稱，這裡是對師母的尊稱。❿愧悚　慚愧惶恐。⓫攫　抓取。⓬絓　通「掛」。懸掛。⓭陵逼　欺凌逼迫。

【語　譯】舍衛城的北面不遠，有一個村子叫薩那。有一位貧窮的婆羅門女，叫跋陀羅，她生有一子，叫一切世間現，年少時就失去了父親。其年十二歲，色身之魅力及相貌，具備滿足堪稱第一，聰明而富於辯才，言辭精深、微妙並善於敘說。又有另外一個村子叫頗羅訶私，有一個久住在那裡的婆羅門師，叫摩尼跋陀羅，善於發揮所長，通曉《四毘陀經》。一切世間現跟從他學習，謙虛順從恭恭敬敬，盡心盡力供養，一切根性具足美善，從師所受的東西則必然持守。婆羅門師接受國王的邀請，留一切世間現看守屋舍，然後就離去了。婆羅門師的妻子年輕漂亮，對世間現深深產生婬欲之心，忘記了禮儀而向前抓住了世間現的衣服。此時世間現說：「您現在便是我的母親，怎麼可以做非法之事呢？」於是內心感到慚愧惶恐，捨棄了衣服遠遠避開了。師母此時欲心旺盛，流淚念道：「突然被拒絕，不隨我的心意，一定不肯相從的話，要了斷你的性命。」就用手指甲抓傷了自己身體，施行女人的巧詐，把自己裝扮了一下，用繩子把自己懸掛起來，但是腳又不離開地面。她的丈夫回來見到妻子這般模樣，急忙用刀割斷了繩子，高聲大叫而問說：「這是為什麼？」其婦回答說：「是世間現欺凌逼迫，強行做這樣的事。」

其夫思惟言：「世間現初生之日，一切刹利❶所有刀劍悉自拔出，利皆捲屈，墜落于地。時諸刹利皆大恐怖：其生之日有如此相，當知是人有大德力❷。」語世間現：「汝是惡人，毀辱❸所尊，汝今非復真婆羅門，當殺千人可得除罪。」世間現稟性❹敬從，尊重師教，即白師言：「嗚呼！和上，殺害千人非我所應。」師即謂言：「汝是惡人，不樂生天作婆羅門耶？」答言：「和上，善哉奉命！」即殺千人，還禮師足。師聞見已，生希有心❺：「汝大惡人故不死耶？」復作念言：今當令死。而告之言：「殺一一人，人取一指，殺千人已，取指作鬘，冠首而歸，然後得成婆羅門，以是因緣名央掘魔羅。」即白師言：「善哉和上！受教。」即殺千人，尚少一耳。時央掘魔羅母念子當飢，自持四種美食，送往與之。子見母已，作是思惟：當今我母得生天上。即便執劍，前欲斷命。

去舍衛國十由延❻少一丈，於彼有樹名阿輸迦❼，時佛以一切智❽，如象王❾來。央掘魔羅既見世尊，執劍疾往，作是念言：我今復當殺是沙門。世尊示現❿

避去。央掘魔羅而說偈言：

住住大沙門，白淨王太子。
我是央掘魔，今當稅⑪一指。

爾時世尊以偈答言：

住住央掘魔，汝當住淨戒。
我是等正覺⑫，輸汝慧劍稅。

時母見佛與央掘魔羅往反苦論，子心降伏，縱身垂念，故說偈云：

久失寶藏今還得，塵穢壞眼今明淨。
哀哉我子心迷亂，常以人血自塗身。
極利刀劍恆在手，多殺人眾⑬成屍聚。
當今此子隨從我，今敬稽首等正覺。
多人見罵難聽聞，汝子如是切責⑭我。

【章旨】記世間現受邪師之教，殺千人並取其指為指鬘，後遇佛陀而被降伏。

【注釋】❶剎利　梵文Kṣatriya，剎帝利之略，印度四種姓第二等級，乃王族、貴族、士族所屬之階級。❷德力　調菩薩修無欲行，具諸功德，離諸染著，是名德力。❸毀辱　傷害汙辱。❹稟性　猶天性。❺希有心　對不可思議、殊勝之心的美稱。❻由延　即「由旬」。❼阿輸迦　樹名。梵文 aśoka，豆科植物，印度文學中常視為瑞徵；因悉達多太子在此樹下平安出生，故稱「無憂樹」。❽一切智　梵文 Sarvajña，指了知內外一切法相的智慧。❾象王　譬喻佛之舉止如象中之王。❿示現　謂佛菩薩應機緣而現種種化身。⓫稅　租借。⓬等正覺　即「三藐三菩提」，如來十號之三，謂能正遍了知一切之法。⓭人眾　泛指許多人。⓮切責　急切求索。

【語　譯】她的丈夫想：「世間現出生那天，一切剎帝利種族的人，所有佩帶的刀劍全部自己出鞘，其刀刃都捲曲，並且墜落在地上。當時各個剎帝利種族的人都感到十分恐怖：這個人出生之日就有如此情狀，應當知道這個人具有大的德力。」於是就對世間現說：「你是惡人，傷害汙辱了你的師母，你現在不是真正的婆羅門，祇有殺掉一千個人才能免除罪責。」世間現天性尊敬服從師長，尊重老師的教誨，於是對老師說：「唉呀！和尚，殺害一千個人不是我所應該做的。」邪師就對他說：「你是惡人，難道不喜歡生天作婆羅門嗎？」世間現回答說：「好吧，和尚，我奉命執行。」於是去殺害千人，並回來禮敬老師。邪師聽了之後，產生不可思議之心：「你這個大惡人為何沒有死呢？」於是又想：現在應該讓他死，就對他說：「逐一殺人，每人取其一截手指，殺完千人之後，應該把所取之指串成纓絡之類的裝飾品，戴在頭上再回來，這樣你就能成為婆羅門，並且因為這個因緣而得名為央掘魔羅。」世間現聽了以後就對老師說：「好吧，和尚，我接受你的教誨。」於是再去殺害千人，僅僅少一個人而已。此時央掘魔羅的母親想兒子應該肚子餓了，就手持四種美味佳肴，前來送給兒子。兒子見母親後，就想：應當讓她能夠轉生天上。於是手執刀劍，上前要奪取母親的性命。

離舍衛國十由旬不到一丈的地方，有一棵叫阿輸迦的無憂樹，當時佛用了知內外一切法相的智慧，舉止儀態如象中之王，前來化度。央掘魔羅看到世尊之後，拿著刀劍快速前往，並且想：我現在當殺死這個沙門。世尊應機緣而現種種化身，並且都避開了。這時央掘魔羅說偈言：

站住大沙門，白淨王太子。

我是央掘魔，今借你一指。
這時世尊以偈頌回答說：
停住央掘魔，你該持淨戒。
我是等正覺，送你智慧劍。
這時母親看到佛與央掘魔羅往復論難，兒子的邪心已被釋尊降伏，騰躍身體俯念，並說偈言：
久失寶藏今復得，塵土障眼今明淨。
可歎我子心迷亂，常用人血塗自身。
鋒利刀劍常在手，多殺眾人成屍堆。
世尊此時又說偈言：
當令此子隨從我，讓他皈敬等正覺。
多人見罵難聽聞，汝子這樣苦求我。

## 題耆羅那賴提耆二人共爭令五日闇冥

（出《度無極集》第七卷）

昔有兩菩薩志清行淨，內寂無欲，表如天金，鑿石為室，閑居❶靖志❷。蒹衣❸草席，食飲泉水，清淨無為，志如虛空❹，四禪❺備悉，得五通智❻。梵釋❼仙聖，諸天龍鬼，靡不稽首。處於山澤六十餘年，悲愍眾生，敬奉三尊。一名題耆羅，二名那賴提耆。夜與❽誦經，疲極臥出；那賴時亦誦經，誤蹈❾題耆羅首。

題耆羅即興言❿而曰：「誰蹈吾首者，明日日出，破爾之首以為七分。」那賴曰：「誤蹈爾首，呪誓何重？瓦器之類，尚有相觸，豈況於人共處，終年而不誤失？爾言常試明日日出吾首必破，吾當制日，不令得出。」

【章　旨】記題耆羅、那賴提耆因糾紛而發咒誓令太陽不出。

【注　釋】❶閑居　指避人獨居。❷靖志　猶立志。❸菅衣　茅草衣。❹虛空　虛無形質，空無障礙，故名。❺四禪　梵文 catvāri dhyānāni，指用以治惑、生諸功德的四種根本禪定。❻五通智　指天耳通、天眼通、宿命通、他心通、神足通等五通智慧。❼梵釋　梵天與帝釋天。❽興　起身；起來。❾蹈　踩；踐踏。❿興言　告諭。

【語　譯】過去有兩個修行的菩薩志向和操行十分潔淨，其內心寂靜而沒有欲望，外表光潔如天金，開鑿石窟為住室，避人獨居以立志。穿的是茅草衣，睡的是茅草席，喝的是山泉水，清淨無為，其志虛無形質、空無障礙，四種根本禪定全都具備，並且獲得了天耳通、天眼通等五通智慧。梵天、帝釋天、仙人與聖人，諸天人以及天龍鬼神，沒有不對他們行以頭著地之禮的。他倆隱居山林川澤六十多年，慈悲憐憫眾生，恭敬地奉事佛、法、僧三尊。他們倆一個叫題耆羅，第二個叫那賴提耆。題耆羅夜裡起來誦經，因為疲憊就躺在外面；那賴當時也在念經，不慎踩了題耆羅的腦袋。題耆羅就告諭說：「踩我腦袋的人，明天早上太陽出來，我要把你的腦袋剖為七份。」那賴就說：「不慎踩到了你的腦袋，你的咒誓為什麼這麼重呢？泥土燒製的器皿，尚且可能互相觸碰，更何況與人共處，怎麼可能一年到頭都不產生失誤呢？你說明天早上太陽出來我的腦袋一定碎裂，我將控制太陽，不讓它出來。」

日遂不出，五日之間舉國幽冥，炬燭相尋，眾官不修，君民惶惑。悉會群僚，請諸道士。王曰：「日之不出，其咎安在？」道士之中有五通者曰：「山中道士，兩有微諍，制不令出。」王曰：「奈何？」答曰：「王率群僚，民無巨細❶，馳詣于彼，稽首和解，彼必慈和❷。」王即有詔，詣于山澤，叩頭曰：「國豐民寧，二尊之潤。而今不和，率土❸失所。其咎在我，黎民無過，願愍赦之。」那賴曰：「王勤喻曉彼意，彼意解者，吾放日出。」王之題耆羅所，宣那賴旨。即日令彼以泥塗首，放日令出，泥首即破為七分。那賴無為，王臣黎民靡不忻懌❹。兩道士為王廣陳治國當以四等❺無盡之慈，勸民奉五戒、戴十善行。王及臣民僉然❻受戒。王還國有詔曰：「人無尊卑，帶五戒、十善經，以為國正❼。」自斯之後，王潤逮草木，臣忠且清。佛告諸比丘：那賴者，吾身是；題耆羅者，彌勒是。

【章旨】記國王向兩修行菩薩求情，化解了矛盾，舉國受戒，修行五戒十善。

【注釋】❶巨細　猶大小。❷慈和　慈愛和睦。❸率土　「率土之濱」之省，謂境域之內。❹忻懌　喜悅。❺四等　即「四無量心」：慈、悲、喜、捨。與樂謂之「慈」，拔苦謂之「悲」，見眾生離苦而欣悅謂之「喜」，怨親平等謂之「捨」。❻僉然　猶皆、都。❼國正　猶國法。

【語譯】於是太陽就不出來，五天之內整個國家處在黑暗之中，用蠟燭互相尋找，眾官吏也無法從事工作，國君和百姓感到十分惶恐和疑惑。於是國王便把眾官吏召來，並請來了各個修行的道士。國王說：「太陽不出來，災禍的根源在哪裡？」道士中有一個具有天眼通、天耳通等五通的說：「山中有兩個修行的道士，雙方有一些小小的爭執，控制太陽不讓出來。」國王說：「那怎麼辦？」回答說：「國王您率領眾官吏，老百姓無論年長年幼，趕快一起到那裡去，叩首賠罪求得和解，他們必然會慈愛和睦。」國王於是下詔書，與吏民一齊造訪山林川澤，叩頭說：「國家豐衣足食百姓安寧，這都是兩位的恩澤。如今兩位不和，境域之內都失去了依靠。罪過在我，百姓沒有過錯，懇望你們憐憫並赦免他們。」那賴說：「國王你盡力勸導題耆羅，如果他肯和解，我就放太陽出來。」國王到題耆羅處，傳達了那賴的意思。當日讓他把泥漿塗在腦袋上，然後放太陽出來，腦袋上的泥塊即刻裂分為七份。那賴無造作，國王、大臣及百姓沒有不喜悅的。兩位道人於是為國王大力陳述治理國家應當以四無量心、沒有邊際的慈悲，鼓勵百姓奉持五戒、遵奉十善。國王和臣民一齊領受了戒法。國王回國後下詔說：「國人無論尊卑，都必須攜帶五戒、十善經典，以後這條詔令作為國法。」從此國王的恩澤惠及草木，臣子忠誠而且清廉。佛告訴各個比丘：那賴就是我，題耆羅就是彌勒。

## 久修忍辱割截不憂

（出《大智論》第八十卷）

問曰：「菩薩身非木石❶，云何眾生來割截之，不生異心❷？」答曰：「有人言：『菩薩久修羼提波羅蜜❸，故能不愁惱。如羼提仙人❹被截手足，血即為乳。』有人言：『菩薩無量世來深修大慈❺，故雖有割截亦不愁憂。譬如草木，無有瞋心❻。』有人言：『菩薩深修般若波羅蜜❼，轉身得般若波羅蜜果報，空心❽故了了❾知空，割截身時心亦不動。如外物不動，內亦如是。般若果報故，於諸法❿中無所分別。』有人言：『是菩薩非生死身，是出三界⓫法性生身⓬，住無漏⑬聖心⑭果報中故，身如木石而能慈念割截者。是菩薩能生如是心故，割截劫奪內外法時，其心不動，是為菩薩希有之法。』我以佛眼見十方如恆河沙等世界中，菩薩入地獄中，令火滅湯冷，以三事⑮教化眾生，於無量阿僧祇劫，深行慈心，外物給施，意猶不滿，以身布施，爾乃足滿。如藥王菩薩⑯，外物珍寶供養於佛，意猶不滿，以身為燈，爾乃足滿。外物雖多，不以為恩。所以者何？非所重故。得其身時乃能驚感，是故身施。」

【章　旨】記菩薩遭受割截不愁惱、不生異心的原因。

【注　釋】❶木石　比喻無知覺、無感情之物。❷異心　二心，特指歹心、壞念頭。❸羼提波羅蜜　梵文 Kṣantipāramitā，六波羅蜜之一，意譯為忍辱。❹羼提仙人　梵名 Kṣānti-vādi-ṛṣi，意譯作忍辱仙。係釋尊往昔修菩薩行，成滿忍辱行時之名。其時印度波羅㮈國迦梨王割截忍辱仙人的手、足、耳、鼻，仙人忍辱而顏色不變，遂感化迦梨王。❺大慈　即大慈心，指「與一切眾生樂」。❻瞋心　三毒之一，瞋恚之心也。❼般若波羅蜜　梵文 Prajñā-pāramitā，意譯作「慧到彼岸」、「普智度無極」，或稱「智慧波羅蜜」。❽空心　觀察空理之心。❾了了　明白；清楚。❿諸法　梵文 Sarva-dharmāḥ，又作「萬法」。現代語稱之為「存在」、「一切現象」等。⓫三界　指欲界、色界、無色界。⓬法性生身　指佛及大菩薩所受界外化生之身。為如來五種法身之一，菩薩二種身之一。⓭無漏　梵文 anāsravaḥ，稱離煩惱、垢染之清淨法為無漏。⓮聖心　猶佛心也。⓯三事　指布施、持戒、博聞。⓰藥王菩薩　梵名 Bhaiṣajya-rāja，為施與良藥，救治眾生身、心兩種病苦之菩薩。

【語　譯】有人問道：「菩薩之身並不是無知覺、無感情之物，為什麼遭受眾生割截手足耳鼻之時，不產生二心呢？」回答說：「有人說：『菩薩長修忍辱波羅蜜，所以能夠不憂愁不煩惱。如同羼提仙人被迦梨王割截手足，流出的血變成了乳汁。』有人說：『菩薩從不可計算的過去、現在、未來三世以來深入修習大慈心，所以雖然遭遇割截之苦也不憂愁。譬如比草木，沒有瞋恚之心。』有人說：『菩薩深入修習智慧波羅蜜，轉身即獲得智慧波羅蜜果報。有觀察空理之心的緣故，能明白知道「空無」之理，所以割截身體時心能夠不動。如果外物不動，內心也是如此。因為智慧果報的緣故，因此在萬法中沒有區別。』有人說：『這個菩薩不是凡間的生死之身，而是超脫欲、色、無色三界的界外化生之身，安住於清淨法、處於佛心因果報應之中的緣故，所以儘管身如木石卻能慈悲哀憐割截自己的人。這個菩薩能產生如此慈悲心，所以在遇到割截、搶奪佛法及佛法以外的教法時，其心能夠不動搖，這就是菩薩稀有的教理、善行。』我用慈心觀眾生之佛眼看到四方、四維、上下如恆河沙粒多的世界中，菩薩前往地獄之中，使地獄之火熄滅、沸水變冷，並以布施、持戒、博聞三事教化眾生，在無央數劫中，深入傳布大慈之心，用外物施捨，仍感到不滿意，用身體布施，這樣纔算滿足。就如同藥王菩薩，用外物珍寶供養佛陀，仍感到不滿足，燃身體作燈，這樣才滿足。外物縱然很多，不足為恩惠。為什麼呢？因為並不看重它的緣故。祇有得到他的身體時纔能產生使人驚奇的感覺，因此才用身體施捨。」

## 幼年為鬼欲所迷

（出《度無極集》第八卷）

昔者菩薩，時為凡人，年始十六，志學弘深，達眾經典。喟然歎曰：「唯有佛經最真最如❶，吾當懷其真處，其自安矣！」親欲為納妻，悵然而曰：「妖禍之盛，莫大乎色。若妖蠱❷一臻❸，道德喪矣！吾不遁邁❹，將為狼吞乎！」於是遂之異國，力賃❺自供。

【章旨】記菩薩為逃避女色，到他國謀生自存。

【注釋】❶最真最如　真如，梵文bhūta-tathatā，指徧布於宇宙中真實之本體，為一切萬有之根源。漢譯將「真如」分開，並加上「最」字，以示強調。❷妖蠱　本謂以邪術蠱惑害人，這裡指妖孽。❸臻　到；到達。❹遁邁　逃跑。❺力賃　猶賃力，出賣勞力。

【語譯】過去的年代，當時菩薩還是一個凡人，年齡剛剛十六歲，有志於學習最深奧的學問，通曉各種經典。他曾感歎地說：「只有佛經才是徧布宇宙的真實本體、一切萬有的根源，我應當歸向其真諦，那樣心中就安定了。」雙親想要給他娶妻，他卻悶悶不樂地說：「妖禍之深重，沒有再比女色更大了。假若這種妖孽一到，道德就完全喪失了！我如果不逃跑，豈不是要被像狼一樣的女色吞噬嗎！」於是他跑到其他國家去，靠出賣勞力養活自己。

時有田翁，老而無嗣，草行❶獲一女焉，顏華❷絕國，欣育為嗣。采男為偶，一國無可❸翁者。菩薩賃積五年，觀其操行，自微至著，中心❹嘉焉。曰：「童子！吾居有足，以女妻爾，為吾嗣矣。」

【章旨】記老農夫欲招菩薩為婿。

【注釋】❶草行　在草野中行走。❷顏華　本謂容貌有光采，這裡指容貌。❸可　符合；適合。❹中心　心中。

【語譯】當時有一個老農夫，年歲已老卻沒有後代，在草野中行走時撿到一個女孩，容貌像絕代佳人，於是老頭高興地養育她，作為自己的後代。想挑選一個男人做女孩的配偶，但是全國沒有符合老頭心意的。這時菩薩在他家出賣勞力已經五年，老人觀察他的人品，從小處一直到大的地方，心中對菩薩十分讚許。說：「年輕人，我的家裡豐足，我把女兒嫁給你，做我的繼承人吧。」

女有神德❶，惑菩薩心。納之無幾，即自覺❷曰：「吾覩諸佛明化：以色為火，人為飛蛾。蛾貪火色，身見燒煮。斯翁以色火燒吾軀，財餌鉤吾口，家穢喪吾德矣。」夜默遁邁，行百餘里，依空亭宿。亭人❸曰：「子何人乎？」曰：「吾欲寄宿耳。」入覩床褥，先自有婦人焉，顏似己妻，惑菩薩心，與之共居。復積五年，明心覺❹焉，曰：「婬為蠆蟲❺，殘危❻身命。」默而疾邁。

又覩婦人，與居十年，又明覺曰：「吾殃重矣，奔而不免！」深自誓曰：「終不寄宿。」又復遁逃，遙覩大屋，避之草行。守門者曰：「何人夜行？」答曰：「趣前聚落❼。」又曰：「有禁！」內人呼前，所覩如上。婦曰：「自無數劫，誓為室家❽，爾走安之？」

菩薩念曰：欲根難拔，乃如之乎？即興四非常❾之念，滅三界諸穢❿，何但⓫餘垢而不殄⓬乎？鬼妻即滅，便覩諸佛處其前立，說無想之定⓭，授沙門戒⓮，為無勝師菩薩，普度無極⓯。

【章　旨】記菩薩屢為女欲所迷，最後與四非常之念，拔除了欲根。

【注　釋】❶神德　高潔的品德。這裡指魅力。❷自覺　對自我本來具有的佛性的覺悟。❸亭人　驛亭的管理人。亭，古代供旅客食宿的處所。❹明心覺　指真心覺悟。明心，發現自己的真心。❺蠆蟲　蝎子。❻殘危　殘害。❼聚落　村落。❽室家　夫婦。❾四非常　佛教名詞，指無常、苦、空、無我。❿三界諸穢　指眾生所居的欲界、色界、無色界充斥各種煩惱、汙穢業果。⓫何但　猶何愁。⓬殄　滅絕。⓭無想之定　即無想定，梵文 asaṃjñā-samāpatti，意謂使一切心識活動全部停止，以求證得無想果報所修之禪定。⓮沙門戒　即比丘戒。一說即大戒，指大小乘的具足戒。⓯無極　無盡。

【語　譯】這個姑娘很有魅力，迷惑了菩薩的凡心。娶她後不久，菩薩自身具有的佛性便覺悟了，說：「我曾聽聞過去諸佛明白的教化：把女色比喻為火，人比喻為飛蛾。飛蛾貪戀火色，最後身體被燒著。這位老人用女色之火燒我身體，用財物作餌釣我的嘴，用家庭的婬亂使我喪失了道德！」到了夜間便悄悄地逃走了，走了一百多里，投奔一個沒人住的館驛寄宿。驛亭的管理人問：「你是什麼人？」回答說：「我祇是想寄宿而已。」進屋後看到床褥上已經有個婦人在那兒，容貌很像自己的妻子，迷惑了菩薩的心，就又與她同居。又過了五年，菩薩的真心覺悟，說：「婬欲是蝎子，殘害人的性命。」於是又悄悄地趕快離開。

後來又看到了婦人，又與她同居了十年。其真心又一次覺悟，說：「我的災難實在深重，連逃跑都不能幸免。」於是自己深深地發誓說：「永遠不再寄宿！」又一次逃跑，遠遠看見有大房屋，於是避開它在草野中行走。守門的人問：「什麼人在夜裡走路？」回答說：「到前面的村落去。」守門人又說：「有禁令禁止夜行！」裡面的人叫喚著前來，所看到的情況又與前面一樣。婦人說：「從無數劫以來，我發誓要永做夫妻，你想逃到哪裡去？」

菩薩想道：情欲之根難以拔除，竟然到了如此地步嗎？如果即刻產生四非常的念頭，消滅欲、色、無色三界充斥的各種煩惱、汙穢業果，何愁這些殘餘的汙垢滅絕不了呢？此時由鬼裝扮的妻子即刻不見了，菩薩便看到諸佛站在他面前，對他說「無想定」，給他授比丘戒，於是成為無勝師菩薩，普度無量眾生。

# 卷第九

## 外化菩薩部第二

【題 解】佛陀之教說為大乘，而大乘佛教最初的教團即為菩薩眾。外化，即對外教化，旨在以善法教導他人，化惡為善，令彼遠離惡法。本部輯錄大乘菩薩教化的故事，體現了大乘修行的宗旨：教化無數眾生，令住無上正真之道。

### 菩薩端坐山中鳥孺❶頂上子未能飛終不捨去

（出《僧伽羅剎經》上卷）

菩薩在山，慈心❷端坐❸，思惟不動。鳥孺頂上，覺鳥在頂，懼卵墮落，身不移搖，捨身❹而行，彼處不動；及鳥生翅，但未能飛，終不捨去。如是自知，便說此偈：

若能辨此事，於天人中天。

能不觸嬈❺彼，此德無有上。
是故彼世尊，最為第一神。
故在道場❻處，功德皆備具。

【章旨】記菩薩修行時慈愍眾生，為確保頭頂上鳥卵孵化，身不動搖。

【注釋】❶孺　通「乳」。孵卵。❷慈心　對他人愛護、幫助、惻隱之心。❸端坐　安坐；正坐。❹捨身　佛教徒為宣揚佛法，自作苦行。❺觸嬈　碰觸、擾亂。❻道場　誦經禮拜的場所，這裡指修行之處。

【語譯】菩薩在山中修行，心懷慈悲之心安坐於座，靜心思惟，紋絲不動。有一隻鳥在頭頂上孵卵，菩薩感知那隻鳥在自己頭頂上，害怕鳥蛋會墜落，身體不敢移動搖晃，自作苦行，頭部不敢晃動；等到小鳥長出了翅膀，但還不能飛翔，菩薩始終不肯捨離。於是了知自身，便說偈言：

如能成此事，便為天中天。
能不觸擾鳥，此德稱無上。
因此彼世尊，正為第一神。
故在修行處，功德全具備。

## 牧牛小兒善說般若❶義弘廣❷大乘

（出《小兒聞法即解經》）

昔有比丘精進❸持戒，初❹不毀犯。住在精舍❺，所可讀誦，是般若波羅蜜。有聞此比丘音聲，莫不歡喜。有一小兒始年七歲，城外牧牛。遙聞比丘誦說經聲，尋聲詣寺，聽聞即解。兒大歡喜，便問比丘，答不可意。小兒反說，其義甚妙，昔所希聞❻。比丘聞之，歎此小兒，乃有智慧，非是凡人。

【章旨】記牧牛小兒聞般若波羅蜜即能誦解。

【注釋】❶般若　梵文Prajñā，指修習八正道、諸波羅蜜等，而顯現明見一切事物及道理之高深智慧。❷弘廣　弘揚推廣。❸精進　梵文Vīrya，指依佛教教義，在修善斷惡、去染轉淨之修行過程中，不懈怠地努力上進。❹初　始終。❺精舍　寺院之別稱，意為智德精練者之舍宅。❻希聞　罕聞。

【語譯】過去有一個比丘精進修行、持守戒律，始終不違犯。他住在寺廟裡，所讀誦的都是有關般若波羅蜜的經書。凡有聽聞此比丘讀誦音聲的人，沒有誰不感到歡喜的。有一個小孩年齡纔七歲，在城外放牛。遠遠聽到比丘誦讀經文的聲音，循著聲音到達寺廟，聽聞經後即能悟解。小孩非常喜悅，便進一步請教比丘，比丘的回答不如意。於是小孩反過來解說給比丘聽，其義非常奧妙，是過去很少聽到過的。比丘聽了之後，讚歎這個小孩有智慧，不是一般人。

時兒即去，還至牛所。所牧牛犢散走入山，兒尋其跡，值❶虎被害，生長者家，第一夫人作子。夫人懷妊，口便能說般若波羅蜜，從朝至暮，初不懈息。其長者家素❷不奉法，怪此夫人，謂口妄語❸，呼為❹鬼病❺。卜問❻譴祟❼，無能知者，家中內外皆悉憂惶❽。是時比丘入城分衛❾，詣長者門。遙聞經聲，心甚喜悅。即問長者：「內中誰說深經❿？其聲微妙。」長者報言：「婦得鬼病，晝夜妄語，口初不息。」比丘報言：「此非鬼病，但說深經，甚有義理⓫。疑此夫人所懷妊兒是佛弟子。」長者意解，即留比丘，與作飲食。

【章旨】記牧童遇虎被害後投胎長者家，其母懷胎之後口便誦般若波羅蜜不停。

【注釋】❶值 遭遇。❷素 平素；向來。❸妄語 猶胡說。佛教中為十惡之一，指以欺人為目的而作的不實之言。❹呼為 以為。❺鬼病 指鬼魅著人而為病者。❻卜問 占卜問吉凶。❼讁祟 謂天或鬼神所顯示於人的災禍。❽憂惶 憂愁惶恐。❾分衛 梵文Paiṇḍapātika，乞食。❿深經 諸大乘經典之通稱。此等經典宣說諸法實相深理，故稱。⓫義理 猶道理。

【語譯】此時牧童離開，回到放牛的地方。放牧的牛犢四散奔逃入山，牧童尋找牠們的蹤跡，遭遇老虎被害，投胎長者的家裡，給大太太作兒子。夫人懷胎後，口便能誦說般若波羅蜜，從早到晚，始終不懈怠停息。那個長者家向來不奉行佛法，責怪夫人胡言亂語，以為是鬼魅著人而得病。於是占卜詢問是不是鬼神所降於人的災禍，但是沒有人知道，家中內外所有人都感到憂愁惶恐。這時有一位比丘入城乞食，到了長者家門。遠遠聽到誦經的聲音，心裡很高興。比丘問長者：「裡面誰在誦讀大乘經典？她的聲音太美妙了。」長者回答說：「我妻子得了鬼病，白天黑夜都胡言亂語，嘴巴始終不停息。」比丘說：「這不是鬼病，而是在讀誦大乘經，很有道理啊！我猜想這位夫人所懷的胎兒是佛陀的弟子。」長者這才心開意解，於是留下比丘，為他備辦飲食。

日月滿足，乃產一男，又無惡露❶。其兒適生，叉手❷長跪❸，說般若波羅蜜。夫人產已，還復如本❹，如夢寤已，了❺無所識。長者集僧，睹兒說經，初無質礙❻。是時眾僧各各一心❼觀此小兒。長者問言：「此為何等❽？」比丘答曰：「真佛弟子，慎莫驚疑，好養育之。此兒後大，當為一切眾人作師，吾等悉當從其啟受❾。」至年七歲，悉知微妙，與眾超絕，智度無極❿，諸比丘等皆從受學⓫。經中誤脫有所闕少⓬，皆為刪定⓭，足其所乏。兒每出入，有所至止，輒開化⓮人使發大乘。長者家室內外大小五百人眾，皆從兒學，發大乘意，悉行佛事⓯。兒所教授城郭市里⓰，凡所開發⓱無上道意者八萬四千，承受弟子者五百人。諸比丘聞之意解，志求大乘，皆得法眼淨⓲。

佛告阿難：「是時小兒者，吾身是也；時比丘者，迦葉佛⓳是也。」

【章　旨】記佛弟子出生後教化眾生、使發大乘心的種種事跡。

【注　釋】❶惡露　佛教謂身上不淨之津液。中醫特指婦女產後胞宮內遺留的餘血和濁液。❷叉手　兩手交叉，為印度致敬法之一種。❸長跪　兩足屈膝著地，以示禮敬。❹本　原樣；本來面目。❺了　全。❻質礙　障礙；阻礙。❼一心　專心。❽何等　什麼。❾啟受　猶啟迪、啟悟。❿智度無極　即般若波羅蜜的意譯。即照了諸法實相，而窮盡一切智慧之邊際，度生死此岸至涅槃彼岸。⓫受學　謂從師學習。⓬闕少　缺少。⓭刪定　經過修改而確定。⓮開化　開導，感化。⓯佛事　指誦經、祈禱、拜懺、禮佛等事。⓰市里　街市里巷。⓱開發　啟發；開導。⓲法眼淨　梵文 dharmacakṣu-viśuddha，指具有觀見真理等諸法而無障礙、疑惑之眼。⓳迦葉佛　梵名 Kāśyapa-buddha，釋尊以前之佛，為過去七佛中第六佛，相傳為釋迦牟尼前世之師，預言釋迦將來必定成佛。

【語　譯】夫人懷胎日月達到一定期間，就生下一個男孩，身上也沒有不淨之津液。男孩剛剛出生，就兩手交叉、兩足屈膝跪地，口說般若波羅蜜。夫人生產以後，身體恢復如原樣，好像從夢中醒來一般，對過去的事全無所知。長者召集僧人，來看男孩演說佛經，男孩誦經始終沒有障礙。此時眾僧侶各自專心觀看這位男孩，長者問道：「這是為什麼？」比丘們回答說：「真是佛弟子！你千萬不要驚慌懷疑，好好養育他。這個孩子長大後，將為一切眾人作導師，我們這些人全都將從他這裡得到啟迪並覺悟。」男孩長到七歲，全知大乘經典的奧妙，與眾不同，超世絕倫，能照了諸法實相、窮盡一切智慧而度生死此岸至涅槃彼岸，各位比丘僧都從其學習。佛經中偶有脫誤缺少之處，他都經過修改而確定，補足其中缺少的部分。男孩每有出入，凡有所停留之處，就開導感化眾人，使他們發大乘菩薩心。長者家裡內外大小五百多人，都跟男孩學習大乘經典，發大乘菩薩心，全都從事誦經、祈禱、拜懺、禮佛等活動。男孩所教化的城市、街市里巷，經過他開導啟發而得佛家至高旨意的人總共有八萬四千人，繼承接受他學說的弟子有五百人。諸比丘眾聽法後心開意解，立志求大乘佛道，都獲得了法眼淨。

這時佛告訴弟子阿難：「其時那個男孩，就是我；其時那個比丘，就是迦葉佛。」

# 卷第一〇

## 隨機現身上菩薩部第三

【題　解】佛之設教，一隨眾生之機。機，指眾生的根機、根器、根性，以眾生根性各別，必須隨其根機，為彼說法，眾生方能領解，各得其益。佛、菩薩均有法身、報身和化身，化身是法身的妙用，能根據眾生的根機和因緣，自在變化，隨時隨地應現於世，度化眾生。本部輯錄佛、菩薩隨機現身，教化眾生的故事：能仁化為婬女身轉身作王捨身飼鳥獸，曠野菩薩化為鬼身教化諸異類……。真可謂是千百億化身「隨機說法利眾生」(《最勝王經》二)。

### 能仁❶為婬女身轉身❷作國王捨飼❸鳥獸

（出《前世三轉經》）

過去世時，優波羅越國五穀豐熟，人民眾多，國中有王名波羅。先時有婬女容色姝麗❹，過往他舍，值❺其生男，欲噉❻其子。婬女問之，報言：「我飢。」婬女言：「且待我為汝覓食。」答言：「飢急，卿❼未出門，我當餓死，那得待卿？」婬女念言：若持兒去，母便餓死；若置❽便噉，要令俱濟。婬女自割兩乳，與之令噉，其母便食。婬女問言：「卿為飽未？」報言：「已飽。」

【章旨】記婬女為救男孩自割雙乳布施餓婦。

【注釋】❶能仁　梵文Śākya（釋迦）的意譯，印度種族之名。因釋祖出身於釋迦族，也用以尊稱釋祖。❷轉身　轉換性別。這裡指轉變女身為男身。❸飼　拿食物給人吃；餵養。❹姝麗　美麗；漂亮。❺值　遇到；碰上。❻噉　吃。❼卿　第二人稱代詞，用於對人的尊稱。❽置　擱置；捨棄。

【語譯】過去世的時候，優波羅越國五穀豐登，人口眾多，國中有國王名叫波羅。當時有一個婬蕩的女人容貌美麗，前往別人的宅舍串門，正好遇上一位婦人生了個男孩，想要吃掉自己的孩子。婬女問她為什麼，婦人回答說：「我飢餓。」婬女說：「暫且等我為您尋找食物。」婦人回答：「我太餓了，恐怕您還沒出門，我就會餓死，哪裡能等待您回來？」婬女心想：假如抱著孩子離開，母親就會餓死；假如把孩子放在這兒，婦人就會吃掉自己的孩子，最好使兩方面都得到補益和滿足。於是婬女便割下自己兩隻乳房，給婦人吃，那婦人便吃了婬女的乳房。婬女問：「您吃飽了嗎？」婦人回答說：「已經飽了。」

婬女還家，有一男子至婬女舍，見之便言：「誰割汝乳？」便有悲意❶，不復起欲❷。男子問言：「姊❸當為我現此至誠。」婬女言：「實誠至者，令乳平復❹。」應時兩乳平復如故。

釋提桓因❺見此婬女布施之福，恐奪其座，作婆羅門往至其家。婬女便以金鉢盛飯與婆羅門。時婆羅門卻不肯受。女問道人❻：「何為不受？」報言：「我不用食。聞汝布施乳，為審❼爾不？」報言：「實然。」婆羅門言：「汝持乳施，意寧❽悔不？」女曰：「若我至誠持乳布施，意無異者，令我轉身得作男子。」言竟❾即轉。

【章　旨】記婬女因布施之福，雙乳平復並轉身為男子。

【注　釋】❶悲意　悲心。悲，梵文karuṇā，謂憐憫他人之苦而欲濟拔無量眾生苦之心。❷起欲　產生性欲。❸姊　姐姐；大姐。❹平復　痊癒；復原。❺釋提桓因　梵名Sakra Kevānāmlndra，忉利天（三十三天）之主，簡稱帝釋。❻道人　修道之人；得道之人。❼審　真實。❽寧　難道。❾竟　終了；完畢。

【語　譯】婬女回到家裡，有一個男子來到她的宅舍，見了她就問：「誰割了你的乳房？」看到這情況後，男子就產生了憐憫悲哀之心，不再有縱欲的念頭。男子便問道：「大姐，你應當為我顯現證明這種極其真摯誠懇之心的結果。」婬女說：「如果我確實有這種至誠的話，讓我的雙乳復原如故。」即刻婬女的兩隻乳房恢復原來的樣子。

帝釋看到這位婬女布施的福報，擔心今後婬女會奪取自己的寶座，化作婆羅門前往婬女家。婬女便用金色鉢盂盛裝飯食施捨給婆羅門。當時婆羅門推卻不肯接受。婬女便問這位修道之人：「為什麼不接受？」婆羅門回答：「我不吃食物。聽說你布施雙乳，真實如此嗎？」婬女回答：「確實如此。」婆羅門又說：「你用雙乳布施，內心難道不後悔嗎？」婬女說：「如果我以極其真誠之心，用乳房布施並且內心沒有其他想法的話，讓我轉變女身能作男子。」話剛說完婬女就轉變為男身。

時優波羅越王治國已五十歲，壽盡終亡。傍臣❶左右聞婬女轉身作男，念言：正當立之作王。便共請立。既立之後，好喜布施，隨其所須，皆給與之，教一❷天下持八關齋❸。如是國治，人民歡樂，壽筭❹延長。王乃念言：我雖布施，未以身施，以身施者，爾乃為難。時王即以蘇香❺塗身，便入空山，臥巖石上。是諸❻百鳥皆來生噉。命過❼之後，生婆羅門家，端正姸好❽。

【章　旨】記婬女轉變女身後做了國王，捨身飼百鳥，命終之後生婆羅門家。

【注　釋】❶傍臣　君主左右親近之臣。❷一　全。❸八關齋　梵文aṣṭāṅga-samanvāgatopavāsa，又作「八關齋戒」，乃佛陀為在家弟子所制定的暫時出家的規矩，即在家二眾於每月六齋日受持一日一夜的出家戒律，其內容為：一、不殺生。二、不偷盜。三、不婬。四、不妄語。五、不飲酒。六、不以華鬘裝飾自身，不歌舞觀聽。七、不坐臥高廣華麗床座。八、不非時食。❹壽筭　壽命。❺蘇香　酥油和香料。❻是諸　所有。❼命過　猶命終。❽姸好　美好；漂亮。

【語　譯】這時優波羅越國王管理國家已經五十年，壽數已完就死了。國王的近臣聽說婬女已經轉變女身作了男子，想道：正應該立他做國王。於是便一同請他做國王。他當了國王後，喜歡布施，按照人們所需要的，都施捨給大家，並教導全國人民都持守八關齋戒。這樣國家得到大治，人民歡樂，壽命都延長了。國王又心想：我以前雖然做了布施，但是沒有用身體施捨，用身體施捨，那樣才是最難的事。當時國王就用酥油和香料塗滿身體，接著便進入幽深少人的山林，躺在巖石上。所有的鳥兒都來叼吃他的活肉。他命終之後，投胎在婆羅門家，相貌端正漂亮。

至年長大，竊❶出向市，觀見販賣貧窮乞者，即悲哀之，言：「此人民若使富樂，則不販賣。」馳❷白父母，乞為沙門。父母不許，子便不食五日。諸親知來，咸❸相曉諫❹，童子不應。諸親喻❺其父母，勸聽學道。父母相看，悲泣聽之。子供養❻父母六七日中，又復圍繞三匝，作禮便去。至叢樹間，見兩道人，得五神通❼，露坐念道，為人民故，作勤苦行。童子即便坐叢樹下，禪思❽苦行❾，即得五通。精進勇猛，踰二道人。

諸道人法：樹果自墮，乃取食之，不從樹摘。道人共行，求諸果蓏❿，見妊身虎。童子道人語兩道人：「虎今不久當產，飢餓經日，恐自噉子，誰能持身飼之？」彌勒言曰：「我當持身飼之。」採果適還，見虎已產，甚大⓫飢餓，欲食其子。童子道人語兩道人：「虎已產乳⓬，飢欲噉子，誰能持身救其飢苦？」共至虎所，虎開目張口向兩道人。道人畏懼，便飛虛空⓭。其一人言：「卿之至誠為如是耶？屬⓮身飼虎，今何故飛？」其一道人哀之淚出，左右顧視，並無所有。童子道人即取利刀，刺臂流血，如是七處。血入虎口，因以飲之，自投虎前，以身飼虎。

佛語阿難：「欲知爾時婬女，及立為王並婆羅門子投身餧⓯虎，悉是我身。

時道人者，是迦葉、彌勒二菩薩也。我勤精進，六十劫中以身布施，超越九劫出彌勒前，得成為佛。」

【章　旨】記婬女生婆羅門家後，長大出家，精勤修行，並以身飼虎。

【注　釋】❶竊　偷偷地；暗地裡。❷馳　疾走；飛奔。❸咸　全都。❹曉諫　規勸使明白。❺喻　開導；曉諭。❻供養　侍奉；贍養。❼五神通　又作「五通」，為佛法與外道共有的神通力，即天眼通、天耳通、他心通、宿命通、如意通。❽禪思　猶禪心，謂清靜寂定的心境。❾苦行　宗教指受凍、挨餓、裸形、炙膚等刻苦自己身心的行為。❿果蓏　瓜果的總稱。⓫甚大　非常。⓬產乳　分娩。⓭虛空　空中；天空。⓮屬　委棄；捨棄。⓯餧　餵養。

【語　譯】婆羅門子長大後，偷偷地從家裡出來到了集市，看見辛苦販賣和貧窮乞討的，就為他們傷心，說：「這些百姓，假若讓他們富裕而安樂，就不用辛苦販賣。」飛奔回家告訴父母，請求讓他出家做沙門。父母不許可，孩子就五天不吃東西。每個親戚知道了，全都來規勸他使他明白，孩子一聲不吭。於是親戚們又轉過來開導他的父母，勸說他們允許孩子去學道。父母互相注視，悲傷哭泣，只好答應了他。婆羅門子為報養育之恩，侍奉了父母六七天，臨行前又環繞他們轉了三圈，行了禮纔離開家。他來到茂密的樹林裡，看到兩個修行的道人，兩人已經獲得了五神通，正在露天裡坐著修道，為了百姓的緣故，作折磨自己身心的苦行。這年輕人於是也坐在叢林中，在清靜寂定的心境下修苦行，最後也得到了五神通。他勇猛精進，成就超過了那兩位道人。

那些道人有一個規定：樹上的果子自己掉下來，才可以拿過來吃，不能從樹上摘取。於是三位修行者一同外出，尋找各種瓜果，這時看到了一隻懷孕的母虎。年輕道人對兩位年長道人說：「老虎不久就要生產，飢餓了好幾天，恐怕會吃了自己的孩子，咱們中誰能用身體餵養牠？」道人中彌勒的前身說：「我將用身體餵養牠。」三人採果子剛剛回來，就看到母虎已經生產，非常飢餓，要吃掉自己的孩子。年輕道人對兩位年長道人說：「老虎已經分娩，因飢餓要吃掉自己的孩子，我們中誰能用身體救牠的飢餓之苦？」三人一同來到老虎面前，老虎睜開眼睛張開血盆大口，對著兩位年長道人。道人恐懼害怕，就昇騰躍上天空。其中一個年輕道人說：「你們修行的至誠難道是這樣來表現的嗎？既然已決定捨棄身體餵養老虎，現在為什麼飛上空中？」其中一位年長道人為年輕道人將以身飼虎而悲哀並流出了眼淚，他左右四顧，發現周圍沒有別的食物可以餵虎。這時年輕道人就拿出快刀，刺傷自己的胳膊使流出血來，這樣一共刺了七處。鮮血滴入虎口，老虎於是喝了起來，年輕道人又自己投身於老虎面前，用身體餵養老虎。

佛對阿難說：「要知道那時的婬女以及立為國王的、婆羅門子投身飼虎的，他們全都是我的前身。當時的年長道人，是迦葉、彌勒兩位菩薩。我勤奮精進，在六十劫中用身體布施，所以能夠超過九劫，在彌勒之前成為佛。」

## 一切妙見為盲父母子遇王獵所射

（出《睒經》）

過去世時，迦夷國中有一長者，無有兒子，夫妻喪明❶。心願入山，求無上決❷，修清淨志，信樂❸空閑。時有菩薩名一切妙見，心作念言：此人發意❹微妙，眼無所見，若入山者，必遇枉害❺。菩薩壽終，願生長者家，名之為睒，至孝仁慈，奉行十善。晝夜精進，奉事父母，如人事天。年過十歲，睒長跪白父母：「本發大意，欲入深山，求志空寂無上正真，豈以子故而絕本願？人在世間，無常❻百變，命非金石❼，對至❽無期，願如本意，宜及上時❾入山清淨，我自供養不失時節。」父母便即入山，睒以家中財物，皆施國中諸貧窮者，便與父母俱共上山。睒至山中，以蒲為屋，施作床蓐，不寒不熱，恆得其宜⑩。入山一年，眾果豐美，食之香甘；泉水踊出，清而且涼；池中蓮華，五色清明⑪；栴檀雜樹，芬芳倍常⑫；異類眾鳥，作音樂聲；師子熊羆，虎狼毒獸，慈心相向，無復害意，食草噉果，不生恐懼。睒至孝慈，蹈⑬地恐痛，天神山神常作人形，晝夜慰勞⑭。

【章旨】記一切妙見菩薩為盲父母作子，入山修道，侍奉父母，至孝仁慈。

【注釋】❶喪明　眼睛失明。❷無上決　無上祕訣。決，通「訣」。❸信樂　信順所聞之法而愛樂之。❹發意　產生某種意念。❺抂害　即枉害，枉加殘害。這裡指枉被殘害。❻無常　謂世間一切事不能久住，都處於生滅變異之中。❼金石　喻事物的堅固、不朽。❽對至　疑即對治，梵文pratipaksa，佛教中指以道斷除煩惱。❾上時　最合適的時令。❿宜　合人心意。⓫清明　清晰明朗。⓬倍常　大不同於往常。⓭蹈　踩；踏。⓮慰勞　慰安問候。

【語譯】過去世的時候，迦夷國中有一位長者，沒有兒子，夫妻兩人眼睛都失明了。他們內心希望入山修行，志求無上祕訣，修習清淨，信順所聞之法，愛樂閑適。當時有一位菩薩叫一切妙見，知道了這事後心想：這位長者產生的意念精微深奧，但是兩眼看不到東西，假如進入深山的話，必定遭遇殘害。一切妙見菩薩命終之後，按其心願投胎長者家，長者給他取名為睒，仁愛慈善極盡孝道，奉行十種善行。晝夜修善斷惡，毫不懈怠，奉侍父母雙親，如同人們供奉上天。年齡過了十歲，睒直身而跪，對父母說：「你們原來萌發大志，想進入深山修行，志求空寂無上正真之道，難道因為有了兒子的緣故而摒棄原來的願望？人生在世，一切事物處於生滅變化不定之中，生命非如金石那樣堅固而不朽，斷除煩惱永無窮盡，希望按照你們的原意，應該趁著最合適的時令，入山求得清淨，我侍奉你們不會脫失四時節令。」父母聽後便打算進山，睒把家中所有財物，都施捨給國中各位貧窮的人，便與父母一同進山。孝子睒到了山裡，用蒲柳建造房屋，用蒲草作床褥，不涼也不熱，常合父母心意。進山一年，各種果實豐富美好，吃起來又香又甜；山泉從地湧出，清澈而冰涼；水池中的蓮花，各種顏色清晰明朗；梅檀等各種雜樹，香氣超過往常；不同種類的飛禽，發出音樂般的鳴叫；獅子熊羆，虎狼毒獸，都以慈悲之心相對，不再相互傷害，食草吃果，使人不產生恐懼。睒的孝敬慈愛達到了極致，甚至踩在地上也擔心大地疼痛，所以天神和山神常常化作人形，晝夜前來慰安、問候。

睒著鹿皮衣，提瓶取水。麋鹿眾鳥亦復往飲，不相畏難。時有迦夷國王入山射獵，王見水邊有群鳥鹿，引弓射之，箭誤中睒胸。睒被❶毒箭，舉聲大呼，言：「誰持一箭射殺三道人？」王聞人聲，即便下馬往到睒前。睒謂王言：「象坐❷牙死，犀坐角亡，翠❸為毛死，麋鹿為皮肉死，我今正坐何等死耶？」王問睒言：「卿是何等人，披鹿皮衣與禽獸無異？」睒言：「我是王國人，與盲父母俱來學道二十餘年，未曾為虎狼毒蟲所見❹抂害，今我更❺為王所射殺。」登爾之時❻山中暴風卒❼起，吹折樹木，百鳥悲鳴，師子熊羆走獸之輩皆大號呼。日無精光❽，流泉為竭，眾華萎落，雷電動地。

時盲父母驚起相謂：「睒行取水，經久不還，將無❾為毒蟲所害？禽獸飛鳥音聲號呼，不如常時，四面風起，樹木摧折，必有災異。」

【章旨】記孝子睒著鹿皮衣提瓶取水，為迦夷國王誤射受傷，以及山川鳥獸、盲父母的感應。

【注釋】❶被　遭受。❷坐　因為；由於。❸翠　翠鳥。❹為虎狼毒蟲所見　中古特有被動句式，猶「為虎狼毒蟲所」。❺更　反而；卻。❻登爾之時　猶登時、立刻。爾，詞尾。❼卒　突然。後多作「猝」。❽精光　光輝。❾將無　莫非。

【語譯】孝子睒穿著鹿皮衣，提著瓶子去打水。山中的麋鹿眾鳥也前往飲水，大家不相為難。當時迦夷國王進山打獵，國王見水邊有一群鳥鹿，就拉弓射去，箭誤中了孝子睒的胸膛。孝子睒遭受毒箭後，大聲叫喚，說：「誰用一箭射殺了三位修道之人？」國王聽到人聲，就下馬走到孝子睒面前。睒對國王說：「大象因為有象牙而死，犀牛因為有犀角而亡，翠鳥因為有羽毛而死，麋鹿因為自己的皮肉而亡，我今天因為什麼而死呢？」國王問孝子睒：「您是什麼樣的人，怎麼披著鹿皮衣，與禽獸沒有什麼兩樣？」睒回答：「我是大王您的臣民，與失明的父母來這裡學道二十多年了，從來不曾被虎狼毒蟲傷害過，今天我卻被國王您射殺。」登時，山中的暴風突然興起，吹斷了樹木，百鳥悲哀地鳴叫，獅子熊羆走獸之類都大聲呼叫。太陽沒有了光輝，流泉為之枯竭，眾花枯萎衰落，雷電聲驚天動地。

這時孝子睒的盲父母也從座中驚起，互相告語：「睒這孩子外出取水，這麼久還不回來，莫非被毒蟲咬傷了？外面禽獸飛鳥的號叫聲音，也大不同於平常，四面風起，樹木被吹斷，一定有災害發生了。」

王時怖懼，大自悔責：我所作無狀❶。我本射鹿，箭誤相中，射殺道人，其罪甚重。坐貪小肉，而受重殃。我今一國珍寶庫藏之物，宮殿、妓女❷、丘郭城邑以救子命。時王便前，以手挽拔睒胸箭，深不可得出。飛鳥走獸四面雲集，號呼動山。王益惶怖❸，三百六十節❹節節皆動。睒語王言：「非王之過，自我宿罪❺所致。我不惜身命，但憐我盲父母，既年衰老，兩目復盲，一旦無我，亦當終沒❻，無瞻視❼者。以是之故，用❽自懊惱，非為毒痛耳。」王復重言❾：「我寧入泥黎❿，百劫受罪，使睒得活。」長跪向睒悔過：「若子命終，我當不復還國，便住山中，供養卿父母，如卿在時，勿以為念；諸天龍神皆當證知⓫，不負此誓。」睒聞王誓言，雖被毒箭，心喜意悅：「雖死不恨⓬，以我父母仰累大王；供養道人，現世罪滅，得福無量。」王言：「卿語我父母處，及卿未死語使知之。」睒即指示：「從此步往，去此不遠，自當見一草屋，我父母在其中止⓭。王徐徐往，勿令我父母怖懅，以善權⓮方便解悟其意。為我上謝⓯父母：無常⓰今至，當就後世。不惜我命，但念父母年老，兩目復盲。一旦無我，無所依仰。以是懊惱，用自酷毒⓱。死自常分⓲，宿罪所致，無得脫者。今自懺悔於父母：從無數劫以來所行眾惡，於此罪滅福生。願我與父母世世相值，不相遠離；願父母終保年壽，勿有憂患，天龍鬼神常隨護助，災害消滅。」

【章　旨】記孝子睒臨終前與國王的對話：寬恕國王的罪過，是宿罪導致自己被誤殺；希望父母長壽，天龍鬼神常隨護助。

【注　釋】❶無狀　罪大不可言狀。❷妓女　女歌舞藝人。❸惶怖　恐懼。❹三百六十節　指人骨節，古謂人體有三百六十骨節。❺宿罪　前世的罪孽。❻終沒　死亡。❼贍視　照看；照料。這裡指養老送終。❽用　猶「以」，表示原因。❾重言再次申說。❿泥黎　梵文 Niraya 的音譯，地獄。⓫證知　證明。⓬恨　遺憾。⓭止　居住。⓮善權　本指多方巧說導人覺悟，這裡指多方巧說的方法。⓯上謝　上告。⓰無常　人死的婉詞。⓱酷毒　痛苦；苦楚。⓲常分　定分；定數。

【語　譯】國王這時十分恐懼，深深地懊悔自責：我的作為罪大不可言狀。我本來是射鹿的，結果箭矢誤中而射殺了修道之人，罪過實在太嚴重了。因為貪圖小小的肉食，卻遭受了重重的禍患。我現在要用全國的珍寶庫藏，包括宮殿、歌伎、城郭丘邑來救他的性命。於是國王就走到孝子睒的面前，用手去拔孝子睒胸中的箭矢，由於中箭太深而不能拔出。此時飛禽走獸從四面雲集，呼號之聲撼動了山谷。國王更加恐懼，身上三百六十骨節每一節都在振動。孝子睒對國王說：「這不是國王您的過錯，而是我過去的罪孽所致。我不吝惜自己的生命，祇可憐我的盲父母，年紀已衰老，兩雙眼睛又失明，一旦沒有了我，不久也將死亡，沒有養老送終的人。因為這個緣故，所以才自己懊惱，並不是因為箭毒的疼痛。」國王又再次申說：「我寧可自己入地獄，百劫中受罪，而讓孝子睒能夠活下去。」於是國王直身而跪向孝子睒悔過：「假若您不幸死亡，我將不再回朝中，就住在山裡，侍奉您的父母，就像您活著的時候一樣，希望您不要再掛念；諸天龍神都將證明，我絕不背棄自己的誓言。」孝子睒聽到國王的誓言，雖然遭受毒箭的創痛，心裡卻十分高興，說：「我縱然死了也沒有遺憾，只是因為我父母要拖累大王；但是供養修道之人，今生的罪過會被滅除，並將獲得無量的福報。」國王說：「您告訴我您父母的住處，以及您的臨終遺言讓他們知道。」孝子睒便用手指點，說：「從這裡步行前往，離開這裡不遠，您將看到一間草屋，我父母就在那裡居住。國王您要緩慢地前往，不要讓我父母恐懼害怕，多方巧說，便宜行事，讓他們領悟您說的意思。替我上告父母：死亡現在降臨了，將赴來世。不吝惜我的生命，祇憂慮父母年老，兩眼又失明。一旦沒有了我，無處依靠。因此懊惱，才感到內心苦楚。死亡本來有定分，都是前世的罪孽所致，沒有誰能逃脫的。今天向父母懺悔：自無數劫以來所做的惡行，從此罪滅福生。希望我跟父母代代世世相遇，不再遠離；希望父母永保長壽，從此沒有憂患，天龍鬼神常常跟隨衛護救助，災害消除。」

王便將數人往，詣父母許❶。王去之後，睒便奄絕❷。鳥獸號呼，繞睒屍上，以口舐睒胸血。盲父母聞此聲，益以增怖。王行既疾，觸動草木，肅❸有人聲。父母驚言：「此是何人？非我子行。」王言：「我是迦夷國王，聞道人在山中學道，故來供養。」父母言：「大王來善。勞屈❹威尊❺遠臨草野❻。」王體中安隱❼不？宮殿、夫人、太子、官屬、國民皆安善不？風雨和調、五穀豐足，鄰國不相侵害不？」王答道人言：「蒙道人恩，皆自平安。」王問訊❽盲父母：「來在山中，勞心勤苦，樹木之間飛鳥走獸無有侵害道人者不？山中寒暑隨時現世安隱不？」盲父母言：「蒙大王恩，常自安隱。我有孝子名睒，常與我取果蓏泉水，恆自豐饒。山中風雨和調，無所乏短。我有草蓐可坐，果蓏可食。睒行取水，且欲來還。」王聞傷心淚出，且言：「我罪惡無狀，入山射獵，見水邊群鹿，引弓射之，箭誤中睒，故來相語。」父母聞之，舉身自撲❾，如太山❿崩，地乃為動。王便向前扶牽。父母號哭，仰天自說：「我子孝慈，蹈地恐痛，有何等罪而射殺之？向者⓫風起，樹木摧折，百鳥悲鳴，疑我子死。」父母啼號。父言：「且止，人生必死，不可得卻⓬。今且問王：射睒何許⓭？今為死活？」

【章　旨】記國王與盲父母的對話：國王真心懺悔誤殺孝子，盲父母失子悲痛欲絕。

【注　釋】❶許　猶「處」。處所。❷奄絕　氣絕；死亡。❸肅　猶肅肅，狀聲詞。❹勞屈　煩勞委屈。❺威尊　威嚴。這裡代指國王。❻草野　鄉野；民間。❼安隱　安穩；平安。❽問訊　問候；慰問。❾舉身自撲　全身撲倒在地。形容悲傷。❿太山　即泰山。⓫向者　剛才；適才。⓬卻　避免。⓭何許　何處。

【語　譯】國王便帶領幾個隨從前往，去孝子睒父母的住處。國王離開之後，孝子睒便氣絕死亡。鳥獸哀號哭喊，圍繞在孝子睒的屍體旁，用嘴舐孝子睒胸前的血。盲父母聽到鳥獸的叫喚聲，更增加了驚懼。國王行走急速，觸動了草木，肅肅而有人行走的聲音。盲父母驚慌地說：「這是什麼人走過？好像不是我們兒子行走發出的聲音。」國王說：「我是迦夷國王，聽說道人在山中修道，所以前來供養。」盲父母說：「大王能來看我們太好了。煩勞委屈威嚴的國王您從遠方光臨鄉野。國王您身體平安嗎？宮殿、夫人、太子、僚屬、所轄的百姓都安好嗎？風調雨順、五穀豐登，鄰國沒來侵害吧？」國王回答道人說：「承蒙道人的恩德，一切都平安。」國王又問候盲父母：「你們來到山中，勞心並勤勉刻苦，樹林中的飛禽走獸沒有侵害你們吧？山中的寒冬暑夏隨著季節時令變換，現在你們平安嗎？」盲父母說：「承蒙大王的德澤，一直平安。我們有一個孝順的兒子叫睒，常替我們摘瓜果取泉水，所以物品一直豐足充實。山中風調雨順，沒有什麼東西短缺的。我們有草薦可以安坐，有瓜果可以食用。睒現在外出打水，很快就要回來了。」國王聽到這裡，不由得傷心淚出，又說：「我的罪惡不可言狀，進山射獵，看到水邊有一群鹿，拉弓射去，沒想到箭矢誤中了孝子睒，所以前來相告。」盲父母聽到這個噩耗，全身撲倒在地，就好像泰山崩塌一樣，大地為之震動。國王便向前攙扶。盲父母痛哭失聲，仰望天空說道：「我們的兒子孝順仁慈，就連踩在地上也擔憂大地會疼痛，現在有什麼罪過要射殺他？剛才風刮起來，樹木折斷，百鳥悲哀地鳴叫，我們就猜疑兒子是不是死了。」盲父母又傷心哭叫。盲父說：「姑且停一下。人生下來必定有死亡的一天，不可能避免。現在我問大王：在什麼地方射殺睒？睒現在是死是活？」

王說睒言，父母感絕[1]：「我一日無子，俱亦當死。願王牽我二人往臨屍上。」王即牽盲父母往到屍上。父抱其腳，母抱其頭，仰天大呼。母便以舌舐睒胸創[2]：「願毒入我口。我年已老，目無所見，以身代子，睒活我死，死不恨也。睒若至孝，天地所知者，箭當拔出，毒藥當除，睒當更生。」

於是第二忉利天[3]王座即為動，以天眼[4]見二道人抱子號哭，乃聞第四兜術天[5]諸天宮皆動。釋梵四天[6]即從第四天上，如人屈申臂頃[7]來下睒前，以神藥灌睒口中。藥入睒口，箭自拔出，更[8]活如故，父母驚喜。見睒已死更活，兩目皆開，飛鳥禽獸皆大歡喜。風息雲消，日為重光[9]，泉水涌出，眾華五色，樹木華榮[10]，倍於常時。

王大歡喜，不能自勝[11]。禮天帝釋，還禮父母及與[12]子睒，願以國財[13]，以上[14]道人。睒曰：「王欲報恩者，王且還，安慰人民，皆令奉戒；王勿復射獵，夭傷[15]蟲獸，現世身不安隱，壽盡當入泥黎中。人居世間，恩愛暫有，別離久長，不可常保。王宿有功德，今得為王，莫以得自在[16]故而自放恣[17]。」王自悔責：「從今已後，當如睒教。」從者數百，皆大踊躍[18]，奉持五戒。王還，令國中諸有盲父母如睒比[19]者，皆當供養，不得捐捨[20]，犯者今加重罪。於是國中人民，以睒活故，上下相教：奉修五戒十善者，死得生天，無入三惡道㉑者。

佛告阿難：「宿命㉒睒者，我身是也；盲父者，今父王閱頭檀王是；盲母者，王夫人摩耶者是；迦夷國王者，阿難是也；時天王釋者，彌勒是。使我疾成無上正真道決者，皆是我父母供養慈惠之恩。從死得生，感動天龍鬼神，父母恩重、孝子所致。今得為佛並度國人㉓，皆由孝從德也。」

【章　旨】記睒的純孝感動天龍鬼神，釋梵四天下到人間救治，孝子睒復活後，教化國王使之率領一國人民奉行五戒十善。

【注　釋】❶感絕　感傷欲絕。❷創　創傷；傷口。❸第二忉利天　忉利天，梵名Trāyastriṃśa，此天位於欲界六天之第二天，故稱。❹天眼　天人之眼，諸天因修禪定而得，此眼遠近內外前後晝夜上下皆能看見。❺第四兜術天　兜術天，梵名Tuṣi-ta，此天位於欲界六天之第四天，故稱。❻釋梵四天　指天帝釋、梵王和在欲界護持佛法的四天王。❼屈申臂頃　屈曲與伸舒手臂那樣短的時間。屈申，即屈伸。頃，頃刻；短時間。❽更　又；再。❾重光　再放光明。❿華榮　繁茂。⓫自勝　克制自己。⓬及與　和。⓭國財　國家的財富；全國的資財。⓮上　奉獻。⓯夭傷　摧折損傷。⓰自在　進退無礙，隨心所欲，做任何事均無障礙。⓱放恣　放縱。⓲踊躍　歡欣鼓舞的樣子。⓳比　齊同；等同。⓴捐捨　拋棄。㉑三惡道　佛教謂六道輪迴中作惡業者受生的三個去處：地獄道、餓鬼道、畜生道。㉒宿命　前世的生命。㉓國人　國內之人；全國的人。

【語　譯】國王複述了孝子睒對父母說的話，盲父母感傷欲絕：「我們一旦失去了兒子，也都將死亡。希望大王挽引我們兩人到兒子的屍體旁邊。」於是國王挽引盲父母到孝子睒的屍體旁。盲父抱著兒子的腳，盲母抱著兒子的頭，仰望天空大聲呼叫。盲母用舌頭舐兒子胸口的傷口，說：「希望箭毒進入我的嘴裡，我年紀已老，兩眼看不見東西，用我的身體來代替兒子，讓睒兒活讓我死亡，我雖死無憾。睒兒若極盡孝道並且為天地所知道的話，箭矢當自動拔出，箭毒當自行消除，睒兒當重新獲得生命。」

在這個時候，欲界第二天忉利天王的寶座為之震動，天王用天眼看見二位盲道人抱著兒子痛哭，又聽到欲界第四天兜術天所有天宮都在震動。於是天帝釋、梵王和四天王乃從第四天上，就好像人屈曲與伸舒手臂那麼短的時間，來到孝子睒面前，用神藥灌入孝子睒的嘴中。神藥一入口，箭矢便自動拔出，孝子睒又活過來、跟原來一樣，盲父母又驚又喜。看到孝子睒死而復生，兩隻眼睛都睜開了，飛鳥禽獸都十分高興。這時候風雨停息、雲霧消散，太陽再放光明，泉水從地湧出，各種花絢麗多彩，樹木繁茂，超過平時。

國王十分高興，甚至不能克制自己。除了向天帝釋致禮，還向盲父母和孝子睒致禮，國王願意用全國的資財，奉獻給道人。孝子睒說：「大王想要報恩的話，暫且回宮，安頓、撫慰百姓，都讓他們奉持戒律；大王您不要再打獵了，摧折傷害蟲獸，今生身體不會安康，命終之後將墮入地獄中。人居住在世界上，恩愛是暫時的，別離是久長的，不能常保不變。大王您前世有功德，所以今世能做國王，莫要因為得到了進退無礙的自在的緣故而放縱自己。」國王深深地懊悔自責：「從今以後，我將遵守孝子睒的教誨。」國王的隨從數百人，都歡欣鼓舞，從此奉持五戒。國王回宮以後，下令讓國內所有與孝子睒情況相同的盲父母，都得到供養，不得拋棄，違犯者加以重罪。於是國內的百姓，以睒至孝死而復生的例子，上下相教：若奉持修習五戒十善的話，死後便能夠生天，不會墮入地獄、餓鬼、畜生三惡道。

佛告訴阿難：「前世的孝子睒，就是我自己；盲父，就是我現在的父王閱頭檀王；盲母，就是國王的夫人摩耶；迦夷國王，就是阿難；當時的天帝釋，就是彌勒。能讓我速成無上正真道祕訣的原因，都是因為我父母養育仁愛的恩德所致。至於死而復生、感動天龍鬼神，都是因為父母恩重如山、孝子純孝所致。今天我能成為佛並且濟度全國的人，都是從孝和德做起的呀。」

（出《大集經》第二一卷）

## 曠野等為殊形化諸異類

爾時曠野菩薩現為鬼身，散脂菩薩現為鹿身，慧炬菩薩現獼猴身，離愛菩薩現羖羊身，盡漏菩薩現鵝王身，如是五百諸菩薩等，各各現受種種諸身，其身悉出大智光明。一一菩薩手執燈明，為欲供養十方諸佛。

【章旨】記五百菩薩變化造作為各種動物前去供養十方佛。

【語譯】在過去的某個時候，曠野菩薩化現為鬼身，散脂菩薩化現為鹿身，慧炬菩薩化現為獼猴身，離愛菩薩化現為黑色公羊身，盡漏菩薩化現為鵝王身，和他們一樣五百個菩薩，分別化現為各種各樣的動物，他們的身體都發出具有智慧的大光明。每個菩薩手中拿著燈火，打算去供奉十方佛。

爾時疑心菩薩觀五百人，即知悉是菩薩。語曠野鬼：「善男子❶，汝等何故，現如是身供養諸佛？」曠野鬼言：「善男子，往古過去九十一劫，有佛世尊，號毘婆尸❷。我於爾時，與如是等同一父母，共為兄弟，受持五戒❸，發菩提心❹。為欲調伏一切眾生，尸棄、毘舍浮、鳩留孫佛亦皆供養。散脂大士❺於彼佛前立大誓願：『願我來世以鬼神身教化眾生。若有弊惡惡鬼，我當為說三乘❻而調伏之，然後乃當成菩提道。』亦有一萬二千大鬼，於此世界發大誓願，調伏眾生。復發大誓願：『若有惡鬼欲壞正法❼，我當治之。』是故我受如是鬼身調伏教化，令住三乘。若有眾生遠離善法，行身口意不善之業，是身已生三惡道❽中；或有善惡雜業受鬼身故，惡鬼滋多，善鬼尠少，我欲調伏，現受是身，亦令剎利、婆羅門、毘舍、首陀遠離惡心。善男子，有金剛椎呪，使一切惡鬼於彼四姓❾不能為惡，乃至鳥獸皆生善心，遠離一切諸惡怖畏。我發大誓，欲說是呪。」

【章　旨】記曠野菩薩解釋化現動物之身的原因：原來在毘婆尸佛時，這五百菩薩供奉各位佛，散脂菩薩和一萬二千大鬼在佛前發誓變成各種動物身去教化眾生。

【注　釋】❶善男子　佛教稱在家出家修行的男女為善男子善女人。善是稱讚其信仰佛教。❷毘婆尸　過去七佛之第一佛，意思是勝觀、種種觀、種種見等，為七佛之首。其餘為：第二尸棄佛、第三毘舍浮佛、第四鳩留孫佛、第五拘那含牟尼佛、第六迦葉佛、第七釋迦牟尼佛。❸五戒　指不殺生、不偷盜、不邪淫、不妄語、不飲酒。❹菩提心　意即求佛道之心。菩提，意思是道。❺大士　菩薩的通稱。❻三乘　指聲聞乘、緣覺乘、菩薩乘。❼正法　真正的道法。即佛法。❽三惡道　指地獄道、餓鬼道、畜生道。❾四姓　印度四等種姓，指剎帝利（略作剎利）、婆羅門、吠舍（又作毘舍）、首陀羅（略作首陀）。

【語　譯】這時，疑心菩薩仔細觀察那五百變化身，知道全都是菩薩。他對曠野鬼說：「佛弟子，你們為什麼要化現這種樣子去供奉各位佛呢？」曠野鬼說：「佛弟子，很久以前在第九十一劫中，有佛叫毘婆尸。我在那時和這五百菩薩同一父母，共為兄弟，受持五戒，發志求佛道之心。為的是調和身口意三業，制伏諸惡、化度一切眾生，尸棄佛、毘舍浮佛、鳩留孫佛我們也都供奉。散脂菩薩當時在各位佛面前立下大誓願：『希望我來世變化成鬼神之形去教化眾生。如果有頑冥難化的惡鬼，我就說三乘佛法來教化調伏他，然後讓他成就菩薩道。』當時也有一萬二千個大鬼在那裡發誓，要調教降伏眾生。於是我又立下誓願：『如果有惡鬼想要破壞佛法，我們來處罰他。』因此我變成鬼的模樣來教化降伏，讓他們學習三乘佛法。如果有人偏離了佛法，造作身、口、意三惡業，其身就已經墮落到三惡道中；或者因為造作善業、惡業、不善不惡雜業而變成鬼身，使得惡鬼增多，善鬼減少，我想教化降伏他們，所以化現這種身形，也讓剎帝利、婆羅門、吠舍、首陀羅四姓遠離邪惡用心。佛弟子，用金剛椎咒語能使一切惡鬼對四種姓不能行惡事，乃至讓鳥獸都生發善心，遠離所有的邪惡可怕事物。我立下大誓言，所以要說出這些咒語。」

## 婆藪現為仙人身度六百二十萬估客

（出《方等陀羅尼經》第一卷）

佛昔在於兜術天❶上，時婆藪仙在閻浮提❷，與六百二十萬估客常作商主，入海采寶。乘於大船，欲還本國。于其中道值摩竭魚❸及大風波、夜叉之難。如是六百二十萬人，即時各許摩醯首羅天❹人各一牲，便離四難。還達本國，各辦一羊，欲往天祠。

【章　旨】記婆藪仙人在人世間和六百二十萬商人入海採寶，這些商人在一次海難中許願得救，準備殺生祭祀。

【注　釋】❶兜術天　也叫兜率天。為彌勒佛居處。此天憑空而居，人間四百年為此天一晝夜，人間十四萬四千年為此天一年。❷閻浮提　即南贍部洲。泛指人世間。閻浮，樹名。提，為「提鞞波」之略，意譯為「洲」。❸摩竭魚　梵名 makara，即大魚。鯨魚。❹摩醯首羅天　梵名 Maheśvara，又叫摩醯伊濕伐羅天，位於色界頂上之天神名。摩醯，大之意。伊濕伐羅，自在之意。即大自在天。

【語　譯】以前佛在兜率天，當時婆藪仙人在人世間，經常和六百二十萬商人一起作買賣，去大海尋寶。事情辦完後他們乘坐一艘大船打算回國。走到半路碰上大鯨魚、大風浪和吃人的夜叉鬼等災難。這六百二十萬人向摩醯首羅天神許諾，每人宰一頭牲口祭祀，因而能逃離災難。回到本國，每人備辦一隻羊，打算前往天廟祭祀天神。

時婆藪默念：「我今云何教諸商人作不善事？當設方便。」即化作二人：一出家沙門，二在家婆羅門。時婆羅門於眾人中作是唱言❶：「天主❷與六百二十萬人欲往天祠。」爾時沙門於其中路，遙見此婆羅門，問言：「汝與是大眾，欲止何方？」在家人言：「我往天廟而求大利。」沙門荅言：「吾觀汝等欲得大衰，云何大利？」諍訟不止。爾時眾人問婆羅門言：「此是何人，形貌如是？」婆羅門言：「此名沙門。」諸人問言：「沙門何言？」荅言：「殺生祠天，當得大罪。」眾人語言：「此癡沙門何用是言？速往天祠，得大利也。」時婆羅門言：「我等大師，今在天祠，無事不達，可共請問。」皆言：「善哉！」沙門與婆羅門及諸人等到大仙所。爾時沙門問大仙言：「殺生祠天當得生天，入地獄乎？」大仙荅言：「何癡沙門，殺生祠天必墮地獄。」婆藪言：「不也。」沙門言：「若不墮者，汝當證知。」爾時婆藪即時陷身，入阿鼻獄❸。諸人見已：「嗚呼禍哉！有如是事。大仙聰智，今已摩滅❹，況復我等而得不入於地獄耶？」

【章　旨】記婆藪仙人為防止眾人犯下罪行，想出妙計成功阻止眾人殺生祭祀。

【注　釋】❶唱言　高呼。❷天主　諸天之主。❸阿鼻獄　梵名 Avīci，八熱地獄之一，為地獄中最下層、最痛苦的地方。❹摩滅　消亡。

【語　譯】這時婆藪仙人心中暗想：「我現在怎麼能讓這些商人做這些不好的事呢？我應該想個辦法阻止。」於是化作兩個人，一個是出家僧人，一個是在家的婆羅門。於是婆羅門在眾人中高聲說：「諸天之主和六百二十萬人打算到天廟去祭祀天神。」這時僧人正好路過，遠遠地看見那個婆羅門，問：「你和這些人打算到哪裡去？」婆羅門說：「我到天廟去求取大利益。」僧人說：「我看你們將要大難臨頭，怎麼說有極大利益呢？」兩人爭論不休。這時眾人問婆羅門：「他是什麼人，長有這樣的容貌？」婆羅門說：「他是位僧人。」大家又問：「僧人說什麼？」回答說：「殺害生靈祭祀上天，必定會有大罪過。」大家說：「這個愚蠢的僧人怎麼說這種話？我們趕快去天廟，會得到大利益。」這時婆羅門說：「我有一位大師，如今在天廟裡，他什麼事都知道，我們可以一起去問他。」大家都說：「好！」僧人和婆羅門以及其他人都到大師的住處。這時僧人問大師：「殺害生靈祭祀上天將會上天堂還是墮落地獄呢？」大師回答：「你這個僧人太愚蠢了，殺害生靈祭祀上天，一定會墮落地獄。」婆藪化身的婆羅門說：「不會這樣的。」僧人說：「如果不墮入地獄的話，你應當能夠證明。」當時婆羅門立刻陷身，墮入阿鼻地獄。眾人看到這一切，都驚呼：「天呀，這真是一場災難，竟然有這種事！憑大仙這樣聰明聖達，尚且現在也已消亡，更何況我們這些人能不墮落到地獄中去嗎？」

爾時眾人各放諸羊，退走四方，到諸山中推覓諸仙。既得仙已，而受仙法。

二十一年各各命終，生閻浮提。我於爾時從兜率天下生閻浮提白淨王家，時六百二十萬人生舍衛國，得受人身。我於昔時到舍衛降伏六百二十萬人，令其出家發菩提心——即往昔估客是也。善男子，婆藪仙人有如是威神之力，化如是諸人來至我所。

【章　旨】記六百二十萬商人求仙學道，命終後生舍衛國，受佛教化大徹大悟。

【語　譯】其時大家各自把羊放了，奔走各方，到大山中尋覓仙人。找到仙人以後，學習接受仙人之法。二十一年後都死去轉生到人世間。我在當時從兜率天下生到人世間的白淨王家，那六百二十萬人出生在舍衛國而受人身。我在過去到舍衛城教化降伏六百二十萬人，使他們出家志求佛道——這些人就是以前那些商人。佛弟子，婆藪仙人有這麼大的威力，教化這麼多人來到我這裡。

# 卷第一一

## 隨機現身下菩薩部第四

【題解】本部輯錄佛或菩薩隨機現身，教化眾生的故事：難沮壞聖王出家化為肉山，施於眾生以解其飢餓；菩薩前身為大富人，曾救濟過鱉、狐、蛇等，這些生靈知恩圖報，在菩薩危急的關頭挺身相救。這些故事向我們展現了菩薩憐憫萬物的博大胸懷，闡明了為善必有好報的道理。

### 作肉山以施眾生

（出《悲華經》第九卷）

過去無量阿僧祇❶劫，爾時此界名無垢須彌，人壽百歲，有佛出世，號香蓮花，般涅槃後像法❷之中。我於爾時，作大強力轉輪聖王，號難沮壞，王閻浮提，千子具足，我悉勸化，令發阿耨多羅三藐三菩提心，欲於像法出家修道，熾然增益佛之遺法。唯除六子，不肯出家發菩提心，我以善言說語，終不出家。我復重問，今發無上道心。六子答言：「若能與我閻浮提者，然後當發阿耨多羅三藐三菩提心。」我聞是已，心生歡喜，作是思惟：我今已化閻浮提人，今當分此閻浮提以為六分，與此六子，令其得發無上道心，然後我當出家修道。即分閻浮提為六分以賜六子，尋便出家。爾時六王，各相違戾❸，抄掠攻伐。爾時一切閻浮提內，苗稼不登，人民飢餓，水雨不時，諸樹枯悴❹，不生華實，鳥獸皆飢，其身熾然。我於爾時，捨己身體肌膚血肉，以施眾生，令其飽滿。我於爾時，自投其身，以願力❺故，即成肉山，高一由旬，縱廣正等。是時人民、飛鳥禽獸，始於是時，噉肉飲血。以本願故，於是中分，增益廣大其身，乃至高千由旬，縱廣正等亦千由旬。其邊自然而生人頭，髮毛眼耳鼻口脣舌，具足而有。彼諸頭中各各有聲，而唱是言：「諸眾生等，各各自恣，隨意取用，飲血噉肉，取其目耳鼻舌齒等，皆令滿足，然後悉令發阿耨多羅三藐三菩提心，或發聲聞❻辟支佛❼心，或求天上人中富樂。」以本願故身無損減，乃至萬歲。閻浮提內，人及諸鬼神、飛鳥禽獸，皆悉充足。汝今當知，我於往昔萬歲之中，所捨無量無邊阿僧祇身體，血肉給施無量無邊，悉令飽足，乃至一念不生悔心。如是次第，遍滿十方，如恆河沙等諸佛世界，捨身血肉，給施眾生，悉令飽足，為檀波羅蜜❽。

【章　旨】記過去世時，難沮壞為閻浮提王，為了勸化其六子，便六分其國與六子。然而其六子卻紛爭掠奪不休，致使閻浮提內五穀歉收，人民饑饉，樹木、鳥獸等都瀕臨死亡，於是難沮壞便化作肉山，施於眾生，使得眾生皆得滿足。

【注　釋】❶阿僧祇　梵文 asaṃkhya 的音譯，意譯為無數。❷像法　佛教語。正、像、末「三時」之一。謂佛去世後，與「正法」相似的佛法時期。其時道化訛替，雖有教說修行而無證果者。「像法」的時限說法不一。一般認為在佛去世五百年後的一千年之間。❸違戾　抵觸；違背。❹枯悴　猶枯萎。❺願力　誓願的力量。多指善願功德之力。❻聲聞　梵文 śrāvaka 的意譯。佛家稱聽聞佛陀聲教而證悟之出家弟子。❼辟支佛　梵文 Pratyeke-buddha 的音譯，指無師而能自覺自悟之聖者。因觀十二因緣法而得道，故意譯為「緣覺」；因其身出無佛之世，潛修獨悟，又意譯為「獨覺」。❽檀波羅蜜　即布施波羅蜜。

【語　譯】過去無數劫時，這個世界名叫無垢須彌，人的壽命長達百歲，有佛出世，叫香蓮花，涅槃於後像法時期。我在那時，作大強力轉輪聖王，號難沮壞，統治著閻浮提，總共有一千個兒子，我都勸化他們，令發無上正等正覺之心，將在像法時期出家修道，勇猛地增益佛的遺法的光彩。祇有六子，不肯出家發菩提心，我以好言好語相勸，始終不肯出家。我又再三要求，希望他們發無上道心。六子答道：「如果能把閻浮提給我們的話，然後我們纔會發無上正等正覺之心。」我聽到這話，心生歡喜，便這樣想道：我如今已教化了閻浮提人，現在應當把閻浮提分成六份，分別給予此六子，讓他們發無上道心，然後我出家修道。於是便分閻浮提為六份賜予六子，不久便出家。當時六子成為國王後，互相爭鬥，攻打掠奪。那時所有閻浮提內，莊稼不成熟，人民飢餓，雨水不按時而至，樹木枯萎，不開花不結果，飛鳥走獸飢餓，身子難受得猶如火燒一般。我在當時，便捨棄自己的身體肌膚和血肉，施捨給眾生，讓他們吃飽。我在當時，投身於地，因為誓願的力量，便成為肉山，高一由旬，長寬也是如此。此時的人民、飛鳥禽獸，從這時開始，便吃肉飲血。因為誓願的力量，於是身體分裂，身子各個部分變大變高，一直高達千由旬，長寬相等，也達到千由旬。其邊上自然而生出人頭，毛髮眼耳鼻口脣舌，全部具備。那些頭中個個發出聲音，高聲道：「諸位眾生，各位不要受約束，隨意取用，飲血吃肉，取用他的目耳鼻舌齒等，都讓你們滿足，然後希望都發無上正等正覺之心，或發聲聞、緣覺之心，或求天上人間之福樂。」因為善願功德之力的緣故，身體毫無減損，一直活到了一萬歲。閻浮提內，人和諸鬼神、飛鳥禽獸，全部得到滿足。你們現在應當知道，我在過去萬年之中，用無量無邊無數的身體、血肉，作無量無邊的施捨，令眾生全部得以飽足，甚至不生一念悔心。依次這樣做，遍及十方，像恆河沙般多的諸佛世界，我都施捨身體血肉，給予眾生，全部讓他們飽足，這就是布施波羅蜜。

（出《布施度無極經》）

## 現為大理家身濟鱉及蛇狐

昔者菩薩，為大理家❶，積財巨億，常奉三尊，慈向眾生。往市觀戲，即見一鱉，心便悼❷之，問價貴賤。鱉主知菩薩有普慈之德，常濟眾生，財富難數，貴賤無違，答曰：「百萬。能取者善，不者吾當啜之。」菩薩答曰：「大善。」持鱉歸家，澡護其傷，臨水放之，睹其浮去。悲喜誓曰：「太山❸餓鬼、眾生之類，世主牢獄早獲免難，身安命全，如爾今也。」稽首十方，叉手願曰：「眾生擾擾❹，其苦無量。吾當為地，為旱作潤，為濕作筏；飢食渴漿，寒衣熱涼；為病作醫，為冥作光。若有濁世顛倒之時，吾當於中作佛，度彼眾生矣。」十方諸佛皆善其誓，讚曰：「善哉！必獲爾志。」鱉後夜求齚❺其門。怪門有聲，使出睹鱉，還如事❻白。菩薩視鱉，即人語曰：「吾受重潤，身命獲全，無以答謝。

水居之物，知水盈虛。洪水將至，必為大害。願速嚴❼船，臨時相迎。」答曰：「大善。」明晨詣宮門，如事啟王。王曰：「菩薩宿有善名，信用其言，遷下處高。」時至鱉來，曰：「洪水至矣，可速上載，尋吾所之，必獲無患。」船尋其後，有蛇趣船，菩薩曰：「取之。」鱉曰：「大善。」又睹漂❽狐，曰：「取之。」鱉亦云：「善。」又睹漂人，搏頰❾呼天：「哀濟吾命。」又曰：「取之。」鱉曰：「慎無❿取也，凡人心姦偽，尠⓫有終信，背恩追勢，好惡凶逆。」菩薩曰：「蟲類盡濟，更棄求之，豈是仁哉？吾不忍為也。」於是取之。鱉曰：「悔哉！」遂之豐土。鱉辭曰：「恩畢請退。」答：「吾獲為如來無所著⓬至真⓭等正覺⓮者，必當相度。」鱉曰：「大善。」鱉退，蛇、狐各去。

【章　旨】記菩薩在過去世為大財主，仁慈而事奉三尊。曾於一商賈手中救下一鱉，並將其放生。鱉知恩圖報，將洪水即將來臨的消息告知大財主，並將其船帶到安全地帶。途中，大財主救了一蛇、一狐，並不顧鱉的反對，救下了一位溺人。

【注　釋】❶理家　財主。❷悼　哀傷。❸太山　即泰山，地獄。中國古代神話以泰山為幽冥地府。❹擾擾　紛亂的樣子；煩亂的樣子。❺齚　咬；齧。❻如事　按照事實。❼嚴　整備。❽漂　溺水。❾搏頰　打嘴巴。❿慎無　即「慎勿」。千萬不要。⓫尠　甚少；很少。⓬無所著　梵文 arhat 意譯，為佛十號之一，蓋佛不著塵染，故稱。⓭至真　如來離一切之虛偽，故曰至真。⓮等正覺　即三藐三菩提，為佛十號之一。

【語　譯】菩薩在過去世為大財主，積財過億，常常事奉三尊佛，以仁慈之心對待眾生。有一日到集市看戲，看見一隻待售的鱉，心便為之悲傷，打聽價格的貴賤。鱉主知道菩薩有仁慈之德，經常接濟眾生，財富無數，無論貴賤都不會在乎，便回答道：「一百萬。拿去的話最好，否則我將吃了牠。」菩薩答道：「很好。」拿鱉回家，清洗並護理牠的傷口，到水邊將其放生，眼看著牠慢慢向遠處浮去。心中悲喜交加，發誓道：「地獄餓鬼、各種生靈，牢獄中的人們，希望都能早些免除苦難，身命安全，就像牠今天所受的待遇一樣。」他向十方稽首，兩掌合胸前而發誓願道：「各種生靈之間的爭鬥紛亂不堪，痛苦無邊無際並無法計算。我應當成為大地承載這一切，為旱時作雨露，為低濕處作竹筏；作飢時的食物、渴時的水漿，寒冷時的衣服、炎熱時的清涼；有人病時作醫生，黑暗之時作光明。如果有濁世顛倒之時，我應當在其中作佛，化度眾生。」十方諸佛都為其誓言而叫好，讚歎道：「善哉！一定會使你的願望實現。」鱉後來在夜間用牙咬他家的門。菩薩奇怪門外有聲響，奴婢出去看見了鱉，回來之後如實相告。菩薩看到鱉，鱉就用人聲說：「我受到您的大恩澤，保全了生命，沒有什麼可以報答。水中居住的動物，知道水漲水落。洪水將要來了，必有大災害。希望趕快準備船隻，屆時我將前來迎接。」菩薩回答道：「很好。」翌日清晨前往宮門，將此事如實稟報大王。國王說：「菩薩向來有善名，應當相信他的話，趕快把低處的人往高處遷移。」這時鱉來說：「洪水來了，快上船，跟我前進，必將沒有憂患。」船便跟在鱉的後面，有一條蛇游向船，菩薩說：「將牠救上船。」鱉曰：「太好了。」又看到了溺水的狐狸，菩薩說：「將牠救上船。」鱉又說：「好。」又看到了一個溺水的人，雙手拍打臉頰哀號：「可憐可憐我，救救我的命吧。」菩薩又說：「將他救上船。」鱉說：「千萬不要救他，人心姦詐虛偽，很少有始終講信用的，他們負恩忘義，趨炎附勢，喜好作惡行逆。」菩薩說：「動物都救了，卻拋棄懇求的人，這能算仁義嗎？我不忍心這樣做。」於是，便將其救上船。鱉說：「您會後悔的！」於是，便平安到達豐饒的土地。鱉告辭了，說：「報恩完畢，請允許我告退。」菩薩答道：「我如果獲得如來無所著至真等正覺的話，必將來化度你。」鱉說：「很好。」鱉走了，蛇、狐也各自離開了。

狐以穴為居，獲古人伏藏❶紫磨金❷百斤，喜曰：「當以報彼恩矣。」馳還白曰：「小蟲受潤，獲濟微命。蟲，穴居之物，求穴自安，獲金百斤。斯穴非墾❸非家、非劫非盜，吾精誠之所致。願以貢賢。」菩薩深惟：「不取徒損，無益於貧民，取以布施，眾生獲濟，不亦善乎？」尋而取之。漂人睹焉，曰：「分吾半矣。」菩薩即以十斤惠❹之。漂人曰：「爾掘墾劫金，罪應奈何？不半分之，吾必告有司。」答曰：「貧民困者，吾欲等施，爾欲專之，不亦偏乎？」漂人遂告有司。菩薩見拘❺，無所告訴，唯「歸命❻三尊」，悔過自責：「慈願眾生，早離八難❼，莫有怨結❽，如我今也。」蛇狐會❾曰：「奈斯事何？」蛇曰：「吾將濟之。」遂銜良藥，開關❿入獄。見菩薩狀顏色有損，愴而心悲。謂菩薩言：「以藥自隨，吾將齚太子，其毒尤甚，莫能濟者。賢者以藥自傅即瘳矣。」菩薩默然。蛇如所云。太子將殞，王命曰：「有能濟茲，封之相國，吾與參治⓫。」菩薩上聞，傅之即瘳。王喜問所由，因本末自陳。王悵然自咎，即誅漂人，大赦其國，封為相國。執手入宮，並坐而曰：「賢者說何書？懷何道？而為二儀⓬之仁，惠逮眾生乎？」對曰：「說佛經，懷佛道也。」曰：「佛有要訣不？」答曰：「有之。佛說四非常⓭，存⓮之者眾福昌。」王曰：「善哉，願獲其實。」菩薩說之。

王曰：「善哉！佛說非身⑮，吾心信矣。身且不保，豈況國土乎？痛我先王，不聞無上正真正覺、非常苦空非身之教。」王即空藏，布施貧乏，鰥寡孤兒憐之如子。舉國欣欣，含笑且行。仰天歎曰：「菩薩神化，乃至於茲。」四方歎德，遂至太平。

佛告沙門：「菩薩者吾身是也，國王者彌勒是，鱉者阿難是，狐者鶖鷺子⑯是，蛇者目連是，漂人者調達是。」

【章　旨】記狐狸在其穴中獲得百斤金子，想以之報答菩薩救命之恩。菩薩取之，欲用來救濟眾生。溺人見後，向菩薩索取半數而未得，於是，便誣告菩薩，菩薩因此而受拘禁。蛇以妙計救之，使其冤情得以昭雪，並使其官至相國。菩薩勸化國王，施捨眾生，舉國歡欣。

【注　釋】❶伏藏　埋藏於地中的寶物。❷紫磨金　帶紫色的黃金，為黃金中最上品。❸墾　開墾；翻耕。❹惠　贈送；賜予。❺拘　拘留；拘禁。❻歸命　梵文Namas，歸順佛之教命。❼八難　梵文aṣṭāv akṣaṇāḥ，指不得遇佛、不聞正法之八種障難。❽怨結　結下怨仇。❾會　碰頭；會面。❿關　門閂。⓫參治　共同治理。⓬二儀　指天地。⓭四非常　即四無常，指《仁王般若波羅蜜經》卷下所說無常、苦、空、無我等義。⓮存　思念；嚮望。⓯非身　即無我，梵文anātman，為佛教根本教義之一，指外道所執的「實我」及凡夫所妄計的「我」是空無的。⓰鶖鷺子　舍利弗的譯名。

【語　譯】狐狸以洞穴為住所，得到古人埋藏於地中的寶藏紫磨金一百斤，高興地說：「應當用它來報答那個救命者的恩情。」飛奔而回說：「小蟲得到恩惠，使小命得以保全。我是穴居的動物，找洞穴安身，無意中獲得百斤金子。那個洞穴裡的東西不是挖掘得來的，也不是家藏的，不是搶來的，不是偷來的，是我精誠之所致而獲得。希望拿來貢獻給賢者您。」菩薩沉思道：「不要祇會白白地損失，而無益於貧苦百姓，取來用以布施，使眾生獲得救濟，不是很好嗎？」於是便接受了。溺人看見了金子說：「分我一半。」菩薩便把十斤金子給他。溺人說：「你挖掘搶劫來的金子，該當何罪？不分我一半，我就去告官。」菩薩答道：「貧窮的人民有困難的，我將平均地施捨給他們，你想獨佔，不是有失偏頗嗎？」於是，溺人便去告發。菩薩被拘禁了，又沒有任何地方可以申訴，祇有唸「歸命三尊佛」，悔過自責：「希望眾生，能早離八種障難；不要結下怨仇，像我今天一樣。」蛇、狐會面商議：「此事該如何是好呢？」蛇說：「我將前往救他。」於是，便口銜良藥，開啟門閂進入監獄。見菩薩的樣子，臉色憔悴，愴然心悲。對菩薩說：「拿上此藥自己保存好，我將去咬太子，像我今天一樣，此毒甚為厲害，沒有人能夠治療得了。賢者您以藥給太子敷上，便可治愈。」菩薩默然接受。蛇像其所說的那樣去行事。太子將要身亡之時，國王下令：「有能救太子的，我將封之為相國，我與他共同治理國家。」菩薩將自己有良藥之事使國王得知，敷上良藥，太子之傷便治愈了。王大為歡喜，問他良藥從何而來，於是，菩薩便將此事的經過詳詳細細地向國王陳述。王悵然自責，即便誅殺了溺人，大赦其國，封菩薩為相國。拉菩薩之手入宮，與其同坐而說：「賢者您喜歡什麼書？信仰什麼道而能為天地之間的仁者，惠及眾生呢？」菩薩回答說：「喜歡佛經，研究佛道。」國王說：「佛道有要訣嗎？」菩薩答道：「有的。佛說四非常，思念嚮望佛道的人，便會擁有眾多的福樂且昌盛。」王說：「好啊，希望能聽到詳細的內容。」菩薩說了。王說：「好極了！佛說的『無我』，我相信了。身體尚且不保，更何況是國土呢？我悲痛的是先王，沒有福氣聽聞無上正真正覺、非常苦空非身之教。」王便傾其國庫中所有的寶藏，布施貧乏之人，對於鰥夫、寡婦、孤兒，憐愛他們猶如自己的兒子。舉國歡欣，人民含笑行善行。大家仰天讚歎道：「菩薩神化，才能這樣。」四方之人讚歎其功德，於是天下太平。

佛告訴沙門說：「菩薩就是我，國王是彌勒，鷩是阿難，狐狸是舍利弗，蛇是目連，溺人是調達。」

## 為白象身而現益物

（出《大智論》九三卷）

須菩提問：「菩薩善根❶成就❷，云何生作象馬？」佛言：「菩薩實有福德，善根成就，為利眾生，受畜生形，無畜生罪。菩薩在畜生中，慈愍怨賊❸，阿羅漢、辟支佛之所無有。阿羅漢、辟支佛，怨賊來害，雖不加報，不能愛念供養供給。如菩薩本身，作六牙白象。獵師以毒箭射胸，爾時菩薩象以鼻擁抱獵者，不令餘象得害。語雌象言：『汝為菩薩婦，何緣生惡心？獵師是煩惱罪，非人過也，我得阿耨多羅三藐三菩提，當滅其煩惱。如鬼著❹人，咒師治鬼而不見人。』徐問獵者：『汝何以射我？』答言：『我須汝牙。』象即就石，拔牙與之，血肉俱出，不以為痛。供給糧食，示語道徑，如是等慈悲，阿羅漢、辟支佛之所無也。」問曰：「何以不作人身而為說法，而作此獸身？」答曰：「有時眾生見人身則不信受❺，見畜生身說法，則生信樂❻，受其教化。菩薩欲具足大慈心，欲行其實事，眾生見之驚喜，皆得入道。」

【章旨】記菩薩往昔善根成就，為利益眾生故，而作畜生身，慈愍怨賊，而使眾生入佛道。

【注　釋】❶善根　梵文kaśala-mūla，即產生諸善法的根本，指無貪、無嗔、無痴。❷成就　完成；成功。❸怨賊　指為人怨恨的壞人。❹著　依附；附著。❺信受　信仰並接受。❻信樂　信仰佛法而產生愛樂之心。

【語　譯】須菩提問佛：「菩薩已經成就了無貪、無嗔、無痴的善根，為何轉世作象馬？」佛說：「菩薩實際上是有功德善行的，也成就了善根，為利益眾生的緣故而化為畜生之形，卻沒有畜生之罪禍。菩薩在畜生道中，仁慈憐憫怨賊，這是阿羅漢、辟支佛所不具備的。阿羅漢、辟支佛，當怨賊來加害時，雖不加以報復，但不能愛護供養。例如菩薩本身，作六牙白象。獵人用毒箭射入其胸，當時菩薩用象鼻擁抱獵人，不讓別的象傷害。又對雌象說：『你是菩薩的媳婦，為何產生壞念頭？獵人是因為煩惱所致的罪過，而不是他本身的罪過啊，我得無上正等正覺，應當滅除他的煩惱；如同鬼附在人身上，巫師治鬼而不見人。』便從容不迫問獵人道：『你為何要射我？』獵人回答道：『我需要你的牙齒。』象立即便靠近石頭，拔牙給他，血肉俱出，但不以為痛。供給獵人糧食，並把回家路徑指示給他，像這等慈悲，是阿羅漢、辟支佛所沒有的。」須菩提問道：「為何不化作人身說法，而化作此等獸身？」佛答道：「有時眾生見人身則不信仰接受，見畜生說法，便信仰佛法而產生愛樂之心，並受其教化。菩薩想要具備大慈心，欲推行切實有益的事，因此化作畜生說法，眾生見後產生驚喜，都得以入佛道。」

# 卷第一二

## 出家菩薩僧部第一

【題解】「出家菩薩僧」指出家修習大乘三學的僧人。本部輯錄了有關出家僧人的故事：無垢閒居山間，有女人到其房舍避雨，便引起了他人的懷疑，無垢上昇到高空中，以此來證明自己的清白；有女人在胎胞中便聽佛說法，精誠所致化身為男子，出家修道；有小狗在臨被殺前受到沙門的愛護，遂感激涕零，轉生為人後出家修道。

### 無垢山居女人庇雨其舍眾仙稱穢昇空自證

（出《慧上菩薩經》卷上）

昔拘樓秦佛❶時，有一比丘，名曰無垢，處於閑居，國界山窟。去彼不遠，有五神仙。有一女人，道遇大雨，入比丘窟，雨霽❷出去。時五仙人見之，各各言曰：「比丘姦穢❸。」無垢聞之，即自踴身在於虛空，去地四丈九尺。諸仙見之飛虛空中，各曰：「如吾經典所記，染欲塵者則不得飛。」便五體投地，伏首誣横。假使比丘不現神變，其五仙王墮大地獄。時無垢比丘，今慈氏菩薩也。

【章　旨】記無垢比丘閒居於山窟，有一女人入窟避雨，便遭到五位神仙的猜忌，比丘踴身於天空，以此來證明自己的清白。

【注　釋】❶拘樓秦佛　梵文 Krakucchanda-buddha，過去七佛中第四之佛名，又作拘留孫佛。❷霽　雨止天晴。❸姦穢　指邪惡汙穢的行為。

【語　譯】往昔拘樓秦佛時，有一比丘，名叫無垢，在國界山窟閒居靜修。離山窟不遠，有五位神仙。有一女人，路遇大雨，入比丘洞窟，雨止天晴即離去。當時五仙人見之，個個都說：「比丘做了邪惡汙穢的事。」無垢比丘聽到後，便踴身於虛空之中，離開地面四丈九尺。諸仙人見他飛向空中，都說：「按我們的經典所記，汙染淫欲之人，則不能騰飛。」便五體投地，為其橫加誣衊而伏罪。假使比丘不現神變，其五仙人將墜大地獄。當時的無垢比丘，就是如今的慈氏菩薩。

## 女人在胎聽法轉身為丈夫出家修道

（出《腹中女聽經》）

佛在羅閱祇❶，菩薩及四部❷大會❸。佛說法，有迦羅❹婦懷妊在座。腹中懷子，叉手❺聽經。佛欲使眾會見之，便現大光明，照迦羅婦座。眾人皆見腹中女叉手聽經，猶如照鏡。佛持八種聲，問腹中女言：「汝以何故叉手聽經？」用佛威神，即答佛言：「以世間人皆行十惡，我欲今行十善。又以世人生死不絕，又世間人不孝從父母，不供養沙門婆羅門道人，是故叉手聽經。」時女說是語竟便生。譬如太子從右脅生，地為六反❻震動，虛空中有自然天樂，雨天眾花，千葉蓮花，大如車輪，以寶作莖，狀如青琉璃。女即坐蓮花上，帝釋持天衣，與女著之。女報言：「汝為羅漢，我為菩薩，汝非我輩，不與我同類。我自有衣。」舍利弗白佛：「此女為從何國來？當送衣也。」佛言：「此女從東南方佛剎清淨國來，去此十萬佛剎❼。」本國衣便自然在虛空中來，蕭蕭有聲。女見衣來便著之，當得五通。又女本國人盡得五通。女得衣著訖，便從蓮華上下，行至佛前。女一舉足，地為六反震動。頭面著地，為佛作禮，三言「南無❽佛」。便長跪白佛：「今座中大有諸迦羅婦，願佛為說經，今得男子身。」佛言：「我亦不使汝作男子，亦不使汝作女人，皆自從身行❾得耳。」佛言：「有一事可疾得男子。何等為一？發心為菩薩道。又女人身當內自觀，譬如機關❿，骨節相拄⓫，但筋皮在上。女人常畏人，譬如虵虺⓬蝦蟆，不敢晝出。」時坐中迦羅婦七十五人，聞佛說經，歡喜踴躍，前以頭面著地，為佛作禮，白佛言：「我願發菩薩心作男子，我若不得男子身，我終不起。」時七十五迦羅越，從舍衛國來至佛所，見諸婦皆在佛前，便心念言：「已失我曹⓭婦。」便問舍利弗：「此諸女人是我曹婦，何為是問？」舍利弗答言：「欲作比丘尼，卿當聽不？」迦羅越答言：「先使我曹作比丘。」舍利弗白佛言：「是七十五迦羅越，皆欲作比丘。」佛呼：「善男子[14]來。」皆作比丘，頭髮自然墮，袈裟便來著身，手持應器[15]，皆前為佛作禮。時七十五婦，各脫珠環，皆以散佛上，便自然虛空中化作七十五交露[16]珠瓔珞。帳中有七寶床，上有座，佛邊有無數菩薩聽經。七十五婦人見是變化，皆大歡喜，即用佛威神飛住虛空，自然有花雨散佛上。從虛空中來下，便得男子身，前白佛言：「我願作比丘。」佛語彌勒菩薩：「將去授戒。」彌勒菩薩即授戒，作比丘僧。女自然有化花蓋，七重莖如蓮華，即持與母言：「佛是天上天下度人之師，母以花蓋上佛；是天上天下師之蓋，上之後母亦當為天下之蓋。」女語母言：「今當發菩薩心。」母答女言：「我始懷汝時，於夢中常見佛及法、比丘僧，無三毒[17]心，身體安隱。知我腹中子為是菩薩摩訶薩[18]，以是安隱。」時發菩薩心，以母得華蓋，便持上佛，地為六反震動。佛語舍利弗：「四天下[19]星宿，尚可知數；是女前後所度父母，不可知數。」

【章　旨】記一女子在娘胎中時聽佛說經，後變為男子身，出家修道。該女子還化度在座的迦羅越夫婦出家。

【注　釋】❶羅閱祇　摩竭提國王舍城的梵名音譯。❷四部　即四部弟子，指比丘、比丘尼、優婆塞、優婆夷。❸大會　大法會。❹迦羅　即迦羅越，梵文 gṛha-pati，華言居士。❺叉手　兩手交叉，印度致敬法之一種。❻反　猶回、次。❼佛剎　梵文 Budhakṣetra，指佛土佛國。❽南無　梵文 namas，歸敬；歸依；信從。❾身行　身所行善惡之業。❿機關　指人體的關節。⓫拄　支撐。⓬虵虺　泛指蛇類。⓭曹　輩；等。⓮善男子　佛稱在家出家之男子。⓯應器　梵文 Pātra，比丘乞食時所用之飯器。⓰交露　比喻以寶珠交錯裝飾，如日光照耀露珠，交相輝映。⓱三毒　佛教謂貪、嗔、痴為三毒。⓲摩訶薩　梵文 mahāsattva 音譯之略，乃菩薩或大士的通稱。⓳四天下　須彌山東南西北之四大洲。

【語　譯】佛在羅閱祇，與菩薩和四部弟子舉行大法會。佛說法時，有懷孕的居士婦人在座。其腹中所懷之子，叉手聽經。佛想要使大眾看見，便放大光明，照耀居士婦之座。眾人都見到了腹中女叉手聽經，猶如照鏡一般清晰。佛用八種聲，問腹中女童道：「你為何而叉手聽經？」憑藉佛的威神，腹中女便回答道：「因為世間之人皆奉行十惡，我想讓他們奉行十善。又因為世人生死不斷、不孝敬順從父母，不供養沙門和婆羅門道人，因此叉手聽經。」女童說完這話之後便出生了。猶如悉達太子從右脅而出，大地為之六番震動，天空中有自然天人伎樂，天上落下眾多天花，有千葉蓮花大如車輪，以寶為莖，莖如青琉璃。女童便坐在蓮花之上，帝釋手拿天人之衣，讓女童穿上。女童回答道：「你是羅漢，我是菩薩，你和我輩分不同，不與我同類。我自有我的衣服。」舍利弗對佛說：「此女從何國而來？應當給她送上衣服。」佛說：「此女從東南方佛土清淨國來，距離這裡有十萬佛土佛國。」說話間，本國衣便自然從空中下來，發出蕭蕭的聲音。女子見衣來便穿上，即得天眼等五種神通。女童國內之人也都得五通。女童穿完衣服後，便從蓮花上下來，走到佛前。女童一抬足，大地為之六番震動。她頭面伏地，向佛行禮，多次口稱「歸敬佛」。便長跪而對佛說：「如今在座的有許多居士婦人，希望佛祖為她們說經，令她們得男子身。」佛說：「我也不能使你變成男子，也不能讓你作女人，都是你自身所行善惡之業所致。」佛說：「有一事可讓人快速得到男子身。這是什麼事呢？就是發心求菩薩道啊。女人應當自觀於體內，猶如人體的關節，骨節相互支撐，祇有筋皮在上。女人常怕見人，如同蛇類蝦蟆一般，不敢在白天出行。」當時在座的有七十五位居士婦人，聽佛說經，歡喜踴躍，上前以頭面伏地，向佛行禮，對佛說：

「我們希望發菩薩心作男子，我等如果不能成為男子，我等自始至終不會起來。」此時七十五位居士，從舍衛國來到佛處所，看到諸位婦人都在佛前，便心裡想道：「我等的媳婦已失去了。」便問舍利弗道：「這些女人是我等的媳婦，為何會在這裡？」舍利弗答道：「她們想要作比丘尼，你們會允許嗎？」居士回答道：「先要讓我等作比丘。」舍利弗對佛說：「這七十五位居士，都想作比丘。」佛大聲說：「善男子來得正好。」他們便都成了比丘，頭髮自然墜落，袈裟便穿在身上，手持乞食飯器，都上前為佛作禮。此時七十五位婦人，各自脫下珠環，都散在佛上，珠環自然在天空中化作七十五交露珠瓔珞。帳中有七寶之床，床上有座，佛旁邊有無數菩薩在聽經。七十五位婦人見到這等變化，都大為歡喜，便憑藉佛的威神飛到空中停住，自然有花像雨點散到佛上。七十五位婦人從空中下來，便成為男子身，上前對佛說：「我等願作比丘。」佛對彌勒菩薩說：「帶他們去授戒。」彌勒菩薩當即為他們授戒，使他們都作了比丘僧。女童自然有一時化現的花蓋，七重莖如同蓮花一般，便拿給其母說：「佛是天上天下度人之師，母親把花蓋獻給佛祖；這是天上天下之師的花蓋，獻上後母親也將擁有天下之蓋。」女童對其母說：「如今請發菩薩心。」母回答道：「我剛懷上你的時候，在夢中常常見到佛、法和比丘僧三寶，沒有貪、嗔、痴三毒之心，身體平安。知道我腹中之子將是菩薩大士，因此心神安寧。」立即便發菩薩心，因為其母得到花蓋，便獻給佛祖，因此大地為之六番震動。佛對舍利弗說：「四大洲之星宿，尚且可以數得清；該女子前後所度父母，不計其數。」

（出《度脫狗子經》）

## 沙門慈狗轉身為人立不退轉

昔有一國，穀米踴貴❶，人民飢餓。時有沙門，入城分衛，無所一獲。次至長者大豪貴門，得粗惡飯。適欲出城，門中逢一射獵殺生屠兒❷，抱一狗子持歸欲殺。見沙門歡喜，前為作禮，沙門呪願老壽長生。沙門知有狗子欲殺噉之，問其何所賣❸。答曰：「空行。」沙門又問：「吾已見殺生之罪，甚為不善，願持❹我食，貿❺此狗子，令命得濟，卿福無量。」其人不與，沙門慇懃❻曉喻，請之不肯，隨沙門又言：「設不肯者，可以示我。」其人即出，以示沙門。沙門舉飯以飼狗子，以手摩之，呪願淚出：「卿罪所致，得是犬身，不得自在，見殺食噉，使爾世世罪滅福生，離狗子身，得生為人，所在❼遇法。」狗子得食，善心生焉，踴躍歡喜。事已將去，歸家殺食。狗子命過❽，生豪貴大長者家。適生墮地，便有慈心。時彼沙門分衛，次到長者門裡。時長者子見彼沙門，憶識本緣❾，便前稽首，禮沙門足。請前供養百味飲食，前白父母：「今我欲逐此大和上❿，奉受經戒，為作弟子。」父母愛重，不肯聽之：「今我一門有汝一子，當以續後家門之主，何因便欲棄我而去？」小兒啼泣，不肯飲食：「不欲聽我，便自就死。」父母見爾，便聽令去，隨師學道，除去鬚髮，被⓫三法衣⓬，諷誦佛經，深解其義，便得三昧，立不退轉⓭，開化一切，發大道意。沙門即識宿命，發菩薩心，立不退轉。豈況有人供事三寶，諷誦大經！

【章　旨】記往昔有一沙門，入城乞食時，見一射獵殺生屠夫欲殺一狗，沙門為其請求而未成功，便為狗祈禱，狗死後轉世為長者子，追隨沙門而出家，立不退轉地。

【注　釋】❶踴貴　物價上漲。❷屠兒　屠夫。❸齎　持；抱著；懷著。❹持　用。❺貿　交易；買賣。❻慇懃　情意懇切。❼所在　處處。❽命過　猶命終。❾本緣　猶本生，指過去世永劫中受生的趣類。❿和上　即和尚。⓫被　披。⓬三法衣　佛教僧尼穿的三種衣服，即大衣（入王宮或出入城鎮村落穿用）、上衣（禮誦、布薩時穿用）、內衣（日常作業就寢時穿用）。⓭不退轉　梵文 Avinivartaniya，泛指佛教修行中，不再退失轉變的位次。

【語　譯】往昔有一國家，糧食的價格猛漲，人民遭受飢餓之災。當時有一沙門，入城化齋，一無所獲。依次來到長者大豪貴門前時，纔得到粗劣的飯食。剛要出城門，遇見一射獵殺生屠夫，抱著一條狗回家要殺掉。屠夫看見沙門，歡欣喜悅上前行禮，沙門為其祈禱長命百歲。沙門知道有條狗將被殺而吃掉，便問他抱著什麼。屠夫答道：「我空身而行。」沙門又說：「我已看到殺生之罪，極為不善，希望能拿我的食物，換取這條狗，使牠得以存命，這樣您就有無量之福。」屠夫不給，沙門反覆懇切勸說，但他始終不肯，隨後沙門又說：「如果不肯的話，可否把牠給我看一看。」屠夫便將狗拿出，向沙門展示。沙門拿飯來餵狗，以手撫摩牠，流著淚為其祈禱：「你的罪過所致，使你化身為犬，不得自由，被殺被吃，希望能讓你以後世世罪滅福生，離狗身而轉生為人，所在之處皆遇佛法。」狗得食物，產生了善心，歡喜踴躍。完了之後被屠夫帶走，回家殺而食之。狗命終之後，轉生到豪貴大長者家。剛剛生出來落地，便有慈心。當時那位沙門化齋，依次到長者門口。此時長者子見到該沙門，回憶起其本生，便上前稽首，禮敬沙門之足。請其進來，供養百味飲食，又上前對父母說：「如今我想追隨這位和尚，奉經受戒，作其弟子。」父母愛之很深，不允許，說：「今我一門只有你一個兒子，應當要續後作家門之主，為何而要棄我們而去？」小兒啼哭，不肯飲食，說：「不允許我這樣做，我立即便死。」父母見如此，便隨他去了，小兒隨師學道，除去頭髮，披上三法衣，誦讀佛經，深解其義，便得三昧，立不退轉地，開蒙化惡一切人，發大道心。沙門此時便識宿命，發菩薩大道心，也立不退轉地。小兒尚可如此，何況有人供事佛法僧三寶，誦讀大經呢！

# 卷第一三

## 聲聞無學第一僧部第二

【題解】「聲聞」為梵文 śrāvaka 的意譯。佛家稱聞佛之言教，證四諦之理的得道者。聲聞修行四種證果中，第四阿羅漢果稱為無學，梵文 aśaikṣa，指已達佛教真理之極致，無迷惑可斷，亦無可學者，常指羅漢尊者。本部輯錄有關迦葉、憍陳如、阿那律等聲聞僧人的故事。這些故事講述了這些聲聞僧人的前身、出生，以及得道的經歷等情況。

### 迦葉身黃金色婦亦同姿出家得道

（出《雜譬喻經》第四卷）

迦葉父者，曰尼俱律陀，摩竭國人也，出自婆羅門種，宿命福德，生世大富，珍奇寶物，國中第一，財比國王，千分少一。夫婦孤獨，乏無兒息❶。近在舍側，有大樹神，時彼夫婦，為欲有兒，三牲❷祭祠，累歲不遂。其人大忿，便與期七日：「若復無驗，當剪罰汝，棄都道頭，以火燒之。」神聞驚怖，上告息意天王。

天王即將神，告天帝釋。帝釋即以天眼觀欲界中，未有堪任為彼子者，乃告梵王。梵王遍觀，見一梵天臨當壽終，便告之曰：「汝可生閻浮提，為尼俱律陀作子。」梵天對曰：「婆羅門者多諸邪見，我若下生，不能為其作子。」梵王答曰：「彼婆羅門宿時大德，欲界眾生，無有堪任為作子者。汝若往生，吾當敕天帝釋令擁護汝，不使中道墮邪見也。」梵天曰：「唯。」帝釋即告樹神，樹神還告長者：「勿見瞋恨，卻後七日，必令有子。」七日已滿，婦便有娠，十月乃生，身黃金色而有光明。相師占曰：「此兒宿福有大威德。志力清遠，不貪世務，若後出家，必登聖道。」父母聞之復大愁憂，恐兒出家。至年十五，欲為娶婦。迦葉聞之，累啟父母：「我志樂清淨，不須婦也。」父母不聽。迦葉又言：「若然，不用凡女人，得紫金色女，端正無比，乃當取之。」欲令此事不可辦也。父母令其國中推覓❸之，諸婆羅門即為設策：鑄金作神女，顏貌端正，光色微妙，如眾天像。從國至國，高聲大唱：「諸有女人得見金神，禮拜供養者，後出嫁時，當得好婿。體黃金色，顏貌姝妙，智慧無比。」聚落國邑諸有女人，聞此唱者莫不虛心，皆出奉迎，禮拜供養。唯有一女軀體金色，端正姝好，獨處閑室，不肯出迎。諸女諫曰：「其有見金神者，皆得如願，汝何以獨不出迎？」答曰：「吾志閑靜，不好餘願也。」諸女復曰：「雖無所願，暫共一觀，當復何損？」諸女相攜，遂共出看，金女光色乃映金神。婆羅門還報長者具，即遣媒人到其女家，宣長者意。其女父母先亦聞迦葉名，敬承往意，遂相然可。彼女聞之，甚大愁憒❹。父母所逼，事不獲已，遂適迦葉。二人相對，志各凝結，雖為夫婦，了無恩情，便共結誓：「我與君等各處異床，要❺不相觸。」爾時夫婦，各處一床。其父母聞迦葉雖共同室，而復異床，其父尋復遣人持床去，於是夫婦唯共一床。其婦更與夫誓：「我若眠時，君當經行❻。」時其婦臥，一臂垂地，有大毒蛇欲來嚙之。迦葉見已，有慈湣❼心。持衣裹手，舉著床上。尋時驚覺，便大瞋怒，語迦葉言：「我先有要，如何相犯？」迦葉報言：「汝臂落地，毒蛇欲嚙，是故相救，非故觸也。」指蛇示之，其婦乃悟。於是夫婦自相與議：「我等何不出家修道？」遂辭父母，俱共出家，入山行道。時有婆羅門，將五百弟子，亦住此山。見迦葉夫婦，共相隨逐。於時迦葉便捨其婦，以五百兩金，貿緻❽納衣，別處一林。其婦即依止婆羅門，求為弟子。婆羅門五百弟子，見此女人形色端正，日日行婬。女人不得自在，遂不能堪，便告其師。師便為之戒約弟子，令節所欲。迦葉後值佛出世，聞法受化，即得羅漢。聞其本婦在梵志邊，便將詣佛，佛為說法，得阿羅漢，頭髮自落，法服在身，成比丘尼。遊行教化，正值波斯匿王大會❾，諸比丘尼便得入王宮裡，教化諸夫人，皆令持一日齋。王暮還宮，命諸夫人，皆云「持齋」，無肯來者。王便大瞋，語使人言：「誰教諸夫人齋？」使人答言：「某甲比丘尼。」王便呼來，令九十日代諸夫人受淫欲，此皆是昔日之因緣，誓願所造，故雖得羅漢，不能相免也。

【章旨】記迦葉前生為梵天轉世作婆羅門子，身金黃色，其志清遠，不樂俗事。其父母恐其出家，千方百計為其娶來金色婦。夫婦兩人不貪俗樂，互不相犯，後相約出家修道，皆得阿羅漢。

【注釋】❶兒息　子嗣。❷三牲　牛、羊、豕（大豬）謂大三牲，豬（小豬）、魚、雞謂小三牲。❸推覓　即尋覓。❹愁憒　憂悶煩亂。❺要　約定；約言。❻經行　梵文caikramana，意指在一定的場所緩慢往復迴旋行走，為佛家調劑身心之安靜散步。❼慈湣　即慈愍。仁慈憐憫。❽繒　白絹。❾大會　大法會。

【語譯】迦葉之父，名叫尼俱律陀，是摩竭國人，出身於婆羅門種族，前生積善修福，而轉生為大富之人，珍寶奇物，為國中第一，其財富和國王相比，千分中祇少一分。夫婦孤獨，沒有子嗣。在其屋旁，有大樹神，當時，這對夫婦為了求子，便用三牲之禮來祭祠，幾年如一日地供奉，卻沒有如願。尼俱律陀大為憤怒，便與其相約，說：「如果七日之後還沒有靈驗，我要砍伐你，將你棄置路邊，用火焚燒。」樹神聽到後心生恐懼，便稟告息意天王。天王便帶著樹神，把祂的擔憂告訴了天帝釋。帝釋便用天眼觀察欲界，看到該處沒有能勝任作其子的人，便上告梵王。梵王四處觀望，看到有一梵天即將壽終，便對他說：「你可到閻浮提人間轉世，給尼俱律陀作兒子。」梵天答道：「婆羅門多有邪見，我如果下去轉生，不能給他作兒子。」梵王答道：「那婆羅門宿世有大功德，欲界中的眾生，沒有能夠作他兒子的。你如果命終去轉生閻浮提給他作子的話，我會命令天帝釋來保護你，不使你中道墜落為邪見之人。」梵天說：「那好吧。」帝釋便把這事告訴樹神，樹神又轉告長者說：「不要怨恨，過後七日，必定讓你有兒子。」七日滿了之後，其婦便懷孕了，十月之後便生產了，其子身體黃金色而有光明。相師占卜道：「此兒宿世修福而有大威德。心志才力清明高遠，不貪求俗世雜務，以後如果出家，一定會修得聖道。」父母聽說後又大為憂愁，擔憂兒子出家。兒子到了十五歲，便想要給他娶妻。迦葉聽說後，反覆對父母說：「我志向樂於清淨，不需要媳婦。」父母沒有同意。迦葉又說：「如果非得這樣的話，我不要凡俗的女人，一定要得到身體紫金色，容貌端正無比的女子，才能娶她。」他這樣說是想讓此事不好辦。父母讓手下在國內尋覓，諸婆羅門便為定計策：熔鑄金子作神女，讓其容貌端正，光色微妙，像天人之像。從此國到他國，高聲大喊：「如果有哪位女人見到金神，又禮拜供養的，以後出嫁的時候，會得到好的夫婿。夫婿身體金黃色，容貌姝妙，智慧超眾。」村落和城邑的諸位女子，聽到有人這樣說，沒有哪位不動心的，都出來奉迎，禮拜供養。祇有一女子，她軀體金色，端正姝好，獨處閨房，不肯出來奉迎。諸女子勸道：「所有能看見金神的人，都能如願，你為何獨不出去迎接呢？」她回答道：「我心志閒靜，不喜好別的東西。」諸女子又說：「你雖然無所祈求，暫且去看一下，又有何妨呢？」諸女子便攜帶著她一起出來觀看，金色女的光亮顏色竟然照到金神之上。婆羅門回頭向長者詳細彙報，於是，立即派媒人到該女子家中，表明長者的愿望。女子的父母原先也聽到過迦葉的名聲，接受來者的請求，於是便同意了。該女子聽了，非常憂愁煩亂。父母所逼，事不由己，便嫁給了迦葉。二人相對，各懷其志，雖然已經結為夫婦，但全無半點恩情，便共同發誓：「我和你各睡各的，約定絲毫不能有所接觸。」當時，夫婦倆各處一床。父母聞迦葉夫婦雖然同處一室，卻不同床，其父立即便派人把一床拿走，於是夫婦只好共處一床。其婦又與丈夫相約道：「我睡覺的時候，你要在邊上來回散步走動。」有一次，其婦正在睡覺，一隻手臂垂向地上，有大毒蛇想要咬她。迦葉看到後，心生憐憫。拿衣服裹手，將其拿到床上。其婦立即便驚醒了，大為惱怒，對迦葉說：「我和你有約在先，為何來觸犯我？」迦葉答道：「你的手臂落到地上，毒蛇將要來咬，因此我來救你而並不是有意冒犯啊。」便指著蛇給她看，其婦方纔明白了。於是這對夫婦商議道：「我們為何不出家修道呢？」便辭別父母，一同出家，入山修道。當時有婆羅門，帶領五百弟子，也在此山中。見到迦葉夫婦，便上前追逐跟從。當時迦葉便捨棄其妻子，用五百兩金子，換取白絹的僧衣，別處於一林。其婦便追隨婆羅門，請求成為其弟子。婆羅門的五百弟子，見此女人容貌端正，便日日行欲。女人失去自由，不能忍受，便告訴其師父。師父便為她如戒約束弟子，讓他們節制欲望。迦葉以後遇到了佛出世，聽聞佛法而受其教化，便得羅漢果。他聽說前妻在梵志身邊，便帶她前來拜見佛祖，佛為其說法，便也得阿羅漢，頭髮自落，法服在身，成為比丘尼。她外出遊行教化，正值波斯匿王舉行大法會，諸比丘尼便得以進入王宮，教化諸夫人，讓她們持一日齋戒。王傍晚回宮，命諸夫人前來，諸夫人都說「在持齋戒」，沒有肯前來的。王便大怒，對僕人說：「是誰教諸夫人持齋的？」僕人答道：「是某某比丘尼。」王便喚她前來，令她九十日代諸夫人受淫欲，這都是因為昔日的因緣和誓願所引起的，因此雖然成為羅漢了，也不能避免。

## 憍陳如拘鄰等五人在先得道二緣

（其一出《賢愚經》第一卷，其二出《賢愚經》第四卷）

佛在迦毘羅衛國，尼拘盧陀僧伽藍❶。諸釋問佛：「憍陳如❷等，宿有何緣？如來出世，法鼓初振，最先得聞；甘露始降，便蒙沾澤？」異口同音稱讚無量。比丘聞之，以事白佛。佛言：「非獨今日先度五人，我於久遠亦濟此等。以身為船，救彼沒溺，全其生命。吾今成佛先拔濟之。」比丘白佛：「此事云何？」佛言：「過去閻浮提，波羅柰國，王名梵摩達。時有薩薄❸，名勒那闍耶，遊外林間，見有一人，涕泣悲切，以索繫樹，以頭入羅，自殺取死，便前問之：『汝何以爾？』喻今捨索。報言：『貧窮負債，債主剝奪，日夜催切，天地雖曠，容身無處，故避此苦。』爾時薩薄，即語之曰：『卿但自釋，所負多少，悉代汝償。』作是語已，彼人便休，歡喜踴躍，隨從薩薄俱至市中。宣令一切云：『欲償債。』時諸債主，競共雲集，來者無限，空竭其財，猶不畢債。妻子窮凍，乞丐自活。時有眾賈，勸進薩薄，欲共入海。即答之曰：「我今窮困，無所復有，何緣得從？」眾人報言：『我等眾人，凡有五百，出錢開分，共辦船具。』眾人投合，獲金三千兩。薩薄以金千兩辦船，千兩辦糧，千兩用待船上所須，餘給妻子。便於海邊，施作大船，船成馳去。便於道中，卒遇黑風，破碎船舫，眾人無依。中有五人，共白薩薄：『依汝來此，今當沒死，危險垂至，願見拔度。』薩薄答曰：『吾聞大海，不宿死屍，汝等今者，悉各捉我，我當殺身以濟爾厄。』誓求作佛，後成佛時，當以無上法船，度汝生死。』作是語已，以刀自刎。命斷之後，海神起風，吹至彼岸，得度大海皆獲安隱。欲知爾時勒那闍耶者，今我身是；時五人者，拘鄰❹等是。」

【章　旨】記佛前身為商主，名叫勒那闍耶，曾傾其所有為負債累累的窮人還債，後與眾商人一起入海經商，海上風雲突變，眾人命在旦夕，勒那闍耶為救濟他人而拔刀自殺。

【注　釋】❶僧伽藍　梵文 Saṃghārāma 音譯的略稱。意為眾園或僧院，即僧眾居住的庭園。後因稱佛寺為伽藍。❷憍陳如　佛最初所度的五比丘之一。今稱憍陳那，又稱拘鄰。為尊者之姓。❸薩薄　Sabaean 的對音，即古代阿拉伯半島西南部 Saba 地區的居民，以善於航海及經商著稱。一說，來自梵文 Sarthavaha，意為商主。❹拘鄰　即憍陳如。

【語　譯】佛在迦毘羅衛國，尼拘盧陀寺院。諸位出家人想問佛說：「憍陳如等人，宿世有何因緣？如來出世，法鼓初振之時，最先得聞佛的教誨；甘露始降時，便蒙受恩澤？」他們異口同聲稱讚無量。比丘聽說之後，將此事告訴佛。佛說：「不僅僅今日先度此五人，我於久遠之時就已救濟他們。以身作船，救他們於沉溺之間，保全其性命。我如今成佛也先拯救他們。」比丘對佛說：「此事怎講？」佛說：「過去在閻浮提，有波羅柰國，國王名叫梵摩達。當時有一商主，名叫勒那闍耶，遊玩於外林間時，見到有一人，悲切地哭泣，用繩索繫於樹上，把頭伸進圈套裡，將自殺尋死，便上前問道：『你為何要這樣做呢？』開導並讓他捨棄上吊。此人回答道：『貧窮而負債，債主強行索取，日夜催逼，天地雖大，無處容身，因此要逃避此等苦難。』當時，商主便對他說：『你只管放心，你欠多少，我全都替你償還。』說完此話，那人便不再尋死覓活了，於是歡欣喜悅，跟隨商主一起到集市。商主對所有債主說：『我要還債了。』諸多債主，便競相雲集，來者無數，商主傾其所有，仍然不能還清債務。其妻子兒女貧窮而挨凍，靠乞討為生。當時有眾多商人，勸商主一同入海經商。他回答道：『我如今窮困潦倒，一無所有，怎麼能跟你們前去？』眾人回答道：『我等眾人，共有五百，出錢按比例分攤，一同來備辦船上用具。』眾人投股合資，獲三千兩金子。商主用千兩黃金辦船，千兩辦糧食，千兩用於船上所需，其餘的給了其妻子。便到海邊，開始造作大船，船作成後便起航了。在航行的途中，突然遇到黑風，擊破了船隻，眾人無所依靠。其中有五人，一起對商主說：『我等追隨你而來此，如今即將沉沒而死，危險馬上就要來了，希望得到您的拯救。』商主回答道：『我聽說大海之中，不停留死屍，你們如今一起抓住我，我將要殺身而來救濟你們。我發誓要成佛，成佛之後，將以無上法船，來將你們救出生死大海。』說完此話，便拔刀自刎。命斷之後，海神起風，將船吹到彼岸，大家都平安地渡過了大海。要知道那時的勒那闍耶，就是我；當時的五個人，是憍陳如等五人。」

佛在羅閱祇竹園中，阿難又以問佛：「阿若憍陳如❶伴黨五人，宿有何緣？法鼓初震，獨先得聞？」佛言：「先世之時，食噉我肉致得安隱，是故今日先得法食❷，用致解脫。過去劫時，此閻浮提有大國，王名曰設頭羅健寧，領閻浮提八萬四千國。有火星現，相師白王：『當旱。』天遂不雨，經十二年。王大憂愁，計現民口，筭❸數倉庫，一切人民，日得一升，猶尚不足，死亡者眾。王自念曰：『當設何計，濟活人民。』即立誓言：『今此國人，飢羸無食，我捨此身，願為大魚，以我身肉充濟一切。』即上樹端，自投於地，即時命終，於大河中為化生魚，其身長大五百由旬。時有木工五人，各齎斤斧往至河邊，規斫林木。魚曰：『汝等須食，來取我肉，飽齎還去，後成佛時，當以法食濟脫汝等。汝告國人，須食者來。』五人歡喜，具如其語，語於國人，展轉相報，遍閻浮提悉皆來集，噉食其肉。一脅肉盡，即自轉身，復取一脅，食盡還生。如是翻覆，恆以身肉給濟一切。經十二年，其諸眾生食肉者，皆生慈心，命終生天。時設頭羅健寧王者，則我身是；時五伐木人，憍陳如等是；其諸人民後食肉者，今八萬諸天，及諸弟子得度者是。」

【章　旨】記往昔閻浮提內遭到大旱災，人民無法活命，當時，佛為大國王，便化身為大魚，以供眾人食用。

【注　釋】❶阿若憍陳如　五比丘之上首。阿若為名，憍陳如為姓。❷法食　佛教語。謂僧侶依法制所用之食。又以法為食，長養慧命，亦稱法食。❸筭　同「算」。計算。

【語　譯】佛在羅閱祇竹林中，阿難又問佛道：「像憍陳如夥伴等五人，宿世有何等因緣？以至於法鼓初震之時，僅有他們而先得以聽聞法音？」佛說：「先世之時，他們食用我肉才得以平安，因此今日也先得到法食，並因此而得以解脫。過去劫時，此閻浮提中有大國，國王名叫設頭羅健寧，統治著閻浮提八萬四千個國家。當時有火星出現，占卜之人對王說：『將有旱災。』天便不降雨，一直過了十二年。王甚為憂愁，按當時的人口和倉庫中的存糧計算，所有人民，每日撥得一升，尚且不足，故死亡者甚多。王想道：『應想什麼辦法，才可以救活人民呢。』便立下誓言說：『如今此國之人，飢餓羸弱而缺乏糧食，我願捨棄此身，變成大魚，用我身上之肉救濟一切人民。』便上樹端，自投於地，立即便命終了，便到大河中化為活魚，其身長為五百由旬。當時有木工五人，各自攜帶斧頭來到河邊，想要砍伐林木。魚說：『你等需要食物的話，來拿我的肉，讓你們吃飽了再回去，以後我成佛時，將以法食來拯救你們。你們告訴國人，需要食物的人趕快前來。』五人歡喜，全如魚所說告訴國人，國人展轉相報，全閻浮提的人民都前往該處，食用魚肉。一邊胸部的肉吃盡了之後，便自動轉身，再拿另一胸部的肉給他們吃，吃完了之後又生了出來。這樣翻來覆去，常用身上之肉救濟一切。過了十二年，所有食肉的眾生，都產生了慈悲之心，命終之後轉生天上。當時的設頭羅健寧王，就是我；那時五位伐木人，就是憍陳如等；諸位食肉的人民，是如今的八萬諸天，以及諸位得度的弟子。」

（出《舊譬喻經》下卷）

## 阿那律端正或謂是女欲意往向自成女人

阿那律已得羅漢，有美顏容，似於女人。獨行草中，時有年少見之，謂是女人，邪心既動，欲往犯之。知是男子，自視其形，變成女人，慚愧鬱毒❶，自放深山，遂不敢歸。經踰數年，其家妻子，生不知處，謂已死亡。阿那律行分衛往至其家。婦人涕泣，自說其夫不歸，乞與福力，使得生活。阿那律默然不應，有哀念故，乃至山中，求與相見。此人便悔過自責，其身還成男子，遂得歸家，家室相見也。

【章　旨】記阿那律容顏美麗，有一青年以為他是女子，便起了淫欲之心，想要強暴他，不料自身變成了女子。於是，羞愧難當，自我放逐於深山之中，爾後悔過自責，便又變回為男子。

【注　釋】❶鬱毒　憂愁；怨恨。

【語　譯】阿那律已得羅漢果，其容顏美麗，好像女人一般。單獨在草叢中行走，當時有少年看見了，以為是女人，邪惡之心即起，想前去強暴他。後纔得知他是男子，看看自己的形體，已經變成了女人，於是羞愧難當，憂愁不已，自我放逐於深山，不敢回家。過了數年，家中的妻子兒女，不知其身在何處，以為他已死亡。阿那律化齋到了其家。婦人痛哭流涕，向他說了其夫不歸的事情，乞求他給予福德之力，使丈夫得以活命。阿那律默然不語，因為心存哀念，便到了山中，請求與其相見。此人便悔過自責，其身又變為男子，於是得以回家，與妻子相見。

## 阿那律等共化跋提長者及姊

（出《彌沙塞律》第三〇卷）

阿那律、大迦葉、目連、賓頭盧❶共議：「今王舍城，有不信樂❷佛法僧者，我等當共令其信樂。」作是議已，遍觀遠近，唯見跋提長者，及其姊不信三寶。上三聲聞❸言：「能化跋提。」時彼長者作七重門，有三部伎❹，若欲食時，七門皆閉，一食作一部伎。阿那律於其食時，在其前乞。長者問言：「從何處入？」答：「從門入。」即問守門，「門閉如故，不見人入。」長者便以一片麻餅，著其鉢中，得已即去。於後食時，迦葉復乞，亦復如是。得一片魚，著其鉢中。其婦問言：「意謂比丘不能得而來乞耶？」答言：「如是。」婦言：「前來比丘名阿那律，釋種之子，捨三時殿❺、五欲❻之樂，出家學道。後來比丘是畢波羅延摩納大姓之子，捨九百九十田宅犁牛，出家學道。湣念君故來乞食耳。」長者聞已，內懷敬伏。於是目連，飛空說法，示教利喜❼。即於座上，遠塵離垢，得法眼淨，見法得果，即受歸戒。上三聲聞語賓頭盧：「我等今者，已化跋提，今其信法，汝今宜行次❽化其姊。」時賓頭盧晨朝持鉢往到其舍，時長者姊手自作餅，忽見來乞，便語之言：「不與汝。一心視鉢，欲以何為？」賓頭盧便身中煙出。復語言：「舉身煙出，亦不與汝。」賓頭盧便舉身火然。復語言：「舉身火然亦不與汝。」賓頭盧便飛騰虛空。復語言：「飛騰虛空亦不與汝。」賓頭盧便倒懸空中。復語言：「倒懸空中亦不與汝。」賓頭盧作是念：「世尊不聽我等強從人乞。」便自出去。王舍城不遠有大石，賓頭盧坐其上，合石飛入王舍城。城中人見，皆大怖懼，恐石落地，莫不馳走。至長者姊上，便住不去。彼見是已，即大恐怖，白言：「願施我命，反石於先，我當與食。」賓頭盧便持石還著故處，至其前住。長者姊作是念：「我不能以大餅施之，當更作小者與之。」便作小丸，輒反成大，如是三反，轉大於前。乃作念言：「我欲作小皆反成大，我今便可趣與一餅。」即以一餅而授與之，諸餅相連，並至餅器，以手捉器，手亦著之。便語賓頭盧言：「汝若須餅，盡以相與，全出與不惜，何須我為，而今我手著？」答言：「我不須餅，亦不須器，亦不須汝。我等四人共議，度汝及弟二人，已化汝弟，我應度汝，所以爾耳。」問言：「今欲令我何所施作？」答言：「姊妹可戴此餅，隨我施佛，及千二百五十比丘，皆悉飽滿，猶故不盡。」持往白佛：「我此少餅，供佛及僧，皆悉飽滿，猶故不盡，今當持此著於何處？」佛言：「可著無生草地，若無蟲水中。」彼女人便持，著無蟲水中。水沸作聲，如以熱鐵投于小水，便生恐怖，還至佛所。佛為說法，得法眼淨，即受歸戒，如弟子無異。諸長老等以是白佛，佛即訶責諸比丘：「從今不聽復現神足。」

【章　旨】記阿那律、大迦葉、目連、賓頭盧共同商議，想令王舍城中不信仰佛教的人全都信仰佛教。當時城中只有跋提以及其姐不信三寶。阿那律、大迦葉、目連三人通過乞食、說法等方法使跋提皈依三寶。賓頭盧上跋提姐家乞食而不得，便以神力使其驚畏而皈依，最終使其得法眼淨。

【注　釋】❶賓頭盧　梵名Pindola，為佛弟子，十六羅漢之一。❷信樂　聽聞佛法後產生信仰，進而產生以佛法為樂之心。❸上三聲聞　指阿那律、大迦葉、目連三位上首聲聞弟子。❹三部伎　三個樂隊。伎，伎樂。❺三時殿　佛經中稱淨飯王為太子築暖殿以避隆冬，涼殿以避夏暑，中殿以擬春秋，合稱「三時殿」。❻五欲　佛教謂色、聲、香、味、觸五境生起的情欲。亦謂財欲、色欲、飲食欲、名欲、睡眠欲等五種欲望。❼示教利喜　佛陀說法教化之四種次第。示謂顯示其義，如示人善與不善；教謂教導眾生捨惡行善；利謂眾生未得善法時，為免其心退，勸導他們勤苦修行，則可得法味大利益；喜謂隨眾生所行而讚歎之，使其心喜。❽行次　次序。

【語　譯】阿那律、大迦葉、目連和賓頭盧共同商議：「如今王舍城中，有不信樂佛法僧三寶的人，我等應共同令其信樂並喜愛佛法。」商議完畢後，遍觀遠近，祇見跋提長者和其姐姐不信奉三寶。前面三位聲聞菩薩說：「我們能化度跋提。」當時那長者家裡造了七道門，家有三組樂隊，如果要用餐時，七門都關閉，一餐用一個樂隊演奏。阿那律在長者用餐時，在其面前乞討。長者問道：「從何處進來的？」答道：「從門而入。」長者便問守門者，守門者答道：「門關閉如故，不見人進來。」長者便把一片麻餅放在阿那律鉢中，阿那律得到後便離開了。後來用餐時，迦葉又來乞討，情況和先前一樣。迦葉得到一片魚，並放在其鉢中。其妻子問道：「你是否以為比丘不能得到食物而來乞討呢？」長者答道：「確實如此。」其妻子說：「前次來的比丘叫阿那律，釋迦族人，捨棄三時殿和五欲之樂，出家學道。後來的比丘是畢波羅延摩納大姓之子，捨棄九百九十田地房屋和耕牛，出家學道。因為憐憫你、想度化你的緣故前來乞食。」長者聽說後，心懷崇敬佩服之意。在這時候，目連飛到空中說法，用示教利喜四種次第說法教化。長者便在座上，遠離塵垢，得法眼淨，並且看見了佛法得到其果，即受三歸五戒。前面的三位聲聞菩薩對賓頭盧說：「我等如今已化度跋提，令其信法，如今你應當依次化度其姐。」那時，賓頭盧從早晨便持鉢前往其家，當時長者姐姐親自在做餅，忽然看見有人來乞討，便對他說：「不給你。一心看鉢，想要做什麼？」賓頭盧便身中出煙。她又說道：「全身出煙，也不給你。」賓頭盧便全身燃火。她又說：「全身火燒也不給你。」賓頭盧便飛騰到空中。她又說：「飛騰到空中也不給你。」賓頭盧便倒懸於空中。她又說：「倒懸在空中也不給你。」賓頭盧想道：「世尊不允許我等強行向他人乞食。」便離開了。王舍城外不遠處有大石頭，賓頭盧坐在石頭上，和石頭一起飛入王舍城。城中人見了，都大為恐懼，擔心巨石落地，沒有不飛奔而逃的。到了長者姐姐頭頂上，便停住不走了。她見到這種情況，便大為恐懼，說：「希望能夠饒我性命，將石頭放回到原來的地方，我將給你食物。」賓頭盧便把石頭放回原處，到她前面而停下來。長者姐姐想道：「我不能拿大餅施捨，應做小的給他。」便做了小餅，結果立即便變成大的，這樣做了三次，更加大於前頭的餅。便這樣想道：「我想做小的都反而變成大的，我如今趕緊給他一個餅。」便拿一餅給他，所有的餅和做餅的器具，都連在了一起，用手拿器具，手也連在上面了。便對賓頭盧說：「你如果需要餅的話，全部給你，我都不吝惜，何必要我而使我的手連在上面呢？」賓頭盧答道：「我不需要餅，也不需要器具，也不需要你的施捨。我等四人共同商議，化度你們姐弟二人，已化度你的弟弟了，我應化度你，如此而已。」姐姐問道：「如今想令我做何等施捨？」賓頭盧答道：「姐妹你可頭頂此餅，隨我來施捨給佛，以及一千二百五十比丘，讓他們全都吃飽，你的餅仍然沒有施捨完。」她便拿餅前往對佛說：「我這裡有少數餅，供奉佛和僧，讓你們全都飽滿，仍然沒有施捨完，如今應當拿這些餅放在何處？」佛說：「可放在不長草的地方和沒有蟲的水中。」那女人便拿餅，放在沒有蟲的水中。水沸騰有聲，如同拿熱鐵投於水中，便心生恐怖，回到佛所。佛為其說法，得法眼淨，即接受三歸五戒，和佛門弟子無異。諸長老等把以前的事情告訴了佛，佛便訶責諸比丘，說：「從今以後度人不准再使用神通。」

# 卷第一四

## 聲聞無學第二僧部第三

【題解】本部輯錄了有關舍利弗、目連兩高僧的故事。這些故事講述了舍利弗化度人蟒、先佛涅槃；以及目連為母造盆，降伏化度龍王等非凡的經歷，也向我們展現這兩位高僧的高貴品格。

### 舍利弗化人蟒令生天上

（出《譬喻經》第九卷）

昔舍衛國一日雨血，縱廣四十里。王與群臣咸大驚怪，即召諸道術及知占候，使推為吉凶。占者對曰：「舊記有云：雨血之災，應生人蟒毒害之物。宜推❶國內彰別❷災禍。」王曰：「何以別知？」占師曰：「是為人蟒，難可別知。誡敕國中：有新生小兒，即悉皆送來。以一空盆，使眾兒唾中。中有一兒，唾即成火焰。當知此兒正是人蟒。」議曰：「此不可著人間，即徙置閑隱無人之處。國中有應死者可送與之。」人蟒吐毒殺人如是，前後被毒所殺七萬二千人。後有師子來出，震吼之聲，四千里內人物懾伏❸，周流暴害❹莫能制禦。於是國王即募國中能卻師子者，與金千斤封一大縣，無有應者。眾臣白王：「唯當有人蟒能卻。」敕使往喚人蟒，人蟒逢見師子至，往住其前，毒氣吹師子即死，國致清寧。後時人蟒年老得病，命將欲終。佛憫其罪重，一墮惡道，無有出期，告舍利弗：「汝往訓之，使脫重殃。」舍利弗便忽住其前，蟒大隆怒，念曰：「吾尚未沒，為人所易，無所啟白，徑來我前？」便放毒氣，謂能害之。舍利弗以慈慧攘卻，光顏舒懌，一毛不動。三放毒氣而不能害，即知其尊，意解善生，更以慈心，上下七反視舍利弗。舍利弗便還精舍，吸氣人蟒終於其日，即天地大動，極善能動天地，極惡亦能動。時摩竭王，即詣佛所，稽首於地，問世尊曰：「人蟒命終當趣何道？」佛言：「今生第一天上。」王聞佛語，怪而更問佛言：「大罪之人，何得生天？」佛言：「以見舍利弗，慈心七反上下視之，因是之福，生第一天，福盡當生第二天上，至七反以後當得辟支佛而般涅槃。」王白佛言：「七萬二千人罪不復償耶？」佛言：「末後作辟支佛時，身當如紫磨黃金。時當在道邊樹下坐定意，時當有大軍眾七萬餘人，遇見辟支佛謂是金人，即取斫破，各各分之。肉墮手中，視之是肉，皆還聚置而去，因是般泥洹。今世之罪乃爾薄償便畢。」佛告王：「遇善知識❺者，山積之罪可得消滅，亦可得道。」

【章　旨】記舍衛國有一人蟒，前後毒殺七萬二千人，即將命終之時，因看見舍利弗身顯大威力，便發慈心，於是，壽終之後便轉生天上。

【注　釋】❶推　推究。❷彰別　揭示。一本作障別，防範。❸慴伏　亦作「慴服」。因畏懼而屈服。❹暴害　猶禍害。❺善知識　善友，後泛指高僧。

【語　譯】往昔舍衛國一天清晨下血雨，綿延四十里。王與群臣都大為驚訝，便召集諸位道士以及占卜者，讓他們推測是吉是凶。占卜者回答道：「以前的相書說：血雨之災，會產生人蟒毒害之物。應當推究國內的事物來揭示災禍。」王說：「應該用何物來辨別？」占卜者說：「這是人蟒，難以辨別。應敕令國內：有新生小兒，便立即都送來。用一空盆，使眾兒吐唾沫於其中。其中有一小兒，一吐唾沫便成火焰。當知這個小兒正是人蟒。」眾人議論道：「這人蟒不可留在人間，應立即將其移放到荒涼無人之處。國中有應該死的人可送給牠。」人蟒吐毒殺人，前後被毒所殺達七萬二千人。後有獅子出沒，震吼之聲，使四千里內的人和動物聽得膽戰心驚無不屈服，禍害四處而沒有誰能制禦得了。於是國王便招募國中能抵禦獅子的人，以黃金千斤和分封一大縣作為報酬，沒有人回應。眾臣對王說：「只有人蟒能制服牠。」便命令使者前往召喚人蟒，人蟒看見獅子來了，便到其面前站立，用毒氣一吹，獅子倒地便死，國中恢復了清淨和安寧。後來人蟒年老得病，即將命終。佛憐憫其罪惡深重，一旦墜入惡道，便永無出頭之日，於是，對舍利弗說：「你前往訓導牠，使牠脫離深重的災禍。」舍利弗便忽然站立在牠面前，蟒大為惱怒，心想：「我尚未死，卻為他人所左右，還沒有預先通知我，而徑直來到我面前？」便放出毒氣，以為能毒死他。舍利弗以仁慈聰慧抵擋毒氣，紅光滿面，舒暢喜樂，紋絲不動。人蟒三次放出毒氣而不能害他，便知道其尊貴，於是，敵意化解而善心生，更用慈心，上下七回瞻視舍利弗。舍利弗便回到精舍，吸氣入蟒在該日命終，天地為之大動，極善能驚動天地，極惡也能驚動天地。當時，摩竭王便到佛處，叩頭至地，問世尊道：「人蟒命終當趣向何道？」佛說：「如今轉生到第一天上。」王聽到佛的話，奇怪地又問道：「大罪之人，怎能轉生天上？」佛說：「因為牠見舍利弗後，用慈心七回上下瞻視，因為這等福德，轉生第一天，福盡身亡後當轉生第二天上，這樣經歷七次生生死死以後，將得辟支佛而般涅槃。」王對佛說：「他傷害七萬二千人的罪行不用償還了嗎？」佛說：「他在最後作辟支佛時，身體呈紫磨黃金色。即時將坐在路邊樹下定心，當時將有一支七萬餘人大軍隊，遇見辟支佛以為是金人，便上前劈斬剖分，想各自分得一份。拿在手中一看，原來是人肉，都回頭將其放在一起而離去，因此他便般涅槃了。今世之罪行這樣纔償還完畢。」佛對王說：「遇見了高僧，即使是堆得像山一樣高的罪也能消除，也可得道。」

（出《賢愚經》第五卷）

## 舍利弗先佛涅槃

佛告阿難：「得四神足❶者，能住壽一劫。如來今者當壽幾許？」如是至三，阿難為魔所迷，默然不對。又告阿難：「汝可起，去靜處思惟。」即起至林中，時魔波旬來至佛所，白言：「世尊，處世教化，度人周訖，蒙脫生死，數如恆沙，時年又老，可入涅槃。」即告魔言：「卻後三月，當般涅槃。」波旬聞說，歡喜而去。阿難睡夢，見有大樹普覆虛空，一切群萌❷靡不蒙賴。旋風卒起，吹激其樹，滅於力士所住之地。一切群生，莫不悲悼。阿難驚覺，怖不自寧。思惟所夢：

「將無世尊欲般涅槃？」來至佛所，而白佛言：「我向所夢如斯之事，將無世尊欲般涅槃？」佛告阿難：「如汝所言，吾後三月當般涅槃。我向問汝，若有得四神足者，能住壽一劫，吾四神足極能修善。如是滿三，而汝不對。魔來勸我，當取涅槃，吾以許之。」阿難悲慟，不能自持。其諸弟子展轉相語，各懷悲仰來至佛所。「誰得常存？我為汝等應作已作，應說已說，汝等但當勤修精進，何為憂慼？」舍利弗聞佛涅槃，深懷歎慼：「不忍見世尊而取滅度，今欲在前而入涅槃，唯願世尊當見聽許。」如是至三。世尊告曰：「宜知是時，一切賢聖皆當寂滅。」舍利弗即整衣服，三業供養❸，卻行❹而去。將沙彌均提詣羅閱祇，至本生城，即敕均提：「汝往入城及至聚落，告國王大臣、舊故知識、諸檀越輩來共取別。」均提宣告：「和上舍利弗將般涅槃，諸欲見者宜可時往。」阿闍世王及諸四輩各自馳奔，舍利弗如是種種，廣為諸人隨病投藥。眾會有得初果乃至三果，或有出家成阿羅漢者，復有誓心求佛道者。聞說法已，作禮而去。於後夜分，正身正意繫心在前，入於初禪。從初禪起入第二禪。如是次第入滅盡定❺，從滅定起而般涅槃。時天帝釋與多天眾來至其所，讚歎供養。帝釋又敕毘首羯摩：合集眾寶，莊嚴高車，送平博地。敕諸夜叉：往大海邊取牛頭栴檀積為大積，安身在上，蘇油灌之，放火闍維❻。火滅之後，均提拾取舍利，盛著鉢中，攝其三衣，擔至佛所。阿難悲悼言：「法輪大將已取涅槃，我何憑怙❼？」佛曰：「其雖滅度，五分法身❽亦不滅也。」

【章旨】記佛臨涅槃時，舍利弗不忍見其涅槃，便在佛之先而取涅槃。

【注釋】❶四神足　又名四如意足，即用四種定力攝心，使定慧均等，神力充沛，所願皆得。欲神足是欲望成就，勤神足是精進無間，心神足是一心正念，觀神足是心不馳散。❷萌　通「氓」。老百姓。❸三業供養　一為身業供養，即身體至誠禮敬；二為口業供養，即口至誠讚歎功德；三為意業供養，即意至誠想念相好。❹卻行　倒退而行。❺滅盡定　滅盡六識心、心所而不使起之禪定，屬於第四禪。❻闍維　巴利文 jhāpita 的音譯。指人死後火化。❼憑怙　依賴；依靠。❽五分法身　指大小乘最高悟境之佛與阿羅漢所具備的五種功德，即戒、定、慧、解脫、解脫知見。

【語譯】佛對阿難說：「得四神足的人，能長壽一劫。如來我如今能有多長壽命？」佛再三這樣問道，阿難為魔所迷惑，默然不回答。佛又對阿難說：「你可起來，去靜處思惟。」阿難便起立至樹林中，此時魔王波旬來到佛處，說：「世尊，您處世教化，度人周偏，脫離生死的人，多如恆河沙子，您年事又高，可以圓寂了。」佛便對魔王說：「此後三月，當般涅槃。」波旬聽說後，歡天喜地地離去。阿難在睡夢中，見到有一大樹覆蓋天空，一切人民百姓沒有不蒙受其蔭庇的。突然刮起旋風，吹蕩其樹，樹便在力士所住之地而死亡。一切眾生，沒有不悲傷哀悼的。阿難從夢中驚醒，恐懼不安。回憶起夢境，便想道：「難道是世尊將要般涅槃了嗎？」他來到佛處，對佛說：「我剛纔所夢這樣的事情，難道暗示著世尊您將要般涅槃了嗎？」佛對阿難說：「正如你所言，我在三月後將般涅槃。我先前問你，如有得四神足者，能長壽一劫，我的四神足極能修善，將會有多長的壽命。再三這樣問你，而你卻不回答我。魔王來勸我，讓我涅槃，我已經答應了他。」阿難悲慟，不能自持。其各位弟子展轉相告，各懷悲仰之情來到佛處。佛說：「誰能常存於世呢？我為你們該做的已經做了，該說的也已經說了，你們只要勤修精進便可，為何要悲傷呢？」舍利弗聽到佛將涅槃的消息，深懷感歎，說：「不忍見世尊滅度，我如今想要在您之前而入涅槃，但願世尊能允許我這樣做。」再三這樣請求。世尊對他說：「你應當知道到一定的時候，一切聖賢都將寂滅。」舍利弗便整理衣服，對著世尊而行三業供養，倒退著離開。他帶著沙彌均提羅到羅閱祇的本生城，便命令均提說：「你到城中和各村落，告訴國王大臣、新朋故交、以及各位施主一同前來與我告別。」均提宣告道：「導師舍利弗將般涅槃，諸位想相見的人都可盡快前往。」阿闍世王和諸比丘、比丘尼、優婆塞、優婆夷等四輩出家在家之男女各自馳奔，舍利弗對種種前來的人，廣為眾人應病與藥。會眾中有得小乘聲聞修行初果乃至得三果的，或有出家成阿羅漢的，也有發誓心求佛道的。眾人聽完了說法，便作禮而離去。舍利弗於深夜時分，直身意無邪念而心有寄託，入於初禪。從初禪起又進入第二禪。這樣依次進入滅定，又從滅定起而般涅槃。此時，天帝釋與眾多天人來到其處，對他讚歎供養。帝釋又命令毘首羯摩：聚集眾寶，裝飾高大的車，將其送到平坦廣博之處。又命令諸夜叉：前往大海邊取牛頭檀香積為大堆，將舍利弗的身體安放在上，灌上蘇油，放火焚化。火滅之後，均提拾取舍利，盛放於鉢中，又拿了舍利弗的大衣、上衣、內衣等三衣，將其挑至佛處。阿難悲傷地說：「法輪大將軍已經涅槃，我還能依賴誰呢？」佛說：「他肉身雖然滅度了，但其法身具有的五種功德卻是不滅的。」

舍利弗過去世時，亦不堪忍見於我死，而先我前死。阿難白佛：「不審往昔先前取死其事云何？」佛告阿難：「過去久遠不思議劫，此閻浮提有一國王，名旃陀婆羅脾（梁言月光），王有二萬夫人婇女，其第一夫人名須摩檀；一萬大臣，其第一者名摩旃陀；王有五百太子，最大太子名曰尸羅跋陀。王所住城名跋陀者婆，其城縱廣四百由旬，周匝凡有百二十門。設大檀施❶，隨眾所須，盡給與之。並復告下八萬四千諸小國土，悉令開藏給施一切。眾臣如教，即豎金幢❷，擊於金鼓，廣布宣令，謄❸王慈詔，遠近內外，咸令聞知。於時國內沙門婆羅門、貧窮孤老有乏短者，強弱相扶，集如雲雨，稱意與之，閻浮提民蒙王恩澤。有一小國，其王名曰毘摩斯那，聞月光王美稱高大，心懷嫉妒，寢不安席。即自思惟：『月光不除，我名不出，當設方便❹。』請諸道士，募求諸人。婆羅門言：『王有何憂？當見告語。』王言：『彼月光王名德遠著，一切承風❺；我獨卑陋，無此美稱，願得除之，作何方便？』婆羅門言：『月光慈惠，澤潤窮厄，如民父母，我等何心從此惡謀？寧自殺身不能為此。』即各罷散，不顧供養。時毘摩斯那益增愁憒，即出廣募，周遍宣令：『誰能為我得月光頭，分國半治，以女妻之。』爾時山脅有婆羅門，名勞度差，來應王募。王甚歡喜，重語之言：『苟能成辦，不違信誓。若能去者，當以何日？』婆羅門曰：『辦我行道糧食所須，卻後七日便當發引❻。』時婆羅門作呪自護，七日已滿，便來辭王。王給所須，進路而去。時月光國豫有變怪，八萬四千諸小國王皆夢大王金幢卒折、金鼓卒裂。大月大臣夢鬼奪王金冠，各懷愁憂不能自寧。時城門神知婆羅門欲乞王頭，遮不聽入。時婆羅門繞城數匝，不能得前。首陀會天知月光王以此頭施於檀得滿，便於夢中而悟王言：『汝誓布施，不逆眾心。乞者在門，無由得前。欲為施主，事所不然。』王覺愕然，即敕大月：『汝往詣門，敕勿遮人。』大月大臣往到城門，時城門神即自現形，白大月言：『有婆羅門從他國來，懷挾惡心，欲乞王頭，是以不聽。』大臣答曰：『是為大災，然王有教，理不得違，當奈之何？當作七寶頭各五百枚，用貿易之。』即敕令作。時婆羅門徑至殿前，高聲唱言：『我在遐方，聞王功德，一切布施，不逆人意，故涉遠來，欲有所得。』王聞歡喜，迎為作禮問訊：『行道不疲極❼耶？隨汝所願。』婆羅門言：『一切外物，雖用布施，非我所須。我故遠來，唯乞王頭。若不辜逆❽，當見施與。』王聞是語，踴躍無量。婆羅門言：『若施我頭，何時當與？』王言：『卻後七日，當與汝頭。』

【章旨】記過去久遠不思議劫時，閻浮提有一國王，名叫旃陀婆羅脾，功德淳厚，喜好布施，聞名遐邇。另有一小國，其王名叫毘摩斯那，對旃陀婆羅脾王的名聲心懷嫉妒，於是，便重金懸賞來謀害他，當時，有一婆羅門應召前往，想要殺害旃陀婆羅脾王。

【注釋】❶檀施　布施。❷金幢　金銀寶貝做的幢竿。幢，用同「橦」，即旗竿。❸謄　抄寫；過錄。❹方便　計謀。❺承風　接受教化。❻發引　啟程；出發。❼疲極　疲倦。❽辜逆　辜負。

【語譯】佛說舍利弗在過去世時，也不能忍心見我死而先我而死。阿難對佛說：「不知道往昔舍利弗先於您而死的事是怎麼樣的？」佛對阿難說：「過去久遠不可思慮言說劫時，此閻浮提有一國王，名叫旃陀婆羅脾（梁翻譯為月光），王有二萬夫人宮女，其第一夫人名叫須摩檀；王有一萬大臣，其第一大臣名叫摩旃陀；王有五百太子，最大太子名叫尸羅跋陀。王所住城市名為跋陀耆婆，其城長寬四百由旬，四周共有一百二十扇門。王安排大布施，隨眾人所需，盡量供應滿足他們。並告下屬八萬四千餘個小國，命令他們全都開倉布施一切。眾臣聽從國王的教導，便豎立起金寶做的幢竿，擊起了金鼓，廣泛宣令國王的意志，抄寫國王仁慈的詔書，令遠近內外的人民，都知道此事。當時國內的沙門、婆羅門、貧窮孤老有所短缺之人，強弱相扶，雲集雨聚，稱心如意地施與，閻浮提人民蒙受大王的恩澤。有一小國，其王名叫毘摩斯那，聽說月光王美名遠揚，心懷嫉妒，寢不安席。便想道：『月光王不除，我名聲不出，應當設計謀。』於是，他便請來諸位道士，募求眾人為其出主意。婆羅門說：『王有什麼憂愁？可告訴我。』王說：『那月光王名德遠揚，一切人民接受教化；我卻獨顯卑陋，沒有此等美稱，希望能除掉他，應當用什麼樣的辦法？』婆羅門說：『月光王仁慈，恩澤惠及窮困之人，如百姓父母一般，我等因何居心而要出如此惡毒的計謀？我們寧可自殺也不能做這樣的事。』王便驅逐他們而不再供養。那時毘摩斯那便更加憂愁煩惱，立即廣為召募，周徧宣令：『誰能為我得月光王之頭，將分一半國家給他治理，並把女兒嫁給他。』當時，山腰上住著一個婆羅門，名勞度差，來應王的召募。王甚歡喜，再三對他說：『假如能成功，我將不違背誓約。』如果能去的話，將在哪一天？』婆羅門說：『為我準備行道時所需的糧食，此後七日便當啟程。』當時，婆羅門作咒語自我保護，七日已滿，便來跟王告辭。王給予所需之物，他便出發了。那時，月光國預先有著要發生變異的徵兆，八萬四千位小國王都夢到大王金寶之幢竿突然折斷、金鼓突然破裂。大月大臣夢見有鬼奪了大王的金冠，人們各懷愁憂不能安寧。當時，守城門之神知道婆羅門想要索取大王之頭，便阻攔著不讓他進入。婆羅門繞城數周，不能進去。首陀會天得知，月光王施捨此頭的話，他的布施之德便圓滿了，便託夢給大王說：『你曾發誓要布施，不違背眾人之心。今有乞者在城門，不能得前。如果你想要作施主的話，事情不應是這樣的。』王醒來後感到很是驚愕，便命令大月大臣：『你前往城門處，命令他們不得阻攔他人。』大月大臣來到城門，那時城門神便現形了，對大月大臣說：『有婆羅門從他國而來，胸懷惡毒之心，想要索取大王之頭，因此我不允許他進來。』大臣回答道：『這確實是大災難，然而王有命令，不得違背，將怎麼辦？我等作七寶頭各五百枚，用來交換。』於是，便命令眾人去做。那時，婆羅門徑直來到殿前，高聲說：『我在遠方，聽說了王的功德，一切布施，不違背人意，因此遠涉而來，希望有所得。』王聽後心生歡喜，迎上前對其作禮問訊道：『行道疲勞嗎？隨你所願。』婆羅門說：『一切外物，雖用布施，不是我所需的。我從遠方來，祇想得到大王的頭。如果您不想拂我心意的話，應施捨給我。』王聽到他的話，歡喜無比。婆羅門說：『如果施與我頭的話，將在何時給與？』王說：『此後七日，當給你我的頭。』

「爾時大臣持七寶頭來，前語婆羅門言：『此王頭者，骨肉血合不淨之物，用索此為？今持爾所七寶之頭以用貿易，汝可取之，轉易足得終身之富。』婆羅門言：『我不用此，欲得王頭，全我所志。』時大月臣種種曉喻，永不迴轉，憤感心裂七分而死。王前敕語：『臣下乘八千里象，遍告諸國言：「月光大王卻後七日，當持其頭施婆羅門，若欲來者速時馳詣。」』爾時八萬四千諸王，馳驛而至，咸見大王，腹拍❶王前：『閻浮提人賴王恩澤，云何一日為一人故，永捨眾庶，更不矜憐？唯願垂愍，莫以頭施。』一萬大臣皆身投地，腹拍王前：『唯見哀憫，矜恤我等，莫以頭施。』二萬夫人亦身投地，仰白王言：『莫見忘捨，唯垂蔭覆，若以頭施，我等何怙？』五百太子啼哭王前：『我等孩幼，當何所歸？願見愍念，莫以頭施，長養我等得及人倫。』於是大王告諸臣民、夫人、太子：『計我從本受身已來，涉歷生死由來長久。若在三塗❷截斷其頭，死而復生，如是無數亦無福報。若生人間諍於財色，為貪恚癡恆殺多身，未曾為福而捨此命。今我此身種種不淨，會當捐棄，不能得久。捨此穢頭，用貿大利，何得不與？我持此頭，施婆羅門。以是功德，誓求佛道，度汝等苦。今我施心垂欲成滿，慎莫遮我無上道意。』一切諸王、臣民、夫人、太子聞王語已，默然無言。爾時大王語婆羅門：『欲取頭者，今正是時。』婆羅門言：『今王臣民大眾圍遶，我獨一身，力勢單弱，不堪此中而斫王頭。欲與我者，當至後園。』爾時大王告諸小王、太子、臣民：『汝等若必愛敬我者，慎勿傷害此婆羅門。』作此語已，共婆羅門入於後園。時婆羅門又語王言：『汝身盛壯，力士之力，若遭斫痛，儻復還悔，取汝頭髮緊繫在樹，爾乃能斫。』時王用語語婆羅門：『汝斫我頭，墮我手中，然後取去。今以頭施，用求無上正真之道，誓濟群生。』時婆羅門舉刀欲斫，樹神見此甚大懊惱：『如此之人云何欲殺？』即以手搏婆羅門耳，其頭反向，手腳繚戾❸，失刀在地，不能動搖。爾時大王仰語樹神：『我過去已來於此樹下，曾以九百九十九頭以用布施。今捨此頭，便當滿千，捨此頭已，於檀便具，汝莫遮我無上道心。』爾時樹神聞王是語，使婆羅門平復如故。時婆羅門便從地起，還更取刀，便斫王頭，頭墮手中。爾時天地六反震動，諸天宮殿掉動不安，各懷恐怖，怪其所以。尋見菩薩，為一切故，捨頭布施，皆悉來下，感其奇特，悲淚如雨，因共讚言：『月光大王以頭布施，於檀波羅蜜，今已得滿。』音聲普遍。彼毘摩羨王聞此語已，喜踴驚愕，心擘裂死。時婆羅門擔王頭去，諸王、臣民、夫人、太子已見王頭，自投於地，同聲悲叫，絕而復蘇。時婆羅門嫌王頭臭，即便擲地，脚蹴而去。或復有人語婆羅門：『汝之酷毒，劇甚乃爾，既不中用，何為乃索？』時婆羅門進道而去，人見便責，無給食者。飢餓委悴，困切極理。道中有人自問消息，知毘摩羨王已復命終，失於所望。及勞度差命終，皆墮阿鼻泥犁。其餘臣民，思念王恩感結死者，皆得生天。如是阿難，欲知爾時月光王者，今我身是；毘摩羨王今波旬是；時大月大臣，今舍利弗是。當於爾時不忍見我死，而先我前死。乃至今日不忍見我入於涅槃，而先滅度。」

【章　旨】記大月大臣等想要用七寶之頭換取王頭，但婆羅門不為所動，大月大臣心裂而亡；一切諸王、大臣、夫人、太子起而遮攔，月光王如願以頭布施，勞度差命終墮地獄。

【注釋】❶腹拍　聯綿詞。即「匍匐」。❷三塗　亦作「三途」。佛教語。即火途（地獄途）、血途（畜生途）、刀途（餓鬼途）。❸繚戾　迴旋扭曲。

【語譯】「當時，大臣拿著七寶頭前來，對婆羅門說：『大王的頭，是骨肉血加上不淨之物，索求它幹什麼用呢？如今給你七寶之頭用來交換，你可拿走，轉手後將會變得終身富足。』婆羅門說：『我不需要它，想得到王的頭，成全我的心願。』當時，大月大臣再三地勸說，婆羅門全無回轉之意，大月大臣憤怒悲傷，心裂成七份而死。王前來下命令道：『臣下乘日行八千里之象，遍告諸國人說：「月光大王此後七日，將把頭布施給婆羅門，想要來看的人趕緊前來造訪。」』那時，八萬四千小國王，都駕乘驛馬疾行前往，來見大王，匍匐在王前說：『閻浮提人賴王恩澤，為何一日因為一人的緣故，而永捨眾民，不再矜憐我們了？但願垂憫我等，不要用頭布施。』一萬大臣都全身投地，匍匐在王前說：『但願能哀憫，矜恤我等，不要用頭布施。』二萬夫人也以身投地，懇求大王道：『不要捨棄我們，但願王恩蔭庇我等，如果用頭布施，我等將依靠誰呢？』五百太子在王前啼哭道：『我等幼小，將何所依附？但願您憐憫哀念我們，不要用頭布施，養育我等使懂得人倫之道。』於是，大王對諸臣民、夫人、太子說：『從我受身以來，經歷生生死死由來長久。假如在地獄、餓鬼、畜生等三塗中截斷其頭，死而復生，這樣經歷無數也不會有福報。如果生於人間便會陷入財色的爭鬪之中，因為貪、怒、痴常遭殺身之禍，未曾為積福而捨此命。今我此身，有種種不淨，應當捐棄，不能久留。捨棄此等汙穢之頭，來換取大利，何樂而不為呢？我把此頭施於婆羅門，因為這等功德，我將誓求佛道，來超度你等脫離苦海。如今我布施之心將要圓滿，你們千萬不要阻擋我的無上道意。』一切小國王、臣民、夫人、太子聽完了王的話，默然無語。此時大王對婆羅門說：『想要取我的頭的話，如今正是時候。』婆羅門說：『如今大王被臣民大眾圍繞著，我卻孑然一身，力單勢弱，不能在這裡截取大王的頭。您想要給我的話，應到後園。』大王便對諸小王、太子、臣民說：『你等如果真的敬愛我的話，萬萬不可傷害這位婆羅門。』說完這話，便和婆羅門一起進入後園。此時婆羅門又說：『您身體強壯，有力士之力，假如遭到砍斫之痛，難保不會後悔，把您的頭髮緊緊地繫在樹上，這樣才能砍斫。』大王便對婆羅門說：『你砍下我的頭，落在我手中，然後拿去。如今我以頭施捨，以求無上正真之道，誓將救濟群生。』婆羅門便舉刀欲砍，樹神見此大為惱火，想道：『如此好的人為何要殺他？』便以手拍打婆羅門的耳朵，將其頭反向，讓其手腳扭曲，並失刀在地，不能動彈。此時，大王仰頭對樹神說：『我過去已來在此樹下，曾以九百九十九枚頭顱用來布施。今捨此頭，便將滿千，施捨完此頭，我便具備了檀波羅蜜，您不要阻止我發無上道心。』樹神聽到大王這麼說，便使婆羅門恢復如初。此時婆羅門便從地起，又取了刀，便砍斫王頭，頭墮於手中。天地立即為之六回震動，諸天宮殿搖晃不安，諸天人各懷恐怖，奇怪為什麼這樣。立即見到菩薩為了一切人民的緣故，用頭布施，便紛紛下凡，為他奇特的壯舉而感到悲傷，淚如雨下，於是一起讚歎道：『月光大王以頭布施，於檀波羅蜜，今已圓滿。』音聲傳遍全世界。毘摩羨王聽到了這話，又驚又喜，心臟分裂而死。婆羅門扛著王頭離去，諸小王、臣民、夫人、太子見到王頭，都撲倒於地，失聲痛哭，死去又活來。婆羅門嫌王頭臭，便將其擲於地上，用腳踩踏後離開了。有人對婆羅門說：『你的惡毒竟然到了如此的地步，既然無用，為何又要索求？』婆羅門上路離去，人見人罵，沒有給予其食物的。他便飢餓憔悴，困頓疲憊。路上有人詢問消息，知道毘摩羨王已命終，大失所望。婆羅門和勞度差命終之後，都墮入阿鼻地獄中。其餘臣民，因思念王恩傷心而死的，都得以生天。情況就這樣，阿難，你要知道那時的月光王，就是我；毘摩羨王是波旬；當時的大月大臣，是舍利弗。他在當時不忍見我死，便先我而死。直到今日他不忍見我入於涅槃，而先滅度。」

（出《盂蘭經》）

## 目連為母造盆

目連始得道，欲度父母，報乳哺恩。見其亡母生餓鬼中，不見飲食，皮骨相連。目連悲哀，即鉢盛飯往餉其母。母得鉢飯，食未入口，化成火炭。目連馳還，具陳此事。佛言：「汝母罪根深結，非汝一人力所奈何，當須眾僧威神之力，乃得解脫。可以七月十五日，為七世父母厄難中者，具飯五果❶、汲罐盆器、香油燈燭、床褥臥具、盡世甘美供養眾僧。其日眾聖、六通、聲聞、緣覺、菩薩、示現比丘在大眾中，皆同一心受缽和羅❷，具清淨戒。其有供養此等僧者，七世父母、五種親屬，得出三塗，應時解脫，衣食自然。」佛敕眾僧：「皆為施主家七世父母，行禪定意，然後食供。」

【章旨】記目連得道之始，想要化度父母，回報乳哺之恩。但其亡母罪惡深重，非目連一人之力可使其解脫。佛教目連救母之法。

【注釋】❶五果　指核果，如棗、杏等；膚果，如瓜、梨等；殼果，如椰子、胡桃等；檜果，如松子、柏子等；角果，如菱豆、大小豆等。❷缽和羅　梵文 pravāraṇā，自恣食，即供養三寶的飯食。

【語譯】目連得道之始，想要化度父母，回報乳哺的恩情。他見其亡母轉生於餓鬼中，沒有飲食，餓得皮包骨頭。目連心生悲哀，便用缽盛飯給母親送去。其母得到飯食，還未入口，便化成火炭。目連飛奔而回，向佛詳細地陳述了此事。佛說：「你亡母罪孽深重，不是你一人之力所能拯救得了的，要以眾僧威神之力，纔能使其得以解脫。你可以在七月十五日，為處於苦難中的七世父母，具辦飯食五果、汲罐盆器、香油燈燭、床褥臥具、全世界甘美之物供養眾僧。那天眾多聖人、得六神通者、羅漢、緣覺、菩薩、化身比丘在大眾中，都一同接受自恣食，具清淨戒。所有供養此等僧的人，七世父母、五種親屬，擺脫三塗，立即得以解脫，得自然的衣服飲食。」佛告誡眾僧說：「你們都應先為施主家七世父母，行內禪外定，然後食用供奉品。」

## 目連現二神足力降二龍王

（出《降龍經》）

佛命長者阿那邠坻❶：「當行布施。」即起長跪，叉手白佛：「願佛、眾僧，明日降神到舍，欲設粗飯。」佛默然受。佛告諸比丘：「明日當上天，投❷日中下，會邠坻舍飯。」佛以明旦與諸比丘，如彈指頃即昇虛空。時有羅漢，名曰弘檀，即正衣服，於虛空中白佛言：「我數上天，未曾闇冥如今。」佛言：「有兩龍王大瞋吐霧，是故冥闇。」復有羅漢名曰受彼，即白佛言：「余欲止之。」佛言：「龍大有威神，汝往必當興惡吐水，沒殺人民蠕動之類。」目連白佛：「我欲往諫。」佛言：「大善。」目連即到龍所。龍見目連，即口出煙，須臾出火，圍目連一重。目連以道意❸亦化出火，圍龍三重，復變身入龍目中。左入右出，右入左出，如是次第，從耳鼻入出或飛入其口。龍謂目連在其腹中矣，目連復變身圍龍十四重，以身敕❹兩龍，龍大恐怖，尾扇海水，動須彌山。佛遙告目連：「此龍尚能吐水，沒殺天下，汝且慎之。」目連白佛：「我有四禪神足常信行之，我能取是須彌山及兩龍，著掌中拋擲他方，又能以手撮磨須彌山令碎如塵，使諸天人無覺知者。」兩龍聞之，即便降伏。目連還復沙門，龍化為人，稽首作禮，悔過目連：「愚迷狂惑，不識尊神，觸犯雲霧，乞哀原罪。」兩龍懺悔，前受五戒，稽首佛足，作禮而去。

【章　旨】記目連現神足力降服二龍王，並使其接受五戒。

【注　釋】❶阿那邠坻　梵文Anāthapiṇḍada，意譯「給孤獨」。為波斯匿王的大臣，樂善好施。❷投　臨；到。❸道意　求無上道之心意，即菩提心。這裡指神通力。❹敕　敕勒的簡略。以動作制伏鬼神。

【語　譯】佛對長者阿那邠坻說：「你應當做布施。」長者便長跪叉手行禮而對佛說：「希望佛和眾僧，明日光臨寒舍，我將提供粗茶淡飯。」佛默然接受。佛對諸比丘說：「明日早上上天，近中午從天上下來到邠坻處用飯。」佛在翌日早上與諸比丘，在彈指之間便昇到虛空。當時，有一羅漢，名叫弘檀，便整整衣服，在虛空中對佛說：「我屢次上天，未曾見過如今這般黑暗。」佛說：「有兩大龍王大怒吐霧，因此變暗。」又有羅漢名叫受彼，便對佛說：「我要制止牠們。」佛說：「龍王有大威力，你前往牠們必將更加發怒，吐水淹死人民和各類生物。」目連對佛說：「我想要前往勸誡。」佛說：「太好了。」目連便到龍所。龍見了目連，立即口中出煙，須臾之間又吐出火，圍繞目連一周。目連憑藉神通也變出了火，將龍圍繞三圈，又變身進入龍的眼中。從左眼進從右眼出，從右眼進又從左眼出，這樣反覆進行著，又從其耳鼻進出或飛入其口中。龍以為目連已鑽在其腹中了，目連又變身圍繞龍身十四重，並施展方術，用身子纏住二龍王，龍王大為恐懼，便用龍尾扇動海水，震動了須彌山。佛遠遠地對目連說：「此龍尚能吐水，淹沒天下，你千萬要小心。」目連對佛說：「我有四種禪神足，常常信奉施行。我能手捉須彌山和兩龍王，放在掌中並將其拋擲於別處，又能用手撮起並碾磨須彌山令其粉碎如塵，使諸位天人毫無察覺。」兩龍聽了，即便降伏。目連恢復了沙門的樣子，龍也化身為人，稽首悔過，對目連行禮，說：「我等愚狂迷惑，不識尊貴的神，觸犯雲霧，乞求哀憐我們，並原諒我們的罪過。」兩龍懺悔，上前受了五戒，稽首佛足，行了禮而離去。

（出《十誦律》第四卷）

## 目連心實事虛

人問目連：「是多浮池水從何處來？」目連答言：「此水從阿耨達池❶中來。」

諸比丘言：「阿耨達池，其水甜美，有八功德。此水沸熱鹹苦，何有此事？目連，汝空言過人法，故作妄語，應滅擯驅出。」以事問佛，佛語比丘：「汝等莫說目連過罪，何以故？阿耨達龍住處去此極遠，是水本有八功德，甜美逕歷五百小地獄過，是故鹹熱。汝等若問目連是水何故鹹熱，目連能隨相答。」又一時大旱無雨，目連入定，見卻後七日天當大雨，滿諸溝坑。城邑聚落悉聞此言，皆大歡喜，國中人民皆捨眾務，覆屏蓋藏。數到七日，諸比丘語目連：「汝言七日天當大雨，滿諸溝坑，今風尚無，何況雨耶？汝空言過人法，故妄語，欲滅擯驅出。」佛聞是事，語諸比丘：「目連見前不見後，如來見前亦見後。七日有大雨下，有羅睺阿修羅王❷，以手接去，置大海中。目連隨心想說，是故無罪。」

【章旨】記目連因觀察事物不全面，曾兩次判斷失誤，但因其心實，所以無罪。

【注　釋】❶阿耨達池　梵名Ānavatapta，閻浮提四大河之發源地，位於大雪山之北，香醉山之南，周圍凡八百里，稱為無熱惱池，有龍王居住。❷羅睺阿修羅王　梵名Rāhuasura，四種阿修羅王之一，此王住海底，能以手障日月，不修正業，常愛鬬戰。

【語　譯】有人問目連：「這多浮池的水是從何處來的？」目連答道：「此水從阿耨達池中來。」諸比丘說：「阿耨達池，其水甜美，有八種功德。此水沸熱而鹹苦，怎麼會有此等事？目連，你這是說空話騙人的伎倆，故作妄語，應遭到拋棄驅逐。」人們以此事問佛，佛對比丘說：「你等不要說目連有過罪，為什麼呢？阿耨達龍住處離此極遠，該水本有八種功德，甜美之水逕歷了五百小地獄，因此變鹹變熱。你等若問目連這水為何變鹹發熱，目連能根據情況回答。」又一次大旱無雨，目連正好靜坐入定，見此後七日天將降大雨，積滿諸溝坑。城邑鄉村的人們聽到這話，皆大歡喜，國中人民都放下手中的事，去覆蓋收藏自己的財物。等到第七天，諸比丘對目連說：「你說七日後將會有大雨，積滿溝溝壑壑，如今連風都尚且沒有，何況是雨呢？你又用謊言騙人的手段，故作妄語，應將你驅逐出去。」佛聽說了這事，對諸比丘說：「目連見前而不見後，如來見前也見後。七日有大雨下，但有羅睺阿修羅王，用手將水接去，放置在大海中。目連隨心而說，因此無罪。」

# 卷第一五

## 聲聞無學第三僧部第四

【題解】本部輯錄了有關阿難、跋難陀等僧人的故事：跋難陀利用兩位長老的愚昧為他們分發財物，並從中漁利；阿難前身與佛為善友，今生亦然；佛為阿難解說七種怪夢等情況。這些故事告誡僧人們不僅要與人為善、樂於化度他人，還要懂得進行教化時應掌握時機。

### 畢陵伽婆蹉以神足化放牧女

（出《僧祇律》第二九卷）

畢陵伽婆蹉在王舍城，日時將至，次行乞食，至一放牧家食。其家女人啼，即問女言：「何故啼耶？」答言：「闍梨❶，今節會日，眾人集戲，我無衣裳獨不得去。」時尊者即化作種種衣服，珠寶瓔珞，金銀校飾，與已便去。眾人見之，問言那得，具說因緣，聞達國王。王即喚牧女及比丘來，問：「尊者，何處得此好金？非世所有。」比丘即捉杖打壁扣床，一切化成黃金，作如是言：「首陀羅❷何處得金？此即是也。」王言：「闍梨有大神足，宜各還去。」

【章旨】記畢陵伽婆蹉以神力，使放牧女子穿著體面地參加了集會。

【注釋】❶闍梨　亦作「闍黎」。梵文 ācārya 的省稱。意指高僧。也泛指僧人。❷首陀羅　印度四種姓中地位最低之奴隸階級。這裡指牧女。

【語譯】畢陵伽婆蹉在王舍城時，乞食時辰快到了，按照乞食的順序，來到了一放牧者人家。其家女人在啼哭，他便問道：「為何哭泣？」女子答道：「高僧，今天是集會的日子，眾人都去趕集遊戲，我沒有衣裳而獨獨不能去。」尊者立即變出種種衣服，珠寶瓔珞，金銀首飾，交給她後便離開了。眾人見了，問她是從哪裡得來的，女子便詳細的說了此事的因緣，這事傳到了國王那裡。王便傳喚牧女和比丘前來，問道：「尊者，您從何處得到此等好金？這不是世間之物啊。」比丘便拿起手杖擊打牆壁和床，一切都化成黃金，他說道：「牧女何處得到黃金？這就是啊。」王說：「高僧有大神足，你們可各自回去了。」

（出《十誦律》善誦分）

## 跋難陀為二長老分物佛說其本緣

佛在憍薩羅國，與多比丘安居，諸白衣❶居士見多眾僧，為作房舍及衣，佛後歲還祇洹安居。是處故有二長老比丘。諸居士心念：「我等今歲布施，使如去年，令諸比丘得衣，我得福不斷。」多持衣物施。二長老作是念：「是衣物分多，我等若分，知得何罪？」竟不敢分。跋難陀遊行諸處，遍觀施物多少。二長老遙見，從座起迎，與座問訊。跋難陀問：「眾僧安居，有施物不？」答：「有。」問言：「分未？」答言：「未分。」「何故？」長老答言：「是衣物多，我人少，若分不知得何罪。」跋難陀言：「汝未分者好。」二長老語跋難陀：「汝能分否？」答：「能。」跋難陀言：「此中應作羯磨❷，不得直分。」時二長老盡持衣出，著跋難陀前。跋難陀分是衣作三分，語言：「汝二人坐一聚❸邊。」自坐二聚間，語言：「汝長老一心聽羯磨言，汝等二人一聚衣名為三，我一人二聚衣名為三，是羯磨好不？」答言：「好。」持是衣裹縛欲擔去。二長老言：「是聚衣我等未分，云何便去？」跋難陀言：「我若與汝分者，是中一好衣應與知法人，然後當分。」答言：「與。」即持一上寶衣，出著一邊，分餘衣作二分，與二長老。跋難陀即裹縛多衣物，擔負到祇洹。諸比丘經行，遙見跋難陀來，自相謂言：「此無慚無愧，有見聞疑罪，多欲無厭人來。」漸漸近已，問言：「跋難陀，汝從何處得是多衣物來？」跋難陀廣說上事。是中有比丘少欲知足，行頭陀❹，聞是事心嫌恨，種種訶責：「云何名比丘？故奪二長老物。」以事白佛，佛亦種種訶責，語諸比丘：「是跋難陀，非但今世奪是二長老比丘物，過去世河曲中，有二獺在河中住。河邊得一鯉魚，無能分者，二獺守住，有野干❺來飲水，見已問言：『阿舅，汝作何等？』獺言：『外甥，我等得此大魚不能分，汝能為我分不？』答言：『能，此應經書語分，不得直爾分。』時野干即分魚作三分，頭為一分，尾為一分，中間肥者作一分。問言：『誰喜近岸行？』答言：『此是。』『誰喜入深水行？』答言：『此是。』時野干言：『汝一心聽說，經書言：近岸行者與尾，入深水行者與頭，中間身分與知法者。』爾時野干口銜是大魚身歸。婦見問曰：『何處得？』答言：『有愚癡不知斷事間得。』諸比丘，此二獺者，即今二長老比丘是；時野干者，今跋難陀是。」

【章旨】記有兩位長老，得到他人施捨的衣物而不知如何分配，請跋難陀為其出主意，跋難陀欺負他們愚笨，便從中大大地漁利。

【注釋】❶白衣　出家佛教徒穿淄衣，因此稱俗家為「白衣」。❷羯磨　梵文 Karma 的音譯。意譯為「作法辦事」。指誦經拜佛等法事。❸聚　猶堆。❹頭陀　意思是抖擻。貪欲、痴迷、嗔怒三種毒害，像灰塵一樣，汙染真心。能抖擻精神除去這類「灰塵」的人，叫做頭陀。用來稱呼僧人或行腳乞食的僧人。❺野干　獸名。似狐而小，毛色青黃，如狗群行，夜鳴如狼。

【語譯】佛在憍薩羅國，和眾多比丘一起安居，諸位在家居士見有眾多的僧人，便為他們建房舍，施捨衣物，佛後年回到祇洹安居。原來的二位長老比丘繼續留在那裡。諸居士想道：「我等今年布施，如同去年一樣，讓諸比丘得到衣物，我等積德無窮。」所以多拿衣物施捨。二長老這樣想道：「這衣物很多，我等如果將其分配了的話，不知該當何罪？」於是不敢分配。跋難陀巡行各處，到處看施物的多少。二長老遠遠地看見了，便從座上起立迎接，讓座又問訊。跋難陀問道：「各位僧人在此安居，有施捨之物嗎？」答道：「有的。」問道：「分了沒有？」答道：「還沒分。」問道：「什麼原因？」長老答道：「衣物多，我們人少，如果分了不知有何罪。」跋難陀說：「你們沒分是對的。」二長老對跋難陀說：「你能分嗎？」難陀說：「能。」又說：「這要作法辦事來進行分配，不能直接來分。」二長老便把衣物全都拿了出來，放在跋難陀前面。跋難陀把衣物分成三份，說：「你們二人坐在一堆的旁邊。」自己坐在兩堆之間，說：「長老您倆請專心聽好法事中的話，你們二人加上一堆衣物一共為三，我一人加上二堆衣物一共為三，這樣作法辦事好不好？」答道：「好。」跋難陀把衣物包裹好想要挑走。二長老說：「這堆衣物我等還沒分，怎麼就走了呢？」跋難陀說：「我假如給你們分的話，其中好的一件衣物應當給知道作法辦事的人，然後才能分。」答道：「給。」他便把一件寶衣，拿出來放在一邊，又把別的衣物分作二份，分別給了兩位長老。跋難陀便包裹了許多衣物，挑到祇洹。諸比丘正在經行，遠遠地看見跋難陀來了，都說：「這個不知慚愧，有見聞疑惑之罪，貪得無厭的人來了。」他漸漸地走近了，比丘們問道：「跋難陀，你從什麼地方得到這麼多衣物來的？」跋難陀把以上的事情廣泛宣說了一遍。其中有一比丘少欲而知足，有頭陀的德行，聽到此事心生怨恨，便對他訶責道：「你怎能叫比丘？故意奪取二位長老的衣物。」他把這事告訴了佛，佛也對跋難陀多有訶責，又對諸比丘說：「這個跋難陀，不但今世奪取這二長老比丘之物，過去世在河流迂曲的地方，有二隻水獺住在河中。牠們在河邊得到一條鯉魚，不懂怎麼分，二獺在那裡守著鯉魚，有一野干來飲水，見到牠們後問道：『舅舅，你們要幹什麼？』水獺說：『外甥，我等得到這大魚而不知怎麼分，你能為我們分嗎？』答道：『能，要按照經書的話來分，不能直接地分。』野干便把魚分作三份，頭為一份，尾為一份，中間多肉的作一份。問道：『誰喜歡靠近岸邊行走？』答道：『我是。』『誰喜歡入深水中行走？』答道：『我是。』野干便說：『你們請專心聽我說，經書上說：近岸行走的應給魚尾，入深水行走的應給魚頭，中間一段應給知道作法辦事的人。』那時，野干便口銜大魚之身而回去了。牠妻子見了問道：『這是從哪裡來的？』牠答道：『是從愚痴而不懂判斷的人那裡得來的。』諸比丘，這二隻水獺，就是如今的二長老比丘；那時的野干，就是今天的跋難陀。」

（出《歡豫經》）

## 阿難與佛先世為善友

佛遊波羅奈國，住樹下坐，欣然而笑，五色光出。阿難跪問，佛言：「昔迦葉佛時，此處有精舍，精舍中有二萬沙門。迦葉佛常說正法。」阿難即施繩床跪勸曰：「願尊就坐，斯地有福，乃致兩佛。」佛就坐畢，舉手指曰：「彼有大縣，其名維綾。時有陶家，名曰歡豫，為子慈愛，數詣佛所，稟佛清化。雖為陶家，未嘗墾土，懼害蟲豸，唯取崩岸鼠壞之土，和之為器，以貿五穀。多少在彼，未嘗諍價，以供養老親。親老羸乏，已且失明，歡豫仁孝難濟。」迦葉佛晨興，攝衣持缽，入城至歡豫家，問其親曰：「孝子安在？」對曰：「佛弟子小出耳，家有好飯豆羹。」佛以缽受，卻坐，飯畢即去。子歸，睹羹飯有減，曰：「誰取此飯者？」親曰：「天中天❶屬來顧爾，自取羹飯，飯畢即去。」歡豫悵然，悲喜交集，曰：「佛為如來，無所著，至真等正覺道法，御天人師，諸天帝王，肅虔供饌，常恐不致世尊。吾居斯賤，食又不腆❷，但愍吾斯賤，故自取耳。」悲喜交集，稽首於地，追惟佛恩弘普乃爾。喜以忘飢，十有五日；親助之歡喜，忘飢七日。卻後月餘，佛復至其家，子又不在。佛復取羹飯，飯畢即去。子尋還歸，親又如事說之。歡豫並親，重喜忘飢，日數如前。其時龍雨，日夜不休，精舍毀漏。佛告諸沙門：「歡豫新為居室，汝等往撤其瓦來，以護精舍。」諸沙門往，子又不在。親曰：「何人撤吾屋乎？」沙門對曰：「佛精舍漏，使吾等撤斯屋以補精舍。」親曰：「善哉！吾子德重，乃致於茲乎？」歡喜稽首曰：「願益取之，吾福無量。」沙門適去，子歸睹之曰：「誰撤屋者乎？」親曰：「佛精舍漏，遣沙門來取瓦補之。」歡豫所在，向佛稽首於地：「尊慧無量，帝王諸侯與七寶殿貢獻相給，而佛不居；取此粗瓦，惟欲福我。」欣躍不食，忘飢如前。

【章　旨】記維綾縣有一陶匠，名叫歡豫，他至孝至仁，雖為清貧，卻樂於布施、供養佛。

【注　釋】❶天中天　梵文devātideva，謂諸天中之最勝者，為佛尊號之一。❷腆　豐厚。

【語　譯】佛在波羅奈國遊化，有一次坐在樹下，欣然而笑，身上發出五色光。阿難跪問他為何而笑，佛說：「往昔迦葉佛時，這裡有精舍，精舍中有二萬沙門。迦葉佛常在此說正法。」阿難便安放了繩床跪勸道：「希望世尊就坐，此地有福，以至於招致兩位佛。」佛就坐後，指著遠處說：「那邊有一大縣，叫維綾。那時有一陶匠，名叫歡豫，為子慈愛，屢次來到佛所，接受佛清靜的教化。雖然身為陶匠，卻未嘗開挖土地，因為擔心傷害蟲類，只是拿岸邊崩塌的土壤，或鼠作穴所出的土壤，摻和起來做陶器，用來換取五穀。隨他人給多少，從來未曾跟人討價還價，並藉此來供養二老。雙親羸弱，又雙目失明，歡豫仁孝，卻難以救助。」迦葉佛早晨起床後，整理衣服手拿鉢器，進城到了歡豫家，問其雙親道：「孝子在哪裡？」回答道：「佛弟子出門不遠，家裡有好飯豆羹。」佛便用鉢接受了，坐在一邊，用完飯便走了。兒子回家，看見羹飯有所減少，說：「誰拿了這飯？」父母說：「天中天一類的人來眷顧了，自己拿了羹飯，用完後就走了。」歡豫心中悵然，又悲喜交集，說：「佛從如實之道而來，無所執著，顯示至真等正覺道法，是駕馭天人的導師，諸天之帝王，莊重虔誠地提供佳肴，都常常擔心請不到世尊。我住在如此卑賤的地方，食物又不豐厚，只因為他憐憫我的卑賤，所以主動來取食物。」他悲喜交加，叩頭至地，追想佛恩弘大才會如此。便喜而忘飢，共有十五日；雙親陪他歡喜，他又忘飢七日。此後一個多月，佛再次到其家中，歡豫又不在。佛又取用羹飯，吃完後而離去。歡豫不久回家，雙親又如實向他說了。歡豫和雙親，又喜而忘飢，日數和先前一樣。當時龍王降雨，日夜不停，精舍被毀而漏。佛對諸沙門說：「歡豫新造了住宅，你等前去撤下瓦來，以修補精舍。」諸沙門前往，歡豫又不在。其雙親說：「什麼人要拆除我的屋呢？」沙門回答道：「佛的精舍漏了，讓我等來拆除這屋來補精舍。」其雙親說：「太好了！我兒子德行高尚，才會這樣的嗎？」便歡喜叩頭至地道：「希望多多地拿取，我們會積德無量的。」沙門剛走，其子回家看到後說：「誰拆除了房子？」雙親說：「佛的精舍漏了，派沙門來取瓦修補。」歡豫便在原地，對著佛的方向叩頭至地，說：「世尊智慧無量，帝王諸侯興建七寶殿貢獻給他，而佛不去居住；取這些粗瓦，祇是想造福於我罷了。」於是，便歡欣地不想吃飯，像先前那樣忘卻了飢餓。

佛將五百沙門，前入王國。王名脂維，身自迎佛。王下車卸五威儀，作禮問訊，就坐聽經，畢曰：「願天中天，與諸沙門下顧薄食。」佛默可之。供饌皆備，遣使奉迎。王自沃盥❶，奉飯供養，禮畢於佛前坐。佛告王曰：「王宿奉三尊，今受宿福，得生人道，去女為男，獲世上位。夫王者之法，當以聖人教令制御其心，恕己❷育民。妖言，燒國之火也，王其慎之。」王稽首受教，王又留佛。時三月，七寶床几、帷帳茵褥，病藥之供，竭盡國珍。佛未之許。王心念曰：「供養之上，孰勝吾者？」佛知王心有貢高❸意，即謂王曰：「有勝王者，其惠無量。」王曰：「願聞其名。」佛曰：「維綾縣有至孝之子，其名歡豫。奉佛三寶，受吾明法，恕己視彼，等育群生，清貞守真，手不持寶並諸利刃，賣器養親。不諍其價，忍辱慈惠。以正道為心，以聖典為樂。不敢娶妻，懼傲其親，以為不孝。每之佛所，側心聽法，為親陳喪明之苦，不能睹佛，言之流涕。佛取其食、撤其屋瓦，舉門無怨，喜以忘飢，十有五日。其為至仁至孝，德難具陳。吾當周行，教化天下，不得就王請。」王有慍心與。佛曰：「論功喻德，彼仁清貞，信孝行難齊，與居周旋，未嘗不孝，仁德忠親，斯行難等，非所能逮矣。」王曰：「善哉！歡豫至孝，為佛所歎。德稱之美，乃至於茲。吾當貢之，助其養也。」迦葉佛說經竟，遊行教化。王遣使者，重載五百乘車，粳米麻油、醍醐石蜜、雜物珍寶，謙辭致敬。使者到曰：「天中天重歎賢者至孝普慈，大王欣歡，使吾致虔，願納此貢，以育於親，並供養佛。」歡豫對曰：「大王慈惠助吾。」還宮具宣此意。

同縣梵志子名花結，與歡豫揔角❹善友，累劫結親，道化相成，久而益厚。共於渠水浴，遙睹大樹，歡豫指曰：「迦葉如來聖人在此，須先謁拜。」「佛道難志❺，吾敢冀矣？」歡豫惻然曰：「佛世難值，猶優曇花，或復累劫乃一有耳，豈可失時？」牽衣力挽，共至佛所。歡豫稽首，花結不拜，揖讓而坐。歡豫白佛言：「花結者與我揔角善友，邪迷未寤，願滅其癡。」迦葉如來，應病說法。心即開解，敬信三寶。二人歡喜，稽首俱退。花結尋路曰：「世幸有佛，家為穢藪，汝不作沙門為乎？」對曰：「吾親年在西垂❻，又俱喪明，恃吾為命，故不去家耳。」花結曰：「吾當為沙門矣。」歡豫即如事啟佛，即授其戒。億歲以後，生第四兜率天上。從天一下，自致成佛。佛告諸比丘：「時花結者，我身是也；歡豫者，阿難是。阿難為吾良友，力牽吾至佛所，聽經令吾得佛。夫賢友之喻，乃萬福之基，現世免王之牢獄；死則杜塞三塗❼之門戶，昇天得道，皆賢友之助矣。」

【章　旨】記歡豫的高尚行為得到了佛的高度讚賞，同時受到了國王的嘉獎。歡豫還勸其好友花結接受佛的教化，花結因此而出家，最後還成了佛。

【注　釋】❶沃盥　澆水洗手。❷恕己　謂擴充自己的仁愛之心。❸貢高　驕傲。❹揔角　即總角。揔，同「總」。古時兒童束髮為兩結，向上分開，形狀如角，故稱總角。因此，又借指為童年。❺志　嚮往；嚮慕。❻西垂　向西邊沉落。借指晚年。❼三塗　又作三途、三涂。即火涂、刀涂、血涂，義同三惡道之地獄、餓鬼、畜生，乃因身口意諸惡業所引生之處。

【語譯】佛帶著五百沙門，進入王國。國王名叫脂維，親自來迎接佛。王下車後撤去儀仗，對佛行禮問訊，就坐而聽經，完了之後，說：「希望天中天和諸沙門屈尊到寒舍來享用粗茶淡飯。」佛默然許可了。供奉的飯菜都準備好了，王便派遣使者前來迎接。王親自澆水洗手，奉上供養的飯菜，禮儀完畢後在佛前面就坐。佛對王說：「王宿世供奉佛法僧三寶，今生受過去世種下的福報，得以轉生人道，離棄女身而成為男子，獲得世上的高位。王者之法，應當以聖人的教令來制御人心，擴充仁愛之心來教人育民。妖言，是燒國的火啊，王應當慎重對待。」王稽首接受教導，王又挽留佛。等候三個月用七寶床几、帷帳坐墊被褥、藥物等供品，竭盡國中的珍寶來供養。佛沒有同意。王心想：「在供養這事上，還有誰能超過我呢？」佛知道王有驕傲的心理，便對王說：「有超過王的人，他的恩惠無量。」王說：「希望能聽到他的名字。」佛說：「維綾縣有至孝之子，名叫歡豫。供奉佛教三寶，接受我的明法，用仁愛之心對待他人，平等地看待群生，清貞而守真，手不拿珍寶和各種利刃，靠出賣陶器來養活雙親。作買賣時不討價還價，忍辱而仁慈。以正道為心意，以聖典為樂趣。不敢娶妻，怕她怠慢其雙親，因此而變得不孝。每到佛處，以恭敬之心聽法，為雙親闡述喪明的痛苦，不能目覩佛祖，說著便淚流滿面。佛取用他的食物、撤掉他的屋瓦，全家沒有怨恨，卻喜而忘飢，共有十五日。他至仁而至孝，其德行說也說不完。我應當周行天下，以他為榜樣教化眾生，不能接受王的請求。」王便心有怨恨。佛說：「就功德而言，他仁慈而貞潔，誠信孝順的行為他人難以望其項背，不管是外出做事還是閒居，他都未嘗不孝，仁德而熱愛雙親，他的行為是他人難以企及的。」王說：「太好了！歡豫至孝，被佛所讚歎。他品德高尚，纔會這樣的啊。我應當送給他一些東西，幫助他贍養雙親。」迦葉佛說完經後，便去巡行教化了。王派遣使者，滿滿地裝了五百乘車，有粳米麻油、酥酪冰糖和雜物珍寶，並用謙辭向他致敬。使者到了後，說：「佛深深地讚歎賢者您至孝而仁慈，大王歡欣，派我等來表達誠意，希望您能接納這些禮物，用來贍養雙親，並供養佛。」歡豫回答道：「大王慈惠而幫助我。」使者回宮後詳細地轉述了歡豫的謝意。同縣有婆羅門之子，名叫花結，和歡豫是童年時的好友，世世結為親友，都受道法教化，感情日益深厚。一天，他倆一起在渠水中洗澡，遠遠地看見大樹，歡豫指著它說：「迦葉如來聖人在那裡，我們要前往禮拜。」花結說：「佛道難以嚮往，我豈敢有所希冀？」歡豫惻然道：「佛世難以遇到，就像曇花一現，也許幾劫才能遇到一次，怎能坐失良機呢？」他便牽著花結衣服並奮力拉著他，一起到了佛處。歡豫叩頭至地，花結卻不拜，作揖而坐。歡豫對佛說：「花結是我童年時的好友，信邪而沒有醒悟，希望您能消除他的愚痴。」迦葉如來對症下藥地為他說法。他便恍然大悟，敬信三寶。二人歡喜，稽首一起告退。花結上路後說：「世間幸而有佛，家為汙穢的淵藪，你為何不出家作沙門呢？」回答道：「我的雙親年事已高，又都失明，和我相依為命，所以我不離開家罷了。」花結說：「我應當作沙門。」歡豫便把此事向佛稟告，佛便為其授戒。一億年以後，他轉生到第四兜率天上。後來又從天上下來，憑自己主觀努力成佛了。佛對諸比丘說：「那時的花結，就是我；歡豫就是阿難。阿難是我的好友，他奮力牽我到佛所，聽佛經而讓我得以成佛。賢良的朋友就好像是萬福的基礎，在現世時能免除王的牢獄；死後則能杜絕火、刀、血三塗的門戶，昇天得道，這都是因為有賢友幫助的緣故啊。」

## 阿難七夢佛為解說

（出《七夢十善經》）

佛在祇樹，阿難於異處夢見七事，尋驚毛豎：「我昨夜夢，凡見七事：一者川流河海悉皆火然；二者日將欲沒，閻浮提冥，自見我身頂戴須彌；三者比丘宛轉在於溷❶中，又見一人登比丘頭，度出淨地；四者見有比丘法衣不具，但結袈裟，手捉炬火，樂入邪徑，處荊棘中，裂破衣裳；五者見栴檀樹甚大茂好，豬從穢出，揩栴檀樹；六者見三品❷象子，⿰鼻毚❸觸齦齧，搪揬❹大象，踏踐好草，攪濁清水，大象患之，避逃而去，至大清水好草之中。象子遨戲，都不覺知，故在本處，水草乏絕，飢渴苦極，咬齧樹木，遂皆餓死；七者見死師子王，名曰企薩，頭生白毛，如繫傳飾，飛鳥百獸，不敢摩近。師子內身，自有蟲出，還食其肉。用此夢緣，故晨詣佛。」佛言：「夢水中火然者，當來比丘違犯佛教，是非違戒，用得供養，復起諍鬥。夢日將欲冥，頂戴須彌者，世尊劫至，九十日當般泥洹，後眾比丘、諸天、龍、人民，當從阿難啟受經教。夢見比丘身著法衣不如常制，但結袈裟；宛轉溷中，有人登頭出住淨地者，佛泥洹後，法向欲盡，當有比丘大會說經。時佛深法而不奉行，結近白衣，尋隨財色，居士諫呵，而不信從，比丘受殃，居士得福。夢見比丘結被袈裟，手持炬火樂入邪徑，處荊棘中，破裂衣裳者，佛泥洹後，當有比丘無有法衣，著俗人服，但一袈裟，結以絡腋。棄戒樂俗，育養妻子。分衛供給，有則歡樂，無則愁苦。夢栴檀樹甚大茂好，豬從穢中出，揩揬樹者，佛泥洹後當有比丘不承用法，飲酒迷亂，食無期度，有明智士善意曉喻，更與誹謗，並罵羅漢。夢三品象子⿰鼻毚揬大象，踏踐好草，攪濁清水，大象患之，避逃而去，往至清水美草之間，小象遨戲都不覺知，水草乏絕遂便飢死者，佛泥洹後，當有長老明經比丘，教誡年少，示其罪福，不肯從受，死墮地獄。夢見死師子王名曰企薩，頭生白毛如繫傅飾，飛蟲鳥獸，不敢侵食，身內蟲出，還噉其肉者，佛在世間，廣說經法，佛泥洹後，無有外道能壞此法，但由弟子當自壞我法。汝之所夢，但為將來現斯怪耳。」

【章旨】記阿難做了七個怪夢，佛為其一一作解釋，並說這都意味著將來出現的怪事。

【注釋】❶溷　廁所。❷品　類；種。❸⿰鼻巍　鼻高貌。❹搪突　冒犯；觸犯。

【語譯】佛在祇樹園時，阿難在別的地方夢見七件事，立即毛骨悚然而驚醒，對佛說：「我昨夜共夢見七件事：第一，川流河海都著了火；第二，太陽將要沉沒，閻浮提變得一片黑暗，我看見自己頂戴著須彌山；第三，比丘痛苦地輾轉在糞坑中，又見一人登上比丘的頭，到達了乾淨的地方；第四，看見有的比丘不穿法衣，只披著袈裟，手拿火炬，樂於進入彎路，處在荊棘中，使得衣裳裂破；第五，看見檀香樹又大又茂盛，豬從汙穢的地方出來，在檀香樹上擦身；第六，看見三種小象，鼻子突出碰到齒齦，冒犯了大象，踐踏好草，攪渾清水，大象厭惡牠們，便避逃而去，到大片的清水好草之中。小象照樣遨遊嬉戲，全不知道身邊發生的變化，仍然在本來的地方，水草斷絕，飢渴交加，只得去啃樹木，於是，便都餓死；第七，看見了死獅子王，名叫企薩，頭生白毛，如同戴上了首飾，飛鳥百獸，都不敢靠近牠。獅子身體內，自然而有蟲子爬出，又來吃牠的肉。因為做了這樣的夢的緣故，所以早晨時便來拜訪您。」佛說：「夢到水中著火，意味著將來有比丘違犯佛教，對是否違戒，以及是否還要供養，便產生了諍論。夢到太陽將要變黑暗，頂戴著須彌山，意味著世尊大劫將至，此後九十日內，將要般泥洹，以後眾比丘、諸天、龍和人民，應當跟從阿難學習經教。夢見比丘身著的法衣不如常制，只披著袈裟；以及比丘痛苦地輾轉在糞坑中，有人踩在他的頭上才出來站到乾淨的地方，意味著佛泥洹後，佛法將竭盡時，將有比丘聚集大會來說經。此時佛的甚深微妙之法不被奉行，一些比丘接近俗人，追求財色，居士們對其勸諫責備，而不聽從，比丘受殃，居士卻得福。夢見比丘身披袈裟，手拿火炬樂於進入彎路，處在荊棘中，使得衣裳破裂，這意味著佛泥洹後，將有比丘沒有穿法衣而穿著俗人的服裝，祇有一件袈裟，環繞在腋下。他們放棄戒律而樂俗，養育妻子。乞食供給，有的話則歡樂，沒有的話便愁苦。夢到檀香樹又大又茂盛，豬從汙穢中出來，在樹上擦身，這意味著佛泥洹後將有比丘不繼承佛法，飲酒迷亂，飲食沒有期限沒有節制，有明智人士善意地勸說，他卻對其誹謗，並罵這位羅漢。夢到三種高鼻子小象冒犯大象，踐踏好草，攪渾清水，大象厭惡牠們，避逃而去，來到清水美草之間，小象遨遊嬉戲全沒發覺身邊的變化，水草斷絕便被餓死，這意味著佛泥洹後，應有長老明經比丘教誡少年，向他指點因果報應，少年不肯聽受，死後便墮入地獄。夢見死獅子王名叫企薩，頭生白毛猶如戴上首飾，飛蟲鳥獸，都不敢侵佔吞食，身內出蟲，吃了牠的肉，這意味著佛在世間，廣說經法，佛泥洹後，沒有外道能毀壞佛法，但弟子將會毀壞我的佛法。你所夢見的事，只是將來將要出現的怪事罷了。」

## 阿難為旃陀羅母咒力所攝

（出《誡因緣經》第三卷、《摩鄧女經》）

阿難行路，中道焦渴，有旃陀羅女名鉢吉蹄汲水，阿難詣從乞水。女報阿難：「我是摩鄧伽❶種。」阿難言：「我不問是義，但施我水。」女曰：「君母種成就，沙門瞿曇第一弟子，波斯匿王所敬，末利夫人阿闍梨❷。我是下賤，不敢持水相與。」阿難又言：「我不問是，但水見與。」女許。時女先掬水澆阿難足，復掬水澆阿難手，便生婬意。阿難飲已便去，缽吉蹄還白父母言：「阿母，願以沙門阿難為婿。」母言：「其轉輪王子、剎利釋種，聖師貴族，天人宗奉。我小家種，云何得為夫？」女言：「不得者會當飲毒，以刀自刺，若自絞死。」母曰：「有摩鄧伽神語符咒，能移日月以墮著地，亦能咒因帝梵天使下，況不能得沙門？阿難使來，若已死若生不能婬，若瞿曇所護者，我不能得，除此皆可得耳。」女便起，澡浴莊嚴身體，著白服飾，敷諸臥具，遙相想望。母以牛屎塗地，以五色線結縷，盛滿四瓶水，盛滿四碗麨❸漿。以四口大刀豎牛屎，四角頭四箭，然❹八明燈，取四死人髑髏，種種香塗其上，以華布地，捉熨斗燒香。繞三匝向東方跪，而誦摩鄧伽咒術。時阿難在祇洹林，意便恍惚，為咒所縛，如魚象被鉤，隨咒術至旃陀羅家。母便語女：「阿難已至。」時女前抱阿難，坐著床上，牽制衣裳，撚捏❺阿難，譬如力人手捉長毛小羊從其人手。阿難見十方盡闇冥，譬如日月為羅咒所厭。阿難有大人力，當十大力士力，而不能得動。阿難以聖道諦力，念還得寤：「我今困厄，世尊大慈，寧不愍我？」佛即知之，便誦佛語偈云：

佛者最極尊於世間，諦無有能過佛之前。
佛者最極尊於人天，諦諸法之王無上田。

法者最極尊於世間，諦無有能過法之前。
法者最極尊於人天，諦斷諸縛結永息田。
僧者最極尊於世間，諦無能過有僧之前。
僧者最極尊於人天，諦美福第一無上田。

阿難以此實義，於旃陀羅舍得解。誦偈適竟，旃陀羅家內所設咒具、刀箭破折，瓶甕破壞，燈滅髑髏迸碎，黑風起，展轉不相見。旃陀羅咒術不行，母便告女：「此必瞿曇沙門神力所為，眾物碎散咒術不行。」阿難念言：「世尊恩力也。」阿難得解，如大象王盛年六十，醉暴凶惡，身大牙長，從鐵鞞⑥得解，從城走向空閑處，阿難亦爾。世尊誦佛語，從旃陀羅舍得解，還向祇洹。時此女人，逐阿難至祇洹門，並作是語：「阿難是我夫，阿難是我夫。」逐阿難後，不離須臾。阿難具以白佛，佛曰：「我於諸法中，不見幻惑如此。」女人以婬繫意，阿難平旦著衣持鉢，入舍衛城分衛，而此女人亦逐其後，語諸長者：「阿難是我夫，阿難是我夫。」阿難還至佛所，又前白佛，佛曰：「汝往共語，如姊妹相向。何以故？此女人應當作比丘尼。」女白佛言：「唯願世尊，還我夫婿。」佛曰：「若須阿難者，於我法中作比丘尼，當以相與。」女人歡喜。女還奉辭，父母歡喜。

本殖善根，各應得道。父母及女同往詣佛，世尊廣為說法，無數方便，現諸法義、柔軟義、檀義、尸義❼，說婬不淨義、增長生諸結根義、出家義、諸道品義。又說四聖諦，時此女人即在座上解四聖諦，父母得阿那含道，女得須陀洹道。譬如純白氎衣，易為染色。時父母歸佛歸法歸僧，聽為優婆塞。向佛、阿難悔其癡罪，乞為比丘尼，得依世尊，修行梵行。佛告阿難：「將二比丘尼及此女人，缽拓缽提瞿曇彌❽所，以此女為道，授具足戒。」大愛道問阿難：「云何阿難，世尊許旃陀羅女為道耶？」阿難報瞿曇彌然，即與剃髮受戒，得阿羅漢。

【章　旨】記摩鄧伽族女子愛上了阿難，其母請人設咒迷惑阿難，以便騙取他前來和女子交歡。佛以神力解救了阿難。此女和其父母，後來聽了佛的說法，都出家得道。

【注　釋】❶摩鄧伽　古印度的旃陀羅族賤民，以清道為業。❷阿闍梨　梵文 ācārya，意為導師、高僧。❸麨　米、麥等炒熟後磨粉製成的乾糧。❹然　點燃。❺撚挃　指揉搓撞搗。❻鐵鞾　鐵製的帶子。鞾，駕車時套在牲口後股的皮帶。❼尸義　即尸羅義。尸羅，梵文 śīla，即戒。❽瞿曇彌　原為釋迦族女子通稱，佛經中多指世尊的姨母，即大愛道比丘尼。

【語　譯】阿難行路，途中感到焦渴，有一旃陀羅族女子名叫缽吉蹄的在打水，阿難上前向她討水喝。女子對阿難說：「我是摩鄧伽種族人。」阿難說：「我沒問你的種族問題，祇要施捨水給我就行了。」女子說：「您母親的種姓優勢使您成了沙門瞿曇的第一弟子，受到波斯匿王的尊敬，末利夫人稱您為高僧。我是下賤的人，不敢拿水給您。」阿難又說：「我不問這個，祇要給我水就好了。」女子同意了。那時，女子先捧水澆了阿難的腳，又捧水澆了阿難的手，便心生婬意。阿難飲了水就走了，缽吉蹄回家對父母說：「母親，希望能讓沙門阿難做我的夫婿。」母親說：「他是轉輪王之子、剎帝利釋迦族種和聖師貴族，為天人所宗奉。我家是低賤的種族，怎能讓他成為你的丈夫呢？」女子說：「假如得不到的話，我將服毒，用刀自殺，或者絞死自己。」母親說：「有摩鄧伽神語符咒，能移動日月使其墜落在地，也能咒使因帝梵天下凡，難道就不能得到一個沙門嗎？讓阿難前來，除非他已死或者雖然活著卻不能交歡，或如果他被釋迦牟尼所保護的話，那我無能為力，除此之外都沒問題。」女子便起來澡浴打扮全身，穿上潔白的服飾，鋪好了床，遠遠地在那裡期盼。母親用牛屎塗地，以五色線編織了網，盛滿四瓶水，盛滿四碗乾糧做的麨漿。用四口大刀豎立在牛屎上，四角豎四支箭，點燃八盞明燈，拿來四個死人的髑髏，塗上種種香，地上鋪滿了花，又拿了熨斗來燒香。圍繞這些設置繞走了三圈向東方跪下，而誦念摩鄧伽咒術。此時阿難在祇洹林，立即便神思恍惚，被咒語所束縛，好像魚、象中了圈套一樣，隨著咒術到了旃陀羅家。其母便對女子說：「阿難已到。」女子立即便上前抱住阿難，讓他坐在床上，拉扯著他的衣裳，揉搓擣搗阿難，就好像是大力士用手捉長毛小羊一樣。阿難看見四面八方全都冥暗，就好像日月中了咒語一樣。阿難有大力氣，能抵擋十個大力士，此刻卻不能動彈。阿難憑藉聖道諦力，念經使自己保持清醒，並想道：「我如今身陷困境，大慈大悲的世尊，怎麼不憐憫我了呢？」

佛立即便知道了情況，便誦念偈言：

佛陀最尊貴於世間，真理不能過佛之前。
佛陀最尊貴於人天，真理是法王無上田。
法律最尊貴於世間，真理不能過法之前。
法律最尊貴於人天，真理斷煩惱永息田。
僧伽最尊貴於世間，真理不能過僧之前。
僧伽最尊貴於人天，真理是福德無上田。

阿難憑藉佛的偈言，在旃陀羅家得以解脫。佛剛剛誦念完偈言，旃陀羅家內所設咒具、刀箭全都破折，瓶甕破裂，明燈熄滅髑髏粉碎，刮起了黑風，黑風流轉對面不能見到人。旃陀羅咒術起不到作用，其母便對女兒說：「這一定是瞿曇沙門神力所為，使得眾物碎散咒術失去神力。」阿難心想道：「這是世尊恩德的力量啊。」阿難得到解脫，好像大象王在盛年六十的時候，因醉後變得兇惡殘暴，加上身大而牙長，從鐵製的圈套裡得到解脫，從城裡走向空曠的地方，阿難此時亦有同感。世尊誦念佛語，使他從旃陀羅家得以解脫，便回到了祇洹。當時，這女人便追逐阿難到祇洹門口，並說道：「阿難是我的丈夫，阿難是我的丈夫。」緊跟在阿難身後，一刻不離。阿難便把此事報告給佛，佛說：「我在眾多的現象中，從來沒見過如此迷戀於淫欲的人。」女人因為一心想著淫欲，阿難早上身穿僧衣手拿鉢盂，進舍衛城乞食，而這女人也緊跟其後，對諸位長者說：「阿難是我的丈夫，阿難是我的丈夫。」阿難回到佛所，又將此事向佛說了，佛說：「你去跟她說，你們應以兄妹相稱。為什麼要這樣呢？因為這女人應當作比丘尼。」女子對佛說：「但願世尊能還我夫婿。」佛說：「如果你想要得到阿難的話，應在我佛法中作比丘尼，這樣，我便會將他還給你。」女人大為歡喜。回家後對父母說了佛的意思，父母也很是歡喜。他們因為本來已種了善根，各人應該得道。父母和女子一同前往拜見佛，世尊廣為說法，用無數的方式因材施教，向他們呈現諸法義、柔軟義、檀施義、尸羅義，說了婬不淨義、增長生諸結根義、出家義、諸道品義。佛又說了四聖諦，當時，這女人立即在座位上理解了四聖諦，父母得阿那含道，女子得須陀洹道。這就好比是純白的棉衣，容易染色。此時父母歸依佛歸依法歸依僧，佛便允許他們成為優婆塞和優婆夷。女子向佛和阿難懺悔其愚痴的罪過，乞求成為比丘尼，得以歸依世尊，修行梵行。佛對阿難說：「你帶領兩位比丘尼及這女人，到鉢拓鉢提瞿曇彌那裡，讓此女得道，授予具足戒。」佛的姨母大愛道問阿難道：「阿難，世尊為什麼允許旃陀羅女得道呢？」阿難對瞿曇彌傳達了佛的指示，便讓她剃髮受戒，得阿羅漢。

# 卷第一六

## 聲聞無學第四僧部第五

【題解】本部輯錄了有關聲聞僧人的因緣故事：羅旬踰因前身無比吝嗇，所以今生乞食都是空手而回；分那本為奴僕之身，因多有計謀而獲得了自由之身，並遇佛得道……。這些故事向我們展現了僧人們的神力，以及因果報應的殊妙和業力的宏大。

### 羅旬踰乞食不得思惟結解食土般泥洹

（出《羅旬踰經》）

佛在雞足山。時有婆羅門生子，令相師視之。師言：「是子無相，當名阿保。」其父母聞之無相，雖長養之，初不憐矜。到年十二，足自生活，父母遂逐令去，勿復來還。子不敢留，遂行乞食，乃到祇洹。佛以大慈，念其勤苦，即使阿難呼問之：「能出家不？」兒即歡喜，願為沙門。佛即以手而摩其頭，頭髮即墮，袈裟著身。佛為立名，名羅旬踰。時五部僧每出分衛，而羅旬踰所在之部以空缽還。佛敕比丘分以施之，如是非一。目連念言：「是比丘僧自不得食，餘人何故悉復空還？我若共行，猶有所得。」佛知其意，便與舍利弗俱，使目連與羅旬踰俱，各分為一部。佛告目連：「我所在處，汝不得往。」目連即與羅旬踰俱行，適欲所至，即便見佛及與舍利弗而在其門。如是經歷，過百億國，遂不得食。目連念言：「我於今日定不得食。」羅旬踰時甚大飢極，止恆水邊。目揵連即還，到於佛所。佛時缽中尚有餘食，即與目連，念言：「我今飢甚，欲吞須彌尚謂不飽，但此少飯，何足可食？」佛告目連：「且食此飯，勿憂不足。」目連即飯。飯既已飽，缽中不空。唯舍利弗即念：「羅旬踰今未得食，當大飢苦。」便白佛言：「願乞餘飯與羅旬踰。」佛即告言：「我不惜飯，但羅旬踰宿行果報不應得之，若謂不然，汝便可與。」舍利弗便以飯與之，羅旬踰得，即欲受飯，缽便下入地百丈。舍利弗以道力，手尋缽即得，以還羅旬踰，適欲食之，便誤覆缽倒去，飯食皆散水中。羅旬踰還坐定意，自思念言：「我每與諸比丘俱行，輒無所得，空缽而還。舍利弗今以佛餘飯與我，輒復覆去，皆我罪報應當所受。」便自思惟，結解垢除，得羅漢道，即便食土而般泥洹。欲知羅旬踰者，惟衛佛時身為凡人，常懷慳貪，不肯布施。時當欲飯，脫衣布地，恐飯粒落。有沙門過，從其分衛，羅旬踰見，謂之言：「當何以相與？」便以手捧土與沙門，沙門即咒願言：「是汝愚癡故耳，當使汝早得度脫。」由來久遠，展轉生死，乃至於今，所在之處，輒不得食。於今得道，食土泥洹。時羅旬踰與土沙門，舍利弗是。罪福報應，今雖得道，故受宿殃。世人愚癡，謂行惡無罪，羅旬踰是其證也。

【章　旨】記羅旬踰沙門因前生慳吝，今生便得到處處乞食而不得的報應。

【語　譯】佛在雞足山。時有一婆羅門生子，讓看相的人看了。看相的人說：「這孩子沒有福相，應當取名叫阿保。」其父母聽說他沒有福相，雖然撫養他，卻從不疼愛他。到了十二歲，足以自謀生計後，父母將他驅逐出門，讓他不要再回來。其子不敢逗留，只得去乞食，便到了祇洹。佛因有大慈心，憐憫其勤苦，便讓阿難喚他前來問道：「你能出家嗎？」小兒便很歡喜，願意作沙門。佛便用手撫摩他的頭，他頭髮便落地，袈裟著身。佛為他取名，名叫羅旬踰。那時，五部僧人每每外出乞食，而羅旬踰所在之部都以空鉢而還。佛讓比丘分一些給他，這種情況不是一日兩日的事情了。目連想道：「這比丘僧自己不能得到食物，別的人為什麼都兩手空空地回來呢？我如果和他同行的話，一定會有所得的。」佛知道他的心意，便和舍利弗一起，讓目連和羅旬踰一起，各分為一部。佛對目連說：「我所去的地方，你不能去。」目連便和羅旬踰同行，剛想到一家，便看到佛和舍利弗已在那邊。就這樣過了百億個國家，還是不能得到食物。目連想道：「我今日肯定不能得到食物了。」羅旬踰那時又飢又累，站在了恆水邊。目揵連便回來，到了佛身邊。那時，佛的鉢中尚且有多餘的食物，便把它給了目連，目連心想：「我今日非常飢餓，就算吞下須彌山尚且不飽，祇有這麼少的飯，怎麼夠吃呢？」佛對目連說：「你姑且吃了這些飯，不要擔心它不夠。」目連便將它吃了。吃飽之後，鉢中的飯仍然不見變少。舍利弗便想道：「羅旬踰到現在還沒有得到食物，一定會非常飢餓。」便對佛說：「希望能把剩餘的飯給羅旬踰。」佛便對他說：「我不吝惜我的飯，只是因為羅旬踰前生行為所得的報應不應得到它，你如果認為不是這樣，你便可以給他。」舍利弗便把飯給了羅旬踰，他接受後，剛剛想吃飯，鉢便掉下陷入地中百丈之深。舍利弗以道力，很快便找到了鉢，把它還給了羅旬踰，羅旬踰剛想吃，卻誤把鉢翻倒過來，飯食都散落在水中。羅旬踰坐下定了定神，想道：「我每次和諸比丘同行，都一無所得，空鉢而還。舍利弗如今把佛剩餘的飯給我，卻又倒掉了，這都是我的罪過應受的報應啊。」便苦思冥想，解開了心結除去了穢垢，得羅漢道，立即便吞食泥土而般泥洹。想要知道羅旬踰的前生嗎，在惟衛佛時，他身為凡人，常懷慳吝貪婪之心，不肯布施。每當要吃飯時，便脫下衣服鋪在地上，生怕飯粒落下。有沙門經過，向其乞食，羅旬踰見了，對他說：「應該給你什麼呢？」便用手捧著泥土給了沙門，沙門便念咒言道：「因為你愚痴的緣故，應使你早得解脫。」經歷了久遠的時間，展轉於生死大海之中，以至於到了現在，所到之處，都不能得到食物。如今得道，吞食泥土而泥洹。當時給羅旬踰土的沙門，是舍利弗。罪福報應的緣故，如今他雖然得道了，仍然要受到宿世惡行所獲的報應。世人愚痴，以為行惡會無罪，羅旬踰就是反面的例證。

## 分那先為下賤多知方宜遇佛得道

（出《法句經》第一〇卷）

有那黎國近南海邊，其中人民採真珠栴檀，以為常業。國有一家，兄弟二人，父母終亡，欲求分異。家有一奴名分那，年少聰了，善能賈販，入海治生，無事不知。居家財物，分為一分，以奴分那，持作一分。兄弟擲籌，弟得分那，將妻子空手出舍。時世飢儉❶，雖得分那，恐不相活，以為愁憂。奴分那白大家❷言：

「願莫愁憂，分那作計，月日之中當令勝。」大家即言：「若審能爾，放汝為良人❸。」大家夫人有私珠物，與分那作本。時海潮來，城內人民，至水邊取薪。分那持珠物至城外，見一乞兒負薪，薪中有牛頭栴檀香，可治重病，一兩直千兩金，時世有一，不可常得。分那識之，以金錢二枚，買得持歸，破作數千段。時有長者得重病，當得此牛頭栴檀二兩合藥，求不能得。分那持往，即得二千兩金。如是賣盡，所得不貲。富兄十倍。大家感念分那，不違言誓，放為良人，隨意所樂。分那辭行學道，到舍衛國，為佛作禮，長跪白佛：「所出微賤，心樂道德，唯願世尊，垂慈濟度。」佛言：「善來。」分那頭髮即墮，法衣著身，即成沙門。佛為說法，尋得羅漢道。坐自思惟：「今得六通，存亡自由，皆主人之恩。今當往度，並化國人。」於時尊者分那往到本國，至主人家。主人歡喜，請坐設食，食訖澡手，飛昇虛空，分身散體，體出水火，光明洞照，從上來下，告主人曰：「此之神德，皆是主人放捨之福，往到佛所，所學如此。」主人答言：「神化微妙，願見世尊，受其教訓。」分那答言：「但當至心供設饌具，佛三達智❹，必自來矣。」即便設供，宿昔已辦，向舍衛國稽首長跪，燒香請佛：「唯願屈尊，廣度一切。」佛知其意，即與五百羅漢，各以神足，往到其舍。國王人民，莫不驚肅。來至佛所，五體投地，卻坐❺王位。食畢澡訖，佛為主人及王官屬，廣陳明法，皆受五戒，為佛弟子。起住佛前，歎分那曰：「在家精勤，出家得道，神德高遠，家國蒙度。我當云何以報其恩？」於是世尊歎分那，而說偈言：

心已休息，言行亦正。
從止解脫，寂然歸滅。
棄欲無著，缺三界障。
妄意已絕，是謂上人❻。
在聚若野，平地高岸。
應真❼所過，莫不蒙祐。
彼樂空閑，眾人不能。
快哉無婬，無所欲求。

主人及王益加歡喜，供養七日，得須陀洹道。

【章旨】記分那本為奴僕，因聰明伶俐，幫主人度過了難關，因此，主人還他以自由身。他出家得道，又回頭化度主人。

【注釋】❶飢儉　飢荒。飢，通「饑」。儉，歉收；年成不好。❷大家　即主人。❸良人　指平民、百姓。跟奴隸相區別。

❹三達智　指佛所具有的天眼、宿命、漏盡三種智慧。❺卻坐　謂離位。❻上人　梵語 puruṣarṣabha，對智德兼備而可為眾僧及眾人師者之高僧的尊稱。❼應真　為阿羅漢的舊譯。

【語　譯】有一那黎國瀕臨南海，那裡的人民採集真珠和檀香，把它作為主要的職業。該國有一戶人家，兄弟二人，父母已終亡，想要分家。家中有一奴僕名叫分那，年少而聰明，善於經商，入海經營謀生，沒有什麼不知曉的。家中的財物，作為一份，把奴僕分那也作為一份。兄弟兩人以擲籌為準，弟弟得到了分那，他便帶著妻子空手離開了家。剛好遇上鬧飢荒，弟弟雖然得到了分那，還是擔心不能存活，十分憂愁。奴僕分那對主人說：「願您不要憂愁，讓分那我來想想辦法，一個月之內便讓您的財富超過他人。」主人說：「假如真能這樣的話，我將還你以自由身。」主人的夫人有私房珠寶，便給了分那作資本。那時，大海漲潮了，城裡的人民，都到水邊拾取柴禾。分那拿著珠寶到城外，看見一乞丐背著柴禾，柴中有牛頭檀香，可治重病，一兩檀香值一千兩金，是當時世上絕無僅有的，不可常得。分那知道這一點，便用二枚金錢，把它買來帶回家，又把它破作幾千段。那時，有長者得重病，需要用牛頭檀香二兩來調配藥物，四處尋求而不得。分那拿著它前往，立即得到了二千兩金。就這樣賣掉了所有的牛頭檀香，所得財富難以估量。弟弟的財富超過了兄長十倍。主人感激分那，便不違背他的誓言，將他放為平民，何去何從隨他所願。分那便辭行去學道，到了舍衛國，對佛作禮，長跪對佛說：「我出身微賤，但熱愛道德，但願世尊能憐憫我而化度我。」佛說：「你來得正好。」分那便頭髮落地，法衣穿在身上，立即便成了沙門。佛為他說法，不久便得羅漢道。他靜坐時想道：「如今我得到六神通力，生死自由，都依仗於主人的恩情。現在我應前往化度他，同時還化度國中之人。」當時，尊者分那便回到本國，到主人家。主人歡喜，請他就座又為他準備食物，吃完飯洗完手後，他便飛到虛空中，分身散體，身上噴出水火，光明照耀，然後從空中下來，對主人說：「我這樣的神力，都是因為主人釋放我所帶來的福分，我前往佛所，便學到了這些神通之力。」主人答道：「神化微妙，希望能見到世尊，接受他的教訓。」分那答道：「您只要誠心準備供奉的器具，佛憑藉三達智慧得知這一切，一定會主動前來的。」主人立即便準備供奉的物品，短時間內便辦完了一切，對著舍衛國叩頭至地長跪，燒香請佛：「但願世尊能降低身份，來廣度一切。」佛知道其心意，便和五百羅漢，各自憑藉神足，來到其住處。國王和人民，沒有不驚訝而肅穆的。他們來到佛處，五體投地，國王也離開了王位。佛吃完飯沐浴完畢後，佛為主人和國王官吏，廣說明法，他們都受了五戒，作了佛弟子。主人起來站在佛前，讚歎分那道：「在家精勤，出家得道，神德高遠，以致讓家人和國人都蒙受化度。我應當拿什麼來回報他的恩情呢？」於是世尊讚歎分那，而說偈言道：

妄心已息，言行歸正，
從此解脫，寂然入滅。
棄欲無碍，離三界苦，
妄意已斷，纔是上人。
在城或野，平地高崖，
羅漢所過，無不蒙祐。
彼樂山林，眾人不能。
無有邪婬，無所欲求。

主人和國王更加歡喜，供養佛七日，便得須陀洹道。

（出《護口經》）

## 願足羅漢化一餓鬼說其往昔惡口

願足阿羅漢，恆訓化餓鬼。見一餓鬼，形狀醜陋，見者毛豎，莫不畏懼。身出熾燄，如大火聚；口出蛆蟲，膿血流溢，臭氣遠徹，不可親近。或口吐燄火，長數十丈；或耳鼻眼身體支節放諸火燄，長數十丈，脣口垂倒，像如野豬，身體縱廣一由旬。手自抓摑❶，舉聲嗥哭，馳走東西。是時，願足問餓鬼曰：「汝宿何罪，今受此苦？」餓鬼報曰：「吾曩❷昔時行作沙門，戀著房舍，慳貪不捨。身持威儀❸，出言臭惡。若見持戒精進比丘，輒復罵辱，偏眼惡視。自賴豪族，謂為不死，造諸無量不善之本。寧以利刀自截其舌，如是從劫至劫，甘心受苦，不以一日之中誹謗精進比丘。若還閻浮利地者，以我形狀可誡敕諸比丘，善護口過❹勿妄出言。設見梵行持戒比丘者，念宣其德。自受餓鬼形已來，經數千百萬歲，受此苦惱。我後命終，當入地獄。」是時餓鬼說此語已，舉聲嗥哭，自投於地，如泰山崩，天翻地覆，斯由口過故使然矣。能守護口過者，受福無窮。又迦葉如來出現於世，敷說法教，教化已周，於無餘泥洹❺界而般泥洹。泥洹後，時有三藏比丘，名曰黃顏。眾僧告敕：「一切雜使，不令卿涉，但與諸後學者說諸妙法。」時三藏比丘內心輕蔑，不免僧命，便與後學敷顯經義，喚受義曰：「速前，象頭。」次喚第二者，復曰馬頭，復次駱駝頭，次驢頭，復次豬頭，次喚羊頭、羯羝頭，次喚師子頭，次喚虎頭，次喚禽頭，次喚羆頭。如是喚眾獸之類，不可稱數。三藏黃顏口出如此無量惡言，雖授經義不免其罪，身壞命終，入地獄中，經歷數千萬劫，受苦無量。餘罪未畢，從地獄出，生大海中，受水性形，一身百頭，形體極大，異類見之，皆悉馳走。

【章　旨】記願足阿羅漢教化一餓鬼，該餓鬼自我述說前生因犯口過，今生受禍無窮。又有三藏黃顏因犯口過而墜入地獄，受苦無量。

【注　釋】❶摑　用巴掌打。❷曩　以往；過去。❸威儀　謂起居動作皆有威德、儀則，符合規範。❹口過　指因口惡造作的罪孽，謂兩舌、惡口、妄言、綺語等。❺無餘泥洹　即無餘涅槃。指斷除煩惱障，滅異熟苦果五蘊所成之身，而完全無所依處之涅槃。

【語　譯】願足阿羅漢，經常訓化餓鬼。一次，見到一餓鬼，形狀醜陋，看見它的人都毛骨悚然，沒有不感到恐懼的。它身上噴出熾熱的火焰，就像大火堆一樣；口中爬出蛆蟲，膿血不斷流溢，臭氣熏天，不可親近。有時口吐火焰，長達數十丈；有時耳鼻眼和身體關節都放出火焰，長達數十丈，或唇口倒垂，像野豬一樣，身體長寬達一由旬。自己抓自己或用巴掌打自己，放聲號哭，東西奔走。這時，願足問餓鬼道：「你宿世有什麼罪過，如今要受這樣的苦？」餓鬼答道：「我在往昔時作沙門，貪戀房舍，慳貪而不肯施捨。舉止符合種種規範，但出言粗魯。假如看見持戒精進比丘，就要罵辱，白眼惡視。依仗著出生豪族，以為不會死，造下了無量惡口之業。如今想來寧可用利刀割掉自己的舌頭，這樣從一劫到另一劫，甘心受苦，也不在任何一日誹謗精進比丘。你回到閻浮利地的話，以我的形狀可告誡諸比丘，好好地保護口業不要口出惡言。如果見到梵行持戒比丘的話，希望能宣揚他們的功德。自從我受餓鬼形以來，經歷了幾千百萬年，備受苦惱的煎熬。我以後命終，將入地獄。」當時，餓鬼說完了這話，放聲號哭，撲倒在地，好像泰山倒塌，天翻地覆一般。這都是由於他口造罪孽所致。能守護口業的人，將受福無窮。又迦葉佛在世時，宣說法教，教化已周遍，從無餘涅槃界而般涅槃。他涅槃後，當時有精通三藏比丘，名叫黃顏。眾僧對他說：「一切雜事，不需要您來操勞，您祇要給諸位後學者說妙法就行了。」那時，三藏比丘內心輕蔑他們，又不能免除僧人們的差遣，便給後學者演講經義，叫喚聽講的僧人道：「趕快上前，象頭。」對第二個人，又叫他馬頭，然後又叫他們為駱駝頭、驢頭、豬頭、又有羊頭、羯羝頭、獅子頭、虎頭、禽頭、熊頭。就這樣稱呼的眾獸之類，不計其數。三藏黃顏口出此等惡言，即使他傳授了經義也是不能免除其罪的，身壞命終後，入地獄中，經歷幾千萬劫，受了無量之苦。但是剩餘罪報沒有結束，從地獄出來後，轉生到大海中，受水性之形，身上有一百個頭，形體極大，別的動物見了，全都被嚇得四處亂跑。

# 卷第一七

## 聲聞無學第五僧部第六

【題解】本部講述了僧大不納其妻出家山澤賊害得道、兄弟爭財請佛解競為說往事便得四果等佛教故事，說明只有一心向佛，精進修行，才能最終得道。

### 僧大不納其妻出家山澤賊害得道

（出《佛大僧大經》）

舍衛國人名曰厲，其家大富，年已老耄❶，絕無繼嗣。禱祀❷日月天神無不必備，終不能得。自念祈請無益，寶財消散，產業不修❸。疾病相仍❹，災禍首尾❺，奴婢死亡，六畜不孳❻，屢為妖孽神師所迷，云當有福而禍重至。由盲人吞毒謂為良藥，庶有瘳損❼，遂喪其身。「吾既殺生祠祀，當入地獄，而望天祚❽，豈不惑哉？」

【章旨】記一名叫厲的有錢人，老來無子，禱祀不得，散盡家財，反落下病災。

【注釋】❶老耄　年老。耄，高齡，八九十歲。❷禱祀　祈禱而祭祀。❸修　治；經營。❹仍　沿襲；依循。❺首尾　指首尾相連，用如動詞。❻孳　生。❼瘳損　減損，本處指疾病。❽祚　賜福。

【語譯】舍衛國有位名叫厲的人，他家非常富有，已經八九十歲高齡了，卻後繼無人。日月天神都祈禱偏了，還是沒有後代。自忖祈禱無用，於是財寶散盡，不治家業。可是疾病不斷，災禍連年，奴婢死亡，六畜不生，數次被妖魔鬼怪和裝神弄鬼的人迷惑。別人說他有福，可是禍災偏偏又來。好比盲人吞下毒藥，還說是良藥，偶染微恙，卻又喪生。他想：「我既然殺生祭祀，死後當入地獄，然而又希望上天降福，豈不是糊塗？」

世有佛道高操之聖，學得仙者名曰應真❶，淨如琉璃。精進存想乃睹之耳！奉斯道者，唯守靖寞❷，無欲無求，以斯為樂，現世得安，終生天上。置吾常供奉三尊❸，經涉一載，婦遇生男，字曰佛大。後復生男，字曰僧大。厲訓二子，示以聖道。僧大稟性慈孝，仁愛萬物，奉佛法戒，親近沙門，清淨知足，二親愛之。

【章旨】記厲得到高人應真的指教，無欲無求，後竟得二子。

【注釋】❶應真　阿羅漢的舊譯，應受人天供養的真人。❷靖寞　寂寞。❸三尊　指佛、法、僧三寶。

【語譯】世上有佛道成就操行很高的聖人，學習佛道成仙，名叫應真，品德高潔，宛如寶石琉璃。盡力修行，努力想像，纔能有機會見上一面。信奉此道的人，唯能耐得寂寞，無欲無求，以此為樂，才能現世安然無事，死後生天。佛道讓厲常常供奉佛、法、僧三尊，經過一年，媳婦生一男丁，取名佛大。後又生一男，取名僧大。厲教育二子，告訴他們聖人之道。僧大本性仁慈孝順，仁愛世間萬物，信奉佛法，嚴守戒律，對僧人親近友善，品德高潔，生活知足，父母喜歡他。

厲臥疾著床，即呼長子，涕泣誡子：「夫生有死，持戒者安，犯戒者危。僧大尚小，仁孝清白，方以累汝。」言竟便沒故❶。後頻數啟❷其兄，欲作沙門。其國法欲得婦，具言欲作沙門。佛大即為娉妻❸，索賢家女字快見。光華煒煒❹，端正少雙。婦歸昇堂，兄會賓客，九族❺欣然。

【章旨】記厲死前向大兒子訓話，囑咐大兒子照顧僧大。僧大想出家修行，兄長為其娶妻。

【注釋】❶沒故 去世。❷啟 問。❸娉妻 娶妻。❹煒煒 光明，容貌動人。❺九族 眾親戚。

【語譯】厲生病臥床，馬上叫來大兒子，哭著告誡他：「人生必有一死，遵守佛戒的人一生平安，違背佛戒的人一生不得安穩。僧大還小，仁義孝順，品德清白，恐怕要託付你，把他養大。」說完便去世了。後來，僧大數次懇請其兄，想去做僧人。其國法規定，想要娶妻成家，都說想做僧人。佛大馬上為其娶妻，尋求一個良家民女，名叫快見。她長得光豔照人，美麗無雙。快見出嫁登堂，哥哥大會賓客，眾親戚都很高興。

兄于眾前謂其弟曰：「當今之日，肯作沙門乎？」僧大答曰：「實我宿願❶。」兄戲之曰：「可從爾志。」弟心歡喜，為兄作禮。即便入山，見一沙門，年少端正，獨處樹下。問曰：「賢者何緣行作沙門？」其人已得應真之道，預知去來無數劫❷事，謂僧大曰：「佛說人好淫泆❸，如持炬火逆風而行，其焰稍卻，不置炬者，火燒其手。由烏銜肉，鷹鷂❹追奪，烏不置肉，災及軀命。吾以是故，行作沙門。又如蜜塗利刀，小兒貪甜，以舌舐之，有截舌之患。淫泆之人苟快愚心，不惟❺其後，有燒身之害。如蛾貪火色投入於燈，體見燒煮，將何克獲？為淫惑者不別善惡，遠賢親愚，日就流冥，亡國滅眾，死入地獄，惡著罪成，悔將何逮❻？……」如是譬類。僧大頓首足下：「願去世濁，履❼清淨道❽，奉沙門戒以為榮福。」師曰：「小待。」僧大曰：「意欲入山禪寂❾。」師曰：「處山澤者當學星宿，明知候時❿，常當儲待水生麨蜜⓫，所以然者，盜賊之求水火麨蜜，夜半向晨，問當與之。給賊所欲，違其意者，賊輒殺人。」僧大曰：「諾，敬奉慈教。」卻，乃⓬入山。

【章旨】記僧大出走，遇一沙門，聽其以種種譬喻的教誨。

【注釋】❶宿願　同「夙願」。❷劫　古代印度的時間單位，亦泛指極長的時間。❸淫泆　指淫欲放蕩。❹鷹鷂　兇猛的飛禽類。❺惟　考慮；想。❻逮　乃；達到。❼履　踏；走。❽清淨道　喻指正道。❾禪寂　靜思。❿候時　氣候時節。⓫水生麨蜜　僧人常食的一種簡易麵食，又作「水火麨蜜」。⓬乃　於是。

【語譯】兄長當著眾人的面問其弟說：「現在你還想當僧人嗎？」僧大回答說：「這是我的夙願。」兄長開玩笑道：「可以順從你的志向。」其弟心裡十分高興，向兄長作禮拜辭。不久來到山中，看見一沙門，年少勻稱，獨坐樹下。僧大問道：「聖賢之人為何來當僧人？」這個僧人已得應真之道，能事先預見現在過去無數劫的事情，他對僧大說：「佛說凡人好淫欲，如同手裡拿著火把逆風而行，火焰稍稍後退，如不放下火把，火就會燒著手。好比烏鴉銜著一塊肉，猛禽鷹隼追奪，烏鴉不丟掉肉，就會災禍及身。我因為這緣故，來此作僧人。又好比把蜂蜜塗在鋒利的刀刃上，小孩貪甜，用舌頭去舐，便會有割斷舌頭的危險。淫蕩之人貪一時之歡，不考慮後果，便會有斷送性命的危險。好比飛蛾貪戀火光，撲向燈火，身體被燒，將能獲得什麼呢？被淫蕩迷惑的人，不辨善惡，疏遠聖賢之人，親近愚癡之人，如日薄西山，亡國滅眾，死後當入地獄，罪惡顯著，後悔又怎麼來得及呢？……」還有好多諸如此類的比喻。僧大在那位年少僧人腳下叩拜，說：「我願意遠離世間的汙濁，走向佛門清淨聖潔的正道，願意遵守佛門戒規，並把它作為自己的榮耀與幸福。」僧師說：「稍等一會。」僧大又說：「我願意入山靜思。」僧師又說：「住在荒山野澤中的人，應當學會觀星宿，能辨別時辰，還應當常常儲備有水生麨蜜，所以這樣的原因，是因為盜賊需要水火麨蜜，半夜向明時分，他們若問你要麨蜜，你應當給他們。賊人要什麼你就給什麼，違背他們的意願，他們就會殺人。」僧大說：「知道了，一定聽從您的教誨。」僧大辭別僧師，於是便隱遁山中。

其兄念曰：「弟作沙門，終不畜妻，快見端正，心甚悅之。」起從快見，取琴彈之，歌淫泆之曲曰：「煌煌郁金❶，生於野田，過時不採，宛見棄捐。曼爾豐熾❷，華色❸惟新，與我同歡。」快見覺欲❹為亂，以歌答之曰：「巍巍我師，天人之尊，門徒清潔，諡曰沙門。觀真❺為聖，淫為畜倫，我受嚴戒，不事二君，終不淫生，寧就寸分。」佛大作情悲之曲，委靡之辭：「宿心嘉爾，故因❻良媒問名，詣師占相良時，慘惕❼慘惕，懼爾不來。既睹爾顏，我心怡怡。今不合歡，豈徒費哉！斯誓為定，淑女何疑？」

【章旨】記佛大調戲弟媳，弟媳不從。

【注釋】❶煌煌郁金　光明的鬱金香。郁，同「鬱」。❷曼爾豐熾　修長豐滿。❸華色　容顏美麗。❹覺欲　感覺將要。❺觀真　即真如觀，得心想寂靜，伏滅諸煩惱。❻因　依靠。❼慘惕　憂愁不安的樣子。

【語譯】其兄心想：「弟作僧人，終生不養妻子，快見長得美麗，我心裡很喜歡她。」於是佛大起身來見快見，取出琴對她彈奏，同時唱起淫穢的歌曲：「光豔奪目的鬱金香，長在田野上，過時不採摘，好比被拋棄一樣。你長得修長豐滿，美麗的容貌就像新婦一樣，快和我一起快樂快樂吧。」快見覺得佛大有意調戲，以歌回答他說：「多麼高大的師尊，天人共同敬仰，其門徒清潔高尚，稱之為沙門。觀真尊為聖人，淫亂比作畜類，我受到嚴格的告戒的約束，絕不能事奉兩君，終身不以淫亂為生，我寧可遵守規矩，不敢妄為。」佛大又彈起悲傷的曲子，唱起想入非非的歌辭：「我一向讚賞你，故尋好的媒人打聽你，訪問巫師占卜良時，我心裡憂愁不安，害怕你不來。已經看到你的容顏，我心裡十分高興。今不與我交歡，豈不是白廢口舌嗎！我發此誓為定，你怎麼能懷疑呢？」

快見惶灼❶，歌答之曰：「佛設禮儀，尊卑有序，叔妻❷即母，婿伯❸即父，我親奉戒，日有隆舉。真與聖齊，淫正蟲鼠。噫乎伯子，焉為斯語？」兄心貪迷，快見知其意甚，不可轉移，快見又歌曰：「夫人處世，當遠二事：不孝淫亂。行違佛戒，天及賢者，箋❹其自異。」佛大歌曰：「爾之容色，爗爗灼然❺，普天美女，豈有爾顏？我心相悅，故踰大山。」快見自念：此人欲我，悖狂之亂，沮致大難。請說❻身中惡露❼不淨，爾乃卻耳。快見重曰：「仁❽貪我軀，軀有何好？頭有九骨，合為髑髏……」如是具說諸不淨也。佛大自念：汝念其婿，何肯聽我？我殺弟者，爾乃隨耳。

【章　旨】記佛大繼續向快見求愛，快見不從，佛大起了殺弟之心。

【注　釋】❶惶灼　惶恐的樣子。❷叔妻　即弟妻。❸婿伯　即丈夫的哥哥。❹箋　這裡指書寫、記載。❺爗爗灼然　光彩照人的樣子。❻請說　告說。❼惡露　佛教謂身上不淨之津液。❽仁　對人的尊稱。

【語　譯】快見惶恐，用歌回答說：「佛設有禮儀，尊卑有序，弟妻即母，丈夫的哥哥為父。我親人信佛奉戒，日後定會有大而多的成就。真念和聖人所想的一樣，淫亂只適合蟲鼠之輩。哎呀，伯兄，你怎麼能說出這樣的話呢？」其兄色迷心竅，快見知道他淫意熾盛，不可扭轉，又唱道：「人活在世上，應當疏遠以下二事：不孝與淫亂。如果人的行為違反佛戒，上天和賢者，都會記載他們的差錯。」佛大唱道：「你的容貌，光彩照人，天下的美女，哪個能比得上你？見到你我心裡很高興，所以不怕翻越大山。」快見心想：這人想要佔有我，荒謬昏亂，最終會導致大難發生。不妨告說身上惡露及不淨，這樣他就會罷休。快見又說：「您貪戀我的身體，可它有什麼好的呢？頭上有九塊骨頭，合起來就成為死人的骷髏頭……」快見如此這般對佛大說各種不淨的事物。佛大心想：你想著你的丈夫，怎會聽我的話？我把我兄弟殺了，你就會跟著我了。

即行募求數為賊者，前與語曰：「寧❶知我家所畜六籍❷奴子？逃作沙門，今在山中……」賊曰：「識之。」佛大即出金銀與之，令殺奴子：「疾取其頭及身上衣，所持法衣服，足下履屣❸皆以將還，吾復重賜卿等金銀。」賊大喜曰：「從❹吾取足。」

【章　旨】記佛大花錢雇賊人殺害他的弟弟僧大。

【注　釋】❶寧　猶可。❷六籍　在冊的（奴僕）。❸履屣　鞋子。❹從　跟隨。

【語　譯】佛大馬上用錢財招得曾經數次做過賊的人，他走向前對賊人說：「你們可知道我家所養的那個在冊的奴僕？他逃走做了和尚，今在山中……」賊說：「知道。」佛大取出金銀給了賊人，讓他們殺死那個奴僕，說：「快把他的頭及身上的衣服取回來，還有其他法衣物，腳下穿的鞋子一併拿來，我再重重地賞賜你等金銀。」賊人非常高興，說：「就從我們這裡取你想要的東西吧。」

即去入山，到其弟所，呼曰：「沙門，汝疾出來。」其弟出曰：「諸君何求？吾有水火麨蜜可食，夜時已半。」賊曰：「不求水火麨蜜，不問卿時也，欲得汝頭持去之耳！」其弟聞之，即大惶怖，涕泣而曰：「吾非長者諸侯子也，捨俗為道，與世無爭，學道日淺❶，未獲溝港❷，殺吾何益？」賊曰：「來為汝首。」其弟語賊曰：「欲得寶者，吾與兄書，今惠❸卿寶。」賊曰：「子兄今我今來殺子。」弟曰：「吾今死矣，由斯婦也。師前戒我：『人與淫居，如持炬火逆風而行，若不捨之，火將燒手。』日冥❹即如師戒。」涕泣從賊乞一歲活。賊曰：「急取頭去。」

【章　旨】記賊人去殺僧大，僧大得知是其兄要取他的性命。

【注　釋】❶日淺　時間短。❷溝港　這裡意指佛道的道要。❸惠　贈送。❹日冥　天黑。

【語　譯】賊人隨即來到山中，到了僧大的住所，大聲喊道：「和尚，你快出來！」僧大出來說：「仁君有何事相求？我備有水火麨蜜，可以給你們吃，現在時辰已是半夜了。」賊人說：「不要水火麨蜜，也不問你時辰，只想取走你的人頭罷了！」僧大聽了，很害怕，哭著說：「我又不是什麼名門望族的後人，棄俗為僧，與世無爭，且學道淺顯，還沒有取得什麼成就，你們殺了我又有什麼好處呢？」賊人說：「來取你的頭。」僧大對賊人說：「你們想要寶貝，我給兄長寫封信，讓他贈送給你們。」賊人說：「就是你兄長讓我們來殺你的。」僧大說：「我今天要死了，都是因為那個婦人啊。師傅以前告誡我說：『好人與淫者同居在一起，好比手拿火把逆風而行，如不棄之，火將燒手。』想不到天黑就果然應驗了師傅所告誡的話。」僧大哭著乞求賊讓他多活一年，賊人說：「我們急著要你的頭。」

其弟重曰：「願莫即見殺，先斷我一髀❶，置吾前也。」賊斷一髀，置於其前。弟遭此痛，天來其側曰：「慎勿恐怖，牢持汝心。汝前世時入畜生中，人所屠割，稱賣汝肉，非一世矣。地獄餓鬼汝皆更之，苦痛以來，非適今也。」僧大白天：「請報我師。」天即語師曰：「賊欲殺之，汝弟子為人悲泣求哀，欲得相見。」師即飛往為說法曰：「天地須彌尚滅，海有消竭七日之壞，天下有風，其名惟藍。惟藍一起，山山相搏，斯風有滅，況汝小軀，何足數也？但當念佛，佛常自言：『盛必有衰，合會有離，榮位難保，身亦如之。』」僧大便得溝港道。

【章旨】記賊殺僧大，僧大得溝港道。

【注釋】❶髀　大腿。

【語譯】僧大又說：「希望不要馬上殺我，先砍去我一條腿，放在我前面。」賊人砍斷他的一條腿，放在他面前。僧大遭受如此疼痛，天神來到他身旁說：「一定不要害怕，牢牢把持住你的心。你前世的時候投胎於畜生之中，人們屠宰割殺稱量買賣你身上的肉，不止一世的時間了。地獄、餓鬼你都輪轉過，痛苦早就產生了，不是恰好今天才有。」僧大對天神說：「請去報知我師父。」天神立即去告訴他的師父說：「賊人欲殺你的弟子，他正向人哭泣求饒，想見見你。」師父馬上飛快地趕到現場為他說法道：「天地、須彌山之大尚且會滅亡，大海有乾涸七天的災害，天下有一種風，名叫惟藍，惟藍一吹，山與山之間就會互相搏擊，這種風也會滅亡，更何況是你小小的身軀，何足掛齒？你祇要稱念佛名，佛常說：『盛一定有衰的時候，聚一定有散的時候，榮譽、地位也難保全，自己的身體也不過如此。』」僧大於是得到了溝港道。

復斷一髀，重念師戒，復得頻來道❶。賊斷左手，復念佛念師戒，得不還道❷。賊斷右手，復念師戒，得應真道，即不畏三惡道，生死自在，無所復畏。僧大曰：

「取樹皮來。」即為剝樹皮與之，僧大取枝以為筆，自刺身血，書樹皮曰：「大兄起居，隨時安善。二親在時，以吾累兄。兄不承之，違廢親教，以女色故，骨肉相殘。違親慈教，為不孝也，殘殺人命，為不仁也。殺一畜生，其罪不少，況殺應真？吾不中止❸。今吾善遊寂寞❹，從此長別，努力努力，願崇真道❺。」伸頭長二尺，語諸賊曰：「子斷吾頭，由❻截泥頭也。吾恐汝等墮地獄中。」賊前斷頭，取身上衣杖、屣及鉢持與兄所。兄以金銀重謝賊。

【章　旨】記賊人最終殺害了僧大，僧大最後得了不畏三惡道。

【注　釋】❶頻來道　即頻來果，梵文 Sakṛdāgāmin，又稱一來果，音譯斯陀含，為聲聞四果中第二果。❷不還道　即不還果，梵文 anāgāmin，音譯阿那含，為聲聞四果中第三果。❸中止　中途停止。❹寂寞　清靜。❺真道　即正道。❻由　猶。

【語　譯】賊人又砍斷了他的另一條腿，僧大再次念誦師戒，又得頻來道。賊斷其左手，他又念佛念師之戒，得不還道。賊斷其右手，他又念師戒，得羅漢道，即不畏三惡道，生死自由，無所懼怕。僧大說：「取樹皮來。」賊人馬上給他剝好樹皮，僧大取根樹枝作筆，自刺身血，在樹皮上寫道：「兄長飲食寢興等一切日常生活，隨季節時令安康。二親在時，把我託付兄長。兄長不能承受，違背了父母的教誨，因為女色的緣故，我倆骨肉相殘。違背父母的諄諄教誨是不孝順，殘殺人命是不仁慈。即使殺了一隻畜牲，他的罪過也不小，何況殺了羅漢？但我並沒讓你停止。現在我能好好地暢遊於清靜之中，從此長別，你多努力，但願你能崇尚正道。」僧大伸長脖子，向前約有二尺長，對其他賊人說：「你們砍我的頭，好比砍泥頭一樣。我恐怕你們死後墮入地獄之中。」賊人向前斷其頭，取了他身上的衣杖、鞋子和鉢，拿到了佛大的住處。佛大用金銀重謝了賊人。

兄取弟頭，為作假身，以頭著上，以衣衣之，杖鉢及屣皆著其傍。請快見曰：「汝婿來歸，可問訊之。」快見大喜，走至其所，見其目閉，以為思道❶。妻不敢呼，具作美食，須❷念道覺，當飯之。日中不覺，妻因前曰：「日今已中，恐過時也。」怪其不應，牽衣頭脫，身皆分散。妻躄踴❸呼曰：「子竟坐❹我致見殘賊。」哀憤呼天，肝心崩裂，血從口出，奄忽❺而逝。

【章旨】記僧大的妻子快見知其丈夫死去，哀憤而死。

【注釋】❶思道　思考佛理；修道。❷須　等到。❸躄踴　躄，仆倒。踴，躍起。❹坐　因為。❺奄忽　迅疾；倏忽。

【語譯】兄長佛大取來兄弟的頭，給他做了一個假身，把頭安上，又給他穿了衣服，杖、鉢和鞋子都放在他身旁。佛大把快見請來，說：「你夫婿回來了，你可以去問候問候。」快見大喜，來到僧大身邊，見他閉著眼睛，以為他在修道。快見不敢叫醒丈夫，就回去做了一頓美食，想等他修道完畢，再讓他吃。太陽已近中天，可是僧大還沒有動靜，妻子於是走向前說：「現在已是中午了，不吃恐怕就要錯過時辰了。」快見奇怪丈夫不答應，就去牽拉他的衣服，於是頭掉了，身子也散架了。快見捶胸頓足大哭：「你竟然因為我而被殘害。」哀憤呼天，肝心崩裂，血從口出，很快就死去了。

戒行清白，難汙如空；樹心聖範，難動如地；真淨行高，難及如天。其未終時，諸天咨嗟，迎其魂靈，處忉利天。忍須臾之頃，獲天上難盡之樂。兄入神室，視弟頭身分散，婦吐血亡，呼曰：「咄咄，吾為逆天❶！所作酷裂，乃致於此。」即至賊所問：「弟臨沒將有遺言乎？」賊以書見兄，辭喻淒惻，讀竟五內❷咽塞，涕泣交橫：「吾違尊親臨亡慈教，骨肉相殘，又殺應真。」感隔❸而死，死入地獄。王及臣民莫不涕泣，歎述清德，殯葬其弟，四輩立塔，天龍鬼神側塞空中，散華燒香，無不哽咽。及別葬快見，國人哀慟，歌歎其德。

【章旨】記佛大認識到自己的罪行，感隔而死，死入地獄。人們為僧大立塔，也歌頌快見的美德。

【注釋】❶逆天　違反天意或天道。❷五內　即五臟。❸隔　通膈。這裡指內心、肺腑。

【語譯】僧大持戒的操行清白，如虛空難以汙染；僧大樹立的自性真心堪稱儀範，如大地難以撼動；僧大品性真實清淨高潔，如天空難以企及。僧大未亡時，諸天神為之歎息，把他的靈魂迎接回來，安放在忉利天。忍受一會兒的痛苦，最終獲得天上難以窮盡之樂趣。兄長進入祀堂，看到其弟頭身分散，弟媳吐血身亡，大喊：「啊呀，我違背了天道！我所做的事太殘忍了，以至於此。」他馬上跑向賊人住所問道：「兄弟臨死的時候有遺言嗎？」賊人把書信拿來給兄長看，書信言辭動人感傷，佛大讀後五臟窒息，淚流滿面：「我違背了父母臨終前的教誨，骨肉相殘，又殺了羅漢。」於是他內心感傷而死，死入地獄。王及臣民對僧大的死沒有不哭泣的，對他清潔的品行感歎不已，爭相傳誦，之後埋葬了僧大，四輩弟子為之立塔，天龍鬼神等充塞空中，散花燒香，無不哭泣。等到安葬快見時，國人無不悲痛，歌頌其德行清潔。

## 摩訶盧惜義招鈍改悔得道

（出《法句譬喻經》第二卷）

昔有一國名多摩羅，去城七里有精舍，五百沙門常處其中，讚經行道。有一長老比丘，名摩訶盧，為人闇塞❶，五百道人傳共教之，數年之中不得一偈。眾共輕之，不將會同，常守精舍，敕令掃除。後日國王請諸道人入宮供養，摩訶盧比丘自念言：「我生世間闇塞如此，不知一偈，人所薄賤，用是活為？」即持繩至後園中大樹下，欲自絞死。佛以道眼遙見如是，化作樹神，半身人現而呵之曰：「咄❷，比丘，何為作此？」摩訶盧即具陳辛苦。化神呵曰：「勿得作是！且聽我言。往昔迦葉佛時，卿作三藏沙門，有五百弟子。自以多智，輕慢眾人，吝惜經義，初不訓誨。是以世世所生諸根闇鈍，但當自責，何為自賊？」於是世尊即現光像，為說妙偈。時摩訶盧稽首佛足，思惟偈義，即入定意，尋在佛前得羅漢道，自識宿命無數世事，三藏眾經即貫在心。佛語摩訶盧：「著衣持缽，就王宮食，在五百道人上坐。此諸道人是卿先世五百弟子，還為說法，令得道跡，並使國王明信罪福。」即便受教，入王宮裡，坐於上座。眾人心恚❸，怪其所以，各護王意，不敢呼遣。念其愚冥❹，不曉達嚫❺，心為之疲。王便下食，手自斟酌，摩訶盧即為達嚫，音如雷震，清辭雨下。坐上道人驚怖自悔，皆得羅漢，為王說法莫不解悟，群臣百官，皆得須陀洹道。

【章旨】記生性愚鈍的摩訶盧得到佛的救助，得羅漢道。

【注釋】❶闇塞　愚昧；糊塗。❷咄　表示呵斥或驚異的聲音。❸恚　憤怒。❹愚冥　愚笨不化。❺達嚫　梵文dakṣiṇā，本財施之義，也指法施。

【語譯】從前有一個叫多摩羅的國家，離城七里處有一精舍，有五百名沙門常住在這裡，經常讀經行道。有一長老比丘，名叫摩訶盧，生性愚笨，五百道人一起教他講經說法，幾年之中一句偈語也沒學會。大家看不起他，不帶他在一塊參加集會，常讓他留守寺院，打掃衛生。後日國王請諸位道人入宮供養，摩訶盧比丘自念道：「我生在世上，如此愚笨，不知一偈，被人看不起，活著有什麼用？」就拿根繩子到後園中大樹下，想上吊自殺。佛以道眼老遠就看見了這件事，化作樹神，從地下顯露半身人形呵斥他道：「唉，比丘，為何這樣輕生？」摩訶盧說出心中苦楚。樹神呵責曰：「不要這樣！且聽我言。從前迦葉佛的時候，你是三藏沙門，有五百弟子。自以為多智，輕慢眾人，吝惜經義，從來不對他們教誨。所以以後世世所生，各方面都很愚鈍，你應當自責，為什麼要自殺呢？」於是世尊馬上現出光明赫爍的佛的形像，為他講說妙偈。這時摩訶盧在佛足前叩拜，思惟偈語含義，就馬上進入定意，很快在佛前得了羅漢道，能夠自己認識過去世的命運、辨別世間很多事情，把三藏眾經都領會在心中。佛對摩訶盧說：「穿上衣服，拿上飯鉢，到王宮進食，在五百道人中上坐。這些道人是你先世的五百弟子，還是由你為他們說法，使他們得道跡，並且使國王懂得罪惡和幸福的因果。」他馬上接受佛的指教，進入王宮，坐於上座。眾人心中憤怒，奇怪他為什麼這麼做，但礙於國王的情面，不好趕他走。考慮到他生性愚鈍，不懂法施，心裡都為他捏把汗。國王便下座布食，親自端飯倒水，摩訶盧即為施主說法，音如雷震，清雅的文辭如雨而下。在座的道人驚怖自悔，都成了羅漢，為王說的法沒有不解悟的，群臣百官，都得須陀洹道。

## 兄弟爭財請佛解競為說往事便得四果

（出《惟婁王師子湩譬喻經》）

佛在羅閱祇竹園中，時有大姓❶子兄弟四人，父母早亡，共爭居❷財。見舍利弗歡喜問言：「願為說，此後不復爭。」舍利弗言：「善哉！吾有大師佛於三界最尊，爾等隨我還到佛所，必當得解。」隨舍利弗還，佛遙見四人笑，出五色光。四人禮佛，白言：「吾等愚癡，願佛解說，今不復爭。」「昔有國王，號曰惟婁，身體有疾，迎醫往視，合藥應用師子乳。王即募：『得之者分土封之，並妻以小女。』時有貧人啟言：『能得。』王即聽許。其人巧黠，先尋師子所在，乃殺羊、蒲桃酒數斛往到其山，伺❸師子出行，便殺羊並蒲桃酒著❹其住處。師子見酒肉即便飲食，大醉熟臥。前捉取乳，歡喜而還。未達本國，暮宿聚落❺。有一羅漢宿，與此人同宿。此人追師子經歷險道，體極眠臥，都無所知。道人睹其身中六識❻，各自爭功。足神言：『賴因我行到此得乳。』手神復言：『賴我手捉取。』目神復言：『賴我見之。』耳神復言：『賴我聞王求乳，將爾等來。』舌神即言：『汝等空以競諍，此功是我有，今殺活❼在我耳。』此人齎乳詣王所，白言：『今已得師子乳在外。』王言：『是非但進之。』王適見乳，舌即言：『此非師子乳，但驢乳耳。』王聞大怒言：『我使汝取師子乳，乃以驢乳。』即欲殺之，時共宿道人即以神足❽到王前，報言：『此信是師子乳。我時與是人共宿聚中❾，見其身中六體共爭其功勳。舌言：我當反爾等，今果如此。王但以乳合藥，其病必愈。』王即信阿羅漢言，用乳合藥，以女妻之，並封拜如本約。道人告王言：『一人體識❿自相反戾⓫，況於他人乎？』時取乳者得道人恩，求作沙門，意解得羅漢道。時王亦歡喜受五戒，得須陀洹道。」四人聞是意解，便隨佛乞為比丘。佛默然以手摩其頭，髮墮袈裟著身，結解垢除。阿難白佛：「此四人本何功德，今聞經便解，疾得阿羅漢？」佛言：「昔摩父佛時，舍利弗為比丘，此四人為賈客，共以一袈裟上舍利弗。舍利弗呪願⓬：今君等後世早得度脫。今從舍利弗而得解脫。」

【章　旨】記兄弟爭奪財產，佛講述了一個「取獅子奶」的故事來點化他們，使他們成為比丘。

【注 釋】❶性 即「姓」。❷居 積蓄；儲存。❸伺 暗中察看。❹著 放置。❺聚落 村落。❻六識 即下文中的六體，指身上手、足、眼、耳、舌、鼻等六種器官。❼殺活 死活。❽神足 神足通。指遊涉往來非常自在的神通力量。❾聚中 村中。❿體識 指身上的器官。⓫反戾 違背；背離。⓬咒願 向天或神佛禱祝，表示心願。

【語 譯】佛在羅閱祇竹園中，當時有大姓子弟四人，父母早亡，一起爭父母積儲的財產。看見舍利弗就高興地問道：「願聽你明斷，以後不再爭奪。」舍利弗說：「好啊！我有大師佛在欲、色、無色三界之中最受人們尊重，你們跟我去到佛那裡吧，一定能夠得到解決。」於是他們跟著舍利弗去了，佛遠遠地看見這四個人笑了，身上出現了五色光環。四人向佛施禮，對佛說：「我們愚笨癡獃，願佛給我們解說，使我們不再爭執。」佛說：「從前有位國王，號曰惟婁，身體有病，去看醫生，說是要用獅子的奶配藥。國王馬上招募：『取得獅子奶的人分封土地，並把小女兒許給他作妻子。』當時有位窮人說：『能得到。』國王就允許了。這個人很聰明，先找到獅子出沒的地方，就把羊、數斛葡萄酒放在山裡，等待獅子出去，就殺羊和葡萄酒一同放置獅子的住處。獅子見到酒肉，就又吃又喝，大醉後熟睡不醒。窮人上前抓住獅子乘機取奶，然後高高興興地回來了。沒到達本國，天就黑了，就在一個村落中住了下來。有一位羅漢也投宿於此，就和這位窮人住在一起。這位窮人追逐獅子經歷種種危險的道路，身體很疲勞，躺下就睡了，一無所知。這位羅漢看見他身上六種器官各自爭功。足神說：『全靠我走到那裡才取得獅子奶。』手神說：『靠我的手才拿到。』目神說：『靠我才能看見。』耳神說：『靠我聽見國王求奶，才把你們帶來。』舌神說：『你們白白爭奪，此功歸我所有，今死活全在我。』這位窮人帶著奶來到國王住處，說道：『現在已得到獅子奶，放在外邊。』國王說：『是不是獅子奶，先只管拿進來吧。』國王剛看到奶，舌頭就發話了：『這不是獅子奶，不過是驢奶罷了。』國王聽了大怒，說：『我讓你取獅子奶，你卻拿來驢奶。』正想把他殺掉時，一同住宿的羅漢憑藉神足通來到國王的面前，報告說：『這的確是獅子奶。我當時和這個人共宿村中，看見他身上六種器官一同爭奪功勞，非常激烈。舌說：我將反對你們，今果然如此。國王儘管用此奶配藥，你的病一定能好。』國王就信了阿羅漢的話，用奶配藥，把女兒嫁給了那人，並且按原先約中說的那樣分封土地給他。阿羅漢告訴國王說：『一個人自己的身體器官還自相背離，何況對於別人呢？』這時取奶的窮人得到阿羅漢的恩惠，便求做沙門，對佛法心領神會，終得羅漢道。此時國王也很高興地接受了佛門五戒，得須陀洹道。」四人聽了這段故事，心開意解，就向佛懇求做沙門。佛不言語就用手摸他們的頭，鬚髮盡落，袈裟著身，結解垢除。阿難對佛說：「此四人本身有何功德，今聞經便得解脫，這麼快成為阿羅漢？」佛說：「從前摩父佛時，舍利弗為比丘，此四人是商客，共拿一件袈裟奉獻給舍利弗。舍利弗向佛禱祝並表示心願：一定讓你們後世早得解脫。所以今天從舍利弗這裡而得解脫。」

# 卷第一八

## 聲聞無學第六僧部第七

【題解】本部輯錄重姓魚吞不死出家悟道、比丘好眠見應化深坑懼而得道等佛教故事，告誡人們即使有惡習的人在佛及其弟子的幫助下也能擺脫惡習得到正果，只要一心向佛必得好報，並且展示了佛法的無邊，以及寬弘容忍。

### 重姓魚吞不死出家悟道

（出《賢愚經》第五卷）

舍衛國有豪貴長者，財富無量，唯無子息。夫婦每懷悒遲，禱祀求索，精誠款篤。婦生一男，端正希有。父母宗親，值時讌會，共相聚集。詣大江邊，飲食自娛。父母將兒詣其會所，愛念此兒，從坐擔舞。父舞已竟，母復擔之，歡娛自樂。臨到河邊，意卒散亂，執之不固，失兒墮水。尋時摶撮，竟不能得。父母憐念，愛著傷懷。其兒福德，遂復不死，隨水沉浮，為一魚所吞，雖在魚腹猶自不死。

【章　旨】記舍衛國一戶有錢人家精誠之至，得到一個兒子，不幸樂極生悲，孩子掉進了水裡，被魚吞食而不死。

【語　譯】舍衛國有一位有權勢且地位顯貴的長者，財富無數，唯獨沒有後代。夫婦常常感到憂慮悲傷，祈禱求神，心意十分誠懇。婦人後來生了一個男孩，相貌端正，世間少見。父母及各位親戚、族人有一次舉行盛大的宴會，歡聚一堂。他們來到江邊，飲酒吃飯自相娛樂。父母把兒子帶到舉行宴會的地方，由於十分疼愛孩子，他們從座上站起依次背著孩子跳舞。父親舞畢，母親又繼續背著，自相歡娛以此取樂。不知不覺來到河邊，因為精神不集中，沒有把孩子抱緊，失手讓孩子掉進了水裡。眾人立刻下水撈取，最後也沒能找到。父母非常想念自己的孩子，以致憂思成疾。但他們的兒子自有福德，落入水中沒有死去，他隨著水漂流，被一條大魚吞下，這孩子雖然在魚肚子裡但並沒有死去。

下流村中有一富家，亦無兒子，種種求索困不能得。而彼富家恆令一奴捕生為業，值得吞小兒魚，剖腹得兒，施與大家。大家觀省，而自慶言：「我家由來禱祠神祇，求索子息，精誠報應，故天與我。」即便摩拭，乳哺養之。上村父母聞下村長者魚腹得兒，即往其所，追求索之，言：「是我兒，我於彼河而失是子。今汝得之，願以見還。」時彼長者而答之曰：「我家由來禱祠求子，今神報應賜我一兒。君之亡兒竟為所在？」紛紜不了，詣王求斷。於是二家各引道理。其兒父母說：「是我兒，我於某時失在河中。」而彼長者復自說言：「我於河中魚腹得之，此實我子非君所生。」王聞其說，靡知所如，即為二家平詳此事：「卿二長者各名此兒，今若與一，於理不可。更共供養，至兒長大，各為娶婦，安置家業，二處異居。此婦生子，即屬此家；彼婦生兒，即屬彼家。」時二長者各隨王教。

【章旨】記兒子被下游另一戶有錢人家剖魚腹得救，兩家都認為兒子是自己的，最後由國王提出解決方法。

【語譯】這條河的下游某村中有一富貴人家，也沒有兒子，他們用盡各種求索辦法，仍無結果。而這富貴人家常常讓一個家奴以捕魚為業，恰好捕獲到了那條吞了小孩的魚，剖開魚的肚子救出了小孩，家奴回來後把小孩交給了主人。這位長者看了，獨自慶幸道：「我家一向祈禱神靈，求得子孫，真誠得到報答，所以上天賜給我一個兒子。」於是把小兒揩擦乾淨，並把孩子抱回了家餵養。上村父母聽說下村有一長者從魚腹中得一個兒子，馬上前往下村，追著他們想把孩子要回來，並說：「這是我們的兒子，我們在那條河裡失落了這個孩子。今天你家得到了，希望能夠歸還給我們。」這時下村長者回答說：「我家向來祈禱神靈想求得一個孩子，今天神靈顯示靈驗果真賜我一兒。你家失去的兒子誰知道在何處呢？」他們各執一詞紛爭不斷，便到國王那裡去尋求決斷。於是兩家各自陳述自己的理由。那個小孩的父母說：「這是我們的兒子，我們在某天失落掉在了河中。」而那位長者卻又說：「我在河魚腹中得到這個孩子，這確實是我的兒子非你們所生。」

國王聽了他們的說法，也不知道怎麼辦，就為二家評斷審理此事說：「二位長者都說是自己的孩子，今天如果給了其中任意一家，按道理是行不通的。你們輪流撫養，到孩子長大後，分別為其娶妻，置辦家產，在兩家交替居住。這個媳婦生的兒子，就歸這家；那個媳婦生的兒子，就歸那家。」當時兩位長者分別依從國王的指教。

兒年長大，俱為娶婦，供給所須，無有乏短。兒白二父母：「我生已來，遭罹艱苦，墮水魚吞，垂死得濟。今我志意欲得出家，唯願父母當見聽許。」時二父母心愛此兒，不能拒逆，即便聽許。往至佛所，求欲入道。佛言：「善來。」頭髮自墮，即成沙門，字曰重姓。佛為說法，得盡諸苦，成阿羅漢。佛言：「過去久遠有佛世尊，號毘婆尸，集諸大眾為說妙法。時有長者來至會中，聞說大法施戒之福，生信敬心，受三自歸及不殺戒，復以一錢布施彼佛，世世受福，財寶無乏。長者子者今重姓比丘是也。由其施佛一錢，九十一劫，恆富錢財，至於今世，二家父母供給所須，受不殺戒，墮水魚吞不能令死。受三歸❶，故得阿羅漢。」

【章旨】記兒子長大後出家學佛，佛祖給他講述前世因緣。

【注釋】❶三歸 又稱三歸依。三歸，即歸依佛、法、僧三寶。此三歸由師授之就叫三歸戒。

【語譯】兒子漸漸長大，兩家分別為他娶了媳婦，提供生活所需之物，從沒缺少過什麼。兒子對兩父母說：

「我生下來之後，一直遭受磨難，落入水中被魚吞掉，行將死亡又得到救助。今天我心裡一心一意想出家，真心希望父母能夠允許。」當時兩家父母都疼愛兒子，不敢不允許，就答應了他。這個兒子去了佛那裡，請求出家入道。佛說：「歡迎你來！」那兒子頭髮自然脫落就成了沙門，法號為重姓。佛為他說法，得以終止諸般苦難，最後成了阿羅漢。佛說：「很久以前，有佛世尊號為毘婆尸，集合眾人在一起給他們說妙法。當時有位長者來到法會之中，聽說宣說佛法遵守戒律能給他們帶來福音，便對佛產生了敬仰之心，受了三自歸和不殺戒，又用一錢布施給那位佛祖，以後世世受福，財寶無數。那位長者的兒子就是重姓比丘。自從長者施給佛一錢開始，重姓比丘歷經九十一劫，家中常富有錢財，直到了今天，兩家父母供給無缺，受不殺戒，落入水中被魚吞下而又不死。受三歸戒，所以最終得到了阿羅漢果。」

（出《中阿含》第二九卷）

## 二十億耳精進太過

佛在占波國雷聲池側，尊者二十億耳在一靜處，自修法本❶，不捨頭陀❷，晝夜經行❸。行處腳蹠而血流溢，恆自剋勵，而欲漏❹心不得解脫。是時二十億耳便作是念：「若行精進我為第一，我今漏心不得解脫。又我家業多財饒寶，宜可捨服還作白衣，持財廣施。」佛心知之，便至彼處。佛語二十億耳：「汝本在家善能彈琴，琴絃極急，響不齊等，音可聽不？」「不也，世尊。」佛言：「琴絃極緩，復可聽不？」「不也，世尊。」佛言：「不急不緩，音可聽不？」「如是，世尊。」佛言：「極精進者猶如調戲❺，若懈怠者此墮邪見。若能在中，此則上行。如是不久，當成無漏❻。」二十億耳聞是語已，還雷音池側，思惟佛教，成阿羅漢。

【章　旨】記二十億耳學佛法修煉方法不正確，得到佛的指點，修成正果。

【注　釋】❶法本　法性的異名。法性為萬法之本，故名法本。❷頭陀　又譯為杜多、杜荼，梵文dhūta，謂去除塵垢煩惱，苦行之一。❸經行　僧人坐禪時，為防止瞌睡，常在戶前、塔下等地方來回散步，就叫經行。《釋氏要覽》下：「《十誦律》云：『經行有五利：一勦健，二有力，三不病，四消食，五意堅固。』」❹欲漏　指由欲望而起煩惱。漏，煩惱的異稱。❺調戲　這裡指調琴。❻無漏　指離煩惱垢染之清淨法。

【語　譯】佛在占波國雷聲池畔，一位僧人名字叫二十億耳，在一處安靜的地方獨自修煉法性，他不間斷頭陀苦行，晝夜經行。行走時腳跟鮮血直流，常常自我克制而求上進，可是因為有欲漏之心而不能解脫。這時，二十億耳就這樣想：「苦心修行，精心進取，我當數第一，可我如今有煩惱之心不能得以解脫。我家資產錢財很多，應該捨棄法服，還俗回家為平民，廣施家財。」佛心中知道了此事，便來到他的住處，對他說：「你原本在家擅長彈琴，琴彈得很快，音律不齊整，這樣的樂曲你聽不聽？」「不聽，世尊。」佛說：「琴彈得很緩慢，可以聽嗎？」「不可以，世尊。」佛說：「不急不慢，可以聽嗎？」「這樣可以，世尊。」佛說：「要想精心進取學習佛法，就如調琴一樣，如果鬆懈的話，就會墮落邪見。如果修行能夠堅持，不緊不慢的話，這才是良策。這樣持之以恆，不久就能修成無漏法。」二十億耳聽了此話後，回到雷聲池畔，思考佛的教誨，終於修成了阿羅漢。

## 比丘好眠見應化深坑懼而得道

（出《阿育王經》第九卷）

摩偷羅❶國，有一男子，依優波笈多❷出家，常好睡眠。有時說法，睡眠不聞，教樹下禪，亦復睡眠。笈多以神通力，於其四邊化作深坑，深一千肘❸。時比丘睡覺，即便驚怖。時優波笈多復化作路，令其得行。時此比丘，隨路而出，往優波笈多所，優波笈多令其更去。比丘答言：「彼有深坑。」優波笈多言：「此深坑小，生死深坑大，所謂生老病死憂悲苦惱。若人不知四諦❹，則墮其中。」比丘聞之，復往樹下加趺❺而坐，心每思惟，恐墮深坑，不復睡眠，以怖畏故，思惟精進，除諸煩惱，得阿羅漢果。

【章　旨】記摩偷羅國的一名出家男子酷愛睡眠，不能很好地修煉佛法，優波笈多用巧妙的方法制止他貪睡，最後得到正果。

【注　釋】❶摩偷羅　梵文Mathurā音譯詞，意思是孔雀。❷優波笈多　羅漢名，意思是大護、近藏，近護、小護等。為阿育王帝師，出家後振興佛教。❸肘　梵文hasta，古印度長度單位。一肘之量所表示的長短，諸經論所說不一，一般約四十六公分。❹四諦　也叫四聖諦，佛教以苦、集、滅、道為四聖諦，是佛教基本教義。❺加趺　又作跏趺，結跏趺坐，僧徒一種坐的姿勢。

【語　譯】摩偷羅國有一名男子，跟從優波笈多出家，特別喜歡睡覺。在聽講佛法時，因為睡眠而沒有聽到，優波笈多讓他在樹下坐禪修煉，他仍舊會睡著。優波笈多便施展神祕不可測的神通之力，把他睡處的四周都變為大土坑，深一千肘。那比丘一覺醒來，非常驚恐。這時優波笈多又把深坑變為平坦的大路，讓他走了出來。這個比丘順著道路走了出來，來到優波笈多的處所，優波笈多命令他再返回去。比丘回答說：「那裡有大土坑。」優波笈多趁此機會說：「這些深坑小，生死的深坑大，這就是所謂的生老病死、憂愁悲傷痛苦和煩惱。如果人們不懂得四聖諦，便會墮入上面所說的大坑裡。」比丘聽說後，重新在樹下盤腿而坐，全部心思集中起來，祇怕會墮落到深深的土坑裡，不敢再貪睡，因為恐怖畏懼的原因，專心致志精修勤練，摒除掉諸多的煩惱，得到阿羅漢果。

## 比丘與女戲有惡聲自殺天神悟之精進得道

（出《比丘避女惡名欲自殺經》）

佛住舍衛國。有異比丘，在拘薩羅❶人間，住一林中。比丘與長者婦女嬉戲，起惡名聲。比丘自念：「我今日自殺。」林中有天神，化作長者女身，語比丘言：「世間諸人為我及汝空作惡名，言我與汝共相習近，作不正事。既已有惡聲，可近還俗，共相娛樂。」比丘答曰：「為有此聲，我今自殺。」神復天身，而說偈言：

雖多惡名聞，行者當忍之。

不應生自害，亦不應起惱。

比丘開悟，專精進思惟，斷除煩惱，得阿羅漢果。

【章　旨】記比丘與一個女子在一起調笑，得了惡名聲，想自殺；一位天神勸他要多多忍耐，不能自殺；比丘開悟，得到正果。

【注　釋】❶拘薩羅　梵文 Kosala 的音譯，即舍衛國本名。

【語　譯】佛住在舍衛國中。有一個怪異的比丘，也住在舍衛國中的一片樹林裡。這位比丘與一位有錢人家的婦女嬉鬧，得了個壞名聲。這位比丘心中暗自想：「我現在要自殺。」樹林中有位天神，變化為那個有錢人家的婦女，對比丘說：「世俗之人為我和你捏造出不好的名聲，說我和你在一起互相親近，做不正當的勾當。既然已經有了不好的名聲，你乾脆還俗，咱們一起嬉戲享樂。」比丘回答說：「正是因為有了這種不好的名聲，我現在纔準備自殺。」天神還原為本來的面貌，開導比丘說偈言：

雖有惡名聲，行者應忍耐。
不應自殺害，也不生煩惱。

比丘頓時豁然開朗，精修勤煉，認真思考，除去煩惱，得到了阿羅漢果。

## 比丘在俗害母為溥首菩薩所化出家得道

（出《心本淨經》）

路有一人，害所生母，止住樹下，啼哭懊惱，稱叫：「奈何？」自責無狀而造大逆，「自害我母，當墮地獄。」其人雖爾，當修律行。溥首菩薩❶見其現在，應當得度，化作異人，攜其父母詣害母人所。去之不遠，中道而住。父母謂子：「此是正路。」子言：「非正。」遂共諍計。子現瞋怒，殺化父母已，啼哭酸毒，不能自勝。往殺母人所，謂言：「我殺父母，當墮地獄。」哭言：「奈何？當設何計？」其害母者而自念言：「今此來人乃害二親，我但危母，其人癡冥，罪莫大焉。我之為逆，尚差於彼。知彼受罪，吾猶覺輕。」其人悲哀酸酷，口並宣言：「吾當往詣能仁佛❷所，其無救者佛為設救，其恐懅者佛能慰除。如佛所教，我當奉遵。」於時化人啼哭進路，在其前行，此害母者尋隨其後：「如彼悔過，吾亦當爾。吾罪微薄，彼人甚重。」

【章旨】記一個人害死了自己的母親，非常自責。溥首菩薩為幫助這個人，變化為一個殺死父母的人，領著那人前去面見佛。

【注釋】❶溥首菩薩　即文殊師利，文殊是妙的意思，師利是有德行、吉祥的意思，常侍奉在釋迦佛的左側。❷能仁佛　即釋迦佛。

【語譯】路上有一個人，殺害了自己的生母，停留在一棵樹下，悲傷地哭泣煩惱，嘴裡說著：「可怎麼辦呢？」深為自責罪大不可言狀，犯下如此大逆不道之惡：「我殺害了自己的母親，應當墮落到地獄中。」這個人雖然做了這樣的錯事，但應當修戒律之行。溥首菩薩看見他現在的情況，認為應當被超度，就變化為一個行為不端的人，領著自己的父母前往那個害死自己母親的人的住處。在距離那人的處所不遠的地方，停在了半路上。父母對兒子說：「這條是正路。」兒子說：「這不是正路。」於是他們產生了爭執。兒子表現出極大的憤怒，殺死了化生出來的父母後，痛苦地大哭起來，悲傷得不能自持。變化為兒子的溥首菩薩來到那個殺死母親的人的處所，對那人說：「我殺死了我的父母，一定會墮落到地獄中。」哭完後問：「可怎麼辦呢？應當想個什麼好的辦法呢？」那個害死母親的人暗自想：「如今這位來客竟然殺害了雙親，而我只是殺害了母親，這個人愚癡昏庸，罪過沒有比他更大的了。我所做的大逆不道之事，比起他來還差一截。了解到他所犯的罪過，我頓時感覺輕鬆了許多。」那個化人極度悲哀，嘴裡不斷說著：「我要前往拜訪釋迦佛的處所，那些沒有辦法解救的人佛可以想辦法給予解救，那些心懷恐懼的人佛能給予安慰。按照佛的教導，我一定遵照行事。」這時化人哭著上路，走在前面，這個害死母親的人跟隨在他的後面，想：「如果他能悔過自新，我也可以。我的罪過較輕微，他的罪過卻十分嚴重。」

化人詣佛，稽首於地，而白佛言：「唯然世尊，吾造大逆而害二親，犯斯大罪。」佛告化人：「善哉善哉！子為至誠，而無所欺；言行相副，詣如來前，言說至誠，口不兩舌，亦不自侵，當自惟察觀心之法。以何所心，危二親者？用過去心當來心乎？現在心耶？其過去心即已滅，現在心即以別去，無有處所，亦無方面，不知安在。當來心者，此則未至，無集聚處，未見旋反，亦無往還。子當知之：心亦不立於身之內，亦不由外，亦無境界，不處兩間，不得中止……」化人歎曰：「得未曾有。如來成最正覺，了知法界無有作者，亦無有受、無有生者，無滅度者，無所依倚。願得出家，因佛世尊，得作沙門，受具足戒❶。」佛言：「比丘善來。」於時化人前作沙門，即白佛言：「唯然世尊，吾獲神通，今欲滅度。」佛之威神使彼化人去地四丈九尺，於虛空中而取滅度，身中出火，還自燒體。

【章旨】記溥首菩薩變化顯現之人叩見佛後，講了自己的事情，佛為他講解佛法並幫助他涅槃。

【注釋】❶具足戒　出家的人成為正式佛徒所受的戒條，共有二百五十條。

【語譯】由溥首菩薩變化的人拜訪佛，以頭叩地，對佛說：「尊貴的佛祖，我大逆不道，害死了自己的雙親，我犯下這樣的大罪。」佛對溥首菩薩變化的人說：「太好了，太好了！你能如此坦誠，沒有欺騙；言行一致，前來我的處所，說話至誠沒有謊言，沒有心口不一，也不為自己找藉口。你應該自己認真思考，觀察一下這件事發生時你的心理狀況。因為什麼心理殺害了自己的雙親呢？是用過去的心還是未來的心呢？還是現在的心呢？那過去的心已經消失，現在的心即將離去，沒有處所，也沒有方向，不知在哪裡。至於未來的心，現在還沒有到達，沒有聚集的地方，沒有看到它返回，也沒有往還。你應當知道：心既不處於身體之內，也不處於身體之外，也沒有自己的空間，不處於內外之間，不能在中間停止……」由溥首菩薩變化的人感歎說：「我得到了從來沒有得到過的東西。如來成就最上至極的佛果，領悟法界實相中沒有造作天地萬物的作者，也沒有妄計我之後身、當受罪福果報的受者，沒有妄計我能生起眾事、來人中受生的生者，沒有命終證果的滅度者，實相無所依傍。我願意出家，跟從佛世尊做沙門，接受具足戒成為佛門中人。」佛說：「歡迎加入。」這時由溥首菩薩變化成的人做了和尚，對佛說：「尊貴的佛，我得到了無與倫比的神通之力，如今將要涅槃。」佛施展威力無比的神通，讓那個由溥首菩薩變化成的人離地面四丈九尺，在半空中進入涅槃，身體中放出火焰，自我焚化。

逆子見之，心自念言：「彼作沙門，便得滅度，吾效此人。」往詣佛所，稽首聖足，言：「我亦造逆，自危母命。」佛言：「善哉！至誠而無所欺，言行相副。」於是逆人地獄之火從毛孔出，其痛甚劇，而無救護，白佛言：「我今被燒，唯天中天❶而見救濟。」世尊出金色臂，著人頂上，火時即滅。見如來身，若干相好，身痛休息，而得安隱。又前白佛：「欲作沙門。」佛尋聽之。即為出家，說四諦法。其人聞之，遠塵離垢，得法眼淨❷，修行法教，逮得不還❸，證得羅漢。又白佛言：「欲般泥洹❹。」佛言：「隨意。」時比丘踊在虛空，去地四丈九尺，身自出火，還燒己體。百千天人於虛空中，而來供養。時舍利弗白佛言：「如來恩施，所說法律，乃令逆者得度。唯有如來、諸大菩薩能睹一切群萌根源，隨而度之，非聲聞❺緣覺❻境界。」佛言：「如是。」

【章旨】記害死自己母親的人也向佛坦白了自己的罪過，在佛的幫助下，出家得道並達到涅槃境界。

【注釋】❶天中天　佛的尊號，天是人所尊崇的，佛更是天所尊崇的，因此叫做天中天。另一說法，天有五種，第五天中的第一義天便是佛，佛是所有天中最高貴的，因此叫天中天。❷法眼淨　可以觀察到真諦的眼睛。❸不還　梵文anāgāmin，音譯為阿那含，指聲聞第三果。❹般泥洹　即涅槃。❺聲聞　指聲聞乘，聞佛聲教而得悟道。❻緣覺　指緣覺乘，舊稱辟支佛，觀十二因緣而獨自悟道。

【語譯】忤逆不孝的人看到這一情況，心中暗想：「他做了和尚就可以得到涅槃，我仿效他的做法。」也來到佛的處所，以頭叩在佛的腳下，說：「我也犯下了大逆不道之罪，害死了自己的母親。」佛說：「太好了！至誠坦白沒有欺騙，言行一致。」這時忤逆不孝的人身體中的地獄之火從毛孔中冒出，疼痛劇烈自己無法救助，他對佛說：「我如今被火所燒，只有佛您可以救我。」佛伸出金色的手臂，放在那人的頭上，大火立刻熄滅。那人看到佛身體上神奇的三十二種相和八十種好，身體的疼痛一下子平息，得到安穩。他又上前對佛說：「我想做佛門中人。」佛立刻答應了他，讓他出了家，給他講解苦集滅道四聖法。這個人聽了之後，遠離塵垢，得到清淨無垢的法眼淨，又修行佛法，得到了阿那含，證成了羅漢果。他又對佛說：「我想達到涅槃的境界。」佛說：「聽從你的意願。」這時和尚昇入半空，離地面四丈九尺高，身體內自動冒出大火，焚化自己的身體。成百上千的天人在虛空中前來供奉。這時舍利弗對佛說：「佛施以恩惠，所講的佛法，可以讓作孽的人得以超度。祇有佛、諸位法力廣大的菩薩能夠看到一切眾生的根源，然後對之進行化度，這不是聲聞和緣覺能達到的境界。」佛說：「的確是這樣的。」

# 卷第一九

## 聲聞不測淺深僧部第八

【題解】本部輯錄修聲聞道（以入於「灰身滅智」無餘涅槃為修行目標）的僧尼因緣故事：貧人婦灑掃佛地得現世報終至得道、長者耶舍出家後因飢犯欲佛為說往行、沙門行乞主人有珠為鸚鵡所吞橫遭苦責而忍受不言……。不測淺深，猶不可思議、不可測度，言僧尼因緣深奧難測，超出常人名言思維可以達到的程度，唯佛能解之。

### 貧人婦掃佛地得現世報終至得道

（出《諸經中要事》）

昔祇洹邊，有一貧家，欲供養世尊及諸弟子。居貧困窮，無所施設❶，便行掃佛精舍，至心不惓❷。貧賢者舍邊有長者遊行，觀見大澤中有數十間七寶舍，遙見便往，問人言：「誰作殿舍，好妙乃爾？」其人答曰：「有貧窮賢者，掃佛精舍，福應生此，並作殿舍待之耳。」長者喜言：「我當圖❸之。」便到貧者家語言：「卿有好物與我，我與卿五百兩金。」曰：「我從來貧困，那❹得好物？」長者言：「卿但❺許我。」曰：「可爾。」便與五百兩金。賢者得金，廣設檀施❻。佛為說法，即得道迹。

【章　旨】記祇洹精舍旁邊有一窮者，雖無可施捨之物，但每日掃佛精舍，一心向佛，至心不倦。後佛為說法，即得道跡。

【注　釋】❶施設　即施捨、上供之意。❷惓　同「倦」，疲勞。❸圖　設法；謀劃。❹那　同「哪」。❺但　祇管。❻檀施　指佛家布施、施捨。檀，梵文 dāna 音譯之略，意即布施。

【語　譯】從前祇洹精舍旁邊有一貧窮人家，想供養佛祖及諸弟子。但生活貧困，沒有可施捨的東西，祇好天天去打掃寺院，一心一意，毫無倦怠。貧賢者宅舍旁邊有一長者到各地巡行參禪聞法，看見大澤之中有數十間金、銀、琉瓈等七寶裝飾的房舍，遠遠看見就前往，問人道：「誰造的殿舍，這樣好看？」那人回答說：「有位貧窮的賢人，天天打掃佛的寺院，福報應產生於此，所以造作殿舍以等待福報來臨。」長者高興地說：「我要為他們設法。」便到貧者家中對他說：「你有好東西給我，我給你五百兩金子。」貧者說：「我向來貧困，哪有什麼值錢的東西？」長者說：「你祇管答應我就是。」貧者說：「可以。」長者便給他五百兩金子。賢者得到金子，廣為布施。佛為其說法，即得道果。

（出《僧只律》第一卷）

## 耶舍因年飢犯欲母為通致佛說往行

時佛與五百比丘到跋耆國住。毘舍離城人民饑饉，五穀不熟，死者縱橫，乞食難得。城中長者，名曰耶舍。耶舍出家，乞食難得，多還家覓食。母告之言：「汝甚為大苦，我家財物不少，姿❶汝所用。汝婦猶存，當共生活。恣汝布施，供養三寶❷。」如是至三，耶舍不從。母復告之：「汝若不樂五欲❸，但乞我種，以續係嗣❹，令我死沒後，財物不沒❺官耳。」耶舍答言：「欲令留種者，今奉此勅。」母疾入告新婦曰：「好嚴莊。」及一相見，婦即有身❻。後遂生男，因名續種。世人謂之，乃至財物皆云續種。耶舍聞已，大自慚愧，即白舍利弗，舍利弗以白世尊。耶舍與舍利弗共至佛所，具以白佛。佛言：「耶舍比丘，僧中未曾有此，汝愚癡❼人，開大罪門。」佛言：「斯不但今日於我法中起諸陋患，過去世時，生光音天❽，此世界初成，時有一人，輕躁貪欲，先來食此地味，其餘眾生轉相效習。心生耽著，身體沉重，因起欲，退去神通，光明即滅。因茲以後，日月生焉。輕躁眾生，耶舍是也。其母非直今日謗誣❾其子，過去已曾告諸比丘。時國名迦尸，城名波羅奈。王號大名稱，布施持戒，以道化世。第一夫人觀察星宿，見宿金色鹿王，從南方來，陵虛北逝。夫人念言：『取得此皮持作褥者，死無遺恨。若不得者，用作王夫人為？』即脫瓔珞著垢弊衣，入憂惱房。王看事竟，還覓之，即問侍者，侍者答言：『夫人向入憂惱房住。』王便往問：『誰犯汝者？』

默不答。王使人問之，又復默不答。復命宿舊青衣，多諸方便者種種說化之。答曰：『無犯我者，別有所憶，故不語耳。』因敘見金色鹿，願得其皮持以為褥。青衣白王，王問群臣：『誰能得者？』及集諸獵師，宣告急覓。獵師僉❿曰：『未嘗聞名，況復見之。』敕係牢獄。時有一獵師，名耐闇，勇健多力，走及⓫奔獸，仰射飛鳥，箭無空落。自惟無罪而見⓬囚執，說計問曰：『頗⓭有見聞者不？』王言：『卿可自問夫人。』夫人答言：『我於樓上，見從南方來，陵空北逝。』獵師善相禽獸，乃知鹿宿南食北，於食處求之。時獵師持弓矢漸次⓮北行，前到雪山。山有仙人，藏諸獵具。詣仙人所，作禮問訊⓯。命令就坐，設諸漿果。獵師言：『止此久近？』仙人答言：『已歲數。』獵師言：『頗嘗見奇異事不？』答言：『此山南有一樹，名尼拘律，常有金色鹿王飛來，在上食其葉。』仙人示路，至樹下，見樹扶疎，葉覆彌廣。俄而⓰見鹿猶如雁王，陵虛而來，止於樹上。食葉既飽，便復飛去。還以白王：『非網矢所及，無由得之。』『卿可自往白夫人。』夫人謂獵師言：『汝可將蜜塗樹葉，次來⓱向下，及張網羂⓲處。鹿尋蜜香，食葉漸下，到其羂處，為羂所得，生驅將去。』仙人遙見曰：『咄哉，禍酷！雖能乘虛，而不能免惡人之手。』仙人說偈言：『世間之大惡，莫過於香味。欺誑凡夫人，及諸林野獸。因貪著香味，受斯苦惱患。』獵師以蜜塗樹葉，食之，將還。王聞鹿至，燒香迎看。夫人見之，前抱鹿王，以昔汙染情重，今此鹿王金色即滅。王告夫人：『此鹿金色忽然變滅，當如之何？』夫人言：『此今是無施之物，放之令去。』金色鹿者，耶舍是也。夫人者，耶舍母。是受諸苦惱，貪著于今。」

【章　旨】記耶舍出家後因為遇到荒年，乞食難得，便回家覓食，為其母所誑騙而犯下色戒。後詣佛所，佛為之說過去因緣。

【注　釋】❶姿　同「恣」。任憑；聽任。❷三寶　指佛、法、僧三寶。❸五欲　佛教指色、聲、香、味、觸五種欲望。佛經中說人常為這五欲所困，因而自生煩惱。這裡指女色。❹係嗣　子孫。❺沒　沒收；充公。❻有身　懷有身孕。❼愚癡　梵文mūḍha，即無智無明闇愚迷惑，為三毒（貪、嗔、痴）之一。❽光音天　梵名ābhā svara，色界第二禪之第三天。此天絕音聲，欲語時，從口中發淨光而為言語之要，故名光音。❾謗誑　意為用話騙人。❿僉　皆；都。⓫及　趕上。⓬見　被。⓭頗　同「可」。⓮漸次　逐次；逐漸。⓯問訊　僧尼等向人合掌致敬。⓰俄而　一會兒。⓱次來　依次下來。⓲羂　索套。

【語　譯】從前佛和五百比丘到跋耆國停留。毘舍離城百姓遇到飢荒之年，五穀不收，死者縱橫交錯，討飯也無處可得。城中有一長者，名叫耶舍。耶舍出家後，外出乞食難以得到，多次回家找吃的。母親告訴他說：「你過得太清苦了，我們家中財物不少，任憑你使用。你的媳婦還在家裡，應當和她一起生活。我聽憑你布施財物，供養三寶。」這樣連說了三次，耶舍不聽從。母親又告訴他：「你如果不喜歡女色，我祇求你為我留下後代，以延續子嗣，使我死後財物不被充公。」耶舍回答說：「你想讓我給你留下後代的話，我可以奉命行事。」其母馬上進房告訴了他妻子：「好好打扮。」耶舍與妻子見了一次面後，媳婦就懷有了身孕。後來生下一男孩，於是取名叫續種。世人們稱呼他續種，甚至把財物也稱為續種。耶舍聽後，非常慚愧，就告訴了舍利弗，舍利弗把此事又告訴了佛祖。耶舍和舍利弗一同來到佛那裡，詳細告訴了佛。佛說：「耶舍比丘，僧人中未曾有這樣的事，你真是愚痴之人，犯下了大罪過。」佛又說道：「此人不僅今天在我佛門中產生各種醜陋的禍患，過去世時生光音天，世界剛剛形成，當時有一個人輕率浮躁貪戀物欲，先來吞食地上五味，其餘眾生轉相效仿。心生耽戀之念，身體沉重，因而產生欲望。神通退去，光明馬上消失。自那以後，日月就產生了。所說的輕躁眾生，就是耶舍。其母非但今天誑騙其子，過去也曾經對眾比丘說過這樣的話。當時有一個國家名叫迦尸，都城名叫波羅奈。王號大名稱，布施持戒，以佛道教化世間眾人。其第一夫人觀察星相，見一金色鹿王，從南方來，凌空消失在北方。夫人心裡念道：『能取得此鹿王皮作褥子的話，死無遺憾。如果得不到，還作什麼國王的夫人呢？』馬上脫去珠寶穿上破舊的衣服，進了憂愁生氣時才進的房間。國王辦完事情來找她，就問侍者，侍者答道：『夫人去憂惱房居住了。』國王就去問夫人：『誰冒犯你了？』夫人默然不作答。國王派人問她，夫人又是默然不作回答。又叫來以前的宮中侍女，想盡種種辦法說服感化她。夫人回答說：『沒有人冒犯我，另外有別的想法，所以不言語。』於是就敘說她見到一頭金色鹿，願得到鹿王的皮用來作褥子。侍女就告訴了國王，國王就問群臣：『誰能得到鹿？』於是把眾獵人集合起來，宣布告知，叫他們馬上去找。獵人們都說：『未曾聽說過這種鹿名，更何況看見牠。』國王下令把他們捉拿入獄。當時有一個獵人，名叫耐闇，勇猛而力氣大，跑起來能追上奔跑的野獸，抬頭射飛鳥，箭無虛發。自己認為無罪卻被囚禁，於是設法問國王：『可有見到或聽到過這種鹿的人？』國王說：『你可以自己去問夫人。』夫人回答說：『我從樓上看見一頭鹿自南方飛來，凌空消失在北方。』這個獵人善於觀察禽獸，知道這頭鹿在南方居住，在北面覓食，應當在牠求食的地方捉拿牠。這時獵人拿著弓箭逐漸北進，來到雪山這個地方。山上有位仙人，獵人便把捕鹿的工具藏了起來。獵人到仙人那裡，合掌施禮。仙人讓他坐下，擺上果品。獵人問：『來此定居多久了？』仙人答道：『已好多年了。』獵人問：『可曾見到奇異的事嗎？』回答說：『此山南面有一棵樹，名叫尼枸律，常有一金色鹿王飛來，在樹上吃樹葉。』仙人指路，來到樹下，看見樹木繁茂，枝葉覆蓋很廣。一會兒看見一頭鹿好像領頭的鴻雁淩空飛來，停在樹上。吃飽了樹葉之後，就又飛走了。獵人回來告訴國王：『非網索及弓箭能夠辦得到的，沒有辦法捉到牠。』國王說：『你可以自己告訴夫人。』夫人對獵人說：『你可把蜜塗在樹葉上，依次向下，一直到達張網設置索套的地方。鹿聞到蜜的香味，慢慢會吃著樹葉下來，到達張網的地方，被索套套住，活捉後把牠帶回來。』仙人遠遠看見了，說：『可歎啊，多麼殘酷的禍害！鹿王雖然能騰空飛翔，卻不能逃脫惡人的魔掌。』仙人說了一段偈語：『世上之大惡，莫過於香味。欺騙了凡俗，禍及林中獸。因貪戀香味，受如此禍患。』獵人把蜜塗在樹葉上，鹿吃了後，被獵人捉住帶了回來。國王聽說鹿被捉到，燒香迎接並觀看。夫人見了，上前抱住鹿王，因為先前受五欲六塵程度深，使這頭鹿王的金色很快消退。國王問夫人：『此鹿金色突然消退，怎麼辦？』夫人說：『這頭鹿現在已成為無可施捨的東西，放牠回去吧。』金色鹿就是耶舍。夫人就是耶舍的母親。他們受諸多苦惱，是因為貪戀事物到今的緣故。」

## 比丘夜不相識各言是鬼

（出《大智論》第九一卷）

山中有一佛圖，有一別房，中有惡鬼，喜來惱人，諸僧捨去。有客僧來，維那❶處分❷，令住此房，而語之言：「此房有鬼，喜來惱人。」客僧自以持戒力故，答言：「小鬼何所能為？我能伏之。」即入房住。日將欲暮，更有僧來求覓住處。維那亦令在此房住，亦語有鬼，其人亦言：「我當伏之。」時先入者閉門端坐，待鬼不來。後來者夜打門❸求入。先入者謂為是鬼，不為開戶。後者極力打門，在內道人以力拒之，外者得勝，排門得入。內者打之，外者亦極力熟打。至明旦相見，乃是故舊同學道人，各相愧謝❹。眾人雲集，笑而怪之。

【章旨】記兩僧人各以為是鬼，於是打鬼捉鬼，虛驚一場，其實無鬼來此。

【注釋】❶維那　寺廟中職稱名，掌管寺院中雜事務。❷處分　安排；調度。❸打門　扣門；敲門。❹愧謝　感到慚愧並道歉。

【語譯】山中有一佛寺，有一別房，裡面有一惡鬼，喜歡來煩擾凡人，眾僧都離開了。有遊方僧人到此，維那安排他住在此房，並對他說：「此房有鬼，喜歡來煩擾凡人。」客僧自恃有護持戒法的能力，答道：「小鬼有何能耐？我能降伏它。」於是就住了進去。天快黑了，又有一僧前來投宿。維那也叫他住在此屋，也對他說有鬼，那人也說：「我將降伏它。」此時先進來的那個人閉門端坐，卻不見鬼來。後來的人半夜扣門要求進去。先進入者以為是鬼，不給他開門。後來者用力敲門，裡面的僧人奮力抵抗，外面的人取勝，推門而入。裡面的人大打出手，外面的人奮力還擊。到了天明相見，才知道原來是昔日一起學習的道友，二人感到慚愧，各表歉意。眾人從四方集合，嘲笑他們且視為怪事。

## 比丘居深山為鬼所嬈佛禁非人處住

（出《十誦律》第二卷）

憍薩羅國有一比丘，獨住深山林中。有非人❶女，語比丘：「共作婬欲。」比丘言：「莫作是語，我是斷婬欲人。」女言：「汝若不來，我當破汝利養❷與汝衰惱。」比丘言：「隨汝。」中夜❸比丘臥，女鬼合納衣❹，持比丘著王宮內夫人邊臥。王覺❺問言：「汝何人耶？」比丘言：「我是沙門。」「是何沙門？」答曰：「是釋子沙門。」王言：「汝何以來此？」比丘具向王說，王言：「汝何因在深山林中？故為惡鬼所嬈❻。出去！我知佛法，故不問汝。」比丘得脫，具說其事。佛因此制「不得入深山中」。又憍薩羅國有一比丘，阿蘭若❼住處。有毗舍遮❽鬼女來語比丘言：「共作婬欲來！」比丘言：「莫作是語，我斷婬欲人。」鬼女言：「汝若不作，我當破汝利養，令汝衰惱。」比丘言：「隨汝。」比丘夜臥，鬼以納衣裹持，著酒舍酒盆中。酒家人明日見比丘在酒盆中，問言：「汝是何人？」答言：「我是沙門。」「是何沙門？」答言：「釋子沙門。」問言：「何故在是中？」比丘具說是。酒舍人言：「汝去。」因此佛言：「比丘不得入深山林中空處❾、可畏處、無人處住。」

【章旨】記兩個沙門居住深山為鬼所擾亂，佛最後禁止沙門住在空曠無人可怕的地方。

【注釋】❶非人　梵文 amanuṣya 的意譯，一般用來泛稱鬼神。❷利養　以利益（功德）養身。這裡指功德。❸中夜　半夜。❹納衣　指僧衣，即出家人所穿以零碎布片縫綴的法衣。❺覺　醒來。❻嬈　擾亂。❼阿蘭若　梵文 araṇya 的音譯，意譯「山林」、「荒野」，指適合出家人修行與居住的僻靜場所。❽毗舍遮　梵文 Piśāca 的音譯，意譯「顛狂鬼」、「吸血鬼」。佛教特指餓鬼。❾空處　空曠的地方。

【語　譯】憍薩羅國有一比丘，獨自住在深山老林中。有一鬼女，對比丘說：「一起作婬欲之事。」比丘說：

「不要說這樣的話，我是斷了婬欲的人。」女鬼說：「你若不來，我要破壞你的功德，讓你衰落苦惱。」比丘說：「隨你。」半夜比丘睡下了，女鬼用僧衣把比丘裹了起來，放在王宮內國王的夫人身邊躺著。國王醒來問：「你是何人？」比丘說：「我是沙門。」國王又問：「是哪裡的沙門？」答道：「是釋迦的弟子。」王說：「你怎麼來到這裡？」比丘如實說給國王聽，國王說：「你怎麼到那深山野林中修行？所以才被惡鬼所擾亂。你走吧，我信奉佛法，所以也不再問你的罪了。」比丘得以脫身，把此事一一說給佛聽。佛於是禁止沙門進入深山中。憍薩羅國又有一比丘，在荒野山林修行。有毗舍遮鬼女來對比丘說：「我們一塊兒來做婬欲的事吧！」比丘說：「不要說這種話，我是斷了婬欲的人。」鬼女說：「你若是不做，我將破壞你的功德，讓你衰落煩惱。」比丘說：「隨你。」比丘夜裡躺著，鬼用僧衣裹著他，把他放到酒店的酒缸中。第二天酒保見比丘在酒缸裡，問道：「你是什麼人？」回答說：「我是和尚。」「是哪兒的和尚？」回答說：「是釋迦的弟子。」酒保又問：「為何在酒缸裡？」比丘把經過都說了。酒店的人說：「你走吧！」因為發生了這種事情，佛說道：「比丘不許進入深山老林、空曠處、危險的地方以及沒人的地方修行。」

## 沙門行乞主人有珠為鸚鵡所呑橫相苦加忍受不言

（出《雜譬喻經》）

外國有沙門，行乞到買珠家，主人為設飯食。有大珠其價億數，與人持歸，置沙門邊。時有鸚鵡，便出呑之。主人不見，因問沙門，答言：「我不取。」主人復問：「有他人耶？」答言：「無有。」主人瞋❶曰：「我適❷持珠來，既無他人，獨有沙門，而言不取，珠今所在？」便撾❸沙門，血出流地，沙門故言：

「我不隱珠。」須臾，鸚鵡出飲地血，與杖相遇，鸚鵡即死。復欲舉手撾於沙門，沙門言：「止！聽我語。鸚鵡吞之。」即破鸚鵡得珠。主人謂沙門曰：「何不早說？乃使如是。」沙門曰：「我持佛戒，不得殺生。即欲說之，恐殺鸚鵡。今鸚鵡死，我乃說之。鸚鵡若活，卿撾我死，終不說也。」主人便自剋責悔過。辭謝之，沙門不瞋，顏色不變。

【章旨】記沙門被人冤枉偷珠，卻不懊惱。

【注釋】❶瞋　生氣；惱火。❷適　恰好；剛好。❸撾　擊；敲打。

【語譯】外國有個和尚，來到買珠寶的人家乞食，主人便給他提供了一頓飯。有一顆大珠，價值幾億，有人拿回來，便放在和尚身旁。這時一隻鸚鵡飛來一口吞掉了。主人找不到大珠，就問和尚。和尚答道：「我沒有拿。」主人又問他：「有別人來嗎？」和尚答道：「沒有。」主人發怒，瞪眼問道：「我剛把珠子拿來，既然沒有別人來過，只有你一個和尚，你又說沒有拿，那麼珠子哪裡去了呢？」主人就用棍棒打和尚，鮮血流出淌到地上，和尚仍然說：「我並沒有把珠子藏起來。」一會兒，鸚鵡出來飲流到地上的血，與主人揮動的棍棒相遇，被打死了。主人又想舉手中棍棒打和尚，和尚說：「停一停！聽我說一句。鸚鵡把它吞下去了。」主人馬上剖開鸚鵡，取出了珠子。主人對和尚說：「為什麼不早說呢？以致到了這種地步。」和尚說：「我奉持佛戒，不得殺生。也想對你說，又恐怕你殺死鸚鵡。現在鸚鵡死了，我才說出來。鸚鵡如果活著，你把我打死，我都不會說出這件事的。」主人很是自責，並後悔自己不該那樣做。主人向和尚道歉，和尚也不生氣，面色始終不變。

# 卷第二〇

## 聲聞學人僧部第九

【題解】學人，指在學佛修道過程中，尚未得最高境界之人，蓋謂其仍有須學之處之意，也泛指佛道修行者。本部輯錄聲聞學人受佛教化的故事：居士選擇遇佛善誘捨於愛欲、比丘坐禪為毒蛇害生天見佛得道……。這些故事告誡人們只有揚棄欲念，一心向佛，才能修成正果。

### 選擇遇佛善誘捨於愛欲得第三果

（出《華首經》第八卷）

「人有七藏處，一謂風藏，二生藏，三熟藏，四冷藏，五熱藏，六見藏，七欲藏。是諸藏中，欲藏最堅，依止❶涕唾、痰癊、膿血、筋骨、皮肉、心肝五藏、腸胃、屎尿。」時會中有一居士，名曰選擇，妻名妙色，面貌端嚴，姿容挺特。居士愛著，煩惱熾盛❷。聞佛說此，即白佛言：「世尊，莫作是說。云何欲，心起於屎尿？我妻端嚴，無諸臭穢。」佛時化作婦人，端嚴姝潔，狀如妙色，正容徐步，來入眾中。居士問曰：「汝何故來？」答曰：「欲聽說法。」居士即牽，坐其衣上。佛以神力，令是婦人糞汙其衣，使此居士不堪臭處，以手掩鼻，顧問左右：「誰為此者？」跋難陀不堪，語居士言：「何故掩鼻而顧視我？」答曰：「甚大臭穢。」以佛神力，令跋難陀及諸眾會，見此婦人汙居士衣。時跋難陀語居士言：「且觀汝妻所為臭穢。」居士答曰：「我妻淨潔，身無諸穢，若有疑者，自當觀之。」語跋難陀：「我意謂❸汝為此穢。」跋難陀大怒，從坐起言：「汝今應名屎居士也。汝妻坐時糞出衣上，為屎所塗，而無羞恥，反欲謗人。」又復唱言：「此屎居士可遣出眾。」即以手牽，令出眾外。居士語其妻曰：「我敬汝故，令坐衣上，汝為大人，法應爾耶？」妻即答言：「汝近屎囊，法自應爾。」居士爾時即生厭心，欲去衣糞，更汙身體。謂跋難陀：「當何方便得離此穢？」跋難陀言：「非直❹此糞汙染汝身，更有諸衰，是汝之分。若欲離者，當遠巡逝❺。以汝妻糞，令此大眾頭痛悶亂。」居士答曰：「諸釋子等皆多慈悲，汝甚惡口❻，乃如是耶！」跋難陀言：「如汝今者，何可憐愍？汝今自觀為淨潔不？而欲謗我。」時居士謂其妻曰：「汝可還歸。」即遣之已，語跋難陀：「我今明見女人諂曲❼，多諸過咎，不淨充滿，心生厭離，欲於佛法出家為道。」跋難陀言：「汝今形體臭穢如是，若以香塗，經歷年載，然後或可堪任出家。」居士答曰：「我若塗香，經歷年歲，或身已無常❽，或佛滅度，壞我出家求道因緣。今若見聽，得出家者，我不復住城邑聚落、僧房精舍，作阿蘭若乞食納衣，於空閑處，誰聞我臭？」佛聞呼之言：「善來！汝為沙門，修行梵行。」居士鬚髮自落，袈裟著身，執持應器，如比丘像。佛為說法，苦集盡道，遠塵離垢，得法眼淨，成須陀洹；重為說法，乃至得阿那含。過於是夜，執衣持鉢，詣王舍城。次行乞食，遂到本舍，在門外立。時妻妙色自見其夫，剃頭法服，出家為道，即語之曰：「法應見捨為沙門耶？」選擇答曰：「汝昨法應於我衣上，便棄不淨汙我身體耶？」妙色答曰：「汝為比丘，應謗人耶？我從父舍到汝家來，未見外門，況至竹園❾？」時有惡魔，語居士言：「汝昨見者，初非妙色，是化作耳！誑惑❿汝心，今可還以五欲自娛，沙門瞿曇欺誑汝耳。汝今虛妄，非實比丘。瞿曇沙門常以術惑多人，今其出家，如今誑汝。」選擇比丘證真法故，即覺是魔，謂言：「惡人，汝亦變化，是妙色婦，俱為變化，佛所說法皆空如化。」爾時妙色得聞此法，遠塵離垢，得法眼淨，蠲除疑悔，不隨他語，於佛法中得無畏力。謂選擇言：「所為甚善，能於佛法，樂修梵行，我亦於法出家為道。」

【章　旨】記選擇居士愛欲心重，煩惱熾盛；佛以化身循循善誘，經過佛的點化，終於捨去愛欲，得阿那含果，並讓妻子妙色出家。

【注　釋】❶依止　依託；依附。❷熾盛　情感、欲望強烈。❸意謂　以為；認為。❹非直　非但。❺巡逝　這裡指巡遊遠去。❻惡口　惡毒的語言。這裡指說話難聽。❼諂曲　曲意逢迎。這裡指諂妄邪僻。❽無常　死亡。❾竹園　竹林精舍，指選擇聽佛法的地方。❿詃惑　欺騙，迷惑。

【語　譯】佛說：「人有七藏處，一叫做風藏，二叫做生藏，三叫做熟藏，四叫做冷藏，五叫做熱藏，六叫做見藏，七叫做欲藏。在各藏中，欲藏最為牢固，依附涕唾、痰癊、膿血、筋骨、皮肉、心肝五藏、腸胃、屎尿（這些皆起於欲藏）。」當時集會中有一位居士，名叫選擇，他妻子名叫妙色，長得面貌端莊，姿色出眾。居士很迷戀他的妻子，因而煩惱很盛。聽到佛說此，便對佛說：「世尊，不要有這樣的說法。為什麼說欲心起於屎尿呢？我的妻子長得端莊美麗，就沒有什麼臭穢。」這時佛化作一婦人，端莊美麗乾淨整潔，樣子長得很像妙色，儀態端莊，慢步來到人群當中。居士問道：「你怎麼來了？」婦人回答道：「想來聽佛說法。」居士就牽著她的手，讓她坐在自己衣服上。佛運用神力，使得這婦人用糞便弄髒了居士的衣服，使這居士不堪忍受這臭穢，用手捂著鼻子，回頭問左右的人：「是誰幹的？」跋難陀忍受不了，對居士說：「為什麼捂著鼻子回頭看我？」居士回答道：「非常臭。」佛用神力，使跋難陀和參加集會的眾人，看見是這婦人弄髒了居士的衣服。這時跋難陀對居士說：「且看清楚，是你妻子弄得如此臭穢。」居士回答說：「我的妻子乾淨整潔，身上沒有什麼臭穢，如果不信，你們自己去看。」又對跋難陀說：「我認為是你弄得這麼臭穢。」跋難陀大怒，從座上站起身來說：「你今天應改名為屎居士。你妻子坐時糞便從衣服裡出來，衣服被屎所塗，你居然沒有一點羞恥之心，反而還誹謗他人。」又叫喊道：「這個屎居士應該驅逐出去。」跋難陀就用手牽扯居士，讓他離開大家。居士對他妻子說：「我敬重你的緣故，讓你坐在我衣服上，你是大人，常理應該這樣嗎？」妻子回答道：「你自己靠近糞袋，常理就是這樣。」居士這時就產生了厭惡之心，想去除衣服上的糞便，反而更加弄髒了身體。他對跋難陀說：「應當用什麼方法才能離開此汙穢？」跋難陀說：「這糞便非但汙染了你的身體，還會帶來各種衰惱，這就是你的緣分。如果想去除它們的話，就應當遠離此地外出巡遊。由於你妻子的糞便，才使大家頭痛氣悶煩亂。」居士回答道：「這裡各位釋迦弟子都慈悲，只有你說話難聽，竟然到這個地步！」跋難陀說：「像你今天這樣，有什麼好憐憫的？你今天自己看看是不是乾淨？反而想誹謗我。」這時居士對妻子說：「你可以回去了。」打發他妻子回去之後，他對跋難陀說：「我今天清楚地看見了女人的諂妄邪僻，有許多過罪，渾身充滿不淨的東西，於是產生厭惡離棄之心，想在佛法中出家為道。」居士跋難陀說：「你今天形體這麼臭穢，如果用香料塗抹，經過一年半載，這樣以後或許纔有可能出家。」居士回答道：「我如果用香料塗抹身體，經過一年半載的時間，可能自己死了，也可能佛取滅度，這就會破壞我出家求道的因緣。今天若允許，能出家的話，我不再住在城市、村落和僧侶修行居住的房舍裡，我作阿蘭若行，乞食穿納衣，在空閑處修行，誰會聞到我的臭味呢？」佛聽了後呼喚他說：「你來得好！你可以成為沙門，修清淨除欲之行。」居士鬚髮自落，袈裟披身，手裡執持鐵鉢，如比丘的形狀。佛為他說四諦法，苦集滅道，於是他遠塵離垢，得法眼淨，獲聲聞四果中初果須陀洹；佛重為他說法，直到最後他獲得聲聞四果中第三果阿那含。過了這夜，他執衣持鉢，到王舍城去。依次乞食，遂到了自己家，在門外站立。這時妻子妙色看見了丈夫，剃頭穿著法服，出家修道，就對他說：「常理應該捨棄我成為沙門嗎？」選擇回答道：「你昨天理該如此在我衣上，拋棄不淨的東西沾汙我身體嗎？」妙色答道：「你是比丘，就應當誹謗我嗎？我從父家來到你家，從沒出過外門，何況到竹園去聽講佛法？」此時外面有惡魔，對居士說：「你昨天看到的，原本不是妙色，而是別人的化身而已！虛幻欺騙迷惑你的心，今天你可以回歸五欲自娛自樂，這是沙門瞿曇欺騙了你。你今天陷入了虛妄，並非真正的比丘。瞿曇沙門常常用妖術迷惑了許多人，讓他們出家，如今在欺騙你。」選擇比丘參悟了真法的緣故，就覺得這是個惡魔，說：「惡人，你亦是變幻之身，那個妙色婦同你一樣，俱為變幻之身，佛所說法都空如變幻。」這時妙色聽聞了此法，遠塵離垢，得到法眼淨，消除了疑悔，不再附和別人的話語，在佛法中得無所畏懼的力量。她對選擇說：「你所做的非常好，能於佛法中樂修清淨除欲之行，我也要於法中出家修道。」

## 比丘坐禪為毒蛇害生天見佛得道

（出《比丘坐禪命過生天經》）

摩頭羅國尼拘類❶園中，有一比丘，靜處坐禪。後有毒蛇，床下蟠臥。比丘睡眠，或低或仰。毒蛇自念：此人見恐，必欲殺我。即舉身擲。比丘命終生忉利天❷，諸天王女各來衛侍，天子❸告曰：「汝等諸妹莫近我身，設當近者，必犯於戒。」諸女自念：此天前身必是沙門，故生此間受天之福。時諸天女各執鏡前，照天子面。見天衣冠，方覺生天。即從座起，見諸衛從。行至園中，坐一樹下，端坐思惟，求定三昧❹。池水之中有異類鳥，相對悲鳴，聲哀響和，欲求成道，不能得辦。是時天子從三十三天至閻浮提，到世尊所，白言：「受天福盡，下入泰山❺地獄，如是流轉，無有窮已，當見愍濟，令得度脫。」佛為說法，即於坐上諸塵垢盡，得法眼淨。

【章旨】記一個比丘坐禪時被毒蛇害死，生忉利天後，不願在天堂地獄流轉，最後謁見佛祖，得法眼淨。

【注 釋】❶尼拘類 梵文nyagrodha的音譯，意譯「無節」。南亞次大陸一種類似榕樹的桑科植物。❷忉利天 又名三十三天，為欲界第二天，在須彌山頂上。中央為帝釋天，四方各有八天，合成三十三天。❸天子 諸天之天人。❹三昧 佛教語，謂屏除雜念，心不散亂，專注一境的精神狀態。❺泰山 傳說泰山府君是閻羅王的書記，專門記錄人類善惡，後遂以泰山指代地獄。

【語 譯】在摩頭羅國的無節樹園中，有一位比丘，在靜處坐禪。有一條毒蛇，盤踞在比丘坐禪的床下。比丘瞌睡時，身體前仰後合。毒蛇心裡暗想：這個人在恐嚇我，必定想殺我。於是伸直身體騰躍，咬死比丘。比丘死後轉生忉利天，各位天人的女兒都來侍候他，已成忉利天人的他告訴她們說：「你們這些漂亮女人請不要靠近我的身體，如果靠近我，我就犯戒了。」諸位天女心裡暗想：此位天人生前必是和尚，所以轉生到這裡享受天福。這時這些天女拿著鏡子到他面前，照天人的臉。從鏡中看見自己穿戴的是天上的衣冠，他才知道自己轉生在天上了。於是立即從座位上站起來，召見侍衛隨從。他走到園子裡，坐在一棵樹下，端正坐好，思想集中，求禪定三昧。池水之中有奇異的鳥，相對著鳴叫，聲音此起彼和，牠們想求道，可是不能實現。這時天人從三十三天下降到閻浮提人間世界，來到佛世尊那兒，對佛表白道：「等到天福享受完，又要下泰山地獄，這樣輪迴轉世沒有窮盡，請您憐憫我，讓我能度脫。」佛為他說法，於是在座位上脫離各種塵垢，得法眼淨。

（出《慈仁不殺經》）

## 旃陀利七子為王逼殺失命

昔旃陀利❶家生七男，六兄得須陀洹道，小者故處凡夫，母人旃陀利得阿那含道，兄弟七人盡受五戒。彼國常儀：旃陀利行殺❷，國中男女犯殺、盜、婬及餘重罪，盡使旃陀利殺之。時國王召彼大兒言：「有應死之徒，汝行殺之。」其拜自陳：「特願弘恕。我受五戒，守身謹慎，蟻子❸不敢殺，不能為非，寧自殺身，不敢犯戒。」時王奮怒❹，敕市殺之。復白王：「身是王民，心是我資，欲殺便殺，不得仰從。」王即令縣首❺。次❻召諸弟，六人皆言「受戒不敢行殺」。王瞋恚盛，盡便殺之。次復召小弟，母子俱來。王見母來，倍復瞋怒：「前殺六子，母不送行，今召小子，何故便來？」母曰：「願聽微言，以自宣理。前六子者，盡得須陀洹道，正使❼大王取彼六人碎身如塵者，終不興惡如一毛髮。今此小者，處在凡夫，身雖修善，未蒙道法，是故念子，即未得道，或能失意，畏王教令，自惜形命，毀戒行殺，身壞命終，入太山地獄。憐念子故，是以送來。」王復問母：「前死六子，盡得須陀洹道耶？」答曰：「盡得。」王復問母：「母身為得何道耶？」答：「得阿那含道。」王聞斯語，自投于地，稱冤自責：「我造罪根，放心建意，殺六須陀洹。」身意煩惱，坐不安席，即自嚴辦香油蘇薪❽，取六死尸而闍維❾之，起六偷婆❿興殺供養。日三懺悔，意願滅罪，漸漸微薄。復出財貨，給彼老母。至於齋日，數數懺悔，冀得罪薄，免於地獄。

【章旨】記旃陀利七子受佛教五戒，不願行殺，被國王逼殺而失命；後國王被其母點悟，悔過自責。

【注釋】❶旃陀利　梵文caṇḍāla音譯，為印度種姓制度中，居於最下級的種族，以屠殺為業。一般男曰旃陀羅，女曰旃陀利。❷行殺　從事殺戮(的事)。❸蟻子　螞蟻。❹奮怒　震怒；盛怒。❺縣首　即懸首，殺人後掛頭示眾。❻次　依次。❼正使　即使。❽蘇薪　柴草；柴火。❾闍維　火化。❿偷婆　梵文stūpa音譯，即墳、塔，高積土石，以藏遺骨者。

【語譯】從前旃陀利家生有七個兒子，六位兄長得聲聞初果須陀洹道，小弟仍是凡夫俗子，母親得聲聞第三果阿那含道，兄弟七人全部接受佛教不殺生等五戒。那個國家有這樣的常規：旃陀利種族從事殺戮的事，國內犯殺、盜、婬和其他重罪的男女，都讓旃陀利人殺掉。這時國王召來那大兒子，說：「有應死的人，你去殺掉他。」大兒子跪拜陳說道：「特別請求您的寬恕。我受佛教五戒，謹慎地保持品德和節操，連螞蟻都不敢殺，不能做非法的事，我寧願自殺，不敢犯戒。」這時國王十分震怒，下令把他押到集市上殺掉。大兒子又對大王說：「我身是國王您的臣民，心是我自己的依靠，您想殺便殺，我不能順從。」國王就命令砍頭後示眾。依次又召來得須陀洹道的諸弟，這五人加上先前被殺的長兄共六人都說「受戒不敢行殺」。國王更加生氣了，把他們五個人都殺了。依次又召來小弟，母親與小兒子俱來。國王見母親來了，就更加憤怒：「前面殺六子，母親不來送行，今天召來小兒子，為什麼你就來了呢？」母親回答說：「希望能聽我微不足道的話，來表達我的道理。前面六個兒子，全部獲得須陀洹道，即使大王您威脅要取那六子性命、碎身像塵土一樣，他們終究不會做哪怕如一毛髮的壞事。今天這小兒子，仍是凡夫俗子，身雖修善，但未獲致涅槃正道的佛法，所以念及小兒子，既然還未得道，有可能會失去主張，畏懼大王的命令，顧惜自己的性命，毀戒殺戮。身壞命終，墮入太山地獄。憐惜小兒子的緣故，所以送來。」國王又問母親：「前面死的六個兒子，都獲得須陀洹道了嗎？」母親回答說：「都已獲得。」國王又問母親：「你自己得什麼道？」母答言：「我得阿那含道。」國王聽了這話，以頭碰地，稱冤自責：「我造作罪孽啊！放縱自心執意殺了六個獲得須陀洹道的人。」於是他身心煩惱，坐不安席，就親自備辦香油柴火，取六死屍而火化，起六座墳塔供奉他們。每天三次懺悔，希望能消滅罪孽，慢慢減輕罪過。又拿出財物，給那六子的老母。到了齋日，屢屢懺悔，希望罪能輕一點，免得墮入地獄。

# 卷第二一

## 聲聞行惡行僧部第一〇

【題解】惡行僧，指犯有惡行的比丘僧。本部輯錄惡行僧故事：調達與拘迦利妄相讚歎；善星比丘摒棄因果，心懷邪見，生身墮於阿鼻地獄……。這些關於惡行僧的因緣故事，揭示了惡有惡報、因果循環的道理，啟示人們以此為鑒，一心向善，戒除惡心，自求多福。

### 調達拘迦利更相讚歎

（出《佛說野狐經》）

佛告諸比丘：「調達❶凶危，橫相嗟歎❷。拘迦利比丘❸讚歎調達，調達亦復歎拘迦利。其彼二人，無義無理。諸比丘聞，唯然大聖。觀拘迦利比丘，因依❹正典，緣法律❺教，以信出家，橫歎調達。調達嗟歎拘迦利。並以非為是，以是為非。」佛言：「此輩愚騃❻，前世亦然。過去世時，黃門❼命過，棄樗樹❽間。

時作❾野狐、烏鳥共來食肉，更相讚歎。烏曰：『君體如師子，君頭若仙人。脂由❿鹿中生，善哉如好華。』野狐讚曰：『唯尊⓫在樹上，智慧最第一。明照於十方，如積紫磨金⓬。』如是往返。時大仙人言：『橫相嗟歎，言虛無實。』野狐者，調達是。烏者，拘迦利是。仙人者則菩薩是。」

【章　旨】記如來向諸比丘講述調達與拘迦利互相吹捧、顛倒是非，及其前世因緣故事。

【注　釋】❶調達　即提婆達多，梵名Devadatta，為釋尊叔父斛飯王之子，阿難之兄弟。佛世時犯五逆罪，破壞僧團、與佛陀敵對之惡比丘。❷嗟歎　猶吹捧。❸拘迦利比丘　意譯為惡時者、牛主。為調達之弟子，常妨礙佛之化導，並毀謗佛、舍利弗、目連、梵天等，死後墮於八寒地獄。❹因依　依從。❺法律　佛教教團內的戒律、規制及其他規定。❻愚騃　愚昧無知。愚、騃同義。❼黃門　意譯為閹人、不男。指男根損壞之人。❽樗樹　臭椿樹。❾時作　當作「時有」。❿由　同「猶」。⓫尊　對他人的敬稱。⓬紫磨金　帶有紫色的黃金，是黃金中的最上品。又稱紫磨黃金。

【語　譯】佛告訴諸比丘：「調達兇險，對他人妄加吹捧。拘迦利比丘吹捧調達，調達也吹捧拘迦利。他們兩人所作所為，不符合佛教的義理。諸比丘聽了，還以為他們是獨一無二的大聖人。我看拘迦利比丘，依從正統佛典，依照佛法戒律加以教導，因信佛而出家，卻對調達妄加吹捧。調達也吹捧拘迦利。都以錯為對、以對為錯。」佛又說：「這些人愚昧無知，前世也是如此。過去世時，有一個閹人，死後屍身丟在臭椿樹下。當時有野狐、烏鴉前來食肉，彼此互相吹捧。烏鴉說：『貴體像獅子，頭臉像仙人。脂膏猶鹿身，美妙如鮮花。』野狐吹捧說：『高高站樹上，智慧稱第一。光彩照十方，好像紫磨金。』像這樣一來一回，吹捧了很久。當時有一位大仙人說：『妄相吹捧，言語空洞不實。』野狐就是調達。烏鴉就是拘迦利。仙人就是我。」

## 調達先身為野狐

（出《野狐求王事》、《彌沙塞律》第四卷）

乃往古昔，有一摩納❶，在山窟中誦剎利❷書。有一野狐，往其左右，專聽誦書，心有所解，作是念：如我解此書語，足作諸獸中王。便起遊行，逢一羸瘦野狐，便欲殺之。彼言：「何故殺我？」答言：「我是獸王，汝不伏❸我？」彼言：「願莫見殺，我當隨從。」於是二狐便共遊行，復逢一狐，問答如上。如是展轉，伏一切狐，便以群狐伏一切象；復以眾象，伏一切虎；復以眾虎，伏一切師子，遂便權得作獸中王。復作是念：我為獸王，不應以獸為婦。便乘白象，使諸群獸圍迦夷國❹數百千匝。王遣使問：「何故如是？」野狐答言：「我是獸王，應娶汝女。若不與我，當滅汝國。」使還白王。王集臣議，唯除一臣，皆云：「應與。國之所恃，唯賴象、馬。我有象、馬，彼有師子。象、馬聞氣，惶怖伏地。戰必不如。何惜一女而喪一國？」時一大臣聰睿遠略，白王言：「臣觀古今，未曾聞見人王之女與下賤獸。臣雖弱昧❺，要❻殺此狐，群獸散走。」王即問焉。大臣答言：「王但遣使剋期❼戰日，從求一願：願令師子先戰後吼。彼謂王畏，必令師子先吼後戰。王至戰日，當敕城內皆令塞耳。」王用其語，然後出軍。軍陣欲交，野狐果令師子先吼。野狐聞之，心破七分，便於象上墜落於地。群獸散走。佛說偈言：「野狐憍慢❽盛，欲求其眷屬。行到迦夷國，自稱是獸王。人憍亦如此：現領於徒眾，在摩竭❾之國，法王❿以自號。」告諸比丘：「爾時迦夷王者，我是。聰睿大臣者，舍利弗是。野狐王者，調達是。」

【章旨】記調達前身為野狐，施展伎倆，成為百獸之王。後往迦夷國，強求國王之女為妻，被一聰睿大臣挫敗。

【注釋】❶摩納　梵文Mānava音譯，意譯為儒童，即青年，又特指進行修持的婆羅門青年。南北朝時也譯作「仙人」。❷剎利　即剎帝利，梵文Kṣatriya的音譯，印度第二大種姓，掌握軍事與政治。❸伏　即「服」。服從。❹迦夷國　又稱伽尸國，佛之生國。為佛在世時印度十六大國之一。係佛教與婆羅門教之聖地。❺弱昧　懦弱並且愚昧。這是自謙的說法。❻要　希望；一定要。❼剋期　定期。❽憍慢　自高自大；傲慢。憍，同「驕」，驕傲。❾摩竭　指摩竭提國，亦稱摩伽陀國、摩羯陀國、摩訶陀國等。為佛在世時印度十六大國之一，是早期佛教的中心。當時調達正在該國王舍城，受阿闍世王供養。❿法主　意為佛法之主，是對佛教宗派領袖的敬稱。

【語譯】在遙遠的古時候，有一位仙人，在山洞中誦讀剎帝利書。有一隻野狐狸來到他的旁邊，專門聽他誦書，心裡有所領會，於是就有了這個想法：像我這樣，能夠領會此書之語，那麼就足以當上百獸之王。便出去開始遊逛，遇上一隻瘦弱的野狐，便想殺死牠。那隻野狐說：「為什麼殺我？」回答說：「我是獸中之王，難道你不服從我？」瘦狐說：「請不要殺我，我會跟隨你。」於是兩隻狐狸就一起逛遊，又遇上一隻狐狸，問答和上面一樣。像這樣展轉降伏了所有狐狸，就憑藉群狐降伏一切大象；再仗著眾多大象降伏一切老虎；

又仗著眾虎降伏一切獅子，於是野狐暫且做了獸中之王。野狐又產生了這樣的念頭：我是獸王，不應該娶野獸為妻。就乘著白象，命令群獸包圍迦夷國成百上千匝。國王派出使者詢問：「是什麼緣故要這樣做？」野狐答道：「我是獸王，應該娶你們國王的女兒。如果不嫁給我，就滅亡你們國家。」使者回去告訴國王。國王召集群臣商議，除了一位大臣外，都說：「應該嫁給牠。國家所依賴的，全靠象和馬。我們有象和馬，對方還有獅子。象、馬一聞到獅子的氣味，會立即惶恐地伏到地上。要是交戰，肯定不如牠們。何必因愛惜一個女兒而亡了一個國家？」當時有一位大臣，聰明睿智，又有遠大的謀略，對國王說：「臣縱觀古今，不曾聽說有人間國王之女下嫁給賤獸的。臣雖然懦弱並且無知，但一定能殺死這隻狐狸，這樣群獸必然散去。」國王就問他有什麼計謀。大臣答道：「大王祇要派出使者與牠們定下作戰日期，向牠們提出一個請求：希望讓牠的獅子先戰後吼。牠們以為大王膽怯，必然令獅子先吼後戰。大王到了交戰的那一天，應當命令城內百姓全都塞好耳朵。」國王採用他的計謀，然後出兵。雙方擺好軍陣即將交鋒，野狐獸王果然命令獅子先吼。野狐聽了，心被嚇裂，破成七份，就從象背摔到地上。群獸於是四散逃走。佛就說了一首偈語：「野狐太傲慢，竟想娶人妻。走到迦夷城，自稱是獸王。人傲亦如此：率領其徒眾，賴在摩竭國，自稱為法主。」佛告訴諸位比丘：「當時的迦夷王，就是我。聰睿的大臣，就是舍利弗。野狐，就是調達。」

（出《大涅槃經》第三一卷）

## 善星比丘違反如來謗無因果

佛言：「我於一時住王舍城，善星比丘❶為我給使❷。我於初夜❸，為天帝釋說諸法要❹，弟子之法❺應後師眠。尒時善星以我久坐，心生惡念。時王舍城小男小女若啼不止，父母則語：『汝若不止，當將汝付薄拘羅❻鬼。』尒時善星反被拘執，而語我言：『速入禪室，薄拘羅來！』帝釋言：『世尊，如是人等，亦復得入佛法中耶？』我言：『亦有佛性，當得無上菩提。』我雖為是善星說法，而彼都無[7]信受之心。我在迦尸國尸婆富羅城，善星為我給使。我入城乞食，無量眾生虛心渴仰，欲見我跡。善星隨後毀滅，既不能滅，而令眾生生不善心。我入城已，於酒家舍見一尼乾[8]，踡脊蹲地，飡食酒糟。善星言：『世間若有阿羅漢者，是人最勝。何以故，是人所說無因無果。』我言：『癡人！汝常[9]不聞阿羅漢者不飲酒、不害人、不欺誑、不盜婬？如是之人，殺害父母，食噉酒糟，云何而言是阿羅漢？是人捨身[10]必當墮阿鼻地獄。阿羅漢者，永斷三惡，云何而言是阿羅漢？』善星即言：『四大[11]之性猶可轉易，欲令是人必墮阿鼻，無有是處。』我言：『癡人！汝常不聞，諸佛如來誠言無二？』我雖為說法，而無信受之心。善男子[12]，我與善星住王舍城，有一尼乾名曰苦得，常作是言：眾生煩惱，無有因緣[13]，眾生解脫，亦無因緣。善星言：『世間若有阿羅漢者，苦得為上。』我言：『癡人，苦得尼乾實非羅漢，不能解了阿羅漢道。』善星復言：『何故羅漢於阿羅漢而生妬嫉？』我言：『癡人，我於羅漢不生妬嫉，而汝自生惡邪見耳。若言苦得是羅漢者，卻後七日，當患宿食，腹痛而死，生於食吐鬼中。其同學輩當舁其屍，置寒林⑭中。』善星即語尼乾：『長老，好善思惟，作諸方便⑮，當令瞿曇墮妄語⑯中。』苦得斷食，從初一日乃至六日，滿七日已，便食黑蜜⑰，復飲冷水，腹痛而終。同學舁屍置寒林中，即作食吐餓鬼之形，在其屍邊。善星至寒林中，見苦得身，善星語言：『大德⑱死耶？』苦得答言：『我已死矣！』『云何死耶？』答言：『因腹痛死。』『誰出汝屍？』答言：『同學出。』『置何處？』答言：『癡人！汝今不識是寒林耶？』『得何等身？』答言：『我得食吐鬼身。』善星言：『世尊，苦得尼乾生三十三天。』我言：『癡人，阿羅漢者無有生處，云何而言苦得生於三十三天？』如來與迦葉往善星所。善星遙見，生惡邪心，生身陷入，墮阿鼻地獄，譬如有人沒圊廁⑲中。有善知識⑳以手撓之，若得首髮，便欲拔出，久求不得，尒乃息意。我亦如是，求覓善星微少善根㉑，便欲拔濟，終日求之，乃至不得如毛髮許，是故不得拔其地獄。」

【章旨】記佛向眾人講述善星比丘墮落的經過：善星不從佛言，起否定因果之邪見，欲令佛墮妄語中；又對佛陀、迦葉懷有惡念，終受報應，自墮於地獄。

【注釋】❶善星比丘　梵名 Sunakṣatra，釋祖為太子時所生之子。出家後，斷欲界之煩惱，發得第四禪定。後因親近惡友，起否定因果之邪見，且對佛陀起惡心，終以生身墮於阿鼻地獄。❷給使　服事；供給役使之人。❸初夜　夜分之初，約今晚上八時左右，係晝夜六時之一。❹法要　佛法要義。❺法　常規；常理。❻薄拘羅　鬼名。❼都無　全無；毫無。❽尼乾　又稱尼犍，相對「梵志」而言，指出家的婆羅門。據《法華文句記》卷九：在家事梵稱為梵志，出家之外道通稱尼乾。❾常　通「嘗」。曾經。❿捨身　亡身。⓫四大　佛教之元素說，謂物質（色、法）由地、水、火、風四大要素所構成，謂之四大。⓬善男子　指良家之男子，係對信佛聞法而行善業者之美稱。常稱呼在家修持的男子，亦以此稱呼比丘。⓭因緣　因與緣的併稱。因，指引生結果的直接內在原因。緣，指外在的間接原因。佛教認為，一切萬物皆由因緣之聚散而生滅。⓮寒林　又作尸陀林，在王舍城北面的森林，林中幽邃寒冷，是當地人棄置屍體的地方。⓯方便　謀劃；算計。⓰墮妄語　即讓如來的預言落空。⓱黑蜜　因變質而呈黑色的蜜糖。⓲大德　具大德之人，係對他人之敬稱。⓳圊廁　即便所，圊、廁同義連言。⓴善知識　指正直而有德行、能教導正道之人。又作知識、善友、親友、勝友等等。㉑善根　佛教常用以譬喻極汙穢之處。產生諸善法之根本。

【語　譯】佛說：「我在那時住在王舍城，善星比丘為我僕役。我在夜初時分，為天帝釋說解佛法要義，按做弟子之規矩應在老師就寢後再休息。當時善星因我久坐，心生惡念。那時王舍城的小男孩、小女孩如果啼哭不止，父母就對他們說：『你若不停止，就把你交給薄拘羅鬼。』當時善星反被薄拘羅捉住，對我說：『快快進入禪室，薄拘羅來了！』帝釋天說：『世尊，像這樣的人，也能成為佛法中人嗎？』我說：『他也有佛性，或將證得無上菩提。』我雖為這善星說法，而他卻毫無信受之心。我在迦尸國尸婆富羅城時，善星為我僕役。我進城乞食，無數人對我誠心仰慕，想見我留下的足跡。善星隨後毀掉足跡，但又不能盡毀，遂使眾人產生不善之心。我進城後，在酒家裡看見一位出家婆羅門，蜷著背脊蹲在地上，吞食酒糟。善星就說：『世上如有阿羅漢，那麼這人算是最好的。』為什麼呢？這個人說話無因無果。』我說：『傻瓜！你難道不曾聽說阿羅漢不飲酒、不害人、不欺騙、不偷盜姦淫？像這個人，殺害父母，食用酒糟，如何說他是阿羅漢？這人死後必然墮於阿鼻地獄。若是阿羅漢，永遠斷除貪瞋癡三惡心，如何說他是阿羅漢？』善星就說：『四大的性能尚且可以轉變，想讓此人必定墮於阿鼻地獄，毫無道理。』我說：『傻瓜！你難道不曾聽說，諸佛及如來講話從來誠實不二？』我雖然為他說法，他卻毫無信受之心。善男子，我與善星在王舍城的時候，有一個出家婆羅門名叫苦得，常常宣揚這樣的言論：眾人煩惱無關因緣，眾人解脫亦無關因緣。善星說：『世間如有阿羅漢，苦得算是好的了。』我說：『傻瓜！苦得尼乾其實不是羅漢，不能明瞭阿羅漢道的要諦。』善星又說：『為什麼羅漢也要嫉妒羅漢？』我說：『傻瓜，我對羅漢不生嫉妒，只是你自己心中懷有邪見罷了。若說苦得是羅漢的話，七天以後，他將會患積食之症，腹痛而死，投生於食吐鬼中。他的同門將會抬著他的屍體，棄置寒林之中。』善星就去對苦得說：『長老，你好好考慮考慮，想方設法，要讓如來陷入妄語中。』苦得於是斷食，從初一開始乃至又過六天，滿了七天後，便去吃黑石蜜，又去喝冷水，結果腹痛而死。同門抬著他的屍體，丟棄在寒林裡，苦得就變成食吐鬼的形狀，守在屍體旁邊。善星來到寒林裡，看見苦得的屍體，就說：『大德，您死了嗎？』苦得回答：『我已經死了。』又問：『怎麼死的？』回答說：『因腹痛而死。』又問：『誰把你的屍身抬出來？』回答說：『是我同門。』又問：『放在哪裡？』回答說：『傻瓜！你現在不知道這是寒林嗎？』又問：『得何等身？』回答說：『我得食吐鬼之身。』善星卻對我說：『世尊，苦得尼乾投生在三十三天。』我說：『傻瓜！阿羅漢沒有投生的地方，憑什麼說苦得轉生在三十三天？』如來與迦葉一起去善星那裡。善星遠遠看見，便產生邪惡之心，頓時身體陷落，墮入阿鼻地獄，就好像有人陷沒在廁所裡。有好朋友用手抓他，彷彿抓到頭髮，想拉他出來，卻久求而不得，如此才放棄這個念頭。我也是如此，尋找善星那怕一點微小的善根，就想解救他，終日尋找，卻像毛髮那麼一點點也找不到，所以不能把他從地獄裡解救出來。』

# 卷第二二

## 聲聞無學沙彌僧部第一一

【題解】聲聞，即聲聞乘，指悟四諦（苦、集、滅、道）之真理而得道者。沙彌，指男子出家初受十戒（沙彌戒）而未受比丘戒者。本部輯錄尚未修得聲聞乘的沙彌的因緣故事：沙彌推師倒地而亡，因無惡心仍然得道；沙彌對龍女產生愛戀最後轉生在龍中……。這些現世布因、後世得果的沙彌們的因緣故事，宣揚了佛教的因果報應之說，告誡人們必定要在現世行善事，以期後世得以修成善果。

### 沙彌推師倒地而亡以無惡心精進得道

舍衛國有一老公，早失其婦，獨與兒居。困無財寶，覺世非常❶，從佛出家。兒年尚小，亦為沙彌，共父乞食。逼暮❷當還，父行遲❸，兒畏毒獸❹，急扶其父，排❺之進路。執之不固，推父墮地，應手❻而死。獨至佛所，時諸比丘訶責❼沙彌，即以白佛。佛告之曰：「此師雖死，不以惡意。」即問沙彌：「汝殺師不？」荅言：「我實排之，不以惡意。」佛言：「我知汝心無有惡意，過去世時亦復如是，無有惡意而相殺害。昔父子二人共住一處，時父病極❽，於時睡臥。多有⿰虫覓蠅❾，數來惱觸❿。父令兒遮⓫蠅，望得安眠。時兒急遮，蠅來不止，兒便瞋恚，即持大杖伺蠅當殺。時諸蠅競集父額，以杖打之，其父即死。父者，此沙彌是。時兒者，死比丘是。由無惡心，不以惡意，亦非故殺。」沙彌勤修不懈，遂得羅漢道。

【章　旨】記一小兒隨父出家，於乞食路上將其父推倒在地而亡，因心無惡意，經佛祖說明前世因緣，仍修得羅漢正果。

【注　釋】❶非常　猶無常。謂世間一切事物都在變異滅壞的過程中遷流不停。❷逼暮　傍晚。❸遲　緩慢。❹毒獸　指惡獸、猛獸。❺排　推；推擠。❻應手　隨手；即刻。❼訶責　厲聲斥責。❽病極　病重。❾⿰虫覓蠅　蒼蠅。❿惱觸　煩擾。⓫遮　遏止；攔住。

【語　譯】舍衛國有一個老翁，很早妻子就死了，祇和兒子住在一起。生活貧困，沒有什麼錢財，覺得世事無常，就跟著佛出家了。他的兒子年紀還小，也作了沙彌，和父親一起出去乞食。傍晚將要返回時，因父親走得很慢，兒子害怕晚上有猛獸，就急忙扶著父親，推他上路。因為抓得不牢，兒子把父親推倒在地上，父親即刻就身亡了。兒子一個人回到佛的住所，當時比丘們都斥責他，並把這件事告訴了佛。佛告訴他們說：「這位師父雖然死了，但他兒子不是出於惡意的。」就問沙彌：「你殺了你師父嗎？」沙彌回答說：「我確實推了他一下，但不是出於惡意的。」佛說：「我知道你不是出於惡意，在前世也是這樣，沒有惡意卻殺了人。

那時有父子兩人住在一起，父親病得很重，當時睡在床上。蒼蠅很多，屢次飛來煩擾。父親讓兒子趕蒼蠅，希望能好好睡覺。兒子不停地趕，蒼蠅還是不斷地飛來。兒子就很生氣，拿了一根大棒，等蒼蠅飛來就打死牠。那時蒼蠅都競相停在父親的額頭上，兒子用棒一打，他父親就死了。這個父親，就是沙彌。當時的兒子，就是死了的比丘。因為沒有惡心，不是出於惡意，也就不是故意殺害。」沙彌勤奮修行，毫不鬆懈，最後就得到羅漢正果。

（出《五母人子經》）

## 沙彌隨聖師入山得四通知為五母所痛念

昔有一小兒，年始七歲，大好佛道，作於沙彌，隨羅漢師在山中學，精進不懈。及年八歲，便得四通：一者眼徹❶視，二者耳徹聽，三者飛行變化，四者自知宿命所從來。坐自思念❷，即見先世宿命所更❸，五母作子，即還自笑。師問何笑，沙彌言：「何敢笑師！自視一身而有五母，晝夜啼哭，感傷愁毒❹，常言念❺子未曾忽忘❻。我自念一身，愁毒五家，用是故笑耳。我為第一母作子時，比鄰❼有與我同時生者。我死後，同日生者出入行步，我母見之便言：『我子在者，亦當出入行步如是。』即愁憂感痛念我。我復為第二母作子，生不久復死，我母見人有乳養子者，便感痛念我，愁憂啼哭。我復為第三母作子，不久復死，我母臨飯，淚出念我言：『若子在者，與我共飯，棄我死去。』我復為第四母作子，不久復死，我時等輩❽娉娶者，母復念我，言：『若子不死，今亦當娶婦。』我為第五母作子，人故見在，我捨家學道，母日日啼哭，言：『亡我子，不知所在。飢寒生死不復相見。』並慷慨❾悲痛。今五母共會，各言亡子，相對啼哭，念我一人，是故笑耳。世間人不知有後世生，但言死耳。人作善得福，作惡得殃。人在世間喜怒自恐，無所畏惡❿，後受苦痛，入惡道⓫中，悔無所及。我猒⓬世間，故辤⓭親求道。我視地獄畜生餓鬼貧窮，代其恐怖。我得師恩，受佛經戒，今以度脫。我念五母不能得脫，反復憂我。」

【章　旨】記一小兒七歲為沙彌隨師入山學道，得四神通，得見先世宿命，知為五母所痛念。

【注　釋】❶徹　通；貫通。❷思念　考慮；思考。❸更　經歷。❹愁毒　愁苦悲痛。❺言念　想念。言，助詞。❻忽忘　忘記。❼比鄰　鄰居。❽等輩　同輩。❾慷慨　猶慷慨。謂情緒激昂。❿畏惡　畏懼。⓫惡道　亦稱「惡趣」。指地獄、餓鬼、畜生三道。⓬猒　即「厭」。厭倦。⓭辤　即「辭」。

【語　譯】從前有一個小孩，年紀才七歲，非常愛好佛道，於是就做了沙彌，和羅漢師父在山中學道，努力不懈。到八歲那一年，已修得四神通：一是眼能看得很遠，二是耳能聽得很遠，三是能飛行變化，四是能夠知道前世的宿命。一個人靜坐思考，就看到前世所經歷的事，作了五個母親的兒子，回神後獨自發笑。師父問他笑什麼，沙彌說：「不敢笑師父，我看見自己一身而有五個母親，日夜啼哭，悲傷愁苦，常想念兒子未曾忘記。我想到一個人卻使五家愁苦悲痛，因為這個緣故才笑。我給第一個母親作兒子時，鄰居有個和我同時出生的人。我死後，他每次進出行走，我母親見了就說：『我兒子還活著的話，也應該會像這樣進出行走了。』

於是憂愁感傷悲痛地思念我。我又給第二個母親作兒子，生下來不久就死了，我母親看見有人在餵養孩子的，就感傷悲痛地思念我，憂愁啼哭。我又給第三個母親作兒子，不久又死，我母親到吃飯時，面對著飯菜流淚思念我說：『如果我兒子在的話，就可以和我一起吃飯了，現在拋棄我走了。』我又給第四個母親作兒子，不久又死了，和我同輩的人聘娶妻子，我母親又思念我說：『如果我兒子沒死的話，今天也該娶妻了。』我給第五個母親作兒子，人是還在，但我離家學道去了，母親日夜啼哭說：『失去了我兒子，不知他在哪兒。不管飢餓寒冷不管生死不能再相見了。』並且情緒激昂、非常悲痛。如今五個母親聚在一起，各自說著失去的兒子，相對啼哭，思念我一個人，所以我笑了。世間的人不知道有後世可以投生，祇說死罷了。人行善事得福，做惡事遭殃。人在世間，喜怒無常，無所畏懼，然後受苦，墮入惡道之中，後悔也來不及了。我厭惡世間，所以告別母親來學道。我看到地獄、畜生、餓鬼、貧窮，為他們感到恐怖。我蒙老師的恩德，接受佛教經戒的教誨，今日得以度脫。但我想到五個母親不能解脫，還要為我憂愁。」

## 沙彌於龍女生愛遂生龍中

（出《大智論》第一七卷）

昔有羅漢，與沙彌於山中行道。沙彌日日至王人家乞飯食，經歷堤基上行，崎嶇危險，常躃❶覆地，飯汙泥土。沙彌取不汙飯著師鉢中，汙飯洗自食之，如是非一日。師曰：「何因洗棄飯味？」荅曰：「行乞去晴，乞還時雨，於堤基躃地覆飯。」師默然思之，知是龍嬈❷沙彌，便起，到堤基上，持杖叩擻❸之。龍化作老公來出，頭面著地。沙門言：「汝何嬈我沙彌乎？」荅曰：「實愛其容貌耳。從今日始，日日於我室食。」沙門受請，日日往食。沙彌後時見師鉢中有兩三粒飯非世間飯，問和上，師默然不應。沙彌便入牀下，手捉牀足。和上禪定❹竟，相隨俱飛到龍宮殿上，龍及婦女俱禮沙門，復禮沙彌。師乃覺之，呼出，語言：「此非采女❺，是畜生耳。汝為沙彌，雖未得道，必生忉利天上，勝彼百倍，勿以汙意。」沙彌言：「此龍居處，世間少有。」師曰：「彼有三苦：一者雖百味飯，入口即化成蝦蟆；二者采女端正無比，欲為夫婦，兩蛇相交；三者龍背有逆鱗，沙石生其中，痛乃達心胷，此為大苦。汝何因從之？汝未得道，不可令見鬼道❻及國王內事❼也。」沙彌不應，晝夜思想❽，憶彼不食，得病而死，魂神生為龍作子。

【章　旨】記一沙彌得龍喜愛，常受其嬈。沙彌暗隨師至龍宮，貪戀龍女，不聽師勸，死後為龍作子。

【注　釋】❶躃　仆倒。❷嬈　煩擾；擾亂。❸擻　振動。❹禪定　佛教修行方法之一。靜坐斂心，專注一境，久之達到身心安穩、觀照明境的境地。❺采女　這裡指宮女。❻鬼道　佛教六道輪迴之一，餓鬼道的簡稱。❼內事　宮內的事。❽思想　想念；懷念。

【語　譯】從前有個羅漢和一個沙彌在山中修行。沙彌每天到君王臣民家去乞食，經過堤岸時，路崎嶇不平，經常仆倒在地，飯也被泥沙弄髒了。沙彌把沒弄髒的飯放在師父的鉢中，把髒的飯洗一下自己吃。這樣不止一天。師父問他：「你為什麼要洗掉飯的味道呢？」沙彌回答說：「去乞食的時候是晴天，回來時就下雨，在堤岸上摔倒，飯也灑了。」師父默然一想，知道是龍在撓亂沙彌，就站起來走到堤岸上，拿著木杖敲打振動堤壩的底基。龍變成老翁出來，頭和臉貼在地上行禮。沙門就問他：「你為什麼要撓亂我的沙彌？」龍回答說：「我愛他的面容俊俏罷了。從今天開始，每天到我這裡吃飯吧。」沙門接受了他的邀請，每天去那兒接受供養。沙彌後來發現師父的鉢中有兩三粒飯不是人間的食物，就問師父，師父沉默不應。沙彌就躲到床下，抓住床腳。和尚一出禪定便就和他一起飛到了龍宮殿上，龍王和婦女一起上前向沙門行禮，然後向沙彌行禮。師父發覺後，把沙彌叫出來，說：「這不是宮女，是畜生罷了。你是沙彌，雖然還沒有得道，以後必定生於忉利天，比牠們強過百倍，不要沾汙了自己的意念。」沙彌說：「這些龍住的地方是世間少有的。」師父說：「牠們有三大苦：第一，雖是美味的東西，但入口就變成了蛤蟆；第二，這些宮女雖然很美麗，但想要成為夫婦，要變成了兩蛇那樣相交配；第三，龍背都有倒生的鱗片，裡面生有沙子石頭，痛徹心肺，這是最苦的。你為什麼要跟從牠們呢？你還沒有得道，不能讓你看見鬼道和國王宮內的事。」沙彌不吭聲，日夜思念，想起龍宮就吃不下東西，得病而死，靈魂投胎給龍作了兒子。

# 卷第二三

## 聲聞無學尼僧部第一二

【題解】尼僧，即比丘尼，也就是出家之女子。蓋比丘之語，通於男女，而尼之音則表示女性。本部輯錄尼僧的因緣故事：蓮花色看破紅塵出家得道懲罰了欲對自己非禮的婆羅門、老婦毗低羅先慳貪從佛受化後悟道證果……，並且還指出對佛友善的人終會得到善報，惡意向佛的人會遭到報應，勸導人們不要耽於世俗之樂，佛門淨地乃是人生最好的境界。

### 花色得道後臥婆羅門竊行不淨

（出《彌沙塞律》第五卷）

佛在舍衛城，尒時優善那邑有年少居士❶，出行遊戲，見一女人，名蓮花色❷：色如姚李，女相具足，情相敬重，即娉為婦。其後少時，婦便有身，送歸其家，月滿生女。以婦在產，不復附近，遂乃私竊通於其母。蓮花既知便委去，夫婦道絕。恐累父母，顧湣嬰孩，吞忍恥愧，還於夫家。養女八歲，然後乃去。

【章旨】記一位叫蓮花色的女人因丈夫和自己的母親私通，把女兒養到八歲後，憤然離家出走。

【注釋】❶居士　在家修行佛道之人，或有錢人，或泛稱在家之人。❷蓮花色　梵文 Utpalavarṇā 意譯，出家後成為佛親傳弟子中著名的「七相續尼」之一，稱為「神足第一」。

【語譯】佛在舍衛城，那時優善那邑中有一位年輕居士，他出門遊玩，看見一個女人名叫蓮花色：長得面如桃李，女人味十足，年輕人十分愛慕，就把她娶為妻。沒過多久，蓮花色懷孕，被送回了娘家，懷胎期滿後，她生下一個女兒。年輕人因為蓮花色待產不能近身，暗地裡和蓮花色的母親勾搭成姦。蓮花色知道後便離他而去，夫妻恩斷義絕。但又怕牽累了父母，又顧惜可憐幼兒，只好強忍恥辱，又回到了丈夫家裡。把女兒養到了八歲後，離家出走。

至波羅奈❶，饑渴疲極，於水邊坐。時彼長者，出行遊觀，見之愛重，即問：「卿所居父母氏族？今為系誰，而獨在此？」蓮花色言：「我某氏女，今無所屬。」長者復問：「若無所屬，能作我正室不？」答言：「女人有夫，何為不可？」即便載歸，拜為正婦。蓮花色料理其家，允和❷小大，夫婦相重，至於八年。

【章旨】記蓮花色出走後，遇到一位長者，二人結為夫婦，在一起過了八年的和美生活。

【注釋】❶波羅奈　中印度古國名。梵文 Vārāṇasī，意思是江繞，因該國被恆河流域圍繞，故名。鹿野園在國中。❷允和　允當和洽。

【語譯】她來到波羅奈國時，又飢又渴，困頓不堪，就坐在河邊休息。這時一位德高望重的長者出行遊玩，看見了她，心裡很喜歡，便問：「你住在什麼地方？你的父母親屬是誰？現在歸屬誰？為什麼一個人獨自在這裡？」蓮花色說：「我是某氏的女兒，現在沒有歸宿。」這人又問：「如果你沒有歸宿，可以做我的正房妻子嗎？」蓮花色回答說：「女人本來就應該有丈夫，這有什麼不可以的呢？」長者便用車把蓮花色拉回了家，娶為正妻。蓮花色把家裡治理得井井有條，家裡上上下下和睦，他們夫婦二人也相敬如賓，這樣生活了八年。

尒時長者語其婦言：「我有出息❶在優善那邑，不復責斂，於今八年，考計生長❷，乃有億數。今往責之，與汝暫別。」婦言：「彼邑風俗女人放逸，君今自往，或失丈夫操。」答言：「吾雖短昧，不至此亂。」婦復言：「若必尒宜去，思聞一誓。」答言：「甚善，若發邪心，與念同滅！」於是別去。到於彼邑，責斂處多，遂經年載。思室漸深：「我若邪淫，乃負本誓，更取別室，不為違信。」於是推訪，遇見一女，顏容雅妙，視瞻不邪，甚相敬愛，便往求婚，父以長者才明大富，歡喜與之。

【章　旨】記蓮花色的丈夫外出討債經年，違背和蓮花色的誓言，娶一妙色女子為側室。

【注　釋】❶出息　放出的貸款。❷生長　產生的利息。

【語　譯】有一天，長者對妻子說：「我有借貸出的錢在優善那邑，已經有八年沒有去收了，計算下來，利息不斷增長，到現在應該有上億了。我現在去討回來，要暫時和你分別一段時間。」妻子對他說：「那個城邑的風俗，女人生性放蕩，現在你一個人去，我擔心你在外面會失去做丈夫的操行。」她丈夫說：「我雖然是個見識短淺有點愚昧的人，但還不至於做出婬亂的事。」妻子又說：「如果你一定要去，很想聽到你向我發個誓言。」丈夫回答說：「好吧，如果我產生了淫邪之心，就讓我和這個邪念一起消亡。」於是他就和妻子離別，來到了優善那邑。在城裡，要索討債務的地方很多，這樣不知不覺一年半載就過去了。長者越來越思念男女之間的事，他想：「如果我和這裡的女人鬼混，就違背了我發的誓言，如果我再娶個侍妾，就不算違反誓言。」於是他就到處尋找合適的女人。一天，他碰到一個女子，長得漂亮文靜，神態端莊，看上去不帶邪氣，他很喜歡，便上她家去求婚，那個女子的父親看到長者既有才又有錢，高高興興地把女兒嫁給了他。

責斂既畢，將還本國，安處別宅，然後乃歸。晨出暮反，異于平昔。蓮花怪之，密問從人。從人答：「有少婦。」其夫暮還，蓮花色問：「君有新室，何故藏隱不令我見？」答言：「恐卿見恨，是故留外。」婦言：「我無嫌妒，神明鑑識，便可呼歸，助君料理。」即便將還，乃是其女，母子相見不復相識。後因沐頭諦觀形相，乃疑是女，便問：「卿邦父母姓族？」女具以答，尒乃知之。母驚惋曰：「昔與母共夫，今與女同婿，生死迷亂乃至於此，不斷愛欲出家學道，如此倒惑，何由得息？」便委而去。

【章旨】記蓮花色驚悉丈夫所娶的女子乃是自己和前夫的女兒，深感塵世惑亂，決定出家。

【語譯】蓮花色的丈夫在優善那邑把債款收齊後，就帶著新娶的侍妾回到了自己國家，他在外面另找了房子把新婚庶妻安頓好，這纔回到家。因為外面還有一個妻子，他就每天很早出門，很晚才回來，跟以前的生活規律大不一樣。蓮花色感到很奇怪，暗地裡詢問丈夫的隨從。隨從告訴她說：「主人在外面還有一個年輕的妻子。」晚上，丈夫回家後，蓮花色就問他：「你有新的妻子了，為什麼把她藏起來，不讓我看到？」她丈夫說：「我怕你不高興，所以把她留在外面不帶回來。」蓮花色說：「我不會妒忌她的，上天可以作證，你可以讓她回來，幫你料理各種事務。」丈夫聽了蓮花色的話，就把新妻子帶回了家。這女子本是蓮花色的女兒，但母女相見卻互不認識。後來有一天，當那女子在洗頭時，蓮花色仔細觀察她的樣子，感到眼熟，這才開始懷疑是自己的女兒，於是她就問：「你是哪裡人，父母的姓名與種姓是什麼？」女子全部都告訴了蓮花色，這時才知道兩人原來是母女關係。母親驚訝萬分，說：「過去我與我的母親共有一個丈夫，現在與女兒共有一個夫婿，人生的迷惑狂亂竟到了這種地步。我如果不割斷愛欲出家學習佛法，這種顛倒迷惑的生活，怎麼可能會停止呢？」她就捨棄家庭，離家出走了。

到祇洹門，饑渴疲極，坐一樹下。尒時世尊，與大眾圍繞說法。蓮花色見眾人多，謂是節會，當有飲食，便入精舍，見佛世尊為眾說法。聞法開解，饑渴消除。於是世尊，遍觀眾會：「誰應得度？唯蓮花色應得道果。」即說苦、集、滅、道，便於坐上遠塵離垢，得法眼淨❶。既得果已，一心合掌，向佛而住。佛說法已，眾會各還。時蓮花色前禮佛足，長跪合掌白言：「於佛法中願得出家。」佛即許之，告波闍波提❷比丘尼：「汝今可度此女為道。」即度出家受具足戒❸，勤行精進，逮成羅漢，具八解脫❹。顏容光發，倍勝於昔。

【章　旨】記蓮花色來到祇洹園，巧遇佛說法，隨即出家並得道。

【注　釋】❶法眼淨　指具有觀見真理等諸法而無障礙、疑惑之眼，小乘於初果見四聖諦之理，大乘於初地得真無生法，均稱法眼淨。❷波闍波提　梵文Prajāpati的音譯，釋尊的姨母，即大愛道。❸具足戒　也叫二百五十戒，受過此戒後就成為比丘或比丘尼。❹八解脫　又叫八背舍，違背三界之煩惱而捨離之，解脫其繫縛之八種禪定也。

【語　譯】到達祇洹精舍，蓮花色又飢又渴，非常疲憊，就到一棵樹下休息。這時佛正和信徒們圍坐在一起說法。蓮花色看到有很多人，以為他們在過節集會，心想應該有吃的和喝的，她便走進精舍，看到佛正在為大家宣講佛法。蓮花色聽了佛法後，豁然開朗，飢渴的感覺一下子都消失了。這時候佛環視周圍聽法的眾人，說：「誰應該得到度脫？祇有蓮花色應該可以獲得正果。」就開始為她宣講苦、集、滅、道四諦法，蓮花色在座位上聽得出神，遠離了塵世間的痛苦、煩惱，得到可以透徹觀察佛法本質的法眼淨。蓮花色得到正果後，全神貫注，雙手合掌，面向佛穩穩地站立。佛宣講完佛法後，眾人都各自散去。此時蓮花色就在佛足前行禮，跪在地上，雙手合掌，對佛說：「在佛法的教誨下我願意出家。」佛同意了她的請求，對姨母大愛道尼姑說：「你可以剃度這個女子為尼姑。」於是蓮花色就剃度出家，接受了具足戒律，刻苦修行，努力上進，最終成了羅漢，具有了八種解脫煩惱的禪定方法。臉上容光煥發，勝過以前好幾倍。

入城乞食，一婆羅門見生染樂，心作是念：「此比丘尼今不可得，當尋其住處，方便❶圖之。」後復行乞食，彼婆羅門於後逃入，伏其床下。是日諸比丘尼，竟夜說法，疲極還房，仰臥熟眠。於是婆羅門從床下出，作不淨行。時比丘尼即踊昇虛空，時婆羅門便於床上生入地獄。

【章　旨】記蓮花色用法術懲罰了一位對自己非禮的婆羅門。

【注　釋】❶方便　意思是計謀。

【語　譯】一天，蓮花色到城裡去化齋，碰到一個婆羅門，婆羅門看到蓮花色便產生愛欲，心裡就想：「這個尼姑今天是不能得手的，我應當先找到她的住處，然後用計謀擄獲她。」後來蓮花色又去外面乞食，那個婆羅門趁她回去時，跟在她後面偷偷地溜進尼姑庵，躲到了蓮花色的床下。這天眾尼姑整夜宣講佛法，疲累不堪回到房間，馬上就躺下睡熟了。婆羅門知道蓮花色熟睡後，就從床下爬出來，企圖姦汙蓮花色。這時蓮花色就跳躍起來，一下子昇到了天空中，那婆羅門卻從床上轉生，墮入了地獄。

## 差摩蓮花遇強暴人脫眼獲免

（出《生經》第四卷）

昔舍衛城，名拘薩國，有諸放逸淫亂之眾，專為兇惡。時國中諸比丘尼，樹下精思專惟正道，不舍心懷。比丘尼中智慧第一，名曰差摩，神足第一，名蓮花鮮。各有德行，威神巍巍。時天小熱，俱行洗浴，詣流水側。凶眾遙見，即生惡心，淫意隆崇，欲以犯之。候比丘尼，適脫衣被入水洗浴，尋前掣衣持著遠處，欲牽犯之。時比丘尼愴然潛之，因脫兩眼著其掌中，以示諸逆：「卿所愛我，唯愛面色，已盲無目，何所可好？」復示腸胃，身體五藏手腳各異，棄在一面，謂凶眾言：「好為何在？」逆凶見此，忽然恐怖，知世無常，三界❶如寄，其身化成骨血不淨，無可貪著。尋還衣被，稽首悔過：「所作無狀，反逆無義，願舍其殃。」長跪叉手，各受五戒，將至佛所，稽首於地，自責其罪。

【章旨】記舍衛城中一些惡人試圖對尼姑非禮；尼姑挖出兩眼，肢解身體，使得惡人們產生恐怖，最後接受五戒，悔過自新。

【注釋】❶三界　即欲界、色界、無色界。欲界，指財色名食睡五欲。主要指男女色欲。有此五欲的所住的地方，叫做欲界。色界位於欲界之上，為離欲眾生所居。無色界在色界之上，為無形無色眾生所居。

【語譯】從前舍衛城是拘薩國的都城，其中有很多放蕩不羈、淫邪好色的人，專門幹一些邪惡的壞事。那時國中有一些尼姑常坐在樹下，專心思索、鑽研佛學，從不胡思亂想。這些尼姑中，堪稱智慧第一的叫差摩，堪稱神足第一的叫蓮花鮮。她們倆都有道德操守，神態莊嚴，不可侵犯。有一天，天氣有點熱，她們一起去洗澡，來到流水邊。那些為非作歹的淫邪之人遠遠地看到兩個尼姑去洗澡，就產生了壞念頭，邪淫之心隆盛，想趁機姦汙她們。等兩個尼姑剛脫下衣服，進入水中洗澡時，他們就跑過去把兩個尼姑的衣服拿到了很遠的地方，並準備對她倆進行凌辱。此時兩個尼姑看到這一切，悲天憫人，便把自己的兩隻眼睛挖了出來放在手裡，給那些大逆不道的人看，說：「你們之所以喜歡我們，祇是看見我們長得漂亮，現在已經沒有了眼睛，變成了一個瞎子，還談得上什麼漂亮呢？」又把陽胃五臟六腑都掏了出來，把手腳拋棄在一邊，對這些邪惡的人說：「漂亮在哪裡呢？」這些大逆不道的惡人看到這一情況，忽然感到很恐怖，知道了世間的無常，人不過寄宿在三界之中，最後會變成一把骨頭和膿血等不乾淨的東西，沒有什麼值得留戀的。惡人們明白了這些道理後，立刻還給她倆衣服，叩頭悔過：「剛才所做的事太不像話了，違背了道義，願意從此捨棄這些不良行為。」他們以膝跪地，雙手合掌，各自接受了五戒，並被帶到佛的面前，叩頭在地，反省自己的罪過。

## 毗低羅先慳貪從佛受化得道

須達❶長者有一老母，名毗低羅，勤謹家業，掌執庫藏，一切委之。須達長者請佛及僧，供給所須。有病比丘多所求索，老母慳貪，瞋佛法僧，而作是言：「我家長者愚癡迷惑，受沙門術，求乞無厭，何道之有？」作是語已，復發惡願：「何時當得不聞佛法僧名？」末利夫人❷聞之，而作是言：「云何須達如好蓮花，而立四毒蛇❸？」即敕須達：「遣汝婦來。」婦到，語言：「汝家老婢，惡口誹謗，何不驅擯？」婦言：「佛出多所潤益，何況老婢？」夫人聞已，心大歡喜：「我欲請佛，汝遣婢來。」明日佛到，長者遣婢，持滿瓶金摩尼珠蓋，勸助王家供養眾僧。時佛入門，老婢見已，心生不喜，即時欲退，從狗竇出。狗竇及四方小巷一時閉塞，唯正路開。老母覆面以扇，佛在其前，令扇如鏡無所障礙，回頭四顧，悉皆見佛，低頭伏地及手十指皆化為佛。老母見佛及諸譬喻，除卻八十萬億，雖不起信，猶能卻生死之罪，佛見身異，婢走還家，入木籠中，白氎纏頭，畏復見佛。佛言：「此婢罪重，於佛無緣，羅睺羅❹與其有大緣，當令化之。」

（出《觀佛三昧經》第六卷）

【章　旨】記須達家的管家婆十分仇恨佛法僧三寶，佛親自前去點化開導但未能奏效，佛打算讓羅睺羅去開導這個老婦人。

【注　釋】❶須達　梵文Sudatta，又叫須達多，意思是善與、善給、善授、善溫等。舍衛國給孤獨長者的本名，祇園精舍的捐贈人。❷末利夫人　梵文Mallikā，舍衛國波斯匿王的夫人。❸四毒蛇　用四毒蛇比喻人身之地水火風四大，四蛇若相互乖違，則眾病生。❹羅睺羅　梵名Rāhula，也作羅雲，是佛的兒子，處胎六年，出生在佛成道之夜，十五歲出家，舍利弗是他的師傅，後來修成羅漢果，在佛的十大弟子中是密行第一。

【語　譯】須達長者家有一位老管家婆，名叫毗低羅，兢兢業業地操持家務，掌管倉庫，一切事務都委託她。須達長者邀請佛和僧人，供給他們所需要的。有一位生病的和尚請求索取的東西稍微有點多，管家婆慳吝貪婪，並且怨恨佛法僧，說了這樣的話：「我們家的主人愚蠢痴迷頭腦不清醒，受沙門的愚弄，他們索取無度，哪裡有什麼道！」說完這樣的話後，又詛咒說：「什麼時候纔能不再聽到佛法僧的名稱？」末利夫人聽見她說的話後禁不住這樣說：「為什麼須達就像一朵美麗的蓮花，而家裡卻有一個四大不協調的老婦呢？」便命令須達：「把你的妻子叫來。」須達的妻子來到後，末利夫人說：「你家的老婦惡言惡語誹謗佛教，你為什麼不把她趕出去？」婦人說：「佛出來的時候會使眾生多所獲利，何況一位老婦人呢？」末利夫人聽說後心裡非常高興，說：「我打算把佛請來，你讓那老婦人也來。」第二天佛來到，須達讓老婦人拿著滿滿一瓶子的黃金和珠寶，幫助王室供養眾位僧人。當時佛進入家門後，老婦看見，心裡很不樂意，立刻打算退下來，從狗洞中爬出去。狗洞和四面的胡同的小路一下子全部被堵塞，只有一條正路通暢。老婦人用扇子把臉遮住，佛立在她的前面，讓扇子好像一面鏡子，什麼也遮擋不住，老婦人回過頭看看四面，都是佛的身影，便伏在地上把頭埋起來，不料她的十根手指都變為佛。老婦人看到佛以及佛的各種變化，除去了八十萬億的災難，雖然不能使她信從佛教，但也可以使她免去死罪，佛現出原身，老婦人飛快地跑回家中，把自己關入一個木頭籠子裡，用白色的毛毯纏住頭部，生怕再看到佛。佛說：「這位老婦罪過太重，與佛沒有緣分，羅睺羅和她特別有緣分，應該讓羅睺羅來度化她。」

時羅睺羅承佛威神，入如意定。化身作轉輪聖王❶，千二百五十比丘化為千子，阿難❷為典藏臣，難陀為主兵臣，七寶四兵❸皆悉具足。時金輪寶在虛空中，乘蓮花臺，徑往須達大長者家。夜叉❹唱言：「聖王出世，擯諸惡人，宣揚善法。」老母聞已，心大歡喜：「聖王出者有如意珠❺，無所求索，此當可言。」尒時聖王撞鐘鳴鼓，乘大寶輿，至須達家，老母見已甚大歡喜：「聖王出世，多所潤益，識別善惡，必當不為沙門所惑。」從木籠出，敬禮聖王，聖王即遣主寶藏臣往至女所，告言：「姊妹，汝宿有福，應王者相，聖王今者欲以姊妹為玉女寶。」老母白言：「我身卑賤，猶如糞穢，聖王顧問，喜慶無量，何所堪任應玉女寶？若見念者，敕我大家❻，放我今脫，所賜已多。」尒時聖王，告須達言：「卿家老女，眾相巍巍，吾今欲以充玉女寶。」須達白言：「唯命是從，願上大王。」老婢聞放，喜悅非恆。聖王即便以如意珠照耀女面，令女自見，如玉女寶，倍大歡喜，而作是言：「諸沙門等高談大語，自言有道，無一效驗。聖王出世弘利處多，令我老弊如玉女寶。」作是語已，五體投地禮於聖王。時典藏臣，宣王優令，開十善法，女聞十善，心大歡喜，即作是言：「聖王所說，義無不善。」為王作禮，悔過自責，心即調伏。時羅睺羅還復本身，老母舉頭，見千二百五十比丘，即作此言：「佛法清淨，不捨眾生，如我弊惡，猶尚化度。」作是語已，求受五戒。時羅睺羅為說三歸❼，受五戒法。母聞此法，未舉頭頃成須陀洹。時羅睺羅將此老母詣祇陀林❽，到已見佛，歡喜合掌，作禮懺悔，求佛出家。佛告羅睺羅：「汝將此母詣憍曇彌❾。」未至中間，羅睺羅為說苦空非常無我等法。老母聞已，頭髮自落，成比丘尼，三明❿六通⓫具八解脫⓬。

【章　旨】記羅睺羅化身轉輪聖王，巧妙地使老婦人不再憎恨佛法僧三寶，並且還歸依佛門，出家學道。

【注　釋】❶轉輪聖王　梵文Cakra-varti-rājan，旋轉輪寶之王，統一須彌四洲，以正法御世。又因為他飛行在空中，所以又叫飛行皇帝。❷阿難　佛十大弟子之一，生於迦毗羅衛城，是提婆達多之弟，甘露飯王之子，與釋迦是表兄弟。他博聞強記，稱多聞第一。在經典結集中，大部分經文都是憑他的記憶口傳的。❸四兵　指步兵、車兵、馬兵、象兵。❹夜叉　又叫閱叉，意思是能吃人的鬼，這些鬼勇健，輕捷，行動迅猛。❺如意珠　出自龍王或鯨魚的腦中，或者是佛的舍利變成。有了這樣的珠寶，所有的願望都可以實現，因此被叫做如意珠。❻大家　即主人。❼三歸　又叫三歸依、三歸戒。一歸依佛，以佛為師；二歸依法，以佛法為藥；三歸依僧，以僧人為友。❽祇陀林　即祇洹，也作「祇園」，全稱為「祇樹給孤獨園」，印度佛教聖地。❾憍曇彌　梵文音譯詞，「憍曇」是姓，「彌」是女子的意思。佛的姨母。❿三明　指過去宿命明、未來天眼明、現在漏盡明，為阿羅漢所具之德。⓫六通　三乘聖者所得之神通，即天眼通，天耳通，他心通，宿命通，神足通，漏盡通。⓬八解脫　又叫八背舍，遠離三界的煩惱，從其中的束縛中解脫出來的八種禪定。

【語　譯】這時羅睺羅秉承佛威德神力，進入發揮自如的禪定境界。他化身為轉輪聖王，一千二百五十個和尚變成他的一千二百五十個兒子，阿難變為典藏臣，難陀變為主兵臣，七種寶物和四部兵馬都具備。這時金輪寶昇到虛空中，乘著蓮花寶座直接前往須達長者家裡。這時夜叉鬼唱道：「神聖的大王出世，擯棄所有惡人，宣揚修善果之法。」老婦聽到這一切，心裡非常高興，心想：「神聖的大王出世的話，他有如意寶珠，不會索要東西，我可以接待他和他交談。」這時轉輪聖王撞鐘擊鼓，乘坐用寶物做成的車子來到須達家裡，老婦人看見這一切非常高興，心想：「聖明的大王出世，會帶來許多利益，可以辨別善和惡，一定不被佛門中的人所迷惑。」於是她從木頭籠子裡鑽了出來，恭敬地對轉輪聖王行禮，轉輪聖王便派遣主管寶藏的大臣到老婦人處，對她說：「姐妹，你前世有福分，有王者的福相，聖王如今想讓你做他身邊的玉女寶。」老婦人說：「我出身卑賤，就好像汙穢骯髒的東西，聖明的大王顧惜我，高興得無法形容，我又哪裡敢貪求做大王身邊的玉女寶呢？如果真的顧念我，希望能讓我的主人把我放了讓我解脫，這樣的賞賜已經夠多了。」那時，轉輪聖王對須達說：「你家的老婦人相貌堂堂，我想讓她做我身邊的玉女寶。」須達恭敬地說：「遵從您的旨意，願意把她獻給大王您。」老婦人聽說自己獲得了自由，喜悅非常。轉輪聖王便用如意寶珠照了照老婦人的面孔，讓老婦人看見自己的確像一位玉女寶的模樣，老婦人更加高興，說了這樣的話：「那佛門弟子祇會高談闊論，自詡有道法，卻沒有一點應驗。轉輪聖王出世後，使人們得到了很多利益，讓我這樣一個醜老太婆變得像玉女寶。」說完後，老婦人五體投地向轉輪聖王行禮。這時，管理寶藏的大臣宣布轉輪聖王美好的法令，講解十善法。老婦人聽了十善法十分高興，便說了這樣的話：「聖王所講的道理沒有不好的。」說著又向轉輪聖王行禮，懺悔自己的罪過並自責，內心諸惡即被降服。這時羅睺羅及其部下都現了原身，老婦人抬頭看見了一千二百五十個和尚，便說：「佛法清潔乾淨，不會捨離眾生，像我這樣惡行多端的人尚且會被勸化救度。」說完這樣的話後，她請求傳授五戒。此時羅睺羅又為她講解了三歸依，授與她五戒法。老婦人聽了羅睺羅的講解，還沒有抬頭立即就修成了須陀洹果。然後羅睺羅帶著這個老婦人去祇陀園，到達以後，老婦人拜見了佛，內心快樂無比，雙手合掌向佛作禮，自我悔過，請求佛答應讓自己出家。佛對羅睺羅說：

「你把她帶到我的姨母那裡。」走到半路還沒有到達那裡時，羅睺羅為她講解苦、空、非常、無我等法。老婦人聽完講法，頭髮自動脫落，成為尼姑，修成三明、六通，具備了八種解脫的本領。

波斯匿王、末利夫人心大歡喜，白言：「世尊，如此老母，宿有何罪，復何福慶，得羅漢道？」佛告大王：「過去劫時，有佛世尊名寶蓋燈王，彼佛滅後，於像法❶中，王名雜寶花光。其王有子，名曰快見，求欲出家，父即聽許。王子到僧坊中，求欲出家。時有比丘，聰明多智，深解實相❷，受為弟子。復有比丘，名德花光，善說法要，誘進初學。王子比丘雖復出家，猶懷憍慢。和上為說甚深妙法——般若波羅蜜大空之義，王子聞已，謬解邪說。比丘滅後，即作此言：『我大和上空無智慧，但能讚歎虛無空事，願我後生不樂見也。我阿闍梨❸智慧辯才，願於此生為善知識。』王子比丘作是語已，法說非法，非法說法，教諸徒眾，皆行邪見。雖持禁戒，威儀不缺，以謬解故，命終之後，如射箭頃墮阿鼻獄❹，八十億劫恆受大苦。出為貧賤人，聾癡無目，為人婢使。尒時和上即我身是，時阿闍梨者羅睺羅是，王子比丘此老母是。」

【章　旨】記佛向波斯匿王、末利夫人講述老婦前世因緣：原來她前世為一王子，因誤解佛法，信奉歪門邪說而墮入地獄，經受了各種痛苦。

【注　釋】❶像法　正、像、末三時之一。指佛涅槃後五百年到一千年間所行之與正法相似的佛法。❷實相　指萬物的本原，與真如、法性是同一意思。❸阿闍梨　梵文ācārya，意思是教授，對那些行為規範可以作為表率，能矯正弟子行為的高僧的稱呼。❹阿鼻獄　梵名Avici，八熱地獄之一，為地獄中最痛苦的地方，也是地獄中最下層的地方。

【語　譯】波斯匿王和末利夫人內心十分高興，對佛說：「世尊，這位老婦人前世有何罪過，後又有什麼德行和福分得到了羅漢果？」佛告訴波斯匿王：「在很久以前有一位佛，名叫寶蓋燈王，這位佛涅槃後，在像法之中有一個國王名叫雜寶花光。這位國王有一個兒子名叫快見，打算出家，他的父親答應了他。王子到僧人所住的坊舍中懇求出家。當時有一個和尚聰明並且足智多謀，透徹地理解萬物的根本，他收下王子為徒弟。另外還有一位和尚名叫德花光，善於講解佛的要旨，循循善誘剛剛開始學習佛法的人。王子雖然出家做了和尚，但仍然心懷傲慢。那位和尚給他講解深奧的佛法——般若波羅蜜中一切皆空的義理，王子聽了這些，妄加理解，亂說一通。這位和尚涅槃後，王子這樣說：『教我的那位大和尚，腹內空空沒有真正的智慧，祇會講一些空話大話，沒有一點實際的內容，我下輩子再也不願意看見他。不如我現在的導師既有智慧又有口才，希望在這一生中能和他結為好朋友。』王子和尚說過這些話之後，把是佛法的東西說成不是佛法，不是佛法的東西又說成是佛法，他把這些邪謬的言論傳授給他的弟子們，他的弟子都奉行歪門邪道。他雖然持受戒律，也不缺少佛門威儀，但因為錯誤地理解佛法的緣故，死去後，就像利箭射出的那一瞬間墮入了阿鼻地獄中，八十億劫中一直遭受痛苦。從地獄中解脫之後轉生為貧賤的人，又聾又瞎，還是個傻子，給別人做奴婢使女。那時的大和尚便是我，那位師傅是羅睺羅，王子比丘是這位老婦人。」

# 卷第二四

## 轉輪聖王諸國王部第一

【題解】轉輪聖王，係指成就七寶、具足四德、統一須彌洲，以正法治世的大帝王。此王即位時，自天感得輪寶，轉其輪寶，威伏四方。本部輯錄轉輪聖王諸國王的因緣故事：劫初人王始原、大王致輪之初、金輪王王化方法……。轉輪聖王過去世中多修福業，所以得到福報，天下太平，人民安樂，沒有天災人禍；時時得到佛的佑助。

### 劫初人王始原

（出《長阿含經》第二二卷）

劫欲成時，水災既起，壞第二禪❶，風災吹結，世界得成。光音諸天❷福命既盡，化生為人，歡喜為食，身光自照，神足飛行。無有男女、尊卑隔異，故曰眾生。有自然地味，猶如醍醐，色如生酥，味甜於蜜。以手取嘗，遂生味著。食之多者顏色粗悴，食之少者膚貌光澤，便有勝負，自相是非。地味消滅，又生地皮，狀如薄餅，色味香美，復共食之，轉相輕易。地皮又滅，更生地膚，因食多少，生諸惡法。地生粳米，眾共食之，生男女形，乃至立王。天下富樂，地生青草，如孔雀尾漸次分張，有八萬國，人民聚落雞鳴相聞，天下無病、大熱、大寒。以法治國，奉行十善，哀念一切猶如父母，人壽長久。後王福德漸薄，年壽轉減，至一萬歲，今至一百。王崩子嗣，名曰珍寶。

【章　旨】記劫剛剛形成時的情況：那時沒有性別之分，沒有尊卑之別，一切平等，但後來隨著人們所作所為的不同而有了高低尊卑之別，乃至立王。

【注　釋】❶第二禪　色界四禪天中之第二禪天，也譯為第二靜慮，劫末之大水災，限於此天。❷光音諸天　光音天，又叫極光淨天，色界第二禪之終天也。此天絕音聲，說話的時候，借助從口中發出明亮的光芒表達話語的要旨，因此叫光音。大火災破壞至色界之初禪天時，下界之眾生盡集此天處，待世界再成後到成劫之初，自此天起金色之雲而注大洪雨以造初禪天以下到地獄之世界，待世界已成，此天眾之福薄者漸漸下生，乃至地獄界盡見眾生。

【語　譯】劫剛剛形成之初，發生了大水災，毀壞了第二禪天，大風刮來吹在一起，凝結成世界。光音諸天的壽命結束後借業力變化而生為人，把快樂作為食糧，身上發出的光芒為自己照亮，用神力之足飛行。沒有男女尊卑等級的觀念，因此叫做眾生。有天生的地味，就好像酥酪上凝聚的油，顏色如生酥，味道比蜂蜜還甘甜。用手取出一點來品嘗，便會貪愛它的味道。吃得過多的人，面色粗糙而憔悴，吃得少的人，容顏皮膚有光澤，他們之間便有勝有負，於是自然產生褒貶和糾紛。地味消失後，又生出地皮，形狀像一張薄餅，色香俱佳，味道鮮美，他們又一起吃了起來，然後互相之間輕視簡慢。地皮又消失，生出了地膚，根據他們吃的多少，又產生了種種惡法。大地上生長出了粳米，眾人共同來吃，生出了男女各種人形，一直到確立了國王。

普天之下富裕快樂，大地上生長出青青的綠草，就像孔雀的尾巴一層層地展開，當時有八萬個國家，人民聚居的部落之間雞犬相聞，天下沒有疾病，也沒有酷暑炎熱和嚴寒霜凍。用法治理國家，奉持十善，哀憫顧念所有的眾生，猶如自己的父母，人民的壽命長久。到了後來，國王的福分德行一天天地減少，他的壽命也一天天地減少，一直減到一萬歲，現在到了一百年，國王駕崩後他的兒子繼承王位，名叫珍寶。

（出《仁王般若經》）

## 大王致輪之初

轉輪聖王，所以致金輪者。帝釋❶常敕四天王❷，一月六日案行天下，伺人善惡。四天王及太子使者，見有大國王以十善四等❸治天下，憂勤人物，心踰慈父，以是事白天帝釋。帝釋聞之，慶其能尒，便敕毗首羯摩❹，賜其金輪。即出持付毗沙門天王❺，毗沙門天王持付飛行夜叉，飛行夜叉持來與大國王。毗沙門天王敕此夜叉：「汝常為王持此金輪，當王頂上，畢其壽命，不得中舍。」是夜叉常為持之，進止來去，隨聖王意，盡其壽命，然後還付毗沙門天王，毗沙門天王還付毗首羯摩，毗首羯摩還內著寶藏中。道種❻堅德乘金輪，王四天下；性種性❼王乘銀輪，王三天下；習種性❽王乘銅輪，王二天下；以上十善得王乘鐵輪，王一天下。

【章　旨】記人世的轉輪聖王能得到金輪的原因和金輪被層層傳遞的次序。

【注　釋】❶帝釋　忉利天之主，居住在須彌山之頂喜見城，統領其他三十二天。❷四天王　是帝釋的外將，須彌山的半山腰有一座山名叫由犍陀羅，有四個山峰，住著四個天王，分別保護一方土地，因此被叫做護世四天王。❸四等　指慈、悲、喜、捨四無量心，從所緣之境而謂為無量，從能起之心而謂為等，以於平等起此心故也。❹毗首羯摩　又叫毗守羯摩，是天帝釋的大臣，也是管理建築的天神。❺毗沙門天王　四大天王之一，也叫多聞天王，在佛教中為護法天神，兼施福德。❻道種　即道種性，指已獲得大乘菩薩修行階位中「十堅心」者。❼性種性　指已獲得大乘菩薩修行階位中「十住心」者。❽習種性　指已獲得大乘菩薩修行階位中「十信心」者。

【語　譯】轉輪聖王，就是得到金輪的人。帝釋常常命令四天王一個月之中有六天巡行天下，觀察人世間的善善惡惡。四天王和太子的使者，看見大國王以十種善行和慈、悲、喜、捨四無量心治理國家，憂慮勤勞於自己的老百姓，愛心超過慈父，他們把這件事告訴了天帝釋。帝釋知道後，慶賀國王能如此，便命令毗首羯摩前去賜給國王一個金輪。毗首羯摩把金輪交給毗沙門天王，毗沙門天王拿著金輪交給飛行夜叉，最後由飛行夜叉拿著金輪交給大國王。毗沙門天王勅令這個夜叉說：「你應該經常為國王拿著這只金輪，罩在國王的頭頂一直到他命終，不能中途捨棄。」這個夜叉便一直為國王拿著這只金輪，進進出出跟隨著轉輪聖王，一直到轉輪聖王命終後，然後回來交給毗沙門天王，毗沙門天王又把金輪交給毗首羯摩，毗首羯摩返回後，重新放回寶盒中。有道種性並且德行堅定的國王乘坐金輪，統治四天下；有性種性的國王乘坐銀輪，統治三天下；有習種性的國王乘坐銅輪，統治二天下；憑藉奉行十種善事得到王位的人乘坐鐵輪，統治一天下。

## 金輪王王化方法

（出《樓炭經》第一卷、《長阿含經》）

轉輪聖王，成就七寶，有四神德：一金輪寶，二白象寶，三紺❶馬寶，四神珠寶，五玉女寶，六居士寶，七主兵寶。

【章旨】記轉輪聖王的標誌——擁有七寶。

【注釋】❶紺 青中透紅的顏色。

【語譯】轉輪聖王有七種寶物和長壽、無疾病、容貌出眾、寶藏豐富等四種神明的德行，七種寶物：一是金輪寶，二是白象寶，三是紺馬寶，四是神珠寶，五是玉女寶，六是居士寶，七是主兵寶。

若轉輪王出閻浮提❶時，諸剎利❷水澆王頂，以月滿時香湯沐浴，升高殿上，會眾伎樂天。金輪寶忽現在前，輪有千輻，光色具足，天金所成，非世所有，輪徑丈四。王見興念：我從宿舊聞，今此輪現，將無是耶？今我寧可試此輪寶。王即召四兵，向金輪寶，偏露右臂，右膝著地，以右手摩捫金輪，語言：「汝向東方，如法而轉，勿違常則。」輪即東轉，王將四兵❸隨其後行，輪前四神，導輪所住，王即止駕。東方小國以金鉢盛銀粟，銀鉢盛金粟，來詣王所，拜首白言：「善哉大王！今此東方，土地豐樂，多諸珍寶，人民熾盛，唯願大王留此治化。」大王答曰：「汝等但以正法治民，勿使偏枉，無令國內有非法行，自不殺生，教人不殺、偷盜、邪淫、兩舌、惡口、妄言、綺語、貪邪、嫉妒、邪見之人，此即名曰我之所治。」時諸小王，即從大王巡行諸國，至東南西北，隨輪所至，其諸國王皆獻國土。平曠之處，輪則周行，封畫里度，東西十二由旬❹，南北七由旬。天神造城郭，其城七重，七重欄楯，七重羅網，七重行樹，周匝交飾，七寶所成，乃至無數眾鳥相和而鳴。復于城內造諸宮殿，宮牆七重，七寶所成。時金輪寶在宮殿上虛空中住。

【章　旨】記轉輪聖王的輪寶出現時的情景以及輪寶的威力，輪寶所到之處，無不臣服轉輪聖王。

【注　釋】❶閻浮提　即南贍部洲。閻浮，樹名。提，為「提鞞波」之略，意譯為「洲」。這個洲的中心有閻浮樹林，因此稱為閻浮提。在須彌山的面部，因此又叫「南閻浮提」。泛指人間。❷剎利　剎帝利，印度四種姓之一，意思是田主。❸四兵　指步兵、車兵、馬兵、象兵。❹由旬　古印度一種長度單位。

【語　譯】如果轉輪聖王出生在人世間，剎帝利種族各位長老們便用水灑在轉輪聖王的頭上，滿一個月後，用香湯為轉輪聖王沐浴，之後昇坐在高高的宮殿上，和歌妓舞女在一起盡情歡笑。這時金輪寶忽然出現在眼前，金輪有上千輻條，光彩奪目，用天上的金子做成，不是人世間所有的東西，車輪直徑有一丈四。聖王看見金輪這樣想：我從前聽說有這麼一種寶物，如今金輪出現了，大概就是傳說中的寶物吧？現在我一定要試試這金輪的威力。聖王立刻召來四部兵馬，然後面向金輪，袒露右臂，以右膝著地，用右手摸著金輪說：「你向東方按規定旋轉，不要違反了法則。」金輪便向東旋轉，聖王帶領四部兵眾跟在金輪的後面，金輪的前面有四位天神在前引導道路，金輪在一個地方停了下來，聖王也立即停了下來。東方的小國家紛紛用金鉢盛放著銀粟，銀鉢中盛放著金粟前來叩見聖王，他們向聖王行過禮後說：「太好了，大王！我們東方土地肥沃豐饒，有很多珍寶，人丁興旺，真心希望大王能夠留下來，教化我們的國土。」聖王回答說：「你們儘管以真正的佛法治理國家和人民，不要使他們走上偏邪之路，不要讓國內有非法的行為，自己不要殺生，也不要讓其他人做殺生、偷盜、淫邪、嚼舌頭、口出惡言惡語和華麗不實在的話，以及貪得無厭，容易妒忌，有邪僻的見解的人，如果能夠做到這一點，也就可以說是我在治理你們了。」接著眾小國王跟隨聖王巡行各個小國家，他們到達了東南西北四方，跟隨著金輪所到達的小國，那些國王紛紛獻出自己國土。在土地平曠的地方，金輪繞著場地轉一圈進行度量，東西劃出十二由旬，南北劃出七由旬。天上的神靈建造內外城池，城有七層，還有七層欄杆，七層羅網，七道次第成行的樹林，周圍交錯裝飾著各種裝飾品，都是用七種寶物做成，還有無數的鳥兒相和鳴叫。又在城內造了許多宮殿，宮牆有七層，都是用七種寶物做成。這時金輪寶升在了宮殿上，停在了虛空中。

王清旦於正殿上坐，自然象寶忽現在前。其毛純白，七處平住，力能飛行。其首雜色，六牙纖傭，真金間填。王見念言：此象賢良，若善調者可中御乘。即試調習，諸能悉備。時轉輪王欲自試象，即乘其上，清旦出城，周行四海，食時已還。

【章　旨】記象寶的特徵以及其威力。

【語　譯】轉輪聖王清晨坐在正殿上，大象之寶自動出現在面前。大象的皮毛純白，身體七個部位平平穩穩，神通力足以飛行。牠的頭部則是五顏六色，六顆牙齒纖細而整齊，牙齒中間填塞著黃金。聖王看到這一情況，心想：這隻大象溫順而又素質好，如果好好調教的話，可以把牠當作坐騎。便立即開始馴服大象，使得大象具備了各種功能。準備工作完成後，轉輪王打算親自試試大象，便乘坐在大象的背上，早晨出發，周遊四海，到吃飯的時候就已經回來了。

時王清日在正殿坐，自然馬寶忽現在前。其紺青色，朱毛尾，頭仰如烏，力能飛行。王見念言：此馬寶良，若善調者可中御乘。即試調習，諸能悉備。王欲試馬，即自乘之。清旦出城，周行四海，食時已還。

【章　旨】記馬寶的特徵及其威力。

【語　譯】一天早晨，聖王坐在正殿上，馬寶自動出現在面前。馬的身體紺青色，朱紅色尾巴，頭仰著如烏鳥，有神通力量足以飛行。聖王看到這一情況，心想：這匹馬的確是匹好馬，如果好好調教的話，一定可以把牠當作坐騎。便立即開始馴服馬，使得馬具備了各種各樣的功能。轉輪王打算親自試試馬，便乘上馬，早晨出發，周遊四海，到吃飯的時候就已經回來了。

時王清日在正殿上，自然神珠忽現在前。質色清徹，無有瑕穢。王見念言：此珠妙好，若有光明可照宮內。王欲試珠，即召四兵，以此寶珠置高幢上，於夜冥中賷幢出城。其珠光明，照一由旬見，城中人皆起作務，謂為是晝。

【章　旨】記神珠寶的特徵及其威力。

【語　譯】又有一天早晨，聖王正在正殿上，一顆神奇的珠子忽然出現在眼前。質地良好，色澤清純，沒有一個斑點。聖王看見這顆珠子後心想：這顆珠子精巧美好，如果它能發光就可以把宮內照亮。聖王想試試這顆珠寶的光亮，就召來四部兵馬，讓他們把這顆珠子放在高高的幢竿上，然後趁著夜色把幢竿帶到了城外。這顆珠子的光亮可以照到方圓一由旬，這時城中人紛紛起來開始勞作，還以為是到了白天。

玉女寶者，忽然自現，顏色從容，面貌端正，不長不短，不粗不細，不白不黑，不剛不柔。冬則身溫，夏則身涼，舉身毛孔出栴檀氣，口出優鉢羅華香。言語柔濡，舉動安詳，先起後坐，不失儀則。時王無著，心不暫念，況復親近。

【章旨】記玉女寶的特徵及其威力。

【語譯】玉女寶也是忽然自動出現，舉止從容優雅，容貌秀麗端莊，長得不高不矮，不胖不瘦，皮膚黑白適度，性情剛柔兼濟。冬天的時候她的身體是溫暖的，夏天的時候則是清涼的，全身的毛孔散發出栴檀香木的味道，口裡呼出的是優鉢羅花的香氣。說的話甜美動聽，舉止從容安詳，待人接物總是最先站起來，最後才坐下，不會違反禮儀。聖王沒有貪戀這些，心裡沒有片刻留戀，更不用說去親近她。

居士寶者，忽然自出，寶藏之內，財富無量。居士宿福，眼能徹視地中伏藏，有主無主，皆悉見知。其有主者能為擁護，其無主者取給王用。時居士寶往白王言：「大王，有所給與，不足為憂，我自能辦。」時王欲試此居士寶，即敕嚴船，于水遊戲，告居士曰：「我須金寶，汝速與我。」居士報曰：「大王小待，須我至岸。」王乃逼言：「我今須用。」居士寶以右手內著水中，水中寶瓶隨手而出，如蟲緣樹。時王見之，語居士言：「止，止！吾無所須，向相試耳。」尋以寶物還投水中。

【章　旨】記居士寶的特徵及其威力。

【語　譯】居士寶也是忽然自動出現在眼前，他掌握的寶庫內有數不清的財富。居士有前世的福分，眼睛可以看見地下埋藏的寶物，這些寶物有主人還是沒有主人，他都看得一清二楚。如果他知道有主人，他便為主人守護，如果他知道沒有主人，他便拿來給聖王使用。其時居士對聖王說：「如果大王有用度，不用為此憂慮，我自然會為大王解決。」聖王想試試居士寶的本領，便命令備好船隻到水中遊玩，然後他對居士寶說：「我需要一些黃金，你快快給我拿來。」居士寶報告說：「大王稍等片刻，我需要到岸上去取。」聖王逼迫說：「我現在立刻就需要。」居士寶把右手放入水中，水中的寶瓶隨著他的手浮出水面，就好像一隻蟲子順著樹向上爬似的。聖王看見這一切，連忙對居士寶說：「快停下來，快停下來，我並不真的需要，剛才只是想試試你的本領。」於是立刻又把寶物投入水中。

主兵寶者，忽然出現。智謀雄猛，英略獨決。即詣王所，白言：「大王有所討罰，不足為憂，我自能辦。」時王欲試主兵寶故，即集四兵而告之曰：「汝今用兵，未集者集，已集者放；未嚴者嚴，已嚴者解；未去者去，已住者住。」時主兵寶具如王言。

【章　旨】記統率軍隊的主兵寶的特徵及其威力。

【語　譯】主兵寶也是忽然出現的。他才智謀略超羣並且驍勇善戰，有獨到的才略，能夠果斷地做出正確的決斷。他來到聖王的處所，對聖王說：「大王如果有征戰討伐的事情，不必擔心憂慮，我自然會為您出征。」聖王想試試他的本領，於是立即召集四部兵馬，對主兵寶說：「你現在就開始調兵遣將，把還沒有集合的隊伍集合在一起，把已經集合好的隊伍解散；還沒裝備好的讓他們裝備好，已經裝備好的讓他們卸掉裝備；還沒有離開的讓他們立刻出發，已經停止下來的讓他們駐紮。」這時主兵寶按照聖王的話一一照辦。

王見踴躍曰：「我今真為轉輪聖王，一者長壽不夭，無能及者；二者身強無患，無能及者；三者顏貌端正，無能及者；四者寶藏盈出，無能及者。是為聖王具四功德。」

【章　旨】記轉輪聖王本身的四個特徵。

【語　譯】聖王看見這一切，歡欣鼓舞，說：「我現在真的成了轉輪聖王了，一是我壽命長久不夭折，沒有誰可以相比；二是身體強壯，沒有病痛，沒有人能比得上；三是容貌端莊，沒有人可以相比；四是倉庫裡的財寶滿得要向外流，沒有人可以相比。這就是聖王所具有的四種功德。」

大海彼岸，復有鉢頭摩[1]池，俱物頭[2]池，分陀利[3]池，過是地空。其空地中有大海水，名鬱禪那。此水下有轉輪聖王道，廣十二由旬，俠[4]道兩邊有七重牆、七重欄楯、七重羅網、七重行樹，以七寶成閻浮提地。轉輪聖王出於世時，水自然去，其道平正。轉輪聖王，又乃命駕，出遊後園，尋告御者：「汝當善御而行，所以然者，吾欲諦觀國土人民安樂無患。」時國人民，路次觀者，復語侍人：「汝且徐行，吾欲諦觀聖王威顏。」時王慈育民物，如父愛子；國民慕王，如子仰父，所有珍奇盡以貢王：「願垂納受。」時王報曰：「且止！諸人，吾自有寶，汝可自用。」

【章　旨】記轉輪聖王外出四處訪察民情。

【注　釋】❶缽頭摩　梵文 Padma 音譯，一種植物，又叫缽特忙，紅色的蓮花。❷俱物頭　梵文 Kumuda 音譯，地喜花，又作青蓮花。❸分陀利　梵文 Puṇḍarika 音譯，白色的蓮花。❹俠　通「夾」。

【語　譯】大海的另一邊還有紅色的蓮花池、青色的蓮花池、白色的蓮花池，過了這些池子後，便是空曠的大地。空曠的大地上有一片大海，海水的名字叫鬱禪那。海水的下面有一條轉輪聖王大道，寬十二由旬。夾道兩旁有七層牆，七層欄杆，七層羅網，七層成列的樹林，用七種寶物鋪成了人居住的地方。轉輪聖王出世的時候，海水自然消退，道路平整地浮現出來。這時轉輪聖王又命令備好馬車，出遊後園，接著對駕車的人說：「你一定要穩穩地把車駕好，之所以這樣，是因為我想仔細看看我們的國土和老百姓，他們是否生活得安穩快樂沒有煩惱。」這時該國的人民佇立大路兩旁觀看，大家又對駕車的人說：「你應該慢慢地走，我們想仔細看看聖王威嚴的容貌。」聖王慈愛人民萬物，就好像慈父疼愛自己的孩子；國民仰慕聖王，就像孩子仰慕自己的父親，所有珍奇的物品都拿來進獻給聖王：「希望聖王能夠給予恩惠，接受下來。」聖王這時說：「趕快停下！各位百姓，我自己有財寶，大家留下自己用吧。」

王治此閻浮提時，其地平正，無有荊棘、坑坎、堆阜，亦無蚊虻、蜂蠅、蛇虺、惡蟲，石沙、瓦礫自然沉沒，金銀寶玉現於地上。四時和調，不寒不熱。其地柔濡，無有塵穢，如油塗地，潔淨光澤。地出流泉，清淨無竭。樹木繁茂，華果熾盛。地生濡草，冬夏常青，色如孔翠。自然粳米，無有糠糩，眾味具足。時有香樹，華果茂盛，其果熟時，自然裂出，香氣馚熏。復有衣樹，華果茂盛，其果熟時，皮殼❶自裂，出種種衣。復有莊嚴樹，其果熟時，出種種莊嚴具。復有鬘樹，其果熟時，出種種鬘。復有器樹，其果熟時，出種種器。復有果樹，華果茂盛，其果熟時，皮殼自裂，出種種果。復有樂器樹，其果熟時，出眾樂器。轉輪聖王治于世時，阿耨達龍王❷，于中夜後，起大密雲，彌滿世界，而降大雨，如搆❸牛乳。而八味水潤澤周普，地無停水，亦無泥淖，潤澤沾洽。於中夜後空中清明，淨無雲曀。海出涼風，清淨調柔，觸身生樂。聖王以正治國，無有阿枉❹，修十善行；時諸人民亦修正見，具十善業。

【章　旨】記轉輪聖王統治期間，人世間一派太平興旺的景象。

【注釋】❶皮㲉　皮殼。㲉，物體堅硬的外皮。❷阿耨達龍王　八大龍王之一，住在阿耨達池，分出四大河以潤閻浮洲。阿耨達池在贍部洲之中心，香山之南，大雪山之北。❸𤛓　擠取牛奶。❹阿枉　徇私枉法。

【語譯】轉輪聖王統治人間時，土地平坦，沒有荊棘雜草，也沒有坑坑窪窪、高低不平，也沒有諸如蚊虻、螞蜂、蒼蠅、蛇類、毒蟲等這些令人討厭的東西，石頭沙子瓦片碎塊自然沉沒消失，黃金白銀珠寶玉器出現在地面上。四季風調雨順，氣候適宜，不熱不冷。土地柔軟，沒有塵土汙穢，猶如把油塗在了地上，整潔乾淨光滑。地上流出清泉，清可見底，永遠不會枯竭。樹木繁密茂盛，花朵鮮美，果實累累。大地上長出柔軟的嫩草，無論春夏秋冬都保持青青的綠色，顏色青翠欲滴。地上自動生長出粳米，沒有穀糠渣滓，具備各種味道。還有一種香樹，花葉茂盛，果實累累，它的果實成熟的時候會自然裂開，香氣撲鼻。還有衣樹，花葉茂盛，果實累累，果實成熟的時候，皮殼會自然裂開，冒出種種衣服。還有莊嚴樹，它的果實成熟的時候，生出各種裝飾品。還有鬘樹，它的果實成熟的時候，會生長出各種花環。還有一種器樹，它的果實成熟的時候，果實的皮會自動裂開，生出各種器物。還有一種果樹，花繁葉茂，果實累累，它的果實成熟的時候，果實的皮殼會自然裂開，生出各種果實。還有樂器樹，它的果實成熟的時候，生出各種樂器。轉輪聖王統治人世間的時候，阿耨達龍王在半夜後，布下陰雲，彌漫整個世界，降下大雨，雨滴猶如擠出的牛奶。這八味功德水滋潤著大地，地上沒有積水，也沒有泥淖，滋潤灌溉著大地。到後半夜的時候，天空中清明潔淨，萬里無雲。大海上吹來清清的涼風，吹拂著身體，舒服無比。轉輪聖王用正法治理國家，沒有徇私枉法，修行十種善行；國家的人民也修習正見，具備十種善行。

其王久時，如樂人食，身小不適，而便命終，生梵天❶上。時金輪、白象、紺馬、明珠皆悉滅沒。時玉女寶、居士寶、主兵寶及國土民，作倡伎樂，以香湯洗沐王身，以劫貝❷纏，五百張氎，次如纏之，捧舉王身置金棺裡，以香油灌之。置鐵槨裡，復以木槨重衣其外。積眾香薪，重衣其上，而闍維❸之。於四衢道頭起七寶塔，縱廣一由旬，雜色參間，以七寶成。玉女寶、居士寶、典兵寶、舉國士民，皆來供養此塔，施諸窮乏：須食與食，須衣與衣，象馬寶乘，給眾所須，隨意所與。

【章　旨】記轉輪聖王死後升入天堂，七種寶物隱沒，全國人民隆重禮葬轉輪聖王。

【注　釋】❶梵天　又作婆羅賀麼天。色界的初禪天。此天遠離色界的噪雜，寂靜安詳。它包括三天，第一梵眾天，第二梵輔天，第三大梵天。❷劫貝　一種樹的名字，也指用這種樹的花絮編成的白毯子。❸闍維　焚燒。

【語　譯】轉輪聖王在世時間很長，有一次到樂人處吃飯，身體感到小小的不舒服，很快就死去，轉生到了梵天上。這時金輪、白象、紺馬和明珠等寶全都隱沒。此時玉女寶、居士寶和主兵寶以及國家的老百姓都為聖王奏樂歌舞，用調有香料的熱水為聖王洗沐全身，用劫貝編織的白毯裹身，又用五百張棉布，依次一張張纏在身上，然後捧舉聖王的身體放在用黃金做的棺材裡，用香油灑在上面。再把棺材放在鐵做的棺槨裡，又用木頭棺槨包在外面。把許多有香味的柴火堆積在一起，覆蓋在棺槨上面，然後燒掉。又在四通八達的道路的盡頭建起七寶塔，長寬一由旬，塔身各種顏色摻雜在一起，用七種寶物做成。玉女寶、居士寶、主兵寶和全國的人民都來供奉這座寶塔，並施捨給窮乏的人：需要食物的給予食物，需要衣服的給予衣服，象寶、馬寶和車乘，供大家所需，隨大家的需要而給予。

## 蓋事轉輪王有大利益

（出《賢愚經》第八卷）

過去閻浮提，有四河水二大國王，一名曰婆羅門提婆（梁言梵天），獨據三河，人民繁盛，然復儜弱❶；一王名曰罰闍建提（梁言金剛聚），唯得一河，人民亦少，然其國人悉皆勇健。時金剛聚處於正殿，王念：「兵眾勇悍而所獲水少；彼國儜弱，獨霸三河。今當遣使，索取一河。若與我者共為親厚，國有好物更相貢贈，若有艱難共相赴救；若其不得，便當力奪。」即遣使至梵天國，具宣王意。梵王云：「我國豐實，人眾亦多，又此國界父王所有，轉用授我。至於力諍，我不下彼。」答言：「此國乃是我父所授，我力不相減。若欲力決，我不相畏。」使還具聞，王即合軍攻梵天國。共戰一交，梵天軍壞，乘此追躡，徑至城邊。眾人怖縮，更不敢出。諸臣共集，詣梵王所，白大王言：「他國兵強，我國儜弱，惜一河水，今致此敗，如是不久，懼恐失國，唯願開意，以一河與之，共為親厚，足得安全。」王遣使與一河水，又以女許為夫人，國有奇物更相貢贈，急難危險共相赴救。時金剛聚即迎其女拜為夫人，各共和解，回軍還國。

【章　旨】記金剛聚王和梵天王為河流起紛爭，梵天王屈於金剛聚王的威力，不得已送給金剛聚王一條河流，並把女兒嫁給金剛聚王。

【注　釋】❶儜弱　懦弱。

【語　譯】在很久以前，人世間有四條河流兩個大國王，一個國王名字叫婆羅門提婆（梁稱梵天），獨自佔有三條河流，人口眾多，但是卻懦弱沒有戰鬪力；另外一個國王名叫罰闍建提（梁稱金剛聚），祇有一條河流，人口也很少，但是國人個個驍勇善戰。這天金剛聚王在宮中的正殿上，他想：「我的兵馬眾多，並且個個勇猛剽悍，但是我得到的水卻很少；那個國家的人民懦弱不堪一擊，卻獨佔有三條河流。我現在應該派遣使者前去索要一條河流。如果給我的話，我和他們共同結為好友，兩個國家有了好東西互相贈送，有了困難互相救助；如果他們不答應，我便使用武力奪取。」於是他便派遣使者前去梵天國，陳述了自己的意思。梵天王說：「我們國家物產豐富並且人口眾多，再加上這些國土是先父留下的，他轉交給了我。如果你們要以武力奪取，我不會輸給你們的。」然後又說：「這片國土是我的父親交給我的，我有力量來保護不讓它減少。如果以武力相戰，我不害怕。」使者回去詳細地報告了這些情況，金剛聚王立刻糾合兵力進攻梵天國。剛一交戰，梵天國的軍隊就遭到了慘敗，金剛聚國的軍隊趁勝追趕敗北的士兵，一直追到城邊。梵天一國的人民驚恐退縮不敢出城交戰。大臣們聚集在一起來見梵天王，向梵天王說：「他們的軍隊強大而我們的軍隊羸弱，只因為吝惜一條河水才招致了今天的慘敗，照這樣下去，只怕有一天會使整個國家淪陷，還希望大王能夠看開一些，把一條河流送給他們，和他們結為友好睦鄰，這樣可以保證我們的安全。」梵天王便派遣一名使者送給金剛聚國一條河流，又把自己的女兒許配給金剛聚王，約定兩個國家有珍稀物品互相進獻，兩個國家無論哪一方出現了危險，另一方一定出手相救。於是金剛聚王迎娶梵天王的女兒為夫人，互相訂立了和解的條約，金剛國王便班師回國。

經于數時，其王夫人便覺有胎，懷妊之後，恆有自然七寶大蓋，當在身上，坐臥行立終不遠離。至滿十月，生一男兒，身紫金色，頭髮紺青，光相昞著，世之少雙。兒以出胎，蓋在其上。召諸相師，令相此兒，相師白王：「太子德相，世之希有。」王及群臣喜不自勝，即為其立字，字剎羅伽利（梁言蓋事）。

【章　旨】記金剛聚王的妻子生了一個男孩，取名為蓋事，蓋事出生時有特異的現象。

【語　譯】沒過多久，他的夫人就覺得有孕，懷孕之後，總是自動出現七種寶物和大傘蓋擋在她的身上，無論她坐著、躺著還是站著、走著始終不離她的身旁。懷胎十月生下了一個男孩，身上紫金色，頭髮紅色青色交相輝映，光彩奕奕，世間無雙。這個孩子剛剛出娘胎，就有一把大傘罩在他的頭頂。他的父親便召來各位相師給他看相，看相的人對國王說：「太子很有福德相，世間少有。」國王和大臣們都很高興，便為這個孩子起了個名字叫剎羅伽利（梁稱蓋事）。

年至成人，父母便命終。小王、臣民共立蓋事。治政數年，出外遊觀，見諸人民耕種勞苦，問左右曰：「此人何作？」答言：「國以民為本，民以穀為命，若其不尒，民命不存，民命不存，國則滅矣。」王便言曰：「若我福相，應為王者，令我民眾獲自然穀。」發言已竟，人民倉箪❶滿種種穀，隨意悉有。後復出遊，見人汲水，舂磨作役，又問臣言：「諸人何以尒耶？」臣白王言：

「蒙王恩澤獲自然穀，事須成熟，是以庶民辦作食調。」王復言曰：「若我福德應為王者，令吾國內一切人民有自然食。」發語已訖，合境皆獲自然之食。

後復出遊，見人織作，辦具衣調❷，問言：「此諸人等何故執作？」臣言：「辦具衣裳。」王言：「若我福德應為王者，使吾國內一切樹木出自然衣。」適發此語，國中諸樹皆出妙衣，極為細軟，青黃赤白，隨人所好。

後復出遊，見諸人民競作樂器，王復問臣：「何以故尒？」臣言：「治伎樂器。」王言：「若我有福應為王者，令我國中樹生樂器，稱意悉有。」

又經少時，諸王臣民悉來拜賀，值王食時，留與飲食。尒時諸臣，得王飲食，百味具足，咸以白王：「臣等家食飲，其味薄少，今得王食，美味非凡。」王告之曰：「卿等臣民，若欲常得如我食者，用吾食時食者，皆得如是之食。」即敕伺官：「吾食時到，恆鳴大鼓，令諸人民悉得聞知，用我時食當得百味上妙之供。」從是已後，食便鳴鼓，一切人民承音念食，百味上饌自然在前，人民優樂。

【章旨】記蓋事繼位後，國中天然長出了穀物、衣服等等所需東西，就連美味佳肴也會自然出現，國泰民安。

【注釋】❶倉簞　倉庫。❷衣調　衣服。

【語譯】蓋事長到成年，父母就逝世了。諸小王與臣民共同擁立蓋事。蓋事處理國家的事務幾年，出門巡遊，察看民情，他看見那些老百姓在田地裡耕種，十分辛苦，便問左右的大臣說：「這些人在幹什麼？」大臣回答說：「國家以人民為本，人民以五穀維持性命，如果不這樣的話，人民的性命就不能存在，人民的性命不存在，國家也就會消亡。」蓋事國王回答說：「如果我真有福相應作為一國之主，那就讓我的國民能夠不用耕種就可獲得穀物。」他剛剛說完，老百姓的糧倉裡就積滿了各種各樣的五穀雜糧，隨便他們想要多少就有多少。

又有一次蓋事國王又出巡自己的國家，看見人民把水引上來推動磨盤在磨穀，他又問大臣說：「這些人為什麼做這樣的事呢？」大臣回答說：「承蒙大王的恩惠，他們可以不用勞作獲得穀物，但是這些穀物還需要經過加工才可以吃，因此百姓在製作食物。」國王說：「如果我有福德應作為一國之君，就要使我們的人民不用加工就可以有自然食物。」他剛剛說完話，整個國土中就出現了不用經過加工就可以吃的食物。

又有一次蓋事國王出巡自己的國家，看見人民在紡織布匹做衣服，他又問：「這些人在幹什麼呢？」大臣回答說：「他們紡布做衣服。」國王說：「如果我有福德應作為一國之主，我要使我的國家內所有的樹木結出現成的衣服。」他剛剛說完這樣的話，國內的所有樹木都長出了上等的好衣服，質地又軟又細，青、黃、紅、白各種各樣的顏色，隨人們各自所好隨意挑選。

又有一次蓋事國王出巡自己的國家，看見自己國內的人民競相製造樂器，他又問大臣說：「他們為什麼這樣呢？」大臣回答說：「他們在製造歌舞樂器。」國王說：「如果我有福德應作為一國之君，讓我的國內樹上可以長出樂器，隨各人所好，各種樂器都有。」

沒過多久，大臣和老百姓都來朝拜，向國王稱賀，正值國王在吃飯，於是國王把大家都留下來一起進餐。這時，所有大臣都得到了國王的飲食，各種味道都具備，他們對國王說：「我們家中的飲食寡淡無味，今天吃了大王的飯食，色味俱全，非同一般。」國王對他們說：「你們大家如果想經常吃到像我一樣的食物，在我吃飯的時候你們也進食的話，你們就可以得到如同我一樣的食物。」於是便命令當差的官員說：「每到我吃飯的時候，就常敲響大鼓，讓所有的百姓都知道，按我吃飯的時間進食，將得到百味美妙的飲食。」自從這以後，國王吃飯的時候便敲響大鼓，所有的人民一聽到鼓聲就知道該吃飯了，百味俱全的上等饌食自動出現在面前，人民生活得優哉快樂。

時王梵天遣使，來至蓋事王國，語蓋事言：「汝父在時，我以河水用與汝父，汝父已終，宜當還我。」時蓋事王報彼使曰：「我今境土及與河水，亦非我力強從汝得。然我為王不勞民物，且停須我，後與汝王相見。」使還白王，王然其意，剋日共期。二王俱進，軍眾圍繞，各安大營，在河一邊。二王乘船河中相見。時王梵天初見蓋事，身色晃曜如紫金山，頭髮弈弈如紺琉璃，其目廣長，人中難有，敬心內發，謂是梵天。到相問訊，對坐一處，談兩國土論索水事。蓋事報曰：「我國人民所欲自然，亦無貲輸、王役之勞。」所言未訖，食時已至，蓋事王軍鳴鼓欲食，梵天謂欲殺之，怖起謝罪，羊皮四布，腹拍❶前地。蓋事自起，挽令還坐，復語之曰：「大王何以恐怖如是？我軍食時恆自鳴鼓，所以尒者，用我時食皆獲百味上饌之供。」梵天復起，白蓋事曰：「唯願大王，普見臨覆，我及國人，悉願降附，令諸民庶悉蒙恩澤。」於是蓋事典❷閻浮提，一切人民盡獲安樂。登位之後處於正殿，群僚百官宿衛侍立。日初出時，有金輪寶從東方來，如是七寶相續而至。典四天下❸，一切眾生，蒙王恩德，所欲自恣，王悉教令，修行十善，壽終之後皆得生天。佛告阿難：剎羅伽梨王者，我身是；王罰闍建提，今父王是；母者，摩耶❹是。

【章　旨】記梵天王派遣使者向蓋事王索討以前的那條河流，梵天王被蓋事王的德治所感動，臣服蓋事王。蓋事王統一天下，成為轉輪聖王。

【注　釋】❶腹拍　匍匐。❷典　掌管。❸四天下　指四大洲，在須彌山四方鹹海的四大洲，一是南贍部洲，舊稱南閻浮提；二是東勝神洲；三是西牛貨洲；四是北瞿盧洲，舊稱北郁單越。❹摩耶　也叫摩訶摩耶，意為大術、大幻。天臂城釋種善覺長者之長女，淨飯王的夫人，生下悉多太子。七日後死去轉生在忉利天。

【語　譯】一天梵天王派遣使者來到蓋事的國家，對蓋事說：「你的父親在世時，我把一條河流給了你的父親，現在你父親已經不在人世，這條河流應該歸還我。」蓋事王對使者說：「現在我的國土以及河流都不是我憑藉武力從你們手中強行奪取過來的。但我作為一國之王，不想勞民傷財，你們暫且停止等待我幾天，日後我一定和你們的國王相見處理這件事。」那使者回去之後對梵天王說了這件事，梵天王同意了，並且約定了相見的日期。到了相見的時候，兩位國王一齊進發，軍隊圍繞，各自在河兩岸安營紮寨。兩個國王乘船在河中碰面。這時梵天王看見蓋事國王身上發出亮閃閃的光芒，遠遠望去就像一座紫金山，頭髮熠熠生輝猶如青紅色的琉璃，他的眼睛又寬又長，世人稀有，崇敬之心由內而發，以為是大梵天。到達後兩人互相問好，相對坐在一個地方，談論兩個國家的國土和以前索取河水的問題。蓋事回答說：「我國的人民所想要的東西都會自動產生，也沒有稅收和王事的勞役。」他的話還沒有說完，吃飯的時間已到，蓋事的軍隊敲起大鼓，宣布吃飯的時間到了，梵天王以為是要殺自己，驚恐地站起來謝罪，地上鋪滿羊皮，然後匍匐在地上。蓋事站起來，拉他坐回自己的位置，對他說：「大王為什麼驚恐到如此地步？我們的軍隊吃飯的時候都要敲鼓，之所以這樣，是因為在我吃飯的時間進食，百姓都能獲得百味上等佳肴。」梵天王站起來對蓋事說：「真心希望大王能夠光臨敝國庇護百姓，我和我的國民都願意歸順降伏，讓我的國民也能蒙受您的恩澤。」於是蓋事掌管整個人世間，所有的人民都獲得安穩快樂。蓋事王登上王位之後，坐在正殿上，文武百官侍奉在兩側。太陽剛升起的時候有金輪從東方來，接著有七種寶物依次來到。蓋事王掌管四天下，一切眾生承蒙蓋事王的恩澤，想要的東西都得到了滿足，蓋事王又教導所有國民奉行十善，國民壽終命盡之後，都得以轉生天上。佛對阿難說：蓋事國王就是我；罰闍建提國王就是今天我的父王；那母親就是摩耶。

# 卷第二五

## 行菩薩道上諸國王部第二

【題解】本部輯錄行菩薩道的諸國王因緣故事：尸毗王割肉代鴿、薩和檀王以身施婆羅門作奴……。他們的行為終於感動了上天或害人的人，不僅挽救了其他人的性命，而且自己受佛的保佑最後也安然無恙。

### 尸毗王割肉施代鴿

（出《大智論》第四卷中）

王大精進，視一切眾生如母愛子。世中無佛，釋提桓因❶命欲終時，心自念言：「何處有一切智人❷？處處問難，不能斷疑。」愁憂而坐。巧變化師名毗首羯摩❸天，問曰：「天主，何以愁憂？」答曰：「我求一切智人，竟不可得，是故愁憂。」毗首羯摩曰：「有大菩薩，布施持戒，禪定智慧，不久當得作佛。」帝釋問：「誰？」答曰：「是優尸那種尸毗王。」釋提桓因語毗首羯摩：「今當試之言。」

【章　旨】記天帝釋想找一位證得一切智的覺者，毗首羯摩向他推薦一位即將成佛的菩薩，天帝釋決定去考驗考驗他。

【注　釋】❶釋提桓因　即天帝釋，他是忉利天之主。❷一切智人　一切智，梵文 Sarvajña，指了知內外一切法相之智。一切智人，指如實證得一切智慧的覺者，故又為佛之別稱。❸毗首羯摩　又叫毗守羯摩，是天帝釋的大臣，可以變化許多種精巧的東西，也是管理建築的天神。

【語　譯】尸毗王勇猛進修諸善法，對待一切有生命之物就像母親愛護自己的孩子一樣。當時人世間還沒有出現佛祖，天帝釋快要死去時，心中想：「什麼地方有一位證得一切智的覺者呢？我到處詰問疑難，卻不能得到解釋。」不禁滿懷煩愁，呆呆地坐著。這時天帝釋的大臣、可以多種巧妙變化的毗首羯摩問：「天主，你為什麼發愁？」帝釋回答說：「我尋找證得一切智的覺者，但竟然找不到，因此發愁。」毗首羯摩說：「有一位道行高深的菩薩，他常行施捨，受持戒律，坐禪修煉，聰明博聞，不久定會修煉成佛。」帝釋問：「是誰？」毗首羯摩告訴天帝釋：「是優尸那種尸毗王。」天帝釋於是對毗首羯摩說：「現在應該去考驗考驗他。」

毗首羯摩變身作一赤眼赤足鴿，釋提桓因變身作鷹，急飛逐鴿。直來入王腋底，舉身戰怖，動眼促聲。是時眾多人相與而語：「是王慈仁，一切宜保護。如是鴿小鳥，歸之如人入舍。」尒時鷹在近樹上，語尸毗王：「還與我鴿，此我所受。」王時語鷹：「我前受此，非是汝受。我初發意時，受一切眾生，皆欲度之。」

鷹言：「王欲度一切眾生，我非一切耶？何以獨不見湣而奪我食？」王答言：「汝須何食？我作誓願，其有眾生來歸我者，必救護之。汝須何食？亦當相給。」鷹言：「我須新殺熱肉。」王心念言：「如此難得，自非殺生無由得也。我當云何殺一與一？」思惟既定，曰：「是我此身肉，恆屬老病死，不久當臭爛，須者我當與。」如是思惟已，呼人持刀，自割股肉與鷹。鷹語王言：「王雖以熱肉與我，當用道理，令肉輕重得與鴿等。」王言：「持秤來。」以肉對鴿，割王肉盡，與鴿始等。心自責言：「汝當自堅，勿得迷悶。一切眾生墮大苦海，誓欲渡之，何以怠悶？此苦甚少，地獄苦多，我有智慧，精進持戒禪定，猶患此苦，何況地獄中人無智慧者。」心定時天地六種震動，大海波揚，枯樹生華，天降香雨及散名華，天女歌贊：必得成佛。帝釋語王：「汝割肉辛苦，心不惱沒❶耶？」王言：「我心歡喜，不惱不沒。」帝釋言：「誰當信汝？」時王誓言：「若我割肉血流，不瞋不惱，一心不悶以求佛者，願令我身即當平復。」即時如本。

【章　旨】記天帝釋和毗首羯摩分別變作老鷹和鴿子，前去考驗即將成佛的尸毗王，尸毗王不怕刁難，毅然割下自己身上的肉給老鷹吃，並立志成佛後普度眾生，尸毗王的誠心感動了上天，傷口愈合。

【注　釋】❶沒　愚迷。

【語　譯】毗首羯摩變化為一隻紅眼睛紅爪子的鴿子，天帝釋變身為一隻老鷹，老鷹迅猛地飛翔直追鴿子。鴿子徑直飛入尸毗王腋下，只見牠全身直打顫，眼睛不安地轉來轉去，急促地叫著。這時很多人互相交頭接耳議論說：「這個大王寬厚仁慈，保護天地萬事萬物。像這隻鴿子是小鳥，飛來依附他，就像一個人回到了家裡一樣安全。」這時老鷹在附近一棵樹上對尸毗王說：「你把鴿子還給我，這是我應得到的。」尸毗王對老鷹說：「是我先得到了鴿子，而不是你先得到鴿子。我當初立下誓願，要接受所有有生命之物，都要度脫他們。」老鷹說：「大王要使一切有生命之物得以度脫，難道我不是有生命之物中的一員嗎？你為什麼不同情我，卻硬要奪走我的食物呢？」尸毗王回答說：「你需要什麼食物？我發過誓願，如果有生命之物來投奔我，我一定要保護他。你需要什麼樣的食物？我也會供應你。」老鷹回答說：「我需要剛剛殺的還有熱度的鮮肉。」尸毗王心中暗想：「這樣的食物不易得到，如果不殺害生靈就無法得到。我怎麼能夠殺掉一個生命給予另一個呢？」他仔細地想了想，最後下定決心：「我有此肉身，也會老病死，不久將臭爛，我應給需者。」這樣想著，便命人把刀拿過來，自己割下大腿上的肉送給老鷹。老鷹又對尸毗王說：「大王雖然拿新鮮有熱度的肉送給我，但必須按情理，讓肉的重量和鴿子的重量相等。」尸毗王說：「拿過秤來。」把自己的肉與鴿子同時過秤，直到把自己的肉割完了，才與鴿子肉輕重相等。尸毗王內心不斷告誡自己：「你一定要心意堅定，不要迷亂痴愚。所有有生命之物都墮落在苦海之中，我發誓要使他們脫離苦海，怎麼能懈怠痴迷呢？這樣的苦是小苦，在地獄中所受的苦纔是大苦，我有智慧，專精勤練受持戒律，坐禪修煉，但仍然遭受這樣的痛苦，更何況地獄中那些失去智慧的愚鈍之人呢？」當尸毗王內心平靜時，天上地下發生了六種震動，大海翻起滾滾波濤，已枯死的樹木重新開花結果，天上落下香雨，還散下各種名貴的花朵。天上的仙女唱著讚美的歌：「尸毗王一定會修煉成佛。帝釋對尸毗王說：「你割下自己身上的肉疼痛難忍，你內心難道不煩惱愚迷嗎？」尸毗王說：「我內心歡樂高興，既不煩惱也不會愚迷。」帝釋說：「誰相信你的話呢？」這時尸毗王立即發誓說：「如果我割肉流血時不發怒、不惱恨，專心致志不生迷亂之心，以求修煉成佛的話，我的傷口立刻痊愈。」他話音剛落，身體立刻還好如初。

## 須陀須摩王為鹿足王所錄聽還布施事畢獲免

（出《大智論》第四卷中）

昔有須陀須摩王，是王精進持戒，常依實語❶。晨朝乘車，將諸婇女入園遊戲。出城門時，有一婆羅門來乞，王言：「諾，敬如來告，須我出還。」入園澡浴嬉戲。時有兩翅王名曰鹿足，空中飛來，於婇女中捉王將去。諸女啼哭，號慟一國，驚城內外，搔擾❷悲惶。鹿足負王騰空，至所住山，置九十九諸王中。須陀須摩王涕零如雨。鹿足語言：「大剎利❸王，汝何以啼猶如小兒？人生有死，合會有離。」須陀須摩王答言：「我不畏死，自恨失信。我從生以來初不妄語。今日晨朝出門時，有婆羅門來從我乞，我時許言：還當布施。不慮無常❹，孤負彼心，自招欺罪，是故啼耳。」鹿足王曰：「汝畏妄語，聽汝還去七日，布施婆羅門訖，便即來還。若過七日不還，我有翅力取汝不難。」須陀須摩王得還本國，恣意布施，立太子為王，大會人民，懺謝之言：「我智不周，物治不如法，當見忠恕。如我今日身非己有，正尒還去。」舉國人民及諸親戚叩頭留之：「願王留意，慈蔭此國，勿以鹿足鬼王為慮也。當設鐵舍奇兵，鹿足雖神，不畏之也。」

王言：「不得尒也。」而說偈言：

實語第一戒，實語升天梯。
實語小人大，妄語入地獄。
我今守實語，寧棄身壽命，
心無有悔恨。

如是思惟已，王即發去，到鹿足王所。鹿足遙見，歡喜而言：「汝是實語人，不失信要。然一切人皆惜命，汝從死得脫，還來赴信，汝是大人。」尒時須陀須摩王讚實語：「實語是為人，非實語非人。」如是種種讚實語、呵妄語。鹿足聞之，信心清淨，語須陀須摩王言：「今相放捨，九十九王亦還本國。」是為尸羅波羅蜜❺滿。

【章旨】記須陀須摩王答應施捨一個婆羅門，不幸被鹿足鬼王抓去。須陀須摩王為不能兌現諾言而傷心欲絕，鹿足鬼王讓他回去完成心願。須陀須摩王誠實守信用，返回受死。鹿足鬼王受到感動，把所有抓來的國王都放掉了。

【注釋】❶實語　梵文 Satya-vāda，即真實、不妄不異之語，指佛或修行者所說之話語。❷搔擾　動亂不安。❸剎利　即剎帝利。梵文 kṣatrya，印度四種姓中第二等級，為王族、貴族、士族所屬之階級。❹無常　謂世間一切事物不能久住，都處於生滅變異之中。❺尸羅波羅蜜　六波羅蜜和十波羅蜜之一。即持戒之行。「尸羅」的意思是戒律，在家出家之人所奉行的戒條。

【語　譯】以前有個須陀須摩王，他持守戒律專精修行，常按照實語行事。早晨他乘著一輛車，帶領一些宮女到花園中遊玩。他們剛出城門時，有一個婆羅門上前乞求，須陀須摩王回答說：「可以，謹依你來告知的要求，祇是要等我從花園中遊玩返回宮中。」於是進入園中洗浴玩耍。這時一個長著兩個翅膀的國王名叫鹿足的，他從空中飛來，在眾宮女中抓住須陀須摩王帶著離開。宮女們悲聲痛哭，哭聲驚動宮城內外，全國之人都動亂不安，內心惶恐而又悲痛。鹿足王帶著須陀須摩王騰躍空中，一直帶到自己所住的山中，關在他先抓來的其他九十九個國王中。須陀須摩王悲傷地哭著，淚落如雨。鹿足王說：「剎帝利種姓之王，你為什麼像嬰兒一樣哭個不停呢？人出生後總有一死，聚合終究要分離。」須陀須摩王回答說：「我並不害怕死亡，只是非常遺憾不能遵守信用。我自從出生以來從來沒有說過謊話。今天早晨我出門的時候，有個婆羅門向我乞討，我當時答應他：返回宮後一定施捨東西給他。沒想到會碰到意外的情況，辜負了他對我的期望，自己招來欺騙的罪名，因此我啼哭。」鹿足王說：「你害怕說謊話，我聽任你回去七天，讓你施捨給那婆羅門東西，事情辦完後立刻返回。如果過了七天你沒有返回，我有翅膀可以飛翔，把你抓回來一點也不難。」須陀須摩王得以返回宮中，盡情施捨，讓太子繼承王位，把全國人民召集在一起，懺悔道歉說：「我智力低下，考慮不周全，統治國內不依從定例，還望大家真心原諒。如今我的身體已經不屬於我自己所有，我正要離開這裡。」全國人民和國王的親戚都跪著叩頭挽留國王：「希望大王留下來，仁慈地庇蔭這片國土，不要顧慮那個鹿足鬼王。我們建造鋼鐵般的房舍，佈置下奇兵，那個鹿足王雖然有神力，也用不著害怕。」須陀須摩王說：「不能這樣做。」便唱偈頌道：

實語是為第一戒，實語才是登天梯。
實語使人小變大，妄語才會入地獄。
我今守信說實語，寧可拋棄己身命，

心中沒有半點悔。

這樣思考完後，立即出發，到鹿足王的處所。鹿足王遠遠地看見須陀須摩王，欣喜萬分並說：「你是個說話算話的人，沒有丟失信用。所有的人都愛惜自己的生命，你死裡逃生卻又返回來就死，實踐諾言，你是個德行高尚的人。」這時須陀須摩王讚美頌揚實語道：「說真話才可以做人，不說真話無法做人。」他唱了許多這樣讚美說真話譴責說假話的頌辭。鹿足王聽了之後，信受所聞所解之法，產生遠離惡行之心，對須陀須摩王說：「我現在立即釋放你，那九十九個國王也一同讓他們返國。」這就是持受戒律之行圓滿。

（出《薩和檀王經》）

## 薩和檀王以身施婆羅門作奴

昔有國王，號薩和檀（梁言一切施），有所求索，不逆人意。其王名字，流聞八方。文殊師利欲往試之，化作年少婆羅門，從異國來詣王宮門。王甚歡喜，即出奉迎，問訊：「道人所從來耶？」婆羅門言：「聞王功德，故來相見，今欲乞丐。」王言：「大善！所欲得者，莫自疑難。」婆羅門言：「欲得王身與我作奴，及王夫人為我作婢。」王甚喜悅，報言：「大善！今我身者，定自可得，願屬道人供給使令；其夫人者，大國王女，當往問之。」時王即入，語夫人言。是時夫人即隨王出，自白道人言：「願得以身供給道人。」婆羅門言：「汝當隨我，皆悉蹠跣❶，不得著履，如奴婢之法。」皆言：「唯諾，從大家教。」便將奴婢涉道而去，以化作人代其王處及夫人身，領理國事，令其如故。其夫人者長處深宮，不經勤苦，又復身重懷妊數月，步隨大家，舉身皆痛，腳底傷破，不能復前，疲極❷在後。時婆羅門還顧，罵言：「汝今作婢，當如婢法，不可作汝本時之態。」夫人長跪白言：「不敢懈慢，但小疲極，住止息耳。」喚言：「疾來，促❸隨我後。」前到國市，別賣奴婢，各與一主，相去數里。時有長者，買得此奴，使守斯舍，諸有埋死人者，令收其稅，不得妄稅。是時婢者所屬大家，夫人甚妒，晨夜令作，初不懈息。其後數月，時婢娩身所生男兒，夫人恚言：「汝為婢使，那得此兒？促取殺之。」隨大家教，即殺其兒，持行埋之。往到奴所，得共相見，不說勤苦，各無怨心。

【章　旨】記文殊師利為考驗薩和檀王，變作婆羅門，他讓薩和檀王和夫人都做自己的奴僕，之後，國王和夫人都歷盡各種艱辛。

【注　釋】❶踰跣　赤腳。❷疲極　疲累；疲乏。❸促　趕緊；緊迫。

【語　譯】以前有一個國王號為薩和檀（梁語叫一切施），祇要人們有所索求，他從來不會違背別人的意願。他的名聲遠播八方。文殊師利菩薩想要前往考驗考驗他，於是變化為一個少年婆羅門，從其他國家前往薩和檀宮殿門前。薩和檀王非常高興，親自出門迎接，並問候道：「婆羅門從什麼地方來？」婆羅門說：「我聽說了大王的功德，因此特意前來拜訪，想乞討點東西。」薩和檀王說：「非常好，你想要得到什麼東西，不要有所顧慮。」婆羅門說：「我想讓大王您做我的奴僕，您的夫人做我的婢女。」薩和檀王聽完非常高興，說：「太好了，現在我自己可以為自己作主，能夠確定下來，願意跟從你，聽你差遣；至於我的夫人，她是一個大國國王的女兒，我必須回去問問她。」國王就入宮裡，告訴了夫人這一情況。夫人立即跟隨薩和檀王出去，親自對婆羅門說：「我願意以身供您驅使。」婆羅門說：「你們必須跟著我，走路時都要赤腳，不能穿鞋，完全按照奴婢應守的規矩做事。」兩人都說：「是、是！聽從主人的教誨。」婆羅門便領著自己的奴僕和婢女沿著大道離開了，他又變化出替身來作國王及其夫人，讓他們料理國事，一切如故。國王夫人從小生長在深宮，沒有經歷過辛勤勞碌，再加上她有幾個月的身孕，徒步跟著主人行走，全身疼痛，腳底全被磨破，疲勞得不能再向前走，落在了後面。這時婆羅門便回過頭厲聲罵她：「你如今是一個婢女，就要依照奴婢的規矩辦事，不能再拿出從前的作態。」夫人跪倒在地，謝罪說：「我不敢懈怠偷懶，只是有點勞累，停下來稍作休息。」婆羅門大聲呼喚：「快點過來，趕緊跟在我的身後。」到了國內集市中，婆羅門把他們夫婦分別賣了，各給一個主人，相距好多里。當時有一位長者買下國王，讓他看守墳場，所有掩埋死人的，都要收稅，不能漏收。國王夫人所屬的主人，夫人有強烈的妒忌心，她驅使國王夫人不分白天黑夜地幹活，從沒有片刻休息。幾個月過去了，國王夫人分娩生下一個男孩，主人的夫人非常惱怒，罵道：「你身為一個卑賤的婢女，怎麼能生下這樣的男孩，快快給我殺死他。」國王夫人只好聽從主人的吩咐，把兒子殺死，她帶著兒子的屍體前去掩埋。來到國王作奴僕的地方，兩人纔得以相見，互相之間沒有訴說一點辛勤勞碌，毫無怨心。

如是語言，須臾之頃，恍惚如夢，還在本國，正殿上坐，如前不異，及諸群臣、後宮婇女皆悉如故，所生太子亦自然活。王及夫人心內自疑：「何緣致尒？」

文殊師利在虛空中坐寶蓮花，現身色相，贊言：「善哉，今汝布施至誠如是。」王與夫人踴躍歡喜，即前作禮。文殊師利為說經法，三千剎土悉為震動，覆一國人皆發無上正真道意。王與夫人應時俱得不起法忍❶。佛告阿難：「是時王者則我身是也，時夫人者今瞿夷❷是，時太子者今羅雲❸是也。」

【章　旨】記國王和夫人恍惚之間返回本國，一切依舊如故；舉國歡慶，文殊師利為他們講經，一國人得道。

【注　釋】❶不起法忍　即無生法忍。梵文 anutpatika-dharma-kṣānti，指對諸法無生無滅之理的認知，即徹底認知空、實相之真理而安住之，亦即對一切法不生不滅之理的確切掌握。佛教有三法忍之說，即苦法忍，道法忍，無生法忍。❷瞿夷　佛為悉達太子時的第一夫人。❸羅雲　釋迦的嫡子，也是佛的十大弟子之一。釋迦成道後三年，拜舍利弗為師，加入僧團。由於中途怠慢，受到佛的教戒，遂立誓嚴守規戒，勵行道業，因而得到密行第一的稱譽。

【語　譯】他們說著說著，突然感到恍惚迷離，像做夢一樣，又回到自己的祖國，坐在大殿上，和以前沒有什麼不同，還有那些大臣、後宮宮女也都依然如故，夫人所生的太子也自動活了過來。國王和夫人都很詫異：「這到底是怎麼回事呢？」這時文殊菩薩出現在空中，坐著蓮花寶座，現出自己原身，大加讚美說：「太好了，如今你實行施捨，至誠之心竟到了這種程度。」國王和夫人歡呼雀躍，上前施禮。文殊菩薩又給他們講解佛經，三千國土全為之震動，以致全國所有人都發無上正真道心。國王和夫人都同時得到了無生法忍。佛告訴阿難：「當時的國王是我，夫人就是今天的瞿夷，太子就是今天的羅雲。」

# 卷第二十六

## 行菩薩道下諸國王部第三

【題　解】本部輯錄行菩薩道的諸國王因緣故事：二王以袈裟上佛得立不退之地、大光明王發道心普度眾生……。由於他們親身體會到佛法廣大，因而捨棄王位出家學道，終成正果。

### 二王以袈裟上佛得立不退之地

（出《折伏羅漢經》）

昔有國王，以袈裟上佛，因發無上平等度意。佛般泥洹❶，自燒其身，袈裟不然。取佛舍利起塔，滅盡袈裟故在。後轉無塔供事袈裟，積有年歲，不復聞佛法。每到齋日，國王大臣無數人民，以香華幡蓋供養袈裟，轉相承續，更相法效，未曾有廢。

【章　旨】記一個國王建造佛塔供奉佛的舍利和袈裟，後來佛塔磨滅，袈裟仍存，人們代代相傳供養袈裟。

【注釋】❶般泥洹　梵文 Parinirvāṇa 的音譯，意譯為「滅度」。佛教徒所追求的超脫生死的境界。一般用作「死」的代稱。

【語譯】以前有個國王，拿著袈裟獻給佛，於是生發了最高的、均平齊等的普度眾人的意願。佛涅槃後自己焚燒屍體，但袈裟沒有燃燒。用佛的舍利建立了寺塔，寺塔磨滅，袈裟卻仍還在。後來轉為不用寺塔供養袈裟，經歷很多年，卻不再聽聞佛法。每到齋戒之日，國王率領大臣及無數百姓，用香燭、鮮花、旗幟、花傘供養袈裟，一代一代相傳，代代效法從未廢除過。

後有國王，念言：「先王及我敬事此衣，當得何福？為何等衣？」莫有知者。佛國人來，商販治生，以白王言：「我國有王，名悅頭檀。生一聖子，字為悉達，出家學道，號名曰佛。身有三十二相，正著此衣。」王聞歡喜，遣使請佛。商人言：「若請佛者，但燒名香，遙禮請之。」即燒香熏請佛：「願佛明日勞屈精神。」香煙趣佛，繞佛七匝，即於虛空化成華蓋。時佛乃笑，口氣光炎照無數剎❶，上升虛空與香共合，合成花蓋，俱還入頂。阿難白佛：「而此香煙從何方來？」佛具告阿難：「應時三千大千國土為大震動，彼國城門皆悉為金，箜篌樂器不鼓自鳴，婦女珠環皆悉作聲，百歲枯木更生。」王大恐怖，呼問人言：「此何災怪，使我國動？」商人白王：「世尊所至之處先現善瑞，皆王功德之所致。」王即踴躍，宣語臣民，燒香迎佛。王心願言：「令我得如世尊侍者羅漢。」

【章旨】記後世一位國王為了探究袈裟來源，偶然得知有佛在世，燒香迎接佛的到來。

【注釋】❶剎　梵文 Kṣetra 的略譯，意為土地或國土、世界。

【語譯】後來有一個國王他心想：「先王和我一直敬慎供奉這件衣服，應當會得到什麼福報？這是件什麼樣的衣服呢？」沒有人知道。這時佛所在的國土中有人來這裡以做買賣為生，他對國王說：「我們國家有個國王，他的名字叫悅頭檀。他生了一個聰明睿智的兒子，名字叫悉達，悉達出家學道，他的稱號為『佛』。具有三十二種非同一般的面貌特徵，他常穿的正是這樣的衣服。」國王聽後心中高興，派遣使者請佛。商人說：「如果想請佛，只要焚燒名貴的香，遠遠地行禮請求就可以了。」於是國王立即燒起名香請佛：希望佛能在第二天屈尊費神來他們國土。香的煙氣盤旋繚繞，趨向佛處，在佛周圍繞了七圈，並且在空中變化成鮮花和傘蓋。這時佛開口笑了，口中呼出的氣光芒四射，映照無數的剎土，然後升到空中和香的煙氣合在一起，變成鮮花和傘蓋又回到佛的頭頂。阿難問佛說：「那股香的煙氣是從哪裡來的？」佛詳細地告訴阿難：「即時三千大千世界中國土大震動，那個國家的城門全都變成了金子，箜篌等樂器沒有人敲擊便發出聲音，婦女們身上所佩帶的珠環飾物也一齊發出聲音，已經枯死百年的樹木重新發芽。」國王非常驚恐害怕，連忙把人叫來問：「這是什麼災難的徵兆，使得我們的國土發生震動？」商人對國王說：「佛所要到達的地方會呈現出吉祥的徵兆，這都是大王的功業德行所導致的。」國王立刻歡呼雀躍，向全國的大臣百姓頒下詔令，焚燒香火迎接佛祖。國王心中暗暗祝願：「希望我能夠像佛的侍從一樣成為阿羅漢。」

王以袈裟奉上世尊，佛不能勝，下沒地中，乃至下方無數佛剎，懸止空中。

下剎菩薩白彼佛言：「是袈裟從何所來，亦不墮地？」佛言：「須臾自當有應。」釋迦文佛，教目連、舍利弗等五百弟子行取袈裟，各盡神足都不能致。佛告文殊往取，復不能勝。佛言：「此袈裟，前世人持上先佛，發大道意，更無數世，復還屬王；今復上我，中欲取證，願為聲聞，是以袈裟故不可勝。所以者何？前意尊重則袈裟輕；後志於小故袈裟重。」王聞佛教，即自懺悔：「我為國王，不欲今國內人願處我位，若有此意，我謂之逆。佛為世尊，是故不敢願求佛果。」王及臣民皆發無上平等度意，袈裟自然於地踴出，王舉袈裟，擎以上佛：願為十方一切蠕動❶，受此袈裟。便為說經，王及群臣皆立不退轉❷地。

【章　旨】記國王把袈裟進獻給佛，袈裟沒入地下。佛教導人們要真心奉佛，然後袈裟才得以現出地面。國王和大臣們終於修成正果。

【注　釋】❶蠕動　本指爬行的昆蟲，這裡泛指一切生物。❷不退轉　指所修煉的功業德行善事，不斷增加，越來越多，不再退失轉變。

【語　譯】國王把那件袈裟呈獻給佛，佛承受不起，袈裟陷落地下，乃至於落到下界無數佛土上，懸停在空中。下界菩薩都問那裡的佛說：「這件袈裟是從哪裡來，卻沒有墜落在地上？」佛告訴菩薩：「過一會兒自然會有感應。」釋迦佛讓目連、舍利弗等五百個弟子前去把袈裟取回來，每個人都全力施展出如意自在的神通力，但都無法拿回。佛又讓文殊菩薩前去，仍然沒有成功。佛說：「這件袈裟是前代人拿來進獻給先世佛的，並且發求無上道之心，經無數年代，然後傳到了大王的手中；如今又拿這件袈裟給我，心中只想求取證驗，希望成為聲聞覺，因此這件袈裟無法承擔起這重任。這是什麼原因呢？前人意念敬重，因此袈裟就輕；後人立志在小的方面，因此袈裟就顯得沉重。」國王聽了佛的教導，馬上自我懺悔：「我身為國王，不想讓國內之人代替我的位置，我若有這樣的想法，那就是大逆不道。因為佛為世界上最尊貴的人，因此不敢許願要證佛果。」國王以及大臣百姓都生發出最高的、均平齊等的普度眾生的意願，袈裟又自動從地上湧現出來，國王舉著袈裟獻給佛：希望為十方一切生物，接受此袈裟。佛便為他們講解佛經，國王以及群臣都獲得了不退轉的功德。

## 大光明王始發道心

（出《賢愚經》第三卷）

阿難知眾所念，前白佛言：「世尊，從何因緣初發道心？」佛言：「過去遠劫，此閻浮提有一大王，名大光明，福德聰明。時邊國王與為親厚，更相贈遺國之所珍。時彼國王獵得二象，白如玻瓈，七支❶拄地，莊以雜寶，極世之珍。遣人往送，時光明王見象心悅，付象師散闍。散闍奉敕，不久調從❷，往白王言：『象今已調，願王觀試。』王會臣下，令觀試象。大眾既集，王初升象，出城遊戲。象氣猛壯，見有群象在蓮花池，奔逐牸象❸，遂至深林。時王身破出血，自惟必死，手搏樹枝，象去王住。下樹坐地，生大苦惱。象師叩頭白言：『願王莫憂苦，象淫心息，厭穢草，思美飲食，如是自還。』王即告曰：『吾不復用。』象後果還。象師白王：『象今還來。』王言：『我不須汝，亦不須象。』散闍啟王：『王若不須，唯願觀我調象之方。』王即可之。尋使師作七鐵丸，燒令極赤，作已念言：『象吞此丸決定當死，王後或悔。』白言：『大王，此白象寶，唯轉輪王乃得之耳，今有小過，不應喪失。』王怒隆盛，告言：『遠去。』象師告象：『吞此鐵丸，若不吞者，當以鐵鉤斷裂汝腦。』象知其心：『我寧吞此熱丸而死？』屈膝向王，垂淚望救。王怒徐視，散闍告象：『何不吞丸？』時象取丸，置口吞之，入腹燋爛，直過而死。丸墮地猶赤。

【章旨】記佛向阿難講述得道經過：佛曾為大光明王。光明王請來一位馴象師馴象，卻被大象弄傷，大為惱火，決定擯棄象師和大象，致使大象死去。

【注釋】❶七支　指象的四肢、頭、陰、尾，合為七支。❷調從　調伏象使順從。❸牸象　母象。

【語譯】阿難知道眾人心中所想之事，上前對佛說：「到底是什麼原因和條件使得您當初生發立志求菩提之心？」佛說：「在過去遠古時，人世間有一個大國的國王，名字叫大光明，有福分德行而又聰明。當時鄰國的國王和他親睦友好，相繼贈送了國家的珍寶。有天，那個國王捕獲了兩頭大象，全身純白猶如玻璃，七個部位穩穩地支撐身體，還用各種稀世珍寶加以妝飾。那國王派人把一頭大象送來，光明王看到大象心中高興，交給馴象師散闍。散闍奉旨訓練大象，不久便把大象訓練得溫順聽話，前去對大光明王說：『大象現在已經訓練有素，請大王親自過目並試一試。』大光明王召集部下，命令眾人前去看他檢閱大象。眾人集合完畢，大光明王開始坐到象背上，到城外遊玩。大象強勁有力而又勇猛，看見一群野象在長有蓮花的池水中嬉戲，牠奔跑追逐一頭母象而去，不覺跑進了一片深林中。大光明王身上受了傷，血流如注，心中暗想一定會死去，急中生智跳起來抓住一根樹枝，大象離去，大光明王掛在了樹枝上。光明王從樹上下來坐在地上，心中十分懊惱。馴象師叩頭對光明王說：『希望大王不要憂愁煩惱，大象的淫佚之心平復下去後，厭惡了乾枯的野草，想起這裡豐美的食物，到那時牠自然會回來。』光明王告訴馴象師：『我不再騎象了。』大象後來果然歸來。馴象師對光明王說：『大象如今已經回來了。』光明王說：『我不需要你，也不需要大象。』馴象師散闍啟稟光明王說：『大王如果不需要我的話，就看看我訓練大象的方法吧。』大光明王答應下來。馴象師立刻讓工匠做了七顆鐵丸，燒得通紅，做完後他這樣想：『那頭象吞下這鐵丸後一定會死去，國王或許會懊悔。』他對國王說：『大王，這頭白象寶，祇有轉輪王纔能擁有，現在犯下小小的過錯，不應該擯棄。』光明王當時正值盛怒，說：『你滾開。』馴象師對大象說：『把這些鐵丸吞下去，如果你不吞，我就用鐵鉤鉤斷你的頭。』大象知道馴象師的心思：『竟要我吞下鐵丸後死去？』於是雙膝跪下，流著淚向大光明王求救。光明王仍餘怒未息，冷眼觀看，散闍問大象：『為什麼還不吞下鐵丸？』這時大象只好拿起鐵丸放進嘴裡吞了下去，鐵丸進入腹中，腸胃焦爛，一直穿過胃腸，最後死去。鐵丸從大象肚子裡出來落在地上，仍然通紅。

「王見乃悔，即告散闍：『汝調象乃尒？何故在林不能制之？』時淨居天❶知光明王應發菩提心❷，即令象師跪答王言：『我唯能調身，不能調心，唯有佛能調心耳。』王言：『佛者何種姓❸生？』答：『二種姓生：一者智慧，二者大悲❹。勤行六事❺，所謂六波羅蜜，功德智慧悉具足已，號之為佛。』王聞踴躍，即起洗浴，更著新衣，四向作禮，於一切眾生起大悲心，燒香立誓：『願我所有功德回向❻佛道。自調其心，亦當調伏一切眾生。若於地獄有所益者，當入是獄，終不舍於菩提之心。』作是誓已，六種震動，諸山大海虛空之中自然樂聲。」

【章　旨】記大象死去後，大光明王十分懊悔。天帝幫助大光明王理解了佛法，大光明王發誓普度眾生。

【注　釋】❶淨居天　梵文 Śuddhāvāsa 的意譯，即色界第四禪天中五種天：一無煩天，沒有任何煩惱的地方；二無熱天，沒有苦惱的地方；三善現天，可以顯示佛法的地方；四善見天，可以見到佛法的地方；五色究竟天，色天最好的地方。各天均有王主持。❷菩提心　即求佛道之心，大徹大悟的心境。❸種姓　即種性，梵文 gotra 的意譯，指佛、菩薩、羅漢等具有的能證得菩提的本性。有先天具足和後天修行取得的兩種。❹大悲　梵文 Mahā karuṇā 的意譯，指諸佛、菩薩不忍十方眾生受苦，而要救拔他們的偉大悲憫之心。❺六事　指佛教中必須踐行的六種修行：布施、持戒、忍辱、精進、禪定、智慧，合稱六波羅蜜。❻回向　梵文 Pariṇāma，以自己所修之善根功德，回轉給眾生，並使自己趨入菩提涅槃。

【語　譯】「大光明王看到後有點後悔，對散闍說：『你調教大象就這種樣子嗎？為什麼剛才在樹林中不能將牠制服呢？』淨居天神知道光明王一定會產生大徹大悟的佛心，就命令馴象師散闍跪下對光明王說：『我只能調伏象的身體不能制服牠的心，只有佛才能馴化心靈。』大光明王問：『佛是出生於什麼種性？』回答說：『出生於兩個種性：一是智慧，二是大悲心，並且勤於六種修行，也就是那六波羅蜜。功業德行和領悟能力都具備之後，就可以成佛。』大光明王聽後歡呼雀躍，立刻清洗全身，換上新衣服，向四面禮拜，對一切眾生都產生了同情悲憫之心，點燃香燭發下誓言：『希望我所有的功業德行都迴轉給眾生，而自己趨入通向佛的道路。自己調伏自己的心靈，也會教化馴服萬事萬物。如果所做之事對地獄有益處，那我一定進入地獄，但始終不會捨棄菩提覺悟之心。』他發完誓後，大地產生了六種震動，所有大山大海以及空中都響起音樂之聲。」

佛告諸比丘：「尒時白象吞鐵丸者，難陀是也；時象師者，舍利弗是也；光明王者，我身是也。我于尒時見象調從，始發道心。」

【章　旨】記佛講述前世本身。

【語　譯】佛告訴身邊的弟子：「那時吞鐵丸的白象，是難陀的前身；當時的馴象師，是舍利弗的前身；光明王，是我的前身。我在那時親眼看見大象被訓練調教，因此產生了立志求菩提之心。」

## 多福王事梵志增福太子奉佛兩師角術

（出《雜譬喻經》第二卷）

昔有國王，名曰多福，太子名曰增福。王奉六師❶，其子事佛。世無沙門，唯一白衣❷以為師首。外道五百人嫉其名德，即白王言：「國事兩法，令心不一，願與佛師各現奇德，約不如者，沒屬為奴。」王即可之。

【章　旨】記國王多福侍奉外道，太子增福侍奉佛道。外道之人挑起爭端，要和佛法之師較量。

【注　釋】❶六師　印度外道的六師，指：一富蘭那迦葉，二木伽黎拘賒黎，三刪闍夜毗羅胝，四阿耆多翅舍欽婆羅，五迦羅鳩馱迦旃延，六尼犍陀若提子。這裡指外道。❷白衣　相對於僧尼的一般在家世俗之人。在印度，婆羅門以及世俗之人多穿純白的衣服，相對於「白衣」，稱佛門弟子為緇衣或染衣。

【語　譯】以前有個國王，名字叫多福，太子名字叫增福。國王侍奉「外道」六師，他的兒子奉事佛道。當時世間還沒有受剃度的佛門弟子，衹有一個在家之人權作講佛法老師的頭領。外道中五百人妒忌他的聲名品德，便對國王說：「一個國家信奉兩種道法，會使人心不能統一。我們想和佛法的老師各顯非同一般的法術，按規定在比賽中輸了的人，要沒為奴婢。」國王同意了。

外道與師剋日結約，王前各試功藝。梵志❶善射，即行入山，五百人各射大鹿，皆貫左目，負來擿❷技。賢者入山，精思念佛，求威佐助，以彰大道。有五色鹿踴從地出，歡喜持歸。外道知之，伺賢者行，往語其婦曰：「聞卿夫捨家作沙門，但坐此鹿，破汝家法。」婦聞恚怒，以鹿乞❸之。賢者來歸，不見其鹿，即問所在。婦曰：「此不祥之物，今已失去。」夫甚愁憂，復還山中，至誠悔過。即有明月神珠忽從地出，便持此珠，察梵志出行，往詣其門，衒賣❹奇物。梵志婦曰：「吾家亦有異物，可以相比。」即出五色鹿，賢者便言：「王使吾賣此鹿，汝今盜之，其罪不測。」婦遽還之。至其試日，梵志各送鹿，皆傷左眼，既穢且臭，王甚惋之。賢者來奉奏神鹿，賫明月神珠，入王殿上。二物飛騰俱戲，星流電耀，舉宮贊奇。婆羅門五百人，知術藝不如，即役為奴，其婦為婢。賢者導示經教，以為弟子。

【章旨】記在雙方較量中，外道之人先用卑鄙的手段騙去佛師五色鹿，佛師又機智巧妙地取回五色鹿，最後大獲全勝。外道之人認輸，拜佛法之人為師。

【注釋】❶梵志 古印度一切「外道」出家者通稱。❷捔 較量；角逐。❸乞 給與。❹衒賣 叫賣。

【語譯】外道之人和佛師約定了日子，並定下比賽規則，在國王面前比試各自的技藝。外道梵志都善於騎射，便進入山中，五百個外道之人分別射獵大鹿，都是從左眼射入，扛著來較量技藝。佛師進入山中後，全神貫注念誦佛法，請求能有威德前來輔佐，以彰顯佛道神通廣大。這時有一隻五色鹿從地下湧現出來，佛師高高興興地帶著五色鹿歸來。外道眾人知道後，趁佛師出門之時，前去對佛師的妻子說：「聽說你的丈夫將要捨棄自己的家出家做和尚，正是因為這隻鹿的緣故，破壞了你的家庭。」妻子聽完非常惱怒，便把那隻鹿送給他們。佛師回來後，找不到五色鹿，就問妻子鹿在哪裡。他妻子說：「那是個不吉祥的東西，現在丟失了。」作丈夫的非常憂愁，又返回山中，誠心誠意悔過。這時忽然有明月珠寶從地下湧現出來，佛師就拿著這顆珠，探知外道之人出門不在家，便前往他們家，叫賣珍異之物。外道的妻子說：「我家也有稀世之寶，可以和你的寶貝相媲美。」立刻拿出那隻五色鹿給他看，佛師立刻說：「國王讓我把這隻鹿賣給他，你卻把我的鹿偷了，你的罪行之大不可估測。」那妻子連忙把五色鹿還給佛師。到了比賽的日子，五百個外道分別送了一隻鹿，但都射傷了左眼，汙穢不堪，而且惡臭難聞，國王十分惋惜。佛師獻上五色神鹿，並持著明月珠來到國王的宮殿。兩件寶物在空中騰躍嬉戲，如星星流動、電光閃耀，整個宮殿莫不驚歎稱奇。五百個外道婆羅門自知技藝法術不能相比，即充任奴僕，他們的妻子成為婢女。佛師用佛經開導教化他們，收為自己的弟子。

# 卷第二七

## 行聲聞道上諸國王部第四

【題解】《大乘義章》卷一七云：「從佛聲聞而得道者，悉名聲聞。」本部輯錄修習聲聞乘的諸國王的因緣故事：摩訶劫賓寧王伐舍衛遇佛得道、婆羅門王捨於國俸布施得道、犍陀王捨外習內得須陀洹道……。他們精修勤煉，最後證得各種正果，解除了煩惱，進入人生最高境界。

### 摩訶劫賓寧王伐舍衛遇佛得道

（出《賢愚經》第七卷）

舍衛國王名波斯匿。于時南方有國，名曰金地。其王字劫賓寧，太子名摩訶劫賓寧。父崩太子即位，體性聰勇，領三萬六千小國，威風遠振，莫不摧伏。然與中土❶不相交通。後有商客往到金地，以四端細氎奉上彼王。王問商客言：「此物甚好，為出何處？」啟曰：「出於中國。」王復問言：「其中國者，號字云何？」

答曰：「名羅悅祇，又名舍衛。」王復問言：「中國王以何等故不來獻我？」又答曰：「各自霸土，威名相齊，故不來耳。」王自思惟：「今當加威，令彼率伏。」復問商客：「中國諸王何者最大？」白言：「舍衛國王為第一大。」即便遣使詣舍衛國，持書示教，其理委備❷，告語其王波斯匿言：「我之威風遍閻浮提，卿何所恃，斷絕使命？今故遣使共卿相聞：卻後七日與我相見；設不如是，吾當與兵破汝國界。」

【章　旨】記金地國王摩訶劫賓寧威名遠震，統率著許多小國家。偶然間他得知中土國家物產豐富，決定先征伐最大的國家舍衛國。

【注　釋】❶中土　又作「中國」。古代南亞次大陸自視為世界中心，自稱「中土」、「中國」。即今印度恆河中下游地區。或指恒河流域的摩羯陀地區。此指羅悅祇。❷委備　詳細、完備。

【語　譯】舍衛國的國王名叫波斯匿。那時舍衛國南方有個國家名叫金地。他們的國王名叫劫賓寧，太子名叫摩訶劫賓寧。國王駕崩後太子繼承王位，太子本性聰明又驍勇善戰，統治著三萬六千個小國家，威名震撼遠方，沒有人不被制服。但是這個國家和中天竺的國家沒有交往。後來有個商人來到金地，把四端細棉布進獻給金地國王。國王問那商人：「這件東西非常漂亮，什麼地方出產的？」商人告訴國王：「出產於中天竺上國。」金地國王又問：「那個國家叫什麼名字？」商人回答說：「叫羅悅祇，也叫舍衛國。」國王又問：「那個中天竺國王為什麼不向我進貢？」商人回答說：「他們的國家各自稱霸一方，和大王的名聲威望不相上下，因此不來朝拜。」金地國王想：「我應當施加我的威力，讓他們都來歸順我。」便又問商人：「中天竺的國家中哪個國王最強大？」商人說：「舍衛國的國王為第一強大。」金地國王派遣使者前去舍衛國，拿著上對下口吻的書信進行教導，道理周全完備，告訴波斯匿王說：「我的威名偏及整個人世間，你憑藉什麼膽敢不派遣使者來我國進貢呢？現在特意派遣使者讓你知道：過後七天來和我相見；如果不遵命辦事，我就會派遣軍隊攻破你的國界。」

波斯匿聞，深用驚惶，即往詣佛，具白斯事。佛告王言：「還語使云：我不大，更有大王。」王奉佛教，告彼使言：「世有聖王，近在此間，卿可到邊傳汝王命。」使即詣祇洹❶。於時世尊，自變其身作轉輪王，七寶、侍從皆悉備有。使前入化城❷，既睹大王，情甚驚悚，以書與之。化王得書，踏著腳下，告彼使言：「吾為大王，臨領四域❸，汝王頑迷，敢見違拒！汝速還國，致宣吾教：信至之日，馳奔來覲。臥聞當起，坐聞應立，剋期七日，不得稽遲❹。敢違斯制，罪在不請❺。」使還本國，具以聞見白金地王。王承斯問，深自咎責，合率所領諸小王輩，欲朝大王。未便❻即路，先遣一使白大王言：「臣所統御三萬六千王，為當都去，將半去耶？」大王還報：「聽半留住，但將半來。」時金地王將萬八千小王同時來到。既見化王，謁拜畢已，心作是念：「大王形貌雖復勝我，力必不如。」化王於時敕典兵臣以弓與之，金地國王手不能勝。化王還取，以指張弓，復持與之，敕令再挽，金地國王殊不能挽。化王復取而彈扣之，三千世界皆為震動。次復取箭，彎弓而射，離手之後化為五發，其諸箭頭皆出光明，其光明頭皆有蓮花大如車輪，一一華上各各皆有一轉輪王，七寶具足，奮出光明，普照三千大千世界，五道❼眾生莫不蒙賴。諸天境界見其光明及聞說法，身心清淨，有發無上正真道❽意，復有得住不退地❾者；人道眾生有得一道❿二道⓫三道⓬之者，出家入要得應真⓭者。有發無上正真道意，得不退地，不可稱計。三塗⓮眾生，離苦解脫，生人天中。時摩訶劫賓寧王及金地諸小王，見斯神變，其心信伏，遠塵離垢，得法眼淨。萬八千小王一時皆然。須臾之頃，佛攝神力，還復本形。諸比丘僧前後圍繞，金地王眾求索出家，鬚髮自墮，袈裟在體，思惟妙法，盡得羅漢。

【章旨】記波斯匿王求助於佛，佛變化為轉輪聖王，施展出種種法力，讓金地國王心服口服，甘願接受佛的教化，出家證得羅漢果。

【注釋】❶祇洹　也作「祇園」，全稱為「祇樹給孤獨園」，印度佛教聖地。相傳釋迦牟尼成道後，憍薩羅國給孤獨長者用大量黃金購買波斯匿王太子祇陀在舍衛城南的花園，建築精舍，作為釋迦在舍衛國說法居住的場所。祇陀太子也奉獻了園內的樹木，故用二人名字命名此精舍。❷化城　梵文 rddhi-nagara 的意譯。指佛力變化產生的虛幻的城邑。❸四域　四方。❹稽遲　滯留；遲延。❺不請　沒有奏請、奏報。❻未便　沒有立即。❼五道　指地獄道、餓鬼道、畜生道、人道、天道。也叫五趣。❽無上正真道　即阿耨多羅三藐三菩提。❾不退地　即不退之位地也。常指菩薩修行「十地」中初地之位，即三不退中之行不退，四不退中之證不退。⑩一道　一實之道，謂大乘也。⑪二道　指無間道、解脫道。⑫三道　指見道、修道、無學道。⑬應真　阿羅漢的舊譯，意思是應該受到人間天上的供養的真人。⑭三塗　一火塗，地獄用猛火所燒之處；二血塗，畜生互相咬殺的地方；三刀塗，餓鬼用刀劍杖逼迫之處。

【語　譯】波斯匿王得知消息後，非常驚慌，前往佛的處所，詳細告訴佛這件事。佛告訴波斯匿王：「你回去告訴那個使者：我不是最強大的，還有比我更強大的國王。」波斯匿王聽了佛的教導，告訴那個使者說：「世界上有一個聖明的國王，就在附近不遠的地方，你可以到他那兒，傳達你們國王的旨意。」使者便來到祇樹給孤獨園。這時佛變身化為一位轉輪聖王，七種寶物以及各種侍從都具備。使者進入佛變化出來的城市，看見轉輪王後，心裡感到誠惶誠恐，把書信交給了轉輪王。佛變成的轉輪王拿起書信踩在腳下，告訴使者說：「我身為強大的國王，統治四方，你們國王冥頑不化，膽敢違抗旨意！你快快回去，傳達我的命令：收到我的詔書後立刻騎馬飛奔以最快的速度朝拜我。他若躺著，聽到詔諭應當坐起來，他若坐著，聽到詔諭應當站起來，限制七天時間，不得拖延。膽敢違抗我的制令，有不請之大罪。」使者回到自己的國家，見到金地王後，把事情詳細地陳述了一遍。金地王接到詔令後，內心十分自責，把自己統治的所有小國國王都召集在一起，打算去朝見那個大國的國王。他們還沒有上路前，先派遣一位使者前去，向佛變的大國國王報告說：「臣所統率的有三萬六千個小王，是讓他們都去呢，還是先率領一半去呢？」大國王讓使者回去說：「留下一半，祇需先把一半帶領來。」於是金地王率領著一萬八千個小王一齊來到了這裡。金地王見過大王，謁見行禮完畢之後，心裡這樣想：「這位大王雖然外表形貌比我強，但比賽力量的話未必能超過我。」這時佛變化的轉輪王命令管理軍隊的大臣把一張弓交給金地王，金地王用手怎麼也拉不開。佛變化的轉輪王把弓拿過來，用手指輕輕地就把弓拉開了，他把這張弓又交給金地王，命令他再拉一次，金地王實在不能拉開。佛變化的轉輪王又拿過那張弓用手指彈了一下弓絃，三千大千世界都發生劇烈的震動。然後又拿過一枝箭來，彎弓射了出去，那枝箭離開絃後變為五枝，每枝箭頭都放出光明，放光的箭頭上都有蓮花大如車輪，每朵蓮花上還有一個轉輪王，七種寶物具備，迸發出大光明，偏照三千大千世界，地獄、餓鬼、畜生、人、天等五種道途裡的眾生沒有不受到庇蔭的。各種天界的天人看到光明以及聽到轉輪王的說法之後，內心變得平和安靜，進入佛所覺悟的至高無上的智慧境界，又有達到菩薩修行階位「十地」中初地之位的；人道眾生中有獲得一道、二道和三道的，也有出家得到佛法的精髓、修成阿羅漢的。總之，進入佛所覺悟的至高無上智慧境界的，達到菩薩修行階位「十地」中初地之位的，多得無法計算。處於火、血、刀三塗中的芸芸眾生，都脫離了苦海，得到解脫，轉生在人間或天上。這時摩訶劫賓寧王和金地統率下的其他小國王看到這些神通變化，內心崇信歸伏，遠離了塵世的汙垢，獲得了觀見真理的清淨法眼。一萬八千小國王同時也都獲得了清淨法眼。一會兒，佛收攝了神通力，恢復了本來的形貌。那些比丘僧人前後圍繞著佛，金地王及諸小王要求出家，頭髮、鬍鬚自然脫落，袈裟披在身上，他們靜靜思考玄妙的佛法，全都得到了羅漢果。

（出《出曜經》第一六卷）

## 婆羅門王捨於國俸布施得道

多味國，有婆羅門王，捨其王俸，多事異道。王欻❶一日，自發善心，欲大布施。如婆羅門法，積寶如山，有來乞者，令其自取，手重一撮，如是數日，其積不減。

【章旨】記多味國的國王大行施捨。

【注釋】❶欻　忽然。

【語譯】多味國有一位婆羅門國王，拿出王室的俸祿，用來供奉異教徒。突然有一天，國王發了善心，打算進行大施捨。一切都按婆羅門的規矩辦事，寶物堆積如山，祇要是有來乞討的人，都讓他本人自己去拿，用手撮取一大把，這樣連續過了幾天，財寶仍然一點沒有減少。

佛知是王宿福應度，化作梵志❶，往到其國。王出相見，禮問起居，曰：「何所求索？莫自疑難。」梵志答言：「吾從遠來，欲乞珍寶，持作舍宅。」王言：「大善，自取，重一撮。」梵志取一撮，行七步還著故處。王問：「何故不取？」梵志答曰：「此裁足作舍廬耳，復當取婦，俱不足用，是以不取。」王言：「更取三撮。」梵志即取，行七步復還著故處。王問梵志：「何以復尒？」答言：「此足取婦，復無田地、奴婢、牛馬，計復不足，是以息意❷也。」王言：「更取七撮。」梵志即取，行七步復還著故處。王言：「復何意故？」梵志答言：「若有男女，當復嫁娶，吉凶用費，計不足用，是以不取。」王言：「盡以積寶持用相上。」梵志受而捨去，王甚怪之，重問意故。梵志答曰：「本來乞丐，欲用生活。諦念人命，處世無幾❸，萬物無常，旦夕難保，因緣遂重，憂苦日深。積寶如山，無益於己，貪欲規圖❹，唐❺自勤苦，不如息意，求無為道，是以不取。」王意開解，願奉明教。於是梵志現佛光相，踴住空中，為說偈言：

雖得積珍寶，嵩高至於天。

如是滿世間，不如見道要。
不善像如善，愛而似無愛。
以苦為樂像，狂夫不為厭。

王見佛光遠照天地，又聞此偈，踴躍歡喜。王及群臣即受五戒，得須陀洹❻道。

【章　旨】佛為了度化那位國王，變為一個梵志前去乞討施捨，進而逐步引導國王使其開悟，接受五條戒律，得到須陀洹果。

【注　釋】❶梵志　古印度一切「外道」出家者通稱。❷息意　不再有意；絕意。❸無幾　不久；不多。❹規圖　猶謀求。❺唐　徒然。❻須陀洹　聲聞乘四聖位中正果之初位，又稱初果，即斷盡見惑之聖者所得之果位。

【語　譯】佛知道這個國王前世有福德，應該得到超度，於是變化為一個梵志，來到這個國家。國王親自出門相迎，行過禮後，國王問生活起居，說：「你想要什麼呢？不要有疑難。」佛變成的梵志回答說：「我從很遠的地方來，想乞討一些珠寶，用來蓋房子。」國王說：「非常好，你自己去拿一把吧。」這位梵志拿了一把，向前走了七步後，又把珠寶放回了原來的地方。國王問：「你為什麼不拿呢？」梵志回答說：「這點珠寶僅僅夠蓋一座屋子，我還要娶媳婦，要做兩件事的話就不夠用，因此我不拿了。」國王說：「你可以再拿三把。」梵志便拿了三把，又向前走了七步，重新回來把珠寶放回原處。國王問：「你為什麼又回來了呢？」梵志回答說：「這點珠寶只夠娶妻，但沒有田地、奴婢和牛馬等牲口，計算起來仍然不夠，因此我不再有意拿珠寶了。」國王說：「你可以再拿七把。」梵志又拿了七把，走了七步後又把珠寶還回了原處。國王又問：「你又是什麼原因呢？」梵志回答說：「如果有了兒女，便會出嫁或者娶妻，紅白喜事的費用，算來算去這些珠寶仍不夠用，因此我不拿了。」國王說：「你把堆積的珠寶全都拿去。」梵志接受了一大堆珠寶而又放回了原處，國王非常奇怪，又問是什麼原因。梵志回答說：「我本來乞討，只是為了生活。我想起了一個人活在世上，壽命沒多長時間，萬事萬物沒有恆定不變的，朝不保夕，有了各種前因後果，憂慮擔心的日子一天天地加重。珠寶堆積如山，對自己並沒有什麼好處，貪婪謀求，祇會是白白地勞苦，還不如斷除心中的欲望，求取無為之道，因此我不拿這些珠寶。」國王茅塞頓開，願意聽從高明的教誨。於是梵志顯現出佛的原身，光芒四射，升在半空中，說偈頌道：

雖然積珍寶，堆高上達天。
如此滿世界，不如明佛義。
不善如大善，愛而像無愛，
以苦為快樂，狂夫不厭煩。

國王看見佛光遠照天地之間，又聽到了佛的偈語，歡喜無比，國王和大臣們便接受了五戒，得到了須陀洹果。

## 犍陀王捨外習內得須陀洹道

（出《犍陀國王經》）

時有國王，名曰犍陀，奉事婆羅門。居在山中，多種果樹，樵人毀樹。時婆羅門將詣王所，言其無狀：「殘敗果樹，請王治殺。」王敬事婆羅門，即為殺戮。

【章旨】記一位婆羅門種的樹被樵夫砍掉，婆羅門向犍陀國王告狀，國王竟把樵夫殺死。

【語譯】有一位國王名叫犍陀，信奉婆羅門。婆羅門居住在山裡，種了很多果樹，樵夫把他的樹木給毀掉了。

婆羅門把樵夫帶到了國王的處所，控告他所行醜惡無善狀，說：「樵夫把果樹毀得一塌糊塗，請大王治罪。」國王敬奉婆羅門，立即把樵夫殺了。

自後未久，有牛食人稻，其主遂捶，牛折一角，血流被面，痛不可忍。牛徑到王所白言：「我實無狀，食人少稻，今捶折我角。」王曉鳥獸語，王告牛言：「我當為汝治殺之。」牛言：「雖殺此人，不止我痛，但當約敕❶，後莫苦人。」

【章旨】記一頭牛吃了別人的稻米，被打折一角；犍陀國王要懲辦打牛的人，被牛阻止。

【注釋】❶約敕　約束誡飭。

【語譯】這之後不久，有一頭牛吃了別人的稻穀，稻穀的主人便杖擊牛，致使牛斷了一個角，血流滿面，疼痛得無法忍受。牛徑直走到國王的處所，對國王說：「我的確行為失檢，吃了別人一些稻穀，那人便打斷了我的角。」國王能夠聽懂鳥獸的語言，對牛說：「我會為你把那人殺了。」牛說：「即使你殺了這個人，也不能免除我的痛苦，你只是應該約束誡飭後人，不要再讓其他人痛苦。」

王便感念：我事婆羅門，但坐果樹，令我殺人，不如此牛也。便呼婆羅門問言：「今事此道，有何福乎？」婆羅門報言：「可得攘災致福，富貴長壽。」王復問言：「可得脫於生死不？」報言：「不得免於生死也。」王到佛所，五體投地，為佛作禮，白言：「我聞佛道至尊，教化天下，所度無數。願受法言，以自改革。」佛即授王五戒十善，為說：「一切天地人物，無生不死者。布施持戒現世得福，忍辱精進心行智慧者，其德無量。後生天上，亦可得作遮迦越王❶，可得無為度世之道。」佛現相好❷，威神光耀，王歡喜意解，得須陀洹道。牛後七日壽終，上生天上。

（出《普達王經》）

【章旨】記犍陀國王由這兩件事受到震動，決心歸依佛法，得羅漢果。那頭牛死後也升入天堂。

【注釋】❶遮迦越王　即轉輪聖王。❷相好　指佛的色身所具備的莊嚴微妙形相，是三十二相和八十種好的並稱。

【語譯】國王受了感觸而思考：我供奉婆羅門，祇是因為一些果樹他就讓我殺了人，還不如這頭牛。他把婆羅門叫來問：「如今我奉行婆羅門道，會得到什麼利益呢？」婆羅門說：「可以攘除災禍為你添福分，可以富貴並且長命百歲。」國王又問：「可以脫離生死嗎？」回答說：「不能免於生死。」國王來到佛的處所，五體投地向佛行禮，對佛說：「我聽說佛道是尊貴的，教化天下所有的人，度脫無數的人。我非常希望能接受佛道的經論，用來自我革除惡行劣習。」佛便傳授給國王五戒和十善，又說：「天地間所有萬事萬物沒有生而不死的。進行施捨持受戒律可以在現世得到福報，忍受各種屈辱，專精勤練，心行智慧的人，他的功德無量。死後轉生在天上，也可以成為轉輪聖王。可以得到無為出世的道法。」佛顯示了三十二種相和八十種好，威神光照，國王歡天喜地，頓時開悟，得到了須陀洹道。牛過了七天後也死去，轉生在天上。

## 普達王遇佛得道

有夫延國王，名曰普達，身奉佛法，未常偏枉，常有慈湣。國內愚民，不知三尊❶。每當齋戒，登高觀視，還必頭面稽首為禮。國中臣民怪王如此，自共議言：「王處萬民之尊，遠近敬服，登位人從。有何請欲毀辱威儀，頭面著地？」群臣欲諫不敢。

【章　旨】記一位叫普達的國王敬事佛法，一國之人都不理解。

【注　釋】❶三尊　指佛、法、僧三寶。

【語　譯】有一個國家叫夫延國，國王叫普達，奉行佛法，未曾偏執，心懷慈憫。他的國家內有一些愚蠢的人，不了解佛法僧三寶。每到齋戒的時候，國王都會登上高處向遠處眺望，回來後必定磕頭行大禮。一國的大臣百姓對國王的這些舉動都感到很奇怪，互相討論說：「國王位於萬民之上，遠近的人都尊敬信服，登上王位人人都得聽從他的話。他有什麼需要竟然讓自己威嚴掃地，以頭叩地行禮呢？」群臣們想要進諫卻又不敢。

與吏民數千，出宮未遠，見一道人。王下輦卻蓋，住其群從，為之作禮，尋從而還，施設飯食，遂不成行。群臣諫言：「大王至尊，何宜於道路為此乞丐道人頭面著地？天下尊貴唯有頭面，加為國主不與他同。」王敕臣下：求死人首及六畜頭。臣下遍索，歷日乃得。王言：「於市賣之。」臣下賣之，牛馬豬羊頭皆售❶，但人頭未售。王言：「貴賤賣去，如其不售，便以丐❷人。」如是歷日，賣既不售，丐無取者，頭皆膖❸臭。

【章　旨】記普達國王向一位和尚叩頭作禮，大臣們終於忍不住勸阻普達國王。普達國王為教育大臣，讓大臣們去賣人頭，大臣們無法賣出去。

【注　釋】❶售　賣出去。❷丐　給予。❸膖　腫脹。

【語　譯】國王和官吏百姓們數千人一起出宮，沒走出多遠，看見一個和尚走過來。國王下了車，撤去車篷，讓所有隨從人員停下來，都向和尚行禮，然後一同回宮，給和尚備辦了食物，於是沒有成行。群臣進諫說：「大王是最為尊貴的人，怎麼能夠在道路上向這個乞討的和尚以頭挨地磕頭呢？一個人最尊貴的部位就是頭面，再說身為國主和他不是一個階層的人。」國王對群臣傳下命令：要求他們搜求死人的頭和各種家畜的頭。群臣到處求索，過了很長的時間才得到。國王說：「你們到市場上把它們賣了。」大臣們便到市場上去賣這些頭，牛馬豬羊等六種牲畜的頭都被賣掉，而人頭卻沒有被賣掉。國王說：「無論價錢是貴還是賤都要把這些人頭賣出去，如果實在賣不出去，就送給其他人。」這樣又過了好幾天，既沒有賣出去，送給別人也沒有要的，死人頭變得腫脹惡臭。

王便大怒，語臣下言：「卿言人頭最貴不可毀辱，今人頭何故丐無取者？」即敕嚴駕❶，出曠澤中，當有所問。群臣震聳❷，出到城外，告群臣言：「卿寧識吾先君時，有小兒常執持蓋者不？」臣下對曰：「實識。」王言：「今此兒何所在？」對曰：「亡已十七年。」王言：「此兒為人善惡何如？」對言：「臣等常睹其承事先王，齋戒恭肅，誠信自守，非法不言。」王告諸臣：「今若見此兒在時所著衣服，寧識之不？」諸臣對曰：「雖自久遠，臣故識之。」王使取前亡小兒衣，曰：「此寧是不？」臣下對曰：「是。」王曰：「今儻見兒，身為識之不？」臣下良久對曰：「臣自懼蔽闇❸，卒睹不別。」前所見道人來，王大歡喜，又為❹道人賣頭，丐人不取，「今欲示其本末，有幸相遇，願為開導。」道人即為臣下說：「王本是先王時執蓋小兒，常隨先王齋戒，奉行正法，清淨守意，不犯諸惡。其後過世，生為王子。今得尊貴，皆由宿行齋戒所致。」

【章旨】記普達國王把大臣們召集到野外，請和尚為大臣們講述自己的前世因緣，原來普達國王前世祇是一個侍奉國王的小孩，因敬事佛而受善報。

【注釋】❶嚴駕　整備車馬。❷震聳　惶悚；誠惶誠恐。❸蔽闇　猶昏昧。❹為　通「謂」。說；告訴。

【語譯】國王大怒，對群臣說：「你們都說人頭最尊貴，不能被侮辱，現在為什麼把人頭送人卻沒有人要呢？」於是命令備好車輛，到荒郊野外，說有話要問大臣。群臣戰戰兢兢地來到城外，國王對大臣們說：「你們還記得我的父王在世的時候，有一個小孩常常撐握車篷的嗎？」大臣們都回答說：「記得。」國王又說：「現在那個小孩在哪裡？」大臣們都說：「已經死了十七年了。」國王又說：「這個小孩為人善惡怎麼樣？」大臣回答說：「我們經常看到他在侍奉先王的時候，持齋守戒，恭謹嚴肅，誠實守信用，自堅其操守，不合法的話就不說。」國王對大臣說：「如果今天看到那個孩子活著時所穿的衣服，你們還認得出嗎？」大臣們回答說：「雖然過了很多年，但現在仍然記得。」國王讓人把那個死去的小孩的衣服拿來，問：「這件是不是？」

大臣們都回答：「是。」國王又問：「儻若今天看見那個小孩，你們還認得嗎？」大臣們沉默了很久才回答說：「為臣只怕一時糊塗，走了眼認不出來。」這時先前所碰到的那個和尚走了過來，國王非常高興，告訴和尚賣人頭，但送人都無人要的事，國王說：「現在是陳述事情本末的時候了，正巧在這裡碰到大師，希望能為眾人開導。」和尚便為大臣們講述了事情的緣起：「大王就是先王在世時那個撐握車篷的小孩，常常伴隨先王持齋守戒，奉行佛法，清心寡欲，堅守意念，絕不做任何壞事。其後他死去又轉生為王子。現在所得到的富貴，都是那時持齋守戒的結果。」

臣下大小莫不僉❶曰：「吾等幸遇，得睹道人，願哀愚矇，乞為弟子。」道人告諸臣民：「吾有大師，當從受問。」諸臣報言：「願盡年命，一受法言。」道人曰：「我師字佛，身能飛行，項有光明，分身散體，變化萬端，獨步三界，莫與齊倫。門徒清潔，皆為沙門❷，其所教授，度脫不虛。」臣下即啟道人：「佛寧可得見不？去此幾何？」道人報言：「甚善，當啟世尊。」六千餘里，道人即飛到舍衛，具以啟佛，佛言：「明日當到夫延國，臨至皆現威神。」王及群臣持華香出城迎佛，睹佛威靈，喜懼交並，五體投地，稽首為禮，白佛言：「勞屈世尊並及眾僧，遠到此土。」王盡心供設，手自斟酌行澡水。咒願畢，佛笑口光五色，阿難言：「佛不妄笑。」答言：「昔摩訶文佛時，王為大姓家子，其父供養三寶，父命子傳香❸。時有一侍使，意中❹輕之，不與其香。罪福回應，暫招役報，奉法無替，今得為王。若我得道，當度此人。福願果合，今來度王并及人民。」王時聞佛說其本末意解，即得須陀洹，國中人民，皆受五戒行十善。

【章　旨】記眾人紛紛要求成為弟子，佛親自前去度化眾生。佛又給眾人講述了自己之所以能夠來這裡的前世因緣，普達國王證得須陀洹果。

【注　釋】❶僉　全部；都。❷沙門　佛法及外道，泛稱出家的人為沙門。意思是勤修戒、定、慧，息滅貪、嗔、痴。❸傳香　行香。❹意中　心裡。

【語　譯】群臣大小沒有不唏噓稱歎，都說：「我們有幸能見到和尚，還希望可憐我們愚昧無知，收我們為弟子吧。」和尚告訴群臣百姓：「我有一位大師，你們可以向他請教。」大臣們都說：「甘願盡這一生一世，接受釋門之教導。」和尚說：「我的師傅號為佛，身體可以飛行，頸部放出光芒，可以分身散體，作出各種變化，在欲、色、無色三界獨尊無人能比。他的弟子們清心寡欲，都是佛門中人，他所傳授和度脫的人都不是虛構的。」大臣們便對和尚說：「我們可以見到佛嗎？佛離這兒有多遠？」和尚說：「太好了，我先稟告佛。」佛離那個地方有六千餘里，和尚飛行到了舍衛國，把事情詳細地向佛講述了一遍，佛說：「明天應該到夫延國去，到了那兒後，顯現出威德神力。」第二天，國王和大臣們手中拿著鮮花和香出城相迎，目覩佛的神妙變化，又是高興又是吃驚，五體投地，叩頭作禮，對佛說：「勞佛大駕，和各位僧人遠到我的國土。」國王盡心供奉，親自為佛端來水讓佛洗手。佛祝願完後，開口笑了，口中發出五色光芒。阿難說：「佛不會無緣無故發笑。」佛說：「以前在摩訶文佛時期，國王為一個大戶人家的兒子，他的父親供奉佛、法、僧三寶，父親讓兒子持香繞行道場。當時有一名服侍的人，心裡輕視他，不供給香火。有罪有福都會得到報應，所以那個僕人立刻被徵召去服勞役，那個奉行佛法的人不廢除，現在做了國王。如果我能得道，一定去度脫那個人。福願果然相合，所以今天我來度脫國王和人民。」國王當時聽佛說了他的前世因緣後，心意開解，即刻就得到了須陀洹果，他的國家的人民都持受五戒，奉行十善。

# 卷第二八

## 行聲聞道中諸國王部第五

【題解】本部輯錄修習聲聞乘的諸國王的因緣故事：波斯匿王遊獵得遇廣修善緣的末利夫人、瓶沙王前世做下錯事從而給自己帶來無盡的苦惱因而有「四畏」、多智王佯狂而免禍……。告誡人們做任何事情都不能過於痴迷，要懂得適可而止，這樣才有益於自己的身心。

### 波斯匿王遊獵得末利夫人

（出《四分律》初分第一三卷）

時舍衛城中，有一大姓婆羅門，名耶若達，多饒財寶；一婢名黃頭，常守末羅園。時彼婢常愁憂言：「我何時當免出於婢？」時彼婢晨朝已，食分乾飯❶，持詣園中。尒時世尊入城乞食，時黃頭婢遙見如來，心自念言：「我今寧可持此飯施彼沙門，或可脫此婢使。」即授飯施佛，世尊慈湣，受還精舍。

【章旨】記一位叫黃頭的婢女一心想擺脫奴婢的地位，把飯施捨給佛。

【注釋】❶乾飯　指米飯。

【語譯】從前舍衛城中有一個大戶婆羅門，名叫耶若達，特別富有；他家有一名婢女名叫黃頭，經常看守末羅園。這個婢女常常很煩惱，說：「我什麼時候才能免於不做婢女呢？」一天早上，婢女把早餐分給的米飯拿到了園子裡。這時正巧佛來舍衛城化齋，那黃頭婢女遠遠地看到佛來到，心中暗想：「我現在甘願把這些食物施捨給這位和尚，或許可以脫離婢女的身分。」於是婢女把飯施捨給了佛，佛心懷慈悲接受下來，然後回到寺廟裡。

時黃頭婢，即前進入末羅園中。波斯匿王，嚴❶四種兵出外遊獵，從人分張❷，馳逐群鹿，天時大熱，遙見末羅園，即回車往步入園中。黃頭遙見波斯匿來，行步舉止非是常人，即前奉迎，言：「善來❸大人，可就此坐。」即脫一衣，敷❹令王坐。黃頭問言：「不審須水洗腳不？」王言：「可尒。」即取水與王，為王揩腳。復問王言：「欲洗面不？」即更以水，與王洗面。復問王言：「欲飲不？」即詣池更洗手，取好藕葉盛水與王。復問王言：「不審欲臥息不？」即復更脫一衣，與王敷之。見王臥已，在前長跪，按腳及餘肢節，解王疲勞。

【章旨】記黃頭婢女巧遇波斯匿王，殷勤侍候。

【注釋】❶嚴　整飭。❷分張　分散。❸善來　歡迎來人之辭，即其來正好之意。❹敷　鋪開。

【語譯】黃頭婢女向前進入末羅園裡。這時波斯匿王整治象、馬、車、步四支軍隊外出打獵，他的隨從分散開來追逐鹿群，當時天氣非常炎熱，波斯匿王遠遠看到末羅園後，把車調回來走進了末羅園中。黃頭婢女遠遠地看見波斯匿王來到，行為舉止與平常的人不同，於是走向前去迎接，說：「您來得正好，大人，請坐在這裡吧。」黃頭把自己的一件衣服脫下來，鋪在座位上讓波斯匿王坐下。問：「不知您需要水洗腳嗎？」波斯匿王說：「可以。」於是黃頭打來水給波斯匿王，為王擦了腳。又問波斯匿王說：「大王需要洗臉嗎？」又打來水替波斯匿王洗了臉。又問波斯匿王說：「是否想喝水？」便來到池塘邊，把手洗乾淨，用上好的荷葉盛來水給波斯匿王喝。又問波斯匿王說：「不知是否想休息？」便又脫下一件衣服替波斯匿王鋪好。波斯匿王躺下後，黃頭兩膝跪在地上，給波斯匿王按摩腳和其餘的關節，為波斯匿王解除疲勞。

黃頭身如天身，細濡妙好，王著細滑，心念言：「未曾有如此女聰明，我所不教而悉為之。」王即問言：「汝是誰家女？」報言：「我是耶若達家婢，使差我守此園。」如是語頃，王諸大臣，尋王車迹，來詣園中，跪拜王足，在一面立。王敕一人：「汝喚耶若達婆羅門來。」婆羅門來詣王所，王問言：「此女是汝婢耶？」答曰：「是。」王言：「吾今欲取為婦，汝意云何？」報言：「此是婢使，云何為婦？」王言：「無苦❶，但論價直。」婆羅門言：「欲論價直，百千兩金。我豈取王價？今持奉王。」王言：「不尒，我取為婦，云何不與價？」即出百千兩金，與婆羅門。即迎載入宮，眾臣衛從。末羅園中將來故，即別之末利夫人。王甚愛敬，復于異時，王于五百女人中，立為第一。

【章旨】記波斯匿王迎娶黃頭婢女並立為第一夫人，即末利夫人。

【注釋】❶無苦　沒關係。

【語譯】黃頭身體天然造就，全身柔軟婀娜多姿，波斯匿王感到了黃頭又細又軟的肌膚，心中暗想：「未曾見到有這樣聰明的女子，我沒有告訴她怎麼做而她自己就全都做到了。」便問黃頭說：「你是誰家的女兒？」黃頭回答說：「我是耶若達家的婢女，派遣我在這裡看守這個園子。」他們正說著話，波斯匿王的部下順著車輪印也來到了園子裡，他們跪在波斯匿王的腳下，行過禮後退站在一邊。波斯匿王叫過其中的一個人說：「你去把耶若達叫來。」耶若達來到這兒後，波斯匿王問他說：「這個女子是你的婢女嗎？」回答說：「是的。」波斯匿王說：「我現在想娶這個女子為妻子，你意下如何？」耶若達說：「她祇是一個婢女，怎麼可以做您的妻子呢？」波斯匿王說：「沒關係，你先說值多少錢？」耶若達說：「說起價錢，那值百千兩金子。我哪裡敢拿大王您的錢呢？我現在就把她送給大王好了。」波斯匿王說：「不要這樣，我娶她為妻，怎麼能不出錢呢？」於是拿出百千兩金子交給耶若達。於是迎娶黃頭入宮，群臣護衛跟從。由於是從末羅園中帶來的緣故，於是別稱為末利夫人。波斯匿王很敬重末利夫人，又選了一日子，在五百個女人中把末利夫人立為第一夫人。

夫人在高殿上便自念言：「我以何業報因緣得免於婢，今受如是快樂？」復作是念：「將是我先以和蜜乾飯分施與沙門，以此因緣今得免婢，受如是快樂耳。」

【章　旨】記末利夫人想起事情的前因後果。

【語　譯】末利夫人站在高高的殿堂上，自言自語：「是什麼業因使我免於做一名婢女，現在受到如此的快樂？」左想右想，終於想起：「這一定是我先前把和著蜂蜜的米飯施捨給那位和尚，因為這個原因，現在免於做一名婢女，受到這樣的快樂。」

## 好信王發願灌佛

（出《宿願果報經》）

古昔有佛，號曰始無。時有國王，名曰好信，好樂佛法，視佛無厭。種尼俱類樹❶，樹下為佛敷栴檀床座，佛坐其上，好信王聽經。佛泥洹後，王不見佛，便名尼俱類樹為佛樹，見之如見佛，日日往樹下坐，常所坐處，想聞教戒。王有青衣❷，名曰拘錄，常侍王邊。夫人嫉妒，雇婆羅門，令咒殺佛樹。於是婆羅門，四月七日夜，取南山中大毒蛇腦塗樹，樹即枯死。王即便悲涕，不能自勝。四月八日夜半明星出時，取五色香水集華，用灌此樹，即還更生。王便願言：「當今十方諸佛生時用今日，得道時用今日，般泥洹亦用今日。從此以來諸佛興世，皆是此日。」故用四月八日灌佛也。

【章旨】記好信國王常在尼俱類樹下聽佛講法，佛涅槃後，仍一如既往在佛樹下靜坐思考。夫人嫉妒，把樹弄死，好信國王用香水灌樹使活。從此以香水灌佛成為禮儀。

【注釋】❶尼俱類樹　梵文 nyagrodha，即尼拘律樹。桑科，形狀類榕樹，產於印度、錫蘭，高十至十五公尺，樹葉繁茂，枝生下垂氣根。其種子甚小，故佛典常喻由小因得大果報者。❷青衣　侍女；侍從。

【語譯】古時有一位佛，號為始無。當時有一位國王，名叫好信，他很喜歡佛法，侍奉照料佛永不厭煩。他種了一棵尼俱類樹，在這棵樹下為佛鋪設栴檀香木的座位，佛坐在上面，好信國王聽佛講經。佛涅槃後，好信國王再也見不到佛，便把那棵尼俱類樹稱為佛樹，他看見這棵樹就像見了佛一樣，每天都到樹下坐坐，在坐的地方回想佛以前的教誨。國王身邊有一位侍女，名叫拘錄，常常侍奉在國王的身邊。國王的夫人很嫉妒，就雇來一個婆羅門，讓婆羅門把佛樹咒死。於是，婆羅門在四月七日這天夜裡，捉來南山中的一條大毒蛇，把毒蛇的腦漿塗在樹上，於是樹便枯死了。國王十分悲痛，哭得死去活來。四月八日這天，半夜星星出來的時候，國王拿著摻雜五色花瓣的香水，澆灌這棵樹，樹又活了過來。國王祝願說：「應當讓十方的佛出生時在這一天，得到正果時也在這一天，涅槃也在這一天。從今天開始各位佛興盛於世也都在這一天。」因此以後把四月八日定為浴佛的日子。

（出《僧祇律》第三卷）

## 瓶沙王有四種畏

昔瓶沙王先祖，治罪人法，若作賊者，以手拍頭，賊大慚愧，與死無異，後更不作。至父王時治，若作賊者，驅令出城，以為嚴教，賊悉慚愧，與死無殊，後更不作。瓶沙嗣立，若作賊者，驅令出國。

【章　旨】記瓶沙王的家族世代治理國家，對付罪人，各有其法。

【語　譯】以前瓶沙王的先祖懲治罪人的辦法是，假若犯罪作賊的話，用手拍拍罪人的頭，罪人會感到非常慚愧，認為自己和死去沒有什麼兩樣，以後便不會再犯。到他的父親時，若有人犯罪作賊的話，總是把罪人驅逐出城外，作嚴厲的懲罰，罪人都感到十分慚愧，認為跟死去沒有兩樣，以後不會再犯。瓶沙王繼承了王位後，如果有犯罪作賊的人，瓶沙王就把罪人驅趕到國外。

時有一賊，七反驅出，猶故復還，劫殺村城，最後縛送，王言：「將去截其小指。」時有司急截，恐王有悔。王自試齧指，痛殊難忍，即追莫截。臣答王言：「已截。」王甚愁悔，即自念言：「我為法王之末，而為非法之始。夫為王者憂念民下❶，而截人指。」即自命駕，詣佛白言：「我曾祖先王迄至父王，皆以法治民。及到我身，為惡日滋，正化漸薄，謬得為王，傷截人體，自惟無道，愧懼實深。」佛告大王：「治國之法，盜至幾錢，罪應至死？至幾出國？齊幾用刑？」王曰：「世尊，以十九古錢為一罽利沙盤❷分，一罽利沙盤為四分，若盜一分，罪應至死。」佛為說法，王禮佛而退。

【章　旨】記瓶沙王一次截去一個賊人的手指，事後十分後悔，向佛請教。

【注　釋】❶民下　猶下民。舊指被統治的民眾。❷罽利沙盤　梵文kārṣāpana，古印度貨幣名，等於四百錢。

【語譯】當時有一個賊人七次被驅出國，但仍然逃回來，在鄉村城市搶劫殺人無惡不作，最後被捆住押送到瓶沙王那裡，瓶沙王說：「拉出去把他的小指截去。」當時官吏很快就把惡人的小指截去了，惟恐瓶沙王後悔。瓶沙王試著咬了咬自己的指頭，疼痛不可忍，趕快派人想追回成命。那官吏卻告訴瓶沙王：「已經把指頭截掉了。」瓶沙王悔恨無比，心中想：「我已成為以法治理國家的最後一位國王，成為做非法之事的第一位國王。作國王的人，應該時刻想著老百姓，而我卻截去了別人的手指。」於是他自己備好車馬前去拜見佛，對佛說：「從我的曾祖父一直到我的父親，都是以法治理國家。到我這一代後，做壞事的一天天地多起來，正統的教化一天天地減少，我這樣的人僥幸地得到王位，竟然截去了別人的肢體，自己感到不行正道，現在內心極度慚愧而又害怕。」佛問瓶沙王說：「你治理國家的法律規定偷多少錢應該被判死刑？多少錢應該被驅逐出國？多少錢應該被用刑？」瓶沙王回答說：「佛祖，我們規定以十九個古錢為一個罽利沙盤，把一個罽利沙盤分為四份，假若偷一份的就會被判死罪。」佛為瓶沙王說佛法，瓶沙王向佛行過禮後就回去了。

時諸比丘言：「云何瓶沙王畏罪乃尒？」佛言：「其不但今世畏罪。過去有國名曰迦尸，王號名稱。時國人民，工巧伎術，無不悉備，以自生活。若無工伎者，謂之愚癡，若作賊者亦名愚癡。時有一人作賊，縛送王所，王言：『止止！彼人失財，此人作賊，我復何用共作惡為？』思惟：『昔來始一癡人，是愚癡人不能滿千，我應命終。』即持愚人付于大臣云：『我須千愚癡人用作大會，收覓數滿，白我令知。』臣執持愚人，繫在一處。王尋念言：『是愚癡者將無自苦❶。』便告大臣：『好看❷此人，莫令羸瘦，著我無憂園中，五欲娛樂，伎樂供給。』

大臣奉教，欲取❸王意，加情看視，如是不久，其數滿千。臣啟：『滿千。更須何等，當速辦之。』王聞此言，甚大愁憂：『昔來久遠，始有其一人，如何今者條已千數？將是末世，惡法增長？』王敕群臣，灑掃園內，燒香懸繒，備辦種種肴膳飲食，王與群臣十八部眾詣無憂園，敕現愚人。見其衣破垢膩，爪長髮亂，即敕沐浴，剪髮截甲，給以新衣，然後將來，各與種種飲食財寶，恣其所須，語令還家供養父母，勤修產業，莫復作賊。愚人聞敕，歡喜奉行。時王以位授其太子，出家入山學仙人法。時國王者瓶沙是也，常畏罪報。」

【章　旨】記佛講述瓶沙王前世因緣：名稱王為了不親自懲罰罪人，以德報怨，最後出家學道。

【注　釋】❶自苦　自己受苦。❷看　照料。❸取　迎合。

【語　譯】這時和尚們問佛說：「瓶沙王為什麼如此畏懼罪過？」佛對眾人說：「瓶沙王不僅僅是今世畏懼罪過。以前有一個國家名叫迦尸，國王名叫名稱。這個國家的人民技藝方術，沒有不具備的，都憑著自己的技藝生活。如果誰沒有技藝就會被認為是愚昧痴呆，做小偷的人也同樣被認為是愚昧痴呆。有一個人當了小偷，被捆住押送到國王那裡，國王說：『快放手，快放手！那個人失去了財物，這個人當了小偷，我這個國王為何要和他一同做壞事呢？』他想：『我統治了這麼長時間祇有一個愚痴的人，如果夠了一千個的話，大概我已經不在人世，不需要懲辦他了。』想到這兒，他把愚人交給大臣說：『我需要有一千個這樣的愚痴的人，把他們聚集在一起懲辦，你從現在開始搜羅覓求，等數量夠了再告訴我。』那大臣抓住愚人，把他們捆在一個地方。隨即國王又想：『這些愚人該不會受什麼苦罪吧？』於是他又告訴大臣：『你好好地照料這些人，不要讓他們變瘦，把他們放到我的無憂園裡，讓他們色、聲、香、味、觸五欲快樂，供應各種娛樂歌舞讓他們享用。』大臣奉了國王的命令，想取悅國王，就加倍地照料，結果沒過多久，一千的數量就夠了。大臣啟稟國王說：『現在數量已夠。還需要什麼呢，我們好趕快辦理吧。』國王得知，更加發愁：『以前經過那麼長的時間才出現了一個愚人，為什麼現在這樣短的時間內就夠了一千個呢？難道是末世來臨，邪惡的東西增多了嗎？』國王命令大臣們在園子裡大掃除，然後燒上香，懸掛旗幟，備辦了各種各樣的珍肴美味，然後國王和十八部大臣一起到無憂園中，命令所有的愚人都出來相見。愚人出來後，國王看見他們個個衣服骯髒不堪，指甲又長又髒，頭髮凌亂，國王就讓他們全都去洗澡，修剪頭髮和指甲，還給他們換上新衣服，然後帶回來，各給了他們許多食物和財寶，任憑他們拿多少，然後讓他們回家好好侍奉自己的父母，勤勞持家，不要再作賊。愚人聽了國王的話非常高興，回到家裡謹遵國王的話辦事。當時那位國王就把王位傳給太子，自己出家隱居在深山裡修行學仙人法。當時那位國王就是瓶沙王，他常常害怕會受到報應。」

佛言：「瓶沙王不但今世教令斬指，追即還悔。過去世時，有婆羅門，無有錢財，以乞自活。是婆羅門妻不生兒子，家本有那俱羅蟲，便生一子。婆羅門念如兒想，那俱羅子於婆羅門亦如父想。少時婦生一子，行乞食時便敕婦言：『汝若出行，當將兒去。』婦與兒食，往比舍寄舂。兒有酥酪香氣，毒蛇張口吐毒，欲殺小兒。那俱羅蟲便作是念：『我父母不在，云何毒蛇欲殺我弟？』即殺毒蛇，斷為七分，以血塗口當門而立，欲令父母見之歡喜。時婆羅門，始從外來，遙見其婦於舍外，便瞋恚言：『我教行時當將兒去，何以獨行？』父當入門，見那俱羅口唇有血，即作是念：『我夫婦不在，那俱羅於後將無殺噉我兒？』以杖打殺那俱羅。入門見其兒，坐于庭中㖉❶指而戲，又見毒蛇七分，甚大憂悔：『是那俱羅救我子命，我不善觀，卒便殺之，可痛可憐。』即便迷悶❷躃地❸，時空中有天，即說偈言：

宜審諦觀察，勿行卒威怒。
善友恩愛離，枉害信傷苦。

時婆羅門者，今瓶沙王也。」

【章旨】記佛講述瓶沙王前世因緣：婆羅門誤殺那俱羅蟲，十分後悔。

【注釋】❶㖉　吮吸。❷迷悶　昏迷。❸躃地　倒地。

【語譯】佛又說：「瓶沙王不僅僅今世命令截指，隨即又反悔。過去很久以前，有一位婆羅門，家裡一貧如洗，依靠乞討為生。那時他的妻子還沒有生孩子，他家有一隻那俱羅蟲，這隻那俱羅蟲生了一隻小蟲。婆羅門對待這隻小那俱羅蟲就像自己的孩子一樣，那隻小那俱羅蟲也像自己的父親一樣對待婆羅門。過了沒多久，婆羅門的妻子生了一個小孩。婆羅門外出乞討時叮囑自己的妻子說：『你出門的時候不要忘了帶上孩子。』他的妻子給孩子餵過飯後把孩子留在家裡，自己到鄰居家借舂搗穀。孩子身上有奶酪的香味，毒蛇聞到香味張著嘴吐著毒液，正想要把小孩咬死。那俱羅蟲看到這一情景，心想：『我的父母都不在家，我怎麼能讓毒蛇殺了我的弟弟呢？』於是那俱羅蟲就把毒蛇殺死並截為七段，之後，牠把鮮血塗在嘴邊，站在正門口，想讓父母看見後誇獎一番。正在這時，婆羅門從外面回來了，他遠遠地看見自己的妻子站在門外，很惱怒說：

『我讓你出門的時候應當帶上孩子，你為什麼把孩子留在家獨自出行？』婆羅門將入門，看見那俱羅蟲嘴唇上沾著血，他就想：『我們夫婦倆都不在家，該不是牠把我的孩子殺死後吃了吧？』於是他就用棍子把那俱羅蟲打死了。婆羅門走進門去，纔看見自己的孩子正坐在院子裡吮吸手指在玩耍，又看見一條毒蛇被截為七段，心裡十分懊悔：『是那俱羅蟲救了我的孩子的命，我沒有仔細調查，猝然就把牠打死了，那俱羅蟲實在可痛可憐啊。』說著他就昏倒在地，這時空中有位天神說偈語道：

應仔細觀察，不突然盛怒。
好友斷恩愛，實傷枉加害。

當時的婆羅門，就是現在的瓶沙王。」

（出《雜譬喻經》第四卷）

## 多智王佯狂免禍

外國有惡雨，若墮江湖河井陂池，人食之者，狂醉七日。有國王多智，善相惡雨，見雲以知，使蓋一井，令雨不入。時百官群臣食惡雨水，舉朝皆狂，脫衣赤裸，泥土塗頭，坐王殿上。唯王一人獨不狂，一切群臣不自知狂，反謂王狂：「何故著衣，獨異眾人？」皆相謂言：「此非小事。」思共置❶之。王恐諸臣欲反，便自怖懅，語諸臣言：「我有良藥能自愈病，諸人小停❷，待我服藥。」王便入內脫衣，同其而出，一切群臣見皆大喜。七日之後，群臣醒悟，大自慚愧，各著衣冠，而來朝會。王故如前，赤裸而坐，諸臣皆驚，怪而問言：「王常多智，何故若是？」王答臣言：「我心常定，無變易也。以汝狂故，反謂我狂，非實心也。」

【章旨】記多智國王為免遭迫害也裝瘋，最後，得以免除了禍害。

【注釋】❶置　廢棄。❷小停　暫等一會。

【語譯】外國會下一種有毒的雨，這種雨落入江河湖塘小溪以及井裡等隨便什麼地方，祇要人喝下那水，就會爛醉如泥，發瘋七天。有個國王足智多謀，善於觀察是否是有毒的雨，他看見雲彩飄過來就知道惡雨來臨，便把一個井口蓋住，這樣雨水就不能進去。當時文武百官大小臣僚都喝了有毒的雨水，整個朝廷的人都發了狂，都把衣服脫了赤身裸體，用泥塗在臉上，大模大樣坐在朝堂上。只有國王一個人沒有發狂，所有大臣都不知道自己瘋了，他們反而認為是國王瘋了，說：「你為什麼要穿衣服，和大家不一樣呢？」他們互相討論說：「這可不是件小事。」打算要一起廢掉國王。國王害怕大臣們反叛，內心恐懼，便對大臣們說：「我有一種很好的藥，可以治好這種病，你們稍等一會，等我先把藥吃下去。」國王便走進內宮把衣服脫了，和其他人一樣，然後纔出來。大臣們看見這一切很高興。七天後，大臣們清醒過來，都羞愧得無地自容，趕快穿好衣服上朝。國王仍舊如故，赤裸著身體坐在那兒，大臣們很是吃驚，問：「大王本來足智多謀，為什麼要這樣？」國王回答說：「我的心是穩定的，沒有變化。因為你們發瘋，所以反倒認為我不正常，那不是真實的心。」

# 卷第二九

## 行聲聞道下諸國王部第六

【題解】本部輯錄諸國國王受佛理啟發而誠心奉佛的因緣故事：優填王向佛諮道，得命終生天的治化方法；不眠王受佛理啟發，改過自新，誠信向佛……。這些生動、新穎的因緣故事，顯示了佛力的強大，佛理的深邃，教育人們要拋棄邪道，一心向佛。

### 優填王請求治化方法

（出《增一阿含經》第三九卷）

時優填王白佛言：「國王成就幾法，世尊，不久在世，外敵競興，未得修行而死入惡道？」佛曰：「十法。云何為十？一者意不專一於諸事業；二貪著揣食❶，猶彼餓虎；三貪著酒肉，不理國事；四喜懷瞋恚，多諸愁憂；五常習愚癡，不受人諫❷；六自任其力，所為能辦；七常喜殺生，陵易❸弱者；八數遣兵革，侵他國界；九多有所說，言無真要；十不慈於人。若成就此，不久存世，外敵競興。若命終後，趣三惡道，惡聲遠布。」

【章旨】記優填王向佛請教治國方法，佛告訴他絕對不能施行的十件事。

【注釋】❶揣食　梵文 kavaḍiṃ-kārāhāra，又作團食。揣、摶字通。四食之一，以手握食為丸而食之，是印度人的食法，也指欲界中一切食物。❷諫　規勸（君主、尊長或朋友）使改正錯誤。❸陵易　侵犯；欺侮。

【語譯】當時優填王問佛說：「世尊，國王做哪幾件事情，活在世上便不能長久，而且外來敵人爭相起兵，未能修行就死而墮入惡道？」佛說：「有十件事情。十件什麼事情呢？第一心意不專一於各種事業；第二貪戀食物，就像那餓虎一樣；第三貪戀酒肉，不治理國事；第四喜歡忿怒懷恨，有許多憂愁；第五習慣於愚蠢固執，不接受別人的勸告；第六自恃其力，為所欲為；第七常常喜歡殺生，欺侮弱者；第八多次興兵，侵犯其他國家；第九喜歡多言，說話沒有真諦要義；第十對人不仁慈。如果按此行事，那麼就不久於人世，被外敵興兵侵犯。若死後墮入三惡道，邪惡的名聲遠揚。」

王言：「成就幾法，久存於世，外敵不興，若命終後，生天善處❶？」佛言：「十法，久存於世，外敵不興，若命終後生天上善處。云何為十？一者意不錯亂於諸行業❷，皆悉平等，除去非行，親近善業❸；二者王不貪著摶食，以等命存；分別戒品；三不貪味嗜酒，見諸咎過❹，知出要❺為樂；四不慳貪，喜行惠施，觀諸行業；五有智慧，速解其義，常修善，除不善；六不自恃力，不自用意，諸有沙門、婆羅門、群臣、人民，聰明黠慧者，隨問其義，皆為顯說❻，便隨教導；七不暴虐殺害人民，觀其事業，便加刑罰；八不數遣兵侵他國界，常與諸王，共相和合；九所說真要，語不煩重，察前人語，然後說事；十常懷慈悲於諸臣民，常察國事。成就十法，久存于世，外敵不興，若身壞命終生善處天上。設命終後，名稱遠布，天人所傳，以等法化，勿以非理。」時王答曰：「等法化民，身壞命終，生善天上；非法行者，身壞命終趣三惡道，惡聲遠布。」

【章　旨】記佛告訴優填王十種治國的方法。

【注　釋】❶善處　指人界天上或諸佛淨土。❷行業　指身、口、意所造作的行為。❸善業　好的行為或造作，如五戒十善等善事。❹咎過　過失、罪過。❺出要　出離生死之要道。❻顯說　明白無誤地解說。

【語　譯】國王說：「要做哪幾件事情，才能長久地生存於世上，不被外敵興兵侵犯，如果命終以後，生天上或諸佛淨土?」佛說：「有十件事情，才能長久地生存於世上，外敵不興兵侵犯，若命終後生於天上或諸佛淨土。哪十件事情?第一心意不錯亂於各種身、口、意所造作的行為，一切平等，除去惡行，親近好的行為或造作；第二國王不貪戀食物，用平等的生命存世，能分別五戒、十善戒等戒品；第三不貪圖美味酗酒，見到各種過失，知道出離生死要道才是快樂；第四不慳吝、貪婪，喜歡施捨行善，能達觀身、口、意所造作的行為；第五要有智慧，能迅速地領會佛之教義，常行善，消除不善；第六不自恃其力，不意氣用事，所有沙門、婆羅門、群臣、人民之中機敏聰慧的人，衹要他們來問旨意，都為他們明白無誤地解說，順著教導去做；第七不肆虐、殺害人民，觀察他們的作業，再加以刑罰；第八不屢屢派遣兵眾侵犯他國，經常與其他的國王們和睦同心相處；第九所說的真諦要義，話語不冗長或重複，好好地觀察思索前人所說的話，然後再說話；第十對諸大臣百姓經常心懷慈悲，經常詳察國事。祇有做了這十件事情才能使你長久地生存於世，外敵不興兵攻打，如果身死之後，生在天上或諸佛淨土。如果命終之後，好名聲遠揚，被天人所傳頌。用平等的方法去教化人民，不能用違背情理的方法。」這時國王回答說：「用平等的方法教化人民，身死之後，生在天上或諸佛淨土；不以平等的方法去統治人民，身死之後，墮入三惡道，惡名遠揚。」

（出《譬喻經》第五卷）

## 不眠王殺睡左右

昔有國王，晝夜不寐❶，其邊直❷者，若睡便殺。前後殺四百九十九人。有一長者子當應入直❸，其家啼哭送之。有一年少問：「何故啼哭？」以實答之。「卿能雇我，我能代卿。」長者大喜，與金千兩，便代入直。王曰：「汝何以入？」曰：「我代長者子直。」王曰：「汝慎勿眠，我當殺汝。」時年少睡，王欲殺之，問：「何以睡？」曰：「不睡，我思事耳。」王曰：「何所思？」曰：「作一升器，受二升物：盛一升沙，復受一升水。」王試實尒。復睡，翻地。王復欲殺，曰：「思事耳。」曰：「何所思？」曰：「作一丈坑，還持土填，不滿八尺。」王復使人作之，審尒。復睡，伏地。王復欲殺，問：「汝何以復睡？」曰：「我思事耳。王赦我罪，我當說之。」王曰：「便說！」年少言：「王正似鬼！」語竟便去。王思：「此人何以呼我作鬼？」便啟問母。母言：「汝實是鬼也。我懷汝時，夜夢見鬼，與我共會❹，便有汝耳。」王便遂寤❺，改不殺人，悔過為善，遂便學道。尒時王者，我身是也；四百九十九人者，今五百上首弟子是；年少覺寤❻我者，文殊師利是。」

【章旨】記古代不眠王濫殺人民，後受到一個少年的教化，悔過自新，心向佛法。

【注釋】❶寐　睡。❷邊直　值班的近侍。邊，侍奉在身邊，指近侍。直，通「值」。值班。❸入直　指入宮值班。❹共會　指性交。❺寤　指清醒。❻覺寤　覺醒了悟。

【語譯】古時候有個國王，白天、黑夜都不睡覺，他身邊的侍從如果打盹便被殺掉。前後共殺死四百九十九人。輪到一位長者的兒子應當去值班，家裡的人啼哭著送他。有一個少年問：「為什麼哭？」他們把真實的情況告訴了少年。少年說：「你如果能雇用我，我就代替你兒子去值班。」長者非常高興，給少年黃金千兩，少年便代替長者的兒子進宮值班。國王問：「你怎麼進來的？」少年回答說：「我代替長者的兒子值班。」國王說：「你一定要謹慎，不要睡覺，不然，我就殺了你。」一會兒，少年就打起了瞌睡，國王想殺掉他，便問道：「為什麼打瞌睡？」少年回答說：「不是打瞌睡，是思考問題。」國王問：「思考什麼？」少年回答說：「製作盛一升的器物，但能盛兩升的東西：盛一升沙子，又盛一升水。」國王做了試驗，果然如此。一會兒少年又打起瞌睡，身體摔到了地上。國王又想殺掉他。少年又說：「我在思考問題。」國王問：「思考什麼？」少年回答說：「挖一丈深的土坑，再用原來的土填上，但不滿八尺。」國王又使人試驗，果然如此。少年又打起瞌睡，身體伏在地上。國王又想殺掉他，便問道：「你為什麼又打瞌睡？」少年回答說：「我在思考問題。如果你赦免我的罪過，我就告訴你。」國王說：「你馬上說！」少年說：「國王，您簡直和鬼一樣。」說完便走。國王納悶：「這個人為什麼稱我為鬼？」便去問母親。母親說：「你其實就是鬼。我懷你的時候，夜裡夢見鬼與我交會，隨即便有了你。」國王便清醒過來，從此改過，不再殺人。他懺悔過錯大做好事，隨即便學習佛道。那時候的國王便是我的前身；四百九十九人就是現在的五百上首弟子；使我覺醒了悟的少年，就是文殊師利的前身。」

# 卷第三〇

## 諸國王夫人部

【題解】本部輯錄諸國王夫人受佛理啟發，誠心奉佛的因緣故事：阿育王夫人受八歲沙彌的教化，懂得了防微杜漸的道理，並悟佛理而堅定信佛；波羅奈國王夫人生段肉，棄入水中而後為毗舍離人種，顯示了佛力的廣大……。這些感人的故事，顯示了佛教的博大精深和人們堅信佛法的決心。

### 阿育王夫人受八歲沙彌化

（出《八歲沙彌開解國王經》）

昔阿育王未解佛法，造諸地獄，入者必治，酷以眾毒。後得信心❶，因棄諸非，奉事正覺❷。人民疾疫，王斷內外，不得相通。畏病及宮中，遣信白聖眾：「乞遙呪願，可遣一比丘，入宮達嚫❸，使天下安，疾病銷除。」眾僧可之，願以見告。時聖眾遣一沙彌，其年八歲，名曰妙顏，已得羅漢❹，神通具足❺，「飛到王宮，見夫人、婇女，宣語所之，并顯道德。知佛至尊，況弟子乎？」妙顏受教，飛入王宮，住王后前。王后作禮，舉手欲抱，言：「妙顏子何能自屈，顯其神足？」妙顏謂夫人曰：「且卻，且卻，不宜身近沙門。」夫人荅曰：「卿年幼小，方始八歲，心相戀念，猶如吾子，雖身近之，當何所苦？」沙彌荅曰：「近情喻之，如夫人教，情從微起，猶粟之火能燒萬里之野；譬指滴之水，陷穿玉石，亦能盈器。事皆以漸，以少致多，以小成大。是以智者遠嫌避疑，以防未然。」沙彌、夫人因相難❻往來，言聲遂高，聲徹❼正殿。王問傍人：「是誰語聲，如有所諍？」傍臣荅曰：「沙彌妙顏，適❽至宮中，與正后語。音聲高亮，乃聞於此。」

【章　旨】記沙彌妙顏到阿育王國，教化阿育王夫人。夫人想抱八歲的妙顏；妙顏不許，與夫人論諍。

【注　釋】❶信心　信受所聞所解之法而無疑心，亦即遠離懷疑之清淨心。❷正覺　梵文 samyak-saṃbodhi，指如來之實智，也即真正的覺悟。❸達嚫　梵文 dakṣiṇā，財施之義。又指受施主布施之後，為施主說法，即法施。❹羅漢　梵文 Arhat，阿羅漢的省略，小乘的最高果位。❺具足　具備滿足。❻相難　互相辯駁。❼徹　達；到。❽適　正好；恰好。

【語　譯】過去阿育王不了解佛法，建造許多地獄，進入的人必然受到懲處，殘酷地施加各種毒刑。後來得到佛教遠離懷疑的清淨心，於是拋棄了各種非法之事，侍奉佛法。當時人民正患疾疫，國王斷絕了內外聯繫，使之不得相通。害怕疾疫傳到王宮，國王派遣信使對聲聞、緣覺等得道大眾說：「請求遠遠地以唱誦方式為眾生祈願，同時派遣一個比丘，入宮法施，使天下安寧，疾病消除。」眾僧答應，並想把祝願辭告訴他。當時得道大眾派遣一個小沙彌，僅有八歲，名叫妙顏，已經得到了羅漢果位，神通具備完足，「飛到王宮，看到夫人、宮女，宣說你去的目的，並顯示道德的力量。讓她們知道佛是至尊，何況弟子呢？」妙顏接受教誨，飛入王宮，停在王后面前。王后行禮，伸手想抱妙顏，並說：「妙顏你這孩子何以能夠自身屈折，顯露神足？」妙顏對夫人說：「退後退後，你不應該靠近沙門。」夫人說：「你年齡還小，僅有八歲，我心裡非常愛戀你，就像我的兒子一樣，即使靠近你，又有什麼關係？」沙彌回答說：「以親近人之間的感情來比喻，正如夫人所教誨的，但感情是從微小的事情產生，就好像穀粒大小的火能燒徧萬里曠野；就像指滴之水能穿透玉石，又能盛滿器具。事情形成都從微小的事物開始的，以少致多，以小成大。因此有智慧的人遠離、避開嫌疑的事，以防患於未然。」沙彌和夫人互相辯駁，聲音隨即高起來，傳到正殿。國王問侍從：「是誰在說話，好像在諍論什麼？」近臣回答說：「沙彌妙顏剛巧來到宮中，正在與王后說話。聲音又高又響亮，所以在這裡能聽到！」

王即起往，與之相見，作禮問訊：「以何所諍？」沙彌荅曰：「貴后見顏，垂意見愍❶，欲往相抱，道法不應，故難卻之耳。」阿育王曰：「卿年尚幼，猶如吾子，愛念抱之，當有何嫌？乃以壯言相折耶？」沙彌荅曰：「不如王語。古聖制儀，預其未萌，亦戒終始。女子年七歲不戲父机❷，男兒八歲不踞❸母牀；果下不捫首，瓜田無攝足。所以然者，遠嫌避疑，杜漸銷萌也。勸示將來，使防未然，吾心以淨，無復微翳❹，譬如蓮華，泥水不染，猶水精、琉璃之器也。實如來談，等於母子，所以無異。雖知無瑕，當為不能者施。」王與夫人聞其所言，驚然奇之：如妙顏言，年幼八歲尚顧眾難，況年長大、三毒❺未滅者？於是沙彌為說法，夫人、采女，五百餘人，悉得道跡，及正后、傍臣、太子皆發道意❻，尋時得立不退轉❼地。

【章旨】記阿育王與夫人及眾人受妙顏教化，心向佛道。

【注釋】❶慜　同「憫」。憐憫。❷机　通「几」。几案。❸踞　蹲或坐。❹翳　目疾引起的障膜。❺三毒　佛教稱貪、嗔、痴為三毒。❻道意　又叫道心，求無上道之心。❼不退轉　所修功德善根愈增愈進，不再退失轉變。

【語譯】國王隨即起身前往后宮，與妙顏相見，行禮問候：「爭論什麼？」沙彌回答說：「尊貴的王后見到我妙顏之後，關懷而生憐憫之心。想要抱我，這是道法不允許的，所以辯難拒絕了。」阿育王說：「你年齡還小，就像我的兒子，喜歡你而把你抱在懷裡，有什麼嫌疑？竟然用侈談來責難她？」沙彌回答說：「並不像國王您說的那樣。古代聖人制訂禮儀，就是為了干預在事情發生之前，也防備事物發生演變的全過程。所以女孩七歲不在父親的几案戲玩，男孩八歲不坐母親的床；果樹下面不摸頭，瓜田裡面不摸腳。之所以這樣做，就是為了避嫌疑，為了防微杜漸。勸儆將來，防患於未然；我心清淨，沒有一點障膜，就像蓮花，出汙泥而不染，就像水晶琉璃器皿一樣。確實如您剛剛所說，與母子一般沒什麼兩樣，因此規矩相同。雖然知道沒有什麼大的缺點，但還是應該替不能這樣做的理由作一番陳述。」國王與夫人聽了這番話後，感到十分驚奇：像妙顏所說，年僅八歲尚且能顧及各種災患，更何況我們這些年齡又大、貪嗔痴三毒還沒滅淨的人呢？於是沙彌為大家說佛法，夫人、宮女五百餘人都得到了佛家的教義，王后、大臣以及太子都萌發了求無上道之心，片刻就立於不退轉的境界。

## 王后生肉棄水遂生二兒為毗舍離人種

（出《善見律毘婆沙》第一〇卷）

往昔波羅奈國王夫人懷妊❶。此夫人自知懷妊，而白王言。王即供給養視❷，皆使調適。月滿生肉一段，赤如種花。「諸餘夫人生兒端正，我生段肉，無有手足。」心生羞恥。「若王見者，必生惡賤！」盛貯器中，打金作薄❸，以朱沙題上：是波羅奈國王夫人所生。蓋覆器頭，以王印印之，以金薄書置器外，送放江中。使人棄已，諸鬼神營護❹，使無風浪。時一道士，依牧牛人，住於江邊。清朝澡洗，遙見此器，拾取，見金薄書字，復見有王印印之。便開器看，唯見肉段，而作是念：若是死肉，久應爛臭，必有異相。將還住所，善舉一處。過半月已，而成兩片。自尒之後，復經半月，二片各生五胞。卻後半月，一片成男，一片成女。男色如黃金，女色如白銀。道士見之，心生愛重，如自有子。兩手拇指，自然出乳，一指飲男，一指飲女。乳入子腹，譬如清水。摩尼之珠，內外明徹。道士號兒名為「離車子」。道士養此二子極為辛苦，旦入聚落❺乞食，兼為二子，日晏❻方還。

【章　旨】記波羅奈國王夫人生一段肉，棄之水中，被一道人撈取，隨後成為一男一女。道人非常喜歡並辛苦地撫育他們。

【注　釋】❶懷妊　懷孕。❷養視　養護照看。❸薄　通「箔」。薄片。❹營護　庇護。❺聚落　人聚居的地方；村落。❻日晏　天色已晚。

【語　譯】古時候，波羅奈國王的夫人自知懷孕了，就告訴了國王。國王立即派人供給所需並養護照看，使各方面都非常合適周到。月滿之後王后生出一段肉團，紅得像花一樣。這位夫人想：「其餘的夫人生的兒子都很漂亮，我卻生了一段肉團，沒有手足。」心裡感到羞恥。又想：「如果國王看見，必然心生厭惡，看不起我。」於是她把肉段放在容器中，把金子打成薄片，用朱砂在金箔上題了字：這是波羅奈國王夫人所生。把容器口覆蓋，打上國王的金印，把寫字的金箔貼在容器外面，使人送出放到大江之中。將其拋棄之後，鬼神們都來庇護，使江上平和無風、無浪。當時有一個修道之人和牧牛人住在江邊。清早起來盥洗，遠遠地望見這個容器，便拾取，看金箔上寫的字，又看到器皿上打著王印。道人打開容器，衹見一個肉團，道人心想：如果是死肉，時間久了，應當腐爛變臭，這必定是不平凡的東西。把它帶回住所，放到合適的地方。過了半月，肉團成為兩片。自此之後，又過了半月，兩片上各生出五個肉胞。又過了半月之後，一片成為男孩、一片成為女孩。男孩的膚色像黃金一樣，女孩的膚色像白銀一樣。道人見此二個孩子，心中產生慈愛的情愫，就好像自己有了孩子。兩隻手的拇指自然流出乳汁，一個手指的乳汁給男孩喝，一個手指的乳汁給女孩喝。乳汁進入了孩子的肚子，就像清水一般。餵奶後，小孩的內臟就像摩尼珠內外透徹。道士為兒子起名叫「離車子」。道士撫養這兩個孩子非常辛苦，早晨去村子裡乞食，還得為兩個孩子帶回食物，天色晚了才能回來。

是時牧牛人見道士為此二子辛苦如是，謂言：「大德❶，出家人正應行道。

何為二子妨廢道業？可持乞❷我，我等為養活。」道士言：「善哉！」是牧牛人各還到家，明日與諸同伴平治❸道路，豎立幢旛❹，散雜色華，鳴鼓來迎二子。到道士處，白道士言：「今此二子，時可去矣。」道士付囑：「此二子者，有大福德，不可度量。汝等善好料理，當以乳酪、生熟酥五種而供養之。若此二子長大，還自共匹對。覓好平博❺處所，安立住止。可拜男為王，女為夫人。」牧牛人等受教而去。二子年至十六，以平博處縱廣一百由旬，中央起宅。以女嫁男，立為夫婦。後一產二兒，一男一女，如是十六過❻生。諸牧牛人見王子漸多，更開舍宅，造諸園地，合三十二人宅舍。如是遂乃三過開廣，故名為毗舍離。

【章　旨】記牧牛人代道士將二子撫養成人，並讓他們結為夫婦，成為毗舍離人的祖先。

【注　釋】❶大德　梵文bhadanta的意譯，佛家對高僧或佛、菩薩的敬稱。❷乞　給；給與。❸平治　整治。❹幢旛　旌旗。❺平博　平坦廣闊。❻過　遍；次。

【語　譯】當時牧牛人看見修道之人為這兩個孩子如此辛苦，對道人說：「高僧，出家人應該修行。怎麼可以因為這兩個孩子而妨礙、荒廢了道業？可以把他倆託付給我們，我們來養活他們。」道士說：「非常好！」隨即這些牧牛人各自回到家，第二天與同伴們整治道路豎立旌旗，往地上散滿各種顏色的鮮花，打鼓來迎接兩個孩子。走到修道人那裡，對道人說：「現在這兩個孩子應當離去了。」道人囑咐說：「這兩個孩子有大福大德，不可度量。你們一定要很好地照顧料理，應當用乳酪、生熟酥五種食品來供養他們。如果他們長大成人，他們自己可以結為夫婦。找一處好的平坦開闊的地方，給他們建造房舍。可以把男孩立為國王，女孩立為夫人。」牧牛人接受教誨然後離開。等這兩個孩子長到了十六歲，在長寬一百由旬、平坦寬闊地方的中央，建起了房宅。將女孩嫁給男孩，兩人結為夫婦。後來他們生了一男一女雙胞胎。就像這樣，一共生了十六胎雙胞胎。這些牧牛人見到王子漸漸增多，就再開闢土地建房，還建造了許多園地，總共建造了三十二個人的房宅。通過這樣三次擴展土地，所以國家名叫毗舍離。

# 卷第三一

## 行菩薩道上諸國太子部上

【題解】本部輯錄諸國太子受佛理啟發，一心行善奉佛的故事：曇摩鉗太子為得到佛法，甘心跳入火坑；忍辱太子為救父命，不惜碎骨剜目……。這幾則怵目驚心的故事，顯示了佛力的強大和太子們信奉佛法的至誠，教育人們遠離濁世富貴、誠心奉佛。

### 曇摩鉗為法燒身火坑變為華池

（出《賢愚經》第一卷）

昔閻浮提有王名梵天，王有太子，字曇摩鉗，深樂正法❶。帝釋❷化作婆羅門言：「我能說法。」太子投足❸禮敬，請欲聞之。婆羅門言：「我學積久，云何直欲便聞？若能不惜身命及於妻子，入大火坑，以見供養者，吾乃與法。」太子具如其言，作大火坑。王及夫人、采女詣宮曉喻婆羅門：「乞以國城、妻子，一為給使，無令太子投此火中。」婆羅門言：「吾不相逼，隨其意耳！但如此者，我不為說。」王宣令國內：卻後七日，太子燒身；若欲見者，至日早來。合國貴賤一時皆集，求哀固請，其說如前。太子語眾人言：「我於久遠生死之中喪身無數：人中為貪，更相斬害；天上壽盡，失欲憂苦；地獄燒煮，刀鋸解割，灰河❹劍樹❺，痛徹心髓；餓鬼之中，百毒鑽軀；畜生之報，身供眾口，食草負重……持此眾苦，空生身命，未曾善心為法。今捨臭穢之形，以求清勝❻，汝等云何欲見前卻？吾得佛道，施汝五分法身❼。」太子便立火坑上，婆羅門曰：

常行於慈心，除去恚害想。
大悲愍眾生，矜傷為雨淚。
修行大喜心，同己所得法。
擁護以道意，乃應菩薩行。

太子聞之，便欲投火，時帝釋、梵王為捉一手，而歎之云：「閻浮提內一切生類，賴太子恩，莫不得所。今若投火，天下喪父，何為自沒，孤棄一切？」太子謝曰：「莫遮我無上道心。」身投火坑，天地大動，虛空諸天同時號哭，淚如盛雨。時烈火坑變成華池，太子坐蓮華臺，諸天雨花，乃至于膝。梵天王者，今淨飯是；母者，今摩耶夫人是；太子者，今世尊是。

【章　旨】記閻浮提梵天王太子曇摩鉗喜歡佛道，為了求得婆羅門為他說法，投身火坑，然火坑變為蓮花池。

【注　釋】❶正法　指釋迦牟尼所說的教法，別於外道而言。❷帝釋　忉利天之主，居住在須彌山頂喜見城，統領三十二天。❸投足　踏步。❹灰河　十六游增地獄之一。灰河縱廣各五百由旬，從底至上，鐵刺縱橫；岸有劍林，枝葉花實皆是刀劍；走上劍樹，劍刃下向，下劍樹時，劍刃上向。❺劍樹　十六游增地獄之一。罪人入劍林中，暴風起吹落劍樹葉，墮於其身，頭面身體無不傷害。另有鐵嘴鳥啄其兩目，苦痛無量。❻清勝　清雅；清淨。❼五分法身　以五種功德法成佛身。指大小乘無學位（佛與阿羅漢）所具備的五種功德：戒、定、慧、解脫、解脫知見。

【語　譯】過去閻浮提有國王名叫梵天，國王有個太子名字叫曇摩鉗，非常喜歡佛道。天帝釋化作婆羅門對他說：「我能講說佛法。」太子踏步上前向他行禮，想要聽他說法。婆羅門說：「我的學問是長期積累下來的，哪能直接告訴你？如果你能不惜自家身命和妻子、兒女，跳入大火坑來行供養的話，我纔為你講法。」太子照他的話去做了，刨了一個大火坑。國王、夫人和宮女到宮中明白地勸告婆羅門說：「給你國家城池，妻子兒女一任你役使，不要讓太子投入火中。」婆羅門說：「我不逼迫他，隨他的意願！但是不照我說的去做，我不為他說法。」國王宣令天下：過後七日，太子要火燒自己；如果誰想來看，到時候早點兒來。全國的人不論貴賤屆時都聚集過來，苦苦哀求，婆羅門的說法仍像以前一樣。太子對大家說：「我在久遠生死劫中，已喪失過無數次生命：在人世間貪婪，互相殘害；在天上壽數已盡，欲望喪失，心情憂苦；在地獄被火燒、水煮、刀鋸、解剖，走灰河地獄、劍樹地獄，痛徹心的深處；在餓鬼之中，百毒鑽進身體；受畜生之報，以身體供眾人口食，平時吃草承負重物……遭受如此眾多苦難枉活一場，祇是不曾用善心修習佛法。今天我捨棄臭穢的外形，來求得清淨，你們為什麼要阻攔我？我得到佛道，教你們成就五分法身。」太子便立在火坑上，婆羅門說偈言：

常行仁慈行，除去加害心。
大悲憫眾生，憂憐淚如雨。
修行大慈心，如同得佛法。
守護以道心，纔是菩薩行。

太子聽了以後，便想投入火中，這時帝釋、梵王捉住他的一隻手並歎息說：「閻浮提內的一切人民依賴太子的恩德，各得其所。今天如果你投入火坑，使天下人喪失國父，為什麼要自殺，拋棄一切？」太子辭卻說：「不要阻攔我的無上道心。」說完後縱身投入火坑，天地震動，天空中諸天人同時號哭，淚如雨下。當時烈火坑變成了蓮花池，太子坐在蓮花臺上，諸天神飄灑香花，一直沒到膝蓋。梵天王就是現在淨飯王的前身；母親是今天摩耶夫人的前身；太子是今天世尊的前身。

（出《大方便佛報恩經》第五卷）

## 忍辱為父殺身

毗婆尸佛❶時，波羅奈國王聰慧仁賢，無有子息。事一仙神，經十二年，祈求不懈。後第一夫人生育一男，性善不瞋，人相具足。召諸群臣，占其吉凶，即為立字，名曰「忍辱」❷。及年長大，好行布施，於諸眾生，等以❸慈悲。國有六臣，姦弊諂佞❹，枉橫無道，人所猒患，嫉妒太子。時王重病，命在日夕。忍辱太子告父諸臣曰：「父王危篤，今當何為？」諸臣曰：「妙藥難得，命去不遠。」

太子悲悶躃地。惡臣立計，欲除太子。啟太子曰：「王病須藥，藥不可得。」太子問曰：「為是何物？」答曰：「是不瞋人眼睛及髓。若得此藥，王命必全。」太子曰：「我身似是其人。」即辭其母，并集諸小國王，自宣令言：「我今此身與大眾別。」即喚旃陀羅❺碎骨出髓，剜取兩目。臣即擣合❻，奉上大王。王即服之，病得除愈。問諸大臣：「此藥殊妙，除我苦患。」諸臣答曰：「今此藥者，太子所辦。」王曰：「今何所在？」答曰：「在外，身體傷壞，命不去遠。」王大悲哭，往到子所，其命已終。其母懊惱，投身屍上：「我有宿罪❼，應抹體❽如塵，乃今我子，喪失身命。」以牛頭栴檀而闍維❾之，以其遺骨起七寶塔。

【章旨】記波羅奈國太子碎骨出髓、剜取兩目為父王配藥治病，而後喪失了自己的生命。隨後，國王為太子的遺骨建起七寶塔。

【注釋】❶毗婆尸佛　梵文 Vipaśyin 音譯，意譯淨觀佛、勝見佛，為過去七佛中第一佛。❷忍辱　梵文 Kṣānti 的意譯。六波羅蜜之一，指對外界加於身心的煩惱、痛苦均能安穩忍受。太子因「性善不瞋」，故以自名。❸等以　以……同等對待。❹諂佞　用花言巧語巴結奉承人。❺旃陀羅　旃陀羅一族的男性，以獄卒、劊子手、屠宰為業。這裡代指劊子手。❻擣合　舂擣和合。❼宿罪　佛教稱前世的罪過。❽抹體　將身體碎切細剁。抹，細切；砍割。❾闍維　火化。

【語譯】毗婆尸佛在世時，波羅奈國國王聰明有智慧並且仁德賢明，但是沒有兒子。他供奉一個神仙，歷時十二年，堅持不懈地祈求子息。後來王后生了一個男孩，性情和善，從不發怒，面目端正。國王召集大臣們為兒子占卜吉凶，隨即起名字叫「忍辱」。等他長大後，喜歡布施，對人民和眾生都同樣施以慈悲之心。國內有六個大臣，他們邪惡不正，諂媚國王，枉法而且橫行霸道，被人民所厭惡，他們十分嫉妒太子。當時國王得了重病，命不長久。忍辱太子對父親的大臣們說：「父王病重，現在應當怎麼辦？」大臣們說：「妙藥難以求得，看來命不長久了。」太子悲痛迷悶，倒在地上。惡臣設下詭計，想除去太子。他們對太子說：「國王的病必須用一種藥來治，但是找不到這種藥。」太子問：「到底是什麼藥？」姦臣回答說：「是不發怒人的眼睛和骨髓。如果能得到這種藥，國王的性命一定可以保全。」太子問：「我本身好像就是這種人。」隨即告別了他的母后，並召集各小國王，自己宣布說：「我現在與大家告別。」隨即召喚旃陀羅種族的劊子手，敲碎骨頭，取出骨髓，剜取雙眼。大臣立即舂擣和合在一起，進獻給國王。國王隨即服下，疾病得到了痊愈。他問大臣們說：「這種藥真是特殊奇妙，解除了我的病患。」大臣回答說：「這種藥是太子籌辦的。」國王說：「太子現在在哪兒？」大臣回答說：「在外面，身體已經傷殘，命已不長。」國王放聲痛哭，來到太子的住所，太子已經喪命。太子的母親非常懊喪煩惱，她撲到兒子的屍體上說：「我前世有罪孽，應該把我粉身碎骨，可是竟讓我兒子喪失了生命。」隨即用牛頭栴檀把太子火化了，並建造起七寶塔，放置太子的骨灰。

# 卷第三二

## 行菩薩道下諸國太子部中

【題解】本部輯錄行菩薩道的諸國太子的因緣故事：長生太子以仁慈之心，感動暴王；波羅奈國慕魄太子知宿命而不願為太子，專心修道；人藥王子解救眾人疾病，乃至死後其骨末為救病之藥……。這些太子心存善心，大行菩薩道，終有好報。顯示了因果報應，毫釐不爽。

### 長生欲報父怨後還得國

（出《長壽王經》）

昔有菩薩，為大國王，名曰長壽。王有太子，名曰長生。王治以正，刀杖之苦不加吏民。風雨以時，五穀豐饒❶。有鄰國王，立行❷暴害，不修正治，國民貧困，謂傍臣曰：「聞長壽王多饒豐樂，無兵革之備，我欲奪取。」臣曰：「大善。」興兵攻伐。長壽王告群臣曰：

「彼貪我財，若與交戰，必傷我人民。夫爭國殺民，吾不忍也。」群臣不從，發兵出界，迎而拒之。王與太子踰城幽隱❸。

貪王入國，募求長壽，賞金千斤，錢千萬。後王出道邊樹下，遇婆羅門，問：「何處來？」荅曰：「我貧道士，聞長壽王好施，遠來告乞。」王默念：值我失國，垂淚曰：「我即是王也，遇我如此，無可相副❹。」兩人啼泣。王曰：「我聞新王求我甚重，卿持我頭詣之，必獲厚賞。」婆羅門曰：「我之薄福，不敢承命。」王曰：「卿故遠來，遇我困乏。人生會有死，願以相惠，何為辭讓？」荅曰：「何忍相殺，必欲惠施者，願相隨還國。」於是同反。臨至城門，王令其縛，白貪王：「即賞金錢，遣令還去。」於四街道路，欲燒殺長壽。郭邑❺草野❻，莫不呼天。太子聞之，出當父前，心中悲痛。父恐子報怨讎，乃仰天歎息曰：「此死，我之所樂也。欲為至孝，使汝父死不恨，勿報怨也。」長生不忍見父死，還入山中。

【章　旨】記長壽國王治國有方，五穀豐饒，為鄰國攻伐。王不忍兵革戕害百姓，踰城而隱。道遇婆羅門遠來乞討，願以死相惠。

【注　釋】❶豐饒　豐足而富裕。❷立行　行為舉動。❸幽隱　隱居。❹副　通「付」。送。❺郭邑　城邑。❻草野　鄉野。

【語譯】先前有一個菩薩，做大國的國王，名叫長壽。王有太子，名叫長生。長壽王以正道治理國家，國中官吏民眾不受刀杖之苦。風調雨順，五穀豐登。

有一鄰國國王，性行殘暴，不修國事，國家和百姓十分貧困，他對身邊大臣說：「聽說長壽王的國家富裕，百姓安樂，沒有軍事防備，我想奪取他的國家。」大臣回答：「很好。」於是就舉兵攻打。長壽王對他的大臣說：「那個國王貪圖我國的財物，如果與他們交戰，一定會傷害我的人民。為了爭奪國家而傷害人民，我不忍心。」群臣沒有聽從長壽王的話，調動軍隊越過邊界而抗拒敵人。長壽王與太子越城而跑，隱居到山裡。

貪王攻入長壽王國家，懸賞緝拿長壽王，賞黃金千斤、銅錢千萬。後來長壽王外出在道邊樹下，遇到婆羅門，長壽王問：「從哪裡來？」回答說：「我是一個貧窮的修道之人，聽說長壽王喜歡施捨，所以遠來乞討。」長壽王默默想：恰逢我喪失國家，於是流著淚說：「我就是長壽王，正碰上我到如此地步，實在沒有什麼可送的。」兩人相互哭泣。長壽王說：「我聽說新國王懸賞重金緝拿我，你可拿著我的頭去他那裡，一定會獲重賞。」婆羅門說：「我福德淺薄，不敢領命。」長壽王說：「你特地遠來，恰逢我喪失國家。人生總有一死，願以我的死給你好處。為何還要推讓呢？」婆羅門回答說：「我怎麼忍心殺害你，如果一定要施恩惠給我，但願一同前去。」於是一起回去。到了城門，長壽王讓他綁住自己，對貪王說：「馬上賞給他金錢，並讓他回去。」於是貪王想在十字路口燒死長壽王。城中、城外臣民無不呼天痛哭。太子聽說此事，出來擋在父王面前，心中悲痛。長壽王恐怕兒子報仇，就仰天長歎說：「死，是我樂意的。你若要極盡孝道，使你父親死後沒有遺憾，千萬不要報怨仇。」長生不忍心看見父親死亡，就又返回山中。

王既死後，長生念言：我父仁義深篤❶，至死不轉。貪王無狀❷，不別善惡，枉殺我父，我不能忍。若不殺之，終不苟生❸。乃出傭賃❹大臣，借其種菜，菜好。大臣問園監，監答：「借得一人，甚之勤能也。」大臣呼長生，問言：「卿能作飲食不？」答曰：「能。」後乃請王，飲食甘美，王問：「誰作？」答曰：「作人❺。」王即呼還宮，使作飲食。王後問曰：「汝能習兵法不？」對曰：「最便❻。」王使侍左右，告之曰：「我有怨家，恆恐相值❼。今相恃怙❽，相助備之。」對曰：「唯當為大王展力效命。」後日王問：「寧好獵不？」對曰：「臣少好獵。」王便敕外嚴駕，因與長生共出游獵。適入山林，便見走獸。王與長生馳而逐之，轉入深山，失道❾三日，遂至飢困。王因下馬，解劍以授長生曰：「我甚疲極，汝坐，我欲枕汝膝臥。」長生按劍欲殺貪王，思其父敕，內劍而止。如是三過，王便驚寤，問長生曰：「我夢見長壽王子欲來見害。」長生曰：「是中強鬼來相恐耳。」最後去原赦。長生曰：「我即是長壽王太子，故來欲殺大王。我父臨死苦囑，莫報王怨，我思父教，投劍於地，以從父敕。雖尒，猶恐後日迷惑失計，願大王便殺我身。」

王乃自悔曰：「我為凶逆，不別善惡，賢者子父行仁淳固❿，至死不轉；而我貪酷，初⓫不覺知。今日命屬子手，子固⓬懷仁，唯憶父言，能不相害，誠感厚恩。今欲還國，當從何道？」長生言：「我知道徑，前故迷王，欲報父怨耳。」

遂俱出林，便見部曲⓭。王還本國，以此國還太子，共結兄弟，誓不侵奪，更相貢遺⓮，共濟急難。

長壽王者，我身是；太子者，阿難是；貪王者，調達是。

【章　旨】記長生欲報父讎，千方百計接近新王。在野外打獵之時，欲殺新王；念父親臨死囑咐，改變初衷。新王頓然悔悟，把國家還給長生，共結兄弟。

【注　釋】❶深篤　深厚。❷無狀　罪大不可言狀。❸苟生　苟且偷生。❹傭賃　受雇為人做工。❺作人　指役夫、匠人等勞動者。❻便　擅長；善於。❼相值　猶相遇。❽恃怙　依靠。❾失道　迷失道路。❿淳固　敦厚堅毅。⓫初　始終。⓬固　通「顧」。反而；卻。⓭部曲　部屬；部下。⓮貢遺　進貢、贈送禮物。

【語　譯】長壽王死後，長生念道：我父親仁義深厚，至死不變。貪王罪大不可言狀，不辨善惡，無罪而亂加殺害我父親，我不能容忍。如果不殺掉貪王，決不苟且偷生。於是外出受雇於一個大臣，大臣家暫時讓他種菜，菜長得非常好，大臣就問守園人，守園人回答說：「雇用了一人，很是勤勞。」大臣喚來長生問：「你能做飯嗎？」回答說：「能。」後來大臣請國王飲食，飯食非常甜美，王問：「是誰做的飯？」回答說：「役夫。」國王就命令長生入宮，讓他給自己做飯。國王後來問長生：「你熟習兵法嗎？」回答說：「最擅長。」國王就讓長生在自己身邊侍候，並告訴長生說：「我有仇人，很害怕相遇。現在依靠你，幫助我防備仇家。」長生回答說：「應當為大王捨命效力。」過了幾天，國王問：「你是否喜歡狩獵？」回答說：「我從小就喜歡打獵。」國王就下令外面整備車馬，與長生一同出去遊獵。剛入山林，便看見奔跑的野獸。國王與長生馳馬追趕，進入山的深處，迷失道路，三天未能出來，乃至於又睏又飢。國王於是下馬，解下長劍交給長生說：「我很疲倦，你坐下，我枕著你的膝蓋睡。」長生以手撫劍想殺貪王，想到父親的告誡，把劍又收了起來。

如此的動作做了三回，貪王警覺醒來，問長生說：「我夢見長壽王兒子想來害我。」長生回答說：「這是惡鬼來嚇唬你罷了。」最終，寬恕赦免了貪王。長生說：「我就是長壽王的太子，特地來殺大王。但我父親臨死之時苦苦囑咐我，不要報怨讎，我想到父親的教誨，才把劍扔到地上，以服從父親的勑命。雖然如此，仍害怕擔心日後不能控制自己，希望大王現在殺了我吧！」

貪王自己悔恨地說：「我做了兇惡叛逆之事，不辨善惡，你們父子仁德敦厚堅毅，至死不改變；而我貪婪殘酷，始終不覺悟。今天命在你手中，你卻心懷仁義，祇想到父親的話，而不加害於我，實在是感激你的大恩德。現在想返回國家，應當從哪條路走？」長生回答說：「我知道路徑，先前是故意迷惑大王，想報父親冤仇罷了。」於是一同走出山林，便看到了部屬。貪王返回自己原來的國家，把這個國家又還給太子長生，共同結為兄弟之好，立誓不再侵犯，而是相互進貢、餽贈禮物，有急難時相互幫助。

佛說：長壽王，就是我的前身；太子，就是阿難的前身；貪王，就是調達的前身。

（出《太子慕魄經》）

## 慕魄不言被埋後言得修道

時波羅奈國王太子名曰慕魄，端正絕雙。自識宿命、無數劫事，所更善惡、壽夭、好醜，皆悉知見❶。年十三歲，閉口不語。王唯一子，舉國愛重，當襲王位。不說飢寒，恬淡質朴，意若枯木。雖有耳目，不存❷視聽；智慮雖遠，如無心志，猶若盲聾，不說東西；狀如矇戇，不與人同。其父憂慮，甚用患苦，深恥鄰國，恐見凌嗤❸。因呼國中婆羅門問之：「此子何故不能言語？」諸婆羅門言：

「此子雖面目端正，內懷不祥；欲害父母，危國滅宗，將至不久。不復生子者，皆是此惡子所妨，宜生埋❹之。王身可全，保國安宗，然後更得生貴子耳。不者，甚危。」

王信狂愚，謂為審然❺，即用愁憂，坐起不寧，妓樂不御，服美不甘；即與耆長大臣共議之，言「遠棄深山」，或言「投沉深水」。有一臣言：「但作深坑，傍入如室，給與資糧，侍以五僕，生置其中，從命所如。」王即隨之。

【章　旨】記太子慕魄出生後自識天命，但與人不同，如同枯木，不會言語；父王認為不祥，要將他隔離於深坑之中。

【注　釋】❶知見　知道，看見。知為意識，見為眼識，意謂識別事理、判斷疑難。❷存　留意；關注。❸淩嗤　淩辱嗤笑。❹生埋　活埋。❺審然　猶果然，確實是這樣。

【語　譯】往昔之時，波羅奈國王太子名叫慕魄，長相端莊，舉世無雙。自己知道前世的生命和無數劫中的事情，以及所經歷過的善惡、長壽短命、美醜等事，全都知道、看見。到十三歲時，仍閉口不說話。國王祇有一個兒子，全國喜愛看重，應該繼承王位。但這太子從不說飢餓寒冷，樸實而恬淡，形同枯樹。雖有耳朵眼睛，不留意看到的聽到的；智慮雖然遠大卻好像沒有心性，猶似一個瞎子聾子，不說事物；如同失明的傻瓜，不與常人一樣。他父親很憂慮，非常擔心並苦惱，深怕被鄰國羞辱，擔心被淩辱恥笑。於是喚來國中婆羅門問這件事：「這個孩子為何不會說話？」好多婆羅門說：「這個孩子雖然面目端正，其實內心不善；想要加害父母，危害國家並滅掉宗族，不久這些事情就會出現。王后不再生子，都是這個惡子所妨礙的結果，應當活埋了他。這樣國王自身可保，國家安全宗族安寧，而後還能生下貴子。如不這樣，非常危險。」

國王相信了這些狂妄愚蠢的人，認為確實是這樣，非常憂愁，坐臥不安，不再聽樂曲看舞蹈，食不甘味；馬上與資深大臣共議此事，有的說「把太子遠遠扔進深山」，有的說「投入深水中」。有一大臣說：「祇要挖一個深坑，如同屋室能從旁邊進入，給與錢糧，用五個僕人侍候，把王子放置其中，讓他聽天由命吧。」國王就聽從了他。

太子悲感，傷其愚惑。其母憐愛之，用傷絕曰：「我子薄命❶，乃值此殃。」涕泣哽咽❷。事不得已，俛仰❸放捨，悉取太子所有衣服，瓔珞珠寶，皆用送之。僕使於外，因共作坑。作坑未竟，慕魄獨於車上，深自思惟，心與口語：「王及人民皆共謂我審為癡瘂❹。所以不語，欲捨世緣❺，安身避惱，濟神離苦耳。今反為狂詐所危，既沒身命，陷墮彼人。」便默自取其瓔珞珠寶持去。作坑人輩不覺慕魄去。時慕魄即到水邊，淨自澡浴，以香塗身，悉取衣被瓔珞著之，到掘坑所問曰：「作坑何施？」其僕對曰：「王有太子，名曰慕魄，瘖瘂聾癡，年十三歲不能言語，我等作坑欲生埋之。」太子荅曰：「我即慕魄也。」作人驚怖，走視車上，不見所在。還至坑所，諦熟觀察，聽聞言語，絕有異聲。光影如月，世所希聞；動其左右，行者駐步，坐者為起。飛鳥走獸皆來會聚，伏太子前，聽太子語。又曰：「觀我手足，察我形容，云何群迷，信此狂誑，生見埋棄？」發言成章，左右驚惶，皆作禮叩頭，求哀原赦。太子曰：「今已見棄，不宜復還。」僕即奔馳以白王。王聞悲且喜，即與夫人驂駕❻往迎。王未到頃，慕魄自念：當行學道。

帝釋化作園樹，快樂無比。王遙見太子在樹下坐，慕魄見王即起迎逆❼。王為作禮，慕魄則曰：「大王就坐。」王聞太子語言音聲，威神無量，震動天地，絕無雙比，則大歡喜。便繞❽慕魄共還入國，居位理政，「吾請避席❾。」

【章　旨】記太子將被挖坑活埋，突然能說會道，出口成章。國王前去迎接，並希望太子即位處理朝政。

【注　釋】❶薄命　命運不好，福分差。❷嘶咿　形容哭聲含糊，不清晰。❸俛仰　猶權衡。❹癡瘂　癲狂不能說話。❺世緣　俗緣，謂人世間事。❻驂駕　三匹馬拉的車子，泛指車馬。❼迎逆　迎接。逆，迎。❽繞　糾纏。❾避席　讓出席位。

【語　譯】太子悲哀感傷，哀憐他們的愚蠢和迷惑。他母親很疼愛他，極其悲傷地說：「我孩子命不好，遭此大難。」哭泣嗚咽不能自已。無可奈何，權衡之後祇能讓他去，她取來太子所有衣服和瓔珞珠寶，都拿來送給太子。此時僕人在外面共同挖坑。坑還未挖好，慕魄獨自在車上深深思考，心中念道：「國王和人民都以為我真的是傻瓜啞巴。我之所以不說話，是因為想捨棄俗緣，修身養性避開煩惱，安定心神離開各種苦惱而已。現在反被愚頑、詭詐之人所危害，我自己既沒了性命，又使得那些人墮落。」於是便默默地拿上瓔珞和珠寶離去。挖坑人都沒發覺慕魄拿了珍寶離開。當時慕魄走到水邊，自己沐浴，把香料塗在身上，拿出衣服瓔珞穿戴好，走到掘坑的地方問：「挖坑幹什麼用？」僕人對他說：「國王有太子，名叫慕魄，又啞又聾又痴，十三歲了還不能說話，我們挖坑要活埋他。」太子說：「我就是慕魄。」挖坑的人驚恐萬分，跑到車上一看，不見慕魄。走到坑邊，仔細觀察，聽到他的言語絕對與眾不同。他的外表如月色一樣美麗，世所罕見；身邊的人為之動容，行走的人停住腳步，坐著的人為他站起。飛鳥走獸都來聚會，伏在太子跟前，聽太子說話。太子又說：「你們觀察我的手足和外貌，為何大家如此迷惑，相信這些愚頑欺詐的人，要活埋我？」太子的說話出口成章，左右的人震驚而惶恐，都行禮叩頭，哀求寬恕。太子說：「我現在已經被拋棄，不宜再回去。」僕人即刻騎馬去告訴國王。國王聽到以後又悲又喜，馬上與夫人坐上三匹馬拉的車子一同前去迎接太子。國王還未到，慕魄就想：應當遠行去學習佛理。

此時天帝釋化作園圃裡的樹木，慕魄坐在樹下快樂無比。國王遠遠看見太子坐在樹下，慕魄看見國王，起身相迎。國王給他行禮，慕魄則說：「大王請坐下。」國王聽到太子說話的聲音，聲威赫奕，震動天地，當世無雙，非常喜歡。國王便纏著慕魄，讓他一同回國，即位處理政事，並說：「我將讓出王位。」

慕魄曰：「不可，我以畏厭地獄勤苦愁毒多端❶。吾昔曾作王，名曰須念。以正法治國，奉行眾善。二十五年，鞭杖不加，刀兵不設，獄無繫者，惠施❷仁愛，恩德流普❸，救濟窮滯❹，無所貪惜。雖有此行，猶犯微罪，終墮地獄。六萬餘歲，煎煮剝裂，痛酷❺難忍，求死不得，生無聊賴。當尒之時，父母有財，富而且貴，快樂無極，寧能知我在彼地獄考治❻劇乎？豈復能來分取❼我苦？所以墮罪者，往昔作王，小國統屬，性甚慈仁，戒德❽方峻❾，法令不嚴。諸小國王皆見輕易，咸共謀議：『今此大王，既善且弱，威笇❿不攝⓫，德不堪任統御大國，當應誅伐，廢退之耳。』即舉兵眾，來征大國。時王須念，逆以珍琦財寶皆賜遺之，復以重官厚祿撫卹慰喻，誘而安之。即還本國，如是未久，復來攻伐，數數非一。大國群臣上白大王：『諸小臣國愚闇無義，無慮罪舋，數為慢突。謀殺悖逆，觸犯尊上，令民驚擾，防備不息，當應誅斬，以除寇害。』王曰：『為民父母，當務仁化，恕己⑫育物，危命濟眾。彼猶嬰孩，愍其無識，以漸誘導，不忍加害。』王普愛物命，永無誅伐。大國群臣不忍數為臣屬小國所易，忿不顧難，舉兵討伐，殘殺人民。大王雨淚，即為諸國死亡人民，服喪猶子，矜愍無極。諸小國王見大王慈心矜念人民，即皆降伏，遂來歸附。大王普設珍饍、應須⑬，烹殺牛羊六畜，以具眾味。輒先啟王：『王心雖慈，事不獲已，頷頭⑭即可。』緣是得罪，勤苦如是。每一念之，心甚戰慄，體虛冷汗。追憶過世所更吉凶、安危、成敗，恐復與會，冀以靜默，免脫瑕穢，出庶塵勞⑮，永辭於俗，不與厄會。適復念欲，閉口不言，被王生埋。恐王後時，復得是殃，因入地獄，無有出期。我意不欲令王得罪，故復語耳。守意無為，不樂為王。人民世間，怳惚⑯如夢；室家歡娛，須臾間耳。計命無幾，憂畏延長，樂少苦多，眾惱萬端。是故智者，以國財寶恩愛為累，眾欲為塵。使吾為王，當復憍逸，貪求快意，令民憂煩，天下之大患也。今欲除棄，反流盡源，拯濟未度；生世若寄，無一可恃。不貪富貴，不重珍寶，棄捐世榮，思想大道，高明遠逝，自拔於世。」

父王曰：「汝為智人，不可便尒。」慕魄曰：「何聞父子生而相棄？骨肉已離，為行甚𠎝⑰，苦相迎接，徒益勞煩。」父覩志堅，惘然失措，無辭可荅，乃曰：「如汝前世作國王時，奉行眾善，纔有小失，非所憶知，而尚受罪勤苦如是。今我治國，不奉正法，既無微善，反是愆非，純行危殆，罪當何訾⑱！」便放太子，聽行學道。太子於是棄國捐王，不務⑲人物，一心專精，念道修德，功勳累積，遂至如今。

慕魄者，我身是；父王者，閱頭檀是；母者，摩耶是；相師，調達是；時侍僕者，阿若拘鄰等五人是。

【章旨】記太子對父王敘述前世因緣，以及守意無為，志行學道，不樂為王的原因。

【注釋】❶多端　多方面。❷惠施　布施；施恩。❸流普　廣布；偏及。❹窮滯　指困頓的人。❺痛酷　慘痛。❻考治　猶拷問。❼分取　猶分擔。❽戒德　指防非止惡的規範和教化。❾方峻　方正嚴峻。❿威筭　威德與謀劃。筭，「算」的異體。謀劃；計謀。⓫攝　通「懾」。懾服。⓬恕己　謂擴充自己的仁愛之心。⓭應須　一應所需。⓮顉頭　搖頭。顉，《龍龕手鏡·金部》：搖頭也。⓯塵勞　佛教徒謂世俗事務的煩惱。⓰怳惚　猶恍惚，倏忽、瞬息之間。⓱𠎝　同「愆」。過失；違失。⓲訾　計量；衡量。⓳務　通「瞀」。眩惑。

【語　譯】慕魄說：「不可以，我已經畏懼厭惡地獄，那多方面的痛苦愁毒，實在難以忍受。我過去曾經做國王，名叫須念。我以正宗的法則治理國家，奉行各種善舉。二十五年中，不以鞭、杖責罰人，不謀劃戰爭，監獄中沒有被拘囚的人，廣施仁愛，我的恩德徧及全國，救濟困頓的人，一點也不吝嗇。雖然有這些善行，仍犯有小小的罪過，最終還是墮入地獄。六萬餘年中，受盡烹煮煎熬、剝皮撕裂，慘痛難忍，求死不能，活著又沒有依靠。在那個時候，父母很有錢，富裕而顯貴，快樂無比，豈能知道我在那個地獄中受盡劇烈的拷問嗎？難道能來分擔我的痛苦嗎？我之所以墮入罪惡中，是因為過去做大國王，統轄許多小國家，我的性格非常慈善仁愛，防非止惡的規範和教化本來應該方正並且嚴峻，但是我的法令不嚴厲。各位小國國王都輕視、怠慢我，他們一齊謀劃說：『現在這個大王，既老實又懦弱，威德與計謀不能使人懾服，他的德行不足以統領一個大國，應當討伐，貶黜他的王位。』於是馬上起兵，前來討伐大國。當時國王須念，反而用珍貴奇異的物品、金銀財寶賞賜贈送給他們，又以高官厚祿安撫、曉諭，希望能感化他們并使他們安定。這些小國國王便返回本國，過了不久，又興兵前來攻打討伐，這樣屢屢而不止一次。大國的各位大臣對大王說：『各小臣國愚鈍不明事理沒有道義，不考慮自己的罪孽，屢次輕忽衝撞。謀殺忤逆，冒犯尊長，讓百姓驚慌騷亂，防備不停，應當誅殺，以消除賊寇之害。』國王說：『作為百姓的父母，應該致力仁慈的教化，擴充仁愛之心以養育人民，不惜危及生命以拯救百姓。那些小國國王就好像嬰兒，憐恤他們的無知，慢慢勸誘教導，不忍心殺害他們。』國王平時廣愛一切物類的生命，永遠沒有誅殺之事。大國的各位臣子不能忍受屢次被下屬的小國輕視，奮不顧身，舉兵討伐，殘殺小國的百姓。大王淚如雨下，就是為了諸小國死亡的人民，帶孝守喪猶如兒子為父母，憐憫哀念百姓沒有窮盡。各小國國王見大王以慈悲之心憐念人民，全都被降服，於是前來歸順依附。大王徧陳珍貴的食物以及一應所需，宰殺烹煮牛羊等六畜，備辦各種美味。群臣則先開導國王：『大王的心縱然仁慈，但是事不得已，你只要搖頭我們就可動手。』因為這個緣故而獲罪報，辛酸悲苦如此。每當我想到此事，心裡就因恐懼而顫抖，身體虛弱冒出冷汗。回想起過去世所經歷的吉凶、安危和成敗，我擔心會再次遭逢，希望通過靜默不作聲，來免除過失或惡行，去除各種煩惱，永遠告別塵世，不再與災難相會。僅纔這麼念想而緘默不說話，卻被父王你活埋了。我擔心父王以後會再獲這種禍殃，而墮入地獄，永遠沒有出頭之日。我不想讓父王獲罪，所以又開始說話。堅持自己的意願並且無因緣造作，不喜歡做國王。人活在世間，倏忽如做夢一般；家庭的歡樂，不過是須臾之間的事而已。算起來生命沒有多少時間，憂慮畏怯綿延久長，歡樂少痛苦多，各種煩惱極多而紛繁。因此具有智慧的人，把國家、財寶、情愛看作是拖累，把各種欲望看作是塵垢。假使讓我做國王，將會驕橫婬佚，永不滿足地追求快樂，使百姓憂慮煩惱，這是天下的大災難啊。今天我想去除拋棄這一切，返回水的源頭，救助眾生未度生死苦者；活在世上就好像寄居，沒有一樣是可以依靠的。我不貪戀富貴，不看重珍寶，拋棄世俗的榮華富貴，思念佛道，聰明地遠行，主動擺脫濁世。」

父王說：「你是有智慧的人，不可以如此。」慕魄說：「哪裡聽到過父子之間活著便要被拋棄？骨肉已經分離，行為實在有所違失，你苦苦相迎，只會增加勞累麻煩。」父王見太子意志堅定，茫然不知所措，沒有言辭可以回答，就說：「像你前世做國王，奉行各種善舉，僅僅有小小的過失，並非你有意所為，尚且遭受罪報，受苦如是。現在我治理國家，不奉行正法，既沒有一點善舉，相反有很多罪過，大行危殆之舉，其罪將怎麼計量呢！」父王於是放過太子，任憑他遠行學佛。太子其時離開國家拋棄王位，不再被世俗的人與物眩惑，專心一志，念佛行善積德，修行的功果聚積，一直到今天。

佛說：慕魄，就是我的前身；父王，就是閱頭檀的前身；母親，就是摩耶的前身；相師，是調達的前身；當時的僕人，就是阿若拘鄰等五人的前身。

（出《菩薩藏經》下卷）

## 人藥王子救疾

過去世時，閻浮提❶人疫病❷劫至，普皆疾惱。尒時閻浮提王名摩醯斯那，領八萬四千大城，威勢❸自在。最大夫人懷妊已來，手觸病者，皆得除瘥❹。月滿產男，生而即說言：「我能治病。」又亦生時，閻浮提內諸天鬼神皆共唱言：「今王所生，便是人藥。」以是音聲普流聞故，字曰「人藥」。

時將病人示此王子。諸病人至，王子手觸，若以身觸，即皆得瘥，安隱快樂。人藥王子於千歲中，如是治病，後則命終。諸病人來，聞其已死，憂愁啼泣：「誰復度我病痛苦惱？」諸病人言：「人藥王子何處燒身？」問知所在，趣其燒處，出骨擣末，以塗其身，即皆得瘥。骨盡之後，至然身處，病皆得瘥。人藥王子，我身是也。

【章旨】記人藥王子生下以後，以手觸摸，即能治病；及其死後，病人以其骨灰塗身，病即根除。

【注釋】❶閻浮提　即南贍部洲。閻浮，樹名。提為「提鞞波」之略，意譯為洲。洲中閻浮樹最多，故稱。後多指人世間。❷疫病　泛指流行性的傳染病。❸威勢　威嚴權勢。❹除瘥　除去疾病；病愈。

【語譯】過去世的時候，閻浮提瘟疫流行的劫難降臨，眾人都為疾病煩惱。當時，閻浮提國王名叫摩醯斯那，統領八萬四千個大城市，威嚴權勢顯赫。自從王后懷孕以後，用手觸摸患病的人，他們的病即根除。懷孕期滿，生下一男孩。男孩生下來時就能說話：「我能治病。」在他出生之時，閻浮提內好多天人鬼神都高呼：「現在國王所生兒子，就是人藥。」因為這聲音普遍被人們聽到，所以取名叫「人藥」。

當時，凡有病的人都讓王子看病。那些病人一到，王子用手觸摸，或者用身體碰一下病人以後，病人全都痊愈，平安而快樂。人藥王子在千年中，就這樣給人治病，後來他就死了。那些病人來治病，聽說他已死，憂愁哭泣：「誰能為我們解除病痛的苦惱？」那些病人問：「人藥王子在何處火化？」問明火化的地點，他們趕到火化處，取出骨頭，擣成碎末，塗在身上，疾病都會痊愈。骨頭用完之後，病人到太子火化的地方待會兒，病也能治愈。佛說：人藥王子，就是我的前身。

# 卷第三三

## 學聲聞道諸國太子部下

【題解】本部輯錄諸國太子學聲聞道的因緣故事：祇陀太子行十善而得初道果；最勝王子信奉佛法，雖有寶物，別人難以奪取……。這些太子所獲果報，皆為前世的因緣所致。

### 祇陀太子捨五戒行十善請佛聞法得初道果

（出《未曾有經》）

祇陀❶太子白佛言：「昔受五戒❷，酒戒難持，畏脫得罪。今欲捨五戒受十善❸法。」佛言：「汝飲酒時有何惡耶？」荅曰：「國中豪族雖時時相率，賫持❹酒食，共相娛樂，以致歡樂，自無餘惡。得酒念戒，不行惡也。」佛言：「若人能如汝者，終身飲酒，有何惡哉？如是行者，乃應生福，無有罪也。」「夫人行善，凡有二種：一者有漏❺，二者無漏❻。有漏善者，受人天樂；無漏善者，度生死苦，涅槃果報。若人飲酒，不起惡業，善心因緣，受善果報。汝持五戒，有何失乎？」

【章　旨】記祇陀太子向佛問違反酒戒之罪過，佛作了初步的回答，並說飲酒不起惡業而存善心，仍有善報。

【注　釋】❶祇陀　舍衛國波斯匿王太子。❷五戒　在家信徒終身應遵守的五條戒律，即不殺生、不偷盜、不邪淫、不妄語、不飲酒。❸十善　指十種善業，即不殺生、不偷盜、不邪淫、不妄語、不兩舌、不惡口、不綺語、不貪、不嗔、不痴。❹賷持　捧持。❺有漏　有煩惱而輪迴生死，稱為有漏。❻無漏　無煩惱而能出離生死，稱為無漏。

【語　譯】祇陀太子對佛說：「往昔之時曾接受五戒，但是酒戒難以持守，害怕因此而獲罪。現在想捨棄五戒接受十善之法。」佛說：「你飲酒時犯有什麼罪惡呢？」祇陀太子回答說：「國中豪門貴族雖然時時相聚，捧持酒食，共同娛樂，祇是為了快樂，沒有別的惡行。得到酒就會想到佛家的酒戒，所以不做壞事。」佛說：「如果人都能像你一樣，即使終身飲酒，有何罪惡？像你這樣做的話，應該增長福祉，沒有罪過。」佛又說：「人行善事有二種：第一種是有漏，第二種是無漏。有煩惱而施善的人，將得到人間天上之快樂；無煩惱而施善的人，可超脫生死之苦，得到滅卻煩惱、解脫的果報。如果人飲酒而身、口、意不產生乖理的行為，因為心存善心的緣故，會受善報。你持守五戒，有什麼過失呢？」

舍衛城中，有諸豪族、剎利❶公王❷，因小爭競，遂至大怨。各各結謀，與兵相伐。兩家並是國中豪傑，皆復親戚，非可執錄❸。紛紜鬪戰，不從理諫，深為憂之。復自念言：「昔先王大臣名提韋羅，恃其門宗富貴豪強，而見輕慢，形調❹、戲弄。當時忿恚❺，實欲誅滅。以事啟父，父又不聽。懷毒抱恨，非可如何，懊惱愁悴，不能飲食。太后見我憂苦，種種諫曉，心猶不息。因覓好酒，勸我令飲。時啟母言：『先祖相承，事那羅延天❻，今若飲酒，恐天必怒，諸婆羅門當見謫罰。』母於夜靜時，密開宮門，不令人知。逼迫再三，俛仰從之。既飲酒已，忘去愁恨。召集宮女，作倡伎樂。三七日中，從是得息。」

【章　旨】記太子受大臣提韋羅輕慢戲弄，心中忿恚，以酒解除心中懊惱，化干戈為玉帛。

【注　釋】❶剎利　即剎帝利之略，印度四種姓階級中第二等級，華譯為田主，為世間大地之主，即王種也。❷公王　君主。❸執錄　抓捕。❹形調　嘲笑。❺忿恚　懊惱；怒恨。❻那羅延天　梵名Nārāyaṇa，印度古代神祇，欲界中天名，意譯為金剛力士。又外道說即大梵王。

【語　譯】在舍衛城中，有諸豪門貴族、剎利君主，因為小的爭執而逐漸結下大怨讎。各各結盟，興兵殺伐。這兩家在國中都有地位有勢力，又是親戚，不可抓捕。他們紛爭、鬪戰，不聽使者的勸諫，太子深深為此擔心。太子又自己想到：「往昔之時，先王大臣名叫提韋羅，仗恃他的宗族有財有勢，是豪門大族，而輕視怠慢、嘲笑、戲弄於我。當時心中忿恨，很想殺掉他們。就把此事稟告了父王，父王又不答應。於是內心充滿了怨恨，不知如何是好。心中懊惱、發愁而臉色憔悴，吃不下飯。太后見我憂愁痛苦，進行種種規勸，但我心內仍不平靜。於是找來好酒，勸我飲酒。當時啟稟母后說：『我們祖先遞相沿襲，侍奉那羅延天，現在如果飲酒，恐怕天一定會惱怒，各婆羅門見到後也會懲罰我們。』母后在夜靜時分，祕密開啟宮門，不讓人知道，給我送酒。她逼迫再三，我才低頭將酒飲下。喝完後，忘去憂愁和怨恨。又召集宮女，演唱歌舞娛樂。二十一日後，心中仇恨得以平息。」

思惟是已，即勑忠臣，令辦❶好酒及諸甘饍，召集諸群臣集王殿上。忠臣辦琉璃椀，椀受三升。王先傾❷一椀，人辦一椀甘露妙藥。後論國事，兼作眾妓。諸人得酒並聞音聲，心中歡樂，忘失仇恨，沛然❸無憂。王復持椀白諸君曰：「士夫修德，歷世相承，遵奉聖教，不應差違。諸君何為，因於小事，忿諍如之？若不忍者，恐亡國嗣❹。是故重諫，幸自宜息。」諸臣白王：「敬奉重命，不敢違也。」因是和平，酒之功也。

【章　旨】記王備辦美酒佳肴，讓群臣享用，使其心中歡樂忘卻仇恨。

【注　釋】❶辦　置辦。❷傾　倒出來。❸沛然　謂廣闊坦然的樣子。❹國嗣　王位繼承人。

【語　譯】想到這些，就命令忠臣，讓他們置辦美酒和各種佳肴，召集各位大臣，到國王殿上會聚。忠臣準備了琉璃碗，每隻碗可盛三升酒。國王先倒滿一碗酒，大臣也每人倒上一碗，像是飲甘露妙漿。而後談論國事，又演奏樂舞。眾人飲酒，又聽音樂，心中歡樂，忘記了讎恨，心胸開朗坦然無憂。國王又端起碗對大臣說：「士大夫修養品德，代代相承不斷，遵照奉行佛所說之教法，不應有一點違失。你們眾人為何因為小事而忿怒相爭？如果不能容忍，恐怕會喪失王位繼承人。所以要鄭重地勸告你們，希望平息自己心中的忿怒。」各大臣對王說：「恭敬地奉行王命，不敢違抗。」因此而和睦，這是酒的功勞啊！

## 諸太子問佛幾等有出家者佛出所更皆悉悟道

（出《法句譬喻經》第五卷）

昔佛在波羅奈國❶鹿野場❷上，為眾說法。時大國王太子將從小國王世子五百餘人，往到佛所，為佛作禮，卻坐一面，而聽說法。諸太子等即白佛言：「佛道清妙，玄遠❸難及。自古以來，頗有國王、太子、大臣、長者子，捨國吏民恩愛榮樂，行作沙門者不？」佛言：「世間國土榮樂恩愛，如幻化❹夢響，卒來卒去，不可常保。」又曰：「國王太子以三事故，不能得道。」

【章　旨】記佛在波羅奈國鹿野場上為太子等五百多人說法，請太子向佛提問。

【注　釋】❶波羅奈國　古印度一王國名。❷鹿野場　即鹿野苑，梵名Mrgadāva，為釋尊成道後初轉法輪之地。❸玄遠　玄妙遙遠。❹幻化　指萬物了無實性，不真實。幻，幻術。

【語　譯】很久以前，佛在波羅奈國的鹿野苑，給眾人說法。當時，大國國王的太子帶領小國國王的世子，共有五百多人，來到佛所在地方，向佛施禮，退坐在一邊，聽佛說法。各位太子們對佛說：「佛法之道清高美妙，深遠微妙，很難達到那種境界。自古以來，是否有很多的國王、太子、大臣和貴族子弟，捨棄國家、臣民和情愛、榮華富貴，而去作沙門呢？」佛回答說：「人世間封國的領地、榮華歡樂、情愛，就好像幻術、夢境、回聲一樣虛幻不實，來得快去得也快，不可能常擁有。」佛又說：「國王、太子因為三件事的緣故，而不能得到佛家的真諦。」

「何謂三事？一者憍恣❶，不念學問、佛經妙義，以濟神本；二者貪取，不念布施，下分困厄，群臣將士所有財寶，不與民共，以修財本；三者不能遠離婬欲、愛樂之事，捨棄牢獄憂煩之惱，行作沙門，滅眾苦難，以修身本。是以菩薩所生為王，除此三事，自致得佛。」

【章　旨】記佛說國王、太子有三事而不能得道。

【注　釋】❶憍恣　驕傲放縱。

【語　譯】「是哪三件事呢？一是憍橫放縱，不去學習領悟佛經的真諦，以彌補精神上的根基；二是貪婪，不去施捨給窮困之人，群臣將士的財寶不與民眾共享，以增殖財物的根基；三是不能遠離性欲和歡愛快樂之事，捨棄牢獄的煩惱，去做沙門，滅除各種苦難，以修養自身的根基。因此菩薩轉世來做國王，只要除此三件事，便能憑主觀努力而得佛道。」

「又有三事：一者少壯學問領理國土，宰化❶民庶，使行十善；二者中以財施貧窮孤寡❷，群臣壯士與民同歡；三者每計無常❸，命不久留，宜當出家，行作沙門，斷苦因緣，勿更生死。三事不施凡死所得。」

【章　旨】記佛向諸太子說另有三事，是致佛之道。

【注　釋】❶宰化　歸順。❷孤寡　無父無母稱孤，無丈夫稱寡。❸無常　指世間一切事物不能久住，處於生滅遷流變異之中。特指死亡。

【語譯】「又有三件事情：一是在年輕力壯時學習治理國家，使民眾歸順，讓他們奉行十善；二是中年時期，把財物施捨給窮人、孤兒寡婦，讓群臣將士與民一同歡樂；三是常想到老年就會死亡，生命不能長久，應當出家，去作沙門，割斷苦難因緣，不再經歷生死之苦。這三件事不施行，得到的將是凡人那樣流轉於生死之途。」

世尊❶曰：「昔我前世作轉輪聖王❷，名曰南王皇帝，七寶導從。自念人命短促，無常難保，但當作福，以求道真。念常布施，世間人民所有財物，與民共之。已種福德，唯當出家，行作沙門，斷絕貪欲，乃得滅苦。梳頭髮白，拔著案上，王啼泣曰：『第一使者忽然復至，宜當出家，行作沙門，求自然道。』擎髮掌中，自說偈言：

今我身首上，白髮生為被。
已有天使召，時正宜出家。

【章旨】記世尊回憶前世作轉輪聖王時，由布施到出家的經過。

【注釋】❶世尊　如來十號之一。即佛具萬德為世間所尊重之意，亦指世界中最尊者。❷轉輪聖王　又稱轉輪王。指成就七寶，具足四德，統一須彌四洲，以正法治世的大帝王。此王身具三十二相，即位時由天感得輪寶，轉其輪寶而降伏四方。

【語譯】世尊又說：「往昔之時，我前世作轉輪聖王，名叫南王皇帝，出行時有七寶前導後從。自己想到生命短促，一切事物生滅變異難以保全，應當去做善事而獲福祉，以求道德的真諦。心裡常想著布施，世間的所有財物，與人民共同享有。儘管已種下這些善行，唯有出家，去作沙門，斷絕自己的貪欲，纔可以脫離苦難。梳頭時見到頭有白髮，拔下來放在几案上。南王皇帝啼泣說：『第一使者忽然來到了，應當出家去作沙門，求自然真諦。』他把白髮托放在手掌中，自己說偈言道：

今我頭顱上，白髮已叢生。
上天已召喚，正是出家時。

「行作沙門，入山修道，畢人之壽，即生第一天上，為天帝釋❶太子。於後領理天下，亦如大王。復見白髮，行作沙門。經為父子，上為天帝，下為聖主，中為太子各三十六反，數千萬歲，終而復始。行此三事，自致得佛。」

「尒時父者，今我身是也；太子者，舍利弗是也；王孫者，阿難是也。更相❷從生，展轉❸為王，以化天下。時國王太子並諸人民，皆大歡喜，受佛五戒，為優婆塞❹，得須陀洹❺道。」

【章旨】記世尊以自身的經歷說法，諸國王、太子、王孫受教後，成為優婆塞，得須陀洹道。

【注釋】❶天帝釋　忉利天之主，姓釋迦，名天帝釋。❷更相　相互；相繼。❸展轉　重複，形容次數多。❹優婆塞　梵文 upāsaka 音譯，意譯近善男、清信士。即在家親近奉事三寶、受持五戒的居士。❺須陀洹　梵文 srota-āpanna 的音譯，意譯「預流」，聲聞乘四聖果中初果，斷盡三界中見惑，即證此果位。

【語　譯】「即出家做沙門，進入深山修道，結束人間的壽命，就轉世降生到第一天上，為天帝釋的太子。而後治理天下，就像你們這些國王一樣。又看見頭上白髮，輒出家去做沙門。經歷做父親、兒子，上成為天帝，下成為聖主，中間成為太子各三十六次，數千萬年，周而復始。我始終堅持做這三件善事，最後憑自己努力成佛。」

「那時的父親，就是我的前身；太子，是舍利弗的前身；王孫，是阿難的前身。相繼轉世，重複為王，來教化天下。當時，國王、太子和人民，人人都很高興，接受佛的五戒，成為居士，得預流果。」

## 最勝王子植德堅固終不可移

（出十卷本《譬喻經》第一卷）

昔卑先匿王❶有二夫人，第一夫人子名「琉璃」，第二夫人子名「祇」（梁言最勝）。祇初生之日，四方奉寶，一時俱至。王曰：「吾諸子生，未曾如此，可名為祇。」長大學問，靡所不通❷。王為別立舍宅，七寶所成。金銀男女，在門左右，持寶鉢，滿中七珍，晝夜抒❸去，轉滿如故。

【章　旨】記最勝王子祇初生之時，非同尋常，深受父親喜愛。

【注　釋】❶卑先匿王　梵文 Prasenajit 的音譯，一般譯作波斯匿王。❷靡所不通　沒有什麼不能通曉的。❸抒　舀取。

【語　譯】往昔之時，波斯匿王有兩個夫人，第一夫人的兒子名叫「琉璃」，第二夫人的孩子名叫「祇」（梁代翻譯為「最勝」）。祇出生的那天，四方小國獻寶之人，拿著寶物一同到來。國王說：「我其他兒子出生時，還不曾像這樣，可起名叫做祇。」祇長大以後學習和詢問知識，沒有什麼不能通曉的。國王為他另造宅邸，用七種寶物裝飾。飾金戴銀的男女，站立在門的左右，手持寶鉢，裡邊盛滿七種珍奇寶物，白天黑夜從鉢中往外舀取珍寶，一邊舀一邊又會生出來，鉢滿如故。

太子嫉妬，遣兵往奪。時有天兵五百餘騎，衛護祇舍。琉璃軍見，怖退走還。太子大怒，請祇來問曰：「我夜遣兵慰勞汝，汝伏兵於內，欲反耶？」祇曰：「不敢。不養文武，內無寸仗❶。」琉璃遣檢，內外皆無。琉璃意解，具以啟佛。佛言：「祇之植德❷，遇堅固田，是故不可奪也。維衛佛❸時，有人詣寺，飯僧訖，以一奴一婢給掃寺廟。自尒之後，天上人中，受福無量，即最勝是。」

【章旨】記太子琉璃欲與兵奪取祇的寶物，因祇植德堅固，天兵護衛，不可奪取。

【注釋】❶仗　即「杖」。木棒；棍棒。泛指武器。❷植德　即立德，積種種之功德。❸維衛佛　過去七佛中第一佛，即毗婆尸佛。

【語譯】琉璃太子心中很嫉妒，派兵去搶奪那些寶物。當時有五百多名騎馬的天兵，護衛著祇的宅邸。太子的軍隊看到後，害怕而退走了。太子非常惱怒，把祇叫來，問道：「我在夜晚派兵去慰勞你，你卻在家內埋伏著軍隊，想造反嗎？」王子祇回答說：「不敢造反。我從來不曾畜養文臣或武將，家中沒有一寸長的武器。」太子琉璃派人前去檢查，家中裡裡外外什麼也沒有。太子琉璃心中的疑惑解除了，就把事情原原本本向佛報告了。佛說：「祇的功德是種植在牢固的田地上，因此不可奪取。維衛佛住世時，有個人來到寺院，把飯施捨給僧人後，又派遣一奴一婢給寺院，讓他們來打掃寺廟。從此之後，這個人無論在天上或人間都將受福無窮，此人就是『最勝』。」

# 卷第三四

## 諸國王女部

【題解】本部輯錄各國王女修行的因緣故事：波羅奈王女，前世是個貧女，後讀經施捨，終成王女；王女金剛，形貌奇醜，後信奉佛法而立改姝顏……。這些王女，信奉佛法，心存仁慈，由貧轉富，由醜變美，終有美滿結局；啟發人們，信奉佛道，心向空門，終有好報。

### 波羅奈王金色女求佛為夫

（出《金色女經》）

波羅奈國王夫人生一女，身黃金色，頭髮紺青❶。時年十六，父母見女長大，欲為求壻。女言：「我不用壻。若欲為我求壻者，當令身黃金色，頭髮紺青，如是者乃可尒耳。」父母便為求索，了不能得。佛時在舍衛國。舍衛國有人賈作❷到波羅奈國，國王即請賈人，與相見問訊，以女示之，言：「我為是女求壻，天下寧有好人?」賈人荅言:「我國中有人,復勝是女者。」王聞歡喜,令賈人迎取佛。賈人便作書與佛,書上說是女端正,甚好無比,欲為佛娶之。

【章　旨】記波羅奈國王為女求婿。此女要求其婿身金黃色,頭髮紺青色,最終選中了佛。

【注　釋】❶紺青　天青色,青中透紅的顏色。❷賈作　做買賣。賈,商人。

【語　譯】波羅奈國王的夫人生一女孩,此女孩身體金黃色,頭髮天青色。到了十六歲時,父母見女兒長大,想為她覓求女婿。此女回答說:「我不想嫁人。如果一定要為我找女婿,夫婿的身體須是金黃色,頭髮是天青色。祇有這樣才可以。」父母便為她尋找,最終也未能找到。佛那時在舍衛國。舍衛國有個人來到波羅奈國做買賣,國王就請商人,與他相見並問訊,把女兒讓商人看,說:「我為這個女兒求婿,天下有合適的人嗎?」商人回答說:「我的國中有人,而且還要勝過你女兒。」國王聽到後心中歡喜,就讓商人去迎接佛。商人就寫信給佛,信上說這個女孩相貌端正,嬌妍無比,想要為佛娶這個女孩。

佛在祇洹中,為諸比丘數千人說經。持書人直前至佛所,佛預知書上所說,得便❶裂壞之。作書報與金色女言:「人苦皆從恩愛生。生當復老,老當復病,從病致死,從死致憂哭,天下苦者,皆從恩愛生。」女得書自思惟,即得五通達❷:一者眼能徹視;二者耳能徹聽;三者知他人心念;四者知所從生;五者能飛行。

【章旨】記佛拒絕了婚事，並寫信告訴王女「苦惱從恩愛生」的道理，使王女獲得五神通。

【注釋】❶得便　遇到合適的機會。❷五通達　即五神通，或五神變，即天眼通、天耳通、他心通、宿命通、神足通。

【語譯】佛當時在祇樹給孤獨園中，給眾比丘數千人說法。送信人徑直向前到佛處，佛預先就知道信上的內容，找個機會就把信撕毀了。佛寫信給金色王女，說：「人世間的苦惱都從情愛產生。人出生後會變老，老了以後多病，生病以後會死亡，死亡後別人將憂愁哭泣，所以天下的苦惱，都從情愛產生。」王女收到信後仔細思量，立即獲得五種神通：第一眼睛視力極強，沒有什麼不能看到；第二耳朵聽力極強，沒有什麼不能聽到；第三能知道他人心中所想；第四能知道自己過去在六道之中的生死；第五能夠騰雲駕霧飛行。

便與父母辭訣❶，飛到佛前。佛即微笑，五色光明從口中出。阿難前問，佛言：「阿難，汝見此女健力如是。欲知之者，迦葉佛❷時，是金色女為貧家作婦，其壻手足拘攣❸，不能行步。時國王字基立，有一女端正，身著金銀瓔珞，徑到迦葉佛所受經戒；時是貧人婦，身但被❹一氎布，亦復隨往到佛所。外人不聽前，貧人婦自念言：『我何故獨不得前，王女獨前？』佛即知之，令人呼前。婦即作禮，白言：『是王女何故獨豪貴如此，我獨貧窮？』佛語婦人：『是王女前世好喜讀經，以衣施與沙門，故今世得豪尊端正。汝前世不樂經法，慳貪❺不肯布施，見沙門不相承事❻，令汝今世貧窮如是。』貧婦言：『願佛哀我愚癡，教我經法。』

迦葉佛便教之。於樹下讀經，坐自思惟，便取樹葉縫連作衣，以覆其身，欲持身上所著氈布衣上佛。天王釋見有至心，便持天衣、金銀、飲食與之。婦得衣便以布施設供。壽終生天，天上壽盡，來生世間，為國王女，喜讀經布施，故身金黃色，頭髮紺青。」

【章旨】記王女告別父母，來到佛前。佛為說前世由慳貪貧婦到喜讀經布施的王女的因緣。

【注釋】❶辭訣　訣別，指再無會期的離別。❷迦葉佛　梵名 Kāśyapa，過去七佛中第六佛，傳說為釋迦牟尼前世之師。❸拘攣　踡曲不能伸直。❹被　披。❺慳貪　吝嗇而貪婪。❻承事　受事。

【語譯】王女便與父母訣別，飛行來到佛前。佛馬上張口微笑，五色光彩從口中流出。弟子阿難上前有所啟問，佛說：「阿難，你看這個女孩如此勇猛有力。想知道這人嗎？迦葉佛住世時，這個金色女給窮人家當媳婦，她的丈夫手腳踡曲不能伸直，因此不能走路。當時的國王名叫基立，有一個女兒長得整齊勻稱，身戴金銀瓔珞，徑直走到迦葉佛處接受經義和戒行；其時這個窮人家的媳婦，身上僅僅披了一塊棉布，也跟隨著前往迦葉佛處。外人不讓到佛前，這個窮人家的媳婦自言自語：『我為什麼獨獨不能上前，王女卻能上前？』佛當即就知道她的想法，派人把她叫到前面來。婦人向佛行禮，說：『這個王女為什麼如此顯貴，而我卻貧窮？』佛對婦人說：『這個王女前世喜歡讀佛經，把衣服施捨給沙門，所以今世豪貴尊榮、面貌漂亮。你前世不喜歡經法，吝嗇貪婪不肯施捨，見到沙門也不接受所教之事，所以讓你今世如此貧窮。』貧窮的婦人說：『希望佛可憐我的愚昧痴迷，教給我經法。』迦葉佛就教她經法。貧婦在樹下讀經，靜坐思惟，就取下樹葉，縫綴成衣服，覆蓋自己的身體，想拿身上穿著的棉布衣獻給佛。天王釋看到這位貧婦有誠心，便把天衣、金銀、佳肴送給她。貧婦得到天衣及其他物品就陳設供品布施給佛。貧婦壽命終結便生在天上，天上的壽命終結，就轉世生在人世間，成為國王的女兒，她喜歡讀佛經和布施，所以身體金黃色，頭髮天青色。」

## 波斯匿王女金剛形醜以念佛力立改姝顏

（出《賢愚經》第二卷）

佛在舍衛國。尒時波斯匿王，最大夫人名曰末利，時生一女，字曰波闍羅（梁言金剛）。女面醜惡，肌體麁澀❶，猶如駝皮，髮如馬毛。王觀此女無一喜心，便勑宮內：「勤意守護，勿令外人得見之也！」女年轉大，任當嫁處。王告吏臣：「卿可推尋豪姓貧者❷，便可將來。」臣即如教，得一貧窮豪姓之士，將至王所。向彼人說：「我有一女，面狀醜惡，未有酬類❸。當相供給，想卿不逆，當納受之！」時長者子長跪❹白言：「當奉王勑。」王即以女妻彼貧人。起宮宅，門閣七重。王勑女夫：「自捉戶排❺，若欲出時而自閉之，勿令人觀見女面狀。」王給女壻，使無乏短，又拜為大臣。其人有財，與諸豪族共為讌會，月月更為。會同❻之時，夫婦俱詣。諸人來會，悉皆將婦，唯彼大臣恆常獨往。眾人疑怪：「彼人婦者，儻能❼端正，或能極醜，是以彼人故不將來。」密共相語：「勸酒令醉，解取門排，開其門戶。」

時女心惱，自責罪咎：「我種❽何罪，為夫所憎，恆見幽閉，不覩眾人？」

復自念言：「佛現在世，潤益眾生，苦厄皆度。」即便至心，遙禮世尊：「唯願垂愍，到於我前，暫見❾教訓。」其女誠篤，佛知其意，即到其家，於其女前地中踊出。其女見佛，心生歡喜，惡相即滅，身體端嚴，猶如天女，奇姿蓋世。佛愍女故，為說妙法，即盡諸惡，得須陀洹道。

時彼五人，開戶入內，見婦端正，怪不將來。還閉門戶，持鑰繫本帶。其人醒悟，會罷至家，見婦姿容人中難有，欣然問曰：「汝是何人？」女荅夫言：「我是汝婦。」夫言：「汝前極醜，今者端正？」其婦具說上事。其夫即往白王：「今者蒙佛神恩，已得端正，天女無異。」王勑將來。迎女入宮，王見歡喜。王及夫人、及女并女夫共至佛所，禮佛言：「不審此女，宿植何福，乃生豪富，受醜陋形？」佛告王曰：「過去世時，國名波羅奈，有大長者，財富無量。舉家恆共供養一辟支佛❿：身體麁惡，形狀醜陋。時彼長者有一小女，見彼辟支，惡心輕慢，呵罵毀言：『面貌醜陋，身皮麁惡，何其可憎！』此辟支佛受其供養，欲入涅槃，為其檀越⓫作十八變，即從空下，還至其家。長者倍喜，女即悔過：『唯願尊者，當見原恕。』時辟支佛聽其懺悔。」佛告大王：「尒時女者，今王女是。毀呰賢聖，受醜陋形。後見神變，自改悔故，還得端正。由供養佛故，世世富貴，緣得解脫。」

【章　旨】記波斯匿王女兒前世輕慢呵罵一辟支佛，再轉人世，奇醜無比；後因真心悔過，悉心禮佛，佛改其容貌，使其形貌端正，美麗無比。

【注　釋】❶麁澀　即麤澀；粗糙。❷豪姓貧者　衰微的名門望族。豪姓，指婆羅門、剎帝利等種姓。❸酬類　同類。酬，通「疇」。❹長跪　兩腿併攏，直身而跪。❺戶排　門鎖、鑰匙等內外拴門之具。❻會同　聚會。❼儻能　或許就是。儻，或許；也許。能，乃；就是。❽種　種植，佛教以種子結果比喻因果報應。❾暫見　突然出現。暫，突然。見，現。❿辟支佛　梵文 pratyeka-buddha 的音譯，意譯為緣覺，指無師而能自覺自悟的聖者。⓫檀越　梵文 dāna-pati，施主。

【語　譯】佛在舍衛國。那時，波斯匿國王的大夫人名叫末利，當時王后生一女兒，名波闍羅（梁譯作金剛）。此女面目醜陋，肌膚粗糙，好似駱駝皮，頭髮猶如馬的鬃毛。國王看到這個女兒沒有一點喜歡之心，便告誡宮中：用心看守保護，不要讓外人看見她！女孩逐漸長大，應當嫁人了。國王就告訴他的官吏、大臣：「你們可推求尋索大姓但貧困的人，並將此人帶來。」大臣按照國王的命令，尋得一個沒落貴族的讀書人，帶進王宮。國王向那人說：「我有一女兒，形貌醜惡，絕無同類。我想把她嫁給你並不斷供給你財物，想你不會違背我的旨意娶她為妻吧！」當時，這位貧窮長者之子長跪說道：「聽從國王的旨令。」國王就把醜女嫁給了這個貧窮的人。國王為他們建造宮宅，有七重宮門。國王告誡女婿：「你親自拿著鑰匙，如果你出去時，就把門鎖上，不要讓人看見我女兒的相貌。」國王供給女婿一切生活所需，使他沒有缺乏的時候，同時又封他為大臣。此人有了錢財，就與大姓貴族共同舉辦宴會，月月輪流舉行。聚會之時，多是丈夫偕同妻子俱來。其他人來時，都帶著妻子，衹有這個大臣一直是獨自前來。眾人感到奇怪：「他妻子要麼就是容貌極其漂亮，或者就是極其醜陋，所以纔故意不將夫人帶來。」他們就私下商量：「勸他飲酒讓他喝醉，解下他的鑰匙，去打開他家的門。」

當時，金剛女心中惱悶，自責罪過：「我前世種下了什麼惡果，今世被丈夫憎惡，長久被關在家中，不能見到眾人？」自己又想道：「佛現今在世上，帶給眾生利益，困苦災難都能得到度脫。」於是就誠心向遠方的世尊釋迦牟尼行禮：「希望世尊憐憫，在我面前，突然出現，給我教導。」醜女心意虔誠深厚，佛知道她的想法，立刻來到她家，從地下跳躍而出，站在女子的面前。醜女見到佛，心中歡喜，醜惡的相貌馬上消失，體態面容端正莊嚴，猶如天上仙女，舉世無雙。佛憐憫這個女子，為她演說妙法，除盡了她心中一切惡念，而獲得須陀洹道。

當時那五人，開門走進他家，見其夫人相貌端正，都責怪那個大臣不帶她參加宴會。他們關好門，返回後又將鑰匙繫回那人原來的衣帶上。那人酒醒，宴會散了回到家裡，看見其妻子的容顏人中少有，高興地問道：「你是什麼人？」妻子回答：「我是你妻子。」丈夫又說：「你先前極醜，怎麼現在相貌這麼漂亮？」他的夫人就把以上之事告訴了他。丈夫就去稟報國王：「現在蒙受佛的聖恩，我妻子變得相貌端正，與天女無異。」國王下令將女兒帶進宮來。國王看見女兒心中歡喜。國王、王后和女兒、女婿，一同來到佛的住地，向佛施禮，說：「不知這個女兒前生種下什麼福根，纔生在富貴之家，而為什麼相貌又奇醜？」佛告訴國王說：「過去世時，有個國家名叫波羅奈，國中有一個大長者，有萬貫家財。全家一直供養著一個辟支佛：那個辟支佛身體粗糙，樣子醜惡。當時長者有一小女兒，看見辟支佛，心中厭惡，態度輕慢，並且謾罵詆毀：『面貌醜陋，皮膚粗裂，是多麼令人憎惡！』此辟支佛受他家的供養，將要進入涅槃，為他的施主顯現十八種變化，然後就從空中下來，回到他家。長者心中萬分高興，他小女兒也當即悔過道：『祇希望尊者能原諒寬恕我以往的過錯。』辟支佛聽從並接受了她的懺悔。」佛告訴國王：「那時的那個小女孩，現在就是國王你的女兒。因為詆毀賢聖，要受到形態醜陋的懲罰。而後見到神通變化，自己能改悔，相貌才又能變得端正。又因為她供養了佛，所以，世世都生在富貴之家，能得到解脫。」

## 波羅奈國王七女與帝釋共語

（出《佛說七女經》）

波羅奈國道場❶，從地底上皆黃金色，魚鱗鼈甲，轉次❷相加。往古諸佛，皆坐其上。王名脂旬尼，作優婆塞，明於經道，為佛立精舍❸，極大嚴事。王有七女，皆並端正，悉持五戒，執節❹不嫁。第一女名淑調，二名異妙，三名除貪，四名清守，五名息心，六名靜友，七名僧婢。常以月八日、十四日、十五日、二十三日、二十九日、三十日，精受八戒❺，持正法齋，修厥所信，奉戒布施。名聞智慧之行。

【章　旨】記國王脂旬尼明於經道，勤於佛事。王有七女，也信奉佛教。

【注　釋】❶道場　指修習佛法的場所。❷轉次　循環相間。❸精舍　僧人修煉居住的宅舍。❹執節　堅守節操。❺八戒　即八戒齋：一、不殺生；二、不與取；三、不非梵行；四、不虛誑語；五、不飲酒；六、不塗飾香鬘觀聽歌舞；七、不眠坐高廣嚴麗床座；八、不非時食。為在家男女一日一夜受持之戒法。

【語　譯】波羅奈國的道場，從地底下以上，都是黃金色，如同魚鱗和鱉甲，次第循環鋪成。往古諸佛，都在上面坐過。國王名叫脂旬尼，也是受佛戒的在家居士，精通佛經所說之道，給佛建造修煉說法居住的宅舍，大肆裝飾。國王有七個女兒，都相貌端正，全持守五戒，堅守節操不嫁人。第一個女兒名叫淑調，第二個女兒名叫異妙，第三個女兒名叫除貪，第四個女兒名叫清守，第五個女兒名叫息心，第六個女兒名叫靜友，第七個女兒名叫僧婢。她們常在每月的八日、十四日、十五日、二十三日、二十九日、三十日，精誠地持守八戒，遵行正法齋戒，修習所信奉的教義，大舉布施。在修習般若智慧的同道中，名聞遐邇。

七女齋畢，求到城外塚間遊觀。王告七女：「塚間可惡，但有死人，骸骨狼籍，狐狸鵄鵂❶，食噉其肉；諸哭泣者，滿在其間，有何可觀？我宮裡有園苑、浴池，其中有五色蓮華，鵁鶄❷、鴛鴦，眾鳥翔集，其地列重，光目之草，琦樹陰涼，甘果咨❸口，可往遊戲。」七女荅言：「大王甘果眾美，何益於我？我見世人，生壽無幾❹，命日趣死，形為幻化，莫得久存。我以勉夫幼孩，不為甘美惑也。徒欲觀非常之法，願卻貪意耳。願王哀許。」王即聽之。

【章旨】記國王的七個女兒為求得非常之法，說服了父親，到城外墳墓間遊觀。

【注釋】❶鵄鵂　貓頭鷹的一種。❷鵁鶄　即池鷺。❸咨　通「資」。供給。❹無幾　時間或數量不多。

【語譯】七女齋戒完畢，要求到城外墳墓間遊逛觀覽。國王告訴七個女兒：「墳墓間令人憎惡，祇有死人，屍骨散亂堆積，狐狸、鵄鵂啄吃屍肉；哭泣的人，充滿其間，有什麼可觀賞的呢？我的宮中有園囿、浴池，有五色蓮花，池鷺、鴛鴦各種鳥兒飛翔後群集一處，其地範圍大，有鮮豔奪目的芳草，珍奇樹木下十分涼爽，還有可口的美果，你們可前去遊樂嬉戲。」七個女兒回答說：「父王香甜的果子及許多美好的東西，對我們有什麼好處？我們看見世人的壽命很短，生命一天天走向死亡，形體了無實性而變幻，難以久存。我們從幼孩就已經自勉，不被美味佳肴所迷惑。祇是想觀察借鑒非常之法，希望驅除心中貪欲。祇祈求父王能憐愛而答應我們。」其父王便聽憑她們前去。

七女俱出城外，往到塚間大臭之處。聞哭泣之聲，歘然❶毛豎，因共直前，觀諸死人。見有斷頭斷臂，手腳異處；或有殭屍，草覆席裹；或有辜磔❷在地，生草束縛，中有罪未死者，家室啼哭，令其解脫；又有擔負死人從城中出者。七女左右遠望，見死者甚多。諸飛鳥走獸，爭食其肉；或就土中拖挐屍出，胮脹❸生蟲，其臭難近。於是七女繞之一帀❹，自相謂言：「我曹❺身體，不久亦尒，各說一頌。」

第一女言：「世人重其身，妙衣加寶香。綺視雅容步，姿則欲人觀。死皆棄於塚，何用是飾嚴❻。」

第二女言：「譬如一身居，人去舍毀傾。神遊而身棄，莫能制其形。癡貪謂可保，安知後當亡。」

第三女言：「觀神載形時，猶馬駕車行。車敗而馬去，可知此非常。」

第四女言：「本見城完好，中人樂安居。所求未央足，何便忽空虛。」

第五女言：「若乘船渡水，至當捨船去。形非神常宅，焉得久長居。」

第六女言：「人死依冢臥，形具尚鮮好。健然不動搖，厥神安所在。」

第七女言：「如雀在瓶中，羅縠❼覆其口。縠穿雀飛去，神自隨行走。」

【章旨】記七個女子來到城外的塚墓間，看到累累死屍的慘相，想到人世的無常，痴貪的愚昧，頓生感悟。

【注釋】❶歘然　恐懼的樣子。❷椓　小木樁。這裡指用樁拴縛。❸胮脹　即膨脹、脹大。❹帀　一周；一圈。❺我曹　我們；我輩。❻飾嚴　裝飾。❼羅縠　一種疏細的絲織品。

【語譯】七女一同出城外，來到臭氣沖天的墳墓中間。聽到哭泣之聲，讓人毛骨悚然，於是一同上前，觀察各種死人。有被斷頭斷臂，手腳分在不同地方的；有的屍體僵臥，用草席覆蓋著；有的有罪而被拴在木樁上，用草捆綁，當中有罪而未死的，家裡的人在旁邊哭泣，想讓他解脫；又有剛從城中擔著死人出來的。七女往左右遠望，見死的人很多。眾多飛禽走獸，爭吃屍肉；有的屍體被野獸從墓穴中拖出，屍體膨脹，長滿蛆蟲，臭氣沖天而難於走近。於是七女繞著屍體一周，相互說道：「我們的身體，不久也是如此，還是各說一偈吧。」

第一個女兒說偈言：「世人重身體，好衣加名香。示人以雅步，美姿欲人看。死後丟墳間，何必巧打扮。」

第二個女兒說偈言：「譬如臭皮囊，人死宅毀壞。魂遊而屍棄，不能復其形。痴貪謂可保，哪知後將亡。」

第三個女兒說偈言：「看魂載體時，像馬駕車行。車壞而馬跑，可知世無常。」

第四個女兒說偈言：「原見城完好，世人安居樂。所求未滿足，如何便空虛。」

第五個女兒說偈言：「如乘船渡河，到後捨船行。身非魂常宅，哪能久長住。」

第六個女兒說偈言：「人死墳中躺，形體尚完好。健壯難動搖，其魂在何方。」

第七個女兒說偈言：「如雀在瓶中，絲巾覆瓶口。巾破雀飛去，魂走魄也散。」

時天帝釋聞之下讚❶：「善哉！善哉！汝欲何願，吾今與汝。」七女問曰：「是梵天❷耶？將地神耶？得無帝釋耶？」荅言：「然，吾是忉利天帝釋也。」第一女言：「願得無根、無枝、無葉之樹，於其中生，如是為快。」第二女言：「願所生之地，清淨無欲，無有陰陽，寂無所緣❸。」第三女言：「願如山谷呼聲之響，無往無反，自然無形。」第四女言：「願如虛空，不始不終，無所出生，與道通洞❹。」……釋言：「止止！諸女所願甚妙，欲作日月中王，為可得矣。若夫虛無❺無想❻，非吾所制。」七女言：「天帝神德高大，何以不能致此？佛說：『食福者，福盡不免於畏。』譬如老牛不能為人用，何益於我哉？」天帝釋言：「諸女修齋戒，吾亦奉於佛，當為法兄弟。快乎，妙願！」言竟不現。

【章　旨】記帝釋從天而降，七女各自說出自己的心願，大受帝釋讚許。

【注　釋】❶讚　稱讚；頌揚。❷梵天　指色界初禪天之大梵天王，此王名尸棄，為娑婆世界之主，常侍佛右。❸所緣　心識所攀緣的境界。緣，攀緣。❹通洞　通曉明察。❺虛無　涅槃的異稱。❻無想　梵文 asamjñā，指全無想念的狀態，或指入滅盡定，證得無想果者。

【語　譯】這時天帝釋聽到她們的偈言後，從天上下來稱讚說：「善哉！善哉！你們有何願望，我現在可以滿足你們。」七女問道：「你是大梵天？還是大地之神？該不會是天帝釋吧？」帝釋回答說：「是的，我是忉利天上的帝釋。」第一女就說：「希望得到無根、無枝、無葉的樹，在其中生活，以此為快樂。」第二女說：

「希望所生活的地方，清靜而無貪欲，沒有陰陽，寂然而沒有心識所攀緣的境界。」第三女說：「希望如山谷中呼叫的回聲，無往無返，自然而沒有形狀。」第四女說：「希望像天空一樣，沒有開始，也沒有終結，沒有什麼地方出生，與道一樣讓人明察通曉。」……天帝釋說：「停停！你們各人的願望非常好，想在日月陰陽兩界中為王，是可以辦到的。至於想達到涅槃或入滅盡定，證得無想果，並不是我能做得到的。」七女說：「天主您神德高尚，為何不能達到這種境界？佛曾說：『享受福祿的人，福祿享盡就不免恐懼。』譬如老牛不能被人使用，對我有什麼好處呢？」天帝釋說：「各位女子修習齋戒，我也侍奉於佛，應當成為修道的師兄弟。暢快啊，你們美好的願望！」話說完就消失不見了。

# 卷第三五

## 得道長者部上

【題 解】長者，佛典中指積財具德之年長者。本部輯錄長者出家修行得道的因緣故事：百歲長者尸利苾提欲出家受阻，後在佛的許可和目連的幫助下解法無常，終得羅漢果；長者須達貧中得米盡施，果然遭遇福田……。這些長者故事及前生後世的因果報應顯示了佛法力量的廣大。

### 福增百歲出家見其本骸心曉見道

（出《賢愚經》第七卷）

若放男女，若放奴婢，若聽❶人民，若自己身出家入道，功德❷無量。布施之報，六天❸人中往反❹十世；出家之福，無邊無量，勝起七寶塔。上至三十三天，以貪人能壞。出家之德，無有可毀。乃高須彌❺，深於大海，廣於虛空。若為出家作留難者，其罪甚重，入深地獄，黑闇❻無目。

【章旨】記人們如果允許別人或者自己出家入道，功德無量，若作留為難，會墮入深地獄。

【注釋】❶聽　聽許。❷功德　佛教多泛指念佛、誦經、布施等事。❸六天　欲界有六天：一、四天王，二、忉利天，三、夜摩天，四、兜率天，五、樂變化天，六、他化自在天。❹往反　往返。❺須彌　須彌山原為古印度神話中的山名，後為佛教所採用，指一個小世界的中心。山頂為帝釋天所居，山腰為四天王所居，四周有七山八海、四大部洲。❻闇　即「暗」。

【語譯】如果讓子女，或者讓奴婢，或聽許人民，或者自己出家入佛道，是功德無量的事。布施的果報是在六天和人間往返十世；出家受的福報更是無邊無量，勝過建起七寶塔。布施之德高至忉利天，但人的貪婪就能毀壞它。而出家的功德，不可毀壞。它比須彌山還要高，比大海還要深，比天空還要廣。如果無端阻留，故意刁難別人出家，其人罪惡深重，將入深深的地獄，處於黑暗，猶如沒有眼睛。

有一長者名尸利苾提（梁言福增），其年百歲，求欲出家。家人大小，無從用❶者。尸利苾提往趣迦蘭陀竹林❷，從舍利弗❸求欲出家，「老不得出家。」遍問五百羅漢，皆同舍利弗。出竹園門舉聲大哭：「優波離是剃髮賤人，泥提下穢除糞之人，殃掘摩羅殺無量人，及陀塞羇大賤惡人。如是等人尚得出家，我有何罪，而獨不得？」佛即湧現，問福增言：「汝何故哭？」聞佛梵音❹，心喜作禮，白佛言：「諸罪惡人皆得出家，我何罪不聽我出家？大小不復用我，於佛法中復不得出家。設我還家，必不見前。我當何趣？今日定當於此捨命。」佛恩喻❺言：「汝莫憂惱，聽汝出家。」告大目連❻聽與❼出家。即得出家，受具足戒❽，晝夜精勤❾修集讀誦，廣通經藏❿。以年老故，不能隨時恭敬迎逆，禮問上座⓫，諸少比丘皆為，上座常苦言激切。又作是念：我今寧死，往大河岸邊，脫去袈裟⓬，置樹枝上，泣而誓言：「我不捨佛法眾僧，唯欲捨命。我此身上，布施持戒，精進誦經。設⓭有報者，願我捨身生富樂家。眷屬調從⓮，於我善法，不作留難。常遇三寶，遭值⓯善師，求悟涅槃⓰。」誓畢投洄澓⓱中，未至水頃⓲，目連接置岸上。今捉衣角，上衝虛空，猶如猛雁銜一小鳥，屈伸臂頃，至大海邊。

【章　旨】記一百歲長者尸利苾提求欲出家，家裡人、舍利弗還有五百羅漢都認為他不得出家。佛聽與出家。出家後受氣覓死，被目連救起，帶到大海邊。

【注　釋】❶從用　聽從。❷迦蘭陀竹林　迦蘭陀本為古印度人名。佛說法於王舍城，迦蘭陀以其所有竹園起精舍奉佛，後因以其名稱該僧園。❸舍利弗　又作舍利子，譯作秋露子。世尊十大弟子中稱為智慧第一，初與目連共事外道。佛成道後，歸依於佛。❹梵音　佛教謂大梵天王所出的音聲，亦稱佛、菩薩的音聲。❺恩喻　猶慈諭。❻大目連　摩訶目犍連的略稱，世尊十大弟子之一，神通第一。本與舍利弗同事外道，後於王舍城中歸佛。又略稱目連。❼聽與　許可；同意。❽具足戒　僧尼所受戒律之稱，意謂戒條圓滿充足，故名。其戒條數量，不盡一致。❾精勤　專心勤勉。❿經藏　佛教經典的一大類，與律藏、論藏合稱三藏。⓫上座　一寺之長，「三綱」之首。多由朝廷任命年高德劭者擔任。也指法臘高而居上位的僧尼。⓬袈裟　和尚披在外面的法衣，由許多長方形小塊布片拼綴製成。⓭設　假若。⓮調從　猶順從。⓯值　遇。⓰涅槃　佛教用語，指所幻想的超脫生死的境界。⓱洄澓　即洄伏。湍急迴旋的流水。⓲頃　時候。

【語　譯】有一個長者名叫尸利苾提（梁代翻譯為福增），年已百歲，想要出家。家中大小人等，沒有人聽從他的意見。尸利苾提前往迦蘭陀竹林，向舍利弗請求出家，舍利弗回答道：「年老不能出家。」問偏五百羅漢，回答都與舍利弗相同。尸利苾提出了竹園門，放聲大哭，道：「優波離是在宮廷剃髮的下賤人，泥提是骯髒的打掃衛生的人，殃掘摩羅師事邪師殺了無數人，還有陀塞羇是特別卑賤的惡人。像這樣一些人尚且能夠出家，我有什麼罪，而單單不能出家？」佛即刻湧現，問福增說：「你為什麼哭？」聽到佛的慈悲而和雅的聲音，福增心裡很高興，向佛作禮，告訴佛說：「諸多罪惡的人都能出家，我犯了什麼罪，不允許我出家？一家老小都不再需要我。而我在佛法中，又不許出家。如果要我回家，一定不能在人前露面。我該到哪兒去呢？今天肯定要死在這裡。」佛慈悲地告訴他：「你不要憂愁煩惱，允許你出家。」佛告喻大目連，許可福增出家。福增就出家了，接受比丘所應守各種戒律，晝夜勤奮修習讀誦佛經，廣泛精通佛教經藏。因為年老的緣故，不能隨時恭迎上座，向上座致禮問候，諸位少年比丘都能為上座這樣做，所以上座言辭常帶苦澀而激切。福增又產生了這樣的念頭：我現在寧願去死。到了大河岸邊，脫去袈裟，放在樹枝上，哭泣著發誓說：「我沒有捨棄佛法和眾僧，祇想自己捨棄生命。我這一生，勤於布施，持守戒律，誦讀佛經。如果還有果報的話，希望我死後，來世出生在富貴享樂的人家。親屬隨順服從，對於我想學佛教善法，沒有人阻礙為難。常常能遇見佛、法、僧三寶，碰到好的法師，求得領悟涅槃的境界。」發誓完了就投身到迴旋的水流中，還沒有落水的時候，目連就把他接住放在岸上。目連讓他抓住衣角，向上衝向天空，帶著他猶如勇猛的大雁銜著一隻小鳥，祇有手臂一屈一伸那麼一會兒，就到了大海邊。

海邊有新死人，女相具足。見有一蟲從口出，還從鼻入，復從眼出，更從耳入。苾提問：「此何女人？」答曰：「時到當說。」前行復見一女，自負銅鑊❶，然❷火炊之，既沸脫衣，自入鑊中，髮爪先脫，肉熟離骨。沸吹骨出，在外風吹，尋❸還成人。自取其肉而噉❹食之。次復前行，見一大樹，多蟲圍唼❺其身，乃至枝葉無有空處，如針頭許❻，大叫震動，如地獄聲。復次見一男子，周匝獸頭，諸惡鬼神，手執弓弩，三放毒箭，鏃皆火然，競共射之，身皆燋然❼。又見一大山，下安刀劍。見有一人，從上投下，刀戟劍矟，壞刺其身。即自收拔，還豎本處，往還不息。前見骨山，高七百由旬❽。目連於山為說：「舍衛城中大薩薄❾婦，夫甚愛念，欲入大海，戀婦不捨，即將入海。婦擎鏡照面，自睹端正，便起憍慢❿，深生愛著。時遇大龜蹋船沒海，薩薄及婦、五百賈客，一切皆死。海不受屍，夜叉⓫羅剎⓬出置岸上。隨所愛念死，還生為蟲，捨此蟲身，墮大地獄。」

苾提白和尚：「自食肉者是何人？」目連告曰：「舍衛國優婆夷婢。優婆夷請一比丘，夏九十日奉給供養，使婢送食。婢至屏處⓭，選好自食，餘與比丘。大家覺問，婢答：『我若先食，使我世世自食身肉。』今先受華報⓮，後墮地獄。大樹諸蟲，唼食發大惡聲，是瀨利吒營事⓯比丘，用僧祇物⓰華果飲食送與白衣⓱，受此華報，後墮地獄。即是得物之人。唼樹諸蟲，舉聲大哭眾箭射身者，此人前身為大獵師，多害禽獸，以是罪故，受斯苦毒，於此命終，墮大地獄。大山上自投刀劍者，是王舍城大健鬪將，以猛勇故，身處前鋒，或以刀劍矛矟，傷剋⓲物命，故受此報已，又墮地獄。其骨山者，汝故身也。有一國王名曇摩苾提，布施持戒，慈悲不傷物命。正法治國，滿二十年。共人博戲⑲，時有一人殺人，諸臣白王，答言：『隨國法治。』即案⑳律殺。王戲已畢，問：『罪人何在？』臣曰：『已殺。』王聞泣曰：『七珍㉑皆住，我獨入地獄。』即捨王位，入山自守，命終作摩竭魚，身長七百由旬。王臣恃勢，枉刻百姓，命終亦作摩竭大魚。身蟲瘙癢㉒，揩頗梨山碎，殺蟲血流，百里皆赤，應墮大地獄。時魚一眠百歲乃覺，覺大飢渴，即便張口，海水流入，如注大河。有五百賈客入海採寶值之，船趣魚口。賈人稱南無㉓佛，魚聞閉口，賈客得活。魚飢命終，生王舍城㉔。夜叉出身置此海邊。時王者汝身是，殺人為魚。」苾提解法無常㉕，厭世盡結，得羅漢果。

【章旨】記長者尸利苾提在海邊目覩自食其肉的女人，多蟲圍唼其身的大樹，遭箭射而身皆燋然的男子，投向刀劍叢的人等慘狀，目連為他解說因緣，苾提解法無常，終得羅漢果。

【注釋】❶鑊　古代的一種大鍋。❷然　燃燒。❸尋　隨即；不久。❹噉　吃。❺唼　吃食，泛指咬、吃。❻許　那樣。❼燋然　燒焦的樣子。❽由旬　古印度計程單位。一由旬的長度，古有八十里、六十里、四十里等諸說。❾薩薄　意為商士。❿憍慢　驕傲輕慢。⓫夜叉　佛教指惡鬼。⓬羅剎　一名羅剎娑，譯作可畏、護者、食人鬼，惡鬼的通名。⓭屏處　隱蔽之處。⓮華報　即「花報」，報應。⓯營事　掌管事物。⓰僧祇物　僧祇譯作眾，即比丘、比丘尼之大眾。為大眾之共有物，故謂之僧祇物。⓱白衣　俗人的別稱。⓲剋　砍削；截斷。⓳博戲　古代的一種棋戲。⓴案　按照；依照。㉑七珍　即七寶。諸經論所說，略有不同。㉒瘙癢　皮膚發癢。㉓南無　歸命。㉔王舍城　在中印度摩竭提國。本來頻婆娑羅王都城在上茅城，後遷到這裡。㉕無常　佛教語，謂世間一切事物不能久住，都處於生滅變異之中。

【語　譯】海邊有新近死去的人，女屍的相貌長得還可以。但有一條蟲從她的嘴裡爬出來，又從鼻孔爬進去，再從眼睛裡鑽出來，又從耳朵孔裡鑽進去。苾提問：「這個女人是誰？」目連回答：「時候到了自然會說。」向前行又見到一個女人，自己背負著銅鑊，點起火來炊食，鑊裡水沸騰後女人脫掉衣服，自己跳入鑊中，頭髮和手指甲、腳趾甲先脫落了，肉煮熟了脫離了骨頭。沸水把骨頭推出了鑊，骨頭經風一吹立即還原變成了人形。女人從鑊中取自己的肉吃。接著又向前行，看見一棵大樹，有很多蟲子圍著樹身啃咬，以至於枝葉上都沒有像針頭那樣的空隙。忽聞大叫的聲音震天動地，如同從地獄裡發出來的。接著又看見一名男子，周邊長著獸頭，諸多兇神惡煞，手拿著弓弩，屢次放射毒箭，箭頭都帶火燃燒，爭相向他發射，男子的身體都燒焦了。又看見一座大山，山下安置刀劍。看到有個人從山上跳下來，刀戟劍矛刺傷了他的身體。那人就把刺入身體的那些刀劍拔下來，再豎插回原來的地方，如此往還不停息。向前看到一座骨山，高七百由旬。目連對著山為他解說：「舍衛城裡的一位大商主的妻子，丈夫很愛戀她，丈夫想去海上，還割捨不下妻子，就帶著她入海。妻子拿鏡子照照臉面，自己覺得很端正，就起了憍慢之心，商主深深產生愛戀之情而難以自拔。這時遇到一隻大龜，把船踏翻了沉入大海，商主和妻子還有五百名賈客都死了。大海不接受屍體，由夜叉和羅剎從海中撈出放在岸上。大商主隨著愛念的人死去，轉生為蟲，捨棄蟲身，就墮入大地獄。」苾提對和尚說：「那個自己吃自己肉的是什麼人？」目連告訴他說：「是舍衛國優婆夷的婢女。優婆夷請了一位比丘，夏安居中九十日供奉飲食，派婢女送去食物。婢女到了隱蔽之處，就選好吃的自己吃掉，剩下的給比丘。主人發覺了就問她，她回答說：『如果我先吃了，就讓我每一輩子都吃我自己身上的肉。』這個婢女現在先受此報應，然後墮入地獄。那棵大樹上很多的蟲子吃食，發出很大的難聽的響聲，這是掌管事務的瀨利吒比丘，把僧眾的無數花果、飲食等送給世俗的人，受到這種報應，後墮入地獄。啃咬樹的那些蟲子，就是得到物品的世俗人。那個放聲大哭、眾箭射身的人，前身是一名大獵人，傷害了很多禽獸，因為這個罪惡的緣故，遭受此種苦痛和毒害，在此死亡，就墮入大地獄。那個大山之上自己投向山下刀劍叢的人，是王舍城中的驍勇而善戰的將領，憑藉勇猛，身處先鋒，或用刀劍長矛等武器砍傷人命，所以受完此報應後，又墮入地獄。那座骨山，出自你原來的身體。有一個國王名叫曇摩苾提，樂於布施，持守戒律，慈悲為懷，不傷害生命。用嚴正的法令治理國家，已經滿了二十年。有一次與人玩棋戲，這時有一個人殺了人，諸位大臣向國王彙報，他回答道：『按照國家的法令處理。』於是就按照法律殺了。國王棋戲玩完了，問：『那個殺人的罪犯在哪裡？』大臣說：『已經殺了。』國王聽了流淚說：『各種寶物都能留世，我獨自入地獄。』就捨棄王位，入山持守佛法。死後化作摩竭魚，身長七百由旬。大臣們依仗權勢，枉曲苛刻剝削百姓，他們命終也化作摩竭大魚。魚身上長蟲，瘙癢難忍，把頗梨山都摩擦碎了，蟲被殺死，血水流淌，百里內的水都是紅色的，照理應墮入大地獄。當時大魚一睡睡了一百年才醒，醒來覺得非常飢渴，就張開嘴，海水像灌注大河般流進去。有五百名商人入海採集寶物，正好遇上，他們乘坐船急速趨向魚口。商人們口宣歸順佛，大魚聽了閉住了口，商人們得以活命。大魚飢餓而死，轉生於王舍城。夜叉把大魚的屍體撈出，置於海邊。當時的國王就是你，因為錯殺了人而化為魚。」苾提領悟了世間現象的變化無常，厭棄俗世並拋棄了煩惱，獲得阿羅漢的果位。

（出《大涅槃經》第二七卷、《雜阿含經》第二〇卷）

## 須達多崎嶇見佛時獲悟道

舍衛國有大長者名須達多❶，常給施孤獨❷乞兒，人以為號。先有田業在王舍城，年年履行❸，寄止❹長者護彌家。夜起掃治宅舍，辦諸餚饍。須達問之，答曰：「迦毗羅城❺有釋種❻子名悉達多❼，姓瞿曇氏。其生未久，相師❽占❾之定當作轉輪王❿。心不願樂，捨之出家，無師自覺⓫，得阿耨多羅三藐三菩提⓬，于諸眾生，其心平等，故號為佛。明受我請。」又問：「今在何處？」答曰：「在迦蘭陀竹林精舍。」

【章　旨】記舍衛國大長者須達多常給施孤獨乞兒，巡行王舍城田業，見護彌長者為請佛而備辦肴膳。

【注　釋】❶須達多　又作蘇達多，譯云善施。仁而聰敏，積而能散，賑乏濟貧，哀孤恤老。時人讚美其德，號為給孤獨。❷孤獨　孤，幼年死去父親。獨，老而無子。❸履行　巡行。❹寄止　寄住。❺迦毗羅城　梵文 Kapilavastu 的音譯，意譯妙德城。釋迦族聚居的迦毗羅國的國都，傳為釋迦牟尼的故鄉。❻釋種　釋迦種族。❼悉達多　又作悉達、悉多、悉陀，譯為一切義成，釋迦佛還是淨飯王太子時候的名字。❽相師　看相的人。❾占　預測。❿轉輪王　也稱轉輪聖王，是印度古代神話中的國王。此王即位時，自天感得輪寶，轉其輪寶，威伏四方。佛教也採用其說，說世界到了一定時期，有金、銀、銅、鐵四輪王先後出現，他們各御寶輪，轉遊治境，故名。⓫覺　覺悟。⓬阿耨多羅三藐三菩提　此為梵文的音譯，意譯為「無上正等正覺」、「無上正遍知」等。阿耨多羅，意為無上。三藐三菩提，意為正遍知。是佛陀所覺悟的智慧，含有平等、圓滿之意。以其所悟之道極高，所以稱無上，因其道周遍而無所不包，所以稱正遍知。

【語　譯】舍衛國有一位大長者，名叫須達多，經常施捨給孤兒和老而無子的乞討者，人送「給孤獨」作為他的號。長者的祖先有田產在王舍城，長者每年都親自巡行，寄住在長者護彌家。護彌夜裡起來打掃收拾房間，準備各種菜肴和飯食。須達多問他，他回答說：「迦毗羅城有個釋迦種族的子孫名叫悉達多，姓瞿曇氏。他出生不久，看相的人就預言將來他一定會做轉輪王。悉達多不樂意享受世俗生活的快樂，拋棄一切出家了，沒有老師指導而自己覺悟，獲得無上正等覺，他對於眾生都是平等看待的，所以號稱為佛。明天將接受我的延請。」須達多又問：「悉達多現在在哪裡？」護彌答道：「在迦蘭陀竹林精舍。」

須達多一心念佛所有功德。忽然大明，尋光而出，至尸呵城門。佛神力故，自然而開。出門路有天祠❶，須達致敬。尋還黑闇，心生惶怖，復欲還反城門。

有大天神告須達言：「仁者見佛，當獲善利，盡閻浮提❷所得功德，不如發心❸一步詣如來所。」須達問曰：「汝是誰耶？」答曰：「我是信相❹婆羅門❺子，是汝往昔善知識❻。我因往昔見舍利弗、大目揵連，禮拜歡喜，捨身得作北方天王毗沙門❼子，專知❽守護此城；況見如來，禮拜供養？」須達見佛，佛如應說法，得須陀洹道。

【章　旨】記須達多在北方天王毗沙門子的指引下拜見佛，得須陀洹道。

【注　釋】❶天祠　梵文deva-kula，印度祭祀大自在天等天部諸神之所。❷閻浮提　即南贍部洲。閻浮，樹名。提為「提鞞波」之略，意譯為洲。洲上閻浮樹最多，故稱為閻浮提。詩文中多指人世間。❸發心　佛教語。謂發願求無上菩提之心，亦泛指許下向善的心願。❹信相　與信仰相應。❺婆羅門　古印度四種姓之一。居於種姓之首，世代以祭祀、誦經、傳教為業，是社會精神生活的統治者，享有種種特權。❻善知識　聞名為「知」，見形為「識」，即善友、好伴侶之意。❼毗沙門　佛經所說四天王之一，又名多聞天王，亦稱托塔天王。佛教中為護法的天神。❽專知　專為。

【語　譯】須達多一心念想佛所有的功德。忽然天空有一片大光明，循著光亮出去，到了尸呵城城門。由於佛的神力，城門自動開了。出城門路上有一座祭祀大自在天等諸神的天祠，須達多向天祠致敬。不久又回復到了黑暗中，須達多心裡很惶恐，又想返回城門去。這時有一位大天神告訴須達多說：「你參見佛，將會獲得善妙的利益，但是即使是閻浮提所獲得的全部功德，也不如發菩提心，一步到達如來處。」須達多問：「你是誰呀？」答道：「我是信仰佛教的婆羅門的兒子，是你往日的好友。因為往昔見到舍利弗和大目犍連，向他們禮拜，內心很歡喜，所以轉生得以作北方天王毗沙門之子，現在專門守護此城；更何況你見到如來，禮拜供養他呢？」須達多見到了佛，佛於是應允為他宣說佛法，須達多獲得須陀洹道。

## 長者新生一子即識本緣求母請佛甘味自下

（出《賢愚經》第一卷）

舍衛國中有大長者，生一男兒，面目端正。生而能言，問其父母：「世尊及舍利弗、阿難❶等皆在世不？」父母答：「在。」見其能言，乃謂非人，即往問佛，佛言：「此兒有相。」父母歡喜。兒又啟曰：「唯垂❷請佛及僧。」答曰：「卒無供養。」兒又啟曰：「但❸掃灑堂舍，莊嚴床席，施三高座，百味飲食自然滿堂。又先身之母今猶存在，居波羅奈國。願為仰報❹。」父母遣使馳象迎接。以三高座，一擬❺如來，一為今身母，一為前世所生母。佛與眾僧既入其舍，甘味飯食自然而下，種種豐饒。佛為說法，合家大小盡得初果。

【章旨】記舍衛國一大長者生一男孩，生而能言並識本緣。告訴父母請佛及僧，佛為說法，全家人都得到初果。

【注釋】❶阿難　梵文Ānanda譯音，意譯為歡喜、慶喜。釋迦十大弟子之一，斛飯王之子，釋迦之從弟。二十五歲出家，隨侍釋迦二十五年，長於記憶，稱多聞第一。❷垂　敬詞，表示對方高於自己。❸但　祇；祇要。❹仰報　報答。仰，下對上的敬詞。❺擬　打算；準備。

【語譯】舍衛國有一位大長者，生了一個男孩，面目端正。生下來就會說話，問他的父母親：「世尊及舍利弗、阿難等都還在世間嗎？」父母回答道：「都在。」父母見他生下來就會說話，於是認為他不是常人，就去問佛，佛說：「這個小孩有福德相。」父母歡喜。兒子又稟告說：「我想請佛和僧來供養。」父母回答說：「倉卒間沒有供養的東西。」兒子又告訴說：「祇須灑掃堂舍，修飾並鋪好床席，施設三個高的座位，各種飲食就會自然的擺滿堂舍。還有，我前生的母親現在還活著，居住在波羅奈國。我希望報答母親養育之恩。」於是今生的父母派人趕著大象前去迎接。設置三個高座，準備一個給如來，一個給今生的母親，一個給前生的母親。佛和眾僧進了他家堂舍後，甘美的飲食自然就從天上降臨了，每一種都很豐富。佛為他們全家宣講佛法，全家大小都獲得了初果。

# 卷第三六

## 雜行長者部下

【題解】雜行，指修習三學、六度等善行。本部輯錄雜行長者的因緣故事：音悅長者先世以好白㲲、千萬兩金奉上如來，今世受四種福報；香身長者前世貧窮賣薪，聽經燒香讚歎，五百世不墮三惡道，身口香潔……。所有這些故事，佛都為我們解說了其中的因緣，可見未作不起，已作不失，有因有果，因報相尋。

### 迦羅越以飽食施鳥令出腹中珠

（出《譬喻經》第七卷）

昔有迦羅越長者，聰明博達❶，財富巨億❷。居近海邊，多植樹木，榮茂參天。時海渚❸上大有珍寶，價直❹千億。人不得近，唯鳥往來，飡噉明月之珠，朝入暮出，棲宿長者叢林。長者多智，方便❺圖❻之。即作百味之食，以用與鳥，鳥食之飽滿，便吐珠覆地，長者得之，遂成大富。

【章旨】記長者迦羅越以百味之食施與鳥，鳥吃飽了就吐出明月之珠，長者於是大富。

【注釋】❶博達　博學通達。❷巨億　數以億計，極言其多。❸渚　水中的小塊陸地；小島。❹直　值。❺方便　設計。❻圖　謀取。

【語譯】過去有個迦羅越長者，聰明通達，見識廣博，財富以億計。他居住在離海邊很近的地方，這一帶種植了很多樹木，樹木茂盛參天。當時海中小島上有很多珍寶，價值以千億計。人卻不能接近，祇有飛鳥往來，吞食明月之珠，牠們早晨過去，晚上回來，棲宿在長者的叢林裡。長者足智多謀，想方設法謀取珍寶。於是做各種味道的食品，供給鳥吃，鳥吃得很飽，就把明月之珠吐出來了，覆蓋在地上。迦羅越長者得到了這些珍寶，就成了大富翁。

## 音悅今身受先世四種報

（出《長者音悅經》）

有長者名曰音悅，財富無數。年老無子，以為愁慼❶。雖然，宿福所追，其報有四：一者夫人產男，二者五百白馬同時生駒❷，三者國王遣使者拜授金印，四者五百寶船同時俱至。佛告阿難：「長者音悅，先世❸之時，遣五百人乘船入海，既獲眾寶，安隱❹還家。是故如來說世四福同時普集。」長者念言：「天降福祚❺，集我之庭，當作甘饌❻，室族相慶。」時四天王❼、釋梵諸天、龍神鬼王、阿須倫❽等，各與眷屬，側塞❾虛空。如來神達❿，知此長者歡喜踴躍，因其歡悅⓫，欲往稱歎⑫。若其開解，可植福⑬哉。應時⑭歌誦吉祥八音⑮，長者歡喜，啟瞿曇⑯言：「實為神妙，知我室族吉祥無量，枉屈⑰尊神，來相讚歎。」以好白潔氎直千萬兩金奉上如來，佛即受之。佛告長者：「財有五危，汝今能爾，必獲影報。所生之處，福自歸身。」長者白佛：「何等五危？」佛言：「一者火燒，二者水漂，三者縣官⑱，四者惡子⑲用度無限，五者盜賊。五事一至，不可抑制。」長者聞說益增踴躍。於是如來忽然還到耆闍崛山⑳。

【章旨】記長者音悅因為宿世因緣同時獲得了四種福報，他們室族相慶之時，佛前往讚歎，得到長者奉獻的千萬兩金，並且告訴了長者財產有五種厄運。

【注釋】❶愁慼　憂慮；憂傷。❷駒　小馬。❸先世　上一輩子。❹安隱　平安。❺福祚　同義連文，都是「福」的意思。❻甘饌　甘美的飯食。❼四天王　佛經稱帝釋的外將，分別居於須彌山四陲，各護一方。東方持國天王（名多羅吒），身白色，手持琵琶；南方增長天王（名毗琉璃），身青色，手持寶劍；西方廣目天王（名毗留博叉），身紅色，手纏繞一龍；北方多聞天王（名毗沙門），身綠色，右手持傘，左手持銀鼠。❽阿須倫　梵文 Asura 的音譯，又作阿修羅，為六道之一，八部眾之一，為印度最古諸神之一，屬於戰鬪一類的鬼神，常與帝釋天爭鬪不休。❾側塞　積滿充塞貌。❿神達　神明通達。⓫歡悅　歡欣喜悅。⓬稱歎　讚歎。⓭植福　造福。⓮應時　立即；馬上。⓯八音　謂如來所出音聲，具有八種功德，令眾生聞即解悟，即：一、極好音，二、柔輭音，三、和適音，四、尊慧音，五、不女音，六、不誤音，七、深遠音，八、不竭音。⓰瞿曇　釋迦牟尼的姓，亦作佛的代稱。也借指和尚。⓱枉屈　屈尊就卑。⓲縣官　官府；朝廷。⓳惡子　惡少。⓴耆闍崛山　又作耆闍崛多，譯作鷲頭、鷲峰、靈鷲，山頂似鷲，又山中多鷲，故以為名。在中印度摩竭提國王舍城之東北，世尊說法之地。

【語譯】有一個長者，名叫音悅，財富無數，年老卻沒有兒子，為此很憂愁。雖然這樣，由於宿世的福德所及，他的報應有四種：一是夫人生兒子，二是五百匹白馬同時產仔，三是國王派使者授予他金印，四是五百艘寶船同時來到。佛告訴阿難：「長者音悅，前世時派五百人乘船入海，獲得眾多寶物後，平安回家。因此如來說音悅在世間四種福報同時集中而來。」音悅長者心想：「上天降福，會集到我家，我應該設立豐盛的宴會，家族的人共同慶祝一下。」當時四天王、釋梵諸天、龍神鬼王、阿須倫等，各自和部屬擁擠充塞在天空中。如來神明通達，知道音悅長者歡喜踴躍，想趁著他歡欣喜悅，前去讚歎。如果長者心意開解，可以增植福業。如來即時唱誦，所出音聲吉祥，有八種功德，音悅長者很高興，稟告瞿曇說：「實在是神奇美妙，知道我們家族吉祥，讓尊神屈尊到我家來讚歎。」音悅長者拿一匹質好色白而潔淨的細棉布，價值千萬兩黃金，獻給如來，佛就接受了。佛告訴長者：「你家財富有五種危險，但你現在能這樣布施，一定能獲得福報。你來世出生之處，福報一定會自然伴隨著你。」音悅長者對佛說：「是哪五種危險？」佛說：「第一是火燒，第二是水淹，第三是遭遇官司，第四是孩子不學好，用錢不加節制，第五是碰上盜賊。五件事有一件出現，就難以招架。」音悅長者聽到佛的話，心中感到更加慶幸。此時如來一會兒就回到了耆闍崛山。

爾時國內有尼揵❶異道，名曰不蘭迦葉。聽聞如來詣長者家，歌頌一偈，獲得長者千萬兩金。「沙門❷尚能得金，況我往乞，當不得乎？」又自念言：「我當往求瞿曇沙門所可說偈，然後往乞，必得珍寶。嗟歎❸之宜當勝瞿曇。」不蘭迦葉懷此愚癡、妬嫉之意，而往問佛：「傳聞瞿曇詣長者家，歌頌一偈，大得珍寶。寧可❹哀矜❺，賜所說偈，令吾諷誦❻，冀望得寶。」如來三達❼，知此長者卻後一時財寶當散，不蘭迦葉不知時宜，遭厄之家而說吉祥，必得長者無量杖痛。

如來告言：「不惜此偈。汝不知時，卿說此偈，必得楚痛❽，是故違卿。若更欲得應時之說，絕妙之句，吾當與汝，既使長者得聞真言，又免捶毒❾之痛。」不蘭迦葉心自念言：「瞿曇沙門不欲令我往乞珍寶，是故悋惜，不昔❿與我。」即便啟佛：「其但⓫與我，焉⓬知餘事？」如來慈湣⓭，諫⓮之滿三，終不信解⓯，佛亦預知不蘭迦葉前世因緣應受此痛。如來又云：「罪不可諫。」佛即為說吉祥之偈，尼揵諷誦，一歲乃諳⓰。然後長者失火燒舍，珍琦⓱了盡，五百馬駒同時燒死，所生妙子一日終亡，王遣使者錄奪⓲金印。後復乘船入海採寶，安隱來還，泊岸五百寶船一日漂沒。室族大小無不愁毒⓳。不蘭迦葉往到其門，歌頌如來吉祥之偈，如上所說。長者聞之，舉門忿恚⓴：「天下凶殃㉑無過於我，云何此人裸形無恥，在此妖蠱㉒，說我吉祥，益我憂煩？」即出捶打，從頭至足。匍匐還家，六師宗等㉓逆問其意，答言：「此變正由瞿曇。」內不自剋㉔，反怨世尊。佛告眾會㉕：「不蘭迦葉前從如來求索一偈，欲詣長者，歌頌求寶。如來諫之，其於㉖不信。今已在彼，遭痛毒患。」

【章旨】記外道不蘭迦葉不聽佛的規勸，向佛乞討吉祥偈語，於音悅長者家遭厄運之時上門歌頌，遭毒打後反怨世尊。

【注　釋】❶尼犍　也作「尼乾」，佛教所說的外道之一，即裸形外道。❷沙門　出家的佛教徒的總稱。❸嗟歎　吟歎。❹寧可　是否能夠。❺哀矜　哀憐。❻諷誦　抑揚頓挫地誦讀。❼三達　佛教謂能知宿世為宿命明，知未來為天眼明，斷盡煩惱為漏盡明。徹底通達三明謂之三達。❽楚痛　同義連文，苦痛。❾捶毒　毒打。❿昔　即「惜」，吝惜的意思。⓫但　祇要；祇管。⓬焉　怎麼；哪裡。這裡構成反問語氣。⓭慈湣　慈悲憐憫。⓮諫　規勸。⓯信解　佛教謂對佛法心無疑慮，明見其理為信解。⓰諳　熟悉。⓱珍琦　珍寶。⓲錄奪　剝奪。⓳愁毒　愁痛，即悲痛。⓴忿恚　憤怒怨恨。㉑殈殃　災禍。㉒妖蠱　毒害；迷惑。㉓六師宗等　猶六師外道。指古印度佛陀時代，中印度勢力較大的六種外道。㉔自剋　自責。㉕眾會　集會的眾人。㉖於　語助詞，無實在的意義。

【語　譯】那時國內有一個尼犍異道，名叫不蘭迦葉。聽說如來到音悅長者家，唱頌了一首偈，獲得了音悅長者價值千萬金的東西。他想：「沙門尚且能獲得金子，何況我專程前往乞求，會得不到嗎？」又心想：「我該把瞿曇沙門所說的偈求過來，然後再去音悅家乞求，一定能獲得珍寶。我吟歎的效果，應該勝過瞿曇。」不蘭迦葉懷著這種愚痴嫉妒的心理，去問佛：「傳說瞿曇你到音悅長者家唱誦一首偈，得到了很多珍寶。是否能夠哀憐我，賜給我你所說過的偈，讓我去念誦，希望獲得珍寶。」如來神明通達，知道音悅長者在別後一段時間內財物珍寶會散失，不蘭迦葉不識當時的需要，到遭遇厄運的人家去說吉祥話，一定會遭到長者杖擊的痛苦。如來告訴不蘭迦葉：「我並不吝惜那首偈。祇是你不知時宜，等到你去說這首偈時，一定會挨痛打。因此有違你的本意而不告訴你。如果你想得到適合時宜的絕妙的語句，我會給你，既使音悅長者聽到真言，又使你免遭捶擊毒打的痛苦。」不蘭迦葉心想：「瞿曇沙門不想讓我去討珍寶，因此吝惜，捨不得告訴我那首偈頌。」於是稟告佛：「你祇管給我，其他的事你怎麼知道？」如來慈悲，勸他三次，不蘭迦葉始終還是不領悟，佛也預知不蘭迦葉由於前世的因緣，應該遭受這個痛苦。如來就說：「你活該受罪不可勸諫。」佛就為不蘭迦葉說那首吉祥的偈語，尼犍唱誦了一年才熟練。其後，音悅長者家失火燒掉了房子，珍寶都沒了，五百馬駒同時燒死，所生兒子一天之內死去，國王派使者剝奪了金印。後來又乘船入海採寶，平安歸來後，停在岸邊的五百艘寶船一時間或漂走或沉沒。家族中大大小小無不悲痛。此時不蘭迦葉來到音悅長者門口，唱誦如來的吉祥偈語，像上次說的那樣。音悅長者聽到後，一家人都很憤怒，心想：「普天之下的災禍沒有超過我家的，為什麼此人如此裸露形體，沒有羞恥之感，在這裡胡說八道妖言惑眾，說我家吉祥，更增添我們的憂愁煩惱？」就出門去從頭到腳一頓捶打。不蘭迦葉爬行回家。六師外道迎上去問他情況，他回答說：「這次的變故正是由於瞿曇不好。」內心不自責，反而埋怨世尊。佛告訴集會的眾人：「不蘭迦葉此前向如來求索一首偈，想到音悅長者家去唱誦以求取寶物。如來勸阻他，他不信。現在，他已在那裡遭到痛打。」

阿難白佛：「不蘭迦葉與此長者有何因緣而被此患？」佛告阿難：「乃昔久遠，阿僧祇劫❶，時有國王，亦名音悅。復有一鳥名曰鸚鵡，在王宮上鳴聲和好。王時晝寢，聞鳥聲驚覺，問其左右：『此為何鳥，鳴聲妙好？』侍者白言：『有一奇鳥，五色焜煌❷，適在宮上，鳴已便去。』王遣步騎逐而求之，推尋❸殊久，捕得與王。即以七寶瓔珞其身，常著左右，晝夜看視，不去須臾❹。復有一鳥名曰鵄梟❺，來在宮上，看見鸚鵡獨得優寵❻，即問鸚鵡：『何緣致此？』鸚鵡答言：『我來宮上，悲鳴殊好。國王愛敬於我，取我常著左右。』鵄梟聞之，心懷妬嫉，心即念言：『我亦當鳴，令殊於卿，國王亦當愛寵我身。』王時臥出，鵄梟即鳴，王即驚覺，歔然❼毛豎，如畏怖狀。王問左右：『此為何聲，驚動怖我？』侍者白言：『有惡聲鳥名鵄梟。』王遣大眾分布❽推索，即得與王。王令左右生拔毛羽，舉身大痛，步行而去。眾鳥問言：『何緣致此？』鵄梟瞋恚，答眾鳥言：『正坐❾鸚鵡，故得此患。』佛言：善聲招福，惡聲致禍。罪報由己，反怒鸚鵡。昔國王者，長者音悅是；鸚鵡者，我身是；鵄梟者，不蘭迦葉是。

【章　旨】記佛解說不蘭迦葉遭毒打的因緣：前世與佛分別為鸚鵡、鵄梟，鸚鵡鳴，合乎時機；鵄梟鳴，不合時機。

【注　釋】❶阿僧祇劫　無數之劫。劫，佛經把天地的一成一敗叫一劫，表示一段很長的時間。❷焜煌　明亮輝煌。❸推尋　尋找。❹須臾　極短的時間。❺鵄梟　禿鷲，一種兇猛貪殘的水鳥。❻優寵　優待、寵愛。❼歡然　恐懼的樣子。❽分布　分散。❾坐　由於。

【語　譯】阿難對佛說：「不蘭迦葉與音悅長者有什麼因緣，而遭受此禍患？」佛告訴阿難：「很久很久無數劫以前，有一個國王，也名叫音悅。又有一隻鳥名叫鸚鵡，鸚鵡在王宮上空鳴叫，聲音美妙動聽。國王當時白天正睡覺，聽到鳥叫聲被驚醒了，問左右的人說：『這是什麼鳥，叫聲如此美妙？』侍者稟報說：『有一隻奇特的鳥，羽毛明亮輝煌，剛才在王宮上空，叫完就飛走了。』國王派步兵騎兵追逐尋找，找了很久，把鳥抓到後交給國王。國王就派人用七寶瓔珞裝飾鳥身，把鳥常放在身旁，晝夜看護著，不讓牠離開一會兒。又有一隻鳥，名叫鵄梟，來到王宮上空，看到鸚鵡得到獨有的優待和寵愛，就問鸚鵡：『是什麼因緣能到此地步？』鸚鵡回答說：『我來到王宮上，柔和的鳴叫聲特別美妙。國王喜歡並尊重我，找到我並常放置於左右。』鵄梟聽說了，懷著嫉妒，心想：『我也該鳴叫，讓聲音超過你，國王也該寵愛我。』國王當時正在外面睡覺，鵄梟就叫起來，國王被驚醒了，驚恐得毛髮都豎了起來，十分恐懼。國王問身旁的人：『這是什麼聲音，驚動了我，讓人覺得如此恐怖？』侍候的人說：『是一隻發出邪惡聲音的鳥，名叫鵄梟。』國王派眾人分散尋找，就把那隻鳥抓到了，交給國王。國王讓左右的人活活的拔下鵂梟的羽毛，鵂梟全身非常疼痛，最後祇好步行離去。眾鳥問牠：『是什麼緣故落到這種地步？』鵂梟憤怒地回答眾鳥說：『正是由於鸚鵡，所以落得這種樣子。』」佛說：好的聲音引來福報，不好的聲音招致禍害。罪報是由自己決定的，反而遷怒於鸚鵡。那時的國王，就是長者音悅的前身；鸚鵡，就是我的前身；鵂梟，就是不蘭迦葉的前身。

（出十卷本《譬喻經》第四卷）

## 香身長者婦為國王所奪

昔有國王貪於婬色，所作無道。聞好❶婦女，尋往掠奪，舉國患之。有一長者，財富無數，高才博達，婦容端正。臣下啟王，王聞心動，遣使強奪。其夫愁惱，便棄家居，行作沙門。口中出香，熏四十里，身體周遍有栴檀❷氣。王見其人既無子姪，皆收家財。王立其婦以為正后。

【章旨】記過去有一個國王貪淫好色，有一位長者在妻子被國王奪走後棄家去做沙門。國王沒收了長者的家財，並立長者婦為王后。

【注釋】❶好　漂亮。❷栴檀　香木之名，有赤白紫諸種。

【語譯】過去有一個國王，貪愛女色，胡作非為。聽說有漂亮的婦女，就立即去搶奪，全國人都厭惡他。有一個長者，財富無法計數，才智過人，博學通達，妻子容貌端正。大臣向國王彙報，國王聽說動了心，派使者強行奪取。長者憂愁煩惱，就拋棄家去做沙門。長者口中吐出香氣，能熏蒸四十里地，全身上下都有栴檀香味。國王見這個長者沒有子姪，就沒收了他的家產。國王立長者妻為王后。

國中生好蓮花，青黃紅白，甚大香潔。王敬夫人，先持與之。夫人得花，益甚悲感❶。王問：「卿今一國之母，相敬不相失意，有何不可，乃爾❷不樂耶？」夫人曰：「不敢不樂，但念我前夫身口之香，勝此眾花。竊思舊意，不覺自悲。」王不信言，乃遣請之。前壻已得羅漢神通❸，飛行身出，眾香充遍一國。王使澡洗，重加揩拭，身香益甚。王試問佛，佛言：「過去有一貧子窮困無業，賣薪❹自活。採薪還，未及城門，城門已閉。門外有寺，僧夜誦經。其人寄宿，便坐聽經，燒香讚歎，至於天曉。緣是五百世不墮三惡道❺，常生天上，身口香潔。」

【章　旨】記國王從長者婦的嘴裡得知長者身口之香勝過蓮花，佛為國王解說長者身口香潔的因緣。

【注　釋】❶悲感　悲愁感傷。❷乃爾　如此；這樣。❸神通　佛、菩薩、阿羅漢等通過修持禪定所得到的神祕法力。❹薪　柴。❺三惡道　佛教謂六道輪迴中作惡業者受生的三個去處，即：造上品十惡業者墮入地獄道，造中品十惡業者墮入餓鬼道，造下品十惡業者墮入畜生道。

【語　譯】國內生長美妙的蓮花，青、黃、紅、白各種顏色都有，蓮花開得很大，清香潔淨。國王敬重夫人，首先拿去給她。夫人得到蓮花，更加悲傷。國王問：「你現在是一國之母，我敬重你而沒有失禮，你心裡有什麼不滿意，竟至於如此不高興？」夫人說：「我不敢不高興。只是心想我前夫身上嘴裡的香氣超過這許多花，我私下懷念舊日的情意，不由自主就悲傷起來。」國王不相信她的話，就派人去請她的前夫。前夫這時已修得羅漢的神通，飛行而出，各種香味充滿了全國。國王派人給他洗澡，重重地加以擦拭，長者身上的香氣更加厲害。國王試著問佛，佛說：「過去有一個窮孩子，窮困而沒有職業，靠賣柴養活自己。一次打柴回來，還沒到城門，城門就關了。城門外有座寺廟，僧人夜裡在誦經。這個窮孩子在廟裡寄宿，就坐著聽經，並燒香讚歎佛，直到天亮。因為這個緣故五百世不墮入三惡道，常生在天上，身上與嘴裡都散發清香。」

# 卷第三七

## 優婆塞部

【題解】優婆塞，梵文Upāsaka的音譯，意譯為清信士，即在家親近奉事佛法僧三寶、受持五戒的男子。本部輯錄在家奉持佛教五戒的男居士的因緣故事：僑居舍衛國的優婆塞因為是佛弟子，鬼代為取花；有人行路一日見三種不同的境況，於是告誡後人，罪福皆有報應；一位優婆塞暴病命終，十日還生，述其親歷的情景，後與父母一起去祇洹修行……。這些精進修行的事例顯示了佛法力量的廣大，眾生的罪福都由前世的因緣，啟發人們棄惡揚善，敬信佛、法、僧三寶。

### 優婆塞持戒鬼代取花

（出《譬喻經》第五卷）

昔有優婆塞僑居❶舍衛國❷，婦形端正，一國同聞。朋友欲觀，終不肯示。人以白王。王思欲見，不知何由。一臣啟❸言：「夫婦並持五戒，供養道士❹，手自斟酌❺。王可詐❻作道士，持缽❼詣門，必得見之。」即隨臣言，權❽變形服，竊❾到其家，婦見道士，頭面作禮❿。

【章旨】記過去有一位優婆塞僑居舍衛國，因為妻子容貌端正，引得國王暗中察訪。

【注釋】❶僑居　在外國居住，古代也指在外鄉居住。❷舍衛國　古印度一王國名，在今印度西北部的拉普地河南岸。釋迦牟尼成佛後，在此居住二十五年。城中至今存有給孤獨長者施捨的只園精舍遺址。❸啟　報告；陳述。❹道士　這裡指佛教徒、和尚。❺斟酌　執掌。❻詐　假裝。❼缽　佛教徒盛飯的用具。❽權　暫且。❾竊　偷偷地。❿頭面作禮　以頭親尊者之足，為佛教最敬之禮節。

【語譯】過去有一個優婆塞，僑居在舍衛國，他妻子形貌端正，全國的人都聽說了。朋友們想去看看，優婆塞總是不肯給人看。有人把這件事告訴了國王，國王也想見見，但不知怎麼辦。一位大臣稟報說：「那對夫婦都持守五戒，供養佛教徒，親手施捨。國王您可以化裝成僧人，拿缽去他們家門口，一定能見到。」國王就聽從大臣的話，暫且變換了衣服，私自來到優婆塞家，妻子看到僧人，跪拜行禮。

王睹察已，還語臣等：「此婦實好❶，入我心中，不知何從得之？」眾臣白言：「此雖僑士❷，應覲❸於王。憍慢❹不來，可以為罪❺。」去舍衛城千有餘里，大池水中生五色蓮華，間有三難：蝮蛇、鬼神、惡獸，罪應死者使往取華，輒沒❻於彼。王便呼問言：「卿何等人？」再拜答曰：「大王民也。」王言：「何以不來？」答曰：「愚癡不及耳，自知有罪。」王言：「罰卿詣池取華，七日當還。若違期至，當重治卿。」受教辭退，還具告婦。

【章　旨】記國王為了奪取那位優婆塞的妻子，想害死優婆塞，於是派他去有牛鬼蛇神的大池中取蓮花。

【注　釋】❶好　容貌美。❷僑士　旅居外地的士人。❸覲　拜見。❹憍慢　傲慢。❺為罪　治罪。❻沒　死。

【語　譯】國王親眼目睹並仔細觀察了優婆塞的妻子後，回去對大臣們說：「這個婦人實在漂亮，正合我意，不知怎麼樣能得到她？」眾位大臣說：「那個優婆塞雖然是僑居我國的士人，也應該來晉見國王。如今自高自大而不來，可以給他定罪。」距離舍衛城千餘里的地方，有一個大水池，水中生長五色蓮花，這裡邊有三種禍患：蝮蛇、鬼神和惡獸。犯了罪應該處死的人，被派去採取蓮花，往往就死在那裡。國王就派人抓那個優婆塞過來，高聲問他：「你是什麼人？」優婆塞拜了兩拜，回答說：「我是大王您的百姓。」國王說：「你為什麼不來拜見我？」優婆塞回答說：「本人愚笨痴頑，沒有想到，我自己知道有罪。」國王說：「罰你到蓮花池去取蓮花，七天內應該回來。如果過了期限才到，該重重的處罰你。」優婆塞受了一通教訓後辭退，回家告訴妻子。

婦語夫言：「君今有罪，由我美色。君識佛明教❶，三界❷無怙❸，唯戒可恃❹。上道之日，心念三尊❺，口誦十善❻，莫忘須臾❼。若君不還，吾當出家，以戒自樂，不經二男。」給夫資糧，辭決❽進路。行至半道，有噉人鬼問曰：「何人？」答言：「是佛弟子。」鬼言：「諸犯罪者遣付吾等❾，詐言取華。賢者❿實不犯罪，為惡人所讒⓫。」答鬼言：「人命難得，唯在大神⓬耳。」鬼言：「卿是佛弟子，又復無罪，我不相害也。餘有二難，恐卿不免。」「當如之何⓭？」鬼復言曰：「相代取華，以濟⑭卿身，使我長夜得福無量。卿穩住此間。」鬼於是去，須臾便還，五色好華百重⑮而至，以與賢者。賢者重不能舉，鬼便取華並扶賢者，屈伸臂頃⑯，已到宮門，辭別而去。

【章　旨】記優婆塞記取妻子的話，在取蓮花的途中不忘佛教教義。因為他是佛弟子，鬼神幫他取花。

【注　釋】❶明教　高明的指教。❷三界　佛教指眾生輪迴的欲界、色界和無色界。❸怙　依仗；憑藉。❹恃　依靠。❺三尊　佛教指佛、法、僧。❻十善　佛教語，不犯十惡，即是十善。佛教以殺生、偷盜、邪婬、妄語、兩舌、惡口、綺語、貪欲、瞋恚、邪見為十惡。❼須臾　極短的時間。❽辭決　辭別。「決」通「訣」。❾吾等　我們。❿賢者　賢人，也用於對別人尊稱。⓫讒　譭謗。⓬大神　尊神，對鬼神的尊稱。⓭如之何　對它怎麼辦。⓮濟　救。⓯重　量詞。種；件。⓰頃　相當於現代漢語「……的時間」。

【語　譯】妻子對丈夫說：「夫君現在有罪，是由於我的美色。你懂得佛的英明教導，三界都沒什麼可依仗的，衹有佛戒可以憑靠。你動身上路的日子裡，心裡想著三尊，口裡念誦十善，哪怕一會兒都不要忘記。如果你回不來，我就將出家，以守戒為樂，絕不會接受第二個男人。」妻子給丈夫準備了錢糧，丈夫辭別上路了。行到半路，有吃人鬼問：「什麼人？」回答說：「是佛弟子。」鬼說：「朝廷把犯罪的人交付給我們，假裝說是要他們去取花。你實際上並沒有犯罪，是被惡人的讒言陷害了。」優婆塞回答說：「人命難保，衹有看尊神您了。」鬼說：「你是佛弟子，又沒有罪，我不害你。剩下的還有兩種禍患，恐怕你不能避免。」優婆塞問：「該怎麼辦？」鬼又說：「我代你去取花，以救你的性命，使我長夜得到無盡的福報。你在這裡安穩等候。」鬼於是離去，一會兒就回來了，採來了一百多種五色好花，獻給賢人。花太重了，賢人拿不了，鬼就拿上花並扶著賢人，手臂一屈一伸的工夫，已經到了王宮門口。鬼辭別優婆塞走了。

賢者詣門自通，王怪❶還速，具問本末❷，如實自陳❸。王大驚慚❹，曰：「鬼無人義❺，害於眾生，今濟善人。我乃❻無義，不別善惡，不如鬼魅❼。」即自責過，稽首❽歸命❾，願為弟子，奉受五戒，廣行六度❿，國致太平。賢者夫婦，並加精進⓫，得不退轉⓬。

【章旨】記國王詢問了優婆塞取花的經過後感到自責，成為佛弟子。優婆塞夫婦更加精進，得不退轉的功德。

【注釋】❶怪 對……感到奇怪。❷本末 比喻事情從頭到尾的經過。❸陳 陳述；述說。❹驚慚 吃驚而慚愧。❺義 合宜的道德行為。❻乃 卻。❼鬼魅 鬼怪。❽稽首 古時的一種禮節。跪下，拱手至地，頭也至地。❾歸命 歸順。這裡指歸依佛教。❿六度 佛教語，又譯為「六到彼岸」。「度」是「波羅蜜多」的意譯。指使人由生死之此岸度到涅槃（寂滅）之彼岸的六種法門：布施、持戒、忍辱、精進、靜慮（禪定）、智慧（般若）。⓫精進 為「六波羅蜜」之一，謂堅持修善法，斷惡法，毫不懈怠。⓬不退轉 所修之功德善根，漸次增進，更不退失轉變，是名不退轉，略名不退。

【語譯】優婆塞到門口自己通報姓名，國王對他的神速返回感到奇怪，詳細詢問了事情的經過，優婆塞如實陳述，國王很驚訝而又慚愧，說：「鬼本來是沒有仁義的，常為害眾生。現在他也救助善人。我卻沒有仁義，不能區別善與惡，我不如鬼。」國王自責過錯，稽首歸順佛教，願成為佛的弟子，信奉接受五戒，廣泛推行度脫人生苦海的「六度」，國家趨於太平。優婆塞夫婦都更加勤練精修，獲得不退轉的功德。

## 清信士臨亡夫妻相愛生為婦鼻中蟲

（出《居士物故為婦鼻蟲經》）

有清信士，持戒精進不懈。有一沙門，已棄重擔❶，生死永盡，逮❷得神通❸，與共親友❹。時清信士卒❺得困疾，醫藥不治。婦大悲苦，謂其夫言：「共為夫婦，卿獨受苦。以何方便，分病令輕？設卿無常❻，我何所依？兒子孤單，復何恃恬❼？」夫聞益懷愛戀，大命❽將至，應時❾即死。魂神即還，在婦鼻中化作一蟲。婦大啼哭，不能自止。時道人往與婦相見，故欲諫喻❿，令損⓫愁憂。婦見道人來，益用⓬悲慟，「奈何⓭？和尚，夫壻⓮已死。」蟲從鼻涕忽然墮地，婦即慚愧，欲以腳蹈。道人告曰：「止止！莫殺。是卿夫壻，化作此蟲。」婦曰：「道人，我夫奉經持戒，精進難及，何緣壽終轉形作此？」道人答曰：「過⓯起愛戀，今生為蟲。」道人為蟲說經：「卿精進奉經持戒，福應生天見諸佛，但坐⓰恩愛戀慕之想，墮此蟲中。即可慚愧。」蟲聞意解，自剋責⓱。俄而⓲命終，即得生天。

【章旨】記有一位持戒精進的清信士臨終時貪著夫妻之愛，魂神化為婦鼻中的一條蟲，後沙門解說其中因緣，即得生天。

【注釋】❶重擔　眾生以煩惱為重擔。❷逮　達到。❸神通　佛、菩薩、阿羅漢等通過修持禪定所得到的神祕法力。❹親友　親熱友愛。❺卒　突然。❻無常　人死的婉詞。❼恃恬　疑為恃怙，即憑靠。❽大命　天命；壽命。❾應時　當時；即時。❿諫喻　規勸。⓫損　減少。⓬用　以。⓭奈何　怎麼辦。⓮夫壻　丈夫。⓯過　錯誤；過失。⓰坐　由於。⓱剋責　嚴厲責備。⓲俄而　不久；一會兒。

【語譯】有一個優婆塞，持守戒律，精進不懈怠。有一個沙門，已經捨棄世間的煩惱，生死的困惑永久消除盡了，獲得了神通，沙門與清信士親近友好。當時清信士忽然得了重病，醫藥治不了。妻子很悲痛，對她的丈夫說：「我們是夫婦，你獨自受苦。有什麼辦法能讓我分擔病痛，讓你的痛苦減輕一點？如果你故去，我依靠誰呢？兒子孤苦伶仃，又有什麼依賴呢？」丈夫聽了她的話更加心懷愛戀，生命的期限將要到了，清信士即刻就死去。他的靈魂神魄馬上就回來了，在妻子的鼻孔裡化作一條蟲。妻子大聲啼哭，不能控制自己。當時道人來與清信士的妻子相見，本來道人是想來勸她的，讓她減少一點憂愁。婦人看到道人來了，更加悲慟，說：「怎麼辦哪？和尚，我丈夫已經去世了。」那條蟲子忽然隨鼻涕落地，婦人很慚愧，想用腳去踩蟲子。道士告訴她：「停住！停住！不要傷害牠。牠是你的丈夫變成的。」婦人說：「道人，我的丈夫信奉佛經，持守戒律，精進的程度別人難以達到，為什麼壽終轉生化為蟲子？」道人回答說：「過失在於愛戀，今生變為蟲子。」道人為蟲說佛經：「你不懈努力上進，信奉佛經，持守戒律，福報應該生於天上見到諸佛，但由於有恩愛戀慕的念頭，墮入蟲中。你應該慚愧。」那條蟲子聽了道人說的話，心意開解，自己責備自己。不久蟲命終，就得以生於天上。

## 有人路行遇見三變身行精進

（出《諸經中要事》）

有人在道上行，見道邊有一死人，鬼神以杖❶鞭❷之。行人言：「此人已死，何故鞭之？」鬼神言：「是我先身❸。生在之日，不孝父母，事君不忠，不奉敬三寶，不隨師父之教，今令我墮罪而行，苦痛難言。瞋❹故鞭之。」

【章　旨】記有人在路上看見鬼神用杖鞭打死人。原來是鬼神在鞭打自己的前身，因為前生不善，如今苦痛難言。

【注　釋】❶杖　木棍。❷鞭　鞭打。❸先身　前輩子的身體。❹瞋　發怒。

【語　譯】有一個人在路上走，看到路邊有一具死屍，有鬼神用杖鞭打他。行路人問：「這個人已經死了，為什麼還要鞭打他？」鬼神說：「這是我前生的身體。前生活著的時候，我不孝敬父母，對國君不忠誠，不信奉禮敬三寶，不聽從師父的教導，使我現在墮入罪惡中，苦痛難言。我恨他所以鞭打他。」

稍稍❶前行，復見一死人。天人❷來下，散華於死屍上，以手摩挲❸之。行人問言：「觀君似是天人，何故摩挲是死人耶？」答云：「是我故身❹。生在之日，孝從❺父母，忠信事君，奉事三尊，承受師父之教，今我神得生天，皆是故身之恩。是故以來報之耳。」

【章　旨】記那人又看到有天人散花在死屍上，並且撫摸它。原來那是天人的前身，前生多行善事，所以今世生在天上。

【注　釋】❶稍稍　逐漸。❷天人　天眾。即住於欲界六天及色界諸天之有情。❸摩挲　撫摩。❹故身　上輩子的身體。❺孝從　孝敬順從。

【語　譯】行路人漸漸往前走，又見到一個死人。天人下凡來，散花到那具屍體之上，並且用手撫摸它。那位行路人問道：「看您好像是天上的神人，為什麼要撫摸這個死人？」回答道：「這是我前生的身體。在世時我孝敬順從父母，以忠信事奉君主，敬奉佛、法、僧三尊，接受師父的教導，使我的神靈得以生於天上，這都是前身的恩德。所以下凡來報答它。」

小復❶前行，又見一天人，衣服鮮好❷，端正香潔，道邊摘酸棗噉之。行人問曰：「睹君似是天人，何噉酸棗？」天人答曰：「我在世時，孝從父母，忠信事君，奉事三尊，種種作諸功德，唯不喜飯飼❸人客❹。今作天人，恆食不充❺，是以食酸棗耳。」

【章　旨】記行路人又見一天人在路旁摘酸棗吃，原來是天人前生不喜歡供給客人飯食，所以今日如此。

【注　釋】❶小復　稍微。「復」為詞綴，無意義。❷鮮好　鮮豔美好。❸飯飼　供給飯食。❹人客　客人；賓客。❺充　飽滿。

【語　譯】再往前走了一點點，又看到一個天人，穿的衣服鮮豔漂亮，容貌端正，身體散發香氣，在路旁摘酸棗吃。那位行路人問他：「看你好像是天上的神人，為什麼吃酸棗？」天人回答說：「我在世間時，孝敬順從父母，以忠信事奉君主，信奉三寶，積下了種種功德，衹是不喜歡供給賓客飯食。現在成了天人，常常是吃不飽，所以要吃酸棗。」

行人一日見此三變。便還。奉持❶五戒，修行十善，孝從父母，忠信❷事君，示語後世：「罪福追人。」

【章　旨】記那位行路人一天內見此三種情況，於是持戒修行，而且告誡後人，罪福都是有報應的。

【注　釋】❶奉持　信奉持守。❷忠信　忠誠；誠信。

【語　譯】那位行路人一天之內看到三種變化的情景，就回家了。到家以後信奉持守五戒，修行十善，孝敬順從父母，誠信事奉君主，並且告訴後代人：「罪福報應會追隨人。」

## 有人命終十日還生述所經見

（出《弟子死復生經》）

有優婆塞，本事外道❶，厭苦禱祠❷，委捨❸入佛法。奉戒精進，勤誦經，好布施，迮意❹忍辱，常有慈心❺。暴疾❻命過，臨當死時，囑父母言：「我病若不諱❼，七日莫殯❽。」奄忽❾如死，停屍八日，親屬皆言：「急當殯殮❿！」父母言：「不胖臭，欲留至十日。」當此語時，便見眼開，未能動搖，父母歡喜。守至十日，便自起坐，善能語言。

【章　旨】記有一位優婆塞本事外道，後信奉佛法。暴病命終，停屍數日後突然復活過來。

【注　釋】❶外道　佛教稱本教以外的宗教及思想為外道。❷禱祠　謂向神求福及得福而後報賽以祭。❸委捨　委棄。❹迮

意　抑制心意。❺慈心　慈悲之心。❻暴疾　突發疾病。❼不諱　死亡的婉辭。❽殯　埋葬。❾奄忽　疾速。❿殯殮　埋葬。

【語譯】有一個優婆塞，本來事奉外道，但討厭那些祝禱、祭祀，就委棄外道而信奉佛法。奉守戒律努力上進，勤於誦經，喜好布施，克制己意，忍受屈辱，常有慈悲之心。突發急病快要死了，臨終前囑咐父母說：「如果我的病沒救了，死後七天內不要殯葬。」很快就死去了，屍體停留了八天，親屬們都說：「應該趕快埋掉！」父母說：「還沒有腫脹和發臭，想留到第十天。」父母這麼說的時候，就看到優婆塞眼睛睜開了，但不能動彈，父母很高興。守到第十天，優婆塞就能自己起身坐起來，並且很能說話了。

問：「所從來？盡何所見？」答言：「有吏兵來，將❶到一大城，城中有獄，獄正❷黑。四面鐵城，城門悉燒鐵正赤。獄中系❸人，身坐火中，上下焗燒❹，青煙上出，或有人以刀割其肉而啖食之。獄王問我言：『汝何等人？犯坐何等，乃來到此？此中治五逆❺，不孝父母，不忠信事君。』答言：『我少為惡人所惑，奉事外道，愚癡又飲酒，殺生祀❻天地，又於市里採取財利，升十尺寸欲以自饒❼。後與善師相值，牽我入佛道。見沙門道人，授我五戒，奉行十善。自爾以來，至於今日，不復犯惡。仰❽由明王，哀我不及。』我便叩頭，王即起叉手，謂我言：『止止！清信之人不應當爾。』便與我坐，呼吏問之：『此乃無上正真弟子，汝輩皆當從是人得度。以其人壽命自盡，時乃當死耳。魂神❾追行，若生天上，天神迎之，若生人中，人中迎之。何得將此人來入是五逆之處？』吏答王言：『世間多有是種人，不畏王法，不畏四時五行⑩，不拘天地鬼神，橫行天下，不可不問也。有師各沙門既剃頭髮，被服疎陋⑪，以是自大，多將弟子東西南北，復大劇⑫是，應當治之。』王言：『止止！法服⑬之人，無所貴敬，他所畏難。諸釋梵日月中王，下及帝王臣民，尊奉是人，得福無量；輕慢是者，自求罪苦。急案⑭名錄⑮，壽應盡未？』吏言：『未應死也，尚有餘筭⑯二十。以其先有所犯罪，是以取之，使其黨輩小小自下⑰耳。』王言：『佛子有戒精進，天神所貴。佛以大慈救護一切蜎飛蠕動⑱，天神地祇⑲諸鬼龍等，皆敬貴之，豈拘王相⑳四時五行耶？佛恩如四海，不得限量。』吏言：『大王奉佛戒耶？』王曰：『坐我不奉佛，故追罪作此獄正。若人已入正法㉑，後悔還為外道，雖壽千歲，當逢九橫㉒。若持戒比丘及諸弟子，當勤行六度，六衰㉓斷絕二十事。觀佛功德，猶若巨海不可量也。』吏言：『誠如王言，不別真偽。』速發遣之。」

【章　旨】記優婆塞述說他在地獄中的見聞，因為他是佛弟子，獄王和獄吏釋放了他。

【注　釋】❶將　帶。❷獄正　猶獄王。正，泛指官長。❸系　捆綁。❹烔燒　燒得熱氣蒸騰。❺五逆　佛教謂五種將招致墮無間地獄報應的惡業大罪，如殺父、殺母、害阿羅漢、鬭亂眾僧、起惡意出佛身血等等。也泛指各種逆倫之罪。❻祀　祭祀。❼饒　富。❽仰　依憑。❾魂神　魂魄神靈。❿四時五行　泛指四季及水、火、木、金、土五行。⓫踈陋　也作「疏陋」，簡陋。⓬劇　厲害；嚴重。⓭法服　和尚穿的法衣。⓮案　考察；核實。⓯名錄　名冊。⓰餘筭　剩餘。⓱自下　謙遜退讓，敬重他人。⓲蜎飛蠕動　蟲豸之屬飛翔或蠕蠕而行，泛指形體細微渺小之生物。⓳天神地祇　天神與地神。⓴王相　陰陽家以王（旺盛）、相（強壯）、胎（孕育）、沒（沒落）、死（死亡）、囚（禁錮）、廢（廢棄）、休（休退）八字與五行、四時、八卦等遞相搭配，以表示事物的消長更迭。㉑正法　佛教謂釋迦牟尼所說的教法，別於外道而言。㉒九橫　即九種橫死。它們是：一、得病無醫，二、王法誅戮，三、非人奪精氣，四、為火所焚，五、水中沉溺，六、惡獸啖，七、墮崖，八、毒藥咒詛，九、飢渴所苦。㉓六衰　色、香、聲、味、觸、法等六塵，能衰耗人之真性，謂之六衰。

【語　譯】父母問：「你是從哪裡回來的？都看到了些什麼？」回答道：「有一些陰曹的官兵來，把我帶到一座大城，城裡有監獄，獄王長得很黑。四面都是鐵的城牆，鐵城門都燒成了赤紅色。監獄裡綁著一些人，身子坐在火中，上下都受燒烤，青煙往上冒，還有些人用刀割他們的肉吃。獄王問我說：『你是什麼人？因為犯了什麼罪而來到這裡？這裡是整治那些犯五逆大罪，不孝敬父母，事奉君主不忠誠的人。』我回答說：『我小時候被壞人迷惑，奉事外道，愚昧痴頑，又飲酒，殘害生靈以祭祀天地，又在集市謀取財物貨利，短斤缺兩，想用來自肥。後來與善師相遇，引我入佛道。拜見沙門道人，教我持守五戒，奉行十善。從那時起，直到今天，再沒有做過壞事。現在祇有仰仗聖明的大王您明斷，哀憐我並沒有犯罪。』我就叩頭，獄王就站起來叉手表敬，對我說：『停，停！你是清信士，不應該這樣。』於是讓我坐下，喊一名獄吏過來問道：『這個人是最正真的佛弟子，你們都要從他這裡得到超度。因為他壽命到了，纔該死去。他的魂魄神靈繼續前行，如果出生於天上，天神歡迎他，如果出生在人間，人們都很歡迎他。為什麼把他帶到這犯五逆大罪的地方來？』獄吏回答獄王說：『人世間有很多這種人，不畏懼王法，不畏懼四時五行，不受天地鬼神的限制，橫行天下，不能不過問。有的法師和沙門，既已剃了頭髮，披上簡陋的衣服，自以為這樣就很了不得，帶領很多弟子東西南北到處亂跑，而且越來越厲害，應當整治他們。』獄王說：『不用說了，不用說了！穿著法服的人，他們沒有什麼要尊崇敬重的，也沒有他們所畏難的。諸如帝釋、梵天、日月之王，下至國王及臣民，都尊奉這些人，會得到無盡的福報；輕視怠慢這些人，自己會招致將來受罪吃苦。趕緊查查名單，看看這人壽命完結沒有？』獄吏說：『不該死，還有二十年。因為他早先犯下了罪過，因此抓了他來，讓他的同伙稍稍謙遜退讓一些而已。』獄王說：『佛的弟子持守戒律，勤修苦練，天神尊崇他們。佛以大慈悲之心救護一切那怕是形體細微渺小的生物，天地神靈和諸鬼、龍王等都敬重他們，他們怎麼能拘泥於王相、四時五行呢？佛的恩情如同四海，不可限量。』獄吏說：『大王您奉守佛的戒律嗎？』獄王說：『由於我不信奉佛的緣故，追究罪責，做了這個獄王。如果有人已入了正法，後來反悔又回到外道，雖然壽命千歲，總會碰到九種橫死。如果是持守戒律的比丘與諸弟子，應當勤修六度之法，否則六衰將會斷絕二十善事。觀佛的功德，猶如大海不可限量。』獄吏說：『正如大王所說的，我沒有分辨真偽。』於是急速打發我回來。」

辭謝使去，從高墮下，爟然❶而穌。與其父母共至祇洹❷。自唯❸自尅❹，奉受五戒，修行十善。

【章旨】記優婆塞復活後與父母一起去祇洹修行。

【注釋】❶爟然　光亮閃爍的樣子。❷祇洹　即祇園，祇樹給孤獨園的簡稱。印度佛教聖地之一。相傳釋迦牟尼成道後，憍薩羅國的給孤獨長者用大量黃金購置舍衛城南祇陀太子園地，建築精舍，請釋迦說法。祇陀太子也奉獻了園內的樹木，故以二人名字命名。❸自唯　猶自思，自己思惟。❹自尅　自責。

【語譯】優婆塞辭謝獄王、獄吏後讓他離去，從高處墜落而下，感到光亮閃爍，於是他突然蘇醒。和他的父母一起到佛所在說法的祇洹。他自己思惟並深深自責，信受事奉五戒，修行十善。

# 卷第三八

## 優婆夷部

【題解】優婆夷，指在家奉佛的女子。本部輯錄在家奉持佛教五戒的女信徒的因緣故事：婦人喪夫失子悲痛，遇佛慈誘化度而立不退轉地；貧女難陀乞食換油，燃燈供佛，二十劫內不墮惡道……。這些精進修行的善人善事及所獲果報，顯示了佛教境界的廣大，行果的殊妙，並啟發人們棄惡從善，敬信佛法僧三寶。

### 婦人喪失眷屬心發狂癡

（出《婦人遇辜經》）

天竺❶有一人，往詣舍衛國。婦生兩子，大子七歲，次子孩抱❷。母復懷妊，欲向❸在產。天竺國俗，婦人臨月❹，歸父母家。時此夫婦，共乘一車，載其二子，詣舍衛城。中路放牛，時有毒蛇，纏繞牛腳，牛遂離桊❺。其夫取牛，蛇即捨牛殺夫。婦見怖懅❻啼哭。日已欲暝，去家不遠，隔一河水。暝懼抄賊❼，即棄其車，攜將二子，到於水畔。而留大兒水邊，抱小而度。涉水始半，狼啖其子，叫呼❽其母。母聞其聲，轉顧見之，驚懅不覺，抱兒墮河，隨流而逝。母益懊惱，迷惑失志，頓躓❾水中，墮所懷胎。

【章旨】記天竺國一對夫婦回娘家，路上丈夫被蛇咬死，兩個孩子一個被狼吃了，一個被水沖走了。婦人懊惱而神志不清，跌了一跤失去了腹中的胎兒。

【注釋】❶天竺　印度的古稱。❷孩抱　幼小。❸向　臨近；面臨。❹臨月　臨近產期。❺桊　穿在牛鼻環上的小鐵環或小木棍。❻怖懅　驚恐慌張。❼抄賊　打劫的強盜。❽叫呼　叫喊。❾頓躓　跌倒；絆倒。

【語譯】天竺有一個人前往舍衛國。他聽到有一個婦人生了兩個兒子，大兒子七歲了，小兒子還很小。她又有了身孕，即將臨產。天竺國的風俗，婦人臨產時要回娘家去。這時這對夫婦乘一輛牛車，載著他們的兩個兒子去舍衛城。半路上放牛休息一下，這時有一條毒蛇纏繞牛腳，牛的鼻環就被掙開了。丈夫去趕牛，蛇就扔下牛，咬死了丈夫。婦人見了又驚又怕嚇得哭了起來。太陽快要落山了，離婦人的娘家不遠處隔著一條河。天色暗下來了，婦人怕會遇上打劫的強盜，就拋下車子帶著兩個兒子到了河邊。她把大兒子留在河邊，抱著小兒子渡水。渡水過了一半，來了一隻狼咬她的大兒子，兒子在河邊大聲叫媽媽。婦人聽到兒子的呼喊，回頭看見了大吃一驚，在恐懼中，不知不覺的鬆了手，手中的孩子掉在河裡，被水沖走了。婦人更加懊惱，一下子神志不清了，走路不穩又在水中摔了一跤，失去了腹中的胎兒。

遂便渡水，問道行人：「我家父母為安隱不？」答曰：「昨日失火，皆燒死盡。」又問行人：「聞我夫家姑妐❶安隱不？」答曰：「遇賊傷害，姑妐皆死。」愁懼迷悶❷，不識東西。裸形❸狂走，行人見者怪之，謂得邪病❹。馳走見佛，佛大會說法。時婦見佛，意❺即得定，不復愁憂。自視裸形，慚愧伏地。佛呼阿難：「取衣與之。」婦著衣致敬。佛即說經，為現罪福❻。即發無上道心❼，立不退轉地。愁憂除散，如日無雲，發無上心❽。

【章旨】記婦人渡過了河，聞說自己父母被燒死，公公婆婆遇上強盜被害。她受不了這樣的打擊而發瘋。後被佛點化，有了無上道心。

【注釋】❶姑妐　丈夫的母親和父親，即公公婆婆。❷愁懼迷悶　憂愁恐懼迷茫苦悶。❸裸形　裸露身體。❹邪病　怪誕的病。❺意　心緒。❻罪福　五逆十惡稱為罪，五戒十善稱為福，犯罪有受苦的報應，造福會有樂果。❼無上道心　願求無上道之心。❽無上心　即無上道心。

【語譯】婦人祇好繼續渡河，過河後問路上的行人：「我家父母生活還安穩嗎？」行人答道：「昨天你家中失火，都被燒死了。」又問行人：「聽說過我夫家公公婆婆的生活安穩嗎？」行人回答道：「遇到強盜，被強盜所傷害，你公公婆婆都死了。」婦人聽了立刻精神受到刺激，神志不清，不辨東南西北了。她裸露身體發瘋似的跑了起來，行人見了都很奇怪，說她得了怪病中了邪。她跑去見佛，正遇上佛集會說法。婦人見到了佛，心緒平定了下來，不再憂愁了。看到自己居然裸體，感到非常的慚愧，伏在地上請佛原諒。佛叫阿難說：「拿衣服來給她穿。」婦人穿上衣服後向佛表示敬意。佛就給她講說佛經，為她顯現罪報和福報。她聽了後就激發了無上的道心，立於不退轉之地。心中的憂愁消散了，心情就如沒有雲彩遮蔽的太陽，所以生發了無上道心。

# 提韋婆羅門女無子自焚遇辯才沙門聞法悟解

（出《未曾有經》下卷）

裴扇闍國有一女人，名曰提韋，婆羅門❶種。其家大富，喪壻❷無兒，守寡孤窮，無所恃怙❸。婆羅門法，若不如意，便生自燒。

【章旨】記裴扇闍國有一女人提韋，因丈夫死了沒有兒子，貧困而失去了依靠，按婆羅門的法令必須自焚。

【注釋】❶婆羅門　印度四大種姓之一，是印度社會裡的貴族。❷壻　丈夫。❸恃怙　依靠；依仗。

【語譯】裴扇闍國有一個女人叫做提韋，是婆羅門種姓的人。她家很富有，可惜丈夫死了，沒有兒子，在家守寡孤獨窮困，無依無靠。依照婆羅門的法令，如果婦女守寡生活不如意，就應當自焚為夫殉葬。

諸婆羅門共往教化，令其願生那羅延天❶。請婆羅門，足一百人，施設❷大會，食畢各嚫❸牸牛❹，並從犢❺者家中所有諸物，施五百婆羅門。於恆水❻邊，積薪自燒。婆羅門為女呪願❼：「令汝輕重諸罪一時滅盡，後世生時，六親眷屬壽命無量，快樂無窮。」提韋從之，即伐樵薪❽，欲擬自燒。國內沙門名鉢底婆❾，精進持戒，多聞智慧，常以慈心教化天下，令改邪就正，捨惡修善。往問提韋言：

「何用薪火？」答曰：「自欲燒身，滅除殃罪❿。」辯才曰：「夫先身罪業⓫，隨逐精神，不與身合，徒自焚燒，安能滅罪？禍隨心生：心念善法，受報亦善；心念惡法，受報亦惡。餘報亦然。云何於苦惱中求欲滅罪，望善報也？幸爾不須，於理不通。如困病⓬人為苦所逼，復遭惡人呵罵聳搏⓭，時此病人甯有善心，無忿惱⓮不？」提韋曰：「但生忿惱。」辯才曰：「汝今如是。先身⓯罪故，今若燒身，猛焰起時，身體燋爛，氣息未絕，心未壞故，當爾之時，身心被煮，識神⓰未離，故受苦毒⓱，煩悶心惱，從是命終，生地獄⓲中，苦惱尤劇千百萬倍。又如車牛猒患⓳於車，欲使車壞，前車若壞，後車復扼⓴，罪業未盡，假令燒壞百千萬身，罪業因緣㉑相續不絕。猶如阿鼻㉒，一日之中，八萬過死，八萬過生，終過一劫，其罪方畢。況復如汝，一過燒身，欲求滅罪？」問曰：「願聞滅罪方法。」辯才答曰：「前心作惡，如雲覆月；後心起善，如炬消闇㉓。起罪之源，由身三口四㉔意地㉕業行㉖。今當一心，單誠懺悔，改邪就正，捨身㉗受身，至成佛道㉘。」辯才授十善禁，提韋歡喜，設種種飲食及諸珍寶，請留教化。辯才曰：「汝受十善法，即為法友，復以化人，則為報效。汝已得度，我不宜留，復化餘處。」物無所受，於是而去。

【章　旨】記五百婆羅門正要助提韋自焚，辯才沙門苦口婆心點化提韋，讓其放棄自焚的念頭，授十善戒給她。

【注　釋】❶那羅延天　與那羅延同，梵文Nārāyaṇa，乃具有大力之印度古神。外道說那羅延天即大梵王，一切人皆由梵王所生。❷施設　佈置；建立。❸嚫　是噠嚫的省略，齋後的施捨行為。❹牸牛　母牛。❺犢　小牛。❻恆水　恆河。❼咒願　指受食之際，以唱誦或敘述咒語的方式為眾生祈願，分為食時咒願和法會咒願。❽樵薪　柴草。❾缽底婆　梁朝翻譯為辯才，是善言巧說的意思，文中指一個善言的沙門。❿殃罪　災禍和罪過。⓫罪業　指身、口、意三業所造之罪。⓬困病　為病所困。⓭聳搏　驚嚇抓撲。⓮忿惱　忿恨惱怒。⓯先身　前世。⓰識神　巴利文viññāṇa，為心識之主體，即指心。也專指精神作用。⓱苦毒　痛苦。⓲地獄　佛教指惡人死後當去受苦的地方。⓳猒患　厭惡。⓴扼　通「軛」。指駕車時架在牲口脖子上的曲木。㉑因緣　事物的原因和結果。㉒阿鼻　指阿鼻地獄，八大地獄之一，罪大惡極的人才墮入那裡不間斷的受苦。㉓闇　通「暗」。黑暗。㉔身三口四　十惡業中殺、盜、淫三種惡業是身業；妄言、綺語、兩舌、惡口四者是口業。㉕意地　意是人的第六感覺，是支配身體的地方，又被稱為一切行為的發源地，如同心地一樣。㉖業行　即行，內心的趣味反映出來的外在行為。㉗捨身　為報恩燒臂燒身或為布施割肉棄身就叫捨身。㉘佛道　修行而達到的智慧圓通無阻的境界。

【語　譯】諸婆羅門一同前去教化提韋，讓她自焚以便如願早日超生大梵天。請了一百個婆羅門，佈置大會，吃完齋後都施捨母牛和小牛，家中所有的東西都施捨給五百個婆羅門。在恆河邊堆起柴草準備自焚。婆羅門為提韋咒願道：「讓你各種罪，輕的重的都一下子消盡，來世活著所有的親人都長命百歲，快樂無窮。」提韋聽從了他們，就砍柴打算自焚。國內有一個沙門叫缽底婆的，毫不懈怠堅守戒律，見識廣博，富有智慧，常用自己慈悲的心懷教化眾生，讓他們改邪歸正，捨惡修善。他前去問提韋道：「為什麼要用柴火呢？」提韋答道：「要自焚，滅去災禍和罪過。」辯才沙門說：「前世的罪惡，跟從的是精神，與身體並不相合，你單是自焚身體，怎麼能消滅罪惡呢？禍從心生：心中有善法那麼就得善報；心中有惡法就得惡報。其他的果報也是如此。為什麼在苦惱中想要滅罪而望得到善報呢？幸好你沒有這麼做，這在道理上講不通。就如同為疾病所困的人，本來就被病苦所迫，又遭到惡人呵責斥罵受驚嚇，這時他難道會有善心而無忿恨惱怒之心嗎？」

提韋回答：「祇會產生忿恨惱怒。」辯才沙門說：「你現在就是這樣。因為前世的罪過，現在你自焚，猛烈的火焰騰起時身體焦爛，氣息卻不斷絕，心卻沒有被燒壞，因此在那個時候，身心被燒煮，意識卻沒有離開，因此痛苦煩悶，心生惱恨，從此命終，生在地獄中，苦惱會更加多上千倍萬倍。又比如拉車的牛厭惡拉車，想讓車壞掉，可是如果前面的這輛車壞了，還有後面車上的車軛加在肩上，如果罪孽不盡，就算是燒壞千個萬個肉體，可是罪孽卻因果相繼而不斷絕。好像在阿鼻地獄中，在一日之內死八萬次生八萬次，纔算經歷一劫，罪行才算贖盡。更何況像你一次自焚就想滅盡所有的罪過？」提韋說：「我想聽聽消除罪孽的方法。」辯才沙門答道：「以前心中想著作惡，就好像烏雲遮蔽了月光；後來起了善心，就好像火炬消除了黑暗。罪惡興起源於十惡業中殺、盜、淫三種身業和妄語、綺語、兩舌、惡口四種口業還有貪欲、嗔恚、邪見等意業。現在應當一心一意，竭盡誠心懺悔，改邪歸正，不斷捨身受身，直至達到佛道的境界。」辯才沙門傳授十善戒給提韋，提韋很高興，準備了各種飲食及許多珍寶，請求辯才沙門留下來教化她。辯才沙門說：「你已經受十善法，就是我的法友了，以後再去教化別人，這纔是報答我的方法。你已被度化了，我也不宜久留，要去別的地方度化人了。」他沒有接受提韋的財物，就離開了。

## 難陀然燈聲聞神力共不能滅

（出《貧女難陀經》）

佛遊在給孤獨精舍，波斯匿王供養於佛及諸大眾❶眷屬❷。祇洹縱廣百六十里，波斯匿王周遍❸然燈，民人❹競❺看。貧女難陀居無舍宅❻，問行路者，知波斯匿以油千斛為佛然燈。難陀自責：我以何故，獨貧如此？即入街里家家乞匃❼，得少雜飯。心自念言：我當賣之，以為燈直❽。賣得一錢，賣詣❾油家❿，油家問女：「持一錢油作何福德⓫？」難陀答言：「欲為佛然燈。」主聞之，助其喜踴⓬，持一燈油即施與之。貧女歡喜，受到祇洹。

【章　旨】記佛在給孤獨精舍，波斯匿王供養佛及大眾，並在祇洹到處燃燈，貧女難陀乞得一燈油至祇洹。

【注　釋】❶大眾　一般指比丘眾。❷眷屬　部屬；親屬。❸周遍　到處；處處。❹民人　即人們。❺競　爭著；爭相。❻舍宅　房舍。❼匃　即「丐」字。❽直　同「值」。價值。❾賷詣　帶著到……去。❿油家　賣油的人；油店的店主。⓫福德　指一切的善行。⓬喜踴　歡喜跳躍。指極度高興。

【語　譯】釋迦佛在給孤獨精舍遊化，波斯匿王供養著佛及比丘眾和部屬。祇洹方圓一百六十里，波斯匿王到處都點上了燈以供養釋迦佛，人們都競相來觀看。有一個貧窮的女子叫難陀，連住處都沒有，她向路人詢問，方知波斯匿王用一千斛油為佛祖燃燈。難陀自責道：我因為什麼緣故窮到這個地步，連給佛祖燃燈的油都沒有？於是她就到街巷挨家挨戶的求乞，終於討到了很少的一些飯。她想：我應當賣了它，換些錢作為燃燈錢。她賣了一文錢，帶著這一文錢到了油店店主那裡，油店店主問她：「你要用一文錢的油做什麼善事呢？」難陀答道：「為佛祖燃燈。」店主聽了，想為她增添欣喜，就給了她一盞燈的油。難陀很高興地接受了，把它拿到祇洹去。

佛告阿難言：「有大長者❶，與無上福❷，不能自到，開門使前。」波斯匿王聞佛此教❸，尋❹自思惟：「吾於舍衛一國之尊，與起道供❺，豈殊我者？佛何以故不讚❻於我，復稱長者？」須臾貧女來到佛所，然所齎燈，當佛之前而發大願❼，並為一切，求佛知見❽，令此光明徹於十方❾，幽冥❿惡道⓫悉皆休息。如是便退。至明晨朝，賢者目連歷檢⓬諸燈，難陀所然光獨如故。目連即吹，吹不能滅；便以神力⓭持五恆水激，亦復不滅；次以隨藍⓮大風，飄不能滅；盡其神力，竟不能滅，心懷恐懼。佛告目連：「然此燈者，有殷重⓯心。以是之故，燈為常明。設羅漢舍利弗等及辟支佛⓰神化功德共滅此燈，不能滅也。」今金翅王⓱搏大海水，若師子王震吼犇騰⓲，共滅此燈，終不可滅。

【章　旨】記佛祖稱難陀為大長者，令波斯匿王費思量。目連賢者第二天檢視難陀所燃的燈，光亮依舊，並且用什麼方法也熄滅不了。

【注　釋】❶長者　有錢且品德高尚的人的通稱。❷無上福　沒有人能超過的善行。❸教　教導。❹尋　隨即。❺道供　供佛或僧的物品。❻讚　即「贊」，讚頌佛祖美德的偈頌。❼大願　宏大的願望。這裡指普度一切的願心。❽知見　知為意識，見為眼識，意謂識別事理，判斷疑難。❾十方　佛經稱東、南、西、北、東南、西南、東北、西北、上、下為十方。❿幽冥　幽暗，借指地獄。⓫惡道　佛教一般指地獄、餓鬼、畜生三者。⓬歷檢　一一地檢查。⓭神力　神祕莫測的力量。⓮隨藍　又作毗嵐，梵語 vairambhaka，指宇宙形成之始（劫初）與成立之終（劫末）所刮起迅猛之風。⓯殷重　懇切深厚。⓰辟支佛　梵文 Pratyeka-buddha 音譯，指無師而能自覺自悟的聖者。⓱金翅王　「金翅鳥王」的省略。「金翅鳥」以金色翅膀而得名，兩翅寬三百零六萬里，住在須彌山下，以龍為食。「金翅鳥王」是金翅鳥中最優秀的，用來比喻佛祖。⓲犇騰　即「奔騰」。

【語　譯】釋迦佛告訴阿難說：「有一個功德無量的長者，要興起無上的福德，不能進來，請你開門讓她進來。」

波斯匿王聽了佛的話，隨即自己思考起來：「我以舍衛國一國之尊的身分，興辦供奉佛僧的物品，難道還會有人超過我嗎？為什麼佛不稱讚我卻稱讚那位長者？」不一會兒難陀貧女來到了佛的住處，燃起了帶來的燈，在佛祖面前許下宏願，並為一切眾生求佛別理決疑，希望讓光明能散布於十方，地獄惡道等壞人壞事都停止。發完了願她就退下了。到第二天早上，目連一一檢查所燃的燈，發現難陀點的燈光亮如故。目連就想吹滅它，吹也吹不滅；便運用神力掀起五恆水去撲滅，也撲不滅；再用迅猛的毗嵐風來吹，大風飄過燈仍不滅；用盡了他的神力燈就是不滅，心裡感到害怕。佛祖告訴目連：「點燃這盞燈的人有深厚懇切的心願。因為這個原因，這盞燈會常明不熄。就算讓羅漢、舍利弗等及辟支佛的神力功德一起來滅它，也辦不到。」讓金翅王掀起大海水，或者獅子王那樣咆哮奔騰一起來滅這盞燈，終究還是辦不到。

難陀女人以日出時，自往案行❶昨所然燈，燈亦不滅，光不缺減，即大歡喜，稽首❷佛足。佛知女心，求無上道❸，放五色光，從口中出。佛每說法三乘❹之業，授聲聞❺莂❻，光從頂入；授辟支佛莂，光從兩眉間入；授菩薩莂，光從口入。佛之笑光，上至三十三天，皆悉通達❼，已便迴還，繞佛三匝從口入。時阿難起問，佛言：「阿難，汝見昨夜然燈女不？此女壽終❽，因是功德轉女人身，當作男子。卻後❾二十劫，不墮惡道，即生諸天；及金輪王❿二十劫後，當得作佛，號三曼陀優訶。」

【章　旨】記難陀見燈不滅，大歡喜。佛知此女求無上道，即以佛法授之。佛祖告訴阿難此女當成佛，號三曼陀優訶。

【注　釋】❶案行　巡行；巡視。❷稽首　古時一種跪拜禮。❸無上道　指如來所得的道。❹三乘　佛教語。一般指小乘（聲聞乘）、中乘（緣覺乘）、大乘（菩薩乘）。❺聲聞　佛祖的小乘法中的弟子，聽了佛的聲教，領悟到四諦的真理，斷絕了見思之惑而涅槃。❻莂　佛教文體名，詩曰偈，文曰莂。❼通達　暢通。❽壽終　壽命終結，即死亡。❾卻後　再往後。❿金輪王　四種轉輪王之一。世界的最底層是風輪，風輪之上有水輪，水輪之上有金輪，金輪之上有地輪，又一種說法是轉輪聖王的七寶之一，有金銀銅鐵四種因而就有了金輪王乃至鐵輪王的區別，其中金輪王稱霸四洲。

【語　譯】難陀日出後自往佛所，檢視她前一天點的燈，燈還沒有熄滅，光亮也沒有減少，就非常歡喜，在佛祖的腳下稽首叩拜。佛祖知道難陀想求得無上道，於是從口中放出五色光。佛祖為她說三乘之法，傳授聲聞經文時，光華從她的頭頂進去；傳授辟支佛經文時，光華從兩眉進去；傳授菩薩經文時，光華進入難陀的嘴裡。佛祖笑的光芒上達三十三重天，暢通無阻，之後環繞佛祖轉了三圈進入佛祖的口裡。這時阿難心中有了疑問，佛祖說：「你看見了昨晚點燈的女子嗎？這個女子死後會因為這一善行轉變女人身，而成為男子。這之後二十劫中，不墮入惡道，會在天界轉生；等到金輪王在世二十劫後，應當可以成佛，佛號叫三曼陀優訶。」

# 卷第三九

## 外道仙人部

【題解】外道者，指佛教之外的一切宗教和思想。仙人，本指印度的宗教修行者，一說外道之德高者為仙人，此諸仙人皆持禁戒，常修苦行，或居林藪，或住山洞，常得五種神通。本部輯錄外道仙人的因緣故事：由於對比丘行為的種種誤解，而產生裸形、灰塗等九十六種外道；尼犍外道派四仙人向佛挑戰論道，結果反被佛降伏，作了沙門……。這些故事表明以涅槃（超脫生死）為理想境界的佛教的博大精深，一切不受佛化、別行邪法的外道都不是佛教的對手。

### 外道立異見原由

（出《央掘魔羅經》第四卷）

佛告文殊❶：「汝欲聞世間建立外道？過去時世，有佛名拘孫陀跋陀羅，出興於世。時彼世界無諸沙礫，無外道名，唯一大乘。佛涅槃後，法欲滅時，有一阿蘭若❷比丘，名曰佛慧。有一善人❸，施無價衣，比丘受之。有諸獵師❹生劫盜心，夜將❺比丘至深山中，壞身裸形，懸首繫樹。時有採花婆羅門至阿蘭若處，見虎恐怖，向山馳走。見彼比丘壞身裸形，懸首繫樹，驚歎嗚呼：『沙門先著袈裟，而今裸形，必知袈裟非解脫，因❻自懸苦行，是真學道。彼人豈當捨離善法？正當分明，知此是解脫道。』因壞正法，即捨衣拔髮，作裸形沙門，裸形外道從是而起也。

【章　旨】記比丘佛慧被獵人劫走無價衣，打傷後，光著身子被吊在樹上。採花的婆羅門見到後以為是修行正道，就摹仿他修行。這是裸形外道的起源。

【注　釋】❶文殊　文殊菩薩，常常侍奉於釋迦如來的左旁，主司智慧。❷阿蘭若　寺院的總稱，比丘的住處。❸善人　指信奉佛法中的因果之理而做善事的人。❹獵師　獵人。❺將　拖；拉。❻因　於是。

【語　譯】佛告訴文殊菩薩：「你想知道世間建立外道的原因嗎？在過去世，當時有名叫拘孫陀跋陀羅的佛出現於世。那時世界沒有沙子和碎石這些雜物，沒有『外道』這一名稱，祇有大乘佛教。在佛涅槃以後，佛法幾近消亡時，有一個寺廟的比丘名叫佛慧。此時有一個信因果行善的人施捨了一件十分昂貴的衣服，比丘接受了。有幾個獵人見了以後生了賊心，晚上把比丘拖進深山中，打傷了他並剝光他的衣服，用他的頭髮把他吊在樹上。一個採花的婆羅門到了寺廟，看見一隻老虎，十分害怕，向山上飛快地奔跑。看見那個比丘，被打傷了身子裸露著形體，頭髮懸掛在樹上，驚歎大叫道：『哎呀出家人，以前穿著袈裟現在卻裸露著形體，肯定是知道披袈裟不是解脫之道，於是把自己懸掛起來，修苦行，這才是真正的學道。那人怎麼會捨棄修善果之法呢？分明是知道這是解脫之道啊。』因而毀掉正法，立即捨棄了衣服拔掉頭髮，做了裸形沙門，裸形外道就是這樣興起的。

「時比丘自得解縛，即取樹皮赤石塗染，以自障蔽❶，結草拂蚊。又有採花婆羅門見之，念❷言：『是比丘捨先好衣，著❸如是衣，持如是拂，豈當捨離善法？正當分明，知此是解脫道。』即學是法，出家婆羅門從是而起也。

【章旨】記採花婆羅門見到比丘用樹皮赤石塗在身上當作衣服，把草結成拂子驅趕蚊子，以為是修行正道，就摹仿他修行。這是出家婆羅門的起因。

【注釋】❶障蔽　遮蓋。❷念　思考；考慮。❸著　穿。

【語譯】「其時比丘自己解開了捆綁以後，立即找來樹皮和丹沙塗染身體遮掩自己，把草結在一起做成拂子驅趕蚊子。又有一個採花婆羅門見了，想道：『這個比丘捨棄以前的好衣服，穿這樣的衣服，拿這樣的拂子，怎麼會是捨棄修善果之法呢？分明這纔是解脫之道。』立即學習這種做法，出家婆羅門就是從這兒產生的。

「時彼比丘暮入水浴，因洗頭瘡，即取水衣❶以覆❷瘡上，取牧牛人所棄弊衣❸以自覆身。時有樵者見已，念言：『是比丘先著袈裟，而今悉❹捨，必知袈裟非解脫因，故被❺弊衣，日夜三浴，修習苦行，豈當捨離善法？正當分明，知此是解脫道。』即學彼法，苦行婆羅門復從是起也。

【章旨】記打柴的人看到比丘在水中沐浴，穿牧牛人丟棄的破衣，以為是修行正道而摹仿他，這就是苦行婆羅門的起源。

【注　釋】❶水衣　即水苔，苔藻類植物。❷覆　敷；蓋。❸弊衣　破爛的衣服。❹悉　全；都。❺被　披。

【語　譯】「那個比丘傍晚到水中洗浴，洗頭上的創傷，又取水苔敷在創口上，拿牧牛人丟棄的破爛衣服來遮蓋自己的身體。一個打柴的人看見了，心想：『這個比丘，以前穿著袈裟現在卻都捨棄了，肯定是知道披袈裟不是解脫之道，特意穿破舊的衣服，一天一夜洗三次澡，來修煉苦行，難道會捨棄修善果之法嗎？分明是知道這才是解脫之道啊。』立刻學這種方法。苦行婆羅門就是從這兒興起的。

「比丘浴已，身體多瘡，蠅蜂唼❶食，即以白灰處處塗瘡，以求衣覆身。時有見者，謂言：『是道。』即學彼法，灰塗婆羅門從是而起也。比丘然❷火炙瘡，瘡轉苦痛，不能堪忍，投巖自害。時有見者，言：『是比丘先著好衣，今乃如是。豈當捨離善法？正知投巖是解脫道。』投巖事❸火從是而起也。如是次第❹九十六種，皆因是比丘種種形類，起諸妄想，各自生見。譬如有國，一一相視，而起麁❺想，麁想既生，各各相殺。外道生異，亦復如是。」

【章　旨】記灰塗婆羅門、投巖事火等九十六種外道，都是由於對比丘的種種行為的誤解而產生的。

【注　釋】❶唼　本指水鳥或魚吃食。這裡泛指咬、吃。❷然　通「燃」。❸事　奉事。❹次第　依次。❺麁　「粗」的異體字。

【語　譯】「比丘沐浴完畢，因為身上有許多創口，蚊蠅前來咬吃，就拿來白灰把創口都塗上，並找衣服以便蓋住身體。有人看見了說：『這是修行之法。』就學習這種修行方法，灰塗婆羅門就是從這兒興起的。比丘燃起火來燒炙身上的創口，傷口更加疼痛，比丘不能忍受，撞向山巖自盡。有人見了說：『這個比丘，以前穿著好的衣服，現在卻有如此行為。難道能夠捨棄修善果之法嗎？正因為知道投巖才是解脫之道。』撞巖事火外道就是從這兒興起的。像這樣依次九十六種外道，都是因為這個比丘的種種行為，引發他人產生各種妄想，各自產生自己邪見的結果。譬如在一個國家，兩個人相互看著，起了粗暴的念頭，粗暴的念頭一旦產生，兩人就會互相殘殺。外道產生邪見，也和這一樣。」

## 螺文仙人造書風雨不能飄浸

（出《婆須蜜經》第六卷）

昔有仙人名曰螺文，精進❶純備，而處居家。不有梵行❷者或作是說：「如彼螺文，有清淨❸行，然在居家，不善清淨。」螺文造❹書，風雨不能沮壞。處俗修梵行，如阿那含❺在家，眷屬圍繞，此非清淨行耶？神足境界，不可思議。

【章旨】記螺文仙人在家裡修梵行，有得不到梵行的人說在家無法修梵行，螺文仙人造書風雨都不能破壞，可見在家不是阻礙修行的原因。

【注釋】❶精進　指依佛教教義，修行中不懈怠地努力上進。❷梵行　梵文 brahma-caryā，指道俗二眾所修的清淨行為。❸清淨　斷惡行所犯下的過失，離開煩惱的垢染，稱為清淨。❹造　創作。❺阿那含　斷盡欲界煩惱的聖者。

【語譯】過去有個仙人名叫螺文，不懈怠努力上進而又純正完備，在家修行。沒有修到梵行的人這樣說：「就像那個螺文，有清淨的修行，然而在家裡，是不利於修清淨行的。」螺文仙人寫的字，風風雨雨都摧不壞。在俗世修梵行的，像阿那含聖者，在家中被女眷圍繞，難道他們得到的不是清淨行嗎？如意自在的境界，實在難以說清。

## 四仙人得道緣

（出十卷本《譬喻經》第五卷）

佛在羅閱祇宣說正法，諸尼犍❶等，心皆愁惱。梨夷山有五百仙人，尼犍遣使云：「此間有佛，自謂得道，神變第一，皆不及我等，而自高大。願大師等自屈見佐❷，論道至要，毀滅其道，遠令諸師功名益❸顯。」答言：「大善！我等且遣四人往難瞿曇。」

【章旨】記佛在王舍城講法，尼犍外道們十分害怕，到梨夷山救助，五百仙人派四個仙人前去相助。

【注釋】❶尼犍　梵文Nirgrantha，又稱尼虔、尼乾，六大外道之一，特修裸形、塗灰等苦行。❷見佐　幫助我。❸益　更加。

【語譯】佛在王舍城宣講佛法，尼犍外道們心裡都很憂愁。在梨夷山有五百個仙人，尼犍派使者對他們說：「這裡有個佛，自己說已經得道，神道變化天下第一，但是其他方面都比不上我們，卻自高自大。希望大師們能夠屈尊來幫助我們，與他論說道的要諦，近則可以毀了他的道行，遠則還可以使諸位大師的功德名譽更加昭著。」仙人回答說：「很好！我們先派四個過去詰難瞿曇。」

尼犍宣令國內：「卻後❶七日，有四佛入國度❷人。」及至其日，四人現神變，從空中來，各從城一面入。眾人睹見，謂為真佛。尼犍遣使白佛：「可來講道。」佛言：「食時當往。」尼犍喜曰：「瞿曇恐不如，詐不前來。」眾皆謂然。佛令空中火起，從西面來，四人南飛；火復南來，四面熱氣，四人惶懅，頓臥在地。佛現在涼處，即得尋涼，來至佛前。佛為說法，皆作沙門，得應真❸道。佛入城，城中人言：「日有四佛，在虛空中。」佛言即指左右：「此四羅漢是也。」

【章　旨】記四仙人從城的四面飛入，佛讓空中起火，四仙人被迫來到佛前。佛為他們說法，四仙人都皈依佛做了沙門。

【注　釋】❶卻後　過後。❷度　即渡。自己渡過生死海又度人稱為度。❸應真　阿羅漢的舊譯，智慧圓滿，應該受人天供養的意思。

【語　譯】尼犍宣告國內人們：「七天以後，將有四位佛來到國中度人。」到了那一天，四個人各現神通，從空中來，分別從城的一面進入。眾人看見了，都說是真佛。尼犍派使者告訴佛說：「可以過來論道了。」佛說：「吃飯的時候就會去。」尼犍高興地說：「瞿曇害怕比不過我們，也許使詐不敢前來。」眾人都說是這樣。佛讓空中起火，從西面過來，四個人向南飛；火又跟著往南來，四面全是熱氣，四人惶恐失措，撲倒在地。佛現身在清涼的地方，四個人為了尋涼來到佛的面前。佛為他們講說佛法，他們都作了沙門，獲得阿羅漢道。佛進到城中，城中人說：「早上有四個佛在天空中。」佛指著左右說：「就是這四個羅漢。」

（出《大智論》第一七卷）

## 獨角仙人情染世欲為婬女所騎

時婆羅奈國山中有仙人，以仲秋之月，於澡槃中小便。見鹿合會，婬心即發，精流槃中。麋鹿❶飲之，即時有娠。滿月生子，大類如人❷，頭有一角，其足似鹿。鹿當產時，往仙人舍前生子，付仙人而去。仙人出時見此鹿子，自念本緣❸，知是己兒，取已養育。及其年大，勤教學習，通十八種大經，又學坐禪❹，行四無量心❺，得五神通。

【章旨】記婆羅奈國母鹿喝了仙人的精液以後，生下一個半人半鹿的人。仙人教這個兒子學習佛經、坐禪，得了五神通。

【注釋】❶麋鹿　牡鹿；母鹿。❷大類如人　總體上像人；大體上像人。❸本緣　事情的由來，即本來之因緣。❹坐禪　端身正坐而入禪定。❺四無量心　又名四等、四梵行，十二門禪的四禪。一是慈無量心：能夠給一切眾生快樂的心；二是悲無量心：能夠把人從苦難中拯救出之心；三是喜無量之心：見人離苦難得樂能夠生喜悅的心；四是捨無量心：如上三心捨棄而不執著也。

【語譯】那時婆羅奈國中有一個仙人，在仲秋的月光下，在盥洗的用具中小便。看見鹿交配，婬心大發，精液流到盤中。母鹿喝了以後便懷孕了。滿月以後生了一個兒子，大體上像人，頭上有一支角，腳像鹿。快要生產時，鹿到仙人的房子前生下兒子，留給仙人後就走了。仙人出來看見這個鹿兒，自己思量緣由，知道是自己的兒子，便抱進屋來養育他。等到鹿兒長大，仙人教他勤於學習，獨角鹿兒通習了十八種大經，又學習坐禪，修行四無量心，得到了五神通。

一時上山，值大雨泥滑，其腳不便，辟❶傷其足，便大瞋恚，咒令不雨。仙人福德❷，諸龍鬼神皆為不雨。不雨故穀果不生，人民窮乏，無復生路。婆羅奈王憂愁懊惱，命諸大官集議雨事。明者❸議言：「我聞有一角仙人上山，傷足瞋咒，令十二年不雨。」王即開募：「若有能令仙人失五通，屬我為民者，當與分國半治。」是婆羅奈國有婬女，名曰扇蛇，端正巨富，來應王募。婬女言：「若是人者，我能壞之。」作是語已，取金槃盛好寶物，語王言：「我當騎此仙人來。」

【章　旨】記仙人上山時摔跤傷腳，詛咒讓天不下雨。婆羅奈王十分著急，招募能人降伏仙人，一個名叫扇蛇的婬女前來應募。

【注　釋】❶辟　通「躄」。這裡指腳踝扭傷。❷福德　福分和德行。❸明者　知道了解這件事的人。

【語　譯】一天獨角仙人上山，正碰上大雨山路泥濘滑人，他的腿行動不方便，扭傷了腳，很是憤怒，詛咒讓上天不下雨。由於仙人的福分和德行，各個龍鬼神靈都為了他不下雨。不下雨穀物瓜果就不會生長，人民貧困匱乏，沒有活路。婆羅奈國王為此憂愁煩惱，命令各位大官聚集議論下雨的事。有知情的人說：「我聽說有一個獨角仙人上山，傷了腳後憤怒地詛咒，讓十二年不下雨。」國王立刻開始招募：「要是有人能讓仙人喪失五神通，屬於我國的國民，我會把國土分一半給他統治。」婆羅奈國有一個婬女，名叫扇蛇，相貌端正十分富有，來應國王的招募。婬女說：「假如是這個人的話，我能夠摧毀他。」說完這句話，拿來金盤盛好寶物，對國王說：「我到時會騎這個仙人來。」

婬女即時求五百乘❶車，載五百美女，五百鹿車載種種歡喜丸❷，皆以衆藥草和之，及持種種大力美酒，色味如水。服樹皮衣，行林樹間，以像仙人。於仙人舍邊作草菴住。一角仙人遊行見之，諸女皆出好妙華香供養仙人，仙人歡喜。諸女以美言敬辭問訊❸仙人，將入房中，坐好床蓐。與好淨酒，以為淨水；與歡喜丸，以為果蓏。食飲飽已，語諸女言：「我從生來，初未得如此果水。」諸女言：「我一心行善，故天與我願，得此果水。」仙人問女：「那膚色肥盛？」答曰：「我常食此好果，飲此美水。」仙言：「汝何不在此住？」答曰：「亦可住耳。」女呼共澡洗，女手柔軟，觸之心動，遂成婬欲，即失神通，天為大雨。七日七夜今得歡樂飲食，七日酒食皆盡，繼以山水木果，其味不美，更索❹前者。答言：「已盡。今當共取，去此不遠有可得處。」仙人言：「隨意❺共出。」去城不遠，女便臥地，言：「我極，不能復行。」仙人言：「汝不能行者，騎我項上，我當擔汝。」女先遣信報王：「王可暫出觀我智能。」王見，問言：「何由得爾？」女曰：「以方便力，無所復能。」

【章旨】記婬女引誘仙人接觸美女的身體，使其喪失神通，天上下起了大雨；又使計謀騎在仙人頭上回到城中。

【注釋】❶乘　四馬拉一車為一乘。❷歡喜丸　又名歡喜團。指以酥、麵、蜜、薑等調和製成之食物。❸問訊　僧尼跟人應酬時合十招呼；問候。❹索　要；索要。❺隨意　願意。

【語譯】婬女立刻要來五百乘車，載了五百名美女，五百輛鹿車，裝了各種歡喜丸，這些歡喜丸都用眾多草藥和合，還帶了各種各樣的烈性美酒，顏色和味道都和水一樣。婬女穿樹皮的衣服，在樹林間行走，像仙人一樣。在仙人的住所邊蓋了一座草庵居住。一角仙人出外修行見到她們，各位美女都拿出奇美的華香供養仙人，仙人十分歡喜。眾女用美好尊敬的言辭向仙人問候，帶仙人進入房中，坐好床和蓐子。給仙人好酒，仙人以為是淨水；給仙人歡喜丸，仙人以為是果瓜。吃飽喝足後，對眾女說：「自從我出生以來，從來沒有得到過這樣好的果子和水。」眾女說：「我們一心行善，所以上天滿足了我們的願望，得到了這些果水。」仙人又問眾女：「你們的皮膚怎麼能夠這樣豐腴美麗？」回答說：「我們經常吃這些美果，喝這些美水。」仙人說：「為什麼不在這兒住呢？」回答說：「也可以住。」婬女叫仙人一起沐浴，女人手柔軟細膩，仙人碰觸後開始心動，於是與婬女交合，立刻失去了神通，天上下起了大雨。七天七夜，讓仙人歡樂並飲食，七天後酒和食物都沒有了，接著給山上的水和樹上果實，味道不好吃，仙人索要前面的美食。回答說：「已經吃完了。現在一起去取，離這裡不遠處可以取到。」仙人說：「願意一起去。」離城近了，婬女便躺到地上說：「我太疲累了，不能再走了。」仙人說：「你不能走的話，騎在我頭上吧。我會扛著你。」婬女先派人報告國王說：「國王可以先出來看我的智慧和能力。」國王看見了，問道：「你有什麼才能做到這樣呢？」婬女回答說：「憑著行善巧方便的力量罷了，沒有什麼才能不才能的。」

今住城中，好供養恭敬之，足其所欲，拜為大臣。住城少日，身轉羸瘦，念禪定心，厭此世欲。王問仙人：「汝何不樂？」答曰：「雖得五欲❶，常念林間。」

王曰：「本除旱患，今何為強奪其志？」即使遣之。既還山中，精進不久，還得五通。「一角仙人，我身是也。婬女者，耶輸陀羅❷是也。」

【章旨】記國王把仙人留在城中，拜為大臣。仙人厭倦了俗世的生活，國王放他回到山林中，精心修煉後又恢復了五神通。

【注釋】❶五欲　色、聲、香、味、觸五種境界，能夠引起人的欲念，所以稱為五欲。❷耶輸陀羅　又稱耶輸多羅。悉達太子的夫人，羅睺羅的母親，後隨釋尊的姨母摩訶波闍婆提出家。

【語譯】國王讓仙人住在城中，好好地供養並尊敬地對待他，滿足他的各種欲望，封他為大臣。仙人在城中住了一段時間，身體漸漸變得虛弱，念禪止息散亂之心，厭倦了世間的欲念。國王問仙人：「你為什麼不快樂呢？」回答說：「我雖然得以享受五欲，但還是常常懷念山林間。」國王心想說：「本來衹是為了解除旱災，現在為什麼還要讓他失去志向呢？」就遣送他走了。仙人回到山中精心修煉，不久就恢復了五神通。佛說：「一角仙人就是我的前身，婬女就是耶輸陀羅的前身。」

# 卷第四〇

## 梵志部

【題解】梵志，意譯為「淨裔」，即婆羅門，佛教稱外道出家者。相傳婆羅門為梵天之苗裔而行梵法，故婆羅門也稱梵志。本部輯錄外道出家者梵志的因緣故事：梵志喪兒從閻羅乞活兒不親從詣佛得道；梵志諂施比丘說一偈能消……。這些梵志故事及前生後世因果報應顯示，眾生的罪福都有前生的因緣，啟發人們多積善行，敬信三寶，以期獲得來世的幸福。

### 梵志喪兒從閻羅乞活詣佛得道

（出《法句經·道行品》第三卷）

昔有婆羅門❶，少出家學，至年六十，不能得道，法應歸家。取婦為居士❷，生得一男，端正可愛。至年七歲，卒得重病，一宿命終。梵志憐惜，伏其屍上，絕而復穌。親族諫喻❸，強奪殯殮❹，埋著城外。梵志自念：「我今啼哭，計無所益，不如往至閻羅王所，乞索兒命。」沐浴齋戒❺，齎❻持花香，發舍而去。

【章　旨】記修行婆羅門年老後回家娶妻生子，可是兒子因病死了，他傷心欲絕，決定去向閻羅王要回兒子的命。

【注　釋】❶婆羅門　梵文brāhmaṇa，印度四種姓中最上位之僧侶、學者階級。❷居士　在家修禪的人。❸諫喻　規勸、使明白。❹殯殮　裝殮埋葬。❺齋戒　清除心靈的汙垢叫齋；防範自身的過錯叫戒。即清心潔身，心示虔誠。❻齎　帶著。

【語　譯】從前，有一個婆羅門，從小就出家學道，到六十歲還沒有得道，按規定要回家。他娶妻成為在家修行的居士，生了一個兒子，兒子長得漂亮又很可愛。兒子到七歲突然患了重病，祇一個晚上就死了。這個梵志憐惜孩子，伏在兒子的屍體上哭得死去活來。他的親戚勸他不必過度傷心，並強行裝殮埋葬了孩子，把他葬在城外。梵志想：「我現在總是啼哭，終究是沒有用的，不如到閻羅王那裡去討回兒子的命。」打定主意後就沐浴齋戒，帶上香和花，從家裡出發了。

所在❶問人：「閻羅王所治❷為在何許？」前行數千里，至深山中，見諸梵志，復問如前。答曰：「卿問閻羅王所治處，欲求何等？」答言：「我有一子，近日卒亡，欲至閻羅王所，乞索兒命。」梵志愍❸其愚癡，即告之曰：「閻羅王治處非生人❹所得到也。當示卿方宜：從此西行四百餘里，有大川，其中有城，此是天神案行❺世間停息之城。閻羅王常以月四日案行，必過此城。卿持齋戒，往必見之。」歡喜而去。到其川中，見好城郭，宮殿屋宇如忉利天❻。梵志詣門，燒香翹腳❼，祝願求兒。閻羅王勑❽門見之，梵志啟言：「晚生一男，欲以備老，養育七歲，近日命終。唯願大王垂恩⑨布施，還我兒命。」王言：「大善。卿兒今在東園中戲，自往將去！」即往見兒，與諸小兒共戲，前抱啼泣，曰：「我晝夜念汝，食寐不甘，汝寧念父母辛苦以不？」小兒喚逆訶⑩之，曰：「癡騃⑪老公，不達道理！寄住須臾，名人為子，勿妄多言，不如早去！今我此間自有父母。」梵志悵然，涕泣而去，即自念言：「我聞瞿曇沙門⑫知人魂神變化之道，當往問之！」即還佛所，稽首作禮，具以本來向佛說之：「實是我兒，不肯復反，謂我為『癡騃老公』，『寄住須臾，名他為子』，永無父子之情。何緣乃爾？」佛告梵志：「汝實愚癡。人死神去，便更受形，父母妻子，因緣會居⑬。譬如寄客，起則離散。」梵志聞之，㸌然⑭意解⑮，稽首委質⑯，願為沙門。佛言：「善哉！」鬚髮自落，法衣⑰在身，即成比丘⑱，即於座上得羅漢道⑲。

【章　旨】記梵志經人指點終於見到閻羅王，並且也找到了兒子，可是兒子並不想隨他回家。他經佛祖點化，做了沙門並得羅漢道。

【注　釋】❶所在　處處；到處。❷治　管理；治理。❸愍　憐憫。❹生人　活人。❺案行　巡行；巡視。❻忉利天　欲界六天中的第二天，在須彌山頂閻浮提洲上八萬由旬的地方。❼翹腳　翹足；抬起腳。古代常以此種姿態表示渴望心情。❽勑　同「敕」。告誡。❾垂恩　施恩惠。❿逆訶　逆拒並呵斥。⓫癡騃　痴呆。⓬瞿曇沙門　指釋迦佛。⓭會居　即「彙聚」。⓮㸌然　突然。⓯意解　領悟。⓰委質　把身體交託出去。⓱法衣　僧人穿的衣服，又名「袈裟」。⓲比丘　佛教稱出家修行的男子。⑲羅漢道　即阿羅漢，小乘佛教的最高果位。

【語譯】梵志到處問別人：「閻羅王管轄的地方在哪裡？」往前走了幾千里，到了深山中，見到了一些梵志，又像以前那樣問他們。這些人回答道：「你問閻羅王的治所，想幹什麼？」他答道：「我有一個兒子，近幾天突然死了，要去閻羅王那裡，討回他的命來。」那些梵志憐憫他的愚痴，就告訴他：「閻羅王管轄的地方，活人是不許去的。雖如此也應當告訴你可行的方法：從這裡往西走四百餘里，有一條大河，環繞一座城，這城是天神們巡察人世間停下來休息的地方。閻羅王常在每月四日巡查，必然經過此城。你帶上齋戒的物品去，必定可以見到閻羅王。」梵志就歡歡喜喜地走了。到了那條河邊，看見雄偉的城廓，裡面的宮殿屋宇樣式同忉利天宮一樣。梵志到了門前，燒香翹足期待，禱告並乞求把兒子還給他。閻羅王命令管門的帶進來見他，梵志說：「我晚年生有一個兒子，想靠他來養老，把他撫養到七歲，卻在前幾天死了。希望大王您施恩惠，把兒子的命還給我。」閻羅王說：「好。你的兒子現在正在東園裡玩耍，你自己帶他回去吧！」梵志就立刻去見他的兒子，他看見自己的兒子正跟幾個孩子玩耍，他上前抱住兒子哭著說：「我日日夜夜思念你，吃不好，睡不香，你難道不念父母的辛苦嗎？」他的兒子大聲叫喊逆拒並斥責他道：「你這個痴傻的老頭子，不懂道理！在你那裡寄住了一陣子，就稱呼別人是兒子，別再說廢話了，你趕緊走吧！現在我在這裡已有父母了。」梵志悵然地流著淚離去，他想道：「我聽說佛祖通曉人魂靈變化的道理，還是去問一問吧！」於是他回到佛的住所，向佛行過禮以後，把事情的本來向佛說了一遍：「那孩子確實是我的兒子，卻不願回來，反而說我是『痴傻的老頭子』，還說『只是寄住過一陣子，就稱呼他是兒子』，根本沒有父子之情，怎麼會這樣呢？」佛祖告訴梵志道：「你實在是一個愚蠢的人。人死後精神便離開，就會再形成新的形體，父母妻兒等等關係是因緣際合而彙聚形成的。譬如寄居的客人，天明起床後就要離開。」梵志聽了心中豁然開朗，他跪下行禮把自己交付給佛祖，願出家為僧。佛祖說：「好吧！」這時鬍鬚頭髮自動掉落，身上披上袈裟，成為一個比丘，就在座位上得了羅漢道。

## 梵志詒施比丘說一偈能消

（出《諸經中要事》）

昔有梵志，財富學問，不信正道❶，數與沙門❷論，不如。每聞沙門食人信施❸，不能精進❹，死後當作牛馬，還償施家❺。便密作計設食，後世取之，使令其治生。素性慳貪❻，欻❼至寺中。寺中有五百道人❽，便盡請之。加敬設食，豐好❾勝他，必當圖得五百牛馬。上座一人已得羅漢❿，以知其念，便呼維那⓫敕⓬諸比丘：「皆當專心，人說一偈，即共善加敬。」上座語曰：「已償債畢，不復得牛馬矣。」梵志驚曰：「道人神聖，逆⓭知我意。」上座於是具告諸比丘：「汝得食已，慈心念道，誦一法言，乃可吞須彌山⓮，尚能消之，況此少食？」梵志甚慚愧。因為說法，廣陳要義，心開受道，即悟道迹⓯。

【章旨】記一個梵志聽聞沙門食人信施如不精進，死後會作牛作馬還償施主，便設計讓五百個道人吃飯，企圖以後會有五百個人為他作牛作馬。一位長老知道他的心思，略施小計讓這個梵志開悟得道。

【注釋】❶正道　三乘所行之道。❷沙門　出家修行的佛教徒。❸食人信施　食人，受他人供養。信施，接受信徒的施物。❹精進　勤勉地修行。❺施家　施主。❻慳貪　吝嗇貪婪。❼欻　忽然。❽道人　修道之人。❾豐好　（食物）豐盛。❿羅漢　修行者證悟的果位，也稱得到了這種果位的人。⓫維那　管理寺廟中事務的人。⓬敕　傳令。⓭逆　預先。⓮須彌山　光明山，能發金色光芒。⓯道迹　這裡指佛家的教義。

【語　譯】從前有一個梵志，家有財富，勤於學問，卻不信三乘所行之道，多次與沙門爭論，都爭不過。他多次聽聞出家人受人供養接受別人的施捨，如果不能精進，死後會變牛馬來償還施主的恩德。他偷偷地設計並準備好食物，打算來世取用，讓別人為他謀生計。他本來吝嗇又貪婪，忽然有一天到寺廟裡去了。寺裡有五百個修行人，他把他們全請去。他特別恭敬準備好了食物，豐盛超過別人，下決心要得到來生有五百人為他做牛馬的結果。長老中有一個人已得到了羅漢道，知道了他的心思，就讓寺裡的維那告訴僧人：「你們都要專心，每當有人講了偈文後，就要共同稱『善』更加恭敬。」長老說：「我們已經把欠的債償清了，來生不用再做牛馬了。」這個梵志吃驚地說：「您真是神人，早就知道我的心思。」長老就詳細地告訴僧人們：「你們得到食物後，祇要用仁慈之心誦道，念一遍佛經，就算把須彌山吞下去，也能消化得了，更何況這麼一點食物？」這個梵志聽了感到十分慚愧。於是尊者就為他說法，廣泛地陳述法的精義，梵志立刻豁然開朗接受了道法，領悟了佛家的教義。

（出《夫婦經》）

## 梵志棄端正婦於樹上愛著鄙婢後悔無益

有清信士❶，其婦端正❷，威德無倫❸，言語辯才，眾人所敬。夫壻❹不重，亦不喜見，反愛仆使❺。婦見壻心，謂夫言：「卿不喜我，願聽出家。」壻便聽之，即時出家，為比丘尼❻。晝夜精進，行道未久，證得羅漢。然後清信士所敬女人死，清信士呼比丘尼歸，尼了不肯。比丘尼白佛，說其本夫。佛言：「是清信士前世已毀辱❼此有德之人，此女人生有殊特❽之志。此人常為壞亂，已入大路，復欲毀之，不能得也。」佛言：「過去世時有一梵志，婦名蓮花，端正絕世，梵志不喜，所愛著婢。用其婢語，捨婦山間。上優曇缽樹❾，擇取熟果，棄生與婦。婦問：『君獨噉熟果，而棄生者與人？』夫曰：『汝可上樹。』婦即上樹，夫取荊棘，四匝遮樹，欲使死，不得下樹。時國王游獵，見女端正，即問女言：『卿是何人婦？』自具本末，王念梵志愚騃無知❿，非是丈夫。即除荊棘，載還宮內，立為王后。多諸技藝，智辯無雙；又能摴博⓫，遠近女人來共博戲，王后輒勝，無能當者。梵志善於博弈，遙聞后勝，念言：『是我前婦，非是異人。』乃欲詣王，現其技術。后聞梵志，知是前夫，啟王現之。遙試博戲，后偈答曰。梵志心懷愧恨，即自剋責，悔無所及。時梵志者，今清信士是；時婦者，即今婦是；彼國王者，吾身是也。」

【章　旨】記有個梵志的妻子有諸多優點，可他卻不喜歡，反而愛上了家中的僕人。妻子出家為尼，不久就得羅漢。梵志所愛的女人死了，又想讓出家的妻子回來，佛不許他毀掉這個有才德的女人，並講了這對梵志夫婦與佛前世的故事。

【注　釋】❶清信士　即優婆塞，男性的在家信徒，皈依佛法僧三寶，並誓守在家五戒。❷端正　俊俏；漂亮。❸無倫　無比。❹夫壻　即「丈夫」。❺仆使　僕人。❻比丘尼　受過三百四十八戒的出家女子。❼毀辱　毀壞辱沒。❽殊特　不同一般的；特出的。❾優曇缽樹　植物名，葉似梨，果大如拳，味甘，無花而結實，也有有花的卻難植，因而佛經中喻稀有之物。

❿愚騃無知　即「愚痴無知」。⓫摴博　古代一種賭輸贏的遊戲，與下棋相似。

【語　譯】有一個清信士，他的妻子容貌美麗，聲威德行無與倫比，又善言語有辯才，為眾人所敬重。可是她的丈夫並不重視她，也不喜歡見她，反而愛上了家中的一個僕人。妻子知道丈夫的心思，就對丈夫說：「你不喜歡我，希望能讓我出家。」她的丈夫就聽從了，她就立刻出家，成為一個比丘尼。她日夜勤勉地修行，出家不久就得了羅漢道。這以後清信士所愛的女人死了，清信士想叫做比丘尼的婦人回來，她終究不肯。這個比丘尼告訴佛祖關於她丈夫的事情。佛祖說：「這個清信士前世已毀壞辱沒了有德之人，這個女人有不同一般的志向。這個人常做壞事，現在她已入了佛門，又想來毀掉她，這是辦不到的。」佛說：「過去世有一個梵志，妻子名叫蓮花，面貌美麗冠絕當世，這個梵志不喜歡，卻愛著一個婢女。他聽從了婢女的話，要把這個婦人拋棄在山上。他爬上優曇缽樹採摘熟的果子，丟生果子給妻子。他的妻子說：『你獨自吃熟的果子，把生果子扔給別人？』丈夫說：『那你自己上樹吧。』婦人就上樹了。她的丈夫取來了荊棘，遮放在樹木的周圍，想讓妻子下不了樹而死掉。這時有個國王來打獵，見這個女子容貌美麗，就問女子說：『你是誰的妻子？』她就把事情的本末講了一遍，國王想到這個梵志愚蠢無知，不是大丈夫所為。就除去了樹下的荊棘，把她載入宮內，立為王后。因為她有很多的技藝，智慧辯才無雙；又善下棋，遠近的女人都來跟她下棋，王后總是得勝，沒有人能與她相當。那個梵志也善於下棋，遠遠聽說王后總是獲勝，就想：『那一定是我的前妻，不會是別人。』就想到國王那裡去，顯示自己的技藝。王后聽說了這個梵志的事後，知道是她的前夫來了，啟稟國王讓她見一見梵志。遠遠地試了他下棋的技藝，王后用偈頌作答。梵志心懷慚愧，深深自責，後悔莫及。那時的梵志，就是現在的清信士的前身；那時的婦人，就是現在的婦人的前身；那個國王，就是我的前身。」

# 卷第四一

## 婆羅門部

【題解】婆羅門，古印度四種姓之一，居於種姓之首，世代以祭祀、誦經、傳教為專業，是社會精神生活的統治者，享有種種特權。本部輯錄有關婆羅門故事：一婆羅門因年老被兒子趕出家門，沿街乞食，得佛所授一偈還與兒說，復立為家主；慳貪婆羅門夫婦壽終吞食金錢，身爛錢出，賢者憐憫，以錢請佛及僧，稱名咒願，慳人夫婦得以生天……。這些有關婆羅門的因緣故事，顯示了佛力，啟發人們慈心向佛，終有好報。

### 老乞婆羅門誦佛一偈兒子還相供養

（出《佛為老婆羅門說偈經》）

尒時世尊入舍衛城，時有異婆羅門，年耆根熟❶，執杖持鉢，家家乞食。世尊告曰：「汝何以尒？」荅言：「瞿曇，我有財物，悉已付子。為其娶妻，然後捨是，持鉢乞食。」佛復告曰：「汝能於我法受誦一偈❷，還❸為兒說？」荅佛：「能受。」尒時世尊即說偈言：「生子心歡喜，為子聚財物，復為娉娶妻，而自捨出家。邊鄙❹田舍兒，違負於其父，人形羅剎心，棄捨於尊老。老馬無復用，則奪其麵麥；子少而父老，家家行乞食。曲杖❺為最勝，非子離恩愛，為我防惡牛，危險地得安。能卻❻凶暴狗，扶我闇處行，避深坑空井，草木棘刺林。憑杖威力故，峙立不墮落。」時婆羅門從佛受偈，還家至門，先白大眾：「聽我所說……」然後誦偈如上。其子愧怖❼，即抱其父，還將入家。摩身洗浴，覆以衣被，立為家主❽。時婆羅門作是念：「我今得勝族姓，是沙門恩。我經所說，若為師者，如師供養❾。我今持上妙衣至世尊所，面前問訊。」白佛言：「願受此衣，哀愍❿我故。」世尊即受，更說種種法，示教利喜⓫。

【章　旨】記一婆羅門因年老被兒子趕出家門沿街乞討，得佛授一偈還與兒說，復被迎回，立為家主。

【注　釋】❶根熟　佛教謂根性圓熟。❷偈　梵文「偈陀」的簡稱，即佛經中的唱頌詞，通常以四句為一偈。❸還　回家。❹邊鄙　邊遠的地方。❺曲杖　即指拐杖。❻卻　驅趕。❼愧怖　慚愧惶怖。❽家主　一家之主。❾供養　敬獻奉養佛、法、僧三寶，謂之「供養」。❿哀愍　憐惜；同情。⓫示教利喜　佛陀教化眾生的四種次第，即示、教、利、喜的並稱。示即顯示其義，如示人之善、不善，或分別生死與涅槃，三乘與六波羅蜜等義。教即教導其行，如教導眾生捨惡行善。利即獲得義利，謂眾生未得善法之味時，為免其心退，遂導之勤苦修行，則可得法味大利益。喜即歡喜行成，謂隨眾生所行而讚歎之，使其心喜。

【語　譯】彼時世尊到舍衛城，見有一奇異婆羅門，年老根性圓熟，拄著拐杖拿著飯鉢，到每戶人家討飯。世尊問他：「你為什麼會這樣？」回答說：「如來佛，我本來很有錢財，都給了我兒子。為他討了妻子，卻把我捨棄了，我祇好拿著飯鉢討飯了。」佛又對他說：「你能在我這佛法中受誦一偈，回去跟你兒子說嗎？」婆羅門答佛說：「可以接受。」彼時世尊即說偈道：「生兒心歡喜，為他積聚財，又為娉娶妻，卻趕我出家。邊遠農家兒，大逆背棄父，人樣卻鬼心，拋棄尊老德。老馬無有用，便奪其糧草；兒少父已老，家家行乞飯。還是拐杖好，不似兒絕情，為我防惡牛，助我離危險。能驅兇暴狗，扶我闇處走，遠避深坑井，草木叢刺林。憑藉拐杖力，站立不掉落。」其時婆羅門從佛那裡接受偈言，便回到家門口，先對大家道：「聽我說……」然後便念誦上面佛所授的偈頌。他兒子聽後，慚愧惶恐，即上前抱住父親，把他領回家中，按摩身體給他洗澡，送上衣被，把父親立為一家之主。其時婆羅門這樣想道：「我如今重回家門，都是靠佛的恩德。佛經上說，如果是師父，便當像師父一般的供養。我現在拿上漂亮衣服到世尊處，當面請安。」即對佛說：「願佛能夠憐惜我，收下這件衣服。」世尊便收下了，並且為他演說種種妙法，以示、教、利、喜四種方式教化他。

（出《宿願果報經》）

## 婆羅門夫婦吞金錢為糧身壞人取為福即得道迹

昔有婆羅門夫婦二人，無有兒子，財富無數。臨壽終時，自相謂言：「各當吞錢，以為資糧。」其國俗法，死者不埋，但著樹下。各吞五十金錢死，身爛錢出。國中有一賢者行見之，愍然❶流淚，傷其慳貪❷，取為設福，請佛及僧，盡心供辦。擎飯佛前，稱名呪願❸。時慳人夫婦，受餓鬼苦，即生天上。重為設福，廣請四輩❹，時生天者，即得天眼❺。知為作福，從天來下，化作年少，佐助檀越❻。佛言：「此廚間年少是真檀越。」至便說法，即得道迹❼，賢者亦得道迹。

眾會歡喜，皆得生天。

【章　旨】記一慳貪婆羅門夫婦吞錢而死，一賢者取所吞錢為設福請佛及僧，使其得道跡，賢者也得道跡。

【注　釋】❶愍然　憐憫的樣子。❷慳貪　吝嗇而貪婪。❸呪願　向天或神佛禱祝，希望順遂或表示心願。❹四輩　佛教語。指比丘、比丘尼、優婆塞、優婆夷等出家、在家奉佛的男、女。❺天眼　佛教所說五眼之一。又稱天趣眼，能透視六道、遠近、上下、前後、內外及未來等。❻檀越　施主。❼道迹　佛家的教義。

【語　譯】從前有婆羅門夫婦二人，沒有兒子，財富卻無數。他們臨死時，互相說道：「我們每人都吞嚥金錢，用作死後的錢糧。」其國的風俗習慣是死者不埋葬，祇是放在大樹下而已。他們於是各人吞了五十金錢而死，身體腐爛後金錢隨即出來。國內有一賢者路過看到，憐憫他們而流淚，同時為他們吝嗇貪婪而傷心，就取了金錢為其做法事，請佛及眾僧，盡心操辦。賢者手擎飯食來到佛前，叫著他們的名字呪願。其時那吝嗇的夫婦，原來遭受餓鬼之苦，即刻生天上。又重為設福做法事，廣請僧尼及在家奉佛的男女，其時生天的夫婦即得天眼。知道是為他們設福做法事，便從天上下來，化作年少之人，佐助施主。佛說道：「廚房裡的年少之人才是真正的施主。」眾人到後，佛便開始說法，吝嗇夫婦於是領悟佛家教義，賢者也領悟了佛家教義。眾人都很歡喜，都得以生天。

（出《雜譬喻經》）

## 婆羅門生美女佛言不好

佛在世時，有一婆羅門，生兩女，皆端正❶。乃故懸金，九十日內募索❷有能訶❸女醜者，便當與金，竟無應募者。將至佛所，佛便訶言：「此女皆醜，無有一好。」阿難白佛言：「此女好而佛言惡，有何不好？」佛言：「人眼不視色，是為好眼；耳鼻口亦尒。身不著細滑❹，是為好身；手不盜他財，是為好手。不犯此事，是乃為好。眼視色，耳聽音，鼻嗅香，身喜細滑，手喜盜他財，如此者，皆不好也。」

【章旨】記一婆羅門生兩女非常漂亮，於是懸賞求募能說女醜的人，卻無一人應募。來至佛處，佛一一說出二美女不好的理由。

【注釋】❶端正　俊俏；漂亮。❷募索　招募求索。❸訶　大聲斥責；責罵。❹細滑　這裡代指光鮮滑膩的衣服。

【語譯】佛在世的時候，有一位婆羅門，生了兩個女兒，都長得很漂亮。於是特意懸賞，求募有能在九十天之內訶責女兒醜陋的人，就給他賞金，卻無一人應募。婆羅門把女兒帶到佛處，佛便訶責道：「這兩個女子都很醜，沒有一處漂亮。」阿難對佛說道：「這兩個女子都很漂亮而佛卻說不美，有什麼地方不漂亮呢？」佛說：「人的眼睛不看美色，算是好眼；耳鼻口都是如此。身上不穿那些細膩滑溜的衣服，才是好身體；手不偷盜他人錢財，才算是好手。不違犯這些並且內心清淨，才算真正的美麗。眼視美色，耳聽靡音，鼻嗅異香，身體喜穿細滑衣裳，雙手喜盜他人錢財，諸如此類的都算不上好。」

# 卷第四二

## 居士部

【題解】居士，原指古印度吠舍種姓中的富豪，因信佛教者頗多，故佛教用以稱呼歸依佛門的在家男子。本部輯錄居士的因緣故事：瑥荼家中豐饒，以穀米、金、香等與眾人而始終不竭，後聞佛法而得悟解；郁伽酒醉，見佛後自醒並聽佛法，歸依三寶受持五戒，以妻施與旁人而不悔……。這些因緣故事，表明了居士誠心事佛，多行善事並終能悟解佛法的道理。

### 瑥荼財食自長聞法悟解

（出《彌沙塞律》、《四分律》、《十誦律》等）

跋提城有大居士，字曰瑥荼。饒富珍寶，有大威力，隨意所欲，周給❶人物。倉中有孔，大如車軸，穀米自出。婦以八斗❷作飯，飼四部兵及四方來者，食故不盡。其兒以千兩金與四部兵及四方乞者，隨意不盡。兒婦以一裹香塗四部兵并四方來乞者，隨意令足，香故不盡。奴以一犂日耕七壠，出米滋多❸。其婢以八斗穀與四部兵飤❹馬，馬食不盡。家裡共爭，各言：「是我福力。」

【章旨】記大居士瑖茶家中豐饒，其妻兒、媳婦、奴婢等人均以穀米、金錢、香等物施與眾人，並爭是己福力。

【注釋】❶周給　接濟。❷斗　量詞。指十升的容量。❸滋多　更加多。❹飤　飼養；以食與人。

【語譯】跋提城有一位大居士，名叫瑖茶。家裡富有珍寶，並有令人畏懼的強大力量，可以隨心所欲，接濟旁人。他們家的米倉中有一個孔，有車軸那麼大，穀米會自己出來。他的妻子以八斗米作飯給象、馬、車、步四部兵及四方來的人吃，米飯仍然不會減少。他的兒子把千兩金給四部兵及四方來乞討的人，任他們取都不會完。他的兒媳婦以一束之香，塗飾四部兵及四方來乞討的人，讓他們的意願都滿足，香仍然沒有完。家奴用一張犁每日耕田七壟，產出的米愈來愈多。家婢以八斗穀給四部兵餵馬，馬都吃不完。家裡的人相互爭吵，各人都說：「是我修福的功力。」

瑖茶詣佛，頭面作禮，曰：「誰力？」佛言：「汝等共有。昔王舍城有一織師❶，織師有婦又有一兒，兒又有婦，有一奴一婢。一時共食，有辟支佛❷來就乞食，各欲當分捨與。辟支佛言：『汝等善心，皆各已捨，可又減少許於汝不？在我得足。』即共從之。辟支食已，於虛空中現諸神變，然後方去。織師眷屬捨於壽命，生四天王天，至于他化，展轉七反，餘福生此。」瑖茶聞之，即請佛僧，修無限施：若有所須，隨時多少，皆從我取。諸比丘不敢受，白佛，佛言：「聽隨意受。」後諸比丘行，從索資糧，遣使賫金銀隨逐行處。多有所長❸，賫還長者。長者言：「我已捨竟，不應將還。」

【章　旨】記瑕荼至佛處詢問，佛對他講說織師之事，使瑕荼開悟而施資糧金銀與佛僧。

【注　釋】❶織師　織工；織匠。❷辟支佛　又稱辟支加佛。辟支佛有兩種，一名獨覺，指在無師指教的情況下能夠獨自悟得無上正覺的聖者；一名因緣覺，指可根據佛的說教悟得聖果的聖者。❸長　盈餘。

【語　譯】瑕荼到了佛的住處，用頭面頂禮佛足，問道：「是誰的功力？」佛說：「你們都有。從前王舍城有一織匠，織匠有妻又有一個兒子，兒子又有妻子，還有一奴一婢。一次大家一起吃飯，有一辟支佛來乞食物，大家都想把自己的那份給他。辟支佛說：『你們都具有善心，都準備把自己那份施捨給我，你們可否減少一點呢？這樣對我來說足夠了。』大家便照他說的做了。辟支佛吃完，在空中顯現各種神奇變化，然後纔離開。織匠家人壽終後，生四天王天，乃至於他化自在天，如此展轉七遍，藉著留傳後世的福祉才生於此。」瑕荼聽了以後，便請佛僧，以修無盡之施：若有需要，隨時多少，都從我這裡取用。諸比丘不敢接受，告訴了佛，佛說道：「允許你們隨意接受。」後來諸比丘出行，便向瑕荼索取錢糧，瑕荼派人帶著金銀跟隨他們行走四方。所施多有盈餘，就拿回來還給長者瑕荼。瑕荼說：「我已經施捨完畢，不應該帶回來歸還給我。」

（出《中阿含經》第九卷）

## 郁伽見佛其醉自醒受戒以妻施人

郁伽居士醉，婇女❶圍繞，在毗舍離❷大林中。遙見世尊在樹間坐，端正殊妙❸，根❹意息定，光如金聚。見已醉解，至世尊所，卻❺坐一面。佛為分別四諦❻，得無畏❼法。頭面禮足：「我歸三寶，作優婆塞❽，受持五戒。」還至本處，告眷屬曰：「汝今當知，我從世尊受戒，若欲樂者，行施作福；若不樂者，各還親里❾，我當放汝。」時最大夫人曰：「子從世尊，盡命受戒。有某人，當以我與彼作婦。」彼時居士便呼彼人，以左手持夫人，右手執金澡罐，語彼人曰：「我以此最大夫人與汝作婦。」彼人驚怖毛豎，語郁伽曰：「居士不欲殺我耶？」荅言：「不也，我從佛盡命行梵行，故以大婦用與汝，終不變悔。」

【章旨】記郁伽居士酒醉，見佛後酒自醒。佛為其說法，郁伽便歸依三寶，並施捨大夫人與旁人作妻。

【注釋】❶婇女　宮女。❷毗舍離　中印度古國名，維摩大士住此國。❸殊妙　猶絕妙。❹根　佛家指能產生感覺、善惡觀念的機體或精神力量。如眼、耳、鼻、舌、身、意為六根。❺卻　後退。❻四諦　佛教指四種正確無誤的真理：一苦諦，二集諦，三滅諦，四道諦。❼無畏　佛教語。指佛在大眾中說法泰然無所怖畏之德。❽優婆塞　指在家奉佛的男子。❾親里　親屬鄰里。

【語譯】郁伽居士喝酒大醉，宮女都圍繞著他，在毗舍離大樹林中。他遠遠地看見佛在樹間坐著，體態端正神態絕妙，六根清淨，進入禪定，身上的光環如金子般聚集。郁伽見後就酒醒了，他來到世尊處，退坐在世尊對面。佛為其解說「四諦」，使他得到「無畏法」。郁伽用頭面頂禮佛足：「我要歸依佛法僧三寶，作優婆塞，並受持五戒。」郁伽回到家，對家人道：「你們應知道我跟隨世尊受戒了，若想身心清淨快樂，便行布施積福德；若有不願意這樣做，便可回各自的家，我一定會放你們的。」當時他的正妻說：「你跟隨世尊，一生都受戒了。現在有這麼一個人，可以把我嫁給他作妻子。」這時郁伽便叫來那人，以左手牽著夫人，右手拿著金澡罐，對那人說道：「我把大夫人送給你作妻子。」那人驚怕得汗毛都豎了起來，對郁伽說：「你不是想殺我吧？」郁伽答道：「不是的，我跟從了佛，終生要行佛事，所以讓大夫人給你作妻，一定不會變卦反悔。」

（出《北方世利經》）

## 闍利兄弟以法獲財終不散失

昔石室城內有三居士，一名闍利，二名補陀滿，三名婆波那，此三人親兄弟也，多財饒寶、象馬七珍。有一婆羅門，持伊羅鉢龍❶齋，冀望富貴。龍現身語婆羅門：「汝今何為勤苦，斷穀除味，在此持齋，為何所求？」婆羅門曰：「冀望大富。」龍曰：「吾有二號，一名伊羅鉢，二名財無猒。既名無猒，復從吾求耶？」婆羅門曰：「設不惠者，便即命終。」龍出紫磨❷好金以報之：「城門有豪富長者，出自天竺❸。汝以金與，從求財物。」長者見之，告語：「藏隱勿令人見。」告其五親❹，「飲食歡娛藏金庫內。」庫內雜物盡復入地，還彼龍庫。左右七家，財物如是。三居士聞之，自相謂言：「我等三家以法所獲財，致不枉濫五家所奪。」國人聞之，謂為誇談❺。共集三家，問居士曰：「卿以法獲財致不濫失，何以為證？」三居士各出十斤金，分為六段，將諸人民及七家失物主，往至龍泉，以金投水，水皆涌沸，猶如鑊湯❻。龍王驚懼，即遣龍女出金還之，報謝使還。從法得者以理成辦，終不為五家所侵欺，非法藏財者如彼七家。

【章　旨】一婆羅門聽從龍王之語，使豪富長者及左右七家財物皆入龍庫。闍利三兄弟居士以法獲財而不致散失，並以法從龍王處討回各家所失財物。

【注　釋】❶伊羅鉢龍　相傳此龍王前世曾為比丘，因毀佛禁戒，損傷伊羅樹葉，以此因緣，命終而受龍身。❷紫磨　上等黃金。❸天竺　印度的古稱。❹五親　指五家有血緣關係的親屬。❺誇談　誇耀。❻鑊湯　鍋中沸騰的水。

【語　譯】從前在石室城內有三個居士，一個叫闍利，一個叫補陀滿，一個叫婆波那，這三人是親兄弟，家裡很富有，有很多的金銀財寶、大象駿馬以及七寶。有一位婆羅門，遵行伊羅鉢龍王的齋戒，極希望富貴。龍現真形對婆羅門說：「你現在為何精勤刻苦，不食五穀百味，持守齋戒，有什麼所求呢?」婆羅門說：「希望大富。」龍說：「我有兩個稱號，一叫『伊羅鉢』，二叫『財無猒』。既然叫『無猒』，怎麼不求我呢?」婆羅門說：「假設不給我好處，便立即斃命。」龍王拿出紫磨好金給他並告訴他說：「城門口有豪富長者，來自天竺。你把這金子給他，從他那裡求得財物。」長者看到他便告訴他說：「藏好金子，不要讓人看到。」並告訴他的五親：「把吃的喝的玩的全藏在金庫內。」於是金庫內各種雜物均陷入地下，都回到那龍王的庫中。長者家左右七戶人家的財物都是這樣沒有了。三位居士聽說後，相互說道：「我們三家憑依佛法而獲得的財物，不至於會被那枉錯貪婪的五家所奪。」國人聽後，都認為他們是吹牛。便把三家集合起來，問居士說：「你們憑依佛法獲財而不致散失，有什麼證據?」三位居士每人拿出十斤黃金，把它們分為六段，然後帶著人們以及那七家丟失財物的主人，一起前往龍王住的龍泉，把金子投進水中，水即翻湧沸騰，就像鑊裡的滾水一樣。龍王驚慌恐懼，便派龍女出水還金，並向大家致歉，而後纔回。因此憑依佛法得財便能以理成事，終究不會被那五家侵吞欺騙，而非法藏匿財物的就會像那七戶人家一樣失去錢財。

# 卷第四三

## 估客部

【題解】估客，即商人。本部輯錄估客因緣故事：眾商人入海船卻被鯨魚所破，獨彌蓮得活，彌蓮相繼進出各城得極樂，後進鐵城頭被火輪燒；優婆斯為人所騙娶其兄長之妻又被兄長追殺，逃往舍衛國出家並得阿羅漢，兄長反而被殺……。這些估客因緣故事，敘述了估客誠信於佛法終得善報的道理，並指出只有戒貪戒惡，方能得善果善報。

### 彌蓮持齋得樂踏母燒頭

（出《彌蓮經》，又出《福報經》）

昔有五百賈人，一字[1]彌蓮，是最尊老也。五百人共舩入海，為摩竭魚[2]觸破其舩，五百皆死，彌蓮騎板得活。在鼻摩地，為防魚故，東西行走。見一小徑，入見銀城，樹木參天，間有浴池，其城方正，周帀渠水。有四女人從城中出，端正如王女，共迎彌蓮言：「甚獨勞苦，多賀來到，貪欲相見久矣，當侍仁者。今是銀城，是仁者有也。城中幸樂❸，樹木參天，有渠水浴池，戲觀廬舍。城中有七寶殿，名曰羅縵，以金銀、水精、琉璃、珊瑚、琥珀、硨磲❹為殿。我等四人當供給使，晚臥早起，在所教敕。便可止此，不須復到他面。」彌蓮即與四女人入城，上七寶殿上，日日極意❺。在此城中千有餘歲，彌蓮自念：是四女人不欲今我去行到他面，何等意耶？彌蓮伺四女人盡臥，竊起下殿，出城前行。遙見金城，樹木浴池，事事如前。有八女人端正，要說辭皆如前。彌蓮與八女人相樂極意，經數千歲後，彌蓮思惟：疑是八女人不欲令我更到他面，何等意耶？彌蓮伺八女盡臥，竊起前行。遙見水精城，樹木浴池，事事如前。有十六女人出城共迎，辭說如前。彌蓮即與十六女共樂極意。經數千歲，彌蓮復去，乃見琉璃城，事亦如前。三十二女從城出迎，彌蓮與女共樂極意。數千歲後出城前行，遙見鐵城中了無迎者，彌蓮入城門，有鬼問之。彌蓮為行邊城中，因見一男子，字俱引，燒鐵輪走其頭上：「由入諸城，坐不厭足，故使燒鐵輪走我頭上。」彌蓮念羅縵殿、屑末殿、羅摩殿、氾鬱單殿，淚出言：「我何事入是中耶？」彌蓮語灌鐵城鬼言：「今燒鐵輪走我頭上，何時當脫耶？」鬼報言：「有人如卿來，乃得脫耳。」佛言：「鐵輪走彌蓮頭上，卻後六十億萬歲乃得脫耳。彌蓮者，我身是。未求道時愚癡，沐浴著新衣，腳踏母頭，是故燒頭一日。八關齋四月，心獲歡喜，故得四寶城金、銀、水精、琉璃，壽數千萬歲。是故世間人至死不厭五欲❻，所思欲人，不孝父母及師，車輪踐之，當如彌蓮矣。」

【章　旨】記彌蓮與眾商人入海，船為鯨魚所破，獨彌蓮得活。後彌蓮相繼進銀城、金城、水精城、琉璃城，極意快樂。後又進灌鐵城，以曾腳踏母頭的因緣，其頭為鐵輪所燒。

【注　釋】❶字　取表字；名叫。❷摩竭魚　即鯨魚。❸幸樂　幸福快樂。❹硨磲　次於玉的美石。❺極意　盡意。❻五欲　佛教謂色、聲、香、味、觸五境生起的情欲。亦謂財欲、色欲、飲食欲、名欲、睡眠欲。

【語　譯】從前有五百個商人，其中有一位名叫彌蓮的，是最為人尊敬的年長者。五百人同一船入海，船被鯨魚所撞破，五百人全都死了，祇有彌蓮一人因騎坐在一片木板上活了下來。在鼻摩地，為了防止大魚侵襲，彌蓮東西向行走。他看到有一條小路，進去之後就見到一座銀城，樹木高聳天空，其間還有浴池，銀城方正形，周圍渠水環繞。有四位女子從城裡出來，漂亮如國王的女兒，她們一起迎接彌蓮道：「您一人非常孤獨辛勞，熱烈恭賀您的來到，我們想見到您也已很久了，我們應當好好侍奉仁者。現在這銀城，是仁者所擁有的。銀城中幸福快樂，樹木參天，有渠水浴池、戲臺樓觀房舍等。城中有一七寶殿，名叫羅緩殿，是以金銀、水精、琉璃、珊瑚、琥珀、硨磲等七種寶物築成的。我們四人供您驅使，晚睡早起，均聽從您吩咐。您最好就住在這裡，不用再到其他地方去了。」彌蓮即與這四個女子進城，登上七寶殿，日日盡情歡娛。住在銀城有千餘年，彌蓮自念道：這四個女子不想讓我到其他地方，是什麼意思呢？彌蓮等待四個女子都睡下，悄悄地起來走下七寶殿，出了銀城往前行。遠遠地看到有一座金城，樹木浴池等，事事都跟銀城一樣。有八個漂亮女子，她們所說的話，也都跟前面一樣。彌蓮與這八個女子盡情玩樂，經過數千年以後，彌蓮思量：懷疑這八個女子不想讓我再到其他地方，她們是什麼意思呢？彌蓮等待這八位女子全都睡下，悄悄起來往前行。遠遠看見一座水精城，樹木浴池等，樣樣都跟前面一般。有十六位女子出城一起迎接，所說的話也如前面一樣。彌蓮就與這十六位女子盡情玩樂。經數千年後，彌蓮又離開了，看見一座琉璃城，事事也都同前面一樣。三十二位女子出城迎接，彌蓮與她們盡情玩樂。數千年後彌蓮又出城前行，遠遠看見有一座鐵城，沒有一人歡迎，彌蓮走進城門，卻有鬼來詢問他。彌蓮為此行走邊城當中，於是看見一男子，名叫俱引，燒鐵輪套在他頭上：「由於進入諸城，犯了玩樂不滿足的罪，才使燒鐵輪套在我頭上啊。」彌蓮心念羅縵殿、屑末殿、羅摩殿、氾鬱單殿的快樂，淚流滿面道：「我為什麼要進入到這裡面呀？」彌蓮問灌鐵城鬼說：「現在這火燒鐵輪套在我頭上，什麼時候才能脫下來呀？」鬼回答道：「有像你一樣的人來，你纔能脫下。」佛說道：「燒鐵輪套在彌蓮頭上，要六十億萬年後才能脫下來。彌蓮，就是我的前身。未求道時非常愚昧痴呆，洗澡後穿上新衣服，腳誤踏在母親頭上，所以要燒頭一天。又因為修八關齋四個月，心中還很歡喜，所以獲得金、銀、水精、琉璃四寶城之樂，數千萬年的壽命。因此世間人到死也不滿足五欲，如果這種思欲的人不孝敬父母及師長，車輪就會踐踏他，將會像彌蓮一般遭遇。」

（出《賢愚經》第一〇卷）

## 優婆斯納兄妻後悔為道兄射殺弟反矢自害

羅閱祇國有估客兄弟二人，共住一處。兄求長者女，欲以為婦。其女年小，未任出適❶。兄與眾賈，遠至他國，經歷多年，滯不時還。女年尚❷大，而語其弟：「卿兄遠行，沒彼不還，汝今宜可娶我女。」其弟答言：「何有是事？」長者數說，其弟意堅，未曾迴轉。長者詐作遠書，託諸賈客，說兄死亡，復告之曰：

「卿兄已死，汝當云何？」弟娶其女，經歷數時，女已懷妊。

兄從遠還，弟心懷懼，逃至舍衛。如是展轉，到於佛前，求索出家。佛即聽許，便成沙門，名優婆斯，奉持律行，得阿羅漢。兄知忿恨欲殺之。至舍衛國，即出重募，賞金五百兩。應募者相將俱進。見弟坐禪，欻生慈念：「云何殺此比丘？」「吾設不殺，當奪我金。」欲射比丘，乃中其兄。其兄懷恚，憤惱而終，受毒蛇形，生此道人戶樞之中。戶數開閉，撽❸身而死。遂願更作小形毒蟲，依道人房，從屋下墮比丘頂上，惡毒猛熾，即便命終。

告舍利弗：「乃往過去，有辟支佛出現於世，處在山林。時有獵師，恆捕禽獸，施設方計，望伺苟得。疑辟支佛驚其禽獸，伺捕不得，便懷瞋恚，以毒箭射辟支佛。時辟支佛心愍此人，欲令改悔，為現神足。於時獵師心懷敬仰，恐怖自責，歸誠謝過。時辟支佛受其懺悔，毒攻而死。」

「其人命終，便墮地獄。既出地獄，五百世中常被毒死，至于今日，得羅漢道，猶為毒蟲所螫而死。」

【章旨】記優婆斯誤納兄妻，後逃至舍衛求索出家；兄忿恨募賞金殺弟，結果反為矢害。佛為說本事因緣。

【注 釋】❶出適 出嫁。❷尚 增加。❸撤 擊;旁擊。

【語 譯】羅閱祇國有經商的兄弟二人,同住在一起。哥哥向一位長者的女兒求婚,想娶她做妻子。長者的女兒年紀還小,未到出嫁的年齡。不久,哥哥與其他商人們,遠到別國經商,經歷許多年,滯留在國外沒有按時回來。女孩的年齡增大,長者對那個弟弟說:「你的哥哥出遠門,可能死在異鄉不能回來,你現在可以娶我的女兒。」那個弟弟回答說:「怎麼可以有這種事?」長者屢次勸說,弟弟意志堅定,不曾回心轉意。長者於是偽造遠方來信,託那些商人謊報他哥哥已經死亡,長者又對那個弟弟說:「你的哥哥已經死了,你還有什麼好說的?」弟弟娶了長者的女兒,經過一段時間,女子懷了孕。

這時他哥哥從遠方回來了,弟弟心裡害怕,就逃到舍衛國。就這樣輾轉,來到了佛前,要求出家。佛允許他出家,他就成了沙門,法名叫優婆斯,他奉持戒律,獲得了阿羅漢果。哥哥知道了實情,心中忿恨,想殺掉弟弟。就到了舍衛國,出重賞五百兩招募殺手。應募的人很多,排著隊一起進來。殺手看到那個弟弟正在坐禪,心中頓時生出慈悲的念頭:「為什麼要殺這個比丘呢?」又想:「我們如果不殺他,將會奪去我們的賞金。」正要射殺比丘,卻射中了他哥哥。那個哥哥懷著怨恨,氣惱而死,轉生為毒蛇,生在這比丘房門的轉軸中。門不斷地開關,毒蛇被門夾擊而死。於是他希望轉生做小型毒蟲,生到他弟弟即現在的修行者的屋子裡,從屋頂掉到那比丘頭頂,狠毒猛烈地螫,這比丘當即就死了。

佛告訴舍利弗:「在過去的時候,有辟支佛出現在世上,住在山林中。當時有一位獵人,長年捕獵禽獸,設施捕獵工具,希望守候使獵物到手。他懷疑辟支佛驚動了那些禽獸,使他捕不到獵物,就懷著忿怒怨恨,用毒箭射殺辟支佛。當時辟支佛內心憐憫這個人,想要讓他改悔,為他現出各種神通。這時獵人心中懷著敬仰,感到害怕而責備自己,誠心歸依並懺悔罪過。當時辟支佛接受了他的懺悔,但毒發攻心而死。」

「獵人命終後,就墮入了地獄。出了地獄以後,在五百世中常常被毒死,到了今天,獲得了羅漢道,仍然被毒蟲螫死。」

# 商人驅牛以贖龍女得金奉親

（出《僧祇律》第三二卷）

佛住舍衛城，南有大林邑。商人驅八牛到北方俱哆國，復有商人共在澤中放牛。時離車❶捕得一龍女，穿鼻牽行。商人見之，即起慈心，問離車言：「汝牽此欲作何等？」荅言：「我欲殺噉。」商人言：「勿殺，我與汝一牛，貿取放之。」補❷者不肯，乃至八牛方言：「今為汝故，我當放之。」即取八牛，放去龍女。時商人復念：「此是惡人，恐復追逐，更還捕取。」即自隨逐，看其所向。到一池邊，龍變為人身，語商人言：「天❸施我命。今欲報恩，可共我入宮，當報天恩。」商人荅言：「汝等龍性卒暴，瞋恚無常，或能殺我。」荅言：「前人繫我，我力能殺彼。但以受布薩❹法故，都無殺心，何況天今施我壽命，而當加害？小住此中，我先入摒擋❺。」是龍門邊見二龍繫在一處，問言：「汝為何事？」荅言：「此龍女半月中三日受齋法，我兄弟守護此龍女不堅固，為離車所得。以是故被繫，唯願天慈語令放我。此龍女若問欲食何等食者，當索閻浮提人間食。」

【章　旨】記商人以八牛贖回被離車所捕龍女，與龍女同入龍宮，得受罰二龍之教，候龍女召賜。

【注釋】❶離車　梵文Licchavi，古代居住中印度毗舍離城之剎帝利種族，意譯為貴族公子，王族公子。❷補　即「捕」。❸天　依靠對象，賴以生存的事物。這裡尊稱商人。❹布薩　佛教語。指出家之法，每半月（十五日與廿九日或三十日）集眾僧說戒經，使比丘住於淨戒中，能長養善法。又在家信徒於六齋日受持八齋戒，亦稱布薩，謂能增長善法。❺摒擋　收拾；料理。

【語譯】佛住在舍衛城，城南有一個大林邑。有一個商人趕著八頭牛到北方俱哆國去，另有商人在草澤中一起放牛。其時離車捕獲了一個龍女，用繩子穿過鼻子牽著行走。商人見後，頓時產生慈悲之心，問離車道：「你牽著牠想要幹什麼？」離車回答道：「我想殺了牠吃掉。」商人道：「不要殺，我給你一頭牛，換取龍女放了牠。」捕獲者不肯，一直提到八頭牛纔說：「今天就因為你吧，我放了牠。」即拿走八頭牛，放了龍女。這時商人又想：「這必定是個壞人，恐怕他再回來追逐，又來捕捉龍女。」便跟隨龍女，看牠往哪裡走。到了一池邊，龍女變為人身，對商人說：「您賜給我生命。現在我想報恩，您可隨我一起進宮，我將報答您極大的恩德。」商人答道：「你們龍性暴烈，瞋怒怨恨無常，或許會殺了我。」龍女答道：「剛纔那人縛住我，我就有能力殺了他。但因為我受八齋戒法的緣故，我一點沒有殺心，何況您現在賜給我壽命，為什麼要加害您呢？您稍稍在這裡待一會，我先進宮收拾一下。」在這龍門邊，商人看見有二條龍被繫縛在一處，便問道：「你們為什麼事而被拴縛呢？」二龍回答道：「這個龍女半月中有三日受齋法，我們兄弟守護龍女不牢固，被離車捕獲。因為這個緣故被繫縛，唯願您發慈心，說說好話放了我們。這個龍女若問您想吃什麼食物，您千萬要索求人間的食物。」

龍女摒擋已，便即呼入，坐寶床褥上。龍女白言：「天今欲食何等食？」荅言：「欲須閻浮提人間食。」即下種種食。問龍女言：「此人何故被繫？」龍女言：「此有過我，欲殺之。」商人言：「汝莫殺。」「不尒，要當殺之。」商人言：「汝放彼者，我當食耳。」白言：「不得直尒放之，當罰六月擯置人間。」商人問言：「汝有如是莊嚴，用受布薩為？」荅言：「我龍法有五事苦，何等五？生時龍，眠時龍，婬時龍，瞋時龍；一日之半三過，皮肉落地，熱沙摶身。」復問：「汝欲求何等？」荅：「我欲求人道❶中生。」問：「我已得人身，應求何等？」荅言：「出家難得。」又問：「當就誰出家？」荅言：「如來應供正遍知❷，今在舍衛城。未脫者脫，汝可就出家。」便言：「我欲還歸。」龍女即與八餅金❸，語言：「此是龍金，足汝父母眷屬，終身用不盡。」語言：「汝合眼，即以神變持著本國。」行伴先至，語其家言：「入龍宮去。」父母謂兒已死，眷屬宗親聚在一處，悲號啼哭。時放牧者及取薪草人見已，先還，語其家言：「某甲❹來歸。」家人聞已，即大歡喜，出迎入家已，為作生會❺。作生會時，以八餅金持與父母。此是龍金，截已更生，盡壽用之，不可盡也。

【章　旨】記商人為二龍求情並問出家之事，龍女送八餅金，並讓商人回家。

【注　釋】❶人道　佛教語。六道之一，人界也。❷應供正遍知　佛教語。佛十號中第二號、第三號。應供，梵文 arhat，指應受人天之供養。正遍知，梵文 asmyak-saṃbuddha，能正遍了知一切之法。❸餅金　餅狀的金塊。❹某甲　稱人的代詞。❺生

會　重生的宴會。

【語　譯】龍女收拾停當後，便叫商人進去，讓他坐在寶床褥子上。龍女說道：「您想吃什麼食物？」商人答道：「想要人間的食物。」龍女隨即陳設種種美食。商人問龍女道：「此兩龍為什麼被繫縛？」龍女答道：「牠們有過錯於我，我想殺了牠們。」商人說道：「你不要殺牠們。」「不行，應當要殺。」商人道：「你放了牠們，我就吃這食物。」龍女說：「不能這麼直接放了牠們，應當罰牠們棄置人間六個月。」商人問道：「你有如此的端莊威嚴，為什麼還需要修八齋戒法呢？」龍女答道：「我們龍的規矩中有五種苦難之事，哪五苦呢？出生時的龍，睡時的龍，縱欲時的龍，忿怒時的龍；半天內有三次皮肉落地，滾燙的沙礫附身。」商人又問道：「你想求得什麼呢？」龍女答道：「我想求得在人界中生。」商人問：「我已得到人身，應當求什麼呢？」龍女答道：「出家才是最難得的。」商人又問：「應當跟誰出家呢？」龍女答道：「如來應供正遍知，現正住在舍衛城。凡是沒有脫離苦難的人都可以脫離苦難，您可以跟如來出家。」商人便說：「我想回家。」龍女即送他八塊餅金，說道：「這是龍金，可滿足您父母親屬終身都用不完。」又說道：「您把眼合上，我就可以用神通力讓您拿著金子回本國。」與商人同行的伙伴先回到家，告訴他的家人：「某人到龍宮去了。」父母以為兒子已死，家屬及同宗的親戚都聚集在一起，悲號啼哭。彼時放牛人和砍柴人見到商人，便先回來，告訴他的家人：「某人歸來了。」家人聽後，都大歡喜，外出迎入家門後，為他舉行重生的宴會。舉行宴會之時，商人把八塊餅金送給父母。因這是龍金，截用後會再生，即使終老一生截用，他們也用不完此金。

（出《菩薩經藏》第一〇卷）

## 賈客採寶救將死人

有賈客主，名為吉利，入海取大珍寶，安隱而出。凡有八十億摩尼珠❶，一一皆直百億兩金。以多寶物與一乞人。不入其家，復還至海，採取珍寶。入海之後，倍得寶物。經八十歲還到本國。欲入城時，見犯罪人，殺者執縛打惡聲鼓，街巷唱令，將至殺處，加以刑戮。時應死者逢見吉利，作是言：「賈客主救我死罪，施我壽命，是大檀越❷，賢善好人。」吉利聞已，語應死者：「咄，人！我今施汝無畏，救汝死罪。」即至殺者所，人人皆與一摩尼珠，價直一億兩金。「汝今小住，待我今者至王邊還。」尒時吉利疾至王所，白言：「大王，我欲以好珍寶買此人命。」王荅：「吉利，是人罪不可恕，不可得買。若必欲買，汝所有物盡以與我，并自代死，乃可得脫。」吉利歡喜：「我得大利，得滿所願，能救此人，得稱我意。」即以居家所有財物，及於大海所得珍寶，無量千億金銀寶物，皆送與王。白大王言：「可放此人，我所有物盡現在此。」語殺者言：「將吉利殺。」即縛吉利，將至殺處。右手舉刀，欲斫吉利，手直不下，驚怪恐怖，即以告王自看。王聞此語，即自執刀，欲殺吉利，舉刀兩手落地，得大衰惱❸，發聲而死。「時吉利，即我身是；時王者，調達是。」

【章　旨】記賈客吉利入海取寶，得價值百億兩金的寶珠。回國後，為救一犯罪將死之人，把所有財物獻給國王並代其死。國王親手施刑，卻未成功，反而衰惱而死。

【注　釋】❶摩尼珠　即寶珠。❷檀越　施主。❸衰惱　這裡意指「衰弱苦惱」。

【語　譯】有一個商人的頭兒，名叫吉利，入海尋取大珍寶，安然而出。共尋得八十億顆寶珠，顆顆皆價值百億兩金。吉利把許多寶物送給一個乞丐。吉利沒有回家，又返回海上採取珍寶。入海以後，吉利又得到數倍於前的寶物。一直到八十歲時，纔返回本國。將要進城時，看見一個犯人，劊子手押著他並打著發出噪聲的大鼓，大街小巷一路吆喝，帶著犯人到刑場，準備執行死刑。其時死刑犯遇見吉利，便說了這樣的話：「商主救我死罪，給我壽命，你一定是大施主、賢明善良的好人。」吉利聽後，對死刑犯說道：「咳，你這人呀！我現在就施與你無所怖畏，祛除你的恐懼，救你的死罪吧。」便來到行刑處，給殺者每人贈送一顆寶珠，價值一億兩金。吉利對死刑犯說：「你暫且在這裡等一下，我現在就去國王那裡，很快就回來。」此時吉利迅速來到國王處，說道：「大王，我想以上好珍寶買下這人的命。」國王答道：「吉利，這人罪不可赦，不能買呀。如果你一定要買，你得把所有財物全都給我，並自己代他死，他才能免脫。」吉利歡喜地答道：「我將獲得厚利，願望已滿足，能救這人，我也就能稱心了。」吉利便把家裡所有的財物以及從海上採得的珍寶，價值無數千億的金銀寶物，全都送給國王。吉利對國王說道：「你可以放了此人，我所有的東西都已在此了。」國王對劊子手說：「把吉利殺了。」行刑者即綁住吉利，帶到刑場。行刑者右手舉起刀，想要砍殺吉利，手卻僵直下不來，驚異奇怪並感到恐怖，便把此事報告給國王，讓國王親自來看。國王聽說此話後，便親自拿刀，想殺死吉利，兩手剛舉刀刀便落在地上，得了嚴重的衰惱症，一發出聲音便死掉了。佛說：「其時吉利，便是我的前身；其時的國王，就是調達的前身。」

# 卷第四四

## 男庶人部上

【題解】庶人，即平民、百姓。男庶人，即指男性平民。本部輯錄男庶人因緣故事：賢直竊得國王寶珠，憑自己機智聰明逃脫懲罰，又反得國王賞賜；木巧師與畫師各盡己能誑騙對方，後知誑惑之害，即出家學道……。這些男庶人因緣故事，宣揚了一心事佛，多行善事即得好報的道理，勸導人們息惡揚善，敬信佛法。

### 賢直竊珠不伏獲賜

（出《雜譬喻經》）

昔人名賢直，曾三預八聞讀經言。天眼❶不瞬，誦念不忘。然此賢直善偷他物，眼前不覺。國王失珠，召臣量議。臣荅曰：「聞有賢直極能作偷。」王勑錄來，考問望得，其言：「不偷。王既有道，何由❷枉人？」又召諸臣共議，有臣言曰：「當作方便❸，令其首伏。當重伽鏁❹載市，唱令❺殺之。與酒令醉，然後脫鏁，輿置堂上，妓女作樂。王勅妓女：賢直醒，問汝可荅言：『此是天堂，我是天女，應為侍側。君前身時偷國王珠，故得生此。』」王便依之。賢直聞已，默念而去：「我聞經言：天眼不瞬。此女悉瞬。且我偷珠，應入地獄。將非國王張我令首？」即便發言：「我得生天，由❻不偷珠。」妓女報王道賢直言，王便大笑：「小子定不偷我珠也。」即放令去，重賜金寶。此實偷珠，誦念一偈，免罪得賜。

【章　旨】記賢直偷得國王寶珠，不僅憑機智使國王相信未偷，反而獲贈金銀財寶。

【注　釋】❶天眼　佛教所說五眼之一。又稱天趣眼，能透視六道、遠近、上下、前後、內外及未來等。❷何由　憑什麼。
❸方便　這裡義為「計謀」。❹伽鏁　同「枷鎖」。❺唱令　吆喝叫喚。❻由　因為。

【語　譯】從前有一個人名叫賢直，曾廣泛閱讀佛書。知道天人眼睛不眨，誦讀過目而不忘。但這個賢直善於偷竊他人錢物，即使在眼前也察覺不到。國王丟失了寶珠，召集群臣商量計議。臣子答道：「聽說有一個叫賢直的人極善於偷竊。」國王便下令把賢直抓來，希望通過拷問能讓他招認，但賢直說：「沒有偷過。國王既然有道，憑什麼要冤枉人呢？」國王又召集諸臣一同商議，有一大臣說道：「應當設計謀，使他坦白認罪。讓他戴著重重的枷鎖遊街，並吆喝著說要殺了他。給他酒灌醉他，然後脫去枷鎖，用轎子抬到堂上，叫女歌舞藝人陪他玩樂。國王要告誡女歌舞藝人：賢直如果醒來，問你的話可這樣回答：『這裡是天堂，我們是天女，是在您身邊侍候的。您生前偷竊國王寶珠，所以生於此地。』」國王便依此計而行。賢直聽女藝人所說後，心中默念：「我聽經上說：天人是不會眨眼的。這些女子一直都在眨眼。況且我偷了寶珠，應該入地獄。莫非是國王張網算計讓我伏罪？」於是他即刻說道：「我能生天上，因為不偷珠。」女藝人把賢直的話告訴國王，國王便大笑道：「這小子一定沒有偷我的寶珠。」即刻傳令放他走，並重賜金銀財寶。賢直確實偷了寶珠，不過因為誦念一首偈頌，就免罪並得到了賞賜。

（出《雜譬喻經》第四卷）

## 木巧師及畫師相誑

昔北天竺❶有一巧師❷，作一木女，端正❸無雙，衣帶嚴飾，世女無異。亦來亦去，能行酒看客，唯不能語耳。時南天竺有一畫師，亦善能畫。巧師聞之，作好飲食，即請畫師，便使木女行酒擎食。從旦至夜，畫師不知，謂是真女。欲心極盛，念之不忘。時日以暮，木師入宿，留畫師住，以此木女立侍其側。便語客言：「故留此女，可共宿也。」主人已入，木女立在燈邊，客即呼之，而女不來。客便前牽之，乃知是木，便自慚愧：「主人誑我，我當報之。」於是畫師復作方便，即於壁上畫作己像，所著被服與身不異，以繩繫頸，狀似絞死。畫作繩像，著其口喙。作已閉戶，自入床下。天明主人出，見戶未開，即向中觀，唯見壁上絞死客像。主人大怖，便謂實死，即破戶入，以刀斷繩。於是畫師從床下出，木師大羞。畫師即言：「汝能誑我，我能誑汝，客主情畢，不相負也。」二人信知誑惑，各捨親愛❹，出家修道。

【章旨】記木匠作一漂亮木女，使畫師誤為真女，欲與共眠；畫師作己上吊自殺之像，亦使木匠誤以為真；二人深知誑惑之害，便出家修道。

【注釋】❶天竺　印度的古稱。❷巧師　指手藝高超靈巧之人。❸端正　漂亮。❹親愛　借指親眷朋友。。

【語譯】從前北天竺有個能工巧匠，製作了一個木女，漂亮得沒有人比得上。身上穿著打扮整齊美觀，與世間女子沒什麼兩樣。木女也能來去行走，還能倒酒招待客人，祇是不能說話而已。同時南天竺有一個畫師，很擅長繪畫。木匠聽說以後，便準備了豐盛的飲食，請來畫師，便讓木女在旁倒酒遞食。從早上一直侍候到晚上，畫師都不知道，以為這是真的女人。欲心熾盛，念念不忘。其時天已昏暗，木匠進房睡覺，並留畫師住下，讓木女站立其側服侍。木匠對客人道：「我特意留下此女，你可與她共宿。」主人已進去，木女便站在燈邊，客人就喊她過來，而木女並沒有過來。客人便上前拉她，方知是木頭做的，便暗自慚愧：「主人騙了我，我定當報復。」於是畫師便想出計謀，在牆壁上畫一自己的像，畫像所穿衣服與身上的一樣，又畫一條繩索繫住脖頸，狀似絞死的樣子。畫作的繩像，特別突出其嘴。畫好後關上門，自行鑽入床下。天亮後主人出房，見畫師房門仍未開，即向房中觀看，祇見牆壁上有一絞死客人之像。主人大為驚怖，以為客人真的死了，當即破門而入，想用刀斬斷繩子。於是畫師從床下出來，木匠大為羞愧。畫師就說道：「你能騙我，我亦能騙你，我們客主一報還一報，各不相欠了。」二人深知欺騙迷惑之害，便各自捨下家人朋友，出家修道。

## 有人家富王責條疏其已用物王乃覺悟

（出《譬喻經》）

昔有富人，王令條物❶，其即疏❷：「某年用若干千萬造佛，用若干作齋會❸經書，又以若干供恤貧老。今現有八十九千萬。」以疏呈王，王大瞋怒：「問汝現物，忽牒已用？」富人答曰：「已用者最為寶藏，貧人神明，是以奉呈❹。未用之財，五家共有，非獨臣許，是敢條疏。」王便覺悟❺，功德可恃。

【章旨】記國王讓一富人呈報家中財產，富人即一一彙報，王最後覺悟富人所為皆是功德。

【注釋】❶條物　即條陳，逐一登錄物品。❷疏　指分條記錄或分條陳述。❸齋會　寺廟在特定日期的集會。❹奉呈　即奉獻、獻上。❺覺悟　乃覺醒了悟之意。

【語譯】從前有一富人，王讓他一一登錄現有的物產並呈報，富人即分條陳述道：「某年用若干千萬建造佛寺，用若干作齋會鈔經書，又以若干供恤貧困老弱之人。現在還剩有八十九千萬。」以此呈報給國王，國王大為惱怒：「問你現有的物產，為何不經心而呈上過去用度的表冊？」富人回答道：「已開支的用度最為寶貴，能給人智慧，因此奉呈上來。未用之財是我們五家共有的，不只是我獨有的，所以冒昧地如此一一條奏。」王便覺醒了悟，認為這樣功德才可以依賴。

## 貧老夫妻三時懈怠端然守困

（出《雜阿含》第五帙第四二卷，又出《三時過經》）

世尊晨朝入舍衛城，尊者阿難從。有二老夫婦，年耆❶根熟，僂背如鉤。詣里巷頭燒糞掃處，俱蹲向火，猶如老鵠❷，欲心相視。佛告阿難：「見彼夫婦不？」

阿難曰：「如是。」佛曰：「此二老夫婦，若於年少盛壯之時，勤求財物者，得為舍衛城中第一富者；若出家學道，精勤修習者，得阿羅漢❸。于第二分盛壯之時，若勤求財物，得為舍衛城中第二富者；若出家學道者，得阿那含果❹。中年之時，若勤求財物，得為舍衛城中第三富者；若出家學道，得斯陀含果❺。乃於今日年耆根熟，無有錢財，無有方便，不復堪能。苦覓錢財，亦不能得勝過人法❻。」復為說偈言：「不修梵行❼故，不得年少財。思惟古昔事，眠地如曲弓。不修於梵行，不得年少財。猶如老鵠鳥，守死于空池。」

【章　旨】記佛說一對貧苦老夫婦因年少、盛壯、中年三個時期都錯失機會，不思進取，等到老時已無能為力。

【注　釋】❶年耆　即年老。古代年六十曰耆。❷老鵠　老鶴，此形容枯瘦的樣子。❸阿羅漢　聲聞四果的第四果。❹阿那含果　聲聞四果的第三果。❺斯陀含果　聲聞四果的第二果。❻人法　人與法的並稱。人為受教之眾生，法為佛之教法。又一切之有情數曰人，一切之非情數曰法。❼梵行　即清淨的行為，也就是斷絕淫欲的行為。修梵行的人死後可生於梵天。

【語　譯】世尊早晨進入舍衛城，阿難尊者跟隨在身旁。有一對年老夫婦，年齡已很大，根性圓熟，背彎如鉤。他們來到街巷盡頭焚燒垃圾之處，都蹲在火旁，就像兩隻老鶴，貪心相望。如來便對阿難說道：「你看見那夫婦倆了嗎？」阿難說道：「是的。」佛道：「這兩位老夫婦，如果在二十歲年少之時勤求財物的話，則能成為舍衛城中的第一富人；如果出家學道，精勤修習的話，則能得阿羅漢果。在三十歲盛壯之時如果勤求財物，則能成為舍衛城中的第二富人；如果出家學道的話，則能得阿那含果。在四十歲中年之時如果勤求財物，則能成為舍衛城中的第三富人；如果出家學道，則能得斯陀含果。到了今日年老根熟之時，既沒錢財，又沒計謀，就再也不能有所作為了。即使苦苦求覓錢財，也不能勝過人與法了。」佛又說偈言道：「不修清淨行，不得年少財。思量古今事，睡地如曲弓。不修清淨行，不得年少財。就像老鶴鳥，死守在空池。」

## 童子施佛豆生天後作轉輪王

（出《譬喻經》第一卷）

昔有童子數人，共戲道中，遇佛。一人作禮❶。手中有五粒豆上佛，四粒入缽，一粒墮地。佛言：「今汝世世得福。」童子命終，即生天上，後八十世為轉輪王❷。

【章旨】記一童子以四粒豆施佛，命終後八十世即為轉輪王。

【注釋】❶作禮　行禮。❷轉輪王　意即旋轉輪寶（相當於戰車）之王。王擁有七寶（輪、象、馬、珠、女、居士、主兵臣），具足四德（長壽、無疾病、容貌出色、寶藏豐富），統一須彌四洲，以正法御世，其國土豐饒，人民和樂。

【語譯】從前有童子數人，共於道中玩耍，路上遇見如來佛。其中一人向佛行禮。此童子手中有五粒豆，使獻給如來佛，四粒放入瓦缽中，一粒掉在地上。佛說：「我讓你世世得福。」此童子命終，即生天上，之後八十世成為轉輪王。

# 卷第四五

## 女庶人部下

【題解】女庶人，即指女性平民。本部輯錄女庶人因緣故事：長髮女捨髮供養佛；婦人戶上懸鈴，使其夫聞聲稱佛終免入地獄；妹欺兄借多還少，命終變犢還兄債……等有關女性的佛教因緣故事。這些故事說明，只有拋棄世間的種種私心雜念，篤心向佛，才能成正果。

### 長髮女人捨髮供養佛

（出十卷《譬喻經》第三卷）

昔有一女，端正紺髮❶，髮與身等，國王夫人請顧❷髮，與千兩金而不肯與。見佛歡喜，願設供養❸，請其父母乞為呼之。父母言：「家貧無以飯之。」女言：「取髮直以用供養。」父母白佛：「願明日暫顧微飯❹。」女割髮與王夫人，夫人知其緣急，但與五百兩金。女取金買食，歡喜無量❺：「悔昔慳貪❻，今世貧窮，願今我後莫值此苦。」

【章　旨】記一女貧苦，卻仍割髮供養佛，以求功德。

【注　釋】❶紺髮　又曰紺頂，佛陀之毛髮為紺琉璃之色也。此形容髮之美。❷顧　通「雇」。購買。❸供養　又作供、供施、供給、打供。佛教稱以香花、明燈、飲食等資養佛法僧三寶。❹微飯　謂較粗陋的飯菜。微，即細、小。❺無量　不可計量之意。指空間、時間、數量之無限。❻慳貪　慳吝貪著之意。即惜物而不布施與人，並貪求而無滿足。

【語　譯】從前，有一女子相貌標致勻稱，頭髮紺琉璃色，與身子一樣長。國王夫人願出千兩金買她的長髮，但女子不答應。女見佛心生歡悅，願意供養佛，於是便求父母代請佛來。父母說：「家裡很窮，沒有食物給佛吃。」女言：「用我的長髮換錢來供養佛吧。」於是父母對佛說：「請明日暫且到家裡來用點粗飯吧。」女剪斷頭髮給國王夫人，國王夫人知道她急於用錢供佛，祇給了她五百兩金。女子拿了錢買了食物供養佛，高興得不得了：「後悔前世慳吝貪求，而使得今世生活貧苦，希望後世不要再遭受這樣的痛苦。」

女見世尊❶，金光五色❷照其門內，頭面著地❸，繞佛三匝，頭髮還復如故。佛言：「此女先世貧無可施，當持頭面著地作禮。後八十一劫常生人中。此福已盡，命終今生貧家，猶識功德❹。見我歡喜，福佑無量，命終當生第二忉利天❺上。盡天福壽，當發菩薩道心。」女父母兄弟莫不歡喜，命盡生天❻。

【章　旨】記佛感女之功德，使其延續上世的福佑，命終得生第二忉利天上，並因此福蔭家人。

【注　釋】❶世尊　如來十號之一。即為世間所尊重者之意，亦指世界中之最尊者。❷五色　又作五正色、五大色。即青、黃、赤、白、黑等五種基本色。在印度，教團中不得以五色為法衣之色，認為此五色為華美之色，莊嚴極樂淨土之顏色。❸頭面著地　即頭面作禮，以頭面頂禮尊者之足也。❹功德　意指功能福德。亦謂行善所獲之果報。❺忉利天　又作三十三天。於佛教之宇宙觀中，此天位於欲界六天之第二天，係帝釋天所居之天界，位於須彌山頂。此天之有情身長一由旬，衣重六銖，壽一千歲（以世間百年為一日一夜），食淨搏食，有男娶女嫁之事，乃藉身身相近而以氣成就陰陽，初生時，如人類六歲模樣，色圓滿，自有衣服。❻生天　生於天界之意。

【語　譯】女子見到如來佛，五色金光照耀門內，女即頭面著地行禮，繞著佛跪拜了三圈，這時頭髮立刻回復到了原來的樣子。佛說：「這女子前世貧窮沒有什麼可以施捨的，經常頭面著地對佛行禮。因此功德後八十一劫都生在人間。但這種福佑已經終結了，命終後今世生於貧苦之家，猶能知道果報。看到我歡喜，因此福祉無量，命終後當可生第二忉利天上。享盡天人的福與壽，並且將發菩薩道心。」此女子的父母、兄弟沒有一個不高興的，命終後全都生在天上。

（出《雜譬喻經》）

## 婦人化婿戶上懸鈴使聞聲稱佛後免地獄

昔有人不信，婦甚事佛。婦白婿曰：「人命無常❶，可修福德❷。」婿無心懶惰。婦恐將來入地獄中，即復白婿：「欲懸一鈴安著戶上，君出入時，振鈴作聲稱南無❸佛。」婿曰：「甚善。」如是經久❹，其婿命終。獄卒扠之，擲鑊湯中，扠振❺鑊作音聲，謂是鈴聲，稱南無佛。獄官聞之：「此人奉佛，放令出去。」得生人中。

【章　旨】記一信婦懸鈴於戶上，令夫聞鈴聲即呼南無佛，終使夫死後得免地獄之苦。

【注　釋】❶無常　即謂一切有為法生滅遷流而不常住，於剎那間生滅，而為本無今有、今有後無，故總稱無常。❷福德　指過去世及現在世所行之一切善行，及由於一切善行所得之福利。❸南無　梵文namas，意譯作敬禮、歸敬、歸依、歸命、信從。原為「禮拜」之意，但多使用於禮敬之對象，表歸依信順，含救我、度我、屈膝之意。❹經久　指過了很久。❺振觸；踫觸。

【語　譯】從前有個人不信佛，而他的妻子卻十分信奉佛教。妻子對丈夫說：「人的生命無常，應該多多修行以求福德。」丈夫懶惰無心向佛。妻子恐怕丈夫將來死後會下地獄，就又對他說：「我想掛一個鈴鐺在門上，你進出撞到鈴時，聽見鈴聲就口呼『南無佛』。」丈夫說：「這樣太好了。」如此過了很久，丈夫命終入地獄。獄卒用叉扠起他，把他扔進鑊湯裡，丈夫聽見叉子碰到鍋鑊的聲音，以為是鈴聲，就口呼「南無佛」。獄官聽見，說：「這個人信佛，放他出地獄。」終得生人間。

## 瞻婆女人身死闍維於火中生子

（出《大涅槃經》第二八分）

瞻婆國人事六師❶，初未曾聞佛法僧名，作極惡業❷。佛于爾時，為眾生故，往瞻婆城。時彼城中有大長者❸，無有繼嗣❹，共事六師以求子息。於後不久其婦懷妊。長者知已，往六師所，歡喜問言：「為男為女？」六師答言：「生必是女。」長者愁惱。

【章　旨】記瞻婆國人奉事六師。有大長者婦懷孕，六師言其將得女。

【注釋】❶六師　又作六師外道。古印度佛陀時代，中印度（恆河中游一帶）勢力較大之六種外道。❷極惡業　乖理之行謂之惡，身口意三者作事謂為業。即指惡劣的行為或作業。❸長者　為家主、居士之意。一般則通稱富豪或年高德劭者為長者。❹繼嗣　即子嗣、後代。

【語譯】瞻婆國的人事奉六師外道，從來沒有聽說過佛法僧的名稱，做各種惡劣的壞事。佛在那時，因為眾生的緣故，前往瞻婆城。那時城中有一位大長者，沒有子嗣。他與其他人一樣也事奉六師，以希望能求得子嗣。這以後不久，他的妻子真的有了身孕。長者知道後就到六師那裡，高興地詢問六師：「孩子是男還是女呢？」六師回答說：「你妻子一定生女孩。」長者因此而憂愁煩惱。

復有知識❶來謂長者：「先不聞優樓頻螺迦葉❷兄弟，為誰弟子？六師若是一切智者，迦葉何故捨之從佛？又舍利弗、目揵連等，及諸國王頻婆娑羅❸等諸王夫人，末利夫人❹，諸國長者、須達❺等，如是諸人皆佛弟子。如來世尊於一切法知見❻無礙，故名為佛。如來今者近在此住，若欲實知，當詣佛所。」

【章旨】記長者之友列數從佛之眾，勸長者詣佛以詢實情。

【注釋】❶知識　即朋友之異稱。❷優樓頻螺迦葉　佛陀弟子三迦葉之一。優樓頻螺為位於佛陀伽耶南方尼連禪河畔之地名，迦葉為其姓。又稱耆年迦葉、上時迦葉。未歸依佛陀之前，與二位胞弟伽耶迦葉、那提迦葉皆信奉事火外道；以其頭上結髮如螺髻形，故又稱螺髮梵志。❸頻婆娑羅　又作頻毗娑羅王、頻頭娑羅王等。與釋尊同時代之摩竭提國王。頻婆娑羅王與夫人均歸依釋尊，深信佛法。❹末利夫人　指憍薩羅國勝光王之夫人。因以飯食供養佛陀之功德，而得脫離婢身。以其來自末利園（末羅園）中，故稱末利夫人。❺須達　為中印度舍衛城之長者，波斯匿王之大臣。其性仁慈，夙憐孤獨，好行布施。皈依佛陀後，建造只園精舍供養佛陀。❻知見　知為意識，見為眼識，意謂識別真理，判斷疑難。

【語　譯】後又有朋友來長者那裡對他說：「你先前從沒有聽說優樓頻螺迦葉兄弟是誰的弟子嗎？六師若是對什麼事都可以事先預料的智者，那麼迦葉為什麼要捨棄他們而信奉佛教呢？跟隨佛的還有舍利弗、目連等等，以及頻婆娑羅王及王夫人、末利夫人、各國的長者、須達等等，這些人都是佛的弟子。如來世尊對於一切的事物都可知見沒有障礙，因此就被人尊稱為佛。如來佛現今就在我們瞻婆城，如果你真想知道實情，就應該去拜訪佛。」

爾時長者即詣我所，以事問佛。佛言長者：「汝婦懷妊是男無疑，福德無比。」長者歡喜。六師心嫉，以庵羅果❶和合毒藥持與長者，「快哉瞿曇❷，善說其相。汝婦臨月❸可服此藥，兒則端正，產者無患。」長者受之，與婦令服，服已尋死。六師歡喜。周遍城市唱言：「沙門瞿曇記❹彼長者婦當生男，今兒未生，母已喪命。」爾時長者復于我所生不信心。即便殯斂，棺蓋焚之。

【章　旨】記佛言長者將得男，六師嫉妒，設計毒死長者婦。

【注　釋】❶庵羅果　果名。果為球形，有稜，其味初食者澀，良久更甘。❷瞿曇　為印度剎帝利種中之一姓，瞿曇仙人之苗裔，即釋尊所屬之本姓。在這裡即指釋迦佛。❸臨月　即謂臨盆、臨產。❹記　預言。

【語　譯】於時長者就到佛住處，拿妻子懷孕的事去問佛。佛對長者說：「你妻子懷的是男孩沒有疑問，將來福德無比。」長者聽後十分高興。六師心中嫉恨，就用庵羅果摻和毒藥拿給長者說：「釋迦牟尼真痛快，善於敘說事物的本相。你妻子臨產可服用這藥，服後孩子形貌端正，產婦也沒有憂患。」長者接受了就拿給妻子，讓她服用，妻子服後不久就死了。六師因此而歡喜雀躍，在整個城中傳言：「釋迦牟尼預言那個長者的妻子應生男孩，如今孩子還沒出世，母親已喪命。」其時長者對佛產生了不信之心。於是就將死去的妻子收殮起來，裝在棺中想燒掉。

我見此事已，顧命阿難❶：「取我衣來，吾欲往彼，摧滅邪見❷。」爾時六師遙見佛往，各相謂言：「瞿曇沙門至此塚間，欲啖肉耶？」未得法眼❸，諸優婆塞❹各懷愧懼，而白佛言：「彼婦已死，願不須往。」爾時阿難語諸人言：「且待須臾，如來不久當廣開闡諸佛境界。」佛到，長者難言：「所言無二❺？兒母已終，云何生子？」我言長者：「卿于爾時，都不見問母命修短❻，但問所懷為是男女。諸佛如來發言無二，是故當知定必得子。」

【章　旨】記佛親往焚屍處，欲摧滅邪見。

【注　釋】❶阿難　譯曰歡喜、慶喜。斛飯王之子，提婆達多之弟，佛之從弟，十大弟子之一。❷邪見　指不正之執見，主要指否定善惡因果之僻邪見解。❸法眼　指徹見佛法正理之智慧眼。係五眼之一。此眼能見一切法之實相，故能分明觀達緣生等差別法。❹優婆塞　即在家親近奉事三寶、受持五戒之男居士。❺無二　即所說的話沒有異義，無差錯。❻修短　長短義。

【語　譯】佛聽聞這件事後，回頭命令弟子阿難：「取我的法衣來，我要去那裡，摧滅那種邪惡的謬論。」那時六師遠遠望見佛來了，就對周圍的人說：「釋迦牟尼到這墳地，想要來吃死人的肉嗎？」這時還沒修得法眼的眾多優婆塞都各自心生懼意，就對佛說：「那婦人已經死了，希望你就不要去了。」其時阿難對眾人說：「大家且等待片刻，如來佛不久就會廣為大家闡說諸佛的境界。」佛到，長者責難佛說：「你說話果然沒錯？如今孩子的母親已經死了，還怎麼生子？」佛說：「您在那時都沒有問我孩子母親性命的長短，只問所懷的是男孩還是女孩。諸佛如來所說的並沒有什麼差錯，因此知道所懷的一定是個男孩。」

是時死屍火燒腹裂，子從中出，端坐火中，如蓮華臺❶。六師見已，謂為幻術❷。長者見已，心復歡喜，呵責六師：「若言幻者，汝何不作？」我于爾時尋告耆婆❸：「汝往火中抱是兒來。」耆婆前入火聚，猶入清涼大河；抱持是兒，還詣我所，授兒與我。我受兒已，告長者言：「一切眾生壽命不定，如水上泡❹。眾生若有重業果報，火及毒螫並不能害，非我所作。」時長者言：「善哉世尊。是兒若得盡其天命，唯願如來為立名字。」佛言長者：「兒生於猛火中。火名樹提，因名樹提。」

【章　旨】記長者之死婦於火中生子，因名樹提。

【注　釋】❶蓮華臺　蓮花之臺座也，為佛菩薩之常座。❷幻術　即魔術。虛幻而不真實的影像。❸耆婆　為佛陀時代，頻婆娑羅王與阿闍世王之御醫。虔誠信仰佛教，屢次治愈佛弟子之病。❹水上泡　比喻諸法之無常與變轉。諸法為因緣和合所成，非恆常而不變者，猶如虛而不實，瞬間消失之水上泡。

【語　譯】這時，屍體被火灼燒，使得腹部裂開，孩子從腹中生出，端坐在烈火中，就好像坐在蓮花臺中一樣。六師見到這情景後，認為這一定是幻術。長者見到孩子心中又歡喜起來，就呵責六師說：「如果說是幻術，你們為什麼不作為呢？」佛在這時對御醫耆婆說：「你去火中把那孩子抱來。」耆婆走入火堆中，就好像進入清涼的大河中一樣；耆婆抱著孩子來到佛面前，把孩子交到佛手中。佛接受孩子後對長者說：「一切眾生壽命不定，就好像水上泡一樣變化無常。眾生如果有重業因果報應，火和毒螫並不能傷害，這也不是我能作為的。」這時長者說：「太好了世尊。這孩子如果得盡天命，希望如來佛能替他起個名字。」佛對長者說：「這孩子在烈火中出生。火名為樹提，那這孩子也就叫做樹提吧。」

## 摩那祇女懷盂謗佛地即震裂身陷地獄

（出《摩那祇全身入地獄經》）

佛在舍衛國，無數大眾，為說要法。時有外道❶弟子摩那祇女，宿罪❷深重，身帶木盂❸，以衣覆之，出舍衛城至祇洹寺。遙見世尊與無數眾，而為說法，歡喜踴躍❹不能自勝❺，「今日要當在此眾中毀辱瞿曇，今我等師得致供養。」

【章　旨】記佛為大眾說法，時有外道摩那祇女欲誹謗佛而得供養。

【注　釋】❶外道　又作外教、外法、外學。指佛教以外之一切宗教。❷宿罪　即謂前世的罪孽。❸盂　盛湯漿或飯食的圓口器皿。❹踴躍　即雀躍，言非常高興。❺自勝　即自我壓制、控制。

【語　譯】佛在舍衛國，為無數大眾講說佛法之要。這時有一個外道弟子摩那祇女，前世的罪孽深重，身上帶著一個木盂，用衣服遮蓋住，離開舍衛城到祇洹寺去。摩那祇女遠遠地望見佛在給許多人說佛法，心中高興雀躍而不能控制，心想：「今日要在這許多人面前詆毀羞辱釋迦牟尼佛，讓我們這些外道師及弟子能夠得到眾人的供養。」

乃至眾中而說偈言❶：「此說法人，使我此身，懷妊有兒。」時大眾中，多諸外道、裸形梵志❷，信佛者少，習邪者眾。聞此女語皆共信用❸。其信佛者內自思惟❹：昔佛在宮，舍王重位，捐棄婇女❺，出家學道，成最正覺❻，豈有心與此穢陋之女與共從事乎？時釋提桓因❼在如來後執扇，內自思惟：此弊梵女云何乃興此意誹佛？

【章　旨】記摩那祇女胡言腹懷佛嗣，信佛者皆不信，謂之謗佛。

【注　釋】❶偈言　即偈頌，是佛經中的唱頌詞。❷裸形梵志　即裸形外道，又作露形外道、無衣外道。提倡以大空為衣，以裸形為正行。❸信用　即信以為真。❹思惟　即思考推度。思考真實之道理，稱為正思惟，係八正道之一。❺婇女　即宮女。❻最正覺　指最上至極之佛果。以其智慧與真理相契，故稱正覺。❼釋提桓因　忉利天（三十三天）之主，簡稱釋帝，或帝釋。

【語　譯】摩那祇女就到人群中，說偈頌道：「此說法人，讓我身體，懷孕有兒。」當時眾人中，多的是外道及信奉裸形外道的梵志，信奉佛教的人少，習邪教的人多。聽到摩那祇女的話，都很相信。那些信佛的人卻暗自思考推度：從前釋迦牟尼佛在王宮捨棄了尊貴的王位，拋開了宮中的眾多宮女而出家學道，最終修成至極之佛果，怎麼會有心與這等汙穢淺陋的女子幹齷齪之事呢？當時釋提桓因在如來身後拿著扇子暗自思量：這弊陋的外道女子為了什麼興了誹謗佛的念頭呢？

化為白鼠，嚙木盂，繫斷聲震，大眾無不見者。其中不篤信❶者皆愕然，「此為何聲，乃震四遠？」其中信佛之人聞此音聲，歡喜踴躍，僉然同悅。尋有一人從座而起，手執木盂語彼女曰：「此是汝兒耶？」時地自開，全身即入阿鼻地獄❷。時女宗族追慕❸啼泣，不能捨離，不信佛者即起懺悔❹。其中信者共相告曰：「誹謗之報其罪如是，現驗如茲，豈云後世？」

（出《譬喻經》第七分）

【章旨】記摩那祇女終因謗佛而受現世報入阿鼻地獄。

【注釋】❶篤信　即忠實地信仰，深信。❷阿鼻地獄　為八熱地獄之一。意譯無間地獄。❸追慕　追念仰慕之意。❹懺悔　即悔謝罪過以請求諒解。懺，「忍」之義，即請求他人忍罪；悔，為追悔、悔過之義，即追悔過去之罪，而於佛、菩薩、師長、大眾面前告白道歉，期達滅罪之目的。

【語譯】釋提桓因變化為一隻白鼠，啃咬木盂，木盂因繩子斷裂而落地，聲響震天，眾人中沒有一個不看見的。其中那些不深信佛教的人都非常驚愕，「這是什麼聲音，竟然響震四方？」信奉佛教的人聽見這聲音高興雀躍，一齊歡呼。一會兒有一個人從座位上站起來，手中拿著木盂，對摩那祇女說：「這就是你的孩子嗎？」此時大地自動裂開，摩那祇女即落入阿鼻地獄中。這時摩那祇女的親族追念啼哭而不能捨離，不信佛的人立即懺悔自己的不信佛教罪過。其中信佛的人互相告誡說：「誹謗的報應就如同摩那祇女所犯的罪過一樣，現世的報應就在這裡，誰說後世纔會遭受報應呢？」

## 女人懷妊生四種異物

有夫妻二人無子，祠祀天神❶以求係胤❷。神即許之。遂便懷妊，生四種物：一者旃檀❸斗盛米，二者甘露❹瓶，三者寶囊，四者七節神杖。其人歎曰：「吾求兒子，更生餘物❺！」便到神所，重求所願。神即語言：「汝欲得子，何物稱益？」答曰：「子當使令，給養❻吾等。」神云：「今此米斗，用之無盡；甘露蜜瓶，食之無減，而消百病；珍寶之囊，用之無損；七節神杖，以備兇暴。兒子豈能辦此？」其人大喜，還家試驗，如言不虛，遂成大富不可訾計❼。國王聞之，即遣眾兵，欲往攻奪。其人擎杖，飛遊擊敵，摧破強眾，皆悉退散。其人歡喜，無復憂患。

【章旨】記夫妻二人求子得生四物。四神物助其大富而無憂患。

【注釋】❶天神　指天上之諸神，即為梵天、帝釋等之通稱。❷係胤　即繼嗣，後代之義。❸旃檀　香木名。出自南印度摩羅耶山，其山形似牛頭，故名牛頭旃檀。❹甘露　即不死之神藥，天上之靈酒。古印度婆羅門教根本聖典《吠陀》中謂蘇摩酒為諸神常飲之物，飲之可不老不死，其味甘之如蜜，故稱甘露。❺餘物　指多餘的、沒用的東西。❻給養　供養；奉養。❼訾計　估量計算。

【語譯】有夫妻二人沒有兒子，祭祀天神以求取子嗣。天神應允其請求。不久妻子便有了身孕，生下了四樣東西：一是旃檀斗，可以盛米，二是一隻甘露瓶，三是一個寶囊，四是一根七節神杖。這人感歎說：「我求的是兒子，卻生了四種多餘的東西！」便到天神那裡，重新祈求他所希望的東西。天神就對他說：「你想得個兒子，兒子有什麼用處呢？」這人回答說：「兒子能聽我使喚，可以供養我們。」天神說：「這個米斗，所用的糧食沒有窮盡；甘露瓶中的蜜水，飲用了卻不會有絲毫的損減，而能消除百病；珍寶囊可隨意取用，而不會減少；而七節神杖則能防備暴徒。兒子難道能辦這些事嗎？」這人大喜，就回家試驗，果然就像天神說的那樣，於是這人便成了大富，財富不可估算。國王聽說了，便派軍隊想去奪取寶物。這人舉著七節神杖飛來飛去痛擊敵人，摧破了強敵的進攻，敵人全部逃跑了。這人歡喜，從此再無憂患。

（出《諸經中要事》）

## 換貸自取取多還少命終為犢

昔有長者，居富無限❶，唯有一妹，嫁得貧婿。兄數數餉遺❷，轉欲厭❸妹。來從兄貸麵，兄言：「自往取之。」妹便按攤❹而取，持灑如❺還，兄亦不覺，數數非一。妹命終為兄家作犢子，兄甚愛之，養食令肥，當殺祠神。

【章　旨】記妹欺兄借多還少，命終變為牛犢償還兄債。

【注　釋】❶居富無限　意為非常的富有。❷餉遺　以糧食、財物贈送。餉，糧餉，即糧食、財物。遺，給予；贈送。❸厭　猶言滿足，使飽足。❹按攤　平鋪；展布。❺灑如　播灑的用具，多小孔。

【語　譯】從前有一長者十分富有，他只有一個妹妹，嫁給了一個貧窮的丈夫。哥哥常常送糧食財物給妹妹，總是滿足妹妹的種種要求。妹妹來向哥哥借麵，哥哥說：「你自己去拿吧。」妹妹就壓實攤平盡量地多拿，然後以帶著漏孔的篩子盛麵來還，哥哥也不知道，這樣不止一次。妹妹死後變成哥哥家的牛犢，哥哥十分憐惜這頭牛犢，飼養餵食使其肥壯，將宰殺用來祭神。

時五百賈客欲從主人舉錢❶，頓息❷在外。展轉自相問言：「卿取幾錢？」各各說其多少。最後一人言：「但益❸取之，後同不還，多少何在？」時犢子在邊，便作人語諸人：「何以乃生此意？我是主人妹，坐貸麵欺兄，今作牛身來償兄債。」時五百賈人，聞其言莫不戰慄❹，皆不復舉錢而去。

【章　旨】記牛犢現身說法，告語欲欺詐的五百商人，使其中止了欺詐。

【注　釋】❶舉錢　即借貸錢物。❷頓息　停留休息。❸益　此處即多，盡量。❹戰慄　指因害怕而發抖。

【語　譯】當時有五百個商人想向主人借錢，在外面稍事休息。他們在門外展轉互相詢問說：「您要借多少錢？」每個都說了自己準備借多少錢。最後一個人說：「都盡量取吧，以後大家都不歸還，哪管它多少呢？」這時牛犢就在邊上，聽到這裡便用人的話對這些人說：「你們怎麼會產生這樣的想法呢？我是主人的妹妹，因向兄長借貸麵時欺騙了他，如今就要化作牛身來償還兄長的債。」五百個商人聽到這一番話，沒有一個不害怕得發抖的，都不再借錢就走了。

# 卷第四六

## 鬼神部

【題解】鬼神，鬼和神的合稱。鬼為六趣之一，神為八部之通稱；有威云鬼，有能云神，指具有恐怖威力，能夠變化自在之怪物。佛教中所謂鬼神通常指乾闥婆、夜叉、阿修羅、迦樓羅、緊那羅、摩睺羅伽等六部鬼神。本部輯錄阿修羅自恃神力，與帝釋戰；羅睺羅有女，帝釋強求之，起兵攻戰；曠野女裸體，著衣便燃；鬼子母先食人民，後受佛化……等鬼神因緣故事。這些故事顯示了佛法廣袤無邊，魔力縱然猖獗，終將歸伏；警示人們多行善事，多結善緣，以求善果。

### 往昔阿修羅與天戰見帝釋迴車而散

（出《長阿含經》第二一卷）

昔者阿修羅❶興兵，與天帝共戰。釋提桓因不如，乘千輻❷寶車，怖懼而退。中路見睒婆羅樹，鳥巢有兩子，即敕御者：「此樹有二鳥，汝可迴車避之。寧使來害我，勿傷此也。」即便迴車。須輪❸遙見即相謂言：「帝釋迴車，必欲還戰，不可當也。」即便退散，天乃得勝。須輪三事過閻浮提❹：一者宮殿高廣，二者宮殿莊嚴❺，三者宮殿清淨。

【章　旨】記阿修羅與帝釋大戰，帝釋以心懷慈念戰勝阿修羅。

【注　釋】❶阿修羅　梵名Asura，原為古印度諸惡神之一，與天帝釋率領的天族對抗。在佛教中，則屬天龍八部眾，守護釋尊，並與天、人、畜生、餓鬼、地獄形成六道世界。❷輻　車輪中湊集於中心轂上的直木。❸須輪　即阿修羅。❹閻浮提　華譯為贍部洲。閻浮是樹名，譯為贍部，因為此洲的中心，有閻浮樹的森林，依此樹的緣故，稱為贍部洲，贍部洲就是我們現在所住的娑婆世界。❺莊嚴　莊盛嚴整。

【語　譯】從前阿修羅起兵與天帝釋大戰。釋提桓因不敵阿修羅，乘上有千根輻條的寶車惶恐而退。路中看見一棵睒娑羅樹，樹上的鳥巢中有兩稚鳥，即命令駕車者：「此樹上有二鳥，你快掉轉車頭避開它。寧使阿修羅來害我，也不要傷及此鳥。」於是迴車。阿修羅遠遠看見便說：「天帝釋掉轉車頭，肯定是返回來戰鬥，來勢迅猛不可抵擋也。」於是退散，天帝釋得勝。阿修羅界有三件事超過閻浮提：一是宮殿高大寬廣，二是宮殿莊盛嚴整，三是宮殿清淨。

## 羅睺羅有女帝釋強求起兵攻戰

（出《胎經》、《譬喻經》下卷）

過去世時，有阿修羅王，名羅睺羅。生於一女，殊特端正。女德六十四種，無不具足。口吐言氣，如優鉢羅❶華；身出牛頭旃檀❷之香；面色紅白，見者愛樂。時釋提桓因作是念言：「此宮諸女多有端正，比須輪女而皆不及。今我集兵往伐取之，給我驅使。」即召諸天，具言此事。諸天啟曰：「行可遣執樂神等，手執九十一絃琉璃之琴，歌我天人受福快樂。」即敕執樂天子般遮翼等，嚴駕樂器，到婆私呵前彈琴現意。言曰：「欲得婆私呵與我給使，若不與者，當以兵取。」須輪大瞋：「我亦有力，足相擬逆。」般遮翼等即報帝釋。

【章旨】記羅睺羅有一女極為美貌，帝釋欲得之，以武力相威脅，阿修羅怒而抗爭。

【注釋】❶優缽羅　即青蓮花。此花屬睡蓮科，似蓮而小，葉浮在水面上，表面為有光澤的暗綠色，葉背是淡綠色，邊緣為赤色且有不規則的暗赤紫色斑點。花由多數花蓋組成。根與種子可食用。❷牛頭旃檀　檀香木之一，乃旃檀中之最具香氣者。又作牛頭栴檀。產於印度，為常綠樹，幹高約零點九公尺，其材芳香，呈灰黃色，或赤銅色，可用以雕刻，或與根研為粉末，以供焚香，或製香油。

【語譯】過去世時，有個阿修羅王叫羅睺羅。生有一女，美貌異常。六十四種女德，她無不具備。口中吐氣芳香如優缽羅花；全身發出牛頭旃檀之香；面色白裡透紅，人見人愛。當時釋提桓因這麼想：「我這宮中有許多漂亮女子，但都比不上羅睺羅的這個女兒。現在我要興兵前往攻伐奪取，以供我驅使。」於是他立即召集諸天神，商量此事。諸天神啟稟說：「可派執掌音樂之神等前去，手中執持九十一絃的琉璃琴，歌唱我們天神幸福快樂。」於是帝釋立刻命令執樂天神般遮翼等，整備車馬帶上樂器，前去婆私呵處彈琴並傳達天神的意思。說：「我想得到婆私呵供我驅使，若不然，我必以武力來取之。」阿修羅大怒：「我也有力量，足可以抵抗你。」般遮翼等立刻回報天帝釋。

時須輪集兵到須彌山側，壞曲腳天宮，次壞風天宮、馬宮、莊嚴等諸天宮，乃至四門。帝釋憶本所誦而咒之，須輪兵眾漸漸卻退，引四種軍入拘鄰羅池藕莖孔中。有一士夫見之，自念：「我狂失性，謬睹異事。」佛告比丘：「此真實也。時釋提桓因集諸天眾，從四門出，但見刀鎧弓箭在地，不見須輪眾。轉前進直入阿須輪宮殿，見婆私呵女數千萬眾，不見阿須輪。將諸女眾歸詣忉利宮。時諸阿須輪等求哀歸命❶，向釋提桓因言：『我等愚惑，不識佛弟子神力巍巍。我等先祖信奉如來，聞佛有戒，不取他物。今天王釋將我眷屬，盡填天宮，非佛弟子之所應行。』帝釋聞之，悵然不樂：『我寧當奉禁，不犯偷盜。』即還諸女。時阿須輪王以最可愛女奉上帝釋，帝釋即以甘露❷為報。須輪與天和好，共持如來三歸❸八戒❹。」

【章旨】記阿修羅戰敗，復與帝釋修好，共持三歸八戒。

【注釋】❶歸命　歸順；投誠。❷甘露　即不死之神藥，天上之靈酒。古印度婆羅門教根本聖典《吠陀》中謂蘇摩酒為諸神常飲之物，飲之可不老不死，其味甘之如蜜，故稱甘露。亦以甘露比喻佛法之法味與妙味長養眾生之身心。密教則稱真言兩部不二之灌頂水為不死甘露。❸三歸　又名三歸依，即歸依佛、歸依法、歸依僧。歸依佛是我依靠佛陀的指示而得入正道；歸依法是我依靠教義而求得真理；歸依僧是我依靠僧伽的引導而正信佛教。❹八戒　一、不殺生；二、不與取，即不取他不與之物；三、不非梵行，即不作男女之媾合；四、不虛誑語，即不說不符事實的話；五、不飲酒，即不飲一切的酒類；六、不塗飾鬘舞歌觀聽，即不身塗香飾花鬘及觀舞蹈聽歌曲；七、不眠坐高廣嚴麗床上，即不坐臥於高廣嚴麗的床上；八、不非時食，不食非時之食，亦即過午不食。

【語譯】這時阿修羅已集合兵眾到了須彌山邊，先攻破了曲腳天宮，接下來又攻破了風天宮、馬天宮、莊嚴等諸天宮，最後到了四天門。帝釋憶念咒語並誦之，阿修羅的軍隊漸漸退卻，其中有四支軍隊退入拘郗羅池中的藕孔中。有一男子見此情景自言自語道：「我是不是失了本性，纔會看到這麼奇異的現象。」佛告訴比丘：「這是真實的事。此時釋提桓因集合了諸天神出了四天門，祇見刀劍弓箭散了一地，卻不見阿修羅的部隊。諸天神轉而前進徑直進入阿修羅的宮殿，祇看到婆私呵女子數千萬名，卻不見阿修羅眾。於是將諸婆私呵女子帶回了忉利宮。後諸阿修羅眾前來歸順告饒，向釋提桓因說：『我們愚昧，不知道佛弟子的巍巍神力。我們的先祖信奉如來，聽說佛有戒律，不取他人之物。今天天王釋將我們的眷屬，盡數填充天宮，這不是佛弟子應當有的行為。』帝釋聽到這番話，悵然不樂：『我理當信奉佛之戒條，不犯偷盜之罪。』於是即刻歸還諸女。這時阿修羅王把其中最美麗的女子奉送給帝釋，帝釋用甘露作為報答。於是阿修羅與天王和好，共同奉持如來的三歸八戒。」

## 阿修羅先身厭為水漂願得長大形

（出《雜譬喻經》第四卷）

阿修羅前世時曾為貧人，居近河邊，常渡河擔薪。時河水深，流復駛疾。此人數為水所漂。既亡所持，身又沒溺，隨流殆死得出。時有辟支佛❶，作沙門❷形詣舍乞食。貧人歡喜，即施飯食。食訖擲缽空中，飛軒而去。貧人見之，因以發願：願我後生身形長大，一切深水無過膝者。以是因緣得極大身，四大海❸水不能過膝。立大海中，身過須彌，手據山頂，下觀忉利天❹。

【章　旨】記阿修羅得極大身的因緣。

【注　釋】❶辟支佛　意譯作緣覺、獨覺。指無師而能自覺自悟之聖者。❷沙門　為出家者之總稱，通於內、外二道。亦即指剃除鬚髮，止息諸惡，善調身心，勤行諸善，期以行趣涅槃之出家修道者。❸四大海　指須彌山四周之大海。於古代印度之世界觀中，須彌山位於世界之中間，其周圍有四大海。❹忉利天　即三十三天。六欲天之一。佛教謂須彌山頂四方各有八天城，合中央帝釋所居天城，共三十三處，故云。

【語　譯】阿修羅前世的時候曾是個窮人，住在靠近河邊的地方，經常渡過河去砍柴。當時河水很深，水流又急。此人幾次被水帶走淹沒。既失去了柴火，身子又沒溺水中，隨著水流漂浮幾乎將死才得以出了水面。當時有辟支佛化作沙門到他所住之處乞食。窮人非常高興，立刻施予飯食。辟支佛吃完後把鉢擲向空中，從窗口飛昇而去。窮人見此情景，於是發願道：願我後世身形高大，一切深水都不能過我的膝蓋。於是憑此因緣得到了極大身，四大海水也不能過他的膝蓋。他站立在大海中，身體超過了須彌山，可以把手放在山頂上，俯視忉利天宮。

（出《長阿含》、《大智論》）

## 乾闥婆

乾闥婆❶王住雪山右，城名毘舍離❷。世界初成，有風輪❸起，名曰莊嚴，造此宮城。城北有七黑山❹，山北復有香山❺。在十寶山間，常有伎樂❻之聲。山有二窟，一名晝，二名善晝，七寶所成，柔軟香潔，猶如天衣❼。乾闥婆王從五百乾闥婆止住其中。佛在毘陀山（山在摩竭國北），釋提桓因告執樂神般遮翼，持琉璃琴於佛前歌。佛曰：「汝能以琴歌稱讚如來，悲和哀婉，感動人心。於此聲中，云欲練淨行❽沙門，涅槃眾義備有。」帝釋顧語之曰：「當以汝補汝父位，於其類中為最上。」以女妻之。

【章　旨】記乾闥婆王所住之地及執樂神般遮翼的高超琴藝。

【注　釋】❶乾闥婆　梵文Gandharva，指與緊那羅同奉侍帝釋天而司奏雅樂之神。❷毘舍離　國名。譯曰廣嚴。中印度也。維摩大士住此國。❸風輪　為大地四輪之一，乃世界之最底部。世界之成必先立於虛空之上，稱為空輪，依此空輪而上生風輪、水輪、金輪，合稱四輪。❹七黑山　指印度毘舍離城北方與喜馬拉雅山脈中之香醉山之間的七座山。這七座山出現於各經論中的名稱差異甚大，然諸山方位則大略一致。由於喜馬拉雅山山頂常覆蓋白雪，故世稱作雪山；而以南諸山的山頂無雪，草木叢茂而色呈暗黑，因此名為黑山。❺香山　地名。在無熱池之北，閻浮提洲之最高中心，所謂崑崙山也。即今地學家所謂脫蘭斯喜馬拉雅山也。❻伎樂　音樂舞蹈。❼天衣　天人之衣。據《長阿含經》卷二〇載，四天王衣重半兩，忉利天衣重六銖。即謂天人之衣重量甚輕之意。❽淨行　佛教語，指清淨的戒行。

【語　譯】乾闥婆王住在雪山的右邊，城名叫毘舍離。世界剛剛形成的時候，有風輪生成，名叫莊嚴，造了這座宮城。城北有七座黑山，黑山之北又有香山。在十座寶山之間，常有音樂舞蹈之聲。山上有二個洞窟，一叫晝，一叫善晝，都用七寶所構成，柔軟香潔，好像天衣一樣聖潔。乾闥婆王帶著五百乾闥婆住在其中。佛在毘陀山（山在摩竭國北方），釋提桓因告訴執樂神般遮翼，讓他拿著琉璃琴到佛前唱歌。佛說：「你能用琴曲歌聲稱讚如來，琴聲美妙柔和婉轉，感動人心。又在琴聲中表示願意做修煉淨行的沙門，涅槃眾義具備。」於是帝釋對他說：「你補你父親的位置吧，在此類中位置是最高的。」又把女兒嫁給了他。

（出《菩薩胎經》、《大智論》）

## 緊那羅

緊那羅❶（亦云甄那羅）住須彌山北。過小鐵圍，有大黑山，亦在十寶山間，無有佛法、日月星辰。由昔布施❷之力，今居七寶宮殿，壽命甚長。此王本在人中，有大長者與造佛塔，此緊那羅施一刹柱，成辦寺廟，復以淨食施於工匠。壽盡作胸臆神，在兩山間。

【章　旨】記緊那羅王的來緣。

【注　釋】❶緊那羅　梵名Kiṃnara，或稱歌神、歌樂神、音樂天。原為印度神話中之神，後被佛教吸收為八部眾之第七。此神形貌似人，頂有一角，能歌舞，具有美妙音聲。❷布施　以慈悲心而施福利與人。布施有三種：一、財施，即以財物去救濟疾病貧苦的人；二、法施，即以正法去勸人修善斷惡；三、無畏施，即不顧慮自己的安危去解除別人的怖畏。

【語　譯】緊那羅（也叫甄那羅）住在須彌山北。過小鐵圍山有大黑山，也在十寶山之間，沒有佛法和日月星辰。憑著昔時的布施之力，如今住在七寶宮殿，壽命很長。緊那羅王本來生在人間，當時有大長者興造佛塔，這個緊那羅施捨了一根佛刹的柱子，建成了寺廟，又以淨食施捨給工匠。所以壽盡後做了胸臆神，住在兩山之間。

先在人中為大長者❶，居財無量。有一沙門乞食，婦擎飯施之。乃大瞋怒云：「此何乞人？瞻視❷我婦。當令此人手腳斷壞。」壽終以後受此醜形，八十四劫常無手足。

【章　旨】記緊那羅的惡果報。

【注　釋】❶長者　佛典中積財具德之年長者的通稱。❷瞻視　觀看，這裡指直視。

【語　譯】緊那羅起先在人間時為大長者，有無數家私。有一個沙門前來乞食，其妻子舉著飯施捨給他。此緊那羅大怒說：「這是什麼乞丐？竟敢直視我的妻子。應當斷了此沙門的手腳。」壽終以後就變成了一副醜陋模樣，在八十四劫中常常沒有手腳。

諸天宴會，皆悉與乾闥婆分番❶上下。天欲奏樂，而其腋下汗流，便自上天也。有一緊那羅，名頭婁磨琴，歌諸法實相❷，以讚世尊。時須彌山及諸林樹皆悉振動，迦葉在座不能自安，五百仙人心生狂醉，失其神足，一時墮地。

（出《長阿含經》第二〇卷）

【章　旨】記一緊那羅的高超琴藝。

【注　釋】❶分番　輪流。❷諸法實相　佛教語，又名真如、法性、實際等，即一切事物的真相或真理。

【語　譯】諸天神宴會時，緊那羅都想與乾闥婆輪流比個高低。天神想奏樂，而其腋下汗流不止，便自顧上天了。有一緊那羅名叫頭婁磨琴，歌唱一切事物的真相用來稱讚世尊。當時須彌山和各種林樹都震動不已，在座的迦葉也不能自安其心，五百仙人心中感到醉茫茫，失去了神足通，即時墜落於地上。

## 鬼神皆依所止為名

有四大天神：一者地，二者水，三者風，四者火。地神自念云：「地無水、火、風。」佛曰：「地中有水、火、風，但地大多故得名耳。水、火、風神皆各同然。」佛為說法，皆受五戒❶，為優婆夷❷。一切人民所居舍宅，皆有鬼神，無有空者；街巷、道陌、屠膾❸、市肆及諸山塚，皆有鬼神，無有空處。凡諸鬼神，皆隨所依，即以為名。若人初生，皆有鬼神隨逐擁護❹。若人欲死鬼收精氣。行十惡❺人若百若千共一神護，猶如國王，以百千人侍衛一臣。

【章　旨】記鬼神皆有所依並以為名。

【注　釋】❶五戒　不殺生、不偷盜、不邪淫、不妄語、不飲酒。不殺生是不殺傷生命；不偷盜是不盜取別人的財物；不邪淫是不做夫婦以外的淫事；不妄語是不說欺誑騙人的話；不飲酒是不吸食會麻醉人性的酒類及毒品。❷優婆夷　華譯為清淨女、清信女、近善女、近事女等，即親近奉事三寶和受持五戒的女居士，為四眾或七眾之一。❸屠膾　宰割。這裡指屠宰場。❹擁護　保護。❺十惡　又名十不善，即殺生、偷盜、邪淫、妄語、惡口、兩舌、綺語、貪欲、嗔恚、邪見。

【語　譯】有四大天神：一是地，二是水，三是風，四是火。地神自念道：「大地沒有水神、火神、風神。」佛說：「大地中有水神、火神、風神，祇不過是大地廣闊又眾多，所以才得名。水、火、風神也都是這樣。」佛為他們說法，都接受五戒，成為優婆夷。一切人民所住的宅第都有鬼神，無有例外；街巷、道路、屠場、市肆和山野墳塚裡，都有鬼神，無有例外。所有鬼神都隨所依附的東西，並以此為名。人初生時都有鬼神跟從保護。人將死時，鬼收其精氣。犯十惡之戒的人，或一百或一千人祇有一神護佑，就像國王用千百人侍衛一臣一樣。

# 金床女裸形著衣火然

（出《譬喻經》，又出《福報經》）

迦夷國王名梵摩達，時出遊獵於曠野，見有一屋，即往趣❶之。中有一女，從求飲食，無索不得。王請相見，女都❷裸形，王解衣與之，著體便然，如是至三。王以問女，女答：「昔為王妻。王飯沙門又施衣，時諫：『但設飯足，不復須衣。』故受此罪。王欲令我得著衣者，為我作衣，先施沙門及明經賢者。王求沙門，久不能得，可施五戒賢者，賢者咒願云：『願令金床女得福無量，得著王衣。』」王問女言：「女是何神？」答曰：「我勝於人，小不及天，故在鬼神道中。捨此命後，當生第一天上。」

【章旨】記迦夷國王出遊，見女子裸形，著衣便燃，問其緣由。

【注釋】❶趣　趨；前往。❷都　全部。

【語譯】迦夷國王名叫梵摩達，有次出遊，在曠野打獵，看到一座房屋，即前往。屋中有一女，國王向她求取飲食，無不應允。國王請求相見，女子全身赤裸，國王解衣給她，穿在身上便燃燒，幾次都是如此。國王便問此女，此女答道：「我先前曾是王妻。國王施飯施衣給和尚，當時我曾勸諫道：『施飯就夠了，不必再施衣服了。』因此現在才會受此罪。國王如想讓我能穿上衣服，可為我做衣服，然後先施衣給沙門和通曉經文的賢者。王求沙門或者一時半會不能實現，可施予持守五戒的賢者，賢者就會念咒說：『希望讓金床女得福無量，能穿上王衣。』」國王問女子：「你是什麼神？」女子答曰：「我勝過人，但又不及天神，所以應列在鬼神中。不過捨此命後，會生在第一天上。」

## 二鬼負屍拔出手足頭脅從人易之形改心存遇佛得道

（出《大智度論》第一二卷）

昔人遠行，獨宿空舍。夜中有鬼，擔一死人來著其前。後有一鬼，逐來瞋罵：「死人我物，汝忽擔來？」先鬼言：「是我物，我自持來。」後鬼言：「是死人，實我擔來。」二鬼各捉一手爭之。前鬼言：「此有人，可問。」後鬼即問：「是死人誰擔來？」是人思惟：此二鬼力大，若實若妄，俱不免死。語言：「前鬼擔來。」後鬼大瞋，捉其人手，拔出著地，前鬼取死人一臂，附之即著。如是兩臂、兩腳、頭、脅、舉身皆易。於是二鬼共食所易人身，拭口而去。其人思惟：我父母生身，眼見二鬼食盡，今我此身，悉是他肉，我今定有身耶？為無身耶？行到佛塔❶，問諸比丘，廣說上事。諸比丘言：「從本已來，恆自無我，但以四大❷和合故，計為我身。如汝本身，與今無異。」諸比丘度之為道，得阿羅漢。

【章　旨】記某人遠行獨宿，其肉身被二鬼與死人之身相換，後聽比丘為之講道，得阿羅漢。

【注　釋】❶佛塔　安置佛舍利之處所。《佛國記》即有釋迦牟尼佛入滅後，舍利分八處，各設塔廟以供奉之記載。❷四大佛教以地、水、火、風為四大。認為四者分別包含堅、濕、暖、動四種性能，人身即由此構成。因亦用作人身的代稱。

**【語譯】** 從前有個人遠行，獨自宿在一間空房子裡。半夜裡有鬼扛著一死人來到他面前。後又有一鬼趕來氣沖沖罵道：「死人是我的東西，你怎麼倏地一下扛了去。」先來的鬼說：「這是我的東西，我自然扛了來。」後來的鬼說：「這死人明明是我扛來的。」兩個鬼各捉住死人的一手一腳而爭奪不休。前鬼說：「這裡有活人，我們可以問他。」後鬼即問道：「這個死人是誰扛來的？」此人心想：此二鬼力大無窮，不管說真話說假話祇怕都免不了一死。便說：「是前鬼扛來的。」後鬼大怒，抓住此人的手拔出擲於地上，前鬼立刻取了死人的一臂接上。如此，這人的兩手、兩腳、頭、胸乃至全身都與死人相換。於是二鬼一起吃完所換的人身，擦擦嘴走了。此人想道：我父母所生的身體，我親眼看見被二鬼吃光了，現在我這個身子都是他人的肉體，那麼我現在算是有身體呢？還是無身體呢？於是他走到佛塔旁，向比丘請教，述說了上面發生的事。比丘說道：「從開天闢地的本源來說，一直是『無我』的，祇因地、水、火、風四大化合的緣故才有此肉身。所以你現在的身軀與從前沒什麼不同。」於是比丘度化他入道，獲得阿羅漢果。

## 鬼子母先食人民佛藏其子然後受化

（出《鬼子母經》）

昔有一母人，甚多子息。性惡無慈，喜盜人子，殺而噉之。亡子之家不知誰取，街巷涕哭，如是非一。阿難出行，輒見涕哭，還已共議傷亡子家。佛知故問：「眾何等議？」阿難白佛言：「向行分衛❶，見人涕哭。問之皆云：『生亡我子，不知屍處。』」佛便為阿難說：「是國中盜人子者，非凡夫人，是鬼子母❷。今生作人，喜盜人子。是母有千子，五百子在天上，五百子在人間。千子皆為鬼王，一王者從數萬鬼。如是五百鬼王在天上嬈❸諸天，五百鬼王在世間嬈帝王人民。如是五百鬼王，天亦無奈何。」阿難言：「鬼子母在是國中，寧可敕令不盜人子耶？」佛言：「大善。」阿難言：「用何方便？」佛語阿難：「到是母所，伺其出已，斂取其子，著精舍❹中。」即往伺斂，得十數子，逃精舍中。

【章　旨】記鬼子母喜盜人子殺而食之，佛欲訓戒之，遂教阿難偷了其十數子藏在精舍中。

【注　釋】❶分衛　即乞食。指修道者每日至民家門前接受飯食等物的供給。❷鬼子母　佛教神名。梵名 Hārītī，意譯為歡喜。王舍城娑多藥叉之女，既嫁，生五百兒，發惡願欲食盡王舍城中小兒。經佛度化，轉為保護小兒之神。❸嬈　煩擾；擾亂。❹精舍　即僧眾住處、寺院或佛堂的別稱。意為智德精練者的舍宅。

【語　譯】過去有一婦人，有很多兒子。心腸狠毒，毫無慈愛之心，喜歡偷盜他人之子，殺而食之。失去孩子的家庭不知道孩子是誰盜走的，在街頭巷陌痛哭流涕，如此非一日。阿難出行，看到眾人啼哭的情景，又返回和大家共議此事。佛早已知曉卻故意問道：「你們在商議什麼？」阿難對佛說：「剛才乞食的時候，看到人們在痛哭，問他們都說：『失去了自己的孩子，卻不知屍體在何處。』」佛告訴阿難說：「這城中盜走人孩子的不是凡人，是鬼子母。這一世她做人，喜歡盜人孩子。這個鬼子母有一千個兒子，五百在天上，五百在人間。千子都是鬼王，每個鬼王手下都有數萬個鬼。如此五百個鬼王在天上擾亂天庭，五百個鬼王則在人間擾亂帝王和人民。這樣五百個鬼王，天神也拿他們無可奈何。」阿難說：「鬼子母在這城中，難道不能讓她不盜人子嗎？」佛說：「太好了。」阿難問：「可以用什麼辦法呢？」佛說：「到鬼子母住所，等她出去後，偷取她的孩子，放在精舍中。」於是阿難即前往伺機偷取鬼子母十幾個孩子，逃到精舍中。

母來不見，便捨他子不敢復殺。行索其子，遍不知處。行道啼哭，如是十日。便自躃自撲，仰天大呼，不復飲食。佛遣沙門往問，即報沙門言：「亡多子，故哭耳。」沙門又言：「汝欲得子不？」報言：「欲得。」沙門言：「汝審欲得者，可往問佛，可得汝子。」母聞是語，歡喜意解，便到佛所，為佛作禮。佛即問母：「何為啼哭？」母報言：「亡我子故。」佛問：「汝捨汝子，至何所而亡汝子？」母即默然。如是至三。母知盜人子為惡，即起作禮：「我愚癡❶故。」佛復問言：「汝有子，愛之不？」母言：「我有子，坐起常欲著我傍。」佛復問曰：「汝有子，知愛之，何故日行盜他人子？他人有子，亦如汝愛之。亡子之家，亦行道啼哭如汝。汝反盜人子殺噉之，死後當入太山地獄。汝寧欲得汝子不？」母即頭面著地：「願佛哀我。」佛言：「汝子若在，汝寧能自悔不？若能自悔，當還汝子。」母言：「我能自悔。」佛言：「汝能自悔，當作何等自悔？」母言：「聽佛教戒，當隨佛語，佛還我子。」佛言：「審如汝語，授以五戒。汝有千子，皆為說名，五百子在天上，五百子在世間，嬈諸天人。汝子作鬼王，將❷數萬鬼，如是不可勝數。或稱樹木神、地神、水神及船車、舍宅、闇冥、夢寤、恐怖、怪異種種之神，如是矯稱，令人祠祀，亨殺飲食，不能護活人命，但增益罪。是愚癡人，不知坐思貧窮……」鬼子母聞佛說，一心自悔，即得須陀洹道。長跪白佛言：「願佛哀我，欲止佛精舍傍。我欲呼千子，我欲使與佛結要，我欲報彼天上天下人恩。」佛言：「善哉。如汝有是意，大善。」佛言：「便止佛精舍邊，其國中人民無子者，來求子當與之子，自在所願。我當敕子往使隨護人，不得復妄嬈之。」欲從鬼子母求願者，名浮陀摩尼鉢，姊名炙匿。天上天下鬼，屬是摩尼鉢，主四海內船車治生，有財產皆屬摩尼鉢。摩尼鉢與佛結要受戒，主護人財物。炙匿主人若有產生，當往救之。

【章旨】記鬼子母聽從佛教誨自悔而皈依佛，成為安產與幼兒之保護神。

【注釋】❶愚癡　佛教語。三毒之一。謂無通達事理之智明。❷將　率領；帶領。

【語譯】鬼子母回來不見自己的孩子，便放棄他人之子不敢再殺。到處求索其子，遍尋不知去處。在路上啼哭，如此有十天之久。鬼子母捶胸頓足，撲倒在地，仰天大叫，自絕飲食。佛派遣一個沙門前往詢問，即對沙門說：「因失去多個孩子，所以痛哭。」沙門又問：「你想得到你的孩子嗎？」回答說：「想得。」沙門說：「你確實想要回孩子的話，可前去問佛，可以得到你的孩子。」鬼子母聽了這話，高興之極，便到了佛的住所，給佛行禮。佛問她：「為何啼哭？」鬼子母回答說：「失去孩子的緣故。」佛問：「你捨棄你的孩子不管，在哪裡失去他們的？」鬼子母默然。佛質問多次。鬼子母明白了盜人子之惡，於是起來行禮道：「是我愚痴的緣故。」佛又問道：「你有孩子，愛他們嗎？」鬼子母說：「我有孩子，坐行常陪在身邊。」佛又問道：「你有孩子，知道愛他們，為何要每天偷盜別人的孩子呢？別人也像你一樣愛他們的孩子，失去孩子的家庭也像你一樣在路上啼哭。你卻反盜他人之子並殺而食之，死後應該入太山地獄。你想要回你的孩子嗎？」鬼子母以頭面碰地道：「願佛可憐我。」佛說：「你的孩子如果還在，你能悔過嗎？如能悔過，就歸還你的孩子。」鬼子母說：「我能悔過。」佛說：「你能自悔的話，打算怎麼悔過？」鬼子母說：「祇要佛歸還我的孩子，願聽從佛的教誡，隨從佛的吩咐。」佛說：「確實像你說的那樣，就傳授你五戒。你的一千個兒子都有名號，五百個在天上，五百個在人間，擾亂天神人類。你的兒子作鬼王，帶領幾萬個鬼，這樣數不勝數。它們或叫做樹木神、地神、水神以及車船、住宅、昏暗、夢寐、恐怖、怪異等種種之神，以這種種詐稱讓人們來祭祀，烹殺飲食，但不能保護活人性命，祇不過增加罪過而已。祇有愚痴的人纔不知坐思貧窮……」鬼子母聽到佛這番話，一心悔過，於是得須陀洹道。她長跪於地對佛說：「願佛憐憫我，我想居住在佛的精舍旁。我想叫回我的一千個孩子，我想讓他們與佛結緣，我想報答天上天下人的恩情。」佛說：「太好了。如果你有此意，是大善。」佛說：「你就住在佛的精舍旁，其城中無子息的人來求子時，當如他們所願。我將命令你前往保護人民，不得再妄自擾亂他們。」欲向鬼子母求願的叫做浮陀摩尼缽，其姐姐名叫炙匿。天上天下的鬼都是摩尼缽的屬下，他掌管四海內船隻車輛經營，財產也屬摩尼缽管轄。摩尼缽與佛結緣遵守佛戒，掌管保護人民財物。炙匿的職責是產婦生產，則前往救助。

# 卷第四七

## 雜獸畜生部上

【題解】畜生，梵文 tiryañc，又譯作傍生。畜生者，為畜養之生類；傍生者，言為傍行之生類也，泛指鳥獸蟲魚等一切動物。本部輯錄雜獸畜生的因緣故事：獅子老虎本為善友，野干從中挑撥，結果反而分身喪命；兔王依附修道之人，投身火堆，命過後生兜率天……。這些善惡因緣故事，顯示了佛教境界的廣大，同時告誡人們，善惡必有報，棄惡從善，方能修成正果。

### 師子王有十一勝事

（出《涅槃（經）》第二五卷，又出《大智論》）

師子王生，住深山大谷。方頰巨骨，身肉肥滿，頭大眼長，眉高而廣，口鼻畟方❶，齒齊而利，吐赤白舌，雙耳高上，脩脊細腰，其腹不現，六牙長尾，鬉髦❷光潤，自知氣力，牙爪鋒鋩❸，四足據地，安住巖穴，振尾出聲。若有能具如足相者，當知真師子王。晨朝出穴，頻伸欠呿❹，四向顧視，發聲震吼，為十一事：一壞實非師子，詐作師子；二自試身力；三令住處淨；四使子知處；五群輩中無怖心；六睡者得覺；七諸獸不敢放逸；八諸獸得來依附；九調大香象；十告諸子息；十一莊嚴眷屬。凡聞師子吼，水性深潛，陸行藏穴，高飛墮落，廐中香象，震鏁斷絕，失糞怖走。猶如野干❺，雖學師子，至百千年，終不能作師子之吼。若師子子生，始三歲則能哮吼香山。徑有師子，飛鳥走獸，絕跡不闚❻。一切畜生，師子為最。

【章　旨】記獅子王瑞相及十一勝事。

【注　釋】❶叜方　方正。❷鬘毛　毛髮。❸鋒鋌　鋒利。❹欠呿　張口打呵欠。❺野干　獸名。似狐而小，形色青黃如狗，群行，夜鳴如狼。❻闚　暗中察看，這裡指看到。

【語　譯】獅子王出生以後，住在深山大谷裡。牠方臉頰骨骼巨大，身上肌肉肥胖豐滿，頭很大眼睛細長，眉毛高挑而寬，嘴巴鼻子方正，牙齒整齊而鋒利，口吐赤白舌頭，兩耳高聳，長長的脊骨細細的腰，腹部不顯露，六牙長尾，毛髮光亮潤澤，自知實力，爪牙鋒利，四隻腳按地，安然住在洞穴中，抖動尾巴發出吼聲。若能具備如此外觀形狀的，才知是真正的獅子王。獅子王早上出洞，伸懶腰打呵欠，環顧四周，發出怒吼之聲，然後做十一樁事情：一是毀滅那些實際上不是獅子而假裝獅子者；二是試驗自己的能力；三是打掃場地讓住處乾淨；四是讓自己的孩子知道去處；五是使同類中沒有恐懼之心；六是吼聲讓睡著的醒過來；七是讓群獸不敢放縱逸樂；八是讓群獸前來投靠歸屬；九是調教馴伏交配期的大象；十是告諭牠的子嗣；十一是讓自己的部屬加強修養。凡是聽到獅子王的吼聲，水中的動物深深潛入水底，陸上行走的動物躲進洞穴，高高飛翔的禽類嚇得從空中掉落，廄欄中處於交配期的大象，驚恐而使鐐銬斷絕，糞便失禁害怕得亂跑。就好像野干，雖然想學獅子吼，哪怕是學了千百年，最終不能發出獅子的吼聲。至於獅子王的孩子出生後，才三歲就能吼叫於香山。祇要路上有獅子，飛鳥走獸就絕跡看不到了。一切禽獸中，獅子是最厲害的。

## 師子虎為善友野干兩舌分身喪命

（出《十誦律》第三卷、《四分（律）》第九卷，文同；又出《彌沙塞律》第六卷，《野干兩舌經》，略同）

過去世雪山下有二獸，一名好毛師子，二名好牙虎，共為善知識❶，閉目相舐。是二獸恆得軟好肉噉。去是不遠有兩舌❷野干，作是念：「我至二獸邊言：『我與汝作第三伴，汝聽我入。』」師子、虎言：「隨意。」兩舌野干噉二獸殘肉，身體肥大。作是念：「是好毛師子、好牙虎共為善知識，更相親愛，閉目相舐，恆噉好肉，或時不得必當噉我。我先方便，令心別離。」語師子言：「虎有惡心於汝，『師子食噉皆是我力』。」師子言：「云何得知？」兩舌野干答言：「虎明日見汝時，閉目舐汝毛者，當知惡相。」往語虎言：「師子於汝有惡心，言：『有所食噉皆是我力。』」虎言：「云何得知？」言：「明日見汝時，閉目舐汝毛者，當知惡相。」

【章　旨】記獅子和老虎為好朋友，牠們常常能夠吃到鮮美的肉；一隻野狐請求做牠們的好朋友，從此後常吃獅子和老虎留下的剩肉，養得肥胖後，心生歹意，挑撥獅子和老虎的關係。

【注　釋】❶善知識　好朋友。❷兩舌　搬弄是非；挑撥離間。

【語　譯】很久以前，在雪山的山腳下有兩隻野獸，一隻獅子名叫好毛，另一隻老虎名叫好牙，牠們是好朋友，常常在一起閉著眼睛為對方舔舐。這兩隻野獸總是能得到又鮮又嫩的好肉吃。離牠們不遠，住著一隻搬弄是非、挑撥離間的野狐，牠在心中做了這樣的打算：「我要到那兩隻野獸邊對牠們說：『我給你們作第三個好夥伴，你們讓我加入吧。』」獅子和老虎同聲說：「隨你便。」從此，兩舌野狐常常吃獅子和老虎吃剩下的好肉，吃得身體肥滿壯實。這時牠想：「好毛獅子和好牙老虎互為好友，互相親近愛護，閉著眼睛為對方舔舐，又經常吃好肉，萬一某個時候得不到好肉的話，一定會吃掉我。我要先設計謀，讓牠們倆互相猜疑產生隔閡。」牠先對獅子說：「那老虎對你心懷惡意，牠說：『獅子所吃的全憑我的力量。』」獅子問：「你怎麼知道的？」兩舌野狐說：「明天老虎遇見你時，閉著眼睛為你舔毛的話，就一定能識破牠的猙獰面目。」然後牠又對老虎說：「獅子對你心懷惡意，牠說：『那些吃的東西全是我的功勞。』」老虎問：「你怎麼知道的？」野狐回答說：「明天獅子和你見面時，閉著眼睛舔舐你的毛髮的話，一定能看出牠的猙獰面目。」

是二知識中，虎生惡想，是故先往師子所言：「汝於我生惡心耶？」師子言：「誰作是語？」荅言：「兩舌野干。」好毛復問言：「汝於我亦生惡心耶？」虎言：「不也。」虎語師子言：「汝若有是惡語者，不得共作善知識。」好毛言：「是兩舌野干有如此言，云何不喜共我住耶？」即說偈言：

若信是惡言，則速別離去。當壞其愁憂，瞋恨不離心。
凡為善知識，不以他語離，不信欲除者。若信他別離，
則為其所食。不信兩舌者，還共作和合。所懷相向說，
心淨言柔軟。應作善知識，和合如水乳。今此弊小蟲，
生來性自惡。一頭而兩舌，殺之則和合。

虎與師子驗事實已，共捉野干破作二分。

【章旨】記獅子和老虎互相坦言，知道真相後仍舊和好如初並殺死了搬弄是非的野狐。

【語譯】這兩個好朋友中的老虎先產生畏懼心理，因此主動前往獅子住處，問：「你對我心生惡意，對嗎？」獅子問：「這是誰說的？」回答說：「是搬弄是非、挑撥離間的野狐。」獅子好毛也問：「你對我也心懷惡意嗎？」老虎回答：「沒有。」接著老虎對獅子說：「如果你說過這樣的壞話，那我們就做不成好朋友了。」好毛獅子告訴老虎：「這都是兩舌野狐說的話，你怎麼會不願意和我同住一處呢？」於是說偈言道：

如信這壞話，就速分離去。將壞其憂愁，憤恨不離心。
凡為好朋友，不因挑撥離，不信陰謀者。若信而分離，
就被牠所食。不信挑撥言，和睦又同心。有疑互相訴，
心淨話柔和。應作好朋友，和睦同水乳。今這壞蟲豸，
生來就性惡。一頭卻兩舌，殺之纔和睦。

老虎和獅子驗證了事實後，一起逮住野狐，把牠碎裂為兩段。

## 象子生而失母為仙人所養

（出《佛說弟子過命經》）

往古世時，有閑居❶一象，象生一子，墮地未久，其母終亡。去彼不遠仙人所處，有大威神，功德具足，志懷大哀。遙見象子，其母命終，纔能舉足，東西遊濮❷，不能自活。即時扶還所止，餘食之以水果。

【章旨】記一隻小象出生未久，母親死去，被一個仙人收養。

【注釋】❶閑居　避人獨居。❷遊濮　猶遊蕩。

【語譯】很久以前，有一隻避人獨居的大象，牠生了一隻小象，小象出生不久，大象就去世了。離牠們不遠是仙人居住的地方，其中一個有大威德神力的仙人，功業德行全都完備，胸中懷有同情憐憫之心。他遠遠地看見了那隻小象，牠的母親已死，而小象自己剛剛能蹣跚走路，到處遊蕩，不能養活自己。於是仙人便把小象領回自己住處，用水果來餵養牠。

彼時象子，仁和賢善，功德姝妙，樂干❶義理❷，既得安樂，無有憂患。於時仙人臥起同處，身形轉長，衣毛❸鮮澤，則以水漿供養仙人並好果蓏，然後自食。仙人愍哀，觀其德行，愛念如子，視❹之無厭。

【章　旨】記小象慢慢長大，德行良好，供奉仙人，仙人十分疼愛小象。

【注　釋】❶干　求。❷義理　猶學問。❸衣毛　即毛。因毛覆蓋體表如衣，故名。❹視　照料；照看。

【語　譯】那時的小象仁愛溫和且賢明善良，功業德行都十分美好，樂意去求取學問，已經得到安寧快樂，再沒有什麼憂慮。當時和仙人同吃同住，身體慢慢長大，毛色鮮明而光潔，牠總是先用淨水美酒上等水果瓜菜供養仙人，然後自己纔吃。仙人無限哀憐，觀察著小象的品德行為，喜愛小象就像自己的孩子，每天照看牠不厭煩。

時天帝釋❶即時發念❷：「今此仙人志在象子，倚念無猒，今我寧可別令愁感。」時天帝釋示現❸試之，化使象子忽然死地而血流離❹。仙人見象子死，愁憂涕泣。餘仙人聞，來諫曉之，不能除憂。時天帝釋住在虛空，為仙人說偈，時天帝釋令象子活，仙人大喜。仙人者，和尚身是；象子者，死弟子是也；天帝釋者，則我身是也。

【章　旨】記天帝釋為觀察仙人對小象的愛戀程度，故意讓小象死去，仙人悲哀不已，天帝釋為仙人說法並使小象復活。

【注　釋】❶天帝釋　忉利天之主，居住在須彌山之頂喜見城，統領其他三十二天。❷發念　萌生念頭。❸示現　應機緣而現種種化身。❹流離　猶淋漓。

【語　譯】其時天帝釋立刻萌生一個念頭：「如今這仙人所有心思都在小象身上，牽掛不止，我現在寧願讓他憂愁感傷。」於時天帝釋應機緣現化身去考驗仙人，他使出法術讓小象忽然倒地死去，鮮血淋漓。仙人看見小象死去，悲苦憂傷哀哭不止。其餘仙人聽說後，紛紛前來勸解安慰，但不能消除仙人的憂愁。這時天帝釋停在半空中給仙人唱頌偈言，並讓小象死而復活，仙人非常高興。那時這位仙人，就是現在的和尚；小象，就是一個死去的佛教弟子；天帝釋，便是我的前身。

（出《十誦律》第三卷，又出《四分律》第七卷，略同）

## 二牛角力牽載

過去有人，有一黑牛；復有一人，亦有一牛。為財物故，唱言：「誰牛力勝我牛者？若勝，我輸物；若不如者，輸我物。」時黑牛主荅言：「可尒。」時載重物繫牛車左，共相輕喚，謂「黑曲角」，以杖擊之，牽是車去。牛聞之，即失色力❶，不能挽❷重上阪❸。時黑牛主大輸財物。

【章旨】記兩牛主人較量牛力，黑牛主人對黑牛口出惡言，大輸財物。

【注釋】❶色力　即氣力、力量。❷挽　牽引。❸阪　山坡；斜坡。

【語譯】從前，有人有一頭黑牛；另外還有一個人，也有一頭牛。為了賭財物，這人揚言道：「誰的牛力勝過我的牛？如果勝過我，我輸財物；如果不能勝過我，要輸財物給我。」這時黑牛主人回答：「可以。」便把沉重的貨物繫在牛車的左邊，他們一起輕蔑地叫黑牛為「黑曲角」，還用棍棒擊打黑牛，牽著黑牛車前行。黑牛聽到那個稱呼，立刻全身沒了力氣，不能牽引重物上山坡。當時黑牛主人輸了很多財物。

是得物人後復更唱令。黑牛聞聲，即語其主：「可荅言爾。」主言：「不能。所以然者，汝弊黑牛大輸我物，今復作者，輸我物盡。」牛語主言：「先在眾前形相輕，我聞惡名故，即失色力，是故不能挽重上阪。今授主語，莫出惡言，在他前時，便語我言：『汝是好黑大牛，生來良吉，角廣且圓。』」主受牛語，即便洗刷塗角，著好華鬘，繫車右邊。柔軟愛語：「大吉黑牛，廣角大力，牽是車去。」是牛聞是柔軟愛語，故即得色力，牽重得上阪。時黑牛主先所失物，更再三倍得之。

【章　旨】記黑牛主人聽從黑牛的建議，對黑牛大加讚賞，因而贏得許多東西。

【語　譯】那個得到財物的人後來又高呼同樣的話。黑牛聽到後，便對牠的主人說：「你可以回答他。」主人說：「不可以。之所以這樣，都是因為你這頭不中用的黑牛輸掉我好多財物，現在再這樣做的話，非得把我的東西輸完不可。」黑牛告訴主人：「剛才你在眾人面前輕視我，我聽到那個難聽的稱號，全身就沒了力氣，因此不能牽引重物上山坡。現在告訴主人不要口出惡言，當著他的面，你對我說這樣的話：『你是一頭好樣的黑牛，一出生就大吉大利，你的角又寬又圓。』」主人接受了黑牛的建議，立即為黑牛把角洗淨並塗上漂亮的顏色，還給牛戴上美麗的花環，把東西繫在車的右邊。主人說著溫柔體貼的話：「大吉大利的黑牛啊，你的角又寬又闊，力大無比，一定會把這些東西拉上山坡。」黑牛聽到好聽的話全身立刻來了勁，把那些沉重的東西拉上了山坡。這時黑牛主人贏得的東西是原來所失去的二三倍。

是牛主得大利已，心甚歡喜，即說偈曰：

載重入深轍，隨我語能去。是故應軟語，不應生惡言。
軟語有色力，是牛能牽車。我獲大財物，身心得喜樂。

佛語諸比丘：「畜生聞形相語，尚失色力，何況於人？」

【章旨】記黑牛主人得出結論：對人對物不能惡言惡語。佛以此教育眾僧人。

【語譯】黑牛主人得了這麼多好處，心裡非常高興，於是便唱偈言道：

負重壓深轍，牛隨我語行。故應說軟語，不能出惡言。
軟語有力量，此牛能拉車。我贏發大財，內心得歡樂。

佛對眾僧人說：「一個畜生聽到評論自己外貌醜陋的話語尚且會全身無力，更何況人呢？」

（出《十誦律》第一卷）

## 狗乞食不得詣官訟主人

佛在舍衛國。過去世有狗，捨自家至他家乞食。入他家時，身在門內，尾在門外。時主人居士打不與食。狗詣眾官言：「是居士，我至其家乞食，不與我食，反打我。我不破狗法。」眾官問言：「狗有何法？」荅言：「我在自家隨意坐臥，至他家時，身入門內，尾著門外。」眾官言：「喚居士來。」問言：「汝實打狗，不與食耶？」荅言：「實爾。」

【章旨】記一條狗前往一戶人家乞食被打，告到官府。

【語譯】佛在舍衛國。很久以前，有一條狗離開自己家到其他家去乞討食物。進入那家時，身子處在門裡，尾巴留在門外。那家有錢的主人把狗打出門不給食物。於是狗前往官府告狀說：「那個在家修行的有錢人，我到他家乞討食物，他不給我食物反過來打我。我沒有違反狗法。」官吏問道：「狗有什麼法？」狗回答說：「我在自己家裡的時候，不管什麼地方隨便坐臥，到他家的時候，身子在門內，尾巴留在外面。」官吏說：「把那個在家修行的有錢人傳喚過來。」問那人：「你的確毆打這狗不給牠吃的嗎？」回答說：「的確這樣。」

眾官問狗言：「此人應云何治？」狗言：「與此舍衛城中大居士職。」「何以故？」荅：「我昔在此舍衛城中作大居士，以身口作惡，故受是狗身。是人惡甚於我，若令是人得力勢者，當大作惡；令入地獄，極受苦惱。」

【章旨】記狗建議讓這人作舍衛城中大居士，預言此人會更作惡被打入地獄。

【語譯】官吏問狗：「這人應該如何治罪呢？」狗說：「給他這舍衛城中大居士的職位。」「為什麼呢？」狗回答說：「以前我在這個舍衛城作大居士，因為身業口業做壞事，所以轉為狗身。這個人比我還壞，如果讓他得了權勢，他定會做罪大惡極之事；最後讓他入地獄，遭受巨大的痛苦。」

## 鹿母落弶乞與子別還來就死

（出《鹿子經》）

昔者有鹿，數百為群，隨逐美草，侵近❶人邑。國王出獵，遂各分迸。有一母鹿懷妊，獨遊被逐，饑疲失侶。時生二子，捨行求食。煢悸失厝，墮獵弶❷中，悲鳴欲出，不能得脫。獵師聞聲便往視之，見鹿心喜，即前欲殺。

【章旨】記一隻母鹿被獵人捕獲將被殺害。

【注釋】❶侵近　靠近。❷獵弶　一種捕獵器具。

【語譯】從前有一群鹿，大約有幾百隻，因為尋找鮮嫩的草，而不小心靠近城邑。國王外出打獵，群鹿四散逃離。有一隻母鹿懷有身孕，獨自漫遊被獵人追逐，又餓又累，與伴侶走散。恰在這時牠生了兩隻小鹿，母鹿衹好把兩隻小鹿留在原地，自己去尋找食物。牠孤獨害怕，頭暈目眩掉進獵網中，牠哀哀地鳴叫，想要出去，但無法擺脫。獵人聽到牠的聲音，便前往察看，看見一隻鹿，心裡非常高興，走上前去想要殺害。

鹿乃叩頭，求哀自陳：「向生二子，尚小無知，始視濛濛，未曉東西，乞假須臾，暫還視子，將示水草，使得生活，旋來就死，不違信誓。」獵者驚怪，即荅鹿曰：「一切世人尚無至誠，況汝鹿身？從死得脫，豈有還期？」鹿復報言：「聽則子存；留則子亡。」說偈言：

我身為畜獸，遊處於山藪。賤生貪軀命，不能故送死。
今來入君弶，分當就刀机❶。不惜腥臊身，但憐二子耳。

獵者甚奇甚異，意猶有貪，又荅鹿曰：「夫巧偽無實，姦詐難信，虛華萬端，狡猾非一。愛身重死，堪能效命？人之無良，由❷難為期，而況禽獸？去豈復還？固不放汝。」鹿復垂淚，以偈報言：

雖身為賤畜，不識仁義方。柰何受慈恩，一去不復還。
甯就分裂痛，無為虛詐存。哀傷二子窮，乞假須臾間。
世若有惡人，鬪亂❸比丘僧。破塔壞佛寺，及殺阿羅漢。
反逆害父母，妻子及奴婢。設我不來還，罪大過於是。

獵者重聞鹿言，心益悚然，乃卻歎曰：「惟我處世，得生為人，愚惑癡冥，背恩薄義，殘害眾生，殺獵為業，詐偽苟得，貪求無猒，不知非常，識別三尊。鹿之所言，有殊於人，信誓叩至，情見盡忠。」便前解弶，放之令去。

【章旨】記母鹿掛念出生不久的小鹿，乞求獵人暫時釋放自己去見小鹿。獵人在母鹿的再三懇求下被感動，釋放母鹿。

【注釋】❶刀机　即刀几，切肉用的刀和几案。❷由　猶。❸鬪亂　毀謗，挑撥是非。

【語譯】母鹿趕緊叩頭求饒，自己陳述：「我剛剛生了兩隻小鹿，還年幼無知，剛開始看物，兩眼迷茫，分不清東南西北，我懇求你放我一會兒，讓我暫且回去看看牠們，代領並告訴牠們有水草的地方，讓牠們可以自己生活下去，然後我馬上回來聽憑你宰割，絕不失信。」獵人感到非常吃驚，回答說：「這世間的人尚且不講信用，何況你祇是一頭鹿呢？從死裡逃生，哪裡有再回來的道理？」母鹿又懇求說：「如果能聽信我一句話，我的孩子就有活頭；如果現在把我留下，我的孩子必死無疑。」接著唱偈言道：

我雖為畜生，遊行在山林。螻蟻尚貪生，不能白送死。
不幸入羅網，理應就刀俎。不惜微賤命，祇為二子故。

獵人感到非常驚奇，但內心裡仍有貪意，捨不得失去這隻鹿，又回答說：「你花言巧語而又虛偽，實際上你姦詐欺騙難以守信用，虛辭浮說狡辯萬端，你的狡猾程度實在非同一般。你本來是愛惜自己的性命不肯輕易去死，怎麼會捨命報效呢？作為人都沒有好的，尚且難以和他約定事情，何況你身為禽獸？逃脫後又哪裡會再回來呢？我堅決不放你走。」母鹿淚流滿面，繼續唱道：

雖我為畜生，不識仁和義。怎奈受大恩，豈可不復還。
寧受宰割痛，不為虛誑活。可憐二子幼，求假片刻間。
世間有惡人，毀謗比丘僧。破壞佛塔寺，殺害阿羅漢。
叛逆弒父母，害妻子奴婢。如我不復返，罪過大於此。

獵人聽到母鹿這一番表白，內心更加惶恐不安，無限感慨：「虧我還生在這人世間，然而卻愚昧痴迷，背恩棄義，殘害眾生，以打獵為業，用欺詐虛偽的方法求得獵物，貪婪沒有滿足，不知世相無常，妄識佛法僧三寶。這母鹿所說的話殊別於在人間所聽到的話，牠信誓旦旦，可見牠情真意切。」於是獵人走上前去為母鹿解開繩索，讓牠離開。

**於是鹿還，至其子所，低頭鳴吟❶，舐子身體，一悲一喜，並說偈言：**

**一切恩愛會，皆由因緣合。合會有別離，無常難得久。**

今我為尒母，恆恐不自保。生世多畏懼，命危於晨露。

於是鹿母將其二子，示好水草，垂淚交流，說偈別言：

吾朝行不遇，誤墮獵者手。即時當屠割，碎身化糜朽。
念汝求哀來，今當還就死。憐爾小早孤❷，努力自活已。

鹿母說已，便捨而去，二子鳴呼，悲淚戀慕❸，從後追尋，頓仆復起，母顧命曰：「爾還勿來，無得母子並命俱死。吾沒心甘，傷汝未識世間無常，皆有離別。我自薄命，尒生無怙❹。何為悲懷，徒益憂患？但當建志畢命❺。」於是母復為子說此偈言：

吾前坐貪愛，今來受獸身。世生皆有死，無脫不終患。
制意一離貪，然後乃大安。寧就說信死，終不欺殆生。

【章旨】記鹿母子見面悲喜交加，母鹿安頓好小鹿的生活並教導小鹿後，遵守諾言前去受死。

【注釋】❶鳴吟　有節奏地鳴叫。❷孤　幼年喪母。❸戀慕　留戀愛慕。❹怙　依賴。❺畢命　老死；壽終。

【語譯】於是母鹿回來，到其孩子處所，低頭有節奏地鳴叫，給小鹿舔舐身體，又悲又喜，說偈頌道：

一切恩愛聚，都有因緣合。聚合有別離，世間難持久。
今我為鹿母，常恐難自保。世道多恐懼，生命如晨露。

於是鹿母帶著牠兩個孩子，指給牠們有水草的地方，流著眼淚，說偈道別：

我早行不幸，誤入獵人手。即刻被宰割，碎身化腐朽。

為子求哀回，今將返就戮。憐爾幼喪母，努力求生存。

鹿母說完之後，拋下兩個孩子便離開了，兩隻小鹿口中嗚咽，流著眼淚戀戀不捨，從後面追趕母親，踉踉蹌蹌，摔倒又爬起，母親回過頭來命令牠們：「你們快快回去不要跟著我，咱們不能母子都去送命。我甘願去受死，祇是傷感你們還不懂得人世無常，有聚終有散。我自己命薄，你們一出生卻失去依靠。何必這麼悲傷，祇會白白增加自己的煩惱。你們一定要有志氣活完這一生。」接著母親又對孩子唱道：

前生因貪愛，今世受獸身。世代有生死，終有擺脫時。

脫離貪嗔痴，然後得安寧。寧可誠信死，絕不欺騙生。

子猶悲戀，嗚呼啼哭，相尋至於弶所。東西求索，乃見獵者臥於樹下，鹿母住立，說偈覺言：

前所可放鹿，今來還就死。恩流惠賤畜，得見辭二子。

將行示水草，為說非常苦。萬沒無遺恨，念恩不敢負。

獵者於是忽覺驚起，鹿復跪向，重說偈言：

君前見放去，德重過天地。賤獸被慈覆，赴信來就死。

感仁❶恩難忘，不敢違命旨。雖還千反報，猶不畢恩紀。

獵者見鹿篤信死義，志節丹誠，慈行發忠，效應征驗，捨生赴誓；母子悲戀，相尋而至，慈感愍傷。稽首謝曰：

為天是神祇，信義仁乃尒。恐懼情悚然，豈敢加逆害。
寧自殺鄙身，害及其妻子。何忍向靈神，起想如毛髮。

獵者即便放鹿使去，母子悲喜，鳴聲呦呦，偈謝獵者：

賤畜生處世，應當充廚宰。即時分烹俎，寬惠辭二子。
天人重愛物，復蒙放赦原。德祐積無量，非口所能陳。

【章旨】記鹿母子難捨難分，獵人對母鹿守誓不惜生命的品德大為感動，釋放了母鹿。

【注釋】❶仁　您。

【語譯】兩個孩子仍舊悲號留戀，啼哭不止，牠們最後來到了那獵網處。到處尋找，最後在一棵大樹下看見獵人躺在那裡，母鹿站立，唱偈頌使他醒來：

先前所放鹿，今返來就死。恩惠及賤畜，得讓辭二子。
帶子找水草，又說無常苦。心中無遺恨，大恩不敢負。

獵人突然被驚醒坐起來，母鹿又跪下，重新唱偈言道：

君前放我去，大德超天地。賤畜受慈恩，今來赴信死。
感您大恩德，不敢違旨意。縱然千結草，難報君大恩。

獵人見母鹿忠誠守信用，恪守大義，有氣節，赤心耿耿，而又善良忠貞，心口一致，遵守諸言，為了誓言捨棄自己的生命；又看見牠們母子難捨難分，前後追尋而來，起了大慈大悲之心。叩頭謝罪：

在天是神靈，守信乃如此。吾今誠惶恐，豈敢加害汝。
寧可殺自身，傷害及妻子。怎忍向神靈，產生加害念。

獵人於是便把母鹿放還，讓牠離去，母子團圓悲喜交加，呦呦鳴叫，用偈頌感謝獵人：

賤畜處世間，本當充廚宰。即刻被烹割，受恩辭二子。
君惠及萬物，又蒙赦我死。德澤無可量，鄙口述不盡。

獵者具以聞王，國人咸知，普感慈信。獸之仁行有踰於義，莫不肅歎。為止殺獵。鹿還，鳴群嘯侶遊集，各寧其所。佛言：「時鹿者，我身是；二子者，羅雲末利母是也；時國王者，舍利弗❶是；射獵者，阿難是。」

【章　旨】記獵人把這件事告訴國王，全國之人都深受感動，停止殺獵。

【注　釋】❶舍利弗　佛十大弟子之一。原名優婆底沙，詳名為捨舊弗多羅。他精通百科技藝，與朋友俱律陀擁有弟子多人，聲勢相當廣大。後歸依於佛，受具足戒。被稱為智慧第一。

【語　譯】獵人把這一事情全部告訴國王，全國的人都知道了這件事，大家被牠們這種守信用和仁慈之心所感動。野獸的仁慈甚至超過了信義，沒有人不感慨萬分。國王下令禁止全國捕殺獵物。這隻鹿回到了自己的隊伍中，高興地呼朋喚友集結遊行，從此生活安定。佛說：「當時那隻鹿，便是我的前身；那兩隻小鹿，就是羅雲末利母的前身；那國王，是舍利弗的前身；那獵人，是阿難的前身。」

## 銘陀獸剝皮濟獵師命

（出《賢愚經》第三卷）

佛在羅閱耆闍崛山，身有風患，祇域醫王為合酥藥，用三十二種，日日服三十二兩。時提婆達常懷嫉妬，心自高大，望與佛齊。效佛亦服，注諸脈理，身力微弱，苦惱啼哭。世尊憐愍，手摩其頭，藥消病除。看識佛手，曰：「悉達餘術世不承用，復學醫道。」

【章旨】記提婆達效仿佛服藥，不勝藥力，苦痛難言，佛為其消除。

【語譯】佛在羅閱耆闍崛山上，患了中風病，當地最有名望的醫生給他炮製了一種酥藥，使用三十二種藥材，每天服用三十二兩。那時提婆達常懷妒忌，他心中驕傲，希望和佛平起平坐。於是也仿效佛服藥，他把藥直接注入到經脈裡，結果身體變得有氣無力，使他苦惱異常，叫喚不停。佛很憐憫他，用手摸了摸他的頭，立刻藥效消失，病痛解除。他看了看佛的手，說：「我這點道術在世間派不上用場，我要學醫術。」

佛言：「提婆達懷惡，不但今日。昔閻浮提城名波羅奈，王名梵摩達，兇暴無慈。忽夢一獸，身毛金色，毛端金光，即召獵師：『我夢具以告之，汝等求捕，若得其皮，當重賞汝，若不得者，誅滅汝族。』時諸獵師憂愁憒憒，聚會議計，共募一人，今行求之：『若汝不言還之，亦當以物與汝妻子。』其人自念：『分棄身命，即可當行。』涉嶮❶而去，經久身弊。天時暑熱，鬱蒸❷欲死，悲悴而言：『誰有慈悲，救我身命？』有一野獸名曰銘陀，身毛金色，聞甚憐愍，身入冷泉，來就裡抱。小還有力，將至水所，為其洗浴，拾果食之。體既平復，而自念言：『今覩此獸，王正求之。然我垂死，賴其濟命，感恩未訓❸，何心當害？若復不獲，彼諸獵師，必被誅戮。』念是而悲。銘陀問言：『以何不樂？』荅心所懷，銘陀語言：『此事莫憂，我皮易得。捨身無數，未曾為福。今以身皮濟彼眾命，如有所獲，但剝取皮，莫便絕命。我以施汝，終無悔恨。』獵師剝皮，銘陀即自立願：『今我以皮用施此人，救彼愛命，持此功德，施及眾生，用成佛道，普度一切。』作此願已，三千國土，六反震動。剝皮去後，身肉赤裸，血出流離。後有八萬蠅蟻之屬，集其身上，同時唼食❹。時欲趣穴，復恐傷害，忍痛自持，身不動搖，死於彼中。時諸蠅蟻食者身，命終生天。獵師擔皮上王，王見奇之，常敷用臥，心安隱快樂。獸銘陀者，今我身是；梵摩達王，今提婆達多是；八萬諸蟲，我初成佛始轉法輪❺，上八萬諸天得道者是。」

【章　旨】記佛說提婆達前世宿命。

【注　釋】❶嶮　險要；險阻。❷鬱蒸　悶熱。❸訓　報償。❹啖食　猶咬、吞食。❺轉法輪　指釋尊為令眾生得道而說法。佛之教法，謂之法輪；說教法，謂之轉法輪。

【語　譯】佛說：「提婆達心懷惡意，不祇是在今世。從前人世間有一座波羅奈城，國王名叫梵摩達，兇狠殘暴沒有一點慈善之心。有一天他夢見一隻野獸，全身毛髮為金色，每個毛端金光閃閃，於是他把獵人召集在一起說：『我把我夢中所見全都告訴你們，你們去給我捕獲牠，如果能夠得到這隻野獸的皮，定有重賞，但如果得不到，則誅殺你們全族的人。』當時這些獵人十分憂愁，聚集在一起商討計議，最後他們招募來一個人，讓他出去尋找：『如果你不能回來，我們也會送東西給你妻室兒女的。』這人心中想：『我理應拋棄自己的性命，馬上就出發。』於是他跋涉千山萬險尋找那隻野獸，日子一長，身體狀況一天不如一天。這時天氣炎熱，悶熱得幾乎死去，他心中悲愴，不由得大呼：『誰能發發慈悲，救我一命？』有一隻野獸名叫銘陀，全身金黃色的毛髮，聽到此人的呼聲後非常可憐他，於是銘陀潛入冷泉，然後抱著他降溫。那人身上恢復了點力氣，銘陀領著他來到有水的地方，給他洗了澡，又去揀來果物餵他吃。這人的身體恢復，心中想：『我看這隻野獸，正是國王要找的那隻。但在我垂死之際，靠牠救了我的命。牠的恩情我還沒有報答，我怎麼忍心傷害牠呢？但如果我得不到這隻野獸，那些獵人又一定會被誅殺。』他越想越愁悲。銘陀問：『你為什麼悶悶不樂？』那人告訴了銘陀他的心事，銘陀立刻說：『這件事情你不用發愁，我的皮很容易得到。我已經無數次地捨棄過自己的性命，但都不是為了積德之事。如今要我以自己身上的皮來挽救那些人的性命，是我的一大收穫，你祇是剝取我的皮，我不會立刻死去。我把我的皮給你，絕不後悔。』於是獵人把銘陀的皮剝了下來，銘陀許願說：『如今我用自己的皮施捨給這個人，用來挽救那些人的性命，我依靠這一功德施及眾生，希望能成佛道，普度世間萬物。』牠剛剛許完願，這廣袤的三千國土上便起伏震動了六次。銘陀被剝去皮後，全身的肉都裸露在外，鮮血淋漓。此後引來了八萬隻蒼蠅螞蟻，同時聚集在牠的身上吮血吃肉。此時銘陀想跑到洞穴裡，但又怕傷害了這些蒼蠅螞蟻，忍痛堅持，身不動搖，最後死在那裡。這時那些蒼蠅螞蟻吃完後，喪命生在天上。獵人們擔著那張皮去獻給國王，梵摩達王非常驚奇，常常鋪好躺在那張皮上，心裡感到安穩快樂。那銘陀野獸，便是我的前身；那梵摩達王，就是如今的提婆達多的前身；八萬隻蟲子，是我剛剛修煉成佛進行說法的時候，那八萬得到道法的天人的前身。」

## 野狐從師子乞食得肥後為師子所食

（出十卷本《譬喻經》第八卷）

有野狐往從師子乞食，每得殘餘，往遂不息。正值師子飢未得食，便呼野狐，鼻齅，便取吞之；未死，咽中呼言：「大家❶活我。」師子心念：「養汝肥脆❷，當持備之耳，汝復何云。」

【章旨】記一隻野狐常常向獅子乞食，不知適可而止，最後被獅子吃掉。

【注釋】❶大家　主人，這裡指稱曾給過野狐恩惠的獅子。❷肥脆　肥嫩。

【語譯】有一隻野狐向獅子乞求食物，每次總能得到一點殘骨剩肉，於是牠便不間斷地去。這天正巧碰上獅子沒有捕得食物飢餓難耐，獅子把野狐喚到身邊，用鼻子聞了聞，二話不說便把牠吞了下去，吞到咽喉的時候，野狐還沒死，大喊：「大恩人你饒我一命吧。」獅子心想：「我把你養得又肥又嫩，就是作為找不到食物時的備用品，你還叫喊什麼。」

## 狼得他心害怨女嬰兒

（出《鈔毗曇》第二八卷）

有女置其嬰兒在於一處，狼擔兒而走。時人捕躡而語之言：「汝今何故擔他兒去？」狼答之言：「此小兒母是我怨家，五百世中常食我兒，我亦五百世中常殺其子。若彼能捨舊怨之心，我亦能捨。」時人語其兒母：「可捨怨心。」兒母答言：「我今已捨。」狼觀兒母，雖口言捨而心不放，害之而去。

【章　旨】記一位母親前世常叼食他人嬰兒，此人轉生為狼，來叼那位母親的嬰兒。這位母親不能捨棄舊怨，嬰兒被狼害死。

【語　譯】有一個婦女把嬰兒放在一個地方，被狼發現叼走。當時人們追捕狼，並問狼：「你為什麼要叼走別人的嬰兒？」狼回答：「這小孩的母親是我的仇人，在以前的五百年裡常常吃我的兒子，我也要在今後的五百年裡殺她的兒子。如果她能拋棄舊恨，我也能。」人們又對那位母親說：「你應該捨棄仇恨之心。」婦女回答：「如今我已捨棄。」狼仔細觀察了一下，發現這個婦女雖然口頭上說要拋棄舊恨，其實心裡並沒有真正放棄，於是把那嬰兒咬死後離開。

（出《賢愚經》第一二卷，又出《彌沙塞律》第一〇卷，又出《僧祇律》第一九卷）

## 獼猴奉佛缽蜜

佛與諸比丘受師質婆羅門❶請，還於耆闍，河邊洗器。安羅樹林有獼猴，行見一樹，無蜂而有熟蜜，來就阿難求缽，阿難不與。佛言：「但與。」獼猴得缽，盛滿蜜以奉世尊，世尊不受，令其水淨。獼猴不解，謂呼❷有蟲，將至水邊洗鉢，水漾❸蜜中，捧還上佛。佛分布眾僧，皆悉周遍。獼猴歡喜騰躍，卻舞墮坑而死，為師質婦胎。後生男子，形貌端正。佛言：「於過去迦葉佛時，有一年少沙門，見阿羅漢❹跳渡涇水，謂凡比丘云：『汝飄疾如獼猴。』後五百世中常為獼猴。」

【章旨】記一隻獼猴借佛飯鉢盛蜜進獻給佛；獼猴高興雀躍墮坑而死，轉生為人，佛解說他前世因緣。

【注釋】❶婆羅門　古印度四種姓之一。世代以祭祀、誦經、傳教為業，是社會精神生活的統治者。❷謂呼　以為。❸漾　液體滿而外流。這裡指流入。❹阿羅漢　簡稱羅漢，修行者得到證悟的果位，也稱得到了這種果位的人。

【語譯】佛和一些比丘接受師質婆羅門的供養後，回到耆闍，在河邊清洗食器。安羅樹林有隻獼猴，行走時看見一棵大樹，上面沒有蜜蜂卻有熟的蜂蜜，於是來向阿難借飯鉢，阿難不肯給牠。佛說：「祇管給牠。」獼猴有了飯鉢，盛了滿滿一鉢蜂蜜奉送給佛，佛不接受，讓牠去用水沖乾淨。獼猴迷惑不解，以為裡面有蟲子，於是帶著飯鉢到水邊去洗，水流入蜜中，捧回來獻給佛。佛把這些蜂蜜分給各位僧人，所有人都吃到了蜂蜜。獼猴非常高興，歡呼雀躍，手舞足蹈，不料掉進一個土坑裡摔死，成為師質妻子的胎兒。後來這家生了個男孩，形體面貌端正。佛說：「在過去迦葉佛的時候，有一位少年僧人，看見一位羅漢跳躍著渡過了涇水，便對所有比丘說：『你們迅疾得像獼猴。』後來五百年中他便一直做獼猴。」

（出《生經》第三、第四卷，又出《兔王經》）

## 兔王依附道人投身火聚生兜率天

昔有兔王遊於山中，與群輩❶俱食果飲水，行四等心❷，慈悲喜護，教諸眷屬，悉令仁和，勿為眾惡，畢脫此身，得為人形，可受道教。時諸眷屬，歡喜從教，不敢違命。

【章　旨】記一個兔王率領群兔修煉佛法，以期轉生為人。

【注　釋】❶群輩　朋輩；同類。❷四等心　即四無量心，佛教語，菩薩普度無量眾生的四種精神，即慈、悲、喜、捨。與樂謂之「慈」，拔苦謂之「悲」，見眾生離苦得樂而欣悅謂之「喜」，怨親平等謂之「捨」。

【語　譯】從前有個兔王生活在山中，與牠的同類都吃野果喝山泉，修行普度眾生的四無量心，心懷慈悲，喜樂愛護，牠教導自己部下，全都要仁慈和睦，不要做各種壞事，最後可以脫離兔身，轉生為人，還可接受佛法教化。牠的部下欣然聽從兔王教導，不敢有半點違抗。

有一仙人處在林樹，食果飲水，獨修道行，未曾遊放，逮四梵行❶，慈悲喜護。誦經念道，音聲通利❷，其音和雅❸，聞莫不欣。於時兔王往附近之，聽其誦經，意中欣樂，不以為猒，與諸眷屬，共齎果蓏供養道人。

【章　旨】記一位仙人在山中修煉道行，誦經之聲悅耳動聽，兔王被其聲音感染，率領群兔供養仙人。

【注　釋】❶四梵行　即四無量心。此四心為生梵天之行業，故名梵行。❷通利　通暢。❸和雅　和諧雅正。

【語　譯】有位仙人，住在林樹間，吃野果喝山泉，獨自修煉佛道，從來都不放縱自己，最終修成了四無量心，慈悲為懷，喜樂愛護。他念誦經書修行佛道，聲音流暢，聲調和諧雅正，聽到他的讀經之聲，沒有人不喜歡。

當時兔王就前往依附並親近他，聽他念經書的聲音，打心眼裡喜歡，百聽不厭，同時和牠的部下共同進獻瓜果等物供養道人。

如是積日，經歷年月。時冬寒至，仙人欲還到於人間。兔王見之，愁憂不樂，心懷戀恨，不欲令捨，問：「何所趣？在此日日相見，以為娛樂，飢渴忘食，如依父母，願留莫去。」仙人報曰：「吾有四大❶，當慎將護❷，今冬寒至，果蓏已盡，山水冰凍，又無岩窟可以居止，故欲捨去，依處人間，分衛❸求食，頓止精舍。過此冬寒，當復相就，勿以悒悒❹。」兔王荅曰：「吾等眷屬當行求果，遠近募索，當相給足。願一屈意愍傷見濟。假使捨去，憂慼之戀，或不自全。設使今日無有供具，便以我身供上道人。」道人見之感懷哀念：「恕之至心，當奈之何？」仙人事火，前有生炭，兔王心念：「道人為我，是以默然。」便自舉身投於火中，火大熾盛，道人欲救，尋已命過，生兜術天❺，言菩薩身功德特尊，威神巍巍。仙人見之，為道德故不惜身命，愍傷憐之，亦自剋責，絕穀不食，尋時遷神，處兜率天。佛言：「時兔王者，則我身是；仙人者，定光佛是。」

【章　旨】記仙人打算冬天返回城邑，兔王誠懇地挽留，為之投身火海，生在兜術天上。仙人自責，絕食死去，亦生兜術天。

【注　釋】❶四大　佛教以地、水、火、風為四大，也用作人身的代稱。❷將護　調養護理。❸分衛　僧人乞食。❹悒悒　愁悶。❺兜術天　也叫兜率天，為彌勒佛居處。此天憑空而居，人間四百年為此天一晝夜，人間十四萬四千年為此天一年。

【語　譯】如此累日，經歷了一段時間。很快冬來寒至，仙人想回到城邑去。兔王知道後，愁悶煩憂鬱鬱不樂，心裡戀戀不捨感到遺憾，不願意讓仙人離開，便問：「你打算到哪裡去？在這裡每天可以相見，一起玩耍遊戲，以至於飢渴時忘了吃飯，就像同父母在一起一樣，希望你留下來不要離開。」仙人回答說：「我的身體特別需要謹慎地調養護理，如今冬天來臨大寒將至，山中瓜果已經沒有了，山上的水也已結了冰，又沒有山洞可以居住，所以我要離開這裡，去城邑居住，化齋求食，停留止息在寺廟裡。等過了這個寒冷的冬季，我們再相見，不要這麼悶悶不樂。」兔王回答說：「我的部下將外出採集野果，無論山高路遠都去求索，我們一定會盡力滿足你的需要。我真心懇求你暫時屈就，能哀傷可憐並拯救我們。如果你拋下我們不管，我們會非常悲傷以致損壞身體不能保全自己。假如今天沒有了供奉之物，我願意用自己的身體供奉給你。」仙人看到這一切，又是感動又是憐憫：「牠們如此誠心，我該怎麼辦呢？」這時仙人正在燒火，火堆前放著生炭，兔王心想：「仙人是為了我的緣故，才左右為難默不作聲的。」於是便舉身跳入大火，火燒得更加旺盛，仙人想要搭救，無奈一會兒兔王已經命終，生在兜術天上，成為菩薩，功業德行尊貴無比，儀表威嚴端莊。仙人看到兔王因為遵守德行毫不顧惜自己的性命，深為哀傷，十分憐憫，同時深深自責，為懲罰自己絕食不吃，沒過多久便也逝世，生兜術天。佛說：「當時那兔王，便是我的前身；仙人，便是定光佛的前身。」

# 卷第四八

## 禽畜生部中

【題解】禽，本為獸的總名，後為鳥類的總名。本部輯錄禽畜生的因緣故事：金翅鳥王生前日食一龍王及五百小龍，命終後其心成為轉輪聖王的如意珠；彌陀佛國裡各種神奇的鳥出和雅音宣說佛義，讓眾生聞佛音而敬信三寶……。這些因緣故事宣揚了佛家慈悲為懷、普度眾生的真諦。

### 正音王死相

（出《觀佛三昧經》第一卷）

金翅鳥王名曰「正音」，於眾羽族快樂自在。於閻浮提日食一龍王及五百小龍，於四天下❶更食，一日數亦如上。周而復始，經八千歲，死相既現，諸龍吐毒不能得食，飢逼慞惶❷，求不得安。至金剛山直下，從大水際至風輪際，為風所吹，還金剛山。如是七反，然後命終。以其毒故，令十寶山同時火起。難陀龍王懼燒此山，即降大雨，滴如車輪。鳥肉消盡，唯餘心存。心又直下，七反如前，住金剛山。難陀龍王取為明珠，轉輪聖王得為如意珠。若人念佛，心亦如是。

【章　旨】記金翅鳥王的飲食以及命終前後驚天動地的徵兆和結果。

【注　釋】❶四天下　指須彌山東南西北四大洲，東名弗婆提，西名拘邪尼，南名閻浮提，北名鬱單越。❷憧惶　忙亂；慌張。

【語　譯】金翅鳥王名叫「正音」，在眾鳥類中快樂自在。牠在人世間每天都要吃一個龍王和五百條小龍，在四大洲中輪流尋食，每天吃的數目都一樣。就這樣周而復始，經過了八千年後，牠的死相漸漸顯露，那些龍噴吐毒氣，金翅鳥王得不到食物，飢餓難耐，坐立不安。來到了金剛山沿山直下，又從大水際到風輪際，被風所吹，刮回金剛山。這樣往返了七次，然後死去。因為牠身上有毒氣的緣故，使得十座寶山同時燃起大火。難陀龍王害怕把山全部燒光，便降下大雨，雨滴大如車輪。金翅鳥王骨肉全被燒盡，衹剩下一顆心臟。這顆心垂直而下，還像原先那樣往返了七次，最後停留在金剛山上。難陀龍王便把這顆心拿來作為明珠，轉輪聖王得到後又把它作為如意珠。如果人能在心裡稱念法身佛乃至口中稱念佛之名號，他的心也會成為這樣。

## 金羽鴈猶愛前生妻子日與一毛

（出《四分律》二分第二卷）

毗舍離獼猴江側有蒜園，偷羅難陀比丘尼，去園不遠。園主問言：「阿姨❶欲須蒜取。」比丘尼即與沙彌尼❷、式叉摩那尼❸，數數往索蒜，遂都盡。其主委園而去。

【章　旨】記蒜園主人供給出家女子大蒜，蒜摘完後，園主離去。

【注　釋】❶阿姨　對比丘尼的敬稱。❷沙彌尼　梵文 Śrāmaṇerikā，又叫勤策女，指初出家受持十戒但尚未受比丘尼具足戒的女子。❸式叉摩那尼　梵文 Śikṣamāṇa，也叫正學女，指受具足戒以前仍在學法階段的女性出家人。從沙彌尼到比丘尼的兩年間，令先修煉四根本、六法等行法，試其是否堪受具足戒，且驗懷胎之有無。

【語　譯】毗舍離獼猴江的旁邊有一處蒜園，一個叫偷羅難陀的比丘尼在離這個園子不遠的地方居住。蒜園的主人告訴她：「尊敬的尼姑，如果你需要蒜的話，自己來拿就行了。」於是這比丘尼和沙彌尼、式叉摩那尼頻頻去園中取蒜，很快園中的蒜就沒有了。蒜園主人便拋下這塊園地走了。

佛說本生：昔有一婆羅門，年百二十，形體羸瘦。其婦端正無比，多生男女❶。此婆羅門繫心其婦及諸男女，初❷不捨離。以此愛著❸情篤，遂至命終。生鴈中，其身毛羽盡為金色，以前福因緣，故自識宿命：「我以何方便養活此男女，使不貧苦？」日日來還，日落一羽而去。兒見如是，不知因緣，即共議言：「我等寧可伺其來時，方便捉之，盡拔金羽。」如其所計，盡拔金羽，羽盡更生白羽。佛告諸比丘：「欲知爾時婆羅門死為鴈者，豈異人乎？即園主是。其端正婦者，即比丘尼是。男女者，即式叉摩那、沙彌尼等是。」

【章　旨】記佛說園主的前世因緣。

【注　釋】❶男女　兒女。❷初　始終。❸愛著　愛戀。

【語譯】佛講述了前生的因緣故事：從前有一個婆羅門，年紀一百二十歲，身體羸弱乾瘦。他的妻子長得整齊勻稱無與倫比，生了很多孩子。這個婆羅門把全副心思都放在了自己的妻子和兒女身上，始終不肯離開。以此執著的愛戀和用情專一，一直到命終。轉生為大鴈，全身羽毛都為金色，因為前世修下了福德的緣故，知道自己的過去世命運，牠想：「我該用什麼方法來養活我的孩子們，使他們不再受苦呢？」每天牠飛回家一次，每次落下一根羽毛離開。牠的孩子們見到這種情況，不知道前生這段父子因緣，聚集在一起共同商討說：「我們寧可等牠來的時候，想個辦法捉住牠，把牠的金羽毛都拔下來。」於是他們按計而行，把那大鴈身上的金羽毛都拔了下來，大鴈的金色羽毛全部拔光又生出了白色的羽毛。佛告訴那些比丘：「你們想知道那個死後變為大鴈的婆羅門是誰嗎？他不是別人，正是那蒜園主人的前身。那個長得整齊勻稱的媳婦，就是比丘尼的前身。那些兒女，就是式叉摩那、沙彌尼等人的前身。」

## 白鶴等常吐根力八道之音

（出《彌陀經》）

彌陀佛國，常有種種奇妙雜色之鳥，白鶴、孔雀、鸚鵡、舍利❶、迦淩頻伽❷、共命之鳥❸，晝夜六時出和雅音。其音所說，五根❹、五力❺、七菩提分❻、八聖道分❼，如是等法，其上眾生聞是音聲，皆念三寶。

【章旨】記彌陀佛國裡幾種神奇的鳥出和雅音，宣說佛教教義，無數眾生聞音而信從三寶。

【注釋】❶舍利　梵文 Śāri，鳥名。譯為鶖鷺，即百舌鳥、黃鸝鳥。❷迦淩頻伽　梵文 Kalaviṅka，鳥名，譯曰好聲，即妙聲鳥。❸共命之鳥　梵文 Jivajiva，鳥名，又叫命命鳥、生生鳥，傳說有兩頭一身。❹五根　修行佛道所依靠的五種內在條件：一信根，篤信正道及助善法。二精進根，修學正道及助法道時，努力學習不停止。三念根，念正道及助道法時沒有其他意念。

四定根，全神貫注不分散精力。五慧根，修行正道及助道法時，可以識別無常。❺五力　佛教由五根增長所產生的作用：一信力，有此力可以破除疑惑。二精進力，有此力可以破除懈怠。三念力，有此力可以破除邪念。四定力，有此力可以破除胡思亂想。五慧力，有此力可以破除煩惱。❻七菩提分　也叫七覺分，達到佛教覺悟的七種次第或七種智慧。一擇法菩提分，即以智慧簡擇法的真偽；二精進菩提分，即以勇猛心，力行正法；三喜菩提分，即心得善法，而生歡喜；四輕安菩提分，即除去身心粗重煩惱，而得輕快安樂；五念菩提分，即時刻觀念正法，而令定慧均等；六定菩提分，即心唯一境，而不散亂；七捨菩提分，即捨離一切虛妄的法，而力行正法。❼八聖道分　為了達到理想的涅槃境界的八種修行方法：一正見、二正思維、三正語、四正業、五正命、六正精進、七正念、八正定。

【語譯】在彌陀佛這個國度裡，常常有各種各樣神奇美妙顏色眾多的鳥兒，白鶴、孔雀、鸚鵡、舍利、迦淩頻伽和共命鳥，晨朝、日中、日沒、初夜、中夜和後夜，晝夜六時發出和諧雅正的聲音。牠們的聲音述說的是五根、五力、七菩提分、八聖道分等佛教義理，這片國土上所有眾生聽到這種聲音後，都不由自主會敬信佛、法、僧三寶。

## 鴿鳥捨命施飢窮人

（出《大智論》第一一卷）

昔雪山上有一鴿鳥，時天寒雨雪，有人失道，窮厄辛苦，飢寒兼至，命在須臾。鴿飛求火，為其聚薪燃之。既燃，身投火中，施此飢人。

【章旨】記雪山上一隻鴿子捨命施捨給一位飢寒交迫的人。

【語譯】從前雪山上有一隻鴿子，當時天氣寒冷下著大雪，有個人迷失了道路，又困又乏辛酸悲苦，飢寒交迫，命在旦夕。這隻鴿子飛到遙遠的地方找來火種，又聚集起柴火點燃。柴火點燃後，鴿子舉身跳入火中，施捨給這個飢餓的人吃。

## 鴿被鷹逐遇佛影則安弟子影猶顫

（出《大智論》第一一卷）

佛在祇洹林❶，晡時❷經行，舍利弗從。時有鷹逐鴿，鴿飛來佛邊，佛行影覆之，鴿身安隱，怖畏即除，不復作聲。後舍利弗影到，鴿便作聲顫怖如初。舍利弗白佛言：「佛及我身俱無三毒❸，佛影覆鴿，鴿不恐怖，我影覆鴿，顫慄如初。」佛言：「汝有三毒習故。汝觀此鴿宿世因緣，幾世作鴿？」舍利弗即時入宿命智❹三昧❺，觀見此鴿，已八萬大劫常作鴿身，過是已往不能見。佛言：「汝若不能盡知過去，試觀此鴿何時當脫。」舍利弗即入願智❻三昧，觀見此鴿，八萬大劫未脫鴿身，過是不知於恆河沙等大劫中常作鴿身。

【章旨】記鴿子被鷹追逐而受到佛的保護，佛弟子舍利弗施展法力觀察到這隻鴿子前後八萬大劫乃至恆河沙劫中一直為鴿身。

【注釋】❶祇洹林　也作「祇洹」，全稱為「祇樹給孤獨園」，印度佛教聖地，釋祖在舍衛國說法居住的場所。❷晡時　即申時，相當於下午三點到五點。❸三毒　又叫三根。一貪毒，即貪得無厭之心。二瞋毒，即怨恨忿恚之心。三痴毒，即愚痴迷闇之心。❹宿命智　知道前世及來生命運的智慧。❺三昧　意思是正定，即屏除雜念，心不散亂，專注一境。❻願智　如願知悉一切的智慧。

【語譯】佛於申時在孤獨園裡緩慢地往返步行，弟子舍利弗跟從。這時有老鷹在追逐鴿子，鴿子飛到佛的身旁，佛邊行邊用自己的影子庇護牠，鴿子感到很安全，恐懼心理一下子全部解除，不再出聲。後來舍利弗用自己的影子遮住鴿子，鴿子又發出不安的叫聲，像原來那樣恐懼顫抖。舍利弗對佛說：「您和我的身上都沒有三毒，但您的影子遮住鴿子，鴿子就不恐怖，而我的影子遮住鴿子後，鴿子像原來那樣恐懼顫抖。」佛說：「這是因為你有那三種毒根遺留的緣故。你看看這隻鴿子前世命運，要作幾世的鴿子？」舍利弗便屏氣凝神入定，用觀察前世命運的智慧，看到這隻鴿子在過去的八萬大劫中一直是鴿身，但這以前的經歷卻看不到。佛又說：「如果你不能知道牠全部的過去命運，你試著看看這隻鴿子什麼時候脫離鴿身。」舍利弗又屏氣凝神入定，運用預知未來的智慧看到這隻鴿子在現在八萬大劫中也不能脫離鴿身，超過此劫數的如恆河沙數也數不清的劫難中一直是鴿身。

（出《大智論》第一六卷）

## 雉救林火

昔野火燒林，有一雉勤身自力飛來入水，以水灑林，往反疲乏，不以為苦。時天帝釋❶來問之言：「汝作何等？」荅曰：「我救此林，愍眾生故。此林蔭育處廣，清涼快樂，我諸種類及諸宗親皆悉依仰，我有身力，云何懈怠而不救之？」天帝問言：「汝乃精勤，當至幾時？」雉言：「以死為期。」天帝言：「誰為汝證？」即自立誓：「我心至誠，信不虛者，火即自滅。」是時淨居天❷知雉弘誓，即為滅火。始終常茂，不為火燒。

【章旨】記一隻野雞奮力撲救林火並發誓願，淨居天神被感動滅了大火並且永保這片森林不再起火。

【注釋】❶天帝釋　忉利天之主，居住在須彌山之頂喜見城，統領其他三十二天。❷淨居天　又叫五淨居天。色界第四禪天中證不還果的聖人所生的地方，其處有五天：一無煩天，二無熱天，三善現天，四善見天，五色究竟天。

【語譯】從前一片樹林著了野火，有一隻野雞，勞苦其身盡自己力量飛到水邊，用嘴銜水去救樹林的火災，這樣往返無數次，身體疲倦不堪，但牠不以為苦。這時天帝釋問牠：「你在做什麼？」牠回答：「我在拯救這片森林，我很同情這森林裡所有的生物。這片森林樹蔭廣袤無垠，這裡涼爽自在快樂，我的同類和同宗的親屬都依賴這片森林過活，我自己有力量，怎麼能偷懶而不救呢？」天帝又問：「你這麼勤苦專注，要到什麼時候才能撲滅這火呢？」野雞回答：「一直到我耗盡力氣死去。」天帝又問：「誰作證明？」野雞許下誓言：「我的心至誠不二，如果我的誠心不是虛假的話，這樹林的火會自動熄滅。」這時淨居天上的天神知道了野雞的大誓願，便幫牠把火撲滅。從此以後，這片樹林永遠茂盛，不會再起火災。

## 烏與雞合共生一子

（出《僧祇律》第二四卷）

過去世時，有一群雞依榛林住，有狸侵食，唯餘一雌。烏求覆之，共生一子。子作聲時，烏說偈言：

此兒非我有，野父聚落母，共合生兒子，非烏復非雞。
若欲學公聲，復是雞所生，若欲學母鳴，其父復是烏。
學烏似雞鳴，學雞作烏聲，烏雞若兼學，是二俱不成。

【章　旨】記一隻雌雞和一隻雄烏生下一個孩子，孩子發出的聲音既不像雞叫也不像烏鳴。

【語　譯】很久以前，有一群雞依靠一片榛樹林生活，有隻狐狸侵犯牠們，最後吃得祇剩下一隻母雞。烏鴉請求保護母雞，並且牠們倆共同生了一個孩子。這個孩子能發出聲音時，烏鴉唱偈言道：

此子非獨有，野父村落母，共合生此子，非烏亦非雞。

若要學父聲，又是雞所生，若想學母叫，其父又是烏。

學烏像雞鳴，學雞出烏聲，兼學烏雞聲，二者俱不成。

# 蟲畜生部下

【題　解】蟲，古指一切動物，分為有羽之蟲、有毛之蟲、有甲之蟲、有鱗之蟲。本部輯錄蟲畜生的因緣故事：一條蛇首尾共爭誰應為大，最後墜火坑而死；一隻蛤蟆在草地上聽佛講法，誤被牧牛人刺死，生忉利天，受佛教化終成正果……。這些因緣故事無不證明積德行善、果報不爽的佛教真理。

## 眷屬先少後多

（出《海龍王經》第二卷）

龍白佛言：「我從劫初止住大海，從拘樓秦佛❶時，大海之中妻子甚少，今者海龍眷屬繁多。」佛告龍王：「其於佛法出家，違戒犯行不捨破戒者多生龍中，直見不墮地獄，如斯之類壽終已後皆生龍中。」佛告龍王：「拘樓秦佛時，九十八億居家出家，違其禁戒皆生龍中；拘那含牟尼佛❷時，八十億居家出家，毀戒恣心，壽終之後皆生龍中；迦葉佛❸時，六十四億居家出家，犯戒皆生龍中；於我世中，九百九十億居家，鬪諍誹謗經戒，死生龍中，今已有生者。以是之故，在大海中妻子眷屬不可稱計。我泥洹後，多有惡優婆塞違失禁戒，當生龍中或墮地獄。」

【章　旨】記龍王向佛請教大海中龍日益增多的原因。佛為龍王解釋：違犯戒條的僧人居士命終後都會轉生為龍。

【注　釋】❶拘樓秦佛　釋迦佛以前、過去七佛之中第四佛，在人的壽命六萬歲時出世而成正覺。❷拘那含牟尼佛　也叫拘那牟尼，釋迦佛以前、過去七佛之中第五佛，在人的壽命為四萬歲時出世而成正覺。❸迦葉佛　釋迦佛以前、過去七佛之中第六佛，在人的壽命二萬歲時出世而成正覺。

【語　譯】龍對佛說：「我從欲界有情世界成立之初一直到現在都住在大海裡，在拘樓秦佛的時代，大海中的龍妻龍子女很少，如今我們海龍的親眷繁多。」佛告訴龍王：「按照佛法，出家後違反了戒條，犯了過錯不思悔改，破戒次數很多的大多數轉生為龍，因有佛法護身沒有直接墮入地獄的這類人，他們命終之後都生在了龍中。」佛告訴龍王：「在拘樓秦佛時代，在九十八億人中，有的在家修道，有的出家，違犯戒條者都轉生在龍中；在拘那含牟尼佛時代，有八十億在家修道之人和出家之人，違犯戒條放縱恣意者，命終之後都轉生為龍；在迦葉佛時代，有六十四億在家修道之人和出家之人，違犯戒條的都轉生在龍中；在我這個時代，九百九十億在家修行道法的人，他們中有人勾心鬪角，詆毀經律戒條，死後都將轉生為龍，如今已經有轉生為龍的。因為這個緣故，大海裡海龍的妻室兒女親眷多得不可計算。我涅槃後會有很多邪惡的在家修行的男子，違反禁律戒條，應當轉生為龍，或者墮落在地獄裡。」

## 一蛇首尾兩諍從尾則亡

（出《諸雜譬喻》第六卷）

昔有一蛇，頭尾自諍。頭語尾曰：「我應為大。」尾語頭曰：「我應為大。」頭曰：「我有耳能聽，有目能視，有口能食，行時在前，故可為大。汝無此術。」尾曰：「我令汝去，故得去耳。今我以身遶木三帀……」三日不已，不得求食，飢餓垂死。頭語尾曰：「汝可放之，聽❶汝為大。」尾聞其言，即時放之。復語尾曰：「汝既為大，聽汝前行。」尾在前行，未緣❷數步，墜火坑而死。

【章旨】記一條蛇的頭和尾為爭老大爭論不休，最後墮入火坑而死。

【注釋】❶聽　聽憑；聽任。❷緣　爬。

【語譯】從前有一條蛇，蛇頭和蛇尾爭辯不休。頭對尾說：「我應該為老大。」尾告訴頭：「我應該為老大。」頭說：「我有耳朵能聽，有眼睛能看，有嘴巴能吃，行走時我在前面，因此我應該為老大。你沒有這些本領。」尾說：「我讓你離開你才能離開。現在我用身體在樹上繞三圈看你怎麼辦……」三天後尾仍不放鬆，蛇不能去尋找食物，餓得快要死去。頭對尾說：「你放開吧，我聽憑你當老大。」尾聽了頭的話馬上鬆開。頭又對尾說：「既然你是老大，任憑你走在前面。」於是尾便走在前面，沒爬幾步，蛇便掉進火坑裡燒死了。

## 盲龜值浮木孔

（出《雜阿含經》第一六卷）

告諸比丘：「如大海中有一盲龜，壽無量劫，百年一遇出頭。復有浮木，正有一孔，漂流海浪，隨風東西。盲龜百年一出，得遇此孔至海東，浮木或至海西，圍遶亦尒，雖復差違或復相得。凡夫❶漂流五趣❷之海，還復人身，甚難於此。」

【章旨】記一隻盲龜百年出頭一次，恰遇一塊有孔浮木，隨浮木漂浮至海東，以此說明人身之難得。

【注釋】❶凡夫　梵文 Pṛthag-jana，指未見四諦之理而凡庸淺識者。❷五趣　即五惡趣，謂地獄、餓鬼、畜生、人間、天上五種輪迴處所。

【語譯】佛告訴眾比丘：「如同大海中有一隻瞎眼的烏龜，壽命長達無數之劫，一百年才會出一次頭。海面有一塊浮木，正中有一個大孔，漂流在海面上隨風東西。盲龜百年出頭時正碰上了這塊浮木，盲龜鑽在孔中隨著浮木到達海東，浮木有時到達海西，有時在海中打轉，雖然有時方向或許有點偏差，但大致差不多。凡夫俗子在地獄、餓鬼、畜生、人間、天上五趣中漂流，最後能恢復人身，比這還難。」

## 百頭魚為捕者所得聞其往緣漁人悟道

（出《賢愚經》第一〇卷）

佛與諸比丘，向毗舍離❶，到犂越河。河邊有五百牧牛人，五百捕魚人。佛去河不遠而坐止息。時捕魚人網得一魚，五百人挽不能使出，復喚牧牛之眾，千人並力，得一大魚。身有百頭，若干種類，驢、馬、駱駝、虎、狼、豬、狗、猿猴、狸狐，如斯之屬。眾人甚怪，競集看之。

【章旨】記佛和一群僧人到達毗舍離國的犂越河，五百個捕魚人五百個牧牛人捕得一條百頭大魚，眾人競相觀看。

【注釋】❶毗舍離　中印度國名。

【語譯】佛和眾比丘前往毗舍離，來到犂越河邊。河邊有五百個牧牛人和五百個捕魚人。佛在離河不遠的地方坐下來休息。這時捕魚人網住一條大魚，但五百個捕魚人怎麼拉也拉不動，又把那五百個放牛人叫過來，一千個人共同用力，才把那條大魚拖上岸。這條大魚身上長了一百個腦袋，分別為各種各樣動物的頭，如驢、馬、駱駝、虎、狼、豬、狗、猿猴、狐狸等等，如此之類。大家非常驚奇，競相聚集在一起觀看。

世尊尋時往至魚所，而問魚曰：「汝是迦毗梨不？」如是三問，皆荅言：「是。」復問：「教化汝者今在何處？」荅言：「墮阿鼻地獄❶中。」阿難曰：「今者何故喚百頭魚為迦毗梨？」佛言：「迦葉佛時有婆羅門，生一男兒，字迦毗梨，聰明博達，於種類中多聞第一，唯不如諸沙門輩。其父臨終慇懃約敕：『汝慎莫與迦葉沙門講論道理。所以者何？沙門智深，汝必不如。』父沒之後，其母問曰：『汝本高明，今頗更有勝汝者不？』荅言：『沙門殊勝❷於我。』母復言：『云何為勝？』荅：『有疑往問，佛能開解；彼若問我，我不能荅。』母復告言：『何以不學習其法？』荅言：『敬學其法，當作沙門，我是白衣❸，何緣得學？』母復告曰：『偽作沙門，學習已達，還來往家。』奉其母教，而作比丘，經少時間讀誦三藏，綜達義理。母問之曰：『今得勝未？』荅言：『學問中勝，不如坐禪。何以知之？我問彼人，悉能分別；彼人問我，我不能知。因是事故，未與他等。』母復告曰：『自今已往，若共談論，儻不如持，便可罵辱。』迦毗梨言：『出家沙門，無復過罪，云何罵之？』荅言：『但罵，卿當得勝。』時迦毗梨不忍違母。後日更論理，若短屈即便罵言：『汝等愚騃，無所識別，劇於畜生。』諸百獸頭皆用比之，如是非一。以是果報，今受魚身而有百頭。」阿難問佛：「何時當得脫此魚身？」佛告阿難：「此賢劫❹中千佛過去，猶故不脫。」

【章旨】記佛向眾人講述百頭魚來歷：迦葉佛時婆羅門的兒子迦毗梨在母親教唆下用一百種飛禽走獸的頭作比擬辱罵佛門弟子，轉生為百頭魚，並且經歷幾千劫也不能脫身。

【注釋】❶阿鼻地獄　佛教傳說中八大地獄中最下最苦之處。「阿鼻」意譯為「無間」，即痛苦沒有間斷之意。❷殊勝　稍勝；略勝。❸白衣　出家佛教徒著緇衣，因稱俗家為白衣。❹賢劫　指有釋迦佛等千佛出世的現在劫，與過去莊嚴劫、未來星宿劫並稱為三大劫，為佛教宏觀的時間觀念之一。

【語譯】佛不久也來到魚的身旁，問魚：「你是迦毗梨嗎？」這樣問了三次，那魚都回答：「是。」佛又問：「教唆你的人現在在哪裡？」魚回答：「墮落在阿鼻地獄中。」阿難問：「現在為什麼叫這百頭魚為迦毗梨呢？」佛說：「在迦葉佛時代有一個婆羅門，生了一個男孩，名叫迦毗梨，聰明異常，博學通達，在他的同類人中以見聞居為第一，祇是不如那些佛門弟子。他的父親臨終時再三告誡他：『你一定不要和迦葉沙門辯論道理。為什麼這樣？因為佛門弟子智慧深遠，你肯定不是他們的對手。』他的父親死去後，母親問他：『你這麼聰明，現在有沒有比你更高明的人呢？』他回答：『佛門弟子稍比我聰明。』他的母親又問：『為什麼說他們更厲害呢？』他回答：『我有疑問前去問詢，佛能給我開示解釋；如果他問我，我卻不能回答。』他母親又告訴他：『你為什麼不去學習他們的道法呢？』他回答：『真正學習他們的道法，應當作和尚，我是世俗中人，哪有機會去學習呢。』母親又說：『先假裝去作和尚，等你學到了他們的道法，再回家還俗。』他聽從母親教導，出家作了和尚，沒過多長時間就可以朗讀背誦經律論三藏，並且總括通曉了其中的義理。母親又問他：『現在可以勝過他們嗎？』他回答：『學問中勝過，不如靜坐修煉。憑什麼知道呢？我問他們，他們都能分辨得清清楚楚；他們問我，我卻不能回答。因為這個原因，我還是不能和他們相比。』他母親告訴他：『從今以後，你們在一起討論時，如果你不能勝他們，便可以辱罵他們。』迦毗梨說：『出家的和尚沒犯什麼罪過，我怎麼可以罵他們呢？』回答說：『祇管罵，你一定會勝出。』當時迦毗梨不忍心違背母親。過了幾天，迦毗梨又和僧人們在一起辯論，一旦理屈詞窮，他便罵道：『你們這些人好愚蠢，什麼都不知道，比畜生還蠢。』他用上百種野獸的頭進行比喻，這樣罵了不止一次。因為這樣的因果報應，如今轉生為魚卻有一百個野獸的頭。」阿難問佛：「他什麼時候能夠脫離魚身呢？」佛告訴阿難：「在這現在劫中，經歷一千個佛後，他仍然不能擺脫此身。」

尒時阿難及於眾人聞佛所說，咸共同聲，而作是言：「身口意行，不可不慎。」時捕魚人及牧牛人，一時俱共合掌向佛，求索出家，淨修梵行。佛言：「善來！」鬚髮自落，法衣在體，為說妙法，成阿羅漢。

【章　旨】記眾人聽完百頭魚的故事，感到佛法法力無邊，立即出家，聽佛說法，修成羅漢正果。

【語　譯】這時，阿難和周圍的人聽了佛的話，異口同聲地說：「身口意三業，不可以不謹慎。」這時那些捕魚的人和放牛的人一下子全都合掌面向佛祖，請求出家，修行佛法。佛說：「歡迎你們來。」於是鬚髮自動脫落，法衣在身，世尊為他們講神妙的佛法，他們都修成阿羅漢果。

## 蛤聞甘露死生天上見佛得道

（出《善見毗婆沙論》第四卷）

迦羅池中有一蛤，聞佛說法，即從池出，入草根下。是時有一牧牛人，見大眾圍遶，聽佛說法，往到佛所。欲聞法故，以杖刺地，誤著蛤頭，蛤即命終。生忉利天，見諸妓女娛樂音聲，尋即思惟：「我先為畜生，何因緣故生此天宮？」即以天眼❶觀，先池邊聽佛說法，以此功德，得此果報。時蛤天人即乘宮殿，往至佛所，頭頂禮足。佛為說法，得須陀洹果❷。

【章　旨】記一隻蛤蟆在草地中聽佛講法，誤被一牧牛人刺死，生忉利天，受佛教化修成正果。

【注　釋】❶天眼　佛教所說五眼之一，又稱天趣眼，能透視六道、遠近、上下、前後、內外及未來等。❷須陀洹果　聲聞乘四聖果之一，斷除三界中的見惑，即證此果位。

【語　譯】迦羅池中有一隻蛤蟆，聽到佛講說佛法，便從池中跳出，來到草根下。這時有一個放牛人，看見許多人圍在佛周圍聽講佛法，也前往佛所在的地方。想聽聽佛法，順手把棍棒插在地上，結果誤扎在蛤蟆的頭上，蛤蟆立刻喪命。生忉利天後，他看到很多歌妓舞女載歌載舞，心想：「我本來是個畜生，怎麼會生在天宮裡呢？」馬上睜開天眼觀察，原來自己在池塘邊聽佛講法，因為這個功德，得到了這樣的果報。於是蛤蟆天人登上了宮殿，然後又前往佛的住處，用自己的頭頂禮佛之足。佛給他講解佛法，他修成須陀洹正果。

（出《譬喻經》第二卷）

## 穀賊天金藏以報穀主

昔有大家，收穀千斛，埋地中。前至春溫，開之取種，了不見穀，而有一蟲，大如牛苢，無有手足，亦無頭目，如頑鈍肉。主人大小莫不怪之，出著平地，即問：「汝是何等？」終無所道，便以鐵錐刺一處，語曰：「欲知我者，持我著大道旁，自當有名我者。」於是舉著道邊，三日之中，無能名者，次有數百乘黃馬車，衣服侍從皆黃，駐車而呼：「穀賊，汝何為在是間？」答曰：「吾食人穀，故持我著此。」語極久便辭別去。主人問穀賊：「向者是誰也？」答言：「是金寶之精，居在此西三百餘步大樹下，有百石甕滿中金。」主人即將數十人往掘，即得甕金。

【章　旨】記一有錢人家埋在地下的千斛穀被穀賊偷吃，穀賊指引這戶人家掘得百甕黃金以作酬謝。

【語　譯】從前有戶有錢人家，收穫了一千斛穀，埋在地下。一直到春暖花開的時候，挖開地皮拿穀種，全不見一粒穀子，祇有一隻蟲子，大如牛犢，沒有手沒有腳，也沒有頭和眼睛，好像一塊壞死硬化的頑肉。這家大大小小沒有人不感到奇怪，他們把那蟲子移到平地上，問：「你到底是什麼東西？」蟲子始終不開口說一句話，便用鐵錐把蟲子刺了一下，那蟲子才說：「想要知道我是誰，把我放在大路旁，自然會有人能叫出我的名字。」於是把牠放在了大路邊，過了三天，始終沒有人能叫出牠的名字，接著來了幾百輛黃色的馬車，侍從穿著也都是黃色，他們停下車大喊：「穀賊，你為什麼在這裡呢？」那蟲子回答：「我吃了別人的穀子，所以把我放在了這裡。」說了很長時間的話，那些人纔辭別而去。這家主人問穀賊：「剛纔那是誰？」蟲子回答：「是黃金精靈，住在西面三百多步的大樹下，有幾百個石甕，裡面裝滿了黃金。」主人便帶領幾十個人前往挖掘，果然得到了石甕裡的黃金。

家室歡喜，輦載將歸，叩頭白穀賊：「今日得金，是大神恩。寧可留神共歸，更設供養。」穀賊曰：「前食君穀不語姓字者，欲令君得是金報，今當轉行福於天下，不得復住。」言竟忽然不見。

（出十卷本《譬喻經》第四卷）

【章　旨】記全家得金後高興，將要報答穀賊，穀賊說出原因後離去。

【語　譯】全家上下無不歡喜，用車載著將要回去，他們叩頭對穀賊說：「今天能夠得到這些黃金是託大神的恩典。我們寧願留下你和我們一塊回去，好好供養你。」穀賊說：「前些日子吃了你家的穀子卻不說自己姓名，是想讓你們得到這些黃金作為回報，現在我要到其他地方施行福德，不能再回去住了。」說完就忽然不見了蹤影。

## 汪中大蟲先世業緣

王舍城❶東南隅有一汪水，城內溝瀆汙穢，屎尿盡趣其中，臰❷不可近。有一大蟲生汪水內，身長數丈，無有手足，而宛轉低仰戲汪水中，觀者數千。阿難分衛，見而往視，蟲即跳踉❸，波浪動湧。具以啟佛，佛與諸比丘共詣池所。眾人見佛，各各念言：「今日如來，當為眾會說蟲本末，以釋眾疑，不當快乎？」

【章旨】記王舍城東南角一處臭水潭中出現一條奇怪的大蟲，圍觀者甚眾。

【注釋】❶王舍城　中印度頻婆娑羅王的都城。❷臰　臭。❸跳踉　跳躍。

【語譯】王舍城的東南角上有一潭水，城中溝渠的髒水汙水、糞便等汙穢的東西都流入這裡，臭氣沖天不能接近。有一隻大蟲生在汙水中，身體有幾丈長，沒有手和腳，但在汙水中或扭動身子或高仰或低俯，嬉戲玩耍，圍觀的人有幾千。阿難來這裡化齋，看見這種情況也前去觀看，那蟲子便歡喜跳躍，攪得波浪翻滾。阿難把這一情況詳細報告了佛，佛和眾比丘共同前往池水邊觀看。大家看見佛來到，每個人都想：「今天佛肯定會給大家說出這蟲子的來歷，解除大家心中的疑團，難道不是大快人心的事嗎？」

佛言：「維衛佛❶泥洹後，有塔寺。有五百比丘經過寺中，寺主見大歡喜，請留供養三月，眾皆受請。寺主盡心供饌，無有所遺。後五百商人，入海採寶，還過塔寺，見五百比丘精勤行道，並各發心，欣然共議：『福田❷難遇，當設薄供。』便白寺主，寺主報言：『我請三月，更五日滿，乃得廣設。』賈人言：『吾等當去，不得待竟。』五百商人各捨一珠，得五百摩尼珠❸，以寄寺主，囑寺主言：『日足，以吾等珠供於僧眾。』比丘言：『諾。』即皆受之。後生不善心，圖欲獨取，卒不為供，眾僧問言：『前賈客施珠應當設供，而發遣耶？』寺主言：『是施我耳。若欲奪珠，糞可施汝，若不時去，劓❹汝手足，投於糞坑。』眾愍其癡，默然各去。」

【章　旨】記佛為眾人解說汪中大蟲來由：寺主獨吞五百商人施捨給五百比丘的寶珠，故轉生為這隻大蟲。

【注　釋】❶維衛佛　釋迦佛以前、過去七佛之第一佛，即毗婆尸佛，在人的壽命八萬歲時出世而成正覺。❷福田　佛教認為做善事好像把種子撒在田地裡，到秋天可以有所收穫，可以得到善報，因此叫福田。❸摩尼珠　即寶珠。❹劓　割；斷。

【語　譯】佛說：「維衛佛涅槃後，建了佛塔和寺廟。一天，有五百位比丘經過這裡，寺主看見他們非常高興，請他們留下來，願意供養他們三個月，那五百人都接受了邀請。寺主盡心供奉飲食，沒有半點疏忽。後來有五百個商人到海中尋寶，回來經過寺廟，看見五百個比丘在這裡專心勤修佛道，便各自萌發善心，欣然商議：『播種福田的機會難以遇到，我們應當置辦些薄禮前去供奉。』他們把這件事告訴了寺主，寺主說：『我請求供養他們三個月，還有五天纔到期，五天後你們纔能大擺宴席。』商人們說：『我們必須離開，等不了五天。』於是五百個商人每人拿出一顆珠子，一共五百顆寶珠，寄存在寺主這裡，囑咐說：『滿五天後，把我們的寶珠供奉給那些僧人。』寺主一口答應：『可以。』便都接受了下來。但後來寺主起了貪心，想獨吞五百顆寶珠，到期後也沒把寶珠拿出去供奉，眾僧人問他：『前不久那些商人施捨的寶珠應拿出來作為供奉之物，現在不設供你就打發我們嗎？』寺主說：『那是施捨給我一個人的。你們要想奪我的珠寶，糞便倒是可以施捨給你們，如果你們不馬上離開，我把你們的手和腳都割去投到糞坑裡。』各位僧人看見他如此執迷不悟，都很可憐他，什麼也沒說就離開了。」

（出《報恩經》第四卷）

## 蝨依坐禪人約飲血有時節

過去久遠，應現❶如來滅度以後，像法❷之中，有一坐禪比丘，獨在林中，常患蟣蝨，即便共約：「我若坐禪，汝宜默然，身隱寂住。」蝨甚如法。於後一時，有一土蚤來至蝨邊，問言：「汝今云何身體肥盛？」蝨言：「所依主人，常修禪定，教我飲食時節，我如法行，所以鮮肥。」蚤言：「我亦欲修習其法。」蝨言：「隨意。」蚤聞血肉香，即便食噉。比丘苦惱，即便脫衣，以火燒之。坐禪比丘，迦葉佛是；土蚤者，提婆達多❸是；蝨者，我是。

【章旨】記應現佛涅槃後，有一隻蝨子寄生在一個坐禪比丘身上，依佛法行事，養得身體肥壯，一隻跳蚤胡攪蠻纏，最後被燒死。

【注釋】❶應現　應眾生之機緣而現身。❷像法　正、像、末「三時」之一，謂佛去世久遠，與「正法」相似的佛法時期。「像法」的時限說法不一，一般認為在佛去世五百年後到一千年之間。❸提婆達多　也叫調達，是阿難的兄長，佛的從弟，出家學神通，身具三十相，誦六萬法藏，為佛世時犯五逆罪，破壞僧團，與佛陀敵對之惡比丘，後墮入地獄。

【語譯】很久以前，應現佛涅槃後，在像法期間，一坐禪比丘獨自在林間修行，常以身上的蟣蝨為大煩惱，於是他和蟣蝨約定：「如果我坐禪練功，你應該沉默，身體安穩並寂然不動。」蟣蝨果然按比丘的約定行事。後來有一隻土蚤來到蟣蝨旁邊，問：「如今你為什麼吃得全身白白胖胖？」蟣蝨說：「我所依靠的主人常常靜坐修行，教給我按時飲食，我依他的約定辦事，因此白胖。」跳蚤說：「我也要按他的方法行事。」蟣蝨說：「隨你的便。」跳蚤聞到血肉香氣迫不及待地下口便吃。和尚苦惱異常，脫下衣服用火燒。那靜坐練功的比丘，就是迦葉佛的前身；跳蚤，是提婆達多的前身；蟣蝨，是我的前身。

# 卷第四九

## 地獄部上

【題解】地獄，梵文Naraka，譯為不樂、可厭、苦具、苦器，意為苦的世界。古印度傳說人在生前做了壞事，死後要墮落地獄，受種種苦，佛教採用此說。在六道輪迴中，地獄為五逆十惡眾生死後趨向之處。本部輯錄了有關地獄的種種因緣故事：閻羅王的身世來歷；各種小地獄的名稱及獄主名字；八王使者在六齋日評判世人善惡並記錄在冊……。這些因緣故事告誡人們，行惡必受懲罰，地獄大門對惡人是敞開的。

### 閻羅王等為獄司往緣

（出《問地獄經》）

閻羅王昔為毗沙國王，經與維陀始王共戰，兵力不敵，因立誓願：「願為地獄主。」臣佐十八人，領百萬之眾，頭有角耳，皆悉忿懟，同立誓曰：「後當奉助，治此罪人。」毗沙王者，今閻羅是；十八大臣者，諸小王是；百萬之眾，諸阿傍❶是。

【章　旨】記地獄之王閻羅以及十八小王的身世來歷。

【注　釋】❶阿傍　地獄獄卒名，意思是不群，長著牛頭人手，兩腳有牛蹄，手持鋼叉，力大無比。

【語　譯】閻羅王從前是毗沙國的國王，曾經和維陀始王作戰，結果兵力不能相比而戰敗，於是他立下誓言：「我甘願去做地獄之王。」他部下十八個大臣率領幾百萬部隊，頭上長著有角的耳朵，都非常氣憤，共同立下誓言：「以後我們一定幫助你懲治這個罪人。」毗沙王，就是今天閻羅王的前身；十八個大臣，就是那些地獄小王的前身；百萬部卒，是地獄獄卒的前身。

## 閻羅三時受苦

（出《長阿含經》）

閻浮提南有大金剛山，內有閻羅王宮，縱廣六千由旬。晝夜三時有大銅鑊，自然在前，若鑊入宮內，王見怖畏，捨出宮外；若鑊出宮外，王入宮內。有大獄卒，臥王熱鐵上，鐵鉤擘口，洋銅❶灌之，從咽徹下，無不燋爛。事竟還與采女共相娛樂。彼諸大臣同受福者，亦復如是。

【章　旨】記閻羅王在閻羅王宮中所接受的考驗，以及過後的快樂。

【注　釋】❶洋銅　鎔化了的銅；銅水。

【語　譯】在閻浮提洲的南面有大金剛山，山上有閻羅王的宮殿，長寬六千由旬。一日一夜有三個時間一隻大銅鍋會自動出現在宮殿前，如果銅鍋在宮殿裡面，閻羅王見了便害怕，逃到宮外；如果銅鍋到宮殿外面，閻羅王便進入宮殿裡面。有一個大獄卒讓閻羅王躺在燒紅的鐵塊上，用鐵鉤掰開閻羅王的嘴，把鎔化了的銅液灌進閻羅王的嘴裡，從咽喉直灌而下，體內所有器官都被燒燋腐爛。這一切經歷完畢後，他回到宮殿和宮女共同歡娛玩樂。那些和他共同享受福祉的大臣也都是這樣。

（出《長阿含經》第一九卷，《樓炭經》大同小異）

## 閻羅王問罪人

有三使者：一老，二病，三死。若有眾生三業❶行惡，身壞命終，應墮地獄。王問言：「汝是天使所召耶？」王曰：「汝見第一使者不？汝在人中，見頭白齒落，目視矇矇，皮緩肌皺，僂脊拄杖，呻吟而行，見此人不？」罪人言：「見。」王曰：「汝何不自念：『我亦當爾。』」罪人言：「我時放逸，不自覺知。」王曰：「今當令汝知放逸苦，非父母、兄弟、天帝、先祖、知識❷、僮僕、沙門等過，汝自造惡，今當自受。」又問：「汝見第二使不？汝本為人，頗見疾病困篤，屎尿臭處，身臥其上，飲食須人，百節酸疼，流淚呻吟，不能語言不？」答曰：「見。」王問曰：「何不自念？」又問：「覺第三使不？頗見人死身壞命終，諸根❸永滅，身體挺直，猶如枯木，捐棄塚間，鳥獸所食不？」答曰：「見。」語已，付獄卒，詣大地獄。

【章　旨】記閻羅王審問將打入地獄的罪人。

【注釋】❶三業　指身業、口業、意業。佛教認為造業將引出種種果報。❷知識　朋友。❸根　梵文 indriya 的意譯，佛教通常指器官、機能、能力。

【語　譯】有三個使者：一為老，二為病，三為死。如果有世人在身業、口業、意業三方面做了壞事，他的身體損壞生命行將終結之時，會墮落到地獄中。閻羅王問他：「是天使把你召進來的嗎？」又問：「你看見了第一個使者嗎？你在人世間時，看見那頭髮花白牙齒脫落，眼睛混濁視線模糊，皮膚鬆弛滿是皺紋，駝著背拄著拐杖，口中呻吟著行進的人了嗎？」罪人回答：「看見了。」閻羅王說：「你為什麼不想想：『有一天我也會這樣。』」罪人回答說：「當時恣意放縱，自己沒有覺察到。」閻羅王說：「現在就讓你嘗嘗恣意放縱的苦痛，並不是你的父母、兄弟、上天和你祖上的人、朋友、僕人、僧人等的過錯，是你自己造的罪過，如今要你自己來承受痛苦。」又問：「你看見第二個使者了嗎？你本來是人，可看見很多疾病危重，整天躺在那又是屎又是尿的惡臭的地方，飲食起居都要依靠別人，身上骨節又酸又疼，流著眼淚呻吟不止，不能說話的人了嗎？」回答說：「看見了。」閻羅王問：「你為什麼不想想自己呢？」又接著問：「看見第三個使者了嗎？可看見許多人死去，身體腐爛生命終結，各種器官、機能永遠毀滅消失，身體僵硬挺直，好像一棵枯木，屍體拋棄在墳墓裡被鳥獸啄食嗎？」回答說：「看見了。」問完話，就把罪人交給獄卒，投到大地獄裡。

（出《問地獄經》）

## 十八地獄及獄主名字

十八小王者：一迦延典泥犁；二屈遵典刀山；三沸進壽典沸沙；四沸曲典沸屎；五迦世典黑耳；六⿰山盍傞典火車；七湯謂典鑊湯；八鐵迦然典鐵床；九惡生典⿰山盍山；十寒冰（經失王名）；十一毗迦典剝皮；十二遙頭典畜；十三提薄典

刀兵；十四夷大典鐵磨；十五悅頭典冰地獄；十六鐵笧（經闕王名）；十七身典蛆蟲；十八觀身典洋銅。

【章　旨】記閻羅王下面十八個小王的名字及所主管的地獄名。

【語　譯】閻羅王下面的十八小王是：一迦延掌管泥犂地獄；二屈遵掌管刀山地獄；三沸進壽掌管沸沙地獄；四沸曲掌管沸屎地獄；五迦世掌管黑耳地獄；六[山*蓋]傞掌管火車地獄；七湯謂掌管鑊湯地獄；八鐵迦然掌管鐵床地獄；九惡生掌管[山*蓋]山地獄；十寒冰地獄（經中失佚王名）；十一毗迦掌管剝皮地獄；十二遙頭掌管畜生地獄；十三提薄掌管刀兵地獄；十四夷大掌管鐵磨地獄；十五悅頭掌管冰地獄；十六鐵笧地獄（經中闕王名）；十七身掌管蛆蟲地獄；十八觀身掌管烊銅地獄。

（出《淨度三昧經》）

## 五官禁人作罪

五官者：一鮮官，禁殺；二水官，禁盜；三鐵官，禁婬；四土官，禁兩舌；五天官，禁酒。

【章　旨】記地獄中禁止人犯「五惡」的五官及職能。

【語　譯】地獄中禁止人犯「五惡」的五官及職能為：一是鮮官，禁止殺生；二是水官，禁止偷盜；三是鐵官，禁止邪婬；四是土官，禁止妄語；五是天官，禁止飲酒。

## 始受地獄生

閻羅王城之東西南面列諸地獄，有日月光而不明淨，唯黑耳獄光所不照。人命終時，神生中陰❶。中陰者，已捨死陰，未及生陰。其罪人者乘中陰身入泥犁城。泥犁城者，是諸罪人未受罪之間共聚是處。巧風所吹，隨業輕重，受大小身；臯風所吹，成就罪人麁醜之形；香風所吹，成就福人微細之體。

（出《問地獄經》）

【章旨】記人剛剛死去之時變成中陰身聚集在地獄城中的情況。

【注釋】❶中陰　又叫中有，指人自死亡至再次受生期間所受之陰形。

【語譯】在閻羅王城的東、西和南面排列著各種地獄，這裡雖然有日光和月光的照耀但不明亮，祇有黑耳地獄，光明照不到那裡。人死的時候，魂魄生成死生交替中的陰形。中陰，就是已經離開死形，但還沒有到達生形。那些有罪的人，乘駕中陰身形，到地獄城中。地獄城是那些有罪的人在還沒有去受罪的時候所聚集的地方。他們被神奇的風吹動，隨他們所作之業的善惡，接受相應的大身與小身；惡臭的風吹來，把有罪的人變成粗笨醜陋的形體；帶香氣的風吹來，把有福德的人變成苗條精緻的形體。

## 應生天墮地獄臨終有迎見善惡處

（出《淨度三昧經》）

生天墮地獄，各有迎人。人病欲死時，眼自見來迎：應生天上者，天人持天衣妓樂來迎；應生他方者，眼見尊人為說妙言；應墮地獄者，眼見兵士持刀盾矛戟索圍遶之。所見不同，口不能言，各隨所作，得其果報。天無枉濫，平直無二，隨其所作，天網治之。

【章　旨】記人欲死時，無論生天還是墮入地獄各有使者前去迎接的情況。

【語　譯】生在天上或者墮入地獄，各有接迎的人。人得病將要死去的時候，眼睛會看到來迎接自己的人：應該生天上的人，看見天仙拿著天衣奏著音樂來迎接；應該生在其他地方的人，看見尊貴的人為他敘說微妙的言辭；應該墮入地獄的人，看見兵士拿著刀、盾、矛、戟、繩索等圍繞捉拿他。他們所看見的各不相同，祇是嘴巴不能說出來，根據自己的所作所為，得到相應的果報。上天從不枉法恣肆，而是公平正直獨一無二，根據每人所作所為，上天布下的羅網自然會處理。

## 八王使者於六齋日簡閱善惡

（出《淨度三昧經》）

八王日❶，諸天帝釋鎮臣三十二人，四鎮❷大王司命司錄，五羅大王八王使者，盡出四布覆行，復值四王十五日三十日所奏，案校❸人民立行善惡。地獄王亦遣輔臣小王，同時俱出，有罪即記。前齋八王日犯過，福強有救，安隱無他，用福原赦；到後齋日重犯，罪數多者，減壽條名，剋死歲月日時，關下地獄。承文書即遣獄鬼持名錄名。獄鬼無慈，死日未到，強推作惡，令命促盡；福多者增壽益筭，天遣善神營護❹其身，移下地獄，拔除罪名，除死定生，後生天上。

【章旨】記一年四季八個節令中，天神地神各司其職，評判世間人物的功過善惡，記錄在案。

【注釋】❶八王日　指立春、春分、立夏、夏至、立秋、秋分、立冬、冬至等八日，若於此間能持齋，便能增壽獲益。❷四鎮　四天王鎮護四天下，謂之四鎮。❸案校　審查核定。❹營護　保護；救護。

【語譯】在八個節氣日，天帝釋所有的輔臣三十二人，四天王手下掌管壽命和掌管記錄的官吏，五羅大王及八王使者，都紛紛出來四處巡行，重新對四王十五日和三十日上奏的事情，審查核定眾生行為舉動的善惡。地獄之王也派遣輔助的大臣和小王，同時都出來，有罪行便記錄下來。在前一個節氣日犯過錯誤，如積福多則有救，會平安無恙，因福德而得到寬恕赦免；到後一個節氣日如果他又犯了過錯，罪過很多的就會減少壽命，列入被處罰的名單裡，嚴格限定死亡的年、月、日、時辰，並被關進地獄裡。按照這些文書閻王派遣獄鬼拿著寫有名字的冊子抓人。獄鬼沒有一點慈悲之心，即使你死期還沒到，也會強迫你去做惡事，讓你的壽命很快結束；積福多的人則延年益壽，天帝派遣慈善之神保護他的身體，先到地獄中消除罪名，在生死簿中除去名字並定下生辰，最後讓他生天上。

# 卷第五〇

## 地獄部下

【題解】地獄有八寒、八熱、無間等名目。各類地獄皆由眾生所造各種不同的業因，而招感不同的果報。本部輯錄犯五逆十惡的眾生，在阿鼻地獄以及圍繞阿鼻的眾多小地獄中受苦的種種情況，如斬截身體、嚙骨啖髓、沸屎澆身、洋銅灌口、鐵叉刺眼、萬箭鑽心、上刀山下火海……。這些因緣故事意在震懾眾生：現世要行善積德，杜絕惡業；否則命終之後，就會被打入地獄，遭受各種難以想像和忍受的煎熬。

### 阿鼻地獄受諸苦相

（文失出處）

阿鼻地獄者，縱廣正等八千由旬，七重鐵城，七層鐵網。下有十八鬲，周帀七重，皆是刀林，復有七重劍林。四角有四大銅狗，廣長四十由旬，眼如掣電，牙利如劍樹，齒如刀山，舌如鐵刺，一切身毛皆燃猛火，其煙臭惡。有十八獄卒，口如夜叉，六十四眼散迸鐵丸，狗牙上出，高四由旬，牙端火流，燒前鐵車，輪網出火，鋒刃劍戟，燒阿鼻城赤如鎔銅；獄卒八頭六十角，角杪火燃，火化成網，網復成刀輪，輪輪相次，在火燄間，滿阿鼻城。城內有七鐵幢，火涌如沸鐵流鎔，迸涌出四門。上有十八釜，沸銅涌漫，滿於城中。一一鬲間有八萬四千鐵蟒大蛇，吐毒火中，身滿城內，其蛇哮吼，如天震雷，雨大鐵丸五百。又五百億蟲，八萬四千觜，頭火流如雨而下，滿阿鼻城。此蟲若下猛火，熾然八萬四千由旬獄，上衝大海，沃燋山下，貫大海底如車軸。

【章　旨】記阿鼻地獄的概貌以及其中銅狗、獄卒、蟒蛇、鐵嘴蟲等種種令人恐怖的景象。

【語　譯】阿鼻地獄，長寬正好都是八千由旬，有七重鐵城，七層鐵網。下面有十八層，周圍七重全是刀林，還有七重劍林。四角有四隻大銅狗，高長達四十由旬，眼睛如閃電，臼齒鋒利如一棵棵劍樹，門牙像刀山，舌頭好像鐵刺，全身的毛髮都燃著大火，冒出濃烈惡臭的煙。有十八個獄卒，嘴像夜叉的嘴一樣能吃人，六十四隻眼睛迸出鐵丸，牙齒像狗一樣向上長出，長達四由旬，牙齒的末端噴出大火，燒到前面的鐵車，車輪噴出大火，像一把把鋒利的刀劍戈矛，把整個阿鼻城燒得通紅，像鎔化了的銅液；每個獄卒有八個頭、六十個角，角的末端燃起大火，大火變化成網，網又變化成刀輪，一個刀輪挨著一個刀輪，在火燄間滾動，充滿整個阿鼻城。阿鼻城裡有七座鐵幢，大火洶湧，如沸騰的鐵水，迸裂湧出四城門。上有十八個大蒸鍋，沸騰的銅水洶湧漫延，充滿整座城池。每一層有八萬四千條大鐵蟒蛇，大蛇在火焰中噴吐毒氣，身體填滿整座城池，這種蛇吼叫起來就像天上響起震雷，天空還灑下五百個大鐵丸。還有五百億隻蟲子，共有八萬四千張嘴，這些蟲子頭上的火像雨一樣流下來，遍滿阿鼻地獄城。如果這種蟲子流下猛火，會猛烈燃燒到八萬四千由旬的地獄，向上衝擊大海，向下燒燋大山，火像車軸一樣貫通大海底部。

若有殺父害母，罵辱六親，命終之時，銅狗化十八車，狀如寶蓋，一切火燄化為玉女，罪人遙見，心喜欲往。風刀❶解時，寒急失聲：「寧得好火。」安在車上，燃火自爆，即便命終。坐金車瞻玉女，皆捉鐵斧斬截其身，屈伸臂頃直落阿鼻，從上鬲如旋火輪至於下鬲，身遍鬲內。銅狗大吼，齧骨㗪髓，獄卒羅剎捉大鐵叉叉頭令起，遍體火燄，滿阿鼻獄。閻羅王大聲告敕：「癡人獄種，汝在世時，不孝父母，邪慢無道，汝今生處，名阿鼻獄。」獄卒復從下鬲更上上鬲，經歷八萬四千鬲，捙❷身而過，至鐵網際。一日一夜即閻浮提六十小劫，盡一大劫。作五逆罪，臨命終時，十八風刀如鐵火車，解截其身。以熱逼故，便作是言：「得好色華、清涼大樹，於下遊戲不亦樂乎？」作此念時，八萬四千諸惡劍林，化作寶樹，華果茂盛，行列在前，大熱火燄化為蓮華。罪人疾于暴雨坐蓮華上，鐵觜諸蟲從火華起，穿骨入髓㗪腦。一切劍枝削於肉骨，無量刀林當上而下，火車鑪炭十八苦事，一時來迎。此相現時，陷墜地下，從下鬲上，身如華敷，遍滿下鬲，下火熾然，至於上鬲，身滿其中，熱惱急故，張眼吐舌，萬億鎔銅百千刀輪，從空中下，頭入足出。一切苦事過於上說百千萬倍。具五逆者，受罪五劫。

【章　旨】記殺害父母辱罵六親犯五逆罪之人在阿鼻地獄中所受的痛苦。

【注　釋】❶風刀　命終時，體中風大動搖，支解身體，其苦如利刀刺之，故云。❷捽　揪。

【語　譯】如果有殺害父母、辱罵六親的人，臨終之時，銅狗會變成十八輛車，車的形狀像上覆華貴的傘蓋一樣，所有的火燄變化成漂亮的女子，罪人遠遠地看見，心裡非常高興，想要過去。突然體中風大動搖，支解身體，罪人感到寒冷無比，急切中不由得失聲叫道：「真希望有溫暖的火。」說著已經坐到了車上，車上的大火燃燒起來，即刻死亡。這時他坐在金車上，看那些漂亮的女子都拿著鐵斧在斬割他的身體，就在屈伸四肢的那一瞬間立刻跌落到阿鼻地獄中，從最上層像一團旋轉的火輪直向下層落去，身體充滿每層內。銅狗大聲吼叫，吃他的骨頭吸他的骨髓，獄卒惡鬼拿著大鐵叉叉住他的頸部把他提起，罪人遍體燃著大火，充滿整個阿鼻獄。閻羅王厲聲念著文書：「你這個痴迷注定要下地獄的賊痞，你在人世間的時候，不孝敬父母，邪惡放縱不行正道。你如今所處的這個地方名叫阿鼻獄。」接著獄卒又從最下層把他拎到上層，經過八萬四千層，揪身而過，一直到鐵網旁邊。地獄一天一夜便是人世間的六十小劫，也就是完成了一大劫。罪人犯了五逆罪，快要死去時，「四大」解體，體內有風鼓動，如有十八把像鐵火車的刀在解割他的身體。因為酷熱難耐，罪人就說出這樣的話：「能有一棵長滿了好看的花並能給人以清涼感覺的大樹，在大樹下遊玩嬉戲不是很快樂嗎？」當他這麼想的時候，那八萬四千棵讓人恐怖的毒劍林瞬間變為寶樹，花繁果盛，出現在眼前，熊熊的火燄化作蓮花。罪人以比下暴雨還快的速度坐在蓮花上，不料鐵嘴蟲從火蓮花中出現，穿入罪人的骨頭直達骨髓去吃他的腦髓。所有劍樹的枝條砍削他的肉骨，成百上千的刀林從空中落下，著火的車和燒紅的爐炭等十八種讓人受苦的酷刑同時來臨。當出現這種情況的時候，罪人會墮落在地下，然後又從最下層返回上層，身體好像盛開的花朵，充滿了整個下層，下面的火熊熊燃燒，一直燒到上層，身體充滿其中，由於酷熱苦惱煩躁的緣故，罪人又是瞪眼睛又是吐舌頭，萬億桶滾滾銅水傾盆而下，百千個刀輪由空中落下，從頭上進去從腳下出來。一切苦難超過上面所說的百千萬倍。犯了五逆罪的人，要受五劫的罪。

復有眾生犯四重❶，虛食信施，誹謗邪見，不識因果，斷學般若，毀十方佛，偷僧祇物，婬逸無道，逼淨戒尼姊妹親戚，造眾惡事。此人罪報臨命終時，風刀解身，偃臥不定，如被楚撻。其心荒越❷，發狂癡想，見己室宅，男女大小，一切皆是不淨之物，屎尿臭處，盈流於外。獄卒羅剎以大鐵叉擎，阿鼻獄及諸刀林化作寶樹及清涼池，火燄化作金葉蓮華，諸鐵觜蟲化為鳧鴈，苦痛之聲猶如歌詠，罪人聞此：「吾當遊中。」坐火蓮華，眾物竟❸分，狗食其心。俄爾之間，身如鐵華，滿十八鬲。此等罪人經八萬四千大劫，復入東方十八鬲中，如前受苦，南西北方亦復如是。

【章旨】記犯了四重罪的人所受的苦罪。

【注釋】❶四重　指殺生、偷盜、邪婬、妄語四重罪。❷荒越　放縱越軌。❸竟　疑作「竟」，同「競」。

【語譯】還有些人犯了四重罪，說假話不守信用，又誹謗別人，持邪僻的見解，不知道有因果報應，拒學般若智慧，詆毀十方之佛，偷竊僧人用品，婬泆放縱不守規矩，逼迫受淨戒的比丘尼及姐妹親戚，做種種壞事。這個人受到的報應是當他快要死的時候，體內有風鼓動，如刀般來截斷他的身體，罪人躺著翻來覆去不能稍停，好像被鞭子抽打。他內心放縱越軌，發了瘋似的痴迷亂想，看見自己家中男女老少，所有一切都是不乾淨的東西，與屎尿汙穢相處，一切髒東西流出在外。獄卒惡鬼用大鐵叉叉起罪人，阿鼻獄和那些刀林都化為寶樹和清涼的池水，火燄化為長著金葉的蓮花，那些鐵嘴鳥都化為野鴨和大雁，痛苦的聲音卻像在歌唱，罪人聽到這些，心想：「我應當到這池中遊玩。」罪人坐在由火燄變成的蓮花上，被眾多的動物競相分吃，狗吃了他的心。頃刻之間，他的身體像鐵做的花朵一樣，塞滿了十八層。這樣的罪人經歷了八萬四千大劫後，又進入東邊的十八層地獄中，像前面說的那樣受苦，南方、西方和北方也都是這樣受苦。

謗方等經❶，具五逆罪，破壞僧祇，汙比丘尼，斷諸善根，具眾罪者，身滿阿鼻獄，四肢復滿十八鬲中，此阿鼻獄但燒如此獄種眾生。劫欲盡時，東門即開。見東門外，清泉流水，華果林樹，一切俱現。是諸罪人，從下鬲見，眼火暫歇，從下鬲起，宛轉腹行，摣身上走，到上鬲中，手攀刀輪，時虛空中雨熱鐵丸。走向東門，既至門閫，獄卒羅剎手捉鐵叉逆刺其眼，鐵狗嚙心，悶絕而死。南西北門，亦復如是，經歷半劫。

【章旨】記誹謗佛經，犯五逆罪，破壞佛門事物，汙辱尼姑的人在阿鼻地獄所受的痛苦。

【注釋】❶方等經　大乘經的總稱。

【語譯】誹謗大乘佛經，具有五逆罪，破壞大眾共有之物，玷汙出家的女子，斷絕產生諸善法的根本，具有這許多罪行的人，就會全身塞滿阿鼻獄，四肢裝滿十八層地獄，這阿鼻地獄祇燒這些注定要入地獄的人。當劫難將要結束時，東門打開。罪人看見東門外清泉流水，花果樹林，所有的東西都同時出現。這些罪人從下層看見後，眼中火暫時熄滅，他從下層開始扭動身體像蛇一樣用腹部貼地行進，側著身體向上走，一直到最上層，用手攀那刀輪，這時空中落下熱鐵丸。罪人走向東門，到門檻以後，獄卒惡鬼手中拿著鐵叉迎過來刺瞎了他的眼睛，鐵狗咬了他的心，罪人憋悶絕氣而亡。南門、西門和北門也是這樣，這樣受苦要經歷半劫的時間。

## 十八小地獄各有十八獄圍遶阿鼻

（出《觀佛三昧海經》第五卷）

阿鼻地獄有十八小地獄。小地獄各有十八寒地獄，十八黑闇地獄，十八小熱地獄，十八刀輪地獄，十八劍輪地獄，十八火車地獄，十八沸屎地獄，十八鑊湯地獄，十八灰河地獄；五百億劍林地獄，五百億刺林地獄，五百億銅柱地獄，五百億鐵機地獄，五百億鐵輞地獄；十八鐵窟地獄，十八鐵丸地獄，十八尖石地獄，十八飲銅地獄，如是等眾多地獄。

【章　旨】記圍繞阿鼻地獄的十八個小地獄分別又有十八個地獄。

【語　譯】阿鼻地獄有十八個小地獄。每個小地獄各有十八個寒地獄，十八個黑闇地獄，十八個小熱地獄，十八個刀輪地獄，十八個劍輪地獄，十八個火車地獄，十八個沸屎地獄，十八個鑊湯地獄，十八個灰河地獄；五百億個劍林地獄，五百億個刺林地獄，五百億個銅柱地獄，五百億個鐵機地獄，五百億個鐵輞地獄；十八個鐵窟地獄，十八個鐵丸地獄，十八個尖石地獄，十八個飲銅地獄，諸如此類還有眾多的地獄。

阿鼻獄死，生寒冰中。寒冰獄死，生黑闇處，八千萬歲目無所見，受大蟲身，宛轉腹行，諸情❶闇塞，狐狼食之。後生畜生，五千萬身，受鳥獸形。還生人中，六根不具，貧窮下賤。經五百身後，生餓鬼。後遇善知識❷，發菩提心❸。

【章旨】記在阿鼻地獄中罪人死後所經歷的各種身形及最終結果。

【注釋】❶諸情　諸根。❷善知識　指引導眾生捨惡修善入於佛道者。❸菩提心　意即求佛道之心。

【語譯】阿鼻地獄中死去之後，會轉生在寒冰地獄中。從寒冰地獄中死後，生到闇無天日的地方，八千萬年眼睛什麼也看不到，轉生為爬蟲的身子，用腹部貼地屈曲行進，耳目等各種根器都被閉塞，然後被狐狼吃掉。後來轉生為畜生，五千萬年中，一直是鳥獸的形狀。後來還生為人形，六根不全，貧窮下賤。經歷五百世後，又轉生為餓鬼。然後碰到導引自己到正道的好朋友，萌發了求無上菩提的想法。

十八寒地獄者，八方冰山，山十八鬲，復有十八諸小冰山，寒冰山間，如瓦蓮華高十八由旬，上有冰輪，縱廣正等十二由旬，如天雨雹，從空而下。劫奪抄盜剝脫凍殺眾生，此人罪報，欲命終時，一切風刀❶化為熱火。罪人作念：「我今云何不臥冰上？」作是念時，獄卒羅剎手執冰輪，躡虛而至，罪人見已，心便愛念，氣絕命終，生冰山上。既生之後，十八冰山如以扇扇，一切寒冰從毛孔入，十八鬲中遍滿一鬲，剖裂擘拆，如赤蓮華。冰輪上下，遍覆其身，八萬冰山，一時俱合，更無餘辭，但言「阿羅❷」。爾時罪人即作是念：「我於何時當免寒冰，生熱火中？」爾時空中有諸鐵觜鳥，吐火破冰啄腦，罪人即死。獄卒復以鐵叉打地，訶言：「活！活！」應聲即蘇，念：「身火猛熾，願得前冰以滅此火。」獄卒復以冰輪迎接，置餘獄中。如是十八鬲中無不經歷。此寒地獄壽命歲數，如四天王天日月八千萬歲。罪畢出生，賤貧鄙陋，五十世中為人奴婢，衣不蔽形，食不充口。此罪畢已，遇善知識，發菩提心。

【章旨】記十八寒地獄的概貌及墮入寒地獄的罪人所受苦難。

【注釋】❶風刀　人命欲終時，體內有大風動搖，肢解身體，這樣的苦痛好像用利刀刺割。❷阿羅　寒顫聲。

【語譯】十八寒地獄，八面都有冰山，山有十八層，又有十八處小冰山，在寒冷的冰山之中有高十八由旬的陶製蓮花，上面佈有冰輪，冰輪長寬正好都是十二由旬，就像天上下冰雹一樣，從高空落下來。那些搶劫偷盜、把別人的衣服剝掉以致使人凍死的罪人，他們的報應是將要死去的時候，身體內肢解身體的如利刃的大風變成熱火。罪人心想：「我為什麼現在不躺在冰上呢？」當他這樣想的時候，獄卒惡鬼手中拿著冰輪，踏著虛空而來，罪人看見後，心中非常高興，立刻氣絕身亡，轉生到冰山上。當他來到這裡之後，十八座冰山像用扇子搧著一樣，所有寒冰從毛孔進入，身體塞滿了十八層中的一層，身體被剖分開拆，凍得像赤蓮花一樣紅。冰輪上上下下覆蓋住他的身體，八萬座冰山一下子全合在一起，罪人口中說不出其他的話，衹是發出「阿羅」寒顫聲。這時罪人心中想道：「我什麼時候才能免去這寒冰之苦轉生到熱火中呢？」此時空中出現一些鐵嘴鳥，口吐火燄，啄破寒冰去啄罪人的腦袋，罪人馬上死去。獄卒又用鐵叉敲著地面，厲聲喝道：「活！

活！」罪人應聲蘇醒，心中想：「我身上的火燄燃得太烈，希望得到以前的寒冰把這火熄滅。」獄卒又拿著冰輪前來迎接他，放在其他地獄中。這樣反反覆覆，十八層地獄沒有一層不經歷的。這些寒地獄的壽命和四大天王的壽命一樣，要經過八千萬歲。受完罪後，出生在貧窮下賤地位卑陋的人家中，五十世裡給人作奴婢，衣不蔽體，食不果腹。受完這些苦罪後，然後碰到導引自己上正道的好朋友，生發了求無上菩提的想法。

黑闇地獄者，十八重黑山，十八重黑網，十八重鐵林，十八重鐵縵。一一山高八萬四千由旬，一一縵亦厚八萬四千由旬，一一縵間十八重鐵圍山，羅列如林，此山陰闇。偷佛僧燈明，偷盜父母師長，謗說法者，亦毀世俗，論義師等，不忌尊卑，不知慙愧，以此罪故，命欲終時，眼有電光睒迅❶不停，即作是念：「我有何罪，常見是火？」即閉兩目不願欲見。命欲終時，獄卒羅剎擎大鐵床，張大鐵傘，如大隊雲，乘空而至，無形有聲。罪人欲往，命終坐鐵床上，落黑闇處，刀輪上下，斬斷其身。有大鐵烏，觜距❷長利，從山飛下，來攫罪人。痛急疾走，求明不得，足下蒺蔾，穿骨徹髓。如是慞惶，經五百萬億歲，日月如前，彼人頭打諸黑闇山，腦流眼出，獄卒羅剎以鐵叉叉安眼眶。罪畢乃出，為貧窮人，眼目角睞❸，盲冥無見，或被癩病人❹所駈逐❺。如是罪報經五百身，過是以後，遇善知識，發菩提心。

【章　旨】記黑闇地獄的概貌及其中罪人所受的苦難。

【注　釋】❶睒迅　光閃爍。❷觜距　禽鳥的嘴和爪甲。❸角睞　斜視。❹癩病人　痲瘋病人。❺駈逐　驅趕。

【語　譯】黑闇地獄有十八重黑山，十八重黑網，十八重鐵林，十八重鐵幔。每座山高八萬四千由旬，每張幔厚八萬四千由旬，每張幔中間有十八重鐵圍山，像樹林一樣排列，這些山又陰又闇。偷盜佛祖、僧人的燈火，偷盜父母師長，誹謗講解佛法的人，以及詆毀世間俗法，隨便議論師長，不分尊卑，不知羞恥，因為有這些罪過，性命將要結束時，眼中有電光閃爍不停，於是就想：「我有什麼罪過，眼中常見此光？」就閉上兩眼不願看見。臨終的時候，獄卒惡鬼舉著大鐵床，張開大鐵傘，就像一堆烏雲從空中降落下來，看不見人形祇聽到聲音。罪人正想前去，立刻氣絕身亡，坐在了鐵床上面，落到黑闇的地方，如刀的車輪上下轉動，把他的身體截成幾段。有大鐵烏嘴巴和爪甲又長又鋒利，從山上飛下來攫取罪人。罪人痛苦難當，東奔西跑，想要找個明亮的地方卻找不到，腳下的蒺藜刺穿骨頭直達骨髓。罪人就這樣倉惶失措地經歷五百萬億年，一天一年年年就那樣度過，那人的頭碰到黑闇的山脈，腦漿橫流眼珠迸出，獄卒惡鬼用叉子把他的眼睛安在眼眶裡。受完罪後才得以出去，生為貧賤人，眼珠子斜在一邊，眼前黑闇一片什麼也看不見，有時被痲瘋病人驅趕。這樣的苦罪經歷五百世，經歷完這一切後，碰到導引自己上正道的好朋友，生發了求無上菩提的想法。

十八小熱地獄者，如阿鼻獄亦七重城，七重鐵網，無量諸惡，以為莊嚴。以不從師教，興惡逆心，不知恩養，盜師害師，汙師淨食，坐師床座，捉師鉢盂，藏去不淨，作種種惡毒藥飲師，若沙門婆羅門，作諸非法，無有慚愧，剝像破塔，劫法寶物，殺伯叔父母兄弟姊妹，命欲終時，十八獄卒各以鐵叉擎一鬲獄，如大寶蓋，雨微細雨，雨滴如華，熱惱入心，見雨清涼，即作是念，言：「願我得坐蔭蓋之下，涼雨灑我不亦樂耶？」氣絕命終，如一擲頃即坐劍床上，百億劍刃，刃皆出火，燒刺其身。空中寶蓋化為火輪，從上而下直劈其頂，身體碎裂為數千段。上雨鐵丸，從毛孔入，獄卒羅剎以大鐵叉刺罪人眼，或以鐵箭貫射其心，悶絕而死，須臾還活，坐劍床上，旋嵐猛風吹墮地獄。時閻羅王告言：「獄種，汝作眾惡，殺師謗師，汝今生處，名拔舌阿鼻。汝在此獄，當經三劫。」作是語已，即滅不現。

【章　旨】記十八小熱地獄的概貌及其中罪人所受的苦難。

【語　譯】十八小熱地獄像阿鼻獄一樣，也有七重城牆，七重鐵網，上面裝飾著數不清的令人討厭的東西。因為不聽從師長教誨，做壞事生發叛逆之心，不知道師長的養育之恩反而想偷盜師長謀害師長，玷汙師長潔淨的飲食，坐師長的床和座位，拿著師長的飯缽放在不乾淨的地方，做各種難以下咽的毒藥讓師長喝，如果沙門和婆羅門做出這種種壞事，卻沒有一點反悔之意，擊打破壞佛像佛塔，掠奪佛門寶物，殺害伯父、叔父、父母、兄弟、姐妹，他快要死的時候，十八個獄卒各用鐵叉舉著一層地獄，就像一把巨大的傘，傘下面下著微微的小雨，雨滴像花朵，罪人灼熱煩惱在心，看見那清涼的雨水，便這樣想：「希望我坐在那陰涼的傘蓋下面，清涼的雨水灑在我的身上，不是很快樂嗎？」想著便氣斷身亡，就如扔東西的那一瞬間，罪人便坐在布有刀劍的床上，幾百億把刀劍，每把刀刃上都冒出火燄，灼燒刺痛他的身體。空中的寶傘也化作火輪，從上而下，直劈他的頭頂，身體被劈裂成幾千段。天上下著鐵丸，從毛孔進入身體，獄卒惡鬼用大鐵叉刺罪人的眼睛，有的用鐵箭射穿他的心臟，罪人憋悶而死，但過了一會兒又復活，坐在布有刀劍的床上，劫初劫末所刮起的猛烈的大風一直把他吹入地獄。這時閻羅王告訴他：「坐牢痞，你做了種種壞事，殺害師長，誹謗師長，你現在所處的地方叫拔舌阿鼻地獄。你在這個地獄裡必須經歷三個劫數。」說完後，閻羅王便消失了。

刀輪地獄者，四面刀山，於眾山間，積刀如輪。有八百萬億極大刀輪，隨次而下，猶如雨滴。以樂苦惱他，殺害眾生，命終之時，患逆氣病❶，心堅如鐵，即作是願：「得一利刀削此諸患，不亦快乎？」是時獄卒頂戴刀輪，翳❷令不現，至罪人所，卑言遜辭：「我有利刀能割重病。」罪人歡喜，即自念言：「唯此為快。」氣絕命終，生刀輪上，如醉象走，墮刀山間。是時四山一時俱合，四種刀山割切其身，不自勝持，悶絕而死。獄卒羅剎駈蹙❸罪人，令登刀山。來至山頂，刀傷足下，乃至於心。畏獄卒故，匍匐而上，既至山頂，獄卒手執一切樹葉。未死之間，鐵狗噉心，楚毒百端，鐵蟲唼食，肉皆都盡。尋復唱活，腳著鐵輪從空而下，一日一夜，六十億生，六十億死，如是眾多，如四天王壽八千萬歲，罪畢乃出，墮在畜生，五百世中有供眾口，復五百世受卑賤形。後遇善知識，發菩提心。

【章　旨】記刀輪地獄的概貌及其中罪人所受的苦難。

【注　釋】❶逆氣病　中醫指五臟六腑之氣逆行不順的病癥。❷翳　隱沒。❸駈蹙　驅逼。

【語譯】刀輪地獄，四面都是刀山，在這些山的中間，許多刀積聚在一起形成車輪。有八百萬億極大的刀輪，一個挨著一個像雨滴一樣落下來。把歡樂建立在他人的苦惱上，殺害眾生，這種人死的時候會得逆氣病，心口堅硬如鐵，他這樣希望：「如有一把鋒利的刀把這病根割去，不是很快樂嗎？」這時，獄卒頭上頂著刀輪，把刀輪隱沒不讓人看見，他來到罪人的住處，用謙卑的語詞說：「我有一把鋒利的刀能割除嚴重的病根。」罪人聽了非常高興，心中闇想：「這樣才痛快。」想到這便氣絕身亡，轉生在刀輪上，像喝醉了的大象一樣狂奔亂跑，最後墮落在刀山間。這時四面的刀山一齊合攏過來，四座刀山宰割他的身體，痛不可忍，憋氣而死。獄卒惡鬼驅逼著罪人，讓他們登上刀山。到了山頂，利刃從足下刺入直達心臟。罪人害怕獄卒，爬著向上前進，來到山頂後，獄卒手中拿著很多劍樹樹葉等著他。還沒有死的時候，鐵狗啃咬他的心，痛楚難當，鐵蟲吃他的肉，肉都被吃光。接著又被獄卒念咒語活過來，腳上踏著鐵輪從空中落下，一天一夜中六十億次生六十億次死，經過這麼多的反覆，像四天王的壽命一樣要經過八千萬年，受完這些苦後才得以出獄，墮落在畜生中，五百世中成為眾人口中食物，再過五百世，仍然轉生成卑陋下賤的形體。然後碰到導引自己上正道的好朋友，生發了求無上菩提的想法。

劍輪地獄者，縱廣正等五十由旬，滿中劍樹。其樹多少，如稻麻竹葦。一一劍樹高四十由旬，八萬四千劍輪為葉，八萬四千劍輪為華，八萬四千劍輪為果，八萬四千沸銅為枝。以樂殺無厭，如此罪人臨命終時，遇大熱病❶，即作念言：「我今身體時熱時寒，舉身堅強❷，猶如鐵碪。」即作願言：「得金剛劍割卻此患，樂不可言。」是時獄卒即自化身，如己父母、親友之形，在其人前而告之言：

「我有祕法，如卿所念，當用相遺。」罪人云：「急急欲得。」氣絕命終，如馬奔走，生劍華中。無量劍刃削骨破肉，碎落如空。復有鐵烏從樹上下，挑眼啄耳，有大羅剎，手捉鐵斧，破頭出腦，鐵狗來舐。死已唱活，駈令上樹，未至樹端，身碎如塵。一日一夜，殺身如塵，不可稱數。殺人罪故受如此殃。經八萬億歲，生畜生中，身常負重，死復剝皮。經五百世，還生人中，貧窮短命，多病消瘦。過是已後，遇善知識，發菩提心。

【章　旨】記劍輪地獄的概貌及其中罪人所受的苦難。

【注　釋】❶熱病　傷寒病。❷堅強　堅硬。

【語　譯】劍輪地獄長寬正好都是五十由旬，其中長滿了劍樹。劍樹的數量就像稻穀、禾麻、竹茹、葦草一樣多。每棵劍樹高四十由旬，八萬四千個劍輪作為它的葉子，又有八萬四千個劍輪作為它的花朵，還有八萬四千個劍輪作為它的果實，八萬四千沸銅作為它的樹枝。因為樂於殺戮從沒滿足，這樣的罪人快要死去的時候，會得嚴重的熱病，他這樣想：「我的身體時熱時冷，整個身體堅硬得就像鐵砧。」又想到：「能得到一把金剛劍，割除這種病痛，那快樂簡直沒法說。」這時獄卒便變了模樣，化為罪人的父母或親戚朋友，來到他面前對他說：「我有一種祕密的方法，正像你心中想的那樣，將以相贈。」罪人說：「我急切地想要得到。」立刻氣斷身亡，像馬奔跑一樣立刻轉生到了劍樹的花朵上。無數刀劍割削他的皮肉骨頭，碎成一塊一塊已空無身形。又有鐵嘴烏從樹上飛下啄吃他的眼睛和耳朵，還有大惡鬼手裡拿著鐵斧，砍破他的頭流出腦漿，引來鐵狗舔吃。罪人死去後又被獄卒喊活，驅趕他爬上劍樹，還不到樹頂，身體便粉碎猶如塵土。一天一夜中，多少次被碎身如塵，簡直數不勝數。犯下殺人的罪行，才遭受這樣的災難。經過八萬億年轉生為畜生，常常負載沉重的貨物，死後又被剝皮。又經過五百世還回人身，生活貧窮而又短命，一生多病瘦弱。經歷完這些後，碰到導引自己上正道的好朋友，生發求取無上菩提的心願。

火車地獄者，一一銅鑊，縱廣正等四十由旬，滿中盛火，下有十二輪，上有九千四百火輪。自有眾生為佛弟子，及事梵天九十六種，及在家者詐惑邪念，諂曲作惡，如此罪人欲命終時，風大先動，身冷如冰，即作是念：「何時當得大猛火聚，入中坐者，永除冷病。」作是念已，獄卒羅剎化作火車如金蓮華，獄卒在上，如童男像，手執白拂，鼓舞而至。罪人愛著：「若坐此上，快不可言。」氣絕命終，載火車上，肢節火燃，身體燋散。獄卒唱：「活！」應聲還活。火車轢❶身，凡十八反，碎身如塵。天雨沸銅，遍灑身體，即便還活，如是往反，上至湯際，下墮鑊中。火車所轢，一日一夜，九十億死，九十億生。此人罪畢生貧賤家，為人所使，繫屬於他，不得自在，償利養❷畢，爾乃得脫。由前出家，善心功德，遇善知識為其說法，心開意解，成阿羅漢。

【章旨】記火車地獄的概貌及其中罪人所受的苦難。

【注釋】❶轢　車輪輾壓。❷利養　財利。

【語　譯】火車地獄中，每口大銅鍋長寬相等都為四十由旬，其中盛滿大火，銅鍋下面有十二個車輪，上面有九千四百個火輪。自有眾生稱為佛的弟子以及事奉九十六種梵天，以及那些在家欺騙迷惑、有邪念、曲意逢迎、做壞事的，這樣的罪人將要死的時候，身體裡的風先發動，致使身冷如冰，他便這樣想：「我什麼時候得到猛烈的火堆，我坐到裡面，永遠除掉這冷病。」他剛想到這兒，獄卒惡鬼把燃著火的車輛化作金蓮花，獄卒坐在上面像一尊男童的形狀，手中拿著白色的拂塵，敲著鼓跳著舞走過來。罪人心中歡喜：「如果能坐在這上面，那快樂不能用言語表達。」想著便氣斷身亡，被放在載送罪人到地獄的火車上，四肢著火，身體被大火燒得燋爛零碎。獄卒念咒語說：「活！」罪人應聲又活過來。那燃火的車子從他身上輾過，一共有十八個來回，罪人的身體被壓成粉末。天上落下沸騰的銅水，灑滿他整個身體，罪人復活過來，這樣翻來覆去，一會兒上去到了沸水邊，一會兒又落下來墮落在大鍋裡。被火車輾壓一天一夜，死九十億次，活九十億次。這個罪人受完這些苦痛後，轉生在貧賤的人家，被人驅使，附屬於他人，沒有自由。償還完欠下的財利，這樣才得以脫身。接著因為他曾出家，有好心腸並積累下功業德行，又碰到導引自己上正道的好朋友為他講解佛法，心智豁然開悟，修成羅漢正果。

沸屎地獄者，八十由旬，十八鐵城。一一城有十八鬲，一一鬲中，四壁皆有百億萬劍樹，如刀刃，刃厚三尺。於其刃上，百千蒺蔾，不可稱計。一一蒺蔾及劍樹間，生諸鐵蟲，其數無量。一一鐵蟲有百千頭，一一頭有百千觜，觜頭皆有百千蚘蟲❶。此諸蚘蟲口吐熱屎，沸如鎔銅，滿鐵郭內，上有鐵網鐵烏。以破八戒齋，汙沙彌尼、式叉摩尼，汙比丘戒、比丘尼戒，汙優婆塞戒、優婆夷戒，如是七眾❷及餘一切汙僧淨飯，汙父母食，偷竊先噉，不淨手捉，及僧知事❸以自恃故汙僧淨食；四部弟子以不淨身坐僧祇床，犯偷蘭遮❹，久不懺悔，虛食僧食，坐僧眾中，與僧布薩❺，如是眾多無量不淨惡業，罪人臨終時舉身皆香，如麝香子❻不可堪處，即作是念：「當於何處不聞此香？」獄卒化身，猶如畫瓶❼中盛糞穢，至罪人所，以手摩觸，令彼罪人心生愛著。氣絕命終，墮沸屎中，身體糜爛，眾蟲唼食，削骨徹髓。以渴逼故，飲熱沸屎，蚘蟲蛆蟲唼其舌根。一日一夜，九十億生九十億死。罪畢乃出，生貧賤家，不得自在。設生世時，恆值惡王，屬邪見主，種種惡事逼切其身，癭腫❽惡瘡以為衣服。宿世聞法，善因緣故，遇善知識，出家學道，成阿羅漢。

【章旨】記沸屎地獄的概貌及其中罪人所受的苦難。

【注釋】❶蚘蟲 蛔蟲。❷七眾 指比丘、比丘尼、式叉摩那、沙彌、沙彌尼、優婆塞、優婆夷。❸知事 僧職名，掌管僧院事務，即住持。❹偷蘭遮 梵文Sthūlātyaya，意譯大罪、重罪。❺布薩 梵文音譯詞，意思是淨住、善宿，又叫長養。出家的人規定每半月（十五日與二十日或三十日）集眾僧說經戒，在這天出家人向人懺悔所犯的罪行。❻麝香子 幼香獐。❼畫瓶 繪畫精美的瓶。❽癭腫 頸瘤。

【語譯】沸屎地獄，縱廣八十由旬，有十八座鐵城。每一座鐵城有十八層，每一層中的四面牆壁有百萬億棵劍樹，鋒利如刀刃，刀刃厚三尺。在刃上都有成百上千的蒺藜，數也數不清。每一根蒺藜和劍樹中間，生長著很多鐵嘴蟲，多得數不清。每一隻鐵蟲都有成百上千個頭，每個頭上有成百上千張嘴，每張嘴上都有成百上千隻蛔蟲。這些蛔蟲口中吐出熱屎，滾燙如鎔化的銅水，充滿整座城池，鐵城上還有鐵網、鐵烏鴉。因為不遵守八齋戒，姦汙沙彌尼和式叉摩尼，玷汙比丘及比丘尼應守的戒條，玷汙優婆塞及優婆夷應守的戒條，傷害如此七種人和所有其他弄髒僧人潔淨飯食，弄髒父母的飯食，偷著先吃，用不乾淨的手去拿僧人的用具，以及僧院主管因自負而汙染了僧人乾淨的飯食；出家的男子女子和在家修行的男子女子這四部弟子用不乾淨的身體去坐僧床，犯下重罪大罪卻長久不自我懺悔，徒然披著袈裟白吃僧人的飯，坐在眾多僧人中，假模假樣參加僧人布薩法會，做這麼多數不清的邪惡之事的罪人，快要死的時候全身溢著香氣，像幼香獐的味道不能忍受，他便想：「我到什麼地方才能免於聞到這種香味呢？」獄卒化身，就好像畫瓶中盛滿糞便汙穢之物，獄卒到了罪人的處所，用手撫摸，讓罪人心生愛戀。罪人立刻氣斷身亡，墮落在沸騰的屎裡，全身糜爛，被蟲子啃吃，透過骨頭直達骨髓。因為口渴難忍，所以便去喝那沸屎，蛔蟲蛆蟲咬他的舌根。一天一夜中，活九十億次、死九十億次。受完罪後才得以脫離，轉生在貧困人家，沒有自由。假如說他出生的年代常碰上兇惡的國王，自己又附屬於有邪見的主人，那麼種種壞事就會來逼迫他，身上長滿腫瘤惡瘡，好像披了一件衣服。因為他前世曾經聽講佛法，種下善果的緣故，後來又碰到導引自己上正道的好朋友，出家修行佛法，修成阿羅漢正果。

十八鑊湯地獄者，有十八鑊，縱廣正等，各四十由旬，七重鐵網，滿中沸鐵。五百羅剎鼓大石炭燒其銅鑊，燄燄相次，經六十日火不可滅，閻浮提日滿十二萬歲。鑊沸上涌，化成火輪，還入鑊中。以毀佛禁戒，殺生祠祀，為噉肉故焚燒山野，傷害眾生，生噉眾生，以火焚燒，如此罪人欲命終時，身心煩悶，失大小便，不自禁制，或熱如湯，或冷如冰，即作是念：「得大溫水入中沐浴，不亦樂乎？」獄卒羅剎化作僮僕，手擎湯盆至罪人所。心生愛樂，氣絕命終，生鑊湯中。速疾消爛，唯餘骨在。鐵叉掠出，鐵狗嚙之，嘔吐在地。尋復還活，獄卒駈遣，還令入鑊。畏鑊熱故，攀劍樹上，骨肉斷壞，落鑊湯中，一日一夜恆沙死生。罪畢生為豬、羊、雞、狗，短命之處，無不經歷。如是受身八千萬歲，命終之後，還生人中，受二種報：一者多病，二者短命。過筭數劫，遇善知識，受持五戒，行六波羅蜜❶。

【章　旨】記十八鑊湯地獄的概貌及其中罪人所受的苦難。

【注　釋】❶六波羅蜜　梵文 ṣaḍ-pāramitā，譯作六度，即布施、持戒、忍辱、精進、禪定、智慧。

【語　譯】十八鑊湯地獄，有十八口大鍋，長寬相等，各為四十由旬，有七重鐵網，其內充滿沸騰的鐵水。五百個惡鬼用風箱搧大石炭燒那些銅鍋，其火燄燄相承，經過地獄六十天而不會熄滅，相當於人世間歲月滿十二萬年。大鍋中的鐵水沸騰湧上來，變成火輪，又回到大鍋中。因為破壞佛的禁條戒律，殺害生靈進行祭祀，為了吃到肉而去焚燒山林曠野，傷害裡面的動物，或者生吃動物的肉，或者用火煮燒動物，這樣的罪人在快要死的時候，心口煩躁懣悶，大小便不能自己控制，身上一會兒熱得好像在沸水中，一會兒冷得好像掉進冰裡，他這樣想：「能夠得到很多溫水，進去洗個澡不是很痛快嗎？」獄卒惡鬼變成僕人，手裡舉著熱水盆到罪人的處所。罪人心生歡喜，立即氣斷身亡，轉生在那大鍋裡的熱鐵水中。很快身體糜爛鎔化，祇剩下一把白骨。獄卒用鐵叉撈出來，鐵狗過來啃骨頭，然後又嘔吐在地上。一會兒又活過來，獄卒驅迫他，又讓他進入大鍋裡。罪人害怕大鍋的灼熱，便往劍樹上爬，骨頭和肉被劍樹斷開，落在了大鍋中，一天一夜中如恆河沙數次死或生。受罪完畢後，轉生為豬、羊、雞、狗等，所有短命的動物都經歷一番。這樣經過八千萬年，絕命後才轉生為人，但受兩種報應：一是多病，二是短命。經過數不清的劫難，碰到了導引自己上正道的好朋友，受持佛教五戒，修行六度。

灰河地獄者，長二百由旬，廣十二由旬，下有利刀，岸上劍樹，滿中猛火，廣十二丈，復有鎔灰以覆火上，厚四十丈。以偷盜父母、師長、善友、兄弟、姉妹，如是癡人，無有慚愧，不識恩養，不從師教，此人罪報，命欲終時，氣滿心腹，喘息不續。即作是念：「我心如泥，氣滿胷中，得一微火爆我身者，不亦快乎？」獄卒應念，化作妻子，手擎火爐，微灰覆上，至罪人所。罪人歡喜，氣絕命終，生灰河中。諸劍樹間，有一羅剎手執利劍欲來傷害。是人恐怖，走入灰河，舉足下足，刀傷其脚，劍樹雨刀，從毛孔入。羅剎以叉叉出其心，躃地悶死。尋復還活，一日一夜五百億生五百億死。飢渴逼故，張口欲食，劍樹雨刀，從舌頭入，劈腹裂胷，悶絕而死。由前世聞佛法僧名故，罪畢之後，得生人中，貧窮下賤，覺世非常，出家學道。時世無佛，成辟支佛❶；世若有佛，成阿羅漢。

【章　旨】記灰河地獄的概貌及其中罪人所受的苦難。

【注　釋】❶辟支佛　意譯為緣覺，也叫獨覺，一般指出生在有佛的世代，觀十二因緣而得悟者為緣覺；出生在沒有佛的世代，觀外緣而無師自悟者為獨覺。這裡指後者。

【語　譯】灰河地獄，長二百由旬，寬十二由旬，河下有鋒利的刀，岸上有劍樹，整條河充滿了猛烈的火燄，寬十二丈，還有鎔化的灰燼覆蓋在火上，厚四十丈。因為偷盜父母、師長、好友、兄弟、姐妹，如此愚痴之人，沒有一點慚愧，不知道父母的養育之恩，不聽從老師的教誨，這樣的罪人會得到的報應是快要死的時候，邪氣充滿心臟和腹部，氣喘吁吁上氣不接下氣。便這樣想：「我的心像和水的土，胸中憋滿了氣，如果能得到一點火苗烘烤我這身子不是很快活嗎？」獄卒應和他的念頭，就變成他的妻子，手中舉著火爐，用一層薄薄的爐灰覆蓋在上面，到罪人的處所。罪人心裡非常高興，立刻斷氣身亡，轉生在灰河裡。那些劍樹中間有一個惡鬼，手裡拿著鋒利的寶劍想來殺害罪人。罪人極度恐怖，跑到灰河裡面，他的腳一抬一落，被刀砍傷，劍樹上落下的刀從毛孔進入。惡鬼用鐵叉叉出他的心臟，罪人倒地氣悶而死。過一會兒後又復活，一天一夜中，活五百億次死五百億次。又飢又渴的緣故，張開嘴想要吃東西，劍樹上像雨一樣落下刀從他的舌頭進入，劈開腹裂開胸，罪人憋悶死去。由於前世聽說過佛法僧的緣故，受罪完畢後，轉生在人中，但貧窮低賤，感到世間無常，於是出家學道。這時如果世間佛還沒有出現，他會成為自悟的辟支佛；如果佛已經出世，他會修成阿羅漢果。

劍林地獄者，八千由旬，滿中劍樹，有熱鐵丸以為其果，樹高二十四由旬。以不孝父母，不敬師長，作惡口業，無慈愛心，刀杖加人，臨欲終時，心如糊膠，處處生著，即作此念：「我心縛著，觸事不捨，耽酒嗜色，雖遇苦患，心猶不息，得一利刀割截此愛。」獄卒應聲化為侍者，執鏡語言：「汝心多著，可觀此鏡。」

見利劍像，即作是念：「我體羸弱，不堪欲事，得此利劍，割斷我心，不亦快乎？」作此念時，氣絕命終，受餓鬼身。諸劍樹間，化生鐵丸，從頂入口出，腸胃燋爛。獄卒打撲，驅令上樹，鐵觜蟲噉，以怖上樹。如是展轉，悉經劍林，一日一夜八萬生死。罪畢之後，生饑饉世及疾疫劫，為人卑賤，口氣恆臭，人所惡見。後遇善知識，發菩提心。

【章　旨】記劍林地獄的概貌及其中罪人所受的苦難。

【語　譯】劍林地獄綿延八千由旬，其中全是劍樹，熱鐵丸是樹的果實，樹高二十四由旬。因為不孝敬父母，不尊敬師長，口出惡語毀呰他人，沒有慈愛之心，經常用刀杖打人，他快死的時候，心如一團漿糊粘在一起處處產生執著，他便這樣想：「我的心被束縛，遇到什麼事都割捨不下，沉溺酒色之中，雖然吃過苦頭，但還是不肯止息，希望能得到一把利刀，把這種貪愛割斷。」獄卒隨著聲音便化作一位僕從，拿著一面鏡子說：「你的心有太多的迷戀，你可以看看這面鏡子。」罪人在鏡子中看到一把利劍的形像，心中想：「我身體羸弱，不能再承當婬欲之事，拿這把利劍來割斷我的貪愛之心，不是件痛快的事嗎？」想到這裡，氣斷身亡，轉生為一餓鬼。那些劍樹落下鐵丸，從頭頂進入口中吐出，腸胃烤燋糜爛。獄卒毆打趕著他讓他上樹，樹上有鐵嘴蟲在等著吃他的肉，因此他害怕上樹。就這樣在劍樹林間反反覆覆地走來走去，一天一夜中八萬次生八萬次死。受罪完畢後，出生在飢荒和瘟疫盛行的年代裡，做著卑下低賤的人，口中呼出的氣永遠臭惡難聞，人們都不想和他打交道。後來碰到導引自己上正道的好朋友，生發求取無上菩提的心願。

刺林地獄者，八千由旬，滿中鐵刺，一一刺端有十二鉤，樹上復有大熱鐵鉤。以惡口、兩舌、綺語、不義語，調戲無節，誑說是非，說經典過，毀論義師，如此罪報，命欲終時，咽燥舌乾，即作此念：「得一利刀刺頸出血，令眾脈間流注眾水，不亦快乎？」獄卒羅剎化作父母，手執明珠，珠頭生刺，持用擬❶口，如水欲滴。罪人歡喜，氣絕命終，如雷電頃生刺林間。獄卒羅剎手執鐵鉤，拔舌令出，八千鐵牛有大鐵犂，耕破其舌。一日一夜，六百生死。過是已後，得生人中，脣哆❷面皺，語言謇吃。如此罪人，體生諸瘡，膿血盈流，經五百世，人所惡見。過是已後，雖有所說，人不信受。遇善知識，發菩提心。

【章旨】記刺林地獄的概貌及其中罪人所受的苦難。

【注釋】❶擬　比劃。❷哆　翹起。

【語譯】刺林地獄，長寬各八千由旬，其中充滿鐵刺，每根刺的末端有十二個鉤子，樹上還有巨大的灼熱的鐵鉤。因為惡語傷人，搬弄是非，豔語婬辭，不合道義的夸夸其談，調侃戲弄沒有節制，亂說是非，妄說經典的過錯失誤，詆毀藉問答顯揚教義的老師，犯下這樣的罪行會受到應有的報應，當他快要死時，口乾舌燥，他不由得這樣想：「得到一把鋒利的刀，割破脖子使流鮮血，讓筋脈血流如水，不是很爽快的事嗎？」獄卒惡鬼變化成他的父母，手裡拿著明月寶珠，明珠上長著刺，在他口中比劃，形狀就像水欲滴下的樣子。罪人心生歡喜，氣斷身亡，像打雷閃電一般，頃刻之間轉生在刺林間。獄卒惡鬼手中拿著鐵鉤拔出他的舌頭，八千頭鐵牛拉著大鐵犁像耕田一樣耕破他的舌頭。一天一夜中，六百次死六百次生。經過這些之後，轉生為人，嘴唇翹起滿臉皺紋，說話口吃。這樣的罪人，身體會生腫瘤爛瘡，膿血橫流，在五百世中，人們都不願看見他。經過這一切後，雖然他已經能夠流利地說話，但人們都不相信接受他的話。後來碰到導引自己入正道的好朋友，生發了求取無上菩提的願望。

銅柱地獄者，有一銅柱狀如火山，高六百由旬。下有猛火，火上鐵床，上有刀輪，間有鐵觜蟲、鐵口烏。以貪惑滋多，染愛不淨，非處非時，行不淨業。設有比丘尼、婆羅門等諸梵行者，若於非時非處犯不淨法，乃至一切犯邪行者，如此罪人臨命終時，舉身反強❶，震掉不定，即作此念：「得一堅大銅鐵柱者，縛此身體，令不動搖。」獄卒應時化作童僕，手執鐵杖至罪人所，白言：「長者，汝今身強，餘物皆弱，可捉此杖。」心即歡喜，氣絕命終。如捉杖頃生銅柱頭。猛火燄熾，焚燒其身，驚怖下視，見鐵床上有端正女，若是女人，見端正男，心生愛著，從銅柱上下投於地。銅柱貫身，鐵網絡頭，鐵觜諸蟲唼食其軀。落鐵床上，男女俱時六根火起，有鐵觜蟲從眼而入，從男女根出。若汙戒者，別有九億諸小蟲輩，如螵蛸蟲❷，有十二觜，觜頭出火，唼食其體。一日一夜，九百億生九百億死。出生鳩鴿，身經五百世，後生龍中，經五百身，後生人中，無根、二根，及不定根，黃門❸之身。經五百世，設得為人，妻不貞良，子不慈孝，奴婢不從。過是已後，遇善知識，發菩提心。

【章旨】記銅柱地獄的概貌及其中罪人所受的苦難。

【注釋】❶反強　反戾僵硬。❷螵蛸蟲　螳螂。❸黃門　梵文paṇḍaka，閹人，即男根損壞之人。

【語譯】銅柱地獄，有一根銅柱形狀像噴火的山，高六百由旬。銅柱下有猛火，火上有鐵床，床上有刀輪，刀輪之間有鐵嘴蟲、鐵口烏。因為貪婪而執迷不悟太深，浸染愛戀汙穢鄙陋，在不恰當的時間和地點做骯髒的婬事。假如有比丘尼和婆羅門等一些修清淨行的人在不恰當的時間和地點犯下婬穢之事，以及其他一切邪僻行為，這樣的罪人臨命終的時候，全身反戾僵硬，又震顫抖動不定，他內心不禁這樣想：「最好能有一根大銅鐵柱子，綁住身體不要讓它搖擺。」獄卒即刻出現，變作僕人，手中拿著鐵杖來到罪人的處所，說：「主人，如今你的身子太僵硬，其他東西都柔弱不堪，你可以扶著這根手杖。」罪人心中歡喜，立刻氣絕身亡。在他扶手杖的那一瞬間，轉生在銅柱的頂端。大火熾燄，來燒他的身體，他驚恐地看著下面，看見鐵床上坐著一個相貌端正的女子，若是女子，則看到相貌端正的男子，罪人心生愛戀，從銅柱上往地下跳。這時銅柱穿透他的身體，鐵網纏住他的脖子，鐵嘴蟲咬食他的身體。當他落在鐵床上時，這一對男女眼耳鼻舌等六種器官同時噴火，有鐵嘴蟲從他們的眼睛進去，從他們的男女生殖器中出來。如果是玷汙戒條的僧人，另有九億隻小蟲子，比如螳螂，長有十二張嘴，嘴裡噴著火來咬食他的身體。一天一夜中，生九百億次死九百億次。然後轉生為鳩鴿，經過五百代，再生為龍身，又經過五百代，最後轉生為人，但沒有生殖器或同時有男女生殖器，或者有時為男陰有時為女陰，或是閹人之身。這樣經歷五百世，即使轉生為人，妻子不貞潔賢良，兒子不孝敬，奴婢不服從。經過這一番經歷之後，碰到導引自己入正道的好朋友，生發了求取無上菩提的願望。

鐵機地獄者，有一鐵床，縱廣正等四百由旬，上安諸梞❶，梞間皆有萬億鐵弩，鐵弩鏃頭百億鋒刃。以為貪欲故，不孝父母，不敬師長，不從善教，殺害眾生，此人命終，身體戰動，六竅❷汁流。見自己床，如兜羅綿❸，「得堅冷處臥，不亦快耶？」獄卒羅剎以叉擎床鋪大毾㲪❹，至罪人所。歡喜欲臥，氣絕命終，生鐵機上。萬億鐵梞，關從下動，鐵梞低昂，無量鐵弩同時皆張，一一鐵箭射罪人心。一日一夜，六百億生死。後生畜生中，經五百世，還生人間，貧窮下賤，為人所使，多墮刑獄，恆受鞭撻。後遇善知識，發菩提心。

【章　旨】記鐵機地獄的概貌及其中罪人所受的苦難。

【注　釋】❶梞　梞柎。這裡指機弩。柎，弓弝兩側貼附的骨片，用以增加弓體的彈力。❷竅　孔。❸兜羅綿　莎羅樹子的綿織品，多作被，亦可作衣服。❹毾㲪　即毾㲪，有彩紋的細毛毯。

【語　譯】鐵機地獄有一張鐵床，長寬相等，都為四百由旬，上面安裝著許多梞柎，在梞柎中有萬億張鐵弓，鐵弓的箭頭有百億個鋒利的刀刃。因為貪婪的緣故，不孝順父母，不尊敬師長，不聽從好的教化，殺害眾生，這種人快要死的時候，身體顫慄，眼耳鼻口等六孔流著膿水。見自己的床軟得像是兜羅綿絮，心想：「能有一個又堅硬又涼快的地方躺不是很痛快嗎？」獄卒惡鬼用鐵叉舉著鋪有彩紋細羊毛毯的大床，來到罪人的住處。罪人心生歡喜正想躺上去，便氣絕身亡，轉生在鐵機上。上萬億的鐵梞柎機關從下面動，鐵梞柎低低抬起，無數鐵弓同時張開，每根鐵箭都直穿罪人的心臟。一天一夜中，六百億次生六百億次死。然後轉生為畜生，經歷五百世，最後還為人身，貧窮下賤被人驅使，並且屢次被判刑坐監牢，經常遭受鞭打。後來碰到導引自己上正道的好朋友，生發了求取無上菩提的願望。

鐵網地獄者，八十九重諸鐵羅網，一一網間百億鐵針，一一鐵針施五關杺。以邪心諂曲，妖媚惑人，心懷讒賊，晝夜惡念，臨命終時，身體瘙癢，即作此念：「得一束針攙❶刺，不亦快乎？」作是念時，獄卒化為良醫，手執利針唱言：「治病。」罪人心喜，氣絕命終，生鐵網間。捋身下過，眾杺皆動，無量諸針射入毛孔，如是宛轉諸鐵網間，如剎那頃死生。罪畢乃出，生於邊地無佛法處，亦不聞說世間善語，何況正法！雖生人中，三惡道❷攝。後遇善知識，雖得聞法，心不解了。

【章　旨】記鐵網地獄的概貌及其中罪人所受的苦難。

【注　釋】❶攙　刺；插入。❷三惡道　六道輪迴中作惡業者受生的三個去處：一是地獄，二是餓鬼，三是畜生。

【語　譯】鐵網地獄，有八十九重鐵羅網，每層鐵網中間有百億根鐵針，每一根鐵針設置了五處有機關的楒柎。因為有邪惡之心，常曲意逢迎，以妖嬈嫵媚蠱惑別人，內心裡懷有誹謗中傷殘害良善的賊心，日日夜夜打壞主意，這人快要死去時，全身奇癢難忍，不禁心想：「我能有一束針來刺入身體，豈不痛快？」這樣想時，獄卒變化成良醫，手拿銳利的針，口中唱著：「治病，治病。」罪人聽到後心生歡喜，立刻氣絕身亡，轉生在鐵網間。他縮著身子向下走時，所有楒柎全部開動，無數鐵針射入毛孔，這樣他在鐵網間翻來覆去，在剎那間一會兒死一會兒生。受罪完畢後，出生在邊遠沒有佛法的地方，人世間的忠言良語都聽不到，更何況佛法！雖然生在人世間，一直被三惡道所恐嚇威脅。後來碰到導引自己上正道的好朋友，雖然受到佛法教化，內心對佛法永遠不會真正曉悟。

鐵窟地獄者，餓鬼道中最上苦法，有一鐵山縱廣正等二十五由旬。山上復有五百萬億大熱鐵丸，一一鐵丸，團圓正等十三由旬；山間復有百千刀劍，是時彼山東開小孔，如摩伽陀斗，但出黑煙。以慳貪縛著，心如金剛，但樂求索，無有厭足，父母妻子悉不給與，師長教授視如糞穢，奴婢親友不施衣食，如是慳人，不慮無常，護惜財物猶如眼目。命欲終時，諸情閉塞，口噤不語，心中默念：「我死之後，是諸惡人，食我財物，如噉鐵丸，處我窟宅，如處闇室。」作是念已，獄卒化為慳人，多收財物，以火焚之。罪人心喜，氣絕命終，生火山上，猶如鎔銅鑄鐵，窟中劍蟲、刀蟲唼食其軀，煙燻其眼不見火燄，東西馳走，頭打鐵山，鐵丸從頂徹足，一念頃死生。罪畢乃出，生餓鬼中，其身長大數十由旬，咽如針筩，腹如大山，東西求食，鎔銅灌咽，經八千歲，生食膿唾食血鬼中，復生廁神豬狗等中，罪畢乃生貧窮卑賤無衣食處。遇善知識，發菩提心。

【章旨】記鐵窟地獄的概貌及其中罪人所受的苦難。

【語譯】鐵窟地獄，是餓鬼道中最苦的地方，那裡有一座鐵山，長寬相等，都為二十五由旬。山上還有五百萬億顆大熱鐵丸，每一顆鐵丸的周長都相等，都為十三由旬；山間還有成百上千刀劍，那山的東面還開著一個小孔，像摩伽陀國的斗形器物，冒著黑煙。因為慳吝貪婪受錢財束縛，心硬如金剛，祇喜歡索求，沒有滿足，父母妻子也不給一毫一釐，師長的教誨視如糞土，奴婢親友不施捨衣服食物，如此慳吝的人一點不考慮世界萬物生滅變化，不可常保，愛護珍惜錢財就像愛護自己的眼睛一樣。他快要死的時候，所有情識都閉塞不通，口緊閉不能說話，心中闇想：「我死之後，但願這一堆惡人吞吃我的財物就像吞吃鐵丸一樣，住我的房屋就像住在黑闇無光的地窖一樣。」他這樣想著，獄卒變為一個慳吝的人，收集起很多財物，用火焚燒。罪人心生歡喜，氣絕身亡，轉生在火山上，好像煉銅燒鐵一樣，洞窟中的劍蟲、刀蟲來咬啃他的軀體，濃煙燻他的眼睛，但看不到火燄，罪人東奔西跑，頭撞在鐵山上，鐵丸從頭頂進入到腳底穿出，在一念之間又死又生。受完罪後才得以出地獄，轉生為餓鬼，身體高大數十由旬，咽喉像針管一樣細，腹部如一座大山，到處尋找食物，熔化的銅水從咽喉灌下，經過八千年，轉生為吃膿吸血的鬼，又轉生為廁所之神以及豬、狗等當中，受完這些罪後，纔出生在貧窮卑賤無衣無食的人家。後來碰到導引自己上正道的好朋友，生發了求取無上菩提的願望。

鐵丸地獄者八十由旬，滿中鐵城八十八鬲，一一鬲中有五刀山，持用覆上，下有十八大惡鐵蛇，皆吐鐵劍，劍頭火燃。以毀辱布施，言施無報，勸人藏積，向國王、大臣、沙門、婆羅門及一切眾，說施無因，亦無果報。此人臨終，頸強脈縮，迴轉不語，不喜見人，低視而臥，心中但念：「我積財寶，得與我俱，快不可言。」獄卒化作其妻，捉熱鐵丸化作寶器，在其人前，語言：「我隨汝死，宛轉相著，終不相離。」氣絕命終，生鐵城中。東西馳走，鐵蛇出毒，纏遶其身，節頭火燃，即作是念：「願天愛我，降注甘雨。」應念即雨大熱鐵丸，頂入足出。罪畢乃為貧窮孤獨、瘖瘂之人，歲數如鐵窟說。遇善知識，發菩提心。

【章　旨】記鐵丸地獄的概貌及其中罪人所受的苦難。

【語　譯】鐵丸地獄綿延八十由旬，裡面全是鐵城，有八十八層，每一層中有五座刀山，用來覆蓋上面，下面有十八條巨大兇暴的鐵蛇，都會吐鐵劍，劍頭燃著大火。因為詆毀侮辱布施行為，說施捨沒有回報，勸別人積聚財物，並且向國王、大臣、僧人、婆羅門和所有其他人散布布施沒有因緣，也無果報的言論。這人快死的時候，頸部變得僵硬，筋脈萎縮，扭著頭不說話，不願意看見其他人，低著頭躺著，心中祇想：「我積累的那些財物能和我在一起，真是樂不可言。」獄卒變化為他的妻子，拿著變成寶物的熱鐵丸，來到那人跟前說：「我隨你一塊去死，我們纏綿相戀，終生不相離。」罪人氣絕命終，轉生在大鐵城中。他東奔西跑，鐵蛇吐出毒劍並纏繞在他的身上，劍頭都燃起大火，他這樣想：「希望老天可憐我，降下甘甜的雨水。」他剛想到這兒，天空中便降下大熱鐵丸，從頭頂進入腳底透出。受罪完後轉生為貧窮孤獨、又瞎又啞的人，經歷的歲數和鐵窟地獄相同。後來碰到導引自己上正道的好朋友，生發了求取無上菩提的願望。

尖石地獄者，有二十五石山，一一石山有八水池，一一水池有五毒龍。比丘、比丘尼、沙彌、沙彌尼、式叉摩尼、優婆塞、優婆夷，九十五種梵志❶等法，或犯輕戒，久不懺悔，心無慚愧，命欲終時，心下氣滿，腹脹如鼓，飲食噎吐，水漿不下。即作是念：「得一尖石，塞我咽喉，不亦快乎？」是時獄卒化作良醫，幻捉尖石作大藥丸，著其口中，告言：「閉口。」心生歡喜，氣絕命終，生石山間。無量尖石從背入胷出，獄卒復以鐵叉叉口，以石內中，一日一夜六十億生，此是生報。從此命終，墮黑繩地獄。

【章旨】記尖石地獄的概貌及其中罪人所受的苦難。

【注釋】❶梵志　一指婆羅門，印度古代四種姓之一；二指古印度一切「外道」出家者通稱。

【語譯】尖石地獄有二十五座石山，每座石山有八個水池，每個水池有五條毒龍。比丘、比丘尼、沙彌、沙彌尼、式叉摩尼、優婆塞、優婆夷，九十五種外道出家者，他們有的觸犯了輕微的戒條，但久不懺悔，心中沒有一點慚愧之意，快要死的時候，胸中充滿了氣體，腹部脹得像一張鼓，飲食時喉塞作嘔，滴水不能下咽。他不由得這樣想：「如能得到一塊尖利的石頭塞住我的咽喉，不是件痛快的事嗎？」這時獄卒變成良醫，拿著尖利的石頭變化為大藥丸放在罪人口中，告訴罪人：「閉口！」罪人心生歡喜，氣絕命終，轉生在石山間。無數的尖利石頭從背部進去胸部出來，獄卒又用鐵叉叉開他的嘴，把石頭放在裡面。一天一夜中，生六十億次，這叫做此生造惡業，來生受苦報應。從此死去，墮落在黑繩地獄中。

黑繩地獄者，八百鐵鏁❶，八百鐵山，豎大鐵幢❷，兩頭繫鏁。獄卒驅蹙❸，令負鐵繩，上走不勝，下落墮鑊湯中，馳趣渴急，飲鐵吞石而走，一日一夜經歷是苦凡十萬遍。罪畢生世，為人僮僕。遇善知識，為說實法，得阿羅漢。

【章　旨】記黑繩地獄的概貌及其中罪人所受的苦難。

【注　釋】❶鏁　同「鎖」。以鐵環相勾連的鏈子。❷幢　同「橦」。竿柱。❸驅趣　驅趕。

【語　譯】黑繩地獄，有八百條鐵鏈，八百座鐵山，豎起大鐵杆，鐵杆兩頭繫著鐵鏈。獄卒驅趕罪人，讓他背負鐵繩，朝上走到不勝其力，朝下掉落在大鍋的沸鐵水中，罪人被迫得口乾舌燥，便喝鐵水吞石塊奔跑，一天一夜經歷這樣的苦共十萬次。受罪完畢，轉生人世，成為別人的僕人。後來碰到導引自己上正道的好朋友，給他講真正的佛法，修成阿羅漢果。

飲銅地獄者，千二百種雜色銅車，一銅車上六千銅丸。以慳貪嫉妬，邪見惡說，不施父母妻子眷屬及與一切，心生慳嫉，見他得利，如箭入心，如是罪人欲命終時，多病消瘦，昏❶言寱語❷。是時獄卒化以銅車，載果至罪人所。得已歡喜，即作念言：「得此美果，甚適我願。」氣絕命終，生銅車上。不久即往生銅山間，銅車轢頸，獄卒以鉗挓❸口，飲以烊銅。迷悶躃地，唱言：「飢！飢！」尋時獄卒擘❹口令開，以銅鐵丸置其口中，吞十八丸，節節火燃，東西馳走，經於七日，尒乃命終。獄卒唱言：「汝前身時，諛諂邪見，慳貪嫉妬，以是因緣受鐵丸報。」或曾出家，毀犯輕戒，久不悔過，虛食信施，以此因緣食諸鐵丸。此人罪報，億千萬歲不識水穀。受罪既畢，還生人中，五百世中言語蹇吃，不自辨了❺。以宿習故，食後噉炭噉土塊。過是已後，遇善知識，發菩提心。

【章旨】記飲銅地獄的概貌及其中罪人所受的苦難。

【注釋】❶昬 同「昏」。❷寱語 夢話。❸拕 張開。❹擘 分開。❺辨了 清楚；明白。

【語譯】飲銅地獄，有一千二百種各種顏色的銅車，每一輛銅車上裝有六千顆銅丸。因為吝嗇貪婪而又妒忌，謬見邪說，不施捨給父母、妻子、親屬以及其他人財物，心中常生慳吝嫉妒之念，看見其他人得了點好處，如萬箭穿心般難過，這樣的罪人快要死的時候，身體消瘦多病，常常胡言說夢話。這時獄卒把銅車裝飾變化一下，載著水果來到罪人的處所。罪人看到非常高興，心中闇想：「得到這些鮮美的水果，真是太適合我的願望了。」說著立刻氣斷身亡，轉生到銅車上。沒多長時間就往生到了銅山間，銅車輾過他的脖子，獄卒用鐵鉗撐開他的嘴，給他灌鎔化的銅水。罪人心中迷亂憋悶，倒在地上，口中直念：「餓，餓！」獄卒立刻扳開他的嘴，把銅鐵丸放在他的嘴裡，一共讓他吞下十八粒銅丸，五臟六腑處處都燃起大火，罪人東奔西跑，經過七天，這纔死去。獄卒高聲唱道：「你在前世諂媚奉承，謬見邪說，慳吝貪婪易生妒忌，因為這些原因，受吃鐵丸的報應。」有的曾是出家人，但違犯輕戒，又久不悔改，白吃別人的施捨，因為這個原因也要吃各種熱鐵丸。這種人受到的報應是幾千萬億年不認識水、穀等食物。受罪完畢後轉生為人，五百世中說話口吃，並且愚昧無知。因為以前養成的習慣，用食後常常吃煤炭和土塊。經過這一番經歷後，碰到導引自己上正道的好朋友，生發了求取無上菩提的願望。

文學的・歷史的・哲學的・宗教的 古籍精華 盡在三民

# 古籍今注新譯叢書

## 哲學類

新譯四書讀本
新譯學庸讀本
新譯孝經讀本
新譯易經讀本
新譯乾坤經傳通釋
新譯禮記讀本
新譯儀禮讀本
新譯孔子家語
新譯老子讀本
新譯老子解義
新譯莊子讀本
新譯莊子本義
新譯莊子內篇解義
新譯列子讀本
新譯管子讀本
新譯墨子讀本
新譯公孫龍子
新譯晏子春秋
新譯鄧析子
新譯荀子讀本
新譯尹文子
新譯尸子讀本
新譯韓非子
新譯呂氏春秋
新譯韓詩外傳
新譯淮南子
新譯春秋繁露
新譯新書讀本
新譯新語讀本
新譯潛夫論
新譯論衡讀本
新譯申鑒讀本
新譯人物志
新譯張載文選
新譯近思錄
新譯傳習錄
新譯明夷待訪錄

## 文學類

新譯詩經讀本
新譯楚辭讀本
新譯文心雕龍
新譯世說新語
新譯昭明文選
新譯古文觀止
新譯古文辭類纂
新譯樂府詩選
新譯古詩源
新譯千家詩
新譯詩品讀本
新譯花間集
新譯南唐詞
新譯唐詩三百首
新譯宋詞三百首
新譯元曲三百首
新譯清詩三百首
新譯唐人絕句選
新譯拾遺記
新譯搜神記
新譯唐才子傳
新譯唐傳奇選
新譯宋傳奇小說選
新譯明傳奇小說選
新譯容齋隨筆
新譯明散文選
新譯人間詞話
新譯白香詞譜
新譯幽夢影
新譯菜根譚
新譯郁離子
新譯歷代寓言選
新譯賈長沙集
新譯揚子雲集
新譯曹子建集
新譯阮籍詩文集
新譯嵇中散集
新譯陸機詩文集
新譯陶淵明集
新譯江淹集
新譯駱賓王文集
新譯王維詩文集
新譯李白詩集
新譯杜甫詩選
新譯昌黎先生文集
新譯柳宗元文選
新譯白居易詩文選
新譯元稹詩文選
新譯李賀詩集
新譯杜牧詩文集

## ◎新譯大乘起信論

韓廷傑／注譯　潘栢世／校閱

《大乘起信論》是一部對佛教思想在中國發展有深鉅影響的論典，所論「一心開二門」詳細說明了凡、聖不同的因由；從「不覺」到「覺」，更明確點出了落實在修行活動中的「始覺」觀念，是心迷為凡、覺悟成聖的圓滿理論展示。透過本書精要的導讀與注譯，為世人親近佛教原典、進探佛法義海，提供了一方便之路。

## ◎新譯禪林寶訓

李中華／注譯　潘栢世／校閱

《禪林寶訓》載錄宋代數十位高僧大德的嘉言懿行，被稱為「釋門之龜鑑」、「入道之寶筏」。本書導讀對禪的傳布、流變以及禪法要義，有深入詳盡之解說。書中的注釋與譯文每發原典的精微奧義，準確而詳賅；更以別具風貌的校閱方式，暢快淋漓地評析與講解原典的妙旨大要。相信可以使讀者於手披目覽之際，收到禪補心性的作用。

# 三民網路書店

www.sanmin.com.tw

書種最齊全・服務最迅速

**現在加入網路書店會員**

憑通關密碼：B4333

首次購書即可享15%紅利積金

**好康多多～**

1. 滿$350便利超商取書免運費
2. 平時購書享3%～6%紅利積金
3. 隨時通知新書及優惠訊息

新譯李商隱詩選
新譯范文正公選集
新譯蘇洵文選
新譯蘇軾文選
新譯蘇軾詞選
新譯蘇轍文選
新譯曾鞏文選
新譯王安石文集
新譯李清照集
新譯歸有光文選
新譯薑齋文集
新譯顧亭林文集
新譯聊齋誌異選
新譯閱微草堂筆記

## 歷史類

新譯史記
新譯漢書
新譯後漢書
新譯三國志
新譯資治通鑑
新譯尚書讀本
新譯左傳讀本
新譯公羊傳
新譯穀梁傳
新譯春秋穀梁傳
新譯戰國策
新譯國語讀本
新譯說苑讀本
新譯新序讀本
新譯吳越春秋
新譯西京雜記
新譯列女傳
新譯越絕書
新譯燕丹子
新譯東萊博議
新譯唐六典
新譯唐摭言

## 宗教類

新譯金剛經
新譯高僧傳
新譯碧巖集
新譯百喻經
新譯楞嚴經
新譯梵網經
新譯六祖壇經
新譯禪林寶訓
新譯維摩詰經
新譯經律異相
新譯無量壽經
新譯妙法蓮華經
新譯景德傳燈錄
新譯大乘起信論
新譯釋禪波羅蜜
新譯八識規矩頌
新譯永嘉大師證道歌
新譯華嚴經入法界品
新譯地藏菩薩本願經
新譯悟真篇
新譯无能子
新譯坐忘論
新譯列仙傳
新譯抱朴子
新譯神仙傳
新譯性命圭旨
新譯老子想爾注
新譯周易參同契
新譯道門觀心經
新譯養性延命錄
新譯樂育堂語錄
新譯沖虛至德真經
新譯長春真人西遊記
新譯黃庭經‧陰符經

## 教育類

新譯爾雅讀本
新譯顏氏家訓
新譯曾文正公家書
新譯三字經
新譯百家姓
新譯幼學瓊林
新譯增廣賢文‧千字文
新譯格言聯璧

## 軍事類

新譯孫子讀本
新譯司馬法
新譯尉繚子
新譯三略讀本
新譯六韜讀本
新譯吳子讀本
新譯李衛公問對

## 地志類

新譯山海經
新譯水經注
新譯佛國記
新譯大唐西域記
新譯洛陽伽藍記
新譯徐霞客遊記
新譯東京夢華錄

## 政事類

新譯商君書
新譯鹽鐵論
新譯貞觀政要